Die hohe Schule des Mittelspiels im Schach

*** Endauswahl für den Preis der renommierten britischen Tageszeitung Guardian für das Schachbuch des Jahres**

*** Zweiter Platz bei der Verleihung des Preises der Englischen Schachföderation für das beste Buch des Jahres**

*** Ehrende Erwähnung, Bestes Buch des Jahres, Zeitschrift CHESS**

Lob für "Die hohe Schule des Mittelspiels im Schach":

"Diese strukturierte Vorgehensweise ist sehr instruktiv, da viele Spieler ihr Eröffnungsrepertoire auf der Basis recht willkürlicher Kriterien wählen und Varianten aufs Geratewohl aussuchen, ohne sich ernsthaft zu überlegen, ob die entstehenden Mittelspiele zu ihrem Stil passen."
GM Michael Adams

"Sokolov behandelt sein Material tiefgründig; es gibt keine oberflächlichen Allgemeinplätze, sondern sehr konkrete Einsichten und Erklärungen. Großartige Partien, fabelhafte Analysen."
Dennis Monokroussos, ChessToday

"Dieses Buch empfehle ich jedem, der nicht weiß, wie es nach mehr oder weniger gelungener Eröffnung weitergehen soll."
Martin Rieger, FreeChess

"Der Autor arbeitet gekonnt die Hauptideen und ausschlaggebenden Momente in immer wieder vorkommenden Strukturen heraus. Mir gefallen seine verbalen Anmerkungen, die in der Regel sehr klar und in der Tat lehrreich sind."
GM Jonathan Rowson, ehemaliger Britischer Meister

"Eine bahnbrechende Arbeit von Ivan Sokolov, die Spielern jeglicher Klasse zugute kommen wird – auch Meistern."
IM David Vigorito, ChessCafe

"Die klaren und aufschlussreichen Erklärungen vermitteln eine geballte Ladung waschechten Großmeisterwissens. Dies ist mit Sicherheit eines der besten Mittelspielbücher neueren Datums."
Sean Marsh, Zeitschrift CHESS

"Anhand von 45 Modellpartien erklärt Sokolov mit schöner Ausgewogenheit von Analyse und Prosa die Vor- und Nachteile jeder Struktur. Ein großartiges Buch."
IM John Donaldson

"Eine große Leistung von Sokolov. Dieses Buch macht da weiter, wo Eröffnungsbücher aufhören."
Johan Hut, Gooi en Eemlander

"Hervorragend!"
Henry Tanner, Zeitschrift Suomen Shakki (Finnland)

"Dieses Buch empfehle ich jedem, der sich für Nimzoindisch- und Damengambit-Bauernstrukturen interessiert – also so ziemlichem jedem, der sich für Schach interessiert. Es enthält fantastische, persönliche und ehrliche Ansichten über das Schachspiel und Partieanalysen."
Arne Moll, ChessVibes

"Ein außerordentlich lehrreiches Buch und unverzichtbares Lehrmaterial für d4-Spieler."
Max Euwe Center, Amsterdam

"Sokolovs feines Gespür für die Feinheiten des Bauernspiels liefert eine Menge nützliches Material für aufstrebende Vereinsspieler, da eine strukturierte Vorgehensweise dabei hilft, viele regelmäßig im praktischen Spiel auftauchenden Probleme zu lösen."
IM Bernard Cafferty, British Chess Magazine

"Sokolov legt bei seinen Stellungsbeurteilungen große Objektivität an den Tag und erklärt unter Berücksichtigung der speziellen Aspekte der Bauernstrukturen die Mittelspielideen und -pläne ganz hervorragend."
Zeitschrift KARL (Deutschland)

"Der Autor hat höchst gründlich und akribisch gearbeitet."
Dr W. Schweitzer, Europa Rochade

"Wenn man gründlich analysierte Partien mag, ist dies eine der besten Sammlungen neuerer Zeit."
Andy Soltis, Chess Life

"Dieses Buch sollte man nicht nur haben, sondern auch gründlich studieren."
Mark Donlan, Chess Horizons

"Sokolov zeigt in klarem und prägnantem Stil taktisches und strategisches Spiel in einer breiten Palette von Mittelspiel-Bauernstellungen."
Preisrichter des Preises der Englischen Schachföderation für das beste Buch des Jahres

Ivan Sokolov

Die hohe Schule des Mittelspiels im Schach

Gewinnen in d4 - Bauernstrukturen

New In Chess 2013

Originaltitel: Winning Chess Middlegames
Published by New In Chess, Alkmaar, The Netherlands
www.newinchess.com

Umschlaggestaltung: Angelo Spiler
Übersetzt von: Hans Hansen
Koordination: Peter Boel
Lektorat: René Olthof
Produktion: Anton Schermer

ISBN: 978-90-5691-432-5

Inhalt

Vorwort

von Michael Adams

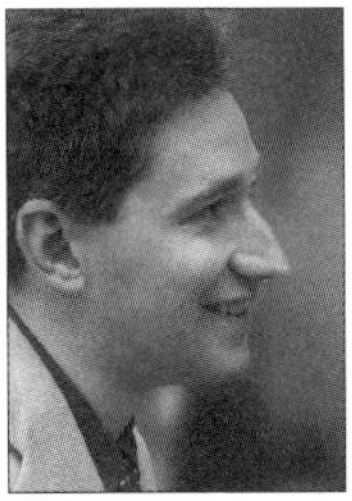

Das erste Turnier, das ich zusammen mit Ivan Sokolov spielte, war meiner Erinnerung nach das Oakham Young Masters (ja, auch wir waren einmal jung!) im Jahre 1988. Danach liefen wir uns regelmäßig auf Turnieren über den Weg, freundeten uns an und saßen nach unseren Partien oft bei einem Glas Wein zusammen. Dabei sprachen wir über die verschiedensten Themen, manchmal sogar über Schach.

Ich erinnere mich an eine Unterhaltung, in der ich in einer Mittelspielstellung einen bestimmten Plan vorschlug. Ivan schaute ein wenig verwirrt drein, zuckte mit den Augenbrauen und antwortete: "Ja, aber das ist doch einfach nur eine normale Stellung". In seiner Schacherziehung hatte er Bauernstrukturen in verschiedene typische Situationen eingeteilt und diese analysiert. Die Methode der englischen Schachschule war da etwas chaotischer.

Im vorliegenden Buch stellt Ivan die Früchte seiner Arbeit vor, die für jeden Schachspieler von unschätzbarem Wert sind. Diese strukturierte Vorgehensweise ist sehr instruktiv, da viele Spieler ihr Eröffnungsrepertoire auf der Basis recht willkürlicher Kriterien wählen und Varianten aufs Geratewohl aussuchen, ohne sich ernsthaft zu überlegen, ob die entstehenden Mittelspiele zu ihrem Stil passen. Zur Lösung dieses Problems kann etwas Retroanalyse hilfreich sein. Wer die resultierenden Mittelspiele studiert und seine Stärken und Schwächen ermittelt, kann zu den früheren Partiestadien zurückgehen und sein Spiel entsprechend ausrichten.

In diesem Buch finden sich auch interessante Hinweise auf die Richtung, in der sich das moderne Schach entwickelt. Der Computer ist bei der Eröffnungsvorbereitung nicht mehr wegzudenken, und die häusliche Analyse kann manchmal vom Anfang bis zum Ende der Partie reichen. Beim Lesen schätzte ich mich sehr glücklich, nicht in Ivans Vorbereitung auf seine Partie gegen Krasenkow (Seite 263-265) gelaufen zu sein! Ich nehme an, sein Gegner wird sich ebenfalls glücklich schätzen, vorher abgewichen zu sein.

Die allgemeinen Ratschläge werden zwar besonders für Vereinsspieler hilfreich sein, aber andere behandelte Themen werden sicherlich auch für stärkere Spieler ihren Nutzen haben. Sie werden sich zweifellos die originellen Vorschläge in der Eröffnung merken, so wie ich es definitiv getan habe, aber auch die tiefschürfenden Anmerkungen zu einigen hervorragenden Partien genießen. Vereinsspieler sollten sich nicht entmutigen lassen, wenn der Variantenwust mitunter etwas beängstigend erscheint. Wie aus Ivans eigenen, hier und anderswo vorgestellten Partien ersichtlich ist, ist es unter den Bedingungen einer praktischen Partie immer schwierig, unter Druck die beste Verteidigung zu finden. In der Hitze der Schlacht wird man sich selten so gut verteidigen können wie bei der häuslichen Analyse mit einigen hilfreichen Vorschlägen des Computers.

In diesem Buch kommen auch einige von Ivans Niederlagen zur Sprache, die zum Teil sehr schmerzlich waren, wofür ich als Augenzeuge bürgen kann. Es kann ihm kein Vergnügen bereitet haben, sie für die Veröffentlichung in diesem Werk noch einmal durchgehen zu müssen. Wer aber sein Spiel verbessern will, muss – wie Ivan hier – in den sauren Apfel beißen und analysieren, was falsch gelaufen ist, wobei man nicht nur hinsichtlich der Beurteilung der aus einer Eröffnung erreichten Stellung, sondern auch hinsichtlich des eigenen Verständnisses der resultierenden Strukturen objektiv sein muss. Schließlich sind die meisten Haupteröffnungssysteme völlig lebensfähig; man behandelt sie vielleicht nur falsch.

Ivans Einleitung traf bei mir in dieser Hinsicht den Nagel auf den Kopf, wie vermutlich auch bei den meisten anderen Spielern, da ich persönlich manchmal zu lange an ungeeigneten Eröffnungssystemen festhielt. Dabei würde ich mir selbst gegenüber meine Wahl dadurch rechtfertigen, dass ich objektiv eine gute Stellung hatte. Die sich ergebenden Situationen passten aber nicht zu meinem Stil und erschlossen sich mir nie sehr gut.

Jeder muss für sich selbst entscheiden, welche Systeme am besten zu ihm passen, aber das vorliegende Buch wird bei diesen mitunter schwierigen Entscheidungen ganz bestimmt eine große Hilfe sein. Mit dem hier gewonnenen Wissen bewaffnet, wird der Leser natürlich in all diesen Systemen wesentlich besser bewandert sein. Ich hoffe, die Lektüre macht Ihnen genauso viel Spaß wie mir.

Michael Adams

Einleitung

Mit der Arbeit an diesem Buch begann ich im März 2007. Wie dies häufig der Fall ist, brauchte ich aus verschiedenen Gründen mehr Zeit als von meinem Verlag und mir ursprünglich veranschlagt und kam erst im August 2008 zum Abschluss. Im vorliegenden Buch möchte ich die – meiner Meinung nach – vier wichtigsten Bauernstrukturen erforschen.

Es ist schon eine ganze Reihe von Büchern über Bauernstrukturen veröffentlicht worden. Man mag sich mit Recht fragen, was dieses Buch so besonders macht.

Nun, ich habe soweit wie möglich versucht,

1. die angewandten thematischen Pläne zu systematisieren und sie gut verständlich zu erklären und
2. die Ideen der zur Rede stehenden Eröffnungsvariante in die sich ergebene Bauernstruktur einzuarbeiten.

Letzteres ist von großer Bedeutung. Vor dem Computerzeitalter wurde das Eröffnungsrepertoire normalerweise im Lauf der Jahre verfeinert. Auch wenn dabei die Eröffnungsvorbereitung bei weitem nicht so weit ging wie heute, führte jahrelange theoretische und praktische Erfahrung mit der Auffrischung des Repertoires in der Regel zu einem recht guten Verständnis der sich aus den gespielten Eröffnungen ergebenden Stellungen.

In den letzten 15 Jahren haben Computerprogramme und Datenbanken es wesentlich einfacher gemacht, eine spezielle Variante für einen speziellen Gegner vorzubereiten. Um von der Eröffnungsvorbereitung zu profitieren, ist jedoch ein gründliches Studium und ein gutes strategisches Verständnis der Stellungen nach wie vor unerlässlich. Ich erinnere mich immer noch sehr gut an eine von Anatoli Karpows Post-Mortem-Analysen, nachdem er aus einer anfänglich schlechteren Spanisch-Stellung heraus mit Schwarz gewonnen hatte. Sein etwas verärgerter Gegner bemerkte: "Hier, nach der Eröffnung, standen Sie definitiv schlechter", worauf der 12. Weltmeister ruhig entgegnete: "Ja, aber bald darauf stand ich besser".

In der Tat hat Karpow eine ganze Reihe von schlechteren Stellungen gewonnen (einschließlich seiner Begegnungen mit Garri Kasparow), weil er die Eröffnungen, die er spielte, einfach strategisch besser verstand. Kasparow hat zahlreiche Najdorf- und Königsindisch-Partien nicht nur deshalb gewonnen, weil er die besten Neuerungen auf Lager hatte, sondern weil er diese Stellungen grundsätzlich besser verstand als seine Gegner. Andererseits war er zu stur, sich einzugestehen, dass die Berliner Variante der Spanischen Eröffnung ihm nicht zusagte, was ihn letztendlich im Jahre 2000 gegen Wladimir Kramnik seinen Weltmeistertitel kostete.

Kramnik dagegen, der in Katalanisch-Systemen mit Weiß und der Meraner Variante der Slawischen Verteidigung mit Schwarz ausgezeichnete Ergebnisse erzielte, begann irgendwann, mit Weiß scharfe Sizilianer und mit Schwarz Königsindisch zu spielen. Dieses Abenteuer dauerte nicht sehr lange. Heutzutage macht er wieder mit seinen Katalanisch-Aufbauten reichliche Beute, wobei er aus den kleinsten mikroskopischen Vorteilen etwas herauskitzelt, während der Königsinder schon lange der Vergessenheit angehört.

Wenn die besten Spieler der Welt solche Fehler machen, was sollten wir dann von Normalsterblichen erwarten? Über meine gesamte Karriere hinweg habe auch ich in den Stellungen, die ich gut verstand, eine ordentliche Punktausbeute erzielt und den Preis dafür bezahlt, dass ich in meiner Sturheit die Finger nicht von den Stellungstypen, die mir nicht lagen, lassen konnte.

Also habe ich versucht, in dieses Buch die strategischen Mittelspielideen und die von mir als wichtig erachteten Partien in die hier erörterten vier verschiedenen Bauernstrukturen aufzunehmen, um:

1. dem Vereinsspieler einen umfassenden Leitfaden an die Hand zu geben;
2. dem Vereinspieler durch einen Prozess der ernsthaften Analyse des Materials in diesem Buch auch ein einigermaßen präzises Gefühl dafür zu geben, welche speziellen Stellungen ihm liegen und welche nicht; und
3. dem Vereinsspieler, der sich für ein gründliches Studium des vorliegenden Buchs Zeit nimmt, neues strategisches und auch praktisches Eröffnungswissen zu vermitteln, wonach er bestimmt eine klare Verbesserung seiner Ergebnisse feststellen wird.

In den Einleitungen zu den vier verschiedenen Kapiteln werden die charakteristischen Stellungstypen, Partien und Varianten näher erläutert.

Ich hoffe, dass der Leser nicht nur seine schachlichen Fähigkeiten zu verbessern versucht, sondern auch einfach am Studium der in diesem Buch ausgewählten Partien seine Freude hat.

Ivan Sokolov

Kapitel 1

Doppelbauern

Einleitung

In diesem Kapitel werde ich versuchen, Strukturen mit Doppelbauern leichter verständlich und analysierbar zu machen, indem ich sie in 12 Standardstellungen einteile. Die mit den folgenden kommentierten Partien verbundenen 12 "Struktur"-Diagramme geben die gängigsten Standardpositionen wieder.

Wie wir sehen werden, ergibt sich ein großer Teil der Strukturen mit Doppelbauern aus verschiedenen Abspielen der Nimzoindischen Verteidigung mit 4.e3 oder 4.a3 (der Sämisch-Variante). Abgesehen davon, dass ein Verständnis dieser Stellungen für alle, die mit Weiß 1.d2-d4 oder mit Schwarz Nimzoindisch spielen, von Nutzen ist, haben die nachstehenden kommentierten Partien den zusätzlichen praktischen Wert, dass sie definitiv das Eröffnungswissen des Lesers verbessern werden, was sich sofort in der Turnierpraxis niederschlagen kann.

1.1

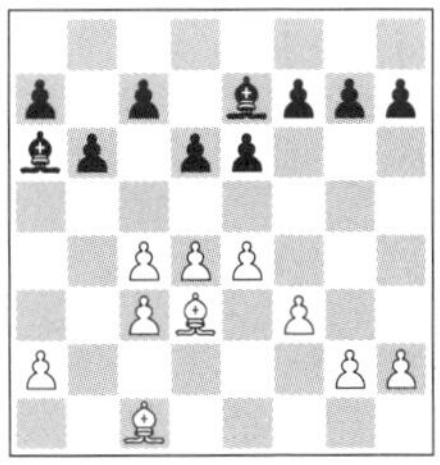

Struktur 1.1 (Partie 1 – Sokolov-Johansen) zeigt einen Stellungstyp, der sich relativ selten ergibt. Diese Partie fand in erster Linie Eingang in dieses Buch, um das allgemeine Verständnis des Lesers zu verbessern. In der Praxis kommt es im Nimzoinder nicht häufig vor, dass Weiß einen Doppelbauern erhält und Schwarz dabei das Läuferpaar behält.

1.2

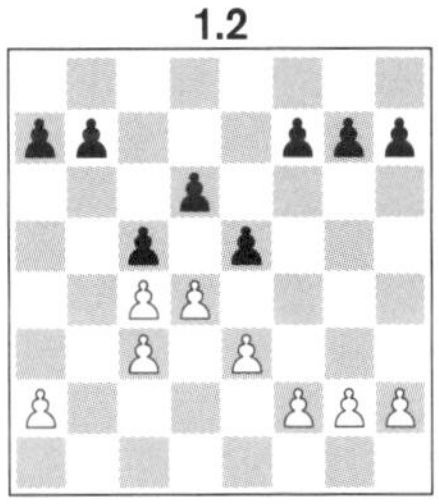

1.3

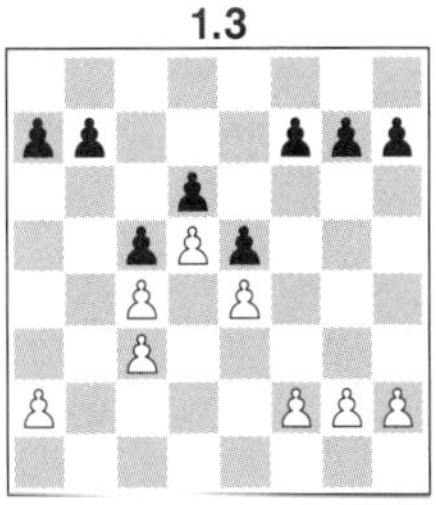

Struktur 1.2 (Partie 2 – Sokolov-Winants) und **Struktur 1.3** (Partie 3 – Gligoric-Nikolic) zeigen ein Abspiel, das schon seit Jahren die Hauptvariante des Nimzoinders darstellt. Jeder, der seine schachlichen Fähigkeiten grundlegend verbessern will, muss diese Stellungen gründlich analysieren. In den Partien zu den Strukturen 1.2 und 1.3 habe ich versucht, die Vor- und Nachteile dieser Positionen, die für beide Seiten schwer zu spielen sind, zu erklären.

Struktur 1.4 (Partie 4 – Bronstein-Najdorf und Partie 5 – Spasski-Hübner) und **Struktur 1.5** (Partie 6 – Kotow-Keres) beschäftigen sich mit den Stellungen, die sich aus der Sämisch-Variante ergeben. Sie sind unerlässlich für das Verständnis dieser Variante, die vor 50 Jahren ungemein beliebt war und von den zu jener Zeit besten Spielern der Welt gespielt wurde.

1.4

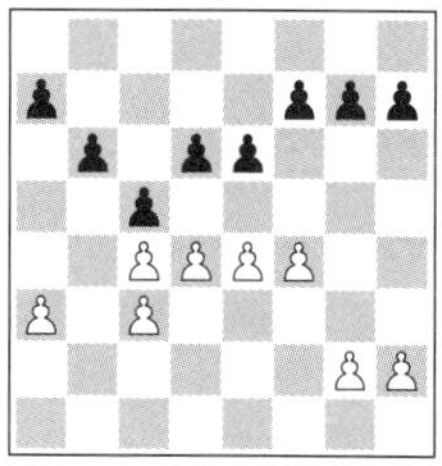

1.5

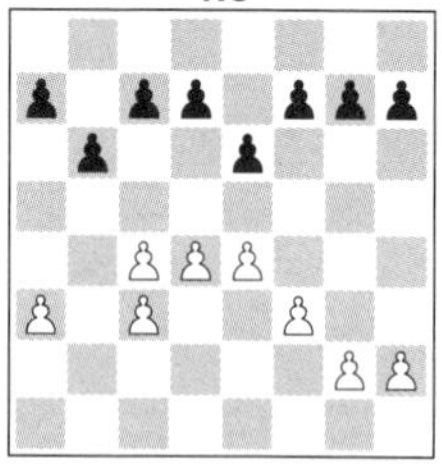

Struktur 1.6 (Partie 7 – Keres-Spasski) erklärt, warum es für Weiß nicht unbedingt schlecht ist, in Stellungen mit Vollzentrum und Doppelbauer auf c3 und c4 den Bauern c3 einzubüßen. Diese Idee, die in einigen Abspielen des Nimzoinders zur Anwendung kommt, sollte man sich merken und verstehen.

1.6

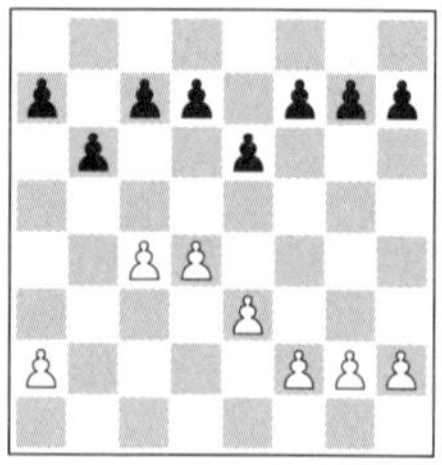

Struktur 1.7 (Partie 8 – Gligoric-Iwkow, Partie 9 – Wischmanawin-Beljawski, und mit beweglichem Zentrum: Partie 10 – Z.Polgar-Sokolov, Partie 11 – Sokolov-Bologan, Partie 12 – Sokolov-Dizdarevic und Partie 13 – Radjabow-Anand) zeigt einen Plan, der in einem anderen Stellungstyp mit Doppelbauer im Nimzoinder mit Vollzentrum häufig zu sehen ist: Schwarz nimmt den schwachen weißen Bauern c4 aufs Korn (und gewinnt ihn häufig), aber dabei bleibt sein Springer vorübergehend oder dauerhaft am Brettrand, d.h. auf dem Feld a5, stekken. Wie aus den analysierten Partien ersichtlich wird, bekommt Weiß meist als Kompensation für den Verlust des Bauern c4 reichlich Initiative am Königsflügel, aber das Spiel bleibt zweischneidig. Weiß muss beim Aufbau und bei der Ausführung seines Angriffs am Königsflügel energisch und akkurat vorgehen.

1.7

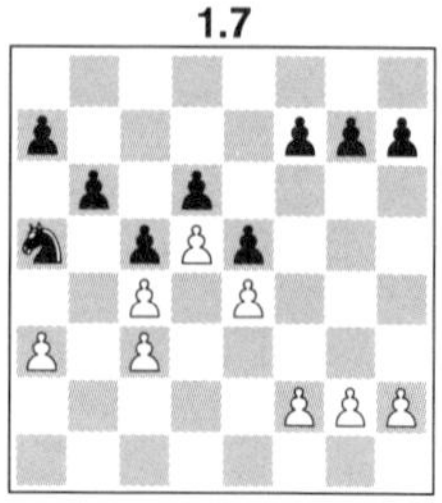

Struktur 1.8 (Partie 14 – Bronstein-Simagin) zeigt eine originelle strategische Idee von Bronstein, die vor fast 50 Jahren gespielt wurde und immer noch durchaus lebensfähig ist.

1.8

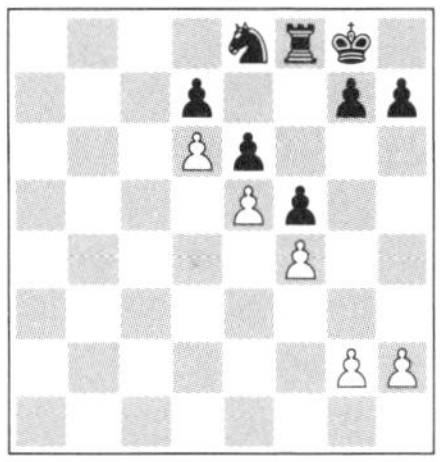

Struktur 1.9 (Partie 15 – Botwinnik-Tschechower und Partie 16 – Kusubow-Van der Wiel) zeigt eine wichtige strategische Idee für Weiß. Er hat nichts dagegen, durch Abtausch seines Bauern d4 das Zentrum statisch zu machen und dadurch scheinbar seine Bauernschwäche auf c4 noch mehr zu isolieren, um die d-Linie zu öffnen und sich einen wichtigen Vorposten auf dem Zentrumsfeld d5 zu verschaffen. Diese Idee wurde von Exweltmeister Michail Botwinnik vor 70 Jahren (!) wunderschön in die Tat umgesetzt and bleibt auch heute noch aktuell.

1.9

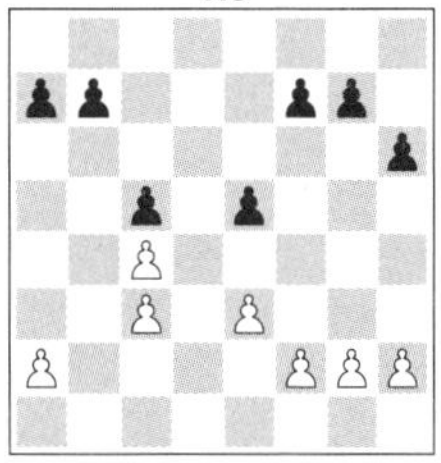

Struktur 1.10 (Partie 17 – Topalow-Aronjan) beschäftigt sich mit einer ähnlichen Idee wie in Struktur 1.9, aber mit dem Unterschied, dass hier der schwarze e-Bauer und der weiße f-Bauer verschwunden sind und Weiß sich mehr auf sein Läuferpaar verlassen muss.

1.10

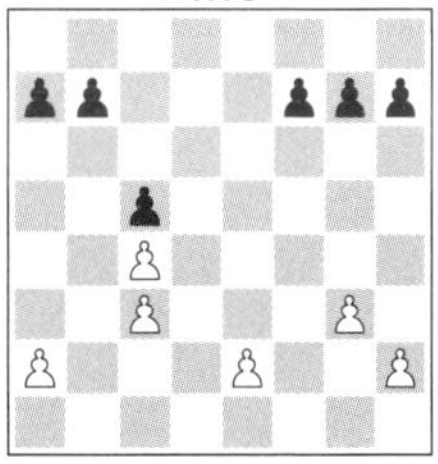

Struktur 1.11 (Partie 18 – Kaidanov-Onischuk) zeigt ein wunderschönes positionelles Qualitätsopfer in der Sämisch-Variante des Nimzoinders.

1.11

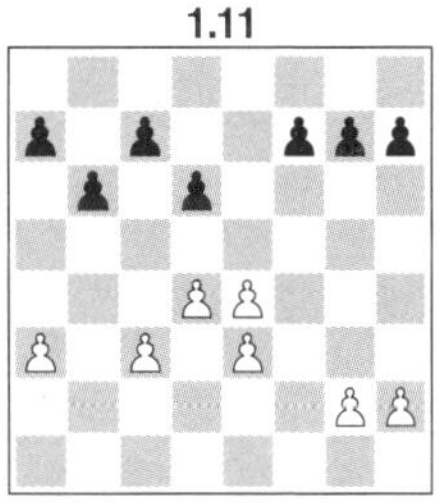

Struktur 1.12 (Partie 19 – Kasparow-Iwantschuk) beschäftigt sich mit Stellungen aus der Englischen Eröffnung, in der Weiß verdoppelte c-Bauern hat. Meist übernimmt Weiß auch die Kontrolle im Zentrum, hat aber seinen d-Bauern noch nicht nach d4 vorgerückt (was hier einige klare Vorteile mit sich bringt). Außerdem ist der weiße f-Bauer gegen den schwarzen e-Bauern getauscht worden, so dass die f-Linie für den weißen Turm offen ist.

1.12

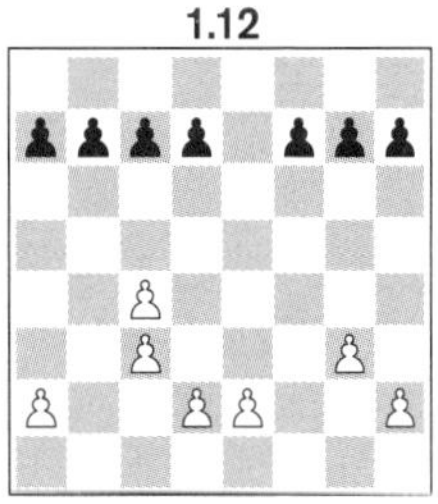

Struktur 1.1

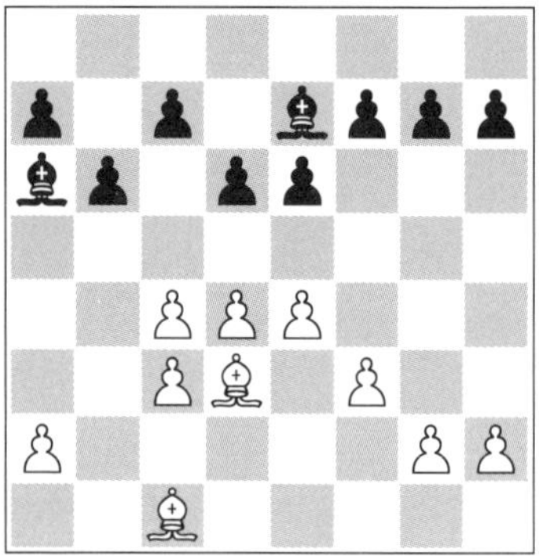

Schwarz hat zwei Läufer statt +

In der überwiegenden Mehrzahl der Stellungen mit Vollzentrum und Doppelbauer hat die Seite mit dem Doppelbauern (in der Regel Weiß) das Läuferpaar gegen Läufer und Springer. Wenn Schwarz aber anstatt Läufer + Springer auch zwei Läufer hätte, wäre dies für ihn günstig oder wäre es dann (in einer geschlossenen Stellung) schwieriger für ihn, mit seinen Figuren zu manövrieren? Eine interessante Frage. In der folgenden Partie (die mir ziemlich mißriet) bekam ich die Gelegenheit, einige Vor- und Nachteile am eigenen Leib zu erfahren.

NI 13.6 (E44) **PARTIE 1**
Ivan Sokolov
Darryl Johansen
Olympiade, Manila 1992 (2)

1. d2-d4 ♘g8-f6
2. c2-c4 e7-e6
3. ♘b1-c3 ♗f8-b4
4. e2-e3 b7-b6
5. ♘g1-e2 ♘f6-e4!?
6. f2-f3!? ♘e4xc3
7. b2xc3 ♗b4-e7

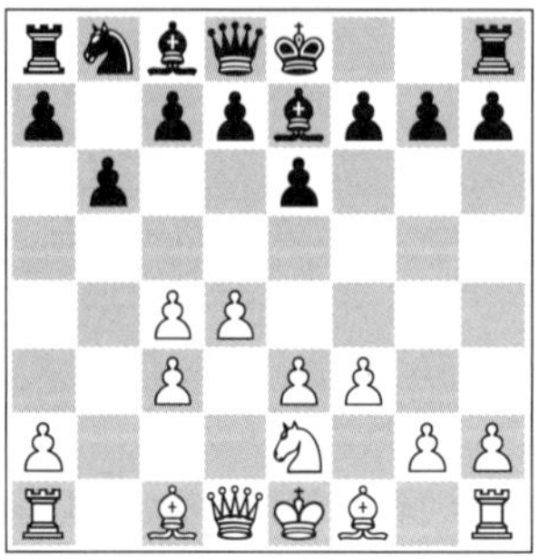

8. e3-e4

Weiß beschließt, den Zentrumsbauern vorzurücken und erst dann den Springer weiterzuentwickeln. In Schirow-Adams, Las Palmas 1994, entschied sich Weiß für einen anderen Aufbau: 8.♘g3 ♘c6 9.♗d3 ♗a6 10.0-0 ♘a5 11.♕e2 c6 (im Fall von 11...d6 wollte Schirow wohl 12.f4 spielen) 12.f4 d5 13.cxd5 ♗xd3 14.♕xd3 exd5 15.f5 h5! mit kompliziertem Spiel. Man beachte, dass Schwarz mit seinem für diese Stellungen typischen Zug die Angriffspläne des Anziehenden gestört hat.

8. ... ♘b8-c6
9. ♘e2-g3 ♗c8-a6
10. ♗f1-d3 ♘c6-a5
11. ♕d1-e2 d7-d6
12. 0-0 ♕d8-d7

Schwarz befolgt den für die Sämisch-Variante des Nimzoinders üblichen Plan, als ob ein Springer auf f6 stünde und der Läufer e7 nicht vorhanden wäre. Mit

einem schwarzen Läufer auf e7 anstelle eines Springer auf f6 fehlt dem Anziehenden der wichtige Tempozug e4-e5, mit dem er häufig Initiative entwickelt.
Schwarz hätte auch mit 12...h5? sofort den Springer g3 belästigen können, was mit dem König in der Mitte dem Weißen Gelegenheit zu sofortigen Aktionen unter Figurenopfer geben würde: 13.f4! h4 14.♘h5! g6 15.♘g7+ ♔f8 16.♘xe6+ fxe6 17.f5 (Weiß hat die schwarze Königsstellung aufgerissen und fährt einen direkten Mattangriff, während Läufer und Springer des Schwarzen auf der a-Linie nur zuschauen können) 17...♔g7 (oder 17...exf5 18.exf5 ♗f6 19.♗g5! ♔g7 (nach 19...♗xg5 gewinnt 20.fxg6+ ♗f6 21.♕e6) 20.♗xf6+ ♕xf6 21.fxg6 mit Gewinn für Weiß) 18.fxg6 ♖f8 (18...♗f6 19.e5) 19.♗d2, und Weiß gewinnt im Angriff (19...♗f6 20.e5).

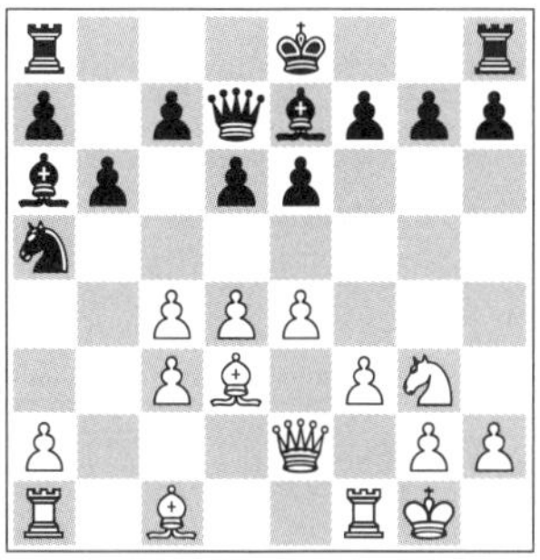

13. ♖a1-b1?!

Für derartige Stellungen ist es typisch, dass Weiß seinen Raumvorteil und Entwicklungsvorsprung zur Entfaltung von Initiative nutzen muss, bevor seine strukturellen Mängel sich bemerkbar zu machen beginnen.
13.f4! war ein guter und energischer Anfang: 13...♕a4 14.f5 ♗xc4 15.fxe6 fxe6 16.♘h5 ♖g8 17.♘f4 0-0-0 18.♘xe6! mit besserer Stellung für Weiß. In solchen Stellungen ergibt sich der kritische Moment meist in einem recht frühen Partiestadium. Weiß muss dies spüren und die Initiative ergreifen, ohne vor Materialopfern und Risiken zurückzuschrecken. Wenn Weiß solche Gelegenheiten verpasst und weiter "reguläre Züge" spielt, wie ich in dieser Partie, wird er häufig positionell überspielt werden, die Partie chancenlos verlieren und sich dann in einer schlaflosen Nacht darüber wundern, wie er nach all diesen "normalen" Zügen in einer so lausigen Stellung landen konnte.
In der Partie sah ich schon die mit 13.f4! assoziierten Möglichkeiten, dachte aber, dass ich mit Weiß gegen irgendeinen Australier mit einer Elo-Zahl von noch nicht einmal 2500 nur "reguläre" Züge zu machen brauchte und sich der Sieg ohne große Risiken wie von selbst einstellen sollte. Eine solche Denkweise ist vielleicht in einem Abspiel der Katalanischen Eröffnung mit Weiß vertretbar, aber nicht in diesem Typ von Nimzoinder. Weiß wird seine Lektion bald lernen.

13. ... h7-h5!

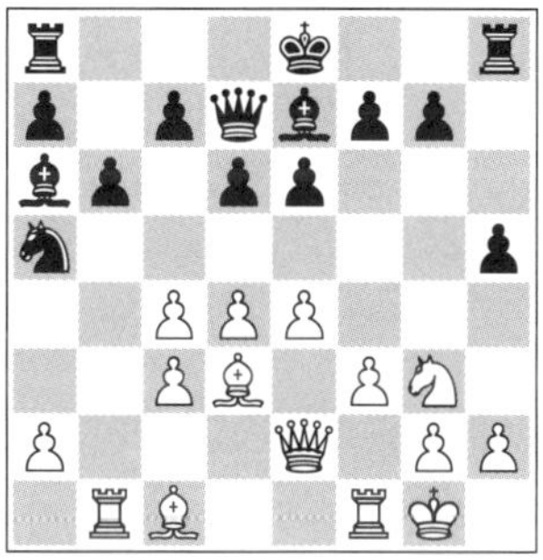

14. ♖f1-e1?!

Noch ein "regulärer", zaghafter Zug, und Schwarz steht schon etwas besser. Es war höchste Zeit – und die letzte Chance des Weißen – für energische Aktionen mit 14.f4! und dem nachfolgenden Figurenopfer. Dies war keine leichte Entscheidung, aber trotzdem die prinzipielle Fortsetzung: 14...h4 15.♘h5 g6 16.♘g7+ ♔f8 17.♘xe6+ ♕xe6 18.d5 (möglich ist auch 18.f5 gxf5 19.♖xf5) 18...♕d7 (oder 18...♕f6 19.e5 ♕g7 20.♗e3 mit Kompensation) 19.f5 gxf5 20.♖xf5 mit starkem Angriff. Bei Schwarz stecken der ♗a6 and der ♘a5 wiederum auf der falschen Brettseite fest.

14. ... h5-h4

15. ♘g3-f1 c7-c5

Weiß hat seine Gelegenheiten zur Ergreifung der Initiative verpasst. Nun kann sich Schwarz aufgrund seiner besseren Bauernstruktur eines leichten, aber dauerhaften Vorteils erfreuen.

16. ♗c1-e3 ♖a8-c8

17. ♘f1-d2 e6-e5

18. f3-f4

Weiß versucht aktiv zu bleiben und etwas Zentrumsspannung aufrechtzuerhalten. Dies ist im allgemeinen eine gute Strategie, aber die Stellung bietet nicht mehr die gleichen Gelegenheiten wie ein paar Züge zuvor. Da Schwarz nun die Zentrumsfelder fest unter Kontrolle hat, wird die weiße Aktion bald zu weiteren Bauernschwächen führen.

Es war besser, in den sauren Apfel zu beißen und mit 18.d5 ♕a4 19.f4 ♗f6 20.f5 das Zentrum zu schließen. Danach hat Schwarz zwar seine strategischen Ziele erreicht, aber ein Remis ist immer noch der wahrscheinlichste Ausgang.

18. ... ♗e7-f6!

19. d4xe5

Es war vielleicht besser, die Spannung aufrechtzuerhalten, aber nach 19.♘f3 h3! würde Schwarz die Oberhand behalten – nicht aber 19...cxd4? 20.cxd4 exd4 21.♗xd4 ♗xd4+ 22.♘xd4, und Weiß bekommt, was er will. Er wird Initiative entwickeln, da 22...♗xc4? 23.♗xc4 ♘xc4 wegen 24.♖ec1 ♘a5 25.♘f5 0-0 26.♕g4 verliert.

19. ... d6xe5

20. ♘d2-f3 ♕d7-e6

21. f4xe5

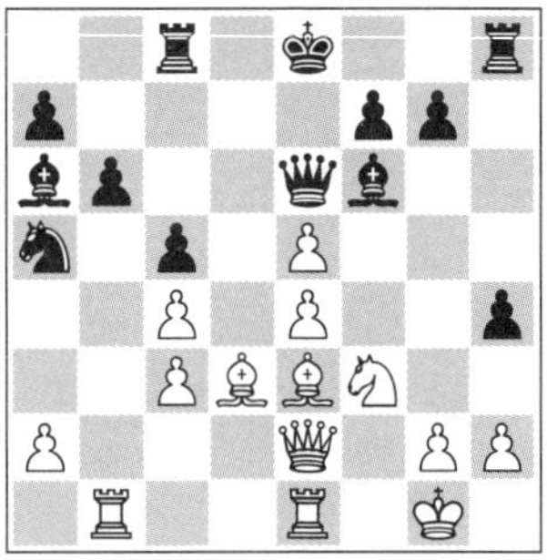

21. ... ♗f6-e7!

Als ich mir meine schreckliche Bauernstellung ansah und langsam gewahr wurde, dass mir eine lange und schwierige Verteidigung bevorstand, konnte ich mich über die Schnelligkeit meines positionellen Zusammenbruchs nur wundern: in nur 20 Zügen mit den weißen Steinen gegen einen Kontrahenten, von dem ich noch nie zuvor gehört hatte, und ohne einen klaren Fehler begangen zu haben – außer das mein ganzes Konzept ein positioneller Bock war.

22. ♖e1-f1 ♗a6xc4

23. ♗e3-g5 ♗c4xd3

24. ♕e2xd3 ♘a5-c6

25. ♗g5xe7 ♕e6xe7

26. ♖b1-d1 0-0

27. ♕d3-d7 ♕e7xd7

28. ♖d1xd7

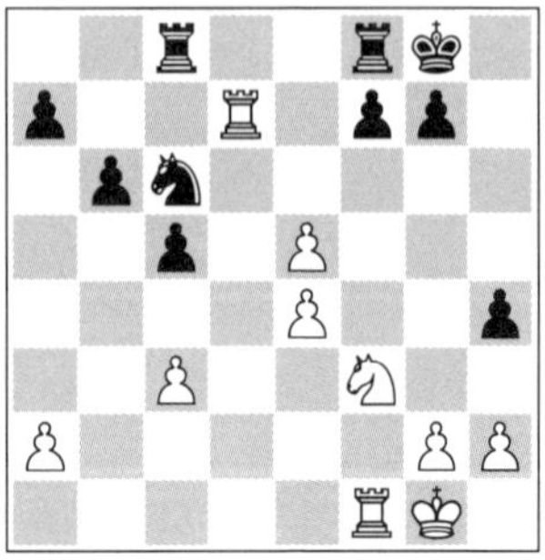

28. ... h4-h3!

Dies gibt Weiß den Rest, da seine Bauernschwächen nun definitiv nicht mehr zu reparieren sind.

29. g2xh3 ♖c8-e8
30. ♔g1-g2 ♘c6xe5
31. ♖d7xa7?!

Es war besser, nach 31.♘xe5 ♖xe5 32.♖xa7 ♖xe4 im Turmendspiel zu leiden, aber die Wahl zwischen zwei derartigen Übeln ist immer schwer. Außerdem dachte ich, dass ich in aufziehender Zeitnot mit den Springern auf dem Brett noch ordentliche Schwindelchancen haben sollte.

31. ... ♘e5-c4!
32. ♖f1-f2

32.♖e1 hilft nach 32...♖a8 33.♖xa8 ♖xa8 34.♖e2 ♖a3 nicht.

32. ... ♖e8xe4
33. ♘f3-g5

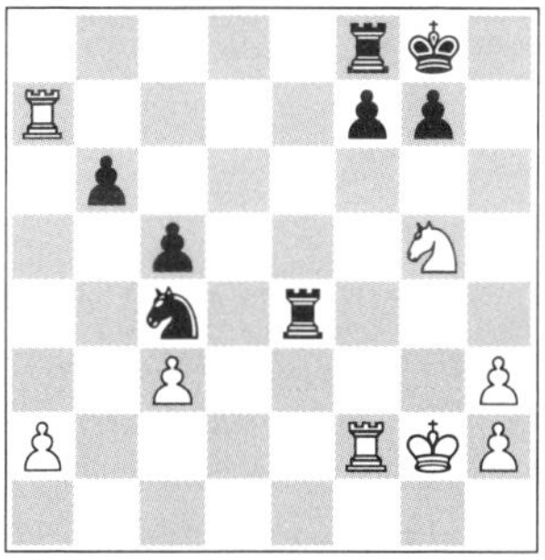

33. ... ♖e4-e5!
34. ♘g5xf7

Es hat den Anschein, als ob Weiß sich etwas Gegenspiel verschafft hätte, aber die Taktik arbeitet für Schwarz.

34. ... ♘c4-e3+!
35. ♔g2-g3

Oder 35.♔g1 ♖d5.

35. ... ♖e5-f5!

Gewinnt eine Figur.

36. ♖f2-e2

36.♖xf5 ♘xf5+ 37.♔g4 (37.♔f4 ♘h6) 37...♖xf7 38.♖xf7 ♘h6+.

36. ... ♘e3-f1+
37. ♔g3-g2 ♖f8xf7
38. ♖a7xf7 ♔g8xf7
39. ♔g2-g1 ♔f7-f6

Der schwarze Springer ist vorübergehend eingepfercht, aber Weiß gehen bald die Züge aus.

40. ♔g1-g2 b6-b5
41. ♔g2-g1 c5-c4
42. ♔g1-g2 ♔f6-g5
43. ♔g2-g1 ♔g5-h4
44. ♔g1-g2 ♖f5-f4
45. a2-a3 g7-g6

Weiß gab auf.

Eine schmerzliche Niederlage und eine positionelle Lektion, die ich mir zu Herzen genommen habe.

Struktur 1.2

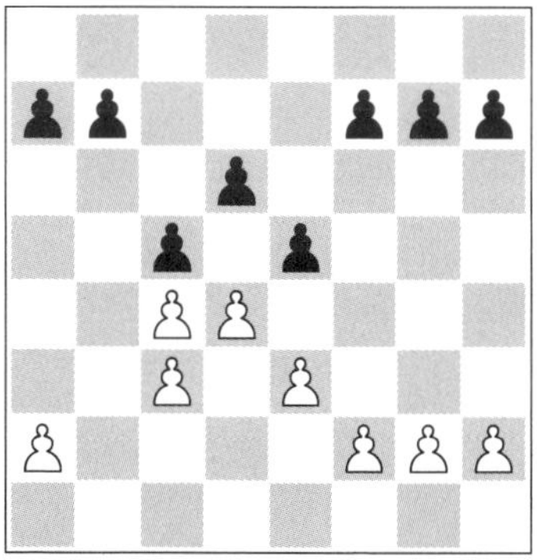

Nimzoindisch, Hübner-Variante – bewegliches Bauernzentrum

NI 14.8 (E41) **PARTIE 2**

Ivan Sokolov

Luc Winants

Holländische Liga 1994/95 (9)

1.	**d2-d4**	**♘g8-f6**
2.	**c2-c4**	**e7-e6**
3.	**♘b1-c3**	**♗f8-b4**
4.	**e2-e3**	**c7-c5**
5.	**♘g1-f3**	**♘b8-c6**
6.	**♗f1-d3**	**♗b4xc3+**
7.	**b2xc3**	**d7-d6**

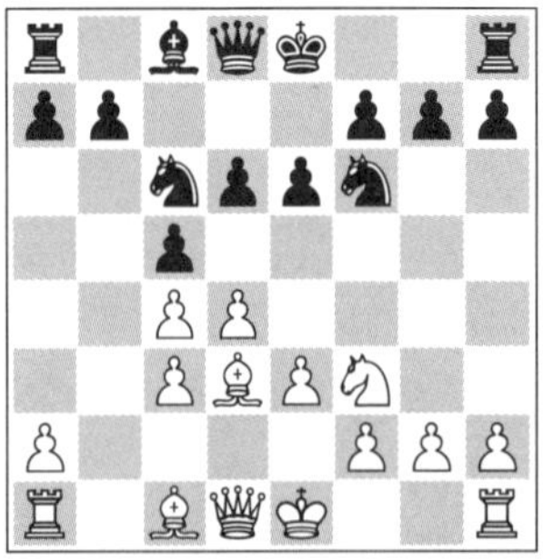

Die Hübner-Variante galt viele Jahre lang als eine der Hauptvarianten des Nimzoinders. Da das schwarze Gegenspiel nicht sofort auf der Hand liegt (im Gegensatz zur Sämisch-Variante kann hier der potenziell schwache weiße Bauer c4 nicht leicht angegriffen werden), muss der Nachziehende mit konstruktiven Zügen Druck im Zentrum ausüben und darauf warten, dass Weiß eine Entscheidung bezüglich seines Bauernzentrums trifft.

Wenn Weiß einmal seine Bauern vorgerückt und die Zentrumsstruktur festgelegt hat, sollte Schwarz seine Figuren umgruppieren und Angriffsziele im weißen Lager finden können. Weiß sollte seinerseits möglichst flexibel bleiben, indem er die Zentrumsspannung aufrechterhält und sich mit Bauernzügen zurückhält, bis eine Blockade des Zentrums für ihn günstig ist.

8.	**0-0**	**e6-e5**
9.	**♘f3-d2**	

Weiß opfert seinen Zentrumsbauern. Dessen Annahme ist jedoch sehr riskant für Schwarz, da in dieser offenen Stellung der Entwicklungsvorsprung und das starke Läuferpaar des Weißen erheblich mehr wiegen als die kleine Materialinvestition. Ein gutes Beispiel ist die folgende Partie: 9...cxd4 10.cxd4 exd4 11.exd4 ♘xd4 12.♖e1+ ♘e6 13.♗a3 0-0 14.♘b3 ♕d7

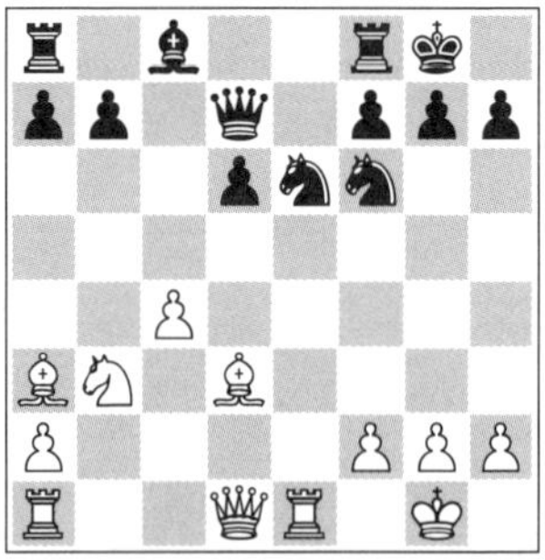

Analysediagramm

15.♖e3! (Ein guter Mehrzweckzug. Dieser Turm steht nun für den Angriff am Königsflügel bereit, und außerdem droht Weiß mit dem Schlagen des Bauern d6. Das sofortige 15.♗xd6? verbot sich wegen 15...♖d8 16.c5 ♘xc5) 15...♕c6 (wenn Schwarz mit 15...♖d8 an dem Bauern festhält, erhält Weiß mit 16.♗b2 starken Angriff) 16.♗xd6 ♖d8 17.♗e5 ♘d7 18.♕h5! h6

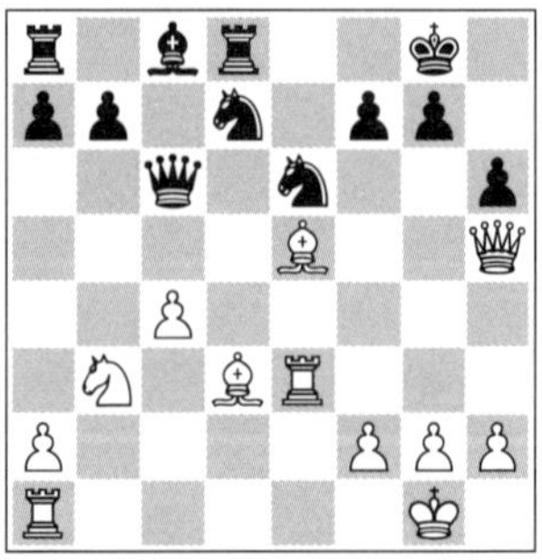

Analysediagramm

19.♗b2! (Weiß hat Vertrauen in seine Berechnungen. Gut war auch 19.♗e4 ♕xc4 20.♗b2, und die schwarze Stellung sollte bald zusammenbrechen) 19...♕xg2+ 20.♔xg2 ♘f4+ 21.♔g1 ♘xh5 22.♖d1! (Dies ist die Stellung, über die sich Weiß bei 19.♗b2 sicher sein musste. Schwarz kann der tödlichen Fesselung auf der d-Linie nicht entkommen und wird Material einbüßen) 22...♖f8 23.♗a3 ♖d8 24.♗f5 ♘hf6 25.♗e7 ♖e8 26.♗xf6 ♘xf6 27.♖xe8+ ♘xe8 28.♖d8, und Weiß gewann in Portisch-Timman, Wijk aan Zee 1978.

9. ... 0-0

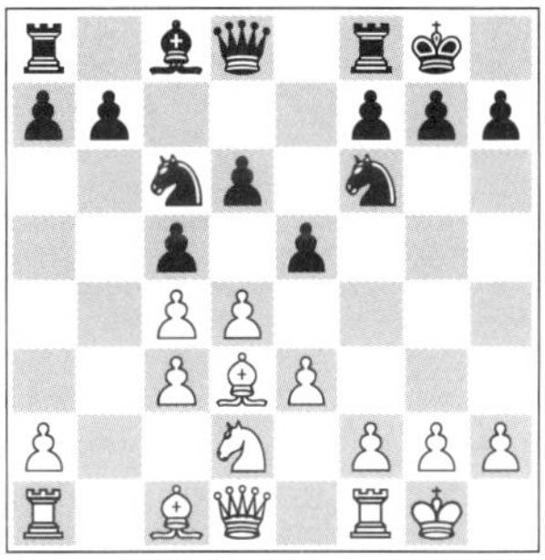

10. ♖a1-b1

Eine sofortige Festlegung im Zentrum mittels 10.d5 ♘e7 11.♕c2 mit der Idee f4 sieht auf den ersten Blick attraktiv aus, aber Schwarz hat ein starkes Gegengift: 11...g6! 12.f4 exf4 13.exf4 ♗f5, und Weiß wird seinen schwarzfeldrigen Läufer, wenn überhaupt, nur unter großem Zeitaufwand aktivieren können.

10. ... b7-b6

Schwarz kann auch den Druck im Zentrum mit 10...♖e8 erhöhen und den Anziehenden zu einer sofortigen Entscheidung zwingen. Dies sieht wie ein guter Plan aus, kostet aber zwei Tempi, da der Turm in den meisten Fällen später nach f8 zurückkehren müssen wird.

Die folgende Partie ist ein gutes Beispiel dafür, wie sich das Spiel dann entwickeln kann: 10...♖e8 11.d5 ♘e7 12.e4 b6 13.♖b2. (Dies ist im Prinzip ein guter Mehrzweckzug, der einen Turmschwenk auf den Königsflügel vorbereitet und dem weißfeldrigen Läufer den Rückzug nach b1 ermöglicht. Es war indes wahrscheinlich besser, mit ♖e1 zu beginnen, wonach Weiß über die Springerwanderung ♘f1-e3-f5 verfügt) 13...♘g6 14.♖e1 ♖f8 15.♘f1 ♗g4? (mit dem auf b2 zum Sprung auf den Königsflügel bereitstehenden Turm spielt diese "Schwächenprovokation" dem Anziehenden in die Hände; besser war 15...h6) 16.f3 ♗d7 17.g3 h6 18.♖f2 ♖b8 19.♘e3 a6 20.♘f5 ♗xf5 21.exf5 ♘e7 22.g4, und in Barejew-Short, Genf 1996, übernahm Weiß nachdrücklich die Initiative am Königsflügel und trug am Ende den Sieg davon.

11. h2-h3

Weiß versucht, die Bauernstruktur flexibel zu halten (wie oben erklärt) und den typischen Vorstoß f2-f4 vorzubereiten, der im richtigen Moment ausgeführt fast ausnahmslos für Weiß günstig ist.

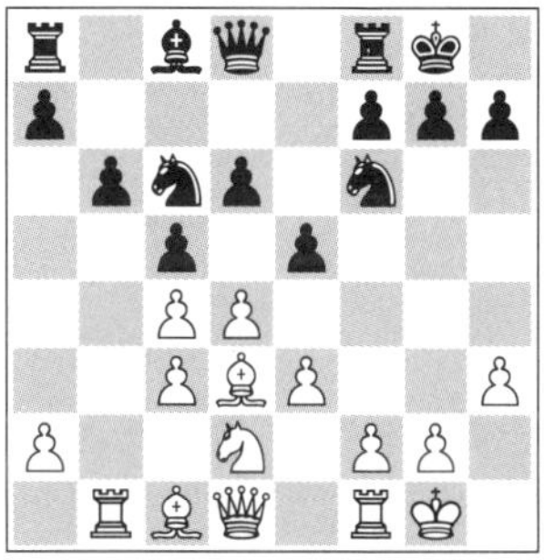

11. ... ♗c8-d7?

Danach kann Weiß seine Idee in die Tat umsetzen. Nach 11...♖e8 12.d5 ♘e7 (die taktische Lösung mit 12...e4? 13.♘xe4 ♘xe4 14.dxc6 ♘xc3 würde nach 15.♕h5! g6 16.♕h6 ♘xb1 17.♗b2 f6 18.♗xg6 hxg6 19.♕xg6+ ♔f8 20.♗xf6 fürchterlich nach hinten losgehen) 13.e4 h6 14.♖e1 ♖f8 15.♘f1 nähme das Spiel einen ähnlichen Verlauf wie in der vorhergehenden Anmerkung, wobei Weiß über etwas Vorteil verfügt.

11...h6! war ein guter Abwartezug. Solche nützlichen Züge, die die Aktionen des Gegners antizipieren, sind in diesen Stellungen von sehr großer Bedeutung. Wenn Weiß mit seinem Plan fortfährt, erhält Schwarz nach 12.f4 exd4 13.cxd4 d5 gutes Gegenspiel, und wenn Weiß nicht f4 spielt, hat er es nicht leicht, nützliche Züge finden, während Schwarz im Fall von 12.d5 ♘e7 13.e4 im Vergleich zu den vorhergehenden Anmerkungen über zwei Mehrtempi verfügt.

12. f2-f4! e5xf4

Der gleiche Gegenplan 12...exd4 13.cxd4 d5 (13...cxd4 14.e4 führt zu thematischen Stellungen, in denen Weiß nach ♖e1, ♘f3 und ♗b2 den Bauern d4 zurückgewinnt und das bessere Spiel behält; nach 13...♘b4 könnte Weiß mit dem Qualitätsopfer 14.♖xb4 cxb4 15.e4 starken Angriff entwickeln) funktioniert nun nicht wegen 14.dxc5 bxc5 15.cxd5 ♘xd5 16.♗xh7+ ♔xh7 17.♕h5+ ♔g8 18.♕xd5 mit gesundem Mehrbauern für Weiß.

13. ♖f1xf4 ♕d8-e7

14. ♕d1-f3

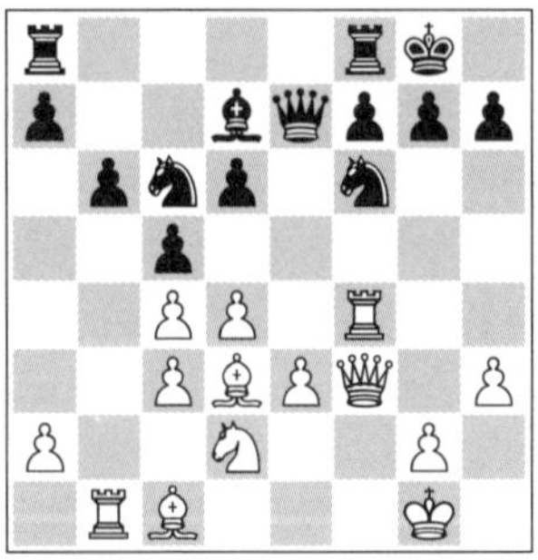

Ich hatte allen Grund, mit dem Ausgang der Eröffnung zufrieden zu sein. Weiß hat ein starkes Bauernzentrum, das seine Beweglichkeit bewahrt hat (wichtig!), und kann die offene f-Linie zur Verstärkung des Drucks verwenden. Schwarz hat kein Gegenspiel.

14. ... ♖a8-c8

15. ♘d2-f1 ♘f6-e8

16. ♘f1-g3 g7-g6

17. ♗c1-d2 ♘e8-g7

18. ♖b1-f1

Ich wollte sofort alle meine Figuren in Angriffspositionen am Königsflügel bringen und alles für die Exekution vorbereiten.

Stark war auch 18.♖f6 ♘e8 (oder 18...♗e6 19.♖f1 ♘e8 20.♘h5!; 20.♘e4? erlaubt Gegenspiel mit 20...d5) 19.♘e4 ♘a5 20.♖f1, und Weiß steht zu einem vernichtenden Angriff bereit.

18. ... f7-f5

Der Druck auf der f-Linie zwingt Schwarz zu einer Schwächung seiner Bauernstruktur am Königsflügel. Die Einschaltung des Tauschs auf d4 mit 18...cxd4 würde nach 19.exd4! (nicht 19.cxd4? f5, und nun hängt der Bauer d4 mit Tempo, so dass der Hebel e3-e4 nicht angeht) 19...f5 20.♖e1 ♕f7 21.♘e4! fxe4 (21...♖ce8 22.♘xd6 ♖xe1+ 23.♗xe1 ♕e6 24.♕d5 mit Gewinn für Weiß; 21...♕e7 22.♘c5 ♕f7 23.♘xd7 ♕xd7 24.♕d5+ ♔h8 25.♖f2 mit Turmverdopplung auf der e-Linie und sehr starkem Läuferpaar) 22.♗xe4 ♕e7 23.♗d5+ ♘e6 24.♗xe6+ ♗xe6 25.♖xf8+ ♕xf8 26.♕xf8+ ♔xf8 27.♖xe6 mit glattem Mehrbauern für Weiß nicht helfen.

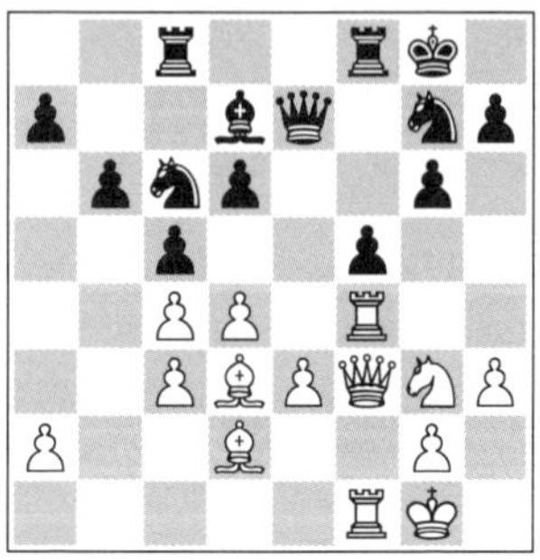

19. e3-e4!

Bei Weiß steht definitiv alles für die Öffnung der Stellung bereit. Die Exekution wird nicht mehr lange auf sich warten lassen.

19. ... ♘g7-e6

Oder 19...♘e5 20.dxe5 dxe5 21.♖xf5 gxf5 22.exf5 mit schrecklichem Angriff.

20. e4xf5 ♘e6xf4

21. ♗d2xf4 c5xd4

22. ♕f3-d5+ ♔g8-g7

Nach 22...♕f7 gewinnt 23.♗xd6.

23. ♗f4xd6 ♕e7-e3+

24. ♔g1-h2 ♖f8-f6

24...♖f7 würde den Nachziehenden nach 25.♗e4 ♖e8 26.♗f4 ♕xc3 27.fxg6 nicht retten.

25. ♗d6-f4 ♕e3-e8

26. f5xg6 h7xg6

27. ♗f4-h6+

Schwarz gab auf. Nachdem mein Gegner mir erlaubt hatte, meine strategische Idee mit f2-f4 auszuführen, gestaltete sich die Sache ziemlich einfach, aber man beachte, dass sich nach 11...h6! anstelle von 11...♗d7? eine komplizierte strategische Schlacht ergeben hätte.

Struktur 1.3

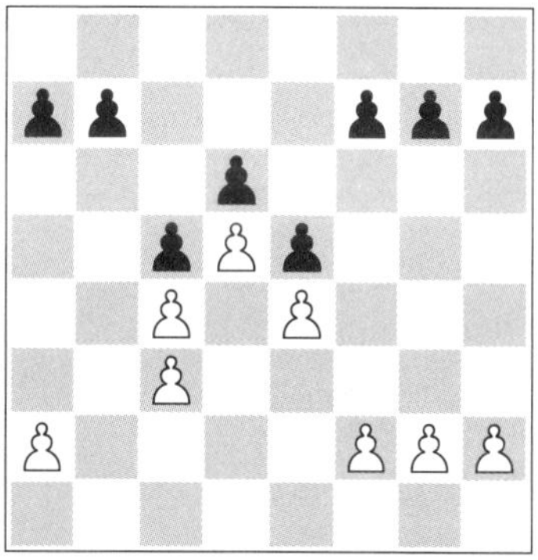

Nimzoindisch, Hübner-Variante – festgelegtes Bauernzentrum

In Nimzoindisch-Stellungen mit verdoppelten Bauern und Vollzentrum ist es äußerst wichtig für Weiß, seine Zentrumsbauern nicht zu schnell vorzustoßen, da dies die Stellung blockieren und das dynamische Element herausnehmen würde. Diese Art von Fehler ist leicht zu begehen und hat einer ganzen Reihe von Weltklassespielern schmerzliche Niederlagen eingetragen.

In den 1980er Jahren musste der jugoslawische Großmeister Swetosar Gligoric, im Allgemeinen ein Experte in Positionen vom klassischen Typ, mit Weiß zahlreiche Niederlagen in der Hübner-Variante quittieren, die alle einem sehr ähnlichen Muster folgten. Er würde seine Zentrumsbauern zu schnell vorrücken und dadurch Raum gewinnen, aber das dynamische Element im Zentrum eliminieren. Infolgedessen bekam Schwarz genug Zeit, seine Figuren umzugruppieren und seine Stellung zu verbessern, um Weiß schließlich zu überspielen. Dass ein Spieler von Gligorics Kaliber diesen Fehler so oft beging, unterstreicht erneut, wie schwierig es hier ist, der strategischen Komplexität Herr zu werden. Eines von mehreren guten Beispielen ist die folgende Partie.

NI 14.3 (E41) **PARTIE 3**

Swetosar Gligoric
Predrag Nikolic
Novi Sad 1982 (5)

1.	d2-d4	♘g8-f6
2.	c2-c4	e7-e6
3.	♘b1-c3	♗f8-b4
4.	e2-e3	c7-c5
5.	♗f1-d3	♘b8-c6
6.	♘g1-f3	♗b4xc3+
7.	b2xc3	d7-d6
8.	e3-e4	

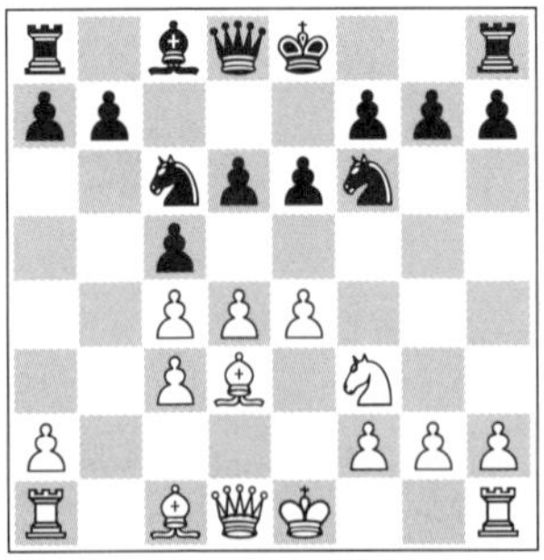

Der Beginn einer Strategie, für die ich mich noch nie begeistern konnte. Dieser sofortige Raumgewinn wurde von vielen starken Spielern gespielt und ist schwer zu kritisieren, aber meiner Meinung ist es viel zweckmäßiger, die Spannung im Zentrum aufrechtzuerhalten und den Vorstoß der Bauern auf später zu verschieben – siehe die vorhergehende Partie.

Ein interessanter Plan, den man hier gelegentlich versuchen kann, ist 8.♕e2 e5 9.♘d2.

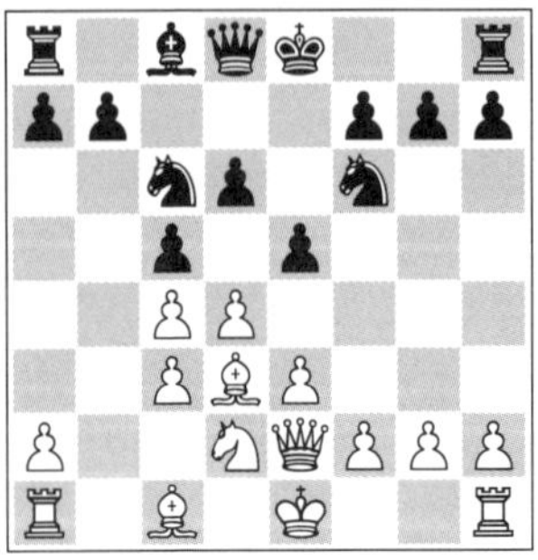

Analysediagramm

A) Auf den ersten Blick ist die Pointe der Idee des Anziehenden nach dem einfachen 9...0-0 nicht leicht zu verstehen. Dieser logische Zug würde diese Idee jedoch gerade rechtfertigen: 10.d5 ♘e7 11.e4. Da sich Schwarz mit seinem König bereits auf den Königsflügel festgelegt hat, hat Weiß es hier erheblich einfacher als sonst, einen Königsangriff zu entwickeln.

A1) Im Fall von 11...♕a5? erhält Weiß, wie in Partie 7 erörtert wird, durch das Opfer seines Bauern c3 tödlichen Angriff: 12.♘b3! ♕xc3+ 13.♗d2 ♕b2 14.0-0 ♘g6 15.g3! ♕a3 16.f4 ♖e8 17.f5 ♘f8 18.g4 ♘6d7 19.g5 mit einer Traumstellung für Weiß und einem Albtraum für Schwarz, Knaak-Spiridonow, Rubinstein Memorial, Polanica Zdroj 1979;

A2) 11...♘g6 12.g3 ♗h3 13.♘f1 ♕d7 14.♘e3.

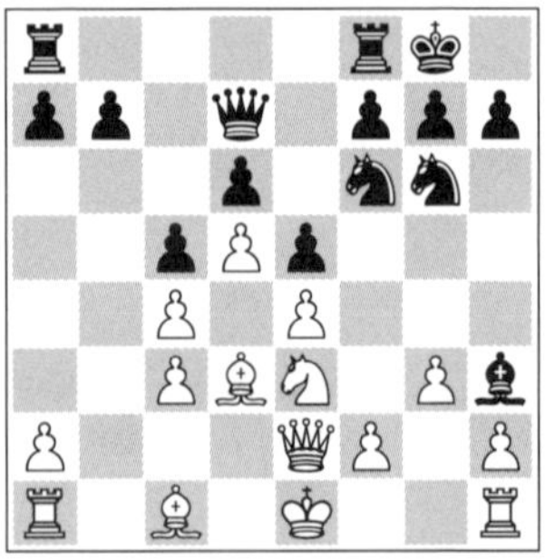

Analysediagramm

Weiß hat starken Angriff am Königsflügel, was einfach darauf zurückzuführen ist, dass Schwarz zu früh rochiert hat. Wenn der schwarze König noch auf e8 stünde und hier lang rochieren könnte, würde die Stellungsbeurteilung ganz anders ausfallen.

14...♘e7 15.♖g1! h5 16.f3 ♘g6 17.♗c2! (Eine genaue Exekution ist immer wichtig. Fehlerhaft wäre das sofortige 17.♘f5? gewesen wegen 17...♗xf5

18.exf5 e4 (ein Standardmotiv) 19.fxe4 ♘e5 mit besserer Stellung für Schwarz) 17...♕d8 18.♘f5 ♘h7 19.♗e3 ♕f6 20.♕d2 ♗xf5 21.exf5 ♘e7 22.g4 hxg4 23.fxg4, und in Timman-Knaak, Olympiade, Skopje 1972, trug Weiß bald den Sieg davon.

B) Korrekt ist 9...cxd4! 10.cxd4 0-0, und nun ist die Stellung nach 11.d5 ♘b4 12.♗b1 ♘a6 nebst ...♘c5 ungefähr ausgeglichen.

C) Dagegen ist der Gegenspielversuch 9...♕e7? 10.d5 e4 nicht ratsam, da Weiß nach 11.♘xe4 ♘xe4 12.dxc6 bxc6 13.0-0 f5 14.f3 ♘f6 15.e4 0-0 besser steht.

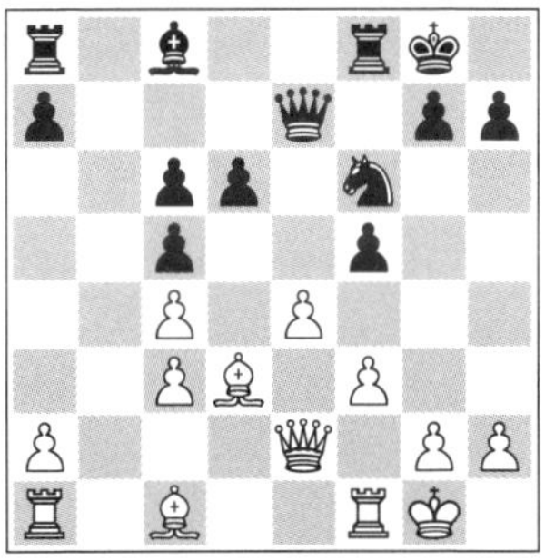

Analysediagramm

16.exf5! (Steuert richtigerweise ein Endspiel an, in dem die schwarzen Bauern d6 und c5 Angriffsziele für den schwarzfeldrigen weißen Läufer darstellen. Im Fall von 16.♗g5 h6 17.♗h4 g5 hätte Schwarz keinen Grund zur Klage) 16...♕xe2 17.♗xe2 ♗xf5 18.♖d1 ♖fe8 19.♗f1 ♖ad8 20.♗f4 d5 (nun sind die schwarzen Bauern auf c5 und d5 ziemlich schwach) 21.♖d2 h6 22.♖ad1 ♖e7 23.♔f2 ♗e6 24.♗e3 ♖f7 25.♔g1 ♘d7 26.♖b2, und in Portisch-Csom, Ungarische Meisterschaft, Budapest 1971, brach die schwarze Stellung bald zusammen.

8. ... e6-e5

9. d4-d5 ♘c6-e7

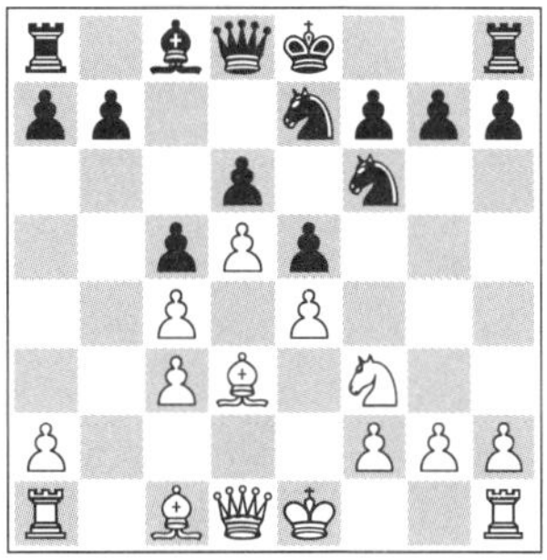

Nach nur 9 Zügen hat sich eine Stellung mit fixierten strategischen Merkmalen ergeben, in der die Springer auf lange Sicht den Läufern überlegen sein sollten. Weiß hat zwar mehr Raum, läuft aber Gefahr, dass seine Stellung bald nicht mehr zu verbessern sein wird, während Schwarz gerade erst mit der Verwirklichung seiner Pläne beginnt.

10. ♖a1-b1

Weiß hat hier viele verschiedene Pläne versucht, von denen wir uns einige ansehen werden:

A) Ein klassisches Beispiel ist 10.♘h4 h6 11.f4

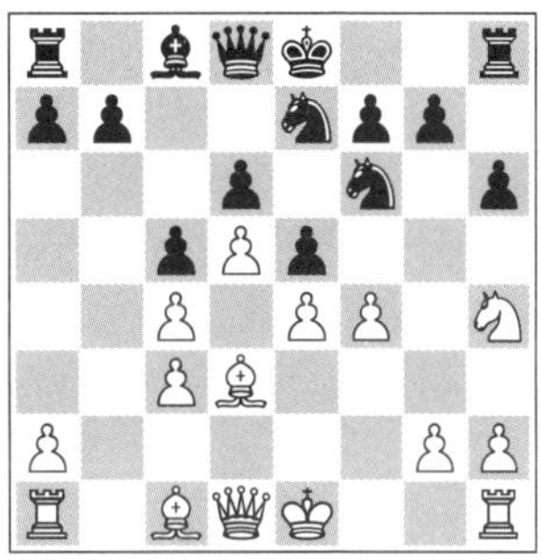

Analysediagramm

11...♘g6! (dies war zu jener Zeit eine revolutionäre Neuerung) 12.♘xg6 fxg6 mit hervorragendem Spiel für Schwarz in der 5. Wettkampfpartie Spasski-Fischer, Reykjavik 1972.

B) Eine andere interessante Möglichkeit ist 10.♘d2, aber verglichen mit den obigen Anmerkungen nach 8.♕e2 e5

9.♘d2 0-0 10.d5 ♘e7 11.e4 liegt die Sache hier anders. Die Stellung ist scharf und kompliziert: 10...♕a5 11.♕b3 (Weiß will mit 12.♕b5 die Damen tauschen, seine Bauernstruktur verbessern und Schwarz zur Rochade zwingen; eine andere Möglichkeit ist 11.♕c2, wonach Schwarz sich für die lange Rochade entscheiden und sich nach 11...h5 12.h4 ♗d7 13.g3 0-0-0 auf ein unklares Spiel einlassen kann, wie in Gligoric-Larsen, Bugojno 1980) 11...0-0 12.0-0 ♘h5 13.g3 ♗h3 14.♖e1 ♕c7 (das sofortige 14...f5 ist nach 15.exf5 ♘xf5 16.♕c2 g6 17.♖b1 günstig für Weiß) 15.♕d1 g6 (im Fall von 15...♘f6 16.♘f1 h6 17.♘e3 ♕c8 18.f3 ♘h7 19.g4! h5 20.♔h1 steht Weiß besser) 16.♘f1 ♕d7 (im Fall von 16...f5 wird Schwarz nach 17.♗h6 ♖f7 18.exf5 ♗xf5 19.♗e2 ♘f6 20.g4 ♗d7 21.♘g3 das Fehlen seines schwarzfeldrigen Läufers spüren) 17.♗h6 ♘g7 18.f4 ♗xf1? (Die Ursache für die Schwierigkeiten des Nachziehenden. Besser war 18...♔h8! 19.fxe5 dxe5 nebst 20...♘g8 mit unklarem Spiel) 19.♖xf1 ♕h3

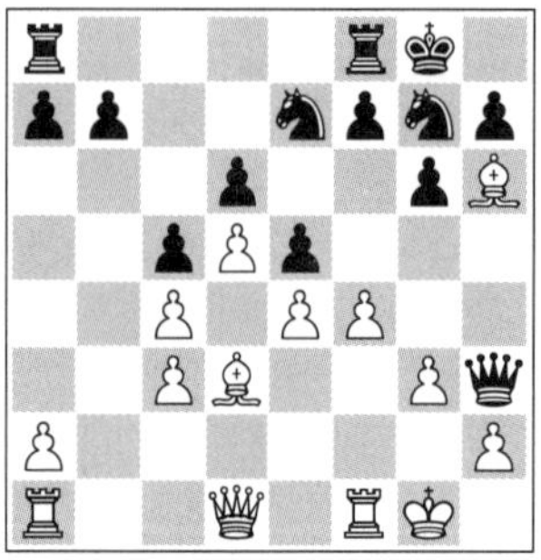

Analysediagramm

20.♗g5! (diese Idee hatte Schwarz wohl übersehen) 20...f6 21.fxe5! fxg5 22.exd6 ♕d7 23.dxe7 ♕xe7 24.♕d2 ♕e5 25.♗c2 gefolgt von d5-d6, und mit einem Bauern mehr stand Weiß in Gligoric-Timman, Tilburg 1977, klar besser.

C) 10.0-0 ist ebenfalls oft versucht worden. Nach 10...♘g6 11.♘e1 0-0 12.g3 ♗h3 13.♘g2 ♘e8 steht Schwarz gut, z.B. 14.♖e1 f5 15.exf5 ♗xf5

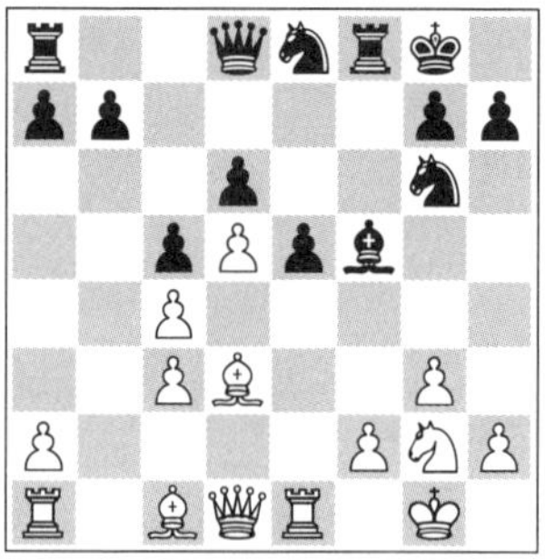

Analysediagramm

16.f4? (Dieser "aktive" Zug ist der weißen Sache nicht förderlich. Besser war 16.♗xf5 mit ungefähr gleichem Spiel) 16...♗xd3 17.♕xd3 ♕d7 18.♖b1 ♘f6 19.♖b2 ♖ae8 20.♖f1 ♕h3 (Schwarz hat das Heft in die Hand genommen; Weiß hat Probleme) 21.f5 ♘g4 22.♘e1 e4! 23.♕e2 ♘6e5 24.♕xe4 ♖f7 25.♕g2? ♕xg2+ 26.♔xg2 ♘xc4 mit baldigem Sieg für Schwarz in Gligoric-Timman, Bled/Portoroz 1979.

10. ... h7-h6

11. h2-h4

Weiß will entweder Raum gewinnen oder den Nachziehenden zu ...h6-h5 zwingen und das Feld g5 für seinen Läufer erhalten.

11. ... ♕d8-c7

12. ♘f3-h2

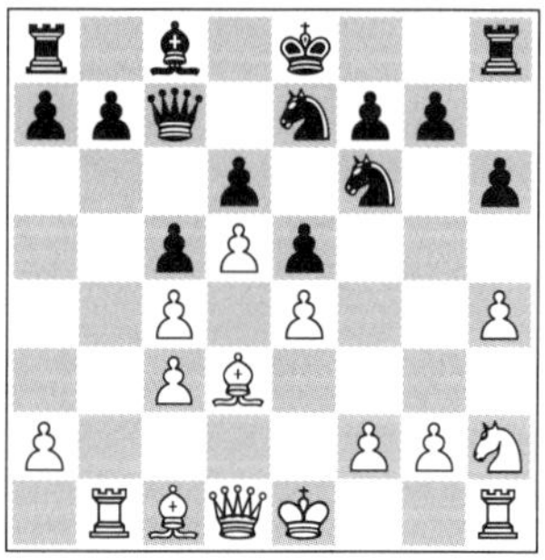

Bereitet 13.h5 vor (12.h5? ♗g4) und zwingt Schwarz zu einer Entscheidung.

12. ... h6-h5!

Eine gute Entscheidung. Wie wir später sehen werden, wird die mit dem weißen Läufer auf g5 verbundene Aktivität nur vorübergehender Natur sein, und Schwarz wird bald auf dem Königsflügel das Kommando übernehmen.

13. ♘h2-f1 ♗c8-d7
14. ♘f1-g3 0-0-0
15. ♗c1-g5

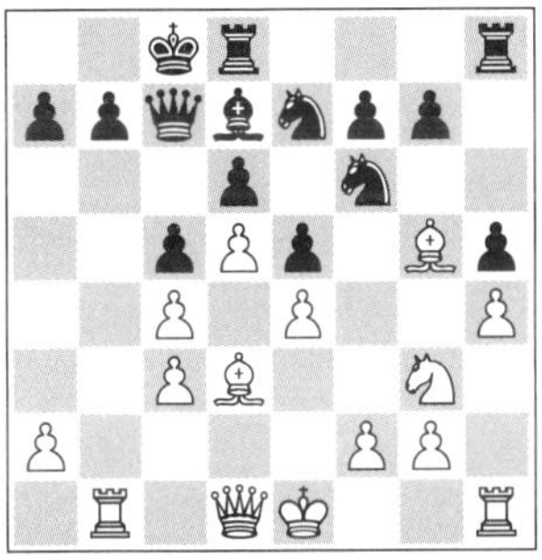

15. ... ♘e7-g8!

Der Beginn einer sehr interessanten Manövrierphase. Schwarz wird seine Figuren entwirren und einen starken Angriff am Königsflügel starten, während die auf dem Damenflügel massierten weißen Figuren keine ernsthaften Drohungen aufstellen können.

16. 0-0 ♖d8-f8!
17. ♖f1-e1 ♔c8-b8
18. ♖e1-e2 ♗d7-g4!
19. f2-f3 ♗g4-c8

Nun steht Schwarz zu Aktionen am Königsflügel bereit.

20. ♖e2-b2 ♘f6-d7
21. ♕d1-b3 f7-f6
22. ♗g5-e3 ♘g8-e7
23. a2-a4

Auf 23.♘f5 folgt 23...♖f7 nebst ...g7-g6 mit ähnlichen Plänen wie in der Partie.

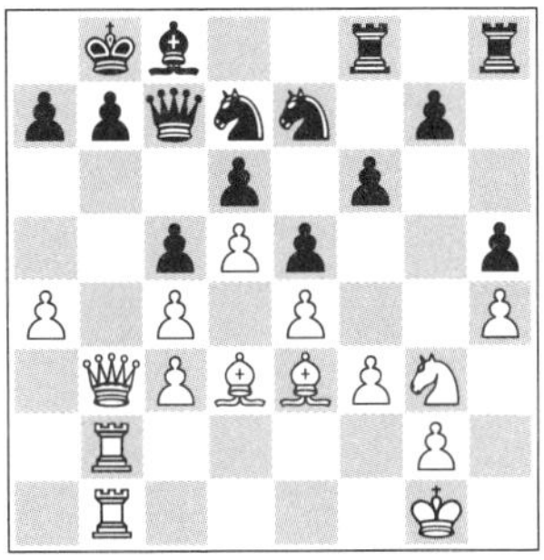

23. ... ♔b8-a8!
24. ♕b3-a3 ♘d7-b8
25. a4-a5 ♘b8-a6

Das Spiel des Nachziehenden war sehr lehrreich. Er hat jegliches aktive Spiel des Weißen unterbunden und wird jeden Moment mit einem unwiderstehlichen Angriff auf den weißen Monarchen beginnen. Weiß steht auf vollkommen verlorenem Posten.

26. ♗d3-c2 ♖f8-g8
27. ♗c2-a4 g7-g5
28. h4xg5 f6xg5
29. ♗a4-b5 ♘a6-b8

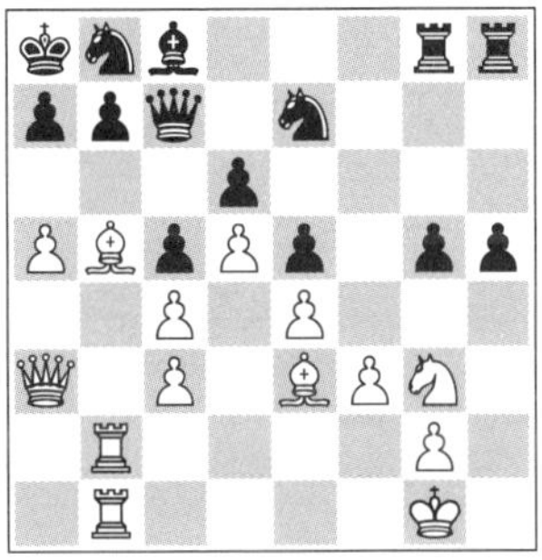

Ein trauriges Bild. Auf dem Damenflügel kann Weiß keine einzige Drohung aufstellen, während die Schlacht auf der anderen Brettseite verloren ist. Während – und nach! – der Partie muss der Anziehende gedacht haben: “Ich hatte zwei schöne Läufer, mehr Raum und sogar einen Hauch von Initiative, und ich habe nichts eingestellt. Trotzdem habe ich eine schreckliche Partie verloren. Wie konnte die Partie nur so schief laufen?”

30. ♘g3-f1 g5-g4
31. f3-f4 e5xf4
32. ♗e3xf4 ♘e7-g6
33. ♖b2-f2 h5-h4

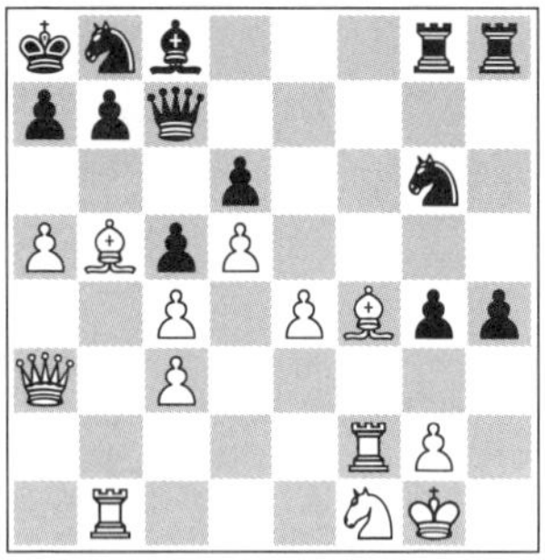

Hier hätte Weiß guten Gewissens aufgeben können. Seine letzten Züge sind Agonie.

34. e4-e5 g4-g3
35. ♖f2-f3 ♘g6xf4
36. ♖f3xf4 d6xe5
37. ♖f4-f6 h4-h3
38. a5-a6 h3xg2
39. a6xb7+ ♗c8xb7
40. ♖b1-a1 g2xf1♕+
41. ♖f6xf1 a7-a6
42. ♖f1-f6 ♖h8-h1+

Weiß gab auf.

Struktur 1.4

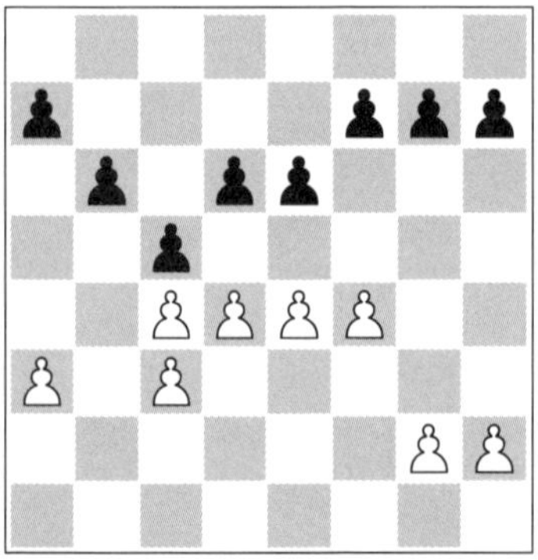

Nimzoindisch, Sämisch-Struktur – schwarzer Bauer auf c5

♦

NI 18.13 (E29) **PARTIE 4**

David Bronstein
Miguel Najdorf
Kandidatenturnier, Budapest 1950 (5)

1. d2-d4 ♘g8-f6
2. c2-c4 e7-e6
3. ♘b1-c3 ♗f8-b4
4. a2-a3 ♗b4xc3+
5. b2xc3 c7-c5
6. e2-e3 ♘b8-c6
7. ♗f1-d3 0-0
8. ♘g1-e2

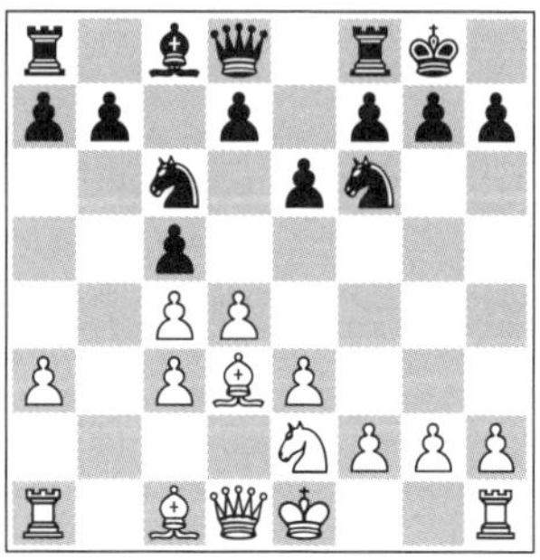

8. ... d7-d6?!

Wie sich später herausstellte, ist es besser für Schwarz, sofort mit 8...b6 und ...♗a6 gefolgt von ...♘a5 aktives Gegenspiel zu beginnen. Der relative Tempoverlust durch 8...d6 in Kombination mit dem folgenden Plan wird sich als fatal erweisen. Weiß steht bereit, sich auf den schwarzen König zu stürzen; nur mit sofortigem Gegenspiel – meist in Verbindung mit dem Schlagen des Bauern c4 – lässt sich dynamisches Gleichgewicht behaupten.

9. e3-e4 ♘f6-e8

Mehr im Geiste des letzten Zuges von Schwarz wäre 9...e5 gewesen.

10. 0-0 b7-b6

11. f2-f4

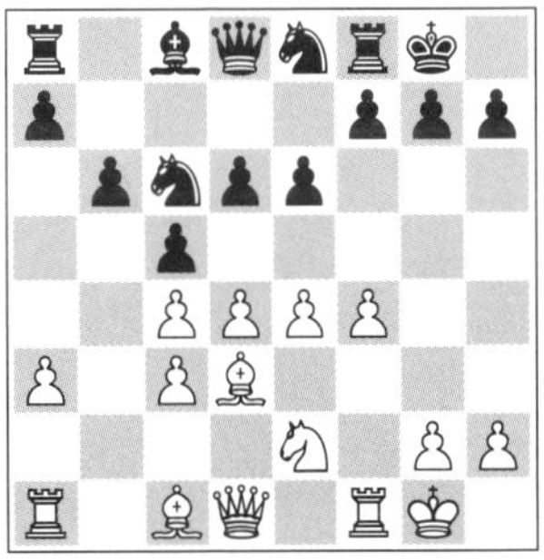

11. ... ♗c8-a6?

Der entscheidende Fehler. Mittlerweile ist klar, dass das von Schwarz geplante Gegenspiel nicht rechtzeitig kommen wird. Es überrascht sehr, dass ein so starker Spieler wie Najdorf die Gefahr nicht erkannte. Es war unbedingt nötig, das weiße Vorrücken am Königsflügel mit 11...f5! zu stoppen. Nach dem Textzug entwickelt sich der weiße Angriff schnell und vernichtend.

Es sei darauf hingewiesen, dass der kritische – und letzte – Fehler in dieser Partie schon im 11. Zug gemacht wurde. Wie oben erwähnt, ergeben sich kritische Momente trotz des recht geschlossenen Stellungscharakters häufig sehr früh. Man muss sie sehen und sich vor Augen führen, dass die Konsequenzen eines strategischen Fehlgriffs meist irreparabel sind.

12. f4-f5! e6-e5

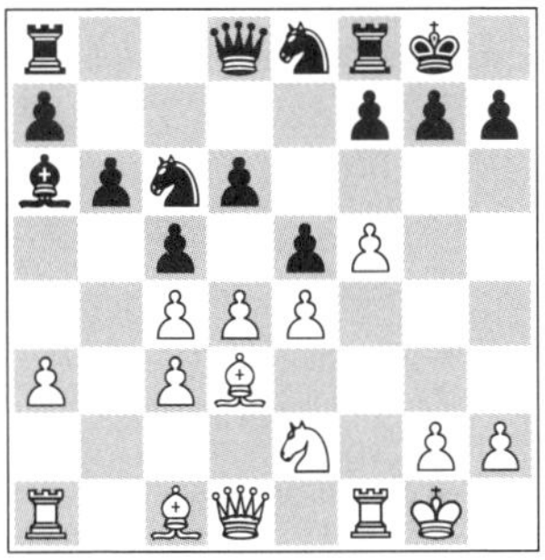

13. f5-f6!

Eine thematische Idee, die man sich merken sollte und die wohl auch von Najdorf übersehen wurde.

13. ... ♔g8-h8

13...♘xf6 geht nach 14.♗g5 gefolgt von ♘g3-♘h5 in eine tödliche Fesselung.

14. d4-d5 ♘c6-a5

15. ♘e2-g3

Weiß beginnt völlig ungerührt einen Mattangriff, während der ♗a6 und der ♘a5 auf der falschen Brettseite festsitzen (das Schlagen des Bauern c4 wäre hier ziemlich irrelevant). Ein typischer Nimzoinder, der für Schwarz fürchterlich schiefgelaufen ist.

15. ... g7xf6

Nach 15...♗xc4 lautet der einfachste Gewinnweg wahrscheinlich 16.♗xc4 ♘xc4 17.fxg7+ ♘xg7 18.♗h6 f6 19.♖a2! a6 20.♖af2 ♖a7 21.♘h5 ♘xh5 22.♕xh5 ♖ff7 23.♖xf6.

16. ♘g3-f5 ♗a6-c8

17. ♕d1-h5 ♗c8xf5

18. e4xf5 ♖f8-g8

19. ♖f1-f3 ♖g8-g7

20. ♗c1-h6 ♖g7-g8

21. ♖f3-h3 1-0

Es gibt keine Verteidigung gegen 22.♗f8. Weiß kann leicht in Schwierigkeiten geraten, wenn er die mit seinem Bauernzentrum verbundenen dynamischen Möglichkeiten überschätzt. Wenn es sich herausstellt, dass er für den geopferten Bauern c4 (dies ist gewöhnlich der Bauer, der fällt) nicht genug Kompensation erhält, bleibt er sehr häufig auf einer Ruine sitzen und verliert ohne richtigen Kampf.

Die Aufgabe eines Bauern für dynamisches Spiel ist definitionsgemäß ein intuitives Opfer und daher eine sehr trickreiche Angelegenheit, bei der selbst die Weltelite zuweilen fehlgreift. Es folgt ein gutes Beispiel dafür.

NI 19.7 (E24) **PARTIE 5**

Boris Spasski
Robert Hübner
Turin 1982 (1)

1.	**d2-d4**	**Sg8-f6**
2.	**c2-c4**	**e7-e6**
3.	**Sb1-c3**	**Lf8-b4**
4.	**a2-a3**	**Lb4xc3+**
5.	**b2xc3**	**c7-c5**
6.	**f2-f3**	**Sb8-c6**

Heutzutage gilt hier aus irgendwelchen Gründen 6...d5 als der beste Zug. Der Textzug führt jedoch zu einer komplizierten strategischen Schlacht, in der Schwarz gute Chancen hat, auf Gewinn zu spielen – im Gegensatz zu den Abspielen mit 6...d5, in denen jeder mittelmäßige theoriebewanderte Spieler mit Weiß gegen einen starken Großmeister remisieren kann. Die weiße Schwäche c4 bleibt ein Angriffsziel, und zugleich ist es nicht offensichtlich, wie Weiß seine Zentrumsbauern effizient vorrücken kann.

7. e2-e4 d7-d6!

Ein cleverer Zug. Schwarz verhindert vorübergehend e4-e5 und verhindert zudem die Entwicklung des weißen Springers über h3 nach f2, da 8.Sh3 an 8...e5 9.d5 Lxh3 10.dxc6 Lc8 mit gutem Spiel für Schwarz scheitert.

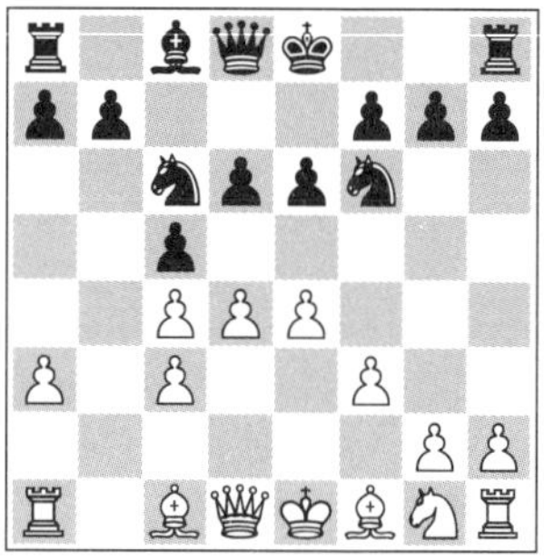

8. Sg1-e2?!

Dieser Zug gefällt mir hier nicht. Logischer ist 8.Le3, was den Bauern d4 deckt, um zunächst den Läufer nach d3 zu stellen und erst dann den Springer zu entwickeln, und zwischen den gleichen Kontrahenten in Bugojno 1982 gespielt wurde. Dort folgte 8...b6 9.Ld3, und nun:

A) 9...Sa5 10.Sh3 La6 11.De2 Dd7

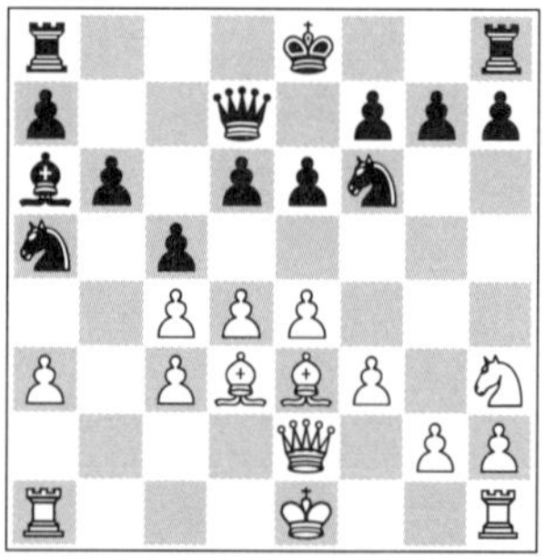

Analysediagramm

12.e5! (Weiß wird aktiv, vermutlich da er sich über 12...Da4 Sorgen machte) 12...dxe5 13.dxe5 Sg8 14.0-0 Se7 (14...Da4 15.Sg5 Se7 16.Se4 oder 15...Lxc4 16.Se4 sieht gut für Weiß aus). Dies war bis hierher der Verlauf der Partie Spasski-Hübner, Bugojno 1982. Nun hat Schwarz meines Erachtens nach 15.Sg5! (anstatt 15.Tad1?!) 15...Da4 16.Se4 Probleme, und nun:

A1) Falsch ist 16...Sf5? wegen 17.g4 Sxe3 18.Sd6+ Ke7 19.Dxe3.

A2) Im Fall von 16...Sc8? hat Weiß einen taktischen Schlag:

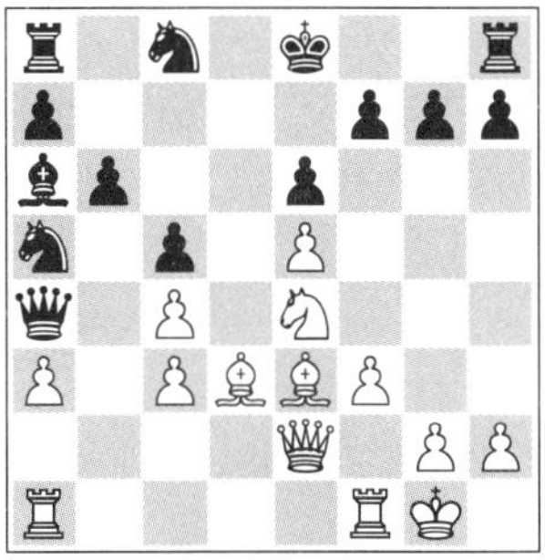

Analysediagramm

17.♗h6! (mit den auf der a-Linie herumlungernden schwarzen Figuren hat Weiß tödliche taktische Wendungen auf der anderen Brettseite) 17...gxh6 18.♗c2 ♕c6 (18...♕xc4 verliert wegen 19.♕d2) 19.♘f6+ ♔e7 20.♖fd1 ♗xc4 21.♕f2 ♗d5 22.♕h4 mit vernichtendem Angriff.

A3) 16...0-0 17.♗g5 ♘g6 18.♘d6.

B) In der Partie Botwinnik-Furman, Trainingswettkampf 1960, verfiel Schwarz auf einen interessanten Plan: 9...0-0 10.♘e2 ♘e8 11.0-0 ♘a5!? (Plant ...♗a6. Schwarz will den weißen Springer nach g3 zwingen. Im Allgemeinen sollte Weiß damit glücklich sein, aber Schwarz hat seine Gründe) 12.♘g3

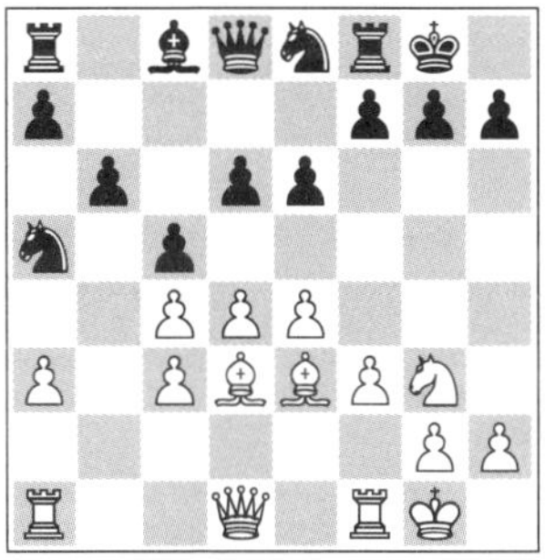

Analysediagramm

12...f5! 13.exf5 exf5 14.♘h5 ♘c7 15.♕e2 ♗a6 16.g4!? (Weiß will unbedingt auf dem Königsflügel aktiv werden) 16...♕e8! 17.♖ae1 ♕f7 18.d5 ♖ae8 mit besserer Stellung für Schwarz.

8. ... b7-b6

9. ♘e2-g3 ♘c6-a5

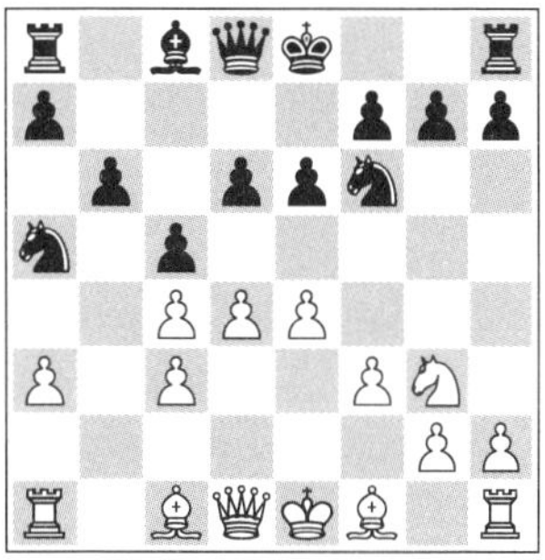

10. f3-f4

Da Weiß den Bauern c4 nicht vernünftig verteidigen kann, stößt er den Zentrumsbauern vor in der Hoffnung, Drohungen aufstellen zu können.

Die Aktivität des Anziehenden wird keine Kompensation für den Bauern erbringen. Daher ist festzustellen, dass Weiß sich schon im 10. Zug in ernsthaften Schwierigkeiten befindet. Daher sollte man sich als Anziehender in Acht nehmen! Wenn man diese Systeme spielt, nimmt man ein positionelles Risiko in Kauf, das sich oft als größer als erwartet erweist!

10. ... 0-0

11. e4-e5 ♘f6-e8

12. ♗c1-e3 ♗c8-a6

13. ♗f1-d3 ♗a6xc4

Weiß hat nicht nur völlig ohne Gegenwert einen Bauern verloren, sondern überdies auch noch ein positionelles Problem: Schwarz kontrolliert eine Menge weiße Felder, und der weiße Läufer steht auf e3 nicht gut.

14. 0-0

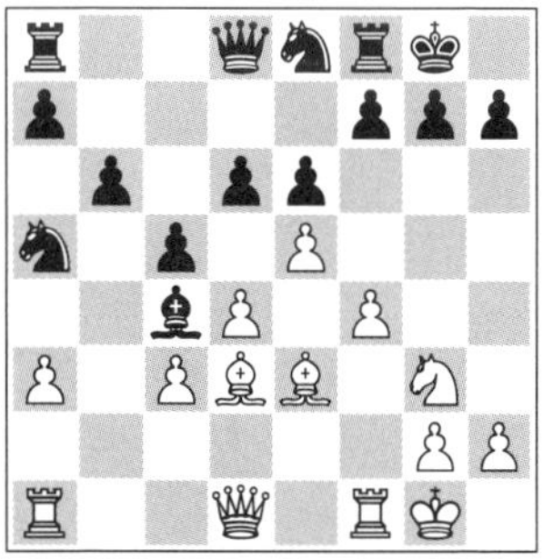

14. ... f7-f5!

Hindert Weiß daran, die Stellung zu verwickeln.

15. e5xf6 ♘e8xf6
16. ♕d1-e2 ♗c4xd3
17. ♕e2xd3 ♕d8-d7
18. ♖a1-e1 ♖a8-e8
19. ♗e3-c1 ♘a5-c6
20. f4-f5

Versucht, irgendwie Spiel zu bekommen.

20. ... e6xf5
21. ♘g3xf5 ♖e8xe1
22. ♖f1xe1 c5xd4
23. c3xd4

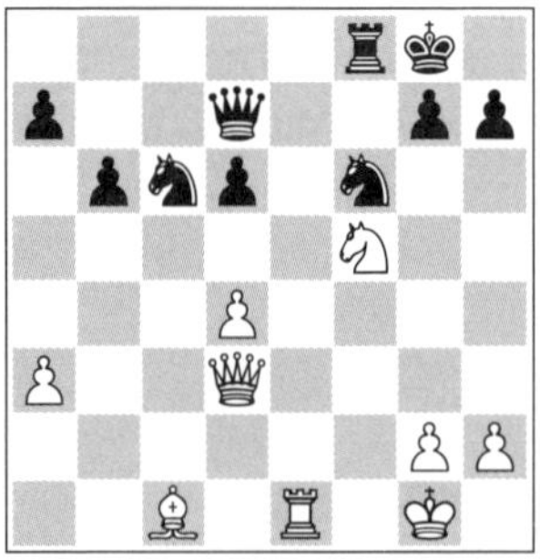

23. ... d6-d5!

Der Springer wird nach e4 gehen und das Ende der weißen “Initiative” besiegeln.

24. ♕d3-h3 ♔g8-h8
25. ♖e1-f1 ♘f6-e4
26. ♖f1-f3 ♖f8-f6
27. g2-g4

Verzweiflung.

27. ... ♘c6-e7
28. ♘f5-h4

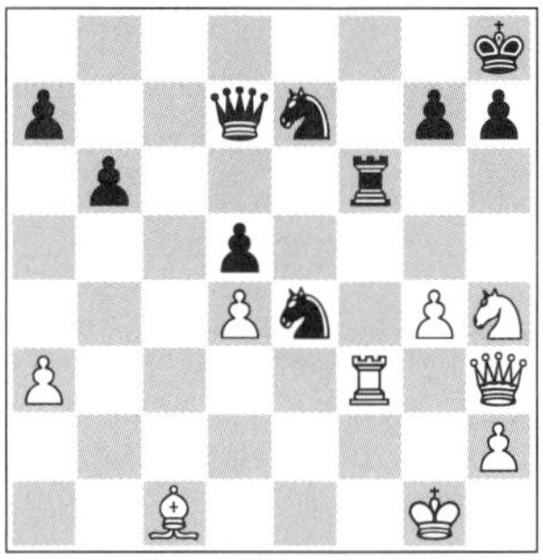

28. ... ♕d7-a4!

Hier hätte Weiß getrost das Handtuch werfen können.

29. ♖f3xf6 ♕a4xd4+
30. ♗c1-e3 ♕d4xf6
31. g4-g5 ♘e4xg5
32. ♕h3-d7 ♘g5-e4
33. ♔g1-g2 ♘e4-c5
34. ♕d7-c7 ♘c5-e6
35. ♕c7-b8+ ♘e7-g8
36. ♘h4-f3 ♕f6-g6+
37. ♔g2-h3 ♕g6-e4

Weiß gab auf.

Struktur 1.5

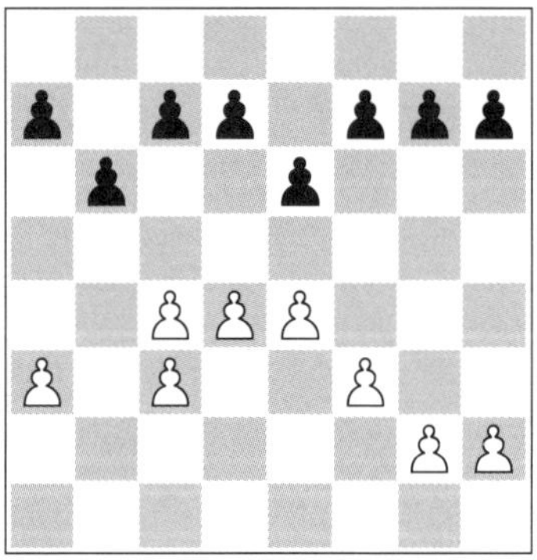

Nimzoindisch, Sämisch-Struktur – schwarzer Bauer auf c7

NI 18.1 (E24) **PARTIE 6**

Alexander Kotow
Paul Keres
Kandidatenturnier, Budapest 1950 (14)

1. c2-c4 ♘g8-f6
2. d2-d4 e7-e6
3. ♘b1-c3 ♗f8-b4
4. a2-a3 ♗b4xc3+
5. b2xc3 ♘b8-c6
6. f2-f3 b7-b6
7. e2-e4 ♗c8-a6

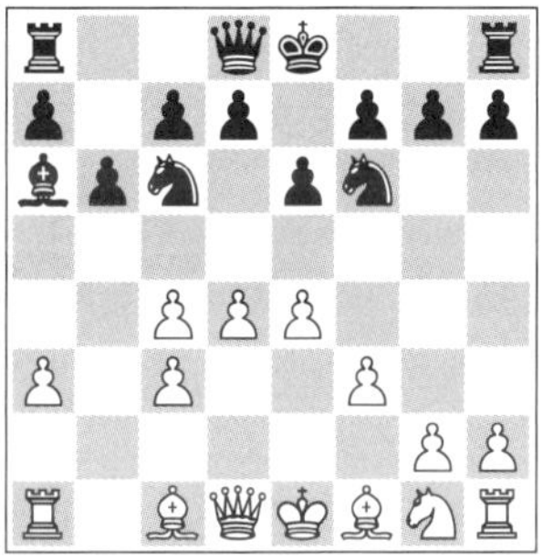

Die Ziele beider Seiten sind klar abgesteckt. Weiß gewinnt Raum, während Schwarz sich den weißen Bauern auf c4 einverleiben wird. Da es am schwarzen Königsflügel keinerlei Bauernschwächen gibt, hat der Nachziehende vor dem Vorrücken der weißen Bauern auf diesem Sektor keine Angst.

8. e4-e5

Weiß kann auch den Springer f6 fesseln: 8.♗g5 h6 9.♗h4 ♘a5, und nun:

A) 10.e5 zwingt Schwarz zum Vorrükken seiner Königsflügelbauern, was sich im vorliegenden Fall als recht günstig für den Nachziehenden erweisen könnte, da sein König nach der langen Rochade sicher sein wird. Ein gutes Beispiel ist 10...g5 11.♗f2 ♘h5! (nach 11...♘h7 kann Weiß mit 12.f4! die Initiative ergreifen) 12.h4 f5! 13.♕a4 (nach 13.c5 ♗xf1 14.♔xf1 ♔e7! 15.♘e2 ♕g8 hat Schwarz die Lage fest im Griff) 13...g4! 14.fxg4 fxg4 15.♕c2 ♕e7 16.♕e4 ♗b7 17.♕xg4 ♕f7, und in Bannik-Petrosjan, Moskau 1961, erhielt Schwarz schnell siegbringenden Angriff und gewann mühelos.

B) 10.♕a4 ♕c8!. Schwarz geht aus der Fesselung und steht bereit, den Anziehenden mit dem Manöver ♕b7-♕c6 an seinen schwachen Bauern c4 zu erinnern. Die folgende Kurzpartie zeigt, wie kompliziert sich der bevorstehende Kampf gestaltet: 11.♗d3 (meines Erachtens sollte Weiß besser mit 11.♖d1 ♕b7 12.e5 ♘h5 13.d5 oder 11.♘h3 ♕b7 12.d5 c6 13.e5 ♘h7 14.d6 seine Zentrumsbauern vorrücken) 11...♕b7 12.e5 ♘d5! (Schwarz macht sich korrekterweise die Fesselung auf der Diagonale a6-f1 zunutze) 13.cxd5 ♗xd3 14.♖d1 ♗c4 15.dxe6 fxe6 16.♕c2

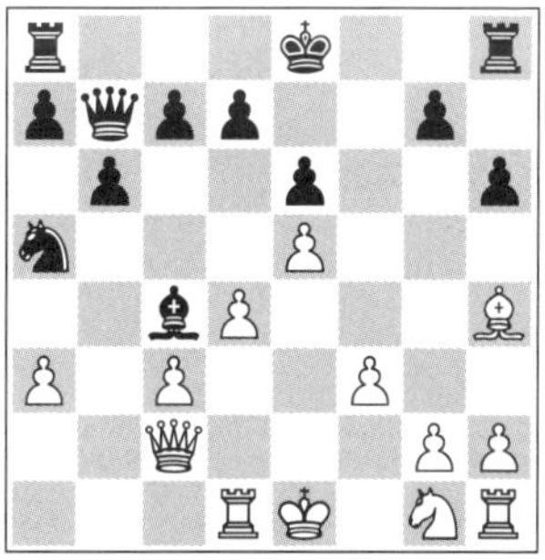

Analysediagramm

16...0-0?.

Es ist schwer zu glauben, aber dieser logische Zug erweist sich als entscheidender Fehler. Weiß bricht nun schnell einen Mattangriff vom Zaun.

Angezeigt war 16...♔f7! (deckt das Feld g6!) 17.♘h3 g5! (verhindert ♘f4/♕g6). Schwarz gewinnt die Qualität und damit wohl auch bald die Partie. Das Königsproblem kann er leicht mit ...♖af8 und ...♔e8-♔d8 lösen, wonach der schwarze König auf dem Damenflügel in Sicherheit gelangt.

17.♕g6!. Auf den ersten Blick sieht der weiße Angriff nicht sehr beängstigend aus. Falsch! Es ist gut möglich, dass die schwarze Stellung nun nicht mehr zu halten ist. 17...♖f7 18.♗f6 ♕c6 (18...♘c6 rettet Schwarz nicht angesichts von 19.h4! ♘e7 20.♗xe7 ♖xe7 21.♘h3 nebst ♘g5 mit anhaltendem Angriff) 19.h4! ♗a6 20.♘h3!, und der Springerzug nach g5 wird die sofortige Resignation erzwingen. Die Exekution des weißen Mattangriffs ist thematisch, lehrreich und definitiv erinnerungswert – dies könnte leicht in einer Ihrer eigenen Partien passieren! 20...♕xc3+ 21.♔f2 ♘c4 22.♘g5, und in Timman-Brinck Claussen, Wijk aan Zee II 1971, gab Schwarz sich geschlagen.

8. ... ♘f6-g8

9. ♘g1-h3

Das übliche Feld für den Springer in diesen Stellungen. Er kann später nach g5 (oder über f2 nach e4) gehen oder den Läufer auf g5 unterstützen.

9. ... ♘c6-a5

Nimmt die einzige Schwäche im weißen Lager aufs Korn.

10. ♕d1-a4

Stark in Betracht kam 10.♗g5 und dann nach 10...♘e7 (die Annahme des Bauern mit 10...f6 ist sehr riskant und wahrscheinlich nicht gut: 11.♗h4 ♗xc4 12.♗xc4 ♘xc4 13.♕e2 b5 14.f4 gibt Weiß reichlich Kompensation) 11.♕a4.

10. ... ♘g8-e7

Der übliche Plan des Nachziehenden, die Dame nach c6 zu bringen, funktioniert nun nicht, z.B. 10...♕c8 11.♗d3 ♕b7 12.♗e4! c6 13.♖b1! ♘xc4 14.♗d3 ♘a5 15.c4. Weiß hat einen ziemlich irrelevanten Bauern verloren und dafür ein paar Tempi zur Entfaltung seiner Initiative gewonnen.

11. ♗f1-d3

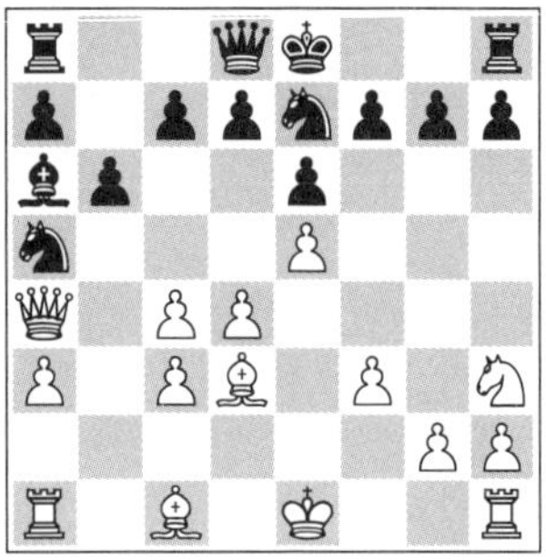

11. ... 0-0

Rochieren oder nicht rochieren? Das ist hier eine schwierige Frage. Die Rochade ermöglicht den Zug ...d6 mit unangenehmem Gegenspiel gegen das verwundbare weiße Zentrum. Andererseits steht Weiß zum Angriff bereit, und der König auf g8 könnte sich als leichtes Angriffsziel erweisen. Meines Erachtens wird Schwarz bei optimalem Spiel besser stehen, da das weiße Zentrum unter Beschuss geraten und schließlich zerstört werden wird.

Die Stellung ist jedoch sehr kompliziert, und selbst ein Spieler von Keres' Klasse greift bald fehl und spürt im kritischen Moment nicht die Gefahr, was zu einem Desaster führt.

Am besten war wahrscheinlich 11...h6!. Nach 12.♘f4 0-0 13.h4 (oder 13.♘h5 d6; 13.♗b1 funktioniert auch nicht wegen 13...♗xc4 14.♕c2 ♘f5) 13...d6! (es verliert 13...d5? 14.♗b1! mit vernichtendem Angriff für Weiß: 14...♗xc4 15.♕c2 ♘f5 16.g4 ♗b3 17.♕f2 ♘e7 18.♘h5 ♔h8 19.♗xh6! gxh6 20.♕e3 ♘g8 21.♘f6 Gutman-Lewtschenkow, Riga 1976) 14.♗b1 dxe5 15.♕c2 ♘f5, und Schwarz sollte gewinnen. Das weiße Zentrum ist ruiniert, und das weiße Angriffspotenzial reicht nicht aus, z.B. 16.g4 (oder 16.dxe5 ♗xc4 17.g4 ♗b3) 16...exf4 17.gxf5 exf5 18.♕xf5 g6 19.♕xf4 ♘b3.

12. ♗c1-g5

12.♘g5 sieht interessant aus, aber nach 12...h6 13.♘h7 (oder 13.♗h7+ ♔h8 14.h4 ♗xc4 15.♗b1 d6! (immer ein wichtiger Zug) 16.♕c2 ♘f5 17.g4 ♘b3! 18.gxf5 (18.♗b2 g6 19.gxf5 ♘xa1 20.♗xa1 exf5 ist besser für Schwarz) 18...♘xa1 19.♕e4 exf5 20.♕xf5 g6, und Schwarz wehrt den Angriff ab) 13...♖e8 14.♗xh6 gxh6 15.♘f6+ ♔g7 hat Weiß nicht genug.

12. ... h7-h6

13. ♗g5-h4

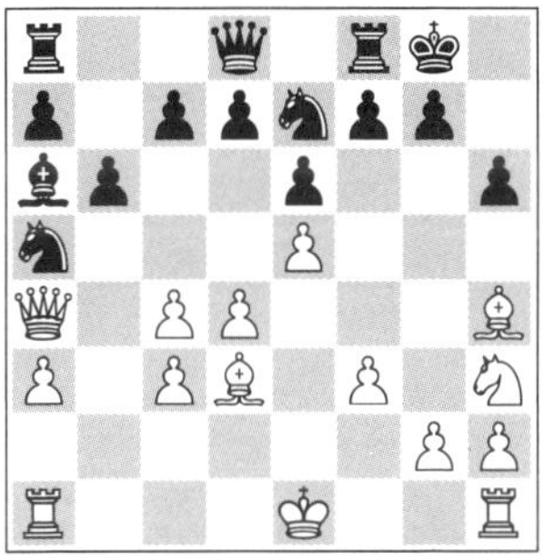

13. ... d7-d5?!

Dies ist ein strategischer Fehler, der den falschen Bauern angreift und die weiße Zentrumsbauernkette unversehrt lässt. Der richtige Weg zum Angriff auf das weiße Zentrum bestand wiederum in 13...d6!: 14.♗b1 dxe5 15.dxe5 (15.♕c2 f5) 15...g5! 16.♕c2 (16.♘xg5 hilft nicht: 16...♘f5! 17.♗xf5 exf5 18.♖d1 ♕e7, und Schwarz gewinnt) 16...♘f5 17.g4 ♘xc4! 18.gxf5 ♘xe5, und Schwarz gewinnt. Man beachte, dass die Varianten sehr scharf sind und zwischen Sieg und Niederlage nur ein ziemlich schmaler Grat liegt.

14. ♗d3-b1!

Diesen Zug hatte Keres unterschätzt. Dank seiner unbehelligten Zentrumsbauernkette hat Weiß Zeit zum Angriff.

14. ... g7-g5

14...♗xc4 15.♕c2 g6 16.♗f6 sieht schrecklich für Schwarz aus.

15. ♕a4-c2

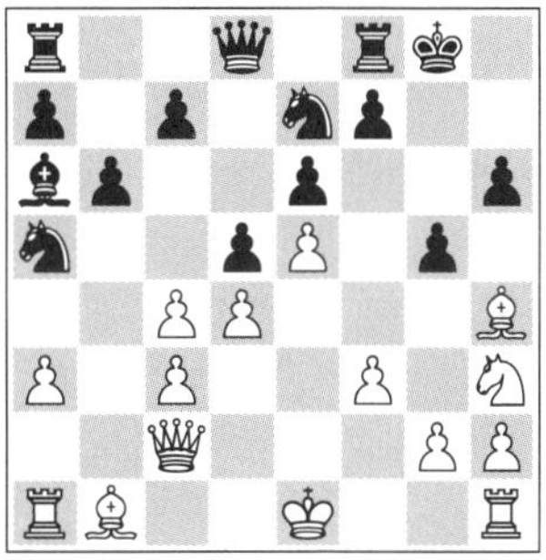

15. ... ♘e7-g6?

Der kritische und letzte Fehler. Das sofortige 15...♘f5? würde nach 16.g4 verlieren, aber Schwarz verfügte über die hervorragende, schwer zu findende Ressource 15...f5!! 16.exf6 ♘f5 17.g4 ♕xf6 18.gxf5 exf5 19.♘xg5 ♖ae8+! (nicht 19...hxg5? 20.♖g1) 20.♔f2 (20.♔d1 ♘xc4) 20...♗xc4 21.♖g1 ♔h8. Wegen der schlecht koordinierten weißen Figuren scheint Schwarz besser zu stehen.

16. ♘h3-f4!

Ein Superzug!

16. ... g5xh4

16...♕e8 17.♘h5!.

17. ♘f4xg6 ♖f8-e8

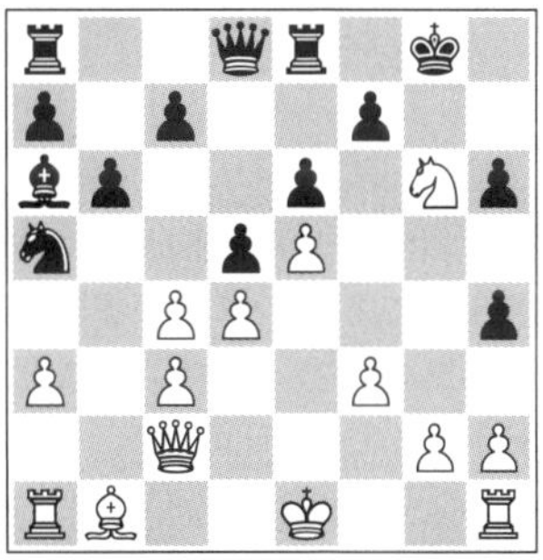

18. ♘g6-h8!

Weiß nutzt seine Chance und führt den Angriff wunderschön. Dagegen sind der ♗a6 und der ♘a5 nutzlose Statisten, die auf der falschen Brettseite feststecken, wie dies in derartigen Stellungen häufig zu sehen ist, wenn die Strategie des Schwarzen gescheitert ist.

18. ... ♖e8-e7
19. ♕c2-h7+ ♔g8-f8

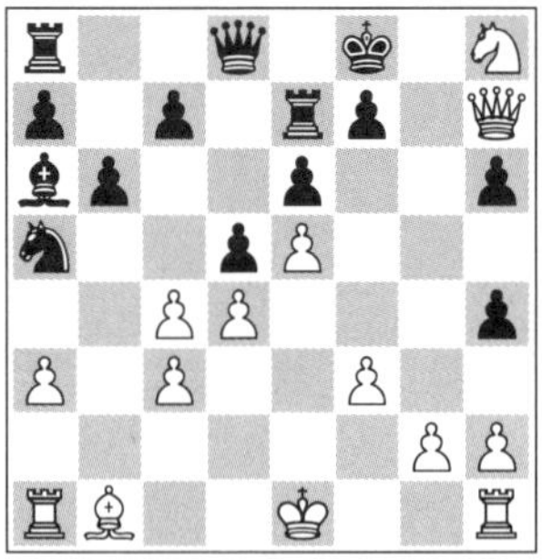

20. f3-f4!

Einfach und stark. Nach 20.♗g6 fxg6 21.♘xg6+ ♔e8 22.♘xe7 ♕xe7 23.♕g8+ ♕f8 24.♕xe6+ ♕e7 25.♕g8+ ♕f8 26.♕xd5 ♖d8 könnte Schwarz noch kämpfen.

20. ... ♘a5xc4

20...♗xc4 würde Weiß an der Rochade hindern, aber nach 21.f5 exf5 22.♗xf5 nebst 23.♕xh6+ nichts am Ausgang ändern.

21. f4-f5 e6xf5
22. 0-0 ♗a6-c8
23. ♗b1xf5 ♗c8xf5
24. ♖f1xf5 ♔f8-e8
25. ♖f5xf7 ♔e8-d7
26. ♕h7-f5+ ♔d7-c6
27. ♕f5-f6+ ♔c6-d7
28. e5-e6+ ♔d7-c6

28...♔d6 verliert nach 29.♖xe7 ♕xe7 30.♘f7+ die Dame.

29. ♖f7xe7 ♕d8xh8
30. ♖e7xc7+!

Hübsche Technik bis zum Ende.

30. ... ♔c6-b5

Nach 30...♔xc7 gewinnt 31.♕e7+ ♔c8 32.♖f1.

31. ♕f6-e7 a7-a5
32. ♕e7-d7+ ♔b5-a6
33. ♖a1-b1 1-0

Struktur 1.6

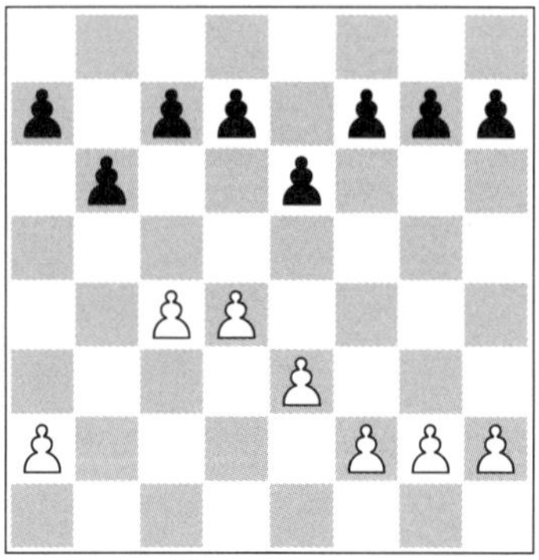

Klassisches Nimzoindisch mit Vollzentrum und Doppelbauer – Weiß opfert den Bauern c3

Vor langer Zeit, in Oviedo 1992, spielte ich mit den schwarzen Steinen einen typischen Nimzoinder mit Doppelbauer und geschlossenem Zentrum gegen einen Spieler mit einer Elo-Zahl von etwa 2450. Im Lauf der Partie konnte ich mit einem taktischen Trick den Bauern c3 gewinnen. Zu meiner Überraschung bekam mein Gegner schönes Spiel mit reichlich Kompensation für den Bauern, und ich konnte mich nur mit

Glück ins Remis retten. Dabei spielte es sicherlich eine Rolle, dass mein Kontrahent den Bauern c3 nicht freiwillig geopfert, sondern offensichtlich eingestellt hatte, denn ich konnte nicht verstehen, dass ich mit einem gesunden Mehrbauern ums Remis kämpfen musste.

Später analysierte ich die Stellung mit Ljubojevic (für die jüngere Generation sei angemerkt, dass Ljubomir Ljubojevic im Zeitraum von 1978-1988 zur Weltspitze gehörte), der die Meinung äußerte, dass das Schlagen des Bauern c3 ein schwerer strategischer Fehler war, da dies in seinen Augen meinem Gegner nur geholfen hatte, mehr Manövrierraum für seine Figuren zu bekommen und seinem schwarzfeldrigen Läufer die Diagonale zu öffnen.

Ljubo erklärte: "Du bist jedenfalls nicht der Erste, der in derartigen Stellungen Bauern nimmt und erst später erkennt, dass Weiß eine starke, anhaltende Initiative bekommt, die nur sehr schwer zu bändigen ist. Selbst ein Spieler von Spasskis Format erlitt einmal eine fürchterliche Niederlage gegen Keres in ihrem Wettkampf, als er diese Risiken falsch einschätzte. Das Schlagen des Bauern auf c4 lohnt sich immer, da Schwarz mit dem Abtausch der weißfeldrigen Läufer droht und gleichzeitig die Diagonale a1-h8 für den schwarzfeldrigen Läufer geschlossen bleibt. Das Schlagen des Bauern c3 öffnet nur die Diagonale und hilft Weiß".

Da ich im Jahre 1992 noch keinen Computer besaß, war die obengenannte Partie nicht leicht zu finden. Die Erklärung leuchtete mir jedoch ein, und ich schrieb sie mir hinter die Ohren. Nachdem ich mir gegen Ende 1993 meinen ersten Laptop gekauft und die Datenbank installiert hatte, erinnerte ich mich eines Tages wieder an Ljubos Kommentare. Also suchte ich mir die von ihm erwähnte Partie heraus. Er hatte völlig recht. Sehen Sie selbst:

NI 12.10 (E43) **PARTIE 7**

Paul Keres

Boris Spasski

Kandidatenwettkampf, Riga 1965 (8)

1. d2-d4 ♘g8-f6
2. c2-c4 e7-e6
3. ♘b1-c3 ♗f8-b4
4. e2-e3 b7-b6
5. ♗f1-d3 ♗c8-b7
6. ♘g1-f3 ♘f6-e4

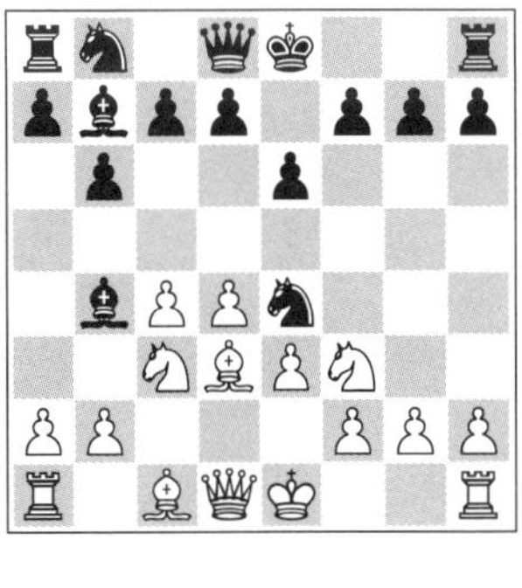

7. 0-0!

Heutzutage ist dieses Konzept gut bekannt und laut Theorie in dieser Stellung am besten. Im Jahre 1965 muss man Keres ein gutes Urteilsvermögen bescheinigen.

7. ... ♗b4xc3
8. b2xc3 ♘e4xc3?

Spasski meint, dass dieses Schlagen wegen der folgenden taktischen Ressource zu einem forcierten Remis führt. Es war viel besser, den Bauern zu vergessen und zu rochieren.

9. ♕d1-c2 ♗b7xf3
10. g2xf3 ♕d8-g5+
11. ♔g1-h1 ♕g5-h5

Der einzige Zug und die Ressource, auf die Schwarz sich verlassen hatte.

12. ♖f1-g1

Natürlich ist Weiß nicht geneigt, nach 12.♕xc3 ♕xf3+ Dauerschach zuzulassen.

12. ... ♕h5xf3+
13. ♖g1-g2 f7-f5

Schwarz hat Glück, dass sein Springer c3 nicht unmittelbar bedroht ist, so dass er Zeit hat, ihn zu verteidigen. Wahrscheinlich war Spasski aus diesem Grund überzeugt, dass Weiß nicht mehr als Remis hatte.

Der Textzug ist die beste Verteidigung. Nach 13...h5? 14.♗b2 h4 15.♔g1 verliert Schwarz den Springer, und auch 13...d5 hilft nicht: 14.cxd5! exd5 (14...♘xd5? 15.♗e2 ♕f6 16.e4 mit vernichtendem Angriff) 15.♗a3 ♘e4 16.♗xe4 ♕xe4 17.♕xc7 ♘d7 18.♔g1 g6 19.♖c1 ♖d8 20.♕xa7, und Weiß hat das geopferte Material zurückgewonnen, während der schwarze König weiterhin in der Mitte festsitzt.

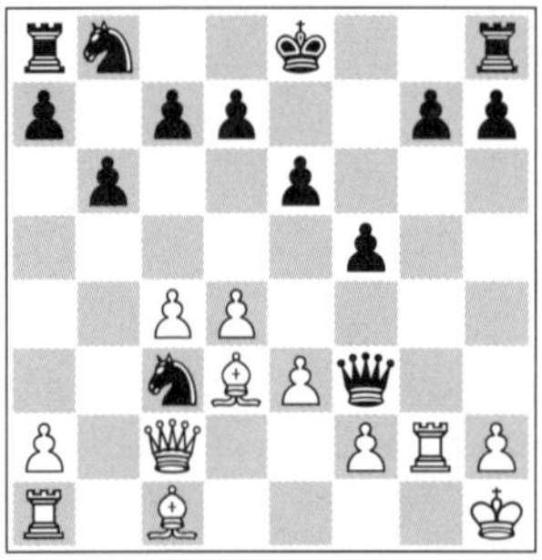

14. ♗c1-a3!

Keres schlägt das Remis nach 14.♕xc3 ♕d1+ 15.♖g1 ♕f3+ aus. Er urteilt richtigerweise, dass seine Initiative mehr wert ist als zwei Bauern, da alle seine Figuren aktiv stehen und Diagonalen und Linien offen sind.

14. ... ♘c3-e4
15. ♖a1-f1!

Will die Dame mit 16.♗e2 vertreiben und dann mit dem raumgreifenden Vorrücken der Bauern (f3, d5, e4) beginnen. 15.♔g1? wäre ineffektiv, da nach 15...♔f7 16.♗e2 ♕h3 17.f3 ♘f6 18.d5 ♘a6 der König dem Turm a1 das Feld g1 nehmen würde, so dass die meisten taktischen Möglichkeiten nicht funktionieren würden.

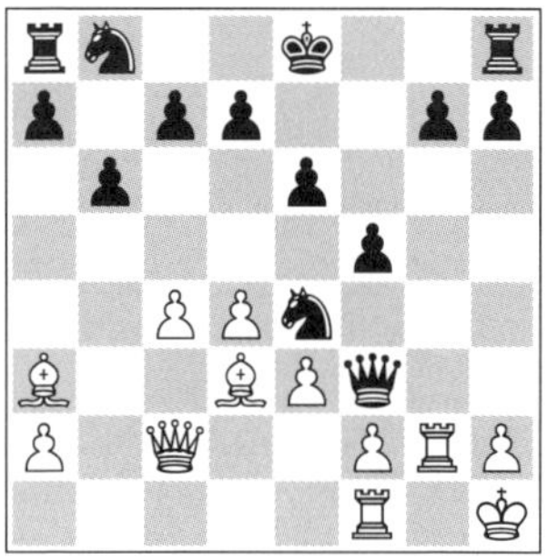

15. ... ♖h8-g8

In dieser schwierigen Stellung hat Schwarz eine Reihe von Möglichkeiten, aber keine gute Verteidigung:

A) Der Versuch, mit 15...♘c6 lang zu rochieren und die Türme zu verbinden, funktioniert nicht: 16.d5! (Weiß muss sich beeilen), und nun:

A1) Die Postierung des Springers am Brettrand hilft fast nie: 16...♘a5 17.♗e2 ♕h3 18.dxe6 dxe6 19.♖d1, und der schwarze König bleibt in der Mitte, da Weiß auf 19...♖d8 mit 20.f3 antworten und nach Vertreibung des Springers e4 auf g7 nehmen würde.

A2) 16...♘e5 17.♗e2 ♕h3 18.dxe6! (Genaues Spiel ist vonnöten. Falsch wäre 18.f3? ♘f6 19.dxe6 dxe6 20.♕a4+ ♔f7, und Weiß hat nicht genug Kompensation) 18...dxe6 19.♕a4+ ♔f7 (nach 19...♘d7 würde Weiß mit dem nicht so schwierigen, aber dennoch eleganten 20.♖d1 0-0-0 (20...♘f6 läuft in ein hübsches Matt: 21.♕c6! 0-0-0 22.♖xd7! ♘xd7 23.♗d6) 21.♖xd7! ♖xd7 22.♕c6 ♔b8 23.♕xd7 eine Figur gewinnen) 20.♕b5! ♘c5 (andere Züge verlieren sofort: 20...c5 21.♗b2 oder 20...♘g4 21.♕d7+ ♔g6 22.♕xe6+ ♘f6 23.e4) 21.♗xc5 bxc5 22.♕xc5 ♘g6 23.♕xc7+ ♔f6 24.♖d1, und Weiß hat nach Rückgewinn des geopferten Materials nach wie vor ein Angriffsziel in Gestalt des exponierten schwarzen Königs und einen schnellen Freibauern auf der c-Linie. Er steht auf Gewinn.

B) Der Zug 15...♔f7 ist ein Versuch, gegenüber der Partie ein Tempo zu gewinnen, der aber bei korrektem Spiel von Weiß auch nicht hilft: 16.♗e2! (Wiederum ist präzises Spiel notwendig. Im Fall von 16.d5?! könnte sich Schwarz mit 16...♘a6! 17.♗xe4 ♕xe4 18.♕c3 g6 19.♗b2 ♖hg8! 20.♕f6+ (oder 20.f3 ♕h4) 20...♔e8 verteidigen, wonach dem weißen Angriff der Atem ausgeht) 16...♕h3 17.f3 ♘f6 18.d5 ♘a6 19.dxe6+ dxe6 20.c5!, und nun:

B1) 20...♘b8 21.cxb6 axb6 (21...cxb6 22.♕c7+ ♘bd7 23.♖d1 ♖hd8 24.♗b2) 22.♕xc7+ ♘bd7 23.♖d1 ♖hd8 24.♗b2 g6 25.♗xf6 ♔xf6 26.♖xd7;

B2) 20...♘xc5 21.♗xc5 bxc5 22.♕xc5 ♘e8 (22...♖ad8 23.♖xg7+! – diese taktische Wendung und mit ihr die gesamte Variante funktioniert nur, weil Weiß im 15. Zug das Feld g1 für den anderen Turm freigelassen hat – 23...♔xg7 24.♕e7+ ♔g6 25.♖g1+ ♘g4 26.♕xe6+ ♔g7 27.♕e7+ ♔h6 28.fxg4) 23.♖d1! ♖f8 24.♗c4, und Schwarz kann hat keine Verteidigung gegen die zahlreichen Drohungen (♖d7+ oder ♗xe6+); nach 24...♕h6 gewinnt 25.♕xf5+.

16. ♗d3-e2 ♕f3-h3
17. f2-f3 ♘e4-f6

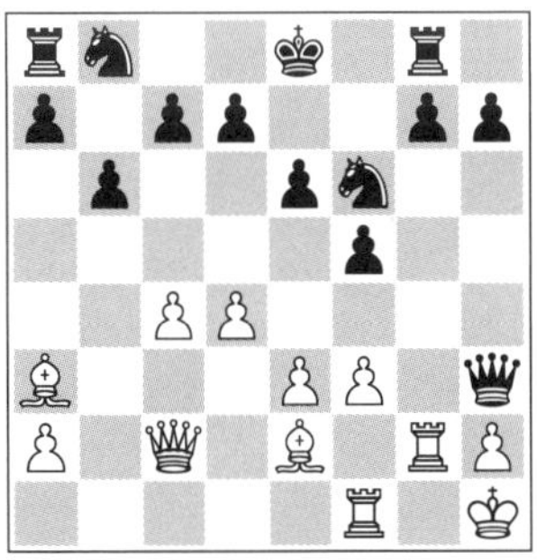

18. d4-d5!

Schwarz ist gegen das Vorrücken der weißen Bauern hilflos, da sein König hoffnungslos im Zentrum festsitzt und der ♖a8 und der ♘b8 nicht am Spiel teilnehmen. Weiß spielt bis zum Ende energisch und genau.

18. ... ♔e8-f7
19. e3-e4! c7-c5

Schwarz versucht eine der Diagonalen zu schließen, aber die weiße Bauernlawine rollt ungestört weiter. Der Nachziehende steht auf verlorenem Posten.

20. ♗a3-b2 f5-f4
21. e4-e5 ♘f6-h5
22. ♔h1-g1 g7-g6

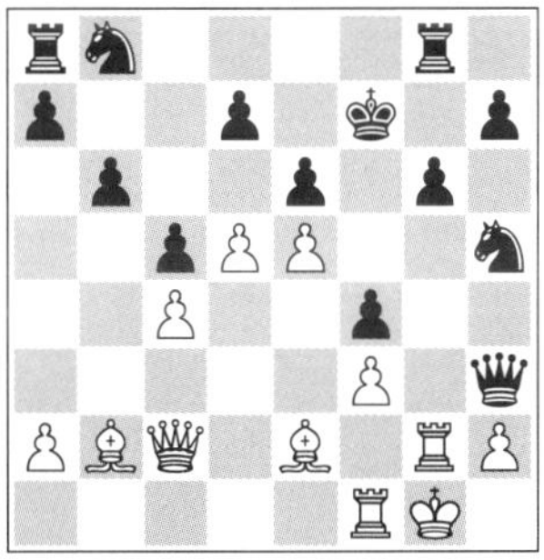

23. ♖g2-g4!

Setzt die Dame fest.

23. ... ♖g8-d8

Andere Züge verlieren ebenfalls: 23...♘a6 24.♕a4 oder 23...♘g7 24.♖xf4+ ♘f5 25.♕e4.

24. ♗e2-d3!

Genauigkeit bis zum Schluss. Nach dem sofortigen 24.♖f2 könnte Schwarz mit 24...♘g7 wenigstens seine Dame retten. Nun zwingt die Drohung 25.♗xg6+ den Turm zur Rückkehr und verhindert den Rückzug des Springers nach g7.

24. ... ♖d8-g8
25. ♖f1-f2

Da gegen 26.♗f1 kein Kraut gewachsen ist, gab Schwarz auf. Eine schreckliche Niederlage für Spasski in seiner Glanzzeit.

Struktur 1.7

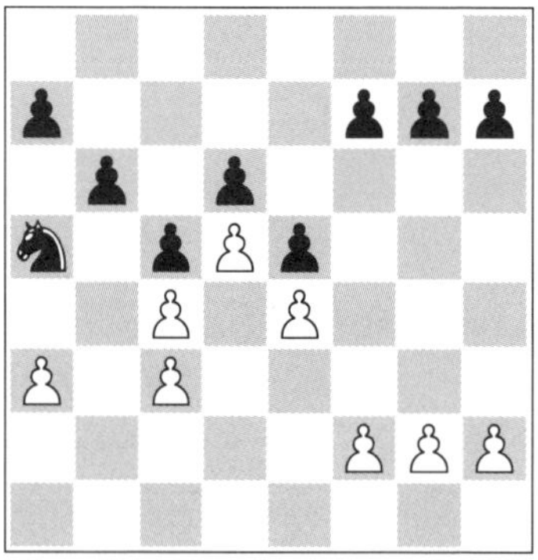

Klassisches Nimzoindisch mit Doppelbauer bei festgelegtem Bauernzentrum – Schwarz hat einen gestrandeten Springer auf a5

Schwarz muss immer aufpassen, dass er nicht auf einem Springer auf a5 und einem Läufer auf a6 sitzen bleibt, wenn der Angriff dieser Figuren auf den Schwächling c4 nicht zum Gewinn dieses Bauern führt, während Weiß unter Ausnutzung seines sich aus der Abwesenheit von zwei passiv am Brettrand verharrenden Figuren ergebenden Angriffspotenzials im Zentrum oder auf dem Königsflügel aktiv wird.

Wenn Schwarz seinen Springer nach a5 und seinen Läufer nach a6 stellt, sollte er sich besser vergewissern, dass er entweder den Bauern c4 nehmen oder die Koordination der weißen Figuren ernsthaft stören kann, da sich sonst die Abwesenheit dieser beiden Figuren auf der anderen Brettseite sehr unangenehm bemerkbar machen könnte! Figurentausch am Königsflügel bringt häufig keine Abhilfe, da die Abwesenheit der auf der a-Linie festsitzenden Figuren noch mehr ins Gewicht fallen würde. Dafür liefern die folgenden beiden Partien gute Beispiele.

NI 19.4 (E26) **PARTIE 8**

Swetosar Gligoric
Borislaw Iwkow
Bled 1961 (10)

1. d2-d4 ♘g8-f6
2. c2-c4 e7-e6
3. ♘b1-c3 ♗f8-b4
4. a2-a3 ♗b4xc3+
5. b2xc3 c7-c5
6. e2-e3 ♘b8-c6
7. ♗f1-d3 b7-b6

Es ist besser, zuerst zu rochieren.

8. ♘g1-f3

Ein guter Weg zur Ausnutzung der ungenauen Zugfolge des Nachziehenden besteht in 8.e4!.

8. ... d7-d6
9. e3-e4 e6-e5
10. d4-d5 ♘c6-a5

Der Bauer c4 wird wahrscheinlich nicht fallen, während der Springer geraume Zeit auf a5 festsitzen wird. Besser und logischer war daher 10...♘e7.

11. ♘f3-d2 ♗c8-a6

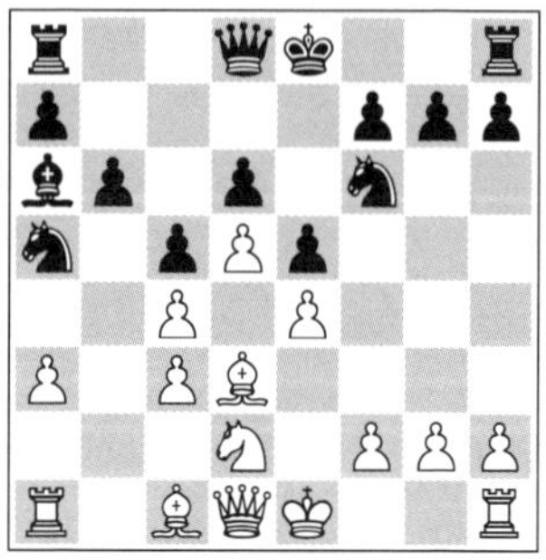

12. ♘d2-f1!

Unter Ausnutzung der Tatsache, dass der Bauer c4 wegen des Schachgebots auf a4 indirekt gedeckt ist, überführt Weiß den Springer auf das Feld e3, auf dem er in diesem Stellungstyp fast immer hervorragend steht. Von hier aus deckt der Springer den Bauern c4 und nimmt gleichzeitig das Feld f5 aufs Korn.

12. ... ♕d8-d7

13. ♘f1-e3

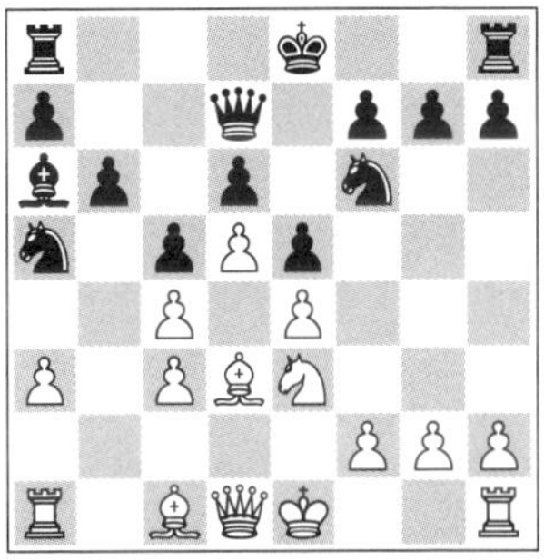

13. ... h7-h5!

Will mit ...♘g4 den Springer e3 abtauschen und den Druck auf c4 erhöhen.

14. h2-h3

Im Fall von 14.f3 erwidert Schwarz wie in der Partie 14...h4! nebst 15...♘h5.

14. ... h5-h4!

Legt den weißen Königsflügel fest und bereitet ...♘h5-♘f4 vor.

15. 0-0 ♘f6-h5

16. ♗d3-e2

Eine andere Möglichkeit ist 16.♘f5, um den Bauern h4 einzusammeln. Nach 16...g6 (16...♗xc4 17.♘xd6+! ♕xd6 18.♗xc4 ♘xc4 19.♕a4+ ♔e7 20.♕xc4 f6 21.a4 a5 22.♖b1 ist besser für Weiß) 17.♘xh4 ♗xc4 18.♗xc4 ♘xc4 19.a4 ♕e7 20.♘f3 ♘f4 hat Schwarz jedoch gutes Spiel.

16. ... g7-g6?!

Nach diesem natürlichen Zug kann Gligoric mit viel Genauigkeit und Kraft einen direkten Angriff auf den gegnerischen König aufbauen.

Angezeigt war sofort 16...♘f4!. Damit würde Schwarz seine strategischen Ziele erreichen, da der Springer nicht von f4 vertrieben werden kann; z.B.: 17.♗g4 ♕d8 18.♔h2 (bereitet g2-g3 vor) 18...♗c8!.

17. ♗e2-g4!

Der Auftakt zu einer Reihe energischer Züge, mit denen die schwarze Stellung letztendlich zerschlagen wird.

17. ... ♕d7-e7

17...♕d8?! lässt den Tempogewinn ♘f5 nicht zu, entfernt die Dame aber von der e-Linie, so dass Weiß die Initiative übernehmen kann: 18.♗xh5 ♖xh5 19.f4! exf4 20.♖xf4 ♕e7 (oder 20...♔f8 21.♖a2!) 21.♖a2!, und die Verdopplung der weißen Türme auf der f-Linie wird Schwarz eine Menge Unannehmlichkeiten bereiten.

18. ♗g4xh5 ♖h8xh5

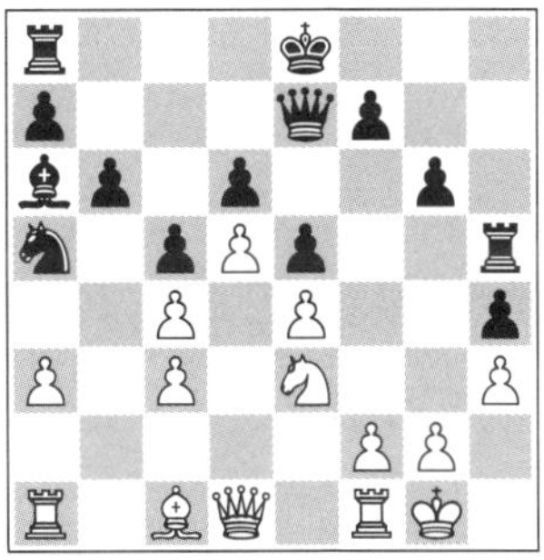

19. ♘e3-f5!

Unterstreicht den Nachteil der Damenstellung auf e7.

19. ... ♕e7-f8

20. f2-f4!

Schwarz bekommt keine Atempause.

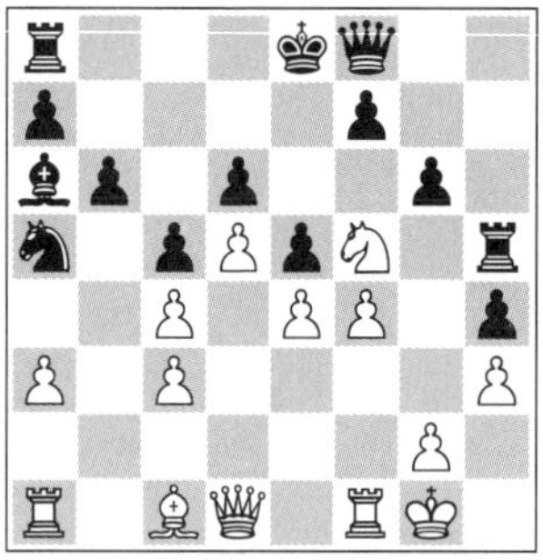

20. ... ♖h5-h8?

Logischer erscheint vielleicht die Deckung der siebten Reihe mit 20...♖h7, aber auch dieser Zug hat seine Schattenseiten. Auf h7 stünde der Turm nämlich schlecht: 21.♕a4+ ♔d8 22.♘e3! (möglich ist auch das Figurenopfer 22.fxe5 gxf5 23.♗g5+ ♔c8 24.♖xf5 ♗xc4 25.e6 f6! – der einzige Zug, da sonst 26.♕d7+ folgt – 26.♗xf6, und Weiß hat bestimmt Kompensation, aber die Sache ist alles andere als klar) 22...♕e8 (22...exf4 hilft nicht wegen 23.♘g4 mit anhaltendem weißem Angriff) 23.♕xe8+ ♔xe8 24.♘g4! (der Nachteil von 20...♖h7) 24...♖h8 25.fxe5 dxe5, und Weiß hat die angenehme Wahl zwischen dem Qualitätsgewinn 26.♗h6 ♘xc4 27.♗g7 oder dem Gewinn eines klaren Bauern nach 26.♘xe5 ♘xc4 27.♘xf7 ♖f8 28.♘g5 ♖xf1+ 29.♔xf1.

Schwarz brauchte starke Nerven und gute Rechenkünste, um den besten Zug finden: 20...♗xc4!! hält die Partie nach 21.fxe5 dxe5! (nicht 21...♗xf1? 22.♘xd6+ ♔d7, und nun ist 23.♕xf1 ♖xe5 24.♘xf7 ♖xe4 nicht so klar, aber nach 23.♗f4! ♗a6 24.♘xf7! oder auch sofort 23.♘xf7 hat Weiß gewinnbringenden Angriff) 22.♕a4+ ♔d8 23.♗h6! ♖xh6! 24.♘xh6 ♗xf1 25.♖xf1 ♕xh6 26.♖xf7 ♕e3+, und Schwarz rettet sich ins Dauerschach.

21. ♕d1-a4+!

Hervorragend gespielt. Das andere Figurenopfer war verlockend, aber alles andere als klar: 21.fxe5 gxf5 22.♗g5 (oder 22.♕a4+ ♔d8 23.♗g5+ ♔c8 24.♖xf5 dxe5 25.♗f6 ♖g8 26.♖xe5 ♕d6 27.♖e7 ♗xc4) 22...♗c8! 23.exf5 dxe5 24.♗f6 ♕h6!.

21. ... ♔e8-d8

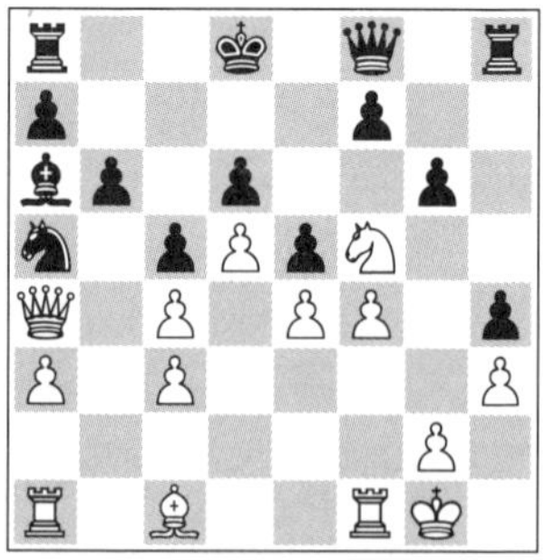

22. ♘f5xd6!! ♕f8xd6

23. f4xe5 ♕d6-c7

Die Barrikaden sind erstürmt. 23...♕xe5 verliert wegen 24.♖xf7 ♕e8 (oder 24...♗c8 25.♗f4) 25.♗g5+ ♔c8 26.♕xe8+ ♖xe8 27.d6!.

24. ♗c1-g5+?!

24.♗f4! hätte die Partie stilgerecht beendet: 24...♕b7 25.e6! fxe6 26.♗e5 ♕d7 (oder 26...♖e8 27.♖ad1 nebst 28.dxe6) 27.♕d1! ♖e8 28.♖f7! mit Gewinn für Weiß.

24. ... ♔d8-c8

25. d5-d6

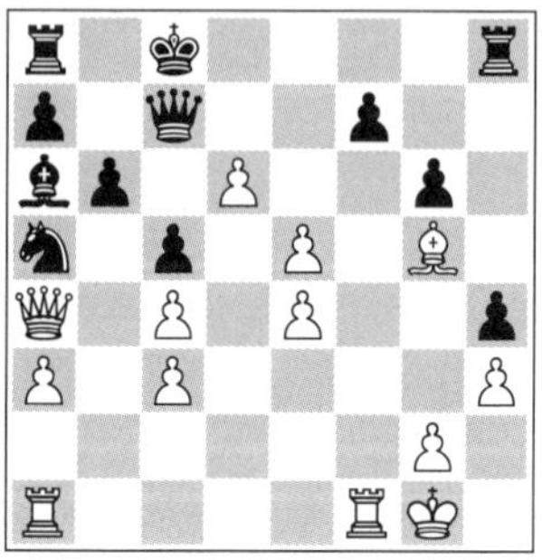

25. ... ♕c7-c6?

Schwarz verpasst seine Chance, mit 25...♕b7! in der Partie zu bleiben. Nach dem scheinbar vernichtenden 26.♖ad1 (oder 26.e6 fxe6 27.♖ad1 ♕c6!) verfügt er nämlich über das coole 26...♗xc4! 27.d7+ ♔c7 28.e6 ♗xe6!, wonach Weiß wohl nicht mehr als Remis durch Dauerschach mit 29.♗f4+ ♔d8 30.♗g5+ ♔c7 hat.

26. ♕a4xc6+ ♘a5xc6
27. ♖f1xf7 ♘c6xe5
28. ♖f7-c7+ ♔c8-b8
29. ♗g5-f6 ♖h8-e8
30. ♖c7-e7!

Der Rauch hat sich verzogen. Weiß bekommt seine Figur zurück und erreicht ein leicht gewonnenes Endspiel.

30. ... ♖e8xe7
31. d6xe7 ♔b8-b7
32. ♗f6xe5 ♗a6xc4
33. ♖a1-d1 ♖a8-e8
34. ♗e5-f6 ♗c4-b5
35. ♖d1-d8 ♔b7-a6
36. ♗f6xh4 ♔a6-a5
37. ♗h4-f6 ♔a5-a4
38. h3-h4 c5-c4
39. g2-g4 ♔a4xa3
40. h4-h5 g6xh5
41. g4xh5 1-0

NI 19.4 (E26) **PARTIE 9**

Alexej Wischmanawin
Alexander Beljawski

Meisterschaft der UdSSR, Lwow 1984 (7)

1. d2-d4 ♘g8-f6
2. c2-c4 e7-e6
3. ♘b1-c3 ♗f8-b4
4. a2-a3 ♗b4xc3+
5. b2xc3 c7-c5
6. e2-e3 ♘b8-c6
7. ♗f1-d3 e6-e5

Besser ist hier der Hauptzug 7...0-0.

8. ♘g1-e2 d7-d6
9. 0-0 0-0

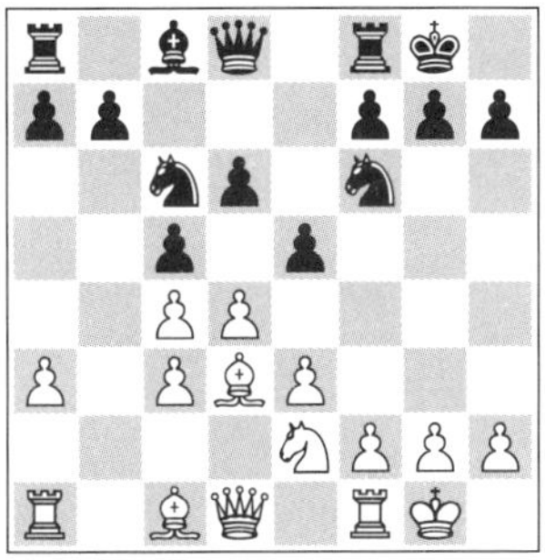

10. e3-e4!

Dieser Plan ist hier gut bekannt. Weiß hält seine Bauernstruktur flexibel und ist zu einem vorübergehenden Bauernopfer bereit.

10. ... b7-b6

Die Annahme des Bauern mit 10...cxd4 11.cxd4 exd4 ist strategisch riskant. Die Diagonale a1-h8 wird für den schwarzfeldrigen weißen Läufer geöffnet, der schwarze Bauer d6 ist schwach, und Weiß hat das Zentrum gut unter Kontrolle und wird nach einiger Zeit den Bauern d4 mit besserem Spiel zurückgewinnen.
Eine gute Illustration des möglichen Spielverlaufs ist die Blitzpartie Tal-Sosonko, Brüssel 1987: 12.♗b2 ♖e8 13.f3 ♕b6 14.♖b1 ♕c5 15.♔h1 ♗e6 16.♖c1 ♘d7 17.♗b1 (da der Bauer d4 nun fallen wird, muss Schwarz versuchen, sich einen der anderen weißen Bauern zu schnappen) 17...♕b6 18.♗a1 ♘de5 (Es sieht so aus, als ob Schwarz es auf den falschen Bauern abgesehen hat. Besser war 18...♕a6 19.♘xd4 ♕xa3 20.♗d3 ♘xd4 21.♗xd4, wonach Weiß Kompensation haben sollte, aber nicht mehr) 19.♘xd4 ♗xc4 20.♘xc6! bxc6 21.♖e1 ♖ad8 22.f4 ♗b3 23.♕e2 ♘g6 24.♕g4! ♕f2 25.♖f1 ♕h4 26.♕xh4 ♘xh4 27.f5!, und der Springer sitzt in der Falle.

11. d4-d5 ♘c6-a5?!

Der Springer wird geraume Zeit auf diesem Feld bleiben und nichts leisten. Vielleicht habe ich eine zu große Abneigung gegen diese Art von Zug, aber 11...♘e7 scheint mir in diesem Stellungstyp eine fast automatische Antwort zu sein.

12. ♘e2-g3 ♖a8-b8
13. a3-a4 ♖f8-e8
14. h2-h3

Bereitet f2-f4 vor. Wenn Schwarz 11...♘e7 gespielt hätte, wäre hier 14...♘g6 eine einfache Lösung gewesen. Nun muss Schwarz den weißen Springer nach f5 lassen, um das Feld e5 ordentlich verteidigen zu können.

14. ... ♘f6-d7
15. ♘g3-f5 ♘d7-f8
16. ♕d1-g4 ♘f8-g6

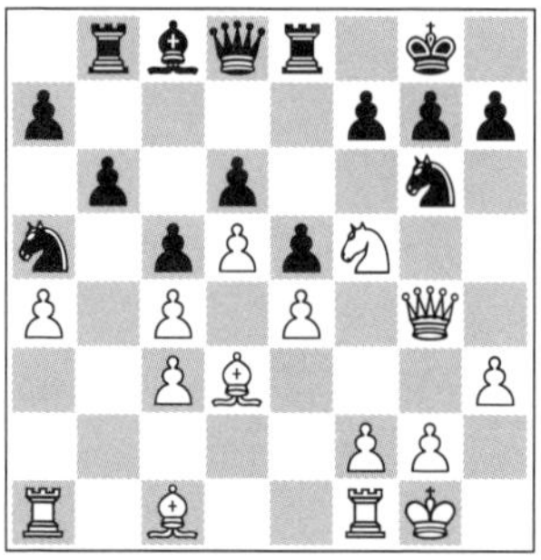

17. ♗c1-g5!

Nimmt der schwarzen Dame das Feld f6. Im Fall von sofort 17.♗e3 hätte Schwarz nach 17...h6! 18.g3 ♕f6 gutes Spiel.

17. ... f7-f6
18. ♗g5-e3 ♖b8-b7
19. g2-g3 ♖b7-f7
20. ♔g1-h2 ♔g8-h8
21. ♕g4-h5

Weiß bereitet langsam das Vorrücken seiner Königsflügelbauern vor, während Schwarz über kein hinreichendes Gegenspiel verfügt, mit dem er den Anziehenden beschäftigen könnte.

21. ... ♖f7-f8
22. ♖a1-e1 ♘g6-e7

Tauscht den lästigen Springer auf f5 ab. Weiß wird jedoch mit f2-f4 seine Bauernlawine in Bewegung setzen und dabei vor Bauernopfern nicht zurückschrecken, da er wegen der Abseitsstellung des schwarzen Springers auf a5 praktisch eine Figur mehr hat.

23. ♘f5xe7 ♖e8xe7
24. f2-f4! ♕d8-e8
25. ♕h5-e2

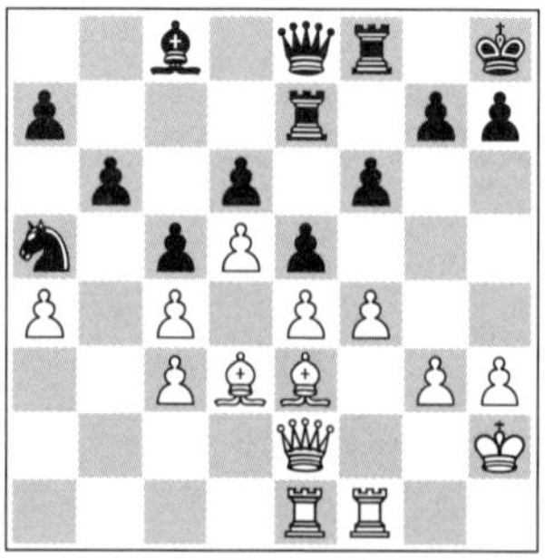

25. ... ♖e7-f7

Schwarz muss sich hier zwischen zwei strategischen Möglichkeiten entscheiden:

A) Er kann den Bauern a4 schlagen und auf Gegenspiel am Damenflügel hoffen, was aber das Vorrücken der weißen Königsflügelbauern gestattet, oder

B) er kann auf f4 schlagen, was einen Durchbruch im Zentrum gestattet, aber die Möglichkeit eines Bauernsturms am Königsflügel ausschaltet.

Dies ist eine schwierige Entscheidung, die am Brett unmöglich zu berechnen ist. Schwarz entscheidet sich schließlich für Möglichkeit A. Möglichkeit B hätte seine Probleme auch nicht gelöst, da er in den meisten der kritischen Abspiele praktisch eine Figur weniger hat; z.B.: 25...exf4 26.gxf4 ♕xa4 (im Fall von 26...f5 bekäme Weiß mit 27.e5! dxe5 28.fxe5 ♖xe5 29.♕f2 ♕xa4 30.♖g1! starken Angriff;

auf 30...♕d7 (oder 30...♖fe8 31.♗h6! ♖xe1 (nach 31...gxh6 32.♕h4 ♕a2+ 33.♔h1 lässt das Matt nicht mehr lange auf sich warten) 32.♗xg7+ ♔g8 33.♗e5+ ♖xg1 34.♕xg1+ ♔f7 35.♕g7 matt) gewinnt 31.♗h6!) 27.♖g1 (auch nach 27.♕h5 hat Weiß genug Kompensation; eine mögliche Folge wäre 27...♘xc4 28.e5 g6 29.♕h6 ♖g7 30.exf6! ♖xf6 31.♗xc4 ♕xc4 32.♗d4! cxd4 33.♖e8+ ♖g8 34.♖e7 mit Gewinn für Weiß) 27...♖fe8 28.♕h5 mit starkem Angriff, der viel mehr wert ist als ein Bauer.

26. f4-f5! ♗c8-d7
27. h3-h4 ♗d7xa4
28. g3-g4

Weiß wird die Bauern vorstoßen und später durch das in diesem Stellungstyp standardmäßige Opfer seines schwarzfeldrigen Läufers den Weg für das weitere Vorrücken der Infanterie freizumachen. Schwarz ist hilflos.

28. ... b6-b5
29. c4xb5 c5-c4
30. ♗d3-b1 ♕e8xb5
31. g4-g5 ♖f7-b7
32. ♕e2-h5 ♕b5-e8
33. g5-g6! h7-h6

Nun muss Weiß das Opfer seines Läufers auf h6 vorbereiten.

34. ♖f1-g1 ♔h8-g8
35. ♖e1-e2 ♘a5-b3
36. ♖e2-g2 ♘b3-c5

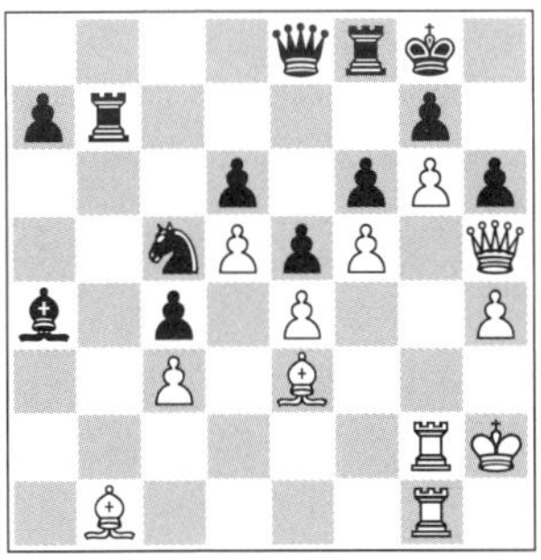

37. ♗e3xh6! g7xh6
38. ♕h5xh6 ♖b7-g7
39. h4-h5

Der Weg ist frei für die weißen Fußsoldaten, die nun die Schlacht entscheiden.

39. ... ♕e8-b5
40. ♕h6-e3 ♖f8-b8
41. h5-h6 ♕b5-d7

Oder 41...♖gb7 42.g7.

42. h6xg7

Schwarz gab auf.

Wer zu Beginn der Partie eine falsche strategische Entscheidung trifft, der riskiert, die Partie sang- und klanglos zu verlieren – Weltklassespieler bilden da keine Ausnahme.

Gestrandeter schwarzer Springer am Damenflügel – Weiß hat ein bewegliches Bauernzentrum

Ich würde lügen, wenn ich behaupten würde, dass ich noch nie nach der Massierung meiner Leichtfiguren auf dem Damenflügel am Königsflügel abgeschlachtet worden bin. Die folgende Partie veranschaulicht sehr gut, wie eine Partie danebengehen kann.

NI 18.13 (E29) **PARTIE 10**

Zsuzsa Polgar
Ivan Sokolov
Pardubice 1994 (4)

1. d2-d4 ♘g8-f6
2. c2-c4 e7-e6
3. ♘b1-c3 ♗f8-b4
4. a2-a3 ♗b4xc3+
5. b2xc3 c7-c5
6. e2-e3 ♘b8-c6
7. ♗f1-d3 0-0
8. ♘g1-e2 b7-b6
9. e3-e4 ♘f6-e8
10. 0-0 ♗c8-a6
11. f2-f4 f7-f5

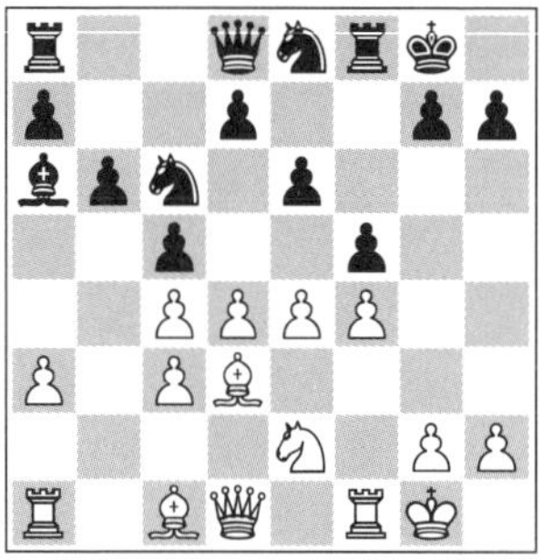

Diese Stellung ist gut bekannt und stellt eine der Hauptvarianten der Sämisch-Variante des Nimzoinders dar.

12. ♘e2-g3 g7-g6

13. ♗c1-e3 ♘e8-d6!?

Dieses Abspiel hat einen erheblichen Teil seiner Popularität den Bemühungen von Artur Jussupow zu verdanken. Artur versuchte sie des öfteren mit Weiß, auch gegen den 12. Weltmeister Anatoli Karpow. In diesen Begegnungen erzielte Karpow eine gute Punktausbeute.

Da diese Variante für mich etwas überraschend kam, versuchte ich mich jener Partien zwischen Jussupow und Karpow zu entsinnen. Ich erinnerte mich daran, dass Schwarz in einer der Partien nach einem Bauernscharmützel im Zentrum mit 13...cxd4 14.cxd4 d5 gleiches Spiel erhielt (Jussupow-Karpow, Linares 1993), wohingegen in der anderen Partie zwischen den gleichen Kontrahenten ein anderer Plan versucht wurde: Der Bauer c4 wurde sofort angegriffen – dieser Plan sagte mir damals mehr zu.

14. e4xf5

14.dxc5 ♘xc4 ist gut für Schwarz. Das sofortige 14.♕e2 verspricht nichts: 14...fxe4! 15.♘xe4 ♘xe4 16.♗xe4 d5 17.♕g4 (nach 17.♗d3 cxd4 18.cxd4 (18.♗xd4? funktioniert nicht wegen 18...♘xd4 19.cxd4 dxc4 20.♕xe6+ ♔g7) 18...♗xc4 19.♗xc4 dxc4 20.♕xc4 ♕d5 steht Schwarz besser) 17...dxe4 18.♕xe6+ ♖f7 19.♕xc6 ♗xc4.

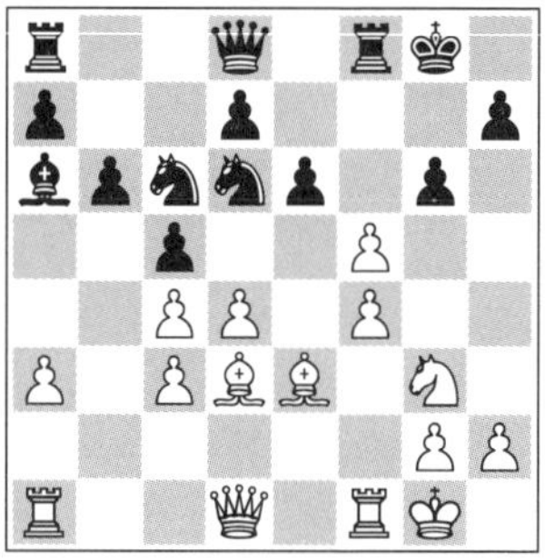

14. ... g6xf5?

Wenn man seine Hausaufgaben nicht ordentlich gemacht oder seine Vorbereitung vergessen hat, sollte man besser am Brett nach Zügen suchen, statt zu versuchen, sich an die "Theorie" oder seine Vorbereitung zu erinnern. In dem festen Glauben, immer noch einer der Karpow-Partien zu folgen, beschäftigte ich mich hier nur mit der Frage, mit welchem Bauern ich zurückschlagen sollte (das Schlagen mit dem e-Bauern war übrigens besser).

14...♘xc4! wurde in der 3. Partie des Kandidatenwettkampfs Jussupow-Karpow, London 1989, gespielt. Nach 15.♗xc4 ♗xc4 16.fxg6 ♗xf1 17.♕h5 ♕e7 18.♖xf1 hxg6 19.♕xg6+ ♕g7 20.♕d3 cxd4 21.cxd4 ♕h7! hatte Weiß nicht für die geopferte Qualität nicht genug Kompensation. Schwarz konsolidierte seine Stellung und trug später den Sieg davon.

15. ♕d1-e2!

Die korrekte Reaktion, die den Irrtum des Nachziehenden ausnutzt. Da Schwarz nicht mehr auf e4 schlagen kann, ist die Hauptquelle seines Gegenspiels verschwunden (siehe die Anmerkung zu 14.exf5)! Weiß hat die Partie fest im Griff; die schwarze Stellung ist bereits kritisch. Etwa hier dämmerte es mir, dass ich mich definitiv nicht mehr in den Fußstapfen von Karpow befand. Meine Stellung sollte bald noch schlechter werden.

15. ... ♘c6-a5

Die Einschaltung des Schlagens auf d4 löst die Probleme des Nachziehenden auch nicht: 15...cxd4 16.cxd4 ♘a5 17.c5 ♗xd3 18.♕xd3 ♘dc4 19.d5! ♘xe3 (oder 19...♖c8 20.♗f2! bxc5 21.♖ac1) 20.♕xe3 ♕f6 (20...exd5? 21.♖ad1 hilft nur Weiß) 21.♖ad1 mit besserer Stellung für Weiß wegen seiner besseren Bauernstruktur und sichereren Königsstellung.

16. d4xc5 ♘d6xc4
17. ♗e3-d4

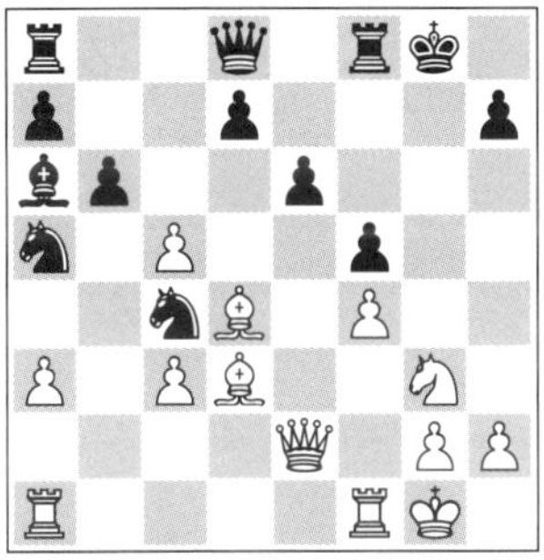

Die drei weißen Leichtfiguren (Läuferpaar und Springer) sind gut koordiniert und stehen zum Angriff bereit, während die drei schwarzen Leichtfiguren am Brettrand stehen und überhaupt nicht am Spiel teilnehmen.

17. ... b6xc5
18. ♗d4xc5 ♖f8-f6
19. ♖a1-b1 ♖f6-g6
20. ♗c5-d4 ♖a8-c8

Den Bauern a7 würde Schwarz lieber behalten, aber es ist schwer, hier einen guten Rat zu geben. Die weißen Figuren sind gut koordiniert und stehen zu einem tödlichen Schlag bereit.

Im Fall von 20...♕c7? entscheidet 21.♘xf5! schnell: 21...exf5 22.♗xf5 ♘c6 (22...♘d6? verliert sofort wegen 23.♕e5) 23.♗xg6 hxg6 24.f5 mit Gewinn für Weiß.

21. ♗d4xa7 ♕d8-c7
22. ♗a7-d4

Weiß hat einen gesunden Bauern mehr, während Schwarz keines seiner Probleme gelöst hat. Man kann mit Sicherheit sagen, dass Schwarz hier völlig auf Verlust steht. Ich erinnere mich daran, dass ich mich damals darüber wunderte, wie ich in nur 20 Zügen, von denen mehr als die Hälfte etablierte Theorie waren, in einer völlig verlorenen Stellung landen konnte, ohne einen offensichtlichen Fehler zu begehen.

Nun, der Fehler im 14. Zug (14...gxf5?) ist in der Tat nicht offensichtlich, war aber ein dicker strategischer Patzer, der sich entscheidend auf den Partieverlauf auswirkte, da die Anziehende ihre strategischen Ziele leicht erreichen konnte.

22. ... ♗a6-b7

22...♘c6? ist ein Fehlgriff wegen 23.♘xf5+−.

23. ♖f1-f2

Verteidigt die einzige potenzielle Schwäche. Es war auch nichts daran auszusetzen, einfach mit 23.a4 den Bauern zu behalten.

23. ... ♘c4xa3

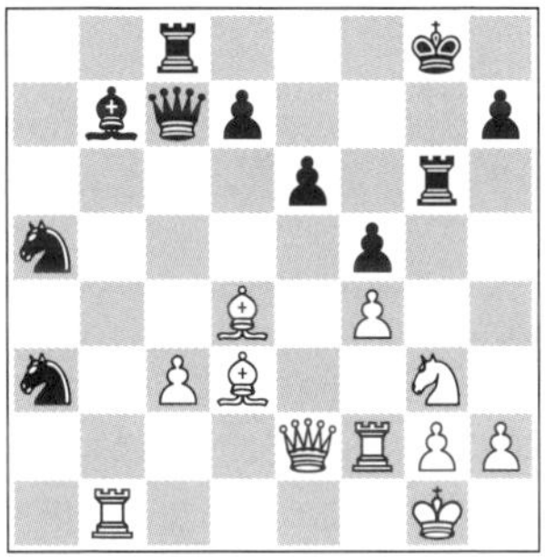

24. ♖b1-e1

Ich vermute, dass Weiß mir einfach glaubte und die Konsequenzen von 24.♗b6! nicht vollständig ausarbeitete. Dieser Zug hätte gewonnen, da die taktischen Tricks des Nachziehenden nicht funktionieren; z.B.: 24...♕b8 (24...♕c6 25.♗xa5 ♘xb1 26.♗xb1 ♖a8 27.♗b4 ♖a1 28.♕b2 ♕a4 29.c4 gefolgt von

30.♗c3) 25.♖b4! (ich hatte auf 25.♗xa5 ♘xb1 26.♗xb1 ♗xg2 27.♔xg2 ♕xb1 mit Überlebenschancen gehofft) 25...♘5c4 (nach 25...♘3c4? 26.♗xc4 verliert Schwarz ohne jegliche Tricks eine Figur) 26.♗xc4 (Weiß kann auch die Tricks des Nachziehenden ignorieren und nach 26.♗d4 ♕c7 27.♗xf5! exf5 28.♘xf5 im direkten Angriff gewinnen) 26...♖xc4 27.♖xc4 ♗a6. Nun sieht es so aus, als ob Schwarz doch noch Verwirrung stiften konnte. Weiß verfügt jedoch über 28.♗a7! (ein Zug, der aus der Ferne schwer zu sehen ist) 28...♕b1+ (oder 28...♕xa7 29.♖a4) 29.♖f1 ♕b7 30.♖c7! mit Gewinn.

24. ... ♖c8-f8

Im Fall von 24...♘3c4 entscheidet das Standardopfer 25.♗xf5! exf5 26.♘xf5 schnell.

25. ♕e2-h5!

Weiß greift nun mit allen Figuren den schwarzen König an. Was Verteidigungsfiguren angeht, so kann man auf dem ganzen Brett wohl kaum schlechtere Felder für die schwarzen Springer finden.

25. ... ♕c7-c6

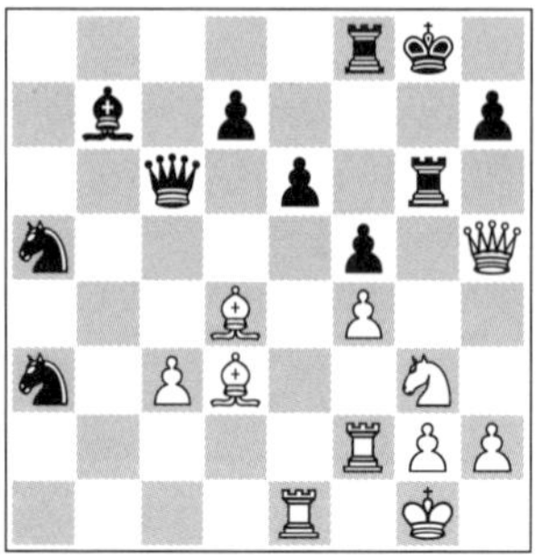

26. ♗d3-e4!

Noch stärker war wahrscheinlich 26.♘e4!, wonach Weiß im Angriff gewinnt: 26...fxe4 (oder 26...♖f7 27.♘g5) 27.♗xe4 ♖f5 28.♕h4! ♕c8 (Weiß gewinnt auch im Fall von 28...♕b5 29.♗xf5 ♕xf5 30.♕d8+ ♔f7 31.♕xd7+ oder 28...♕xe4 29.♖xe4 ♗xe4 30.♕d8+ ♔f7 31.♕xd7+) 29.♗xf5 exf5 30.♖e7 h6 31.♕h5! ♕c6 32.♖e8+ ♔f7 33.♖fe2, und Schwarz kann das Matt nur durch Hergabe einer ganzen Dame verhindern.

26. ... ♕c6-b5

Der Läufer ist unantastbar, da Weiß nach 26...fxe4 mit 27.♕e5! (die Pointe des Figurenopfers) 27...♖ff6 28.♘xe4 gewinnt, während das hässliche 26...d5? die einzige Gegenspielquelle des Schwarzen, die Diagonale a8-h1, schließen und nach 27.♗xf5 sofort verlieren würde.

27. ♗e4xf5! ♖f8xf5

Auf 27...exf5? gewinnt 28.♖e7.

28. ♘g3xf5 ♕b5xf5
29. ♕h5xf5 e6xf5
30. ♖e1-e8+! ♔g8-f7
31. ♖e8-e5

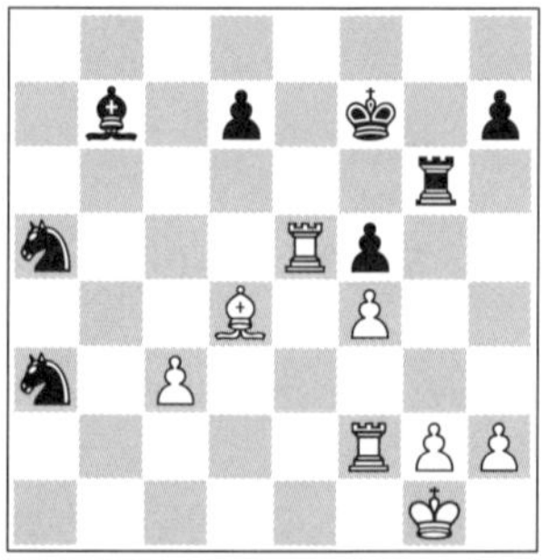

Der Rauch hat sich verzogen. Schwarz wird immer noch einige Zeit brauchen, um seine Figuren zu koordinieren, während die weißen Freibauern am Königsflügel die Entscheidung bringen werden.

31. ... ♘a5-c6
32. ♖e5xf5+ ♔f7-e6
33. ♖f5-c5

Auch 33.♖h5 gewinnt. Der Textzug unterstreicht jedoch die ganze durch die Stellung des Springers auf a3 verursachte Misere.

33. ... ♖g6-g8

34. ♖f2-e2+ ♔e6-d6
35. ♖e2-a2 ♖g8-a8
36. ♖c5-h5 ♘c6xd4
37. c3xd4 ♗b7-d5

37...♗e4 hilft nicht wegen 38.♖h6+! ♔d5 (oder 38...♔e7 39.g4, und die weißen Bauern entscheiden) 39.♖h3.

38. ♖h5-h6+ ♔d6-c7
39. ♖a2-a1 ♗d5-e4
40. g2-g4

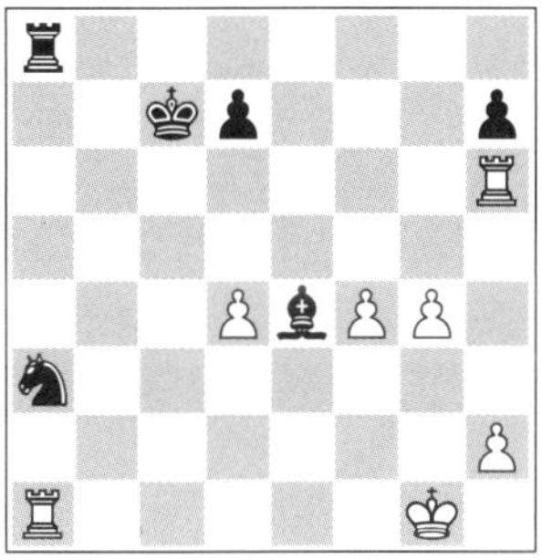

Die weißen Bauern rollen nach vorne, während Schwarz wegen der Fesselung auf der a-Linie kein Gegenspiel aufziehen kann.

40. ... d7-d6
41. f4-f5 ♔c7-c6
42. ♖h6xh7 ♔c6-d5
43. ♖h7-h3 ♖a8-g8
44. ♖a1xa3

Endlich eine gute Nachricht. Nach zwanzig Zügen habe ich meinen schrecklichen Springer letztlich loswerden können!

44. ... ♖g8xg4+
45. ♖h3-g3

Ausreichend war auch 45.♔f2!? ♔xd4 46.f6 ♖g2+ (46...♖f4+ 47.♖hf3+–) 47.♔f1 ♖g6 48.♖a4+ ♔e5 49.♖h5+ ♗f5 50.♖a5+ d5 51.♖xd5+ ♔xd5 52.♖xf5+ +–.

45. ... ♖g4-f4
46. ♖g3-g6! ♔d5xd4

46...♗xf5 (Hecht) 47.♖f6 ♖g4+ 48.♖g3 ♖f4 49.♖g5+–.

47. ♖g6xd6+ ♔d4-e5
48. ♖d6-d1 ♗e4xf5
49. ♖d1-f1 ♖f4xf1+

49...♖g4+ 50.♖g3+–.

50. ♔g1xf1 ♔e5-f6

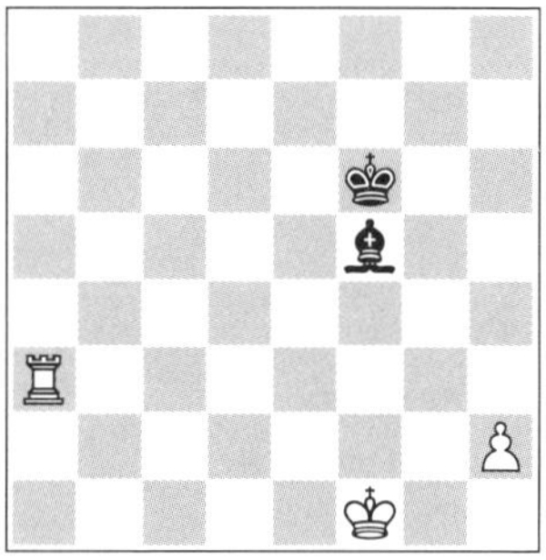

51. ♖a3-g3!

Der schwarze König bleibt für immer abgeschnitten.

51. ... ♗f5-g6
52. h2-h4 1-0

Der Gewinn ist kinderleicht, z.B.: 52...♔f5 53.♔f2 ♔f6 54.♔f3 ♔f5 55.♖g5+ ♔f6 56.♔f4 ♗d3 57.h5 ♗c2 58.h6 ♗g6 59.♖g1 ♗c2 (59...♔f7 60.♔e5) 60.♖g7 ♗d3 61.♖a7 ♗c2 62.h7.

Ich habe auch viele Male auf der richtigen Seite des Bretts gesessen.

NI 24.13 (E32) **PARTIE 11**

Ivan Sokolov
Viktor Bologan
Sarajewo 2004 (4)

1. d2-d4 ♘g8-f6
2. c2-c4 e7-e6
3. ♘b1-c3 ♗f8-b4
4. ♕d1-c2 0-0
5. e2-e4 d7-d6
6. a2-a3 ♗b4xc3+
7. b2xc3 e6-e5
8. ♗f1-d3 ♘b8-c6
9. ♘g1-e2 b7-b6

In der 4.♕c2-Variante des Nimzoinders kommt diese Bauernstruktur normalerweise nicht vor. Sie ähnelt in dieser mit 5.e4 d6 beginnenden Nebenvariante der Sämisch-Variante, so dass die meisten der Regeln auch hier gelten.

10. 0-0 ♗c8-a6
11. f2-f4 ♘f6-d7

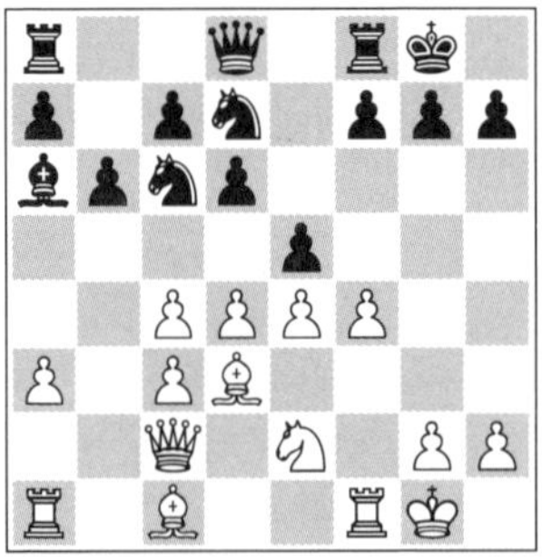

Weiß versucht sein Bauernzentrum flexibel zu halten, während Schwarz die Schwäche c4 aufs Korn nehmen will.

12. ♖f1-f3!?

Die Einleitung zu einem interessanten Konzept. In meiner Partie gegen Anatoli Karpow, Hoogeveen 2003, wurde 12.♗e3 gespielt.

12. ... ♘c6-a5

Schwarz nimmt die einzige Schwäche im weißen Lager aufs Korn.

13. c4-c5

Weiß versucht die Tatsache auszunutzen, dass er den Läufer mit dem Turm wiedernehmen und so Druck auf der d-Linie ausüben kann. Mit dem Textzug unterschätzte ich die Verteidigungsressourcen des Nachziehenden. Ganz im Geiste der Stellung war 13.♘g3! ♗xc4 14.♗xc4 ♘xc4 15.♘f5 mit Initiative am Königsflügel, die den geopferten Bauern sicherlich aufwiegt.

13. ... ♗a6xd3
14. ♖f3xd3 b6xc5
15. d4xe5 c5-c4!

Ein wichtiger Zwischenzug. 15...dxe5?? wäre ein schrecklicher Patzer, der nach 16.♕d1 einfach eine Figur verliert.

16. ♖d3-d5 ♘a5-b3
17. ♖a1-b1

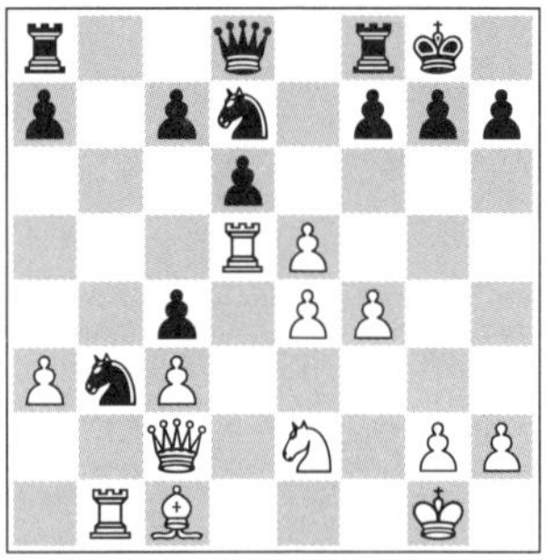

17. ... ♕d8-e7

Durch den Einschub der letzten beiden Züge hat sich die Sachlage geändert. Nun war 17...dxe5! möglich: 18.♕d1 (nicht 18.♖xb3? cxb3 19.♕d2 c6 20.♖xd7 ♕b6+ 21.♔f1 ♖ad8, und der schwarze b-Bauer gibt den Ausschlag) 18...♘bc5 19.♗e3 ♘d3! (19...♕e7? 20.♗xc5 ♘xc5 21.♖xe5 ist klar besser für Weiß) 20.♕a4.

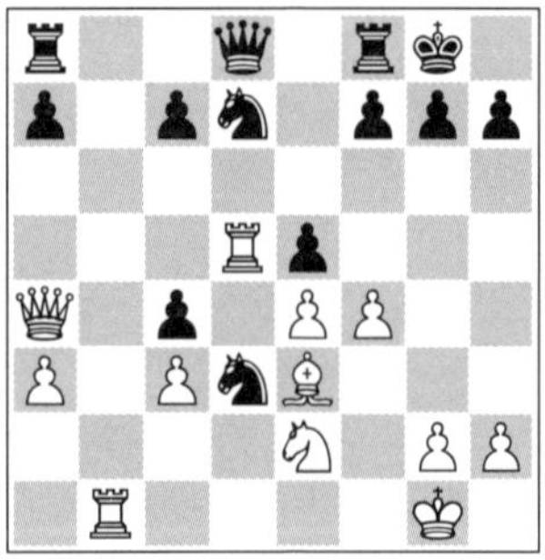

Analysediagramm

Beide Spieler hatten diese Stellung gesehen und an dieser Stelle ihre Berechnungen abgebrochen, da Weiß eine Figur gewinnt. Nun beginnt jedoch die Taktik für Schwarz zu arbeiten: 20...exf4! 21.♖xd7 (21.♗xf4? ♕h4 22.g3 ♕g4 ist schlecht für Weiß, während er nach 21.♗d4 c5!

22.♖xd7 ♕e8 die Figur mit 23.♕c6 cxd4 24.cxd4 ♖d8 25.♖c7 zurückgeben muss) 21...♕e8!. Da die weiße Dame auf a4 nicht gedeckt ist, gewinnt Schwarz wegen der Fesselung auf der Diagonale e8-a4 sein Material zurück und erhält nach 22.♘xf4 ♘e5 (nicht 22...♖d8?? 23.♘xd3 cxd3 24.♖d4) 23.♖bd1 ♖d8 24.♗c5 ♖xd7 das bessere Spiel.

18. ♘e2-g3

Strebt auf das Optimalfeld f5.

18. ... d6xe5

19. ♘g3-f5 ♕e7-e6

20. ♕c2-d1!

Mit diesem Tempogewinn hofft Weiß, den Bauern e5 zu gewinnen.

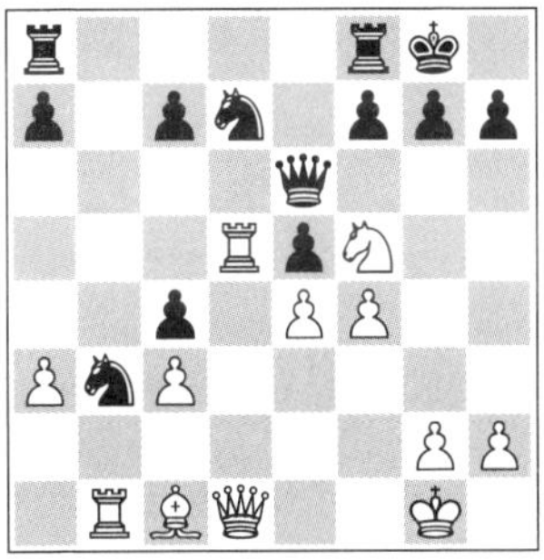

20. ... ♘d7-f6

Schwarz verfügte über die taktische Möglichkeit 20...exf4! (falsch ist 20...♖ad8? wegen einfach 21.fxe5, wonach Schwarz sich vollkommen grundlos in eine Fesselung begeben hat) 21.♕g4! (nach 21.♖xd7? ♕xe4 stehen die weißen Figuren sehr unbeholfen, so dass Schwarz mit 22.♘e7+ ♔h8 23.♖b2 ♘xc1! 24.♕xc1 ♖ae8 25.♘d5 ♕e6! seine Figur mit gewinnbringendem Vorteil zurückgewinnt) 21...g6 22.♖xd7 ♕xe4 23.♘e7+ ♔g7 24.♕xf4, und nun rettet Schwarz die Partie mit 24...♕e1+! 25.♕f1 ♕e6!, wonach Weiß nichts Besseres hat, als mit 26.♖xc7 ♕b6+ 27.♕f2 ♕xc7 28.♗h6+! ♔xh6 29.♕h4+ ♔g7 30.♘f5+ gxf5 31.♕g5+ Remis durch Dauerschach zu erzwingen. Gewinnversuche könnten dem Anziehenden Ärger einbringen: 26.♗g5 h6! oder 26.♕d1 ♖ae8 27.♗g5 h6 28.♘xg6 ♔xg6!; nicht 28...♕xg6 29.♗e7.

21. ♖d5xe5 ♖a8-d8!

Ein wichtiger Tempogewinn.

22. ♕d1-e2 ♕e6-d7

23. ♕e2xc4!

Dieser Bauer muss weg, u.a. um den Springer b3 zu unterminieren. Fehlerhaft wäre 23.♗e3? ♕d3 mit Vorteil für Schwarz.

23. ... ♕d7-d1+

24. ♕c4-f1 ♕d1-c2

25. ♗c1-e3

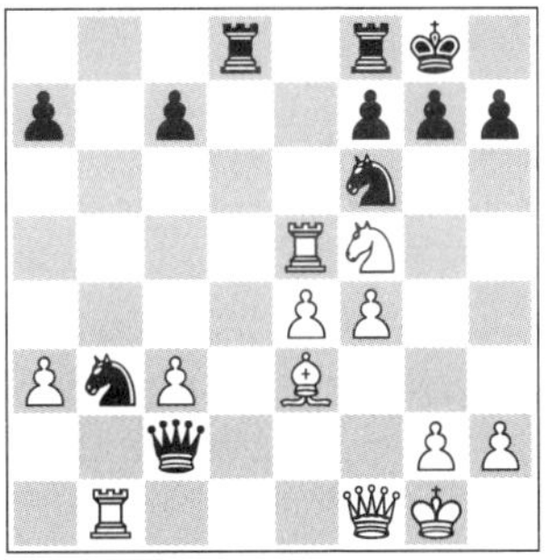

25. ... ♘f6xe4?

Ein kritischer Augenblick. Schwarz entfernt seinen zweiten Springer von seinem König. Obwohl es den Anschein hat, dass Schwarz die Initiative übernimmt, wird Weiß bald einen direkten Angriff gegen den schwarzen König entwickeln, während die schwarzen Springer auf der falschen Brettseite herumlungern.

Schwarz musste die Gefahr vorhersehen und 25...♘d2! finden (das Schlagen eines Bauern mit 25...♕xc3 hilft nicht wegen 26.♕e1!). Nun endet eine lange Variante in einem totremisen Turmendspiel: 26.♖c1 ♕b2 27.♖b5! ♕xa3 28.♗c5 ♕a6 29.♖a1 ♘xf1! 30.♖xa6 ♖d1! 31.♖xf6! ♘d2+! 32.♔f2 ♘xe4+

33.♔f3 ♘xf6 34.♗xf8 ♔xf8 35.♖b8+ ♘e8 36.♘xg7 ♔xg7 37.♖xe8 ♖d3+ 38.♔g4 ♖xc3 39.♖a8 ♖a3 40.♖c8.

26. ♖b1-e1!

Weiß hat alle seine Figuren auf die Brettseite gebracht, auf der die Musik spielt.

26. ... ♘e4xc3

27. ♕f1-f3!

Konzentriert sich auf den schwarzen König. Mit dem kleinen Vorteil nach 27.♕f2 ♕xf2+ 28.♗xf2 wollte ich mich nicht mehr begnügen.

27. ... ♖d8-d1

28. ♗e3-f2 g7-g6?

Erlaubt eine schnelle Exekution. Mit den schwarzen Figuren (Dame und zwei Springer) in so weiter Entfernung von ihrem Herrscher gestaltet sich die Verteidigung hier jedoch schwierig.

29. ♘f5-h6+! ♔g8-g7

30. f4-f5!

Weiß hat gewinnbringenden Angriff.

30. ... ♔g7xh6

30...♘d2 verliert nach der attraktiven Variante 31.f6+ ♔h8 32.♘xf7+! ♔g8 33.♘h6+ ♔h8 34.♕e3 ♘de4 35.♖e8! ♖xe8 36.f7 ♖ed8 37.♕d4+ ♖1xd4 38.♗xd4+.

31. f5-f6

Dem schwarzen König wird die Fluchtroute verlegt.

31. ... ♖d1xe1+

Nach 31...g5 setzt Weiß forciert matt: 32.♕h3+ ♔g6 33.♖xg5+! ♔xg5 34.♗h4+! ♔h5 35.♗g3+ ♔g5 36.♕h4+ ♔f5 37.♕f4+ ♔g6 38.♕g4+ ♔xf6 39.♗h4 matt.

32. ♗f2xe1 g6-g5

33. ♗e1xc3

Verpasst die beste Exekution: 33.h4! ♘d4 34.♕g4 ♖g8 35.♖xg5.

33. ... ♘b3-d2

Die beste Verteidigung war 33...♖d8. Danach gewinnt Weiß indes mit 34.♗e1! (schaltet Schachgebote auf der Grundreihe aus) 34...♘d4 35.♕g4 ♘e6 36.h4! ♕c1 37.hxg5+ ♘xg5 38.♔h2! (entfesselt den Läufer) 38...♖d3 39.♗b4.

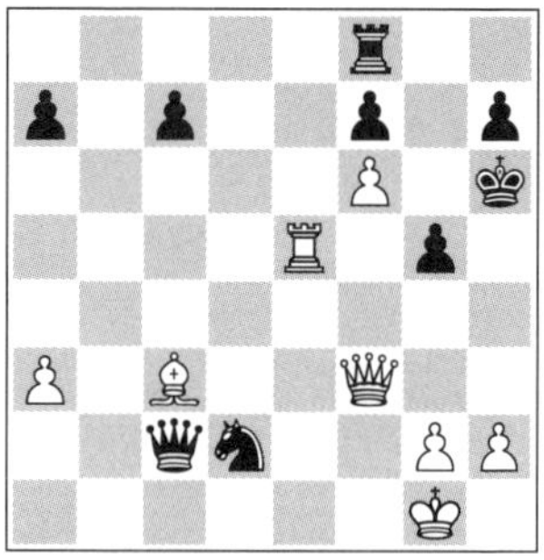

34. ♕f3-e3!

Der letzte schwierige Zug. Die schwarzen Schachgebote werden sich bald erschöpfen.

34. ... ♕c2-c1+

35. ♔g1-f2 ♕c1-f1+

36. ♔f2-g3 ♕f1-f4+

37. ♕e3xf4 g5xf4+

38. ♔g3xf4 ♘d2-c4

39. ♖e5-c5 ♘c4xa3

40. ♔f4-f5 ♖f8-d8

41. ♗c3-e5

Schwarz gab auf.

Das Matt lässt nicht mehr lange auf sich warten, während der schwarze Springer seine Laufbahn auf einem schrecklichen Feld beendet.

VO 22.12 (A40) **PARTIE 12**

Ivan Sokolov

Emir Dizdarevic

Sarajewo 1998 (9)

1. d2-d4 e7-e6

2. c2-c4 ♗f8-b4+

3. ♗c1-d2 a7-a5

4. ♘b1-c3!

Lenkt das Spiel in Nimzoindisch-Stellungen, in denen der Einschub der Züge ♗d2 a5 für Weiß günstig sein wird. In vielen

Varianten wird die Stellung des Bauern auf a5 für Schwarz nachteilig sein.

4. ... ♘g8-f6

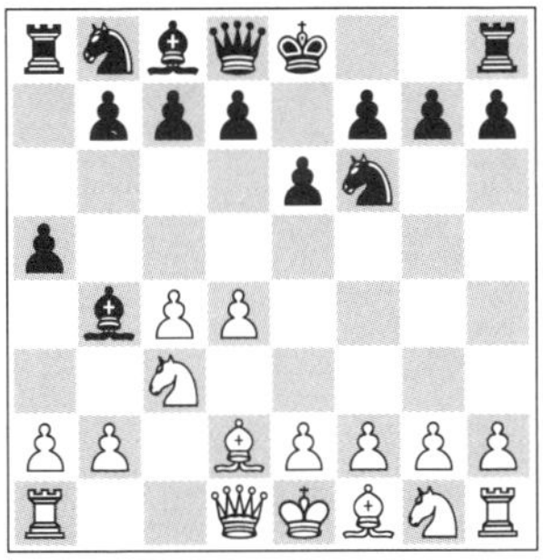

5. e2-e4!

Nutzt den Einschub der Züge 3.♗d2 a5 sofort aus. Eine andere interessante Möglichkeit ist 5.♗g5, wonach der zusätzliche Zug 3...a5 wahrscheinlich gegen Schwarz arbeitet.

5. ... d7-d6

Das Nehmen des Bauern mit 5...♗xc3 6.♗xc3 ♘xe4 hilft nur dem Anziehenden, der nach 7.♕g4 f5 (nach 7...♘xc3? 8.♕xg7 ♖f8 9.bxc3 steht Weiß viel besser, da der schwarze König in der Mitte festsitzt) 8.♕xg7 ♕f6 9.♕xf6 ♘xf6 10.d5 mit seinem Läuferpaar und der besseren Bauernstruktur klaren Vorteil besitzt.

6. ♗f1-d3 e6-e5

Dies war nicht das erste Mal, dass ich diesen Aufbau mit Weiß versuchte. In meiner Partie gegen Michael Adams, Wijk aan Zee 1996, folgte 6...c5 7.d5 (eine interessante Idee in Anlehnung an die Hauptpartie war auch 7.a3 ♗xc3 8.bxc3! ♘c6 9.♘e2) 7...♗xc3 8.♗xc3 exd5 9.exd5 0-0 10.♘e2 ♘bd7 11.0-0 ♖e8 12.♘g3 mit klar besserer Stellung für Weiß. Mit dem Textzug würde Schwarz seinen Gegner gerne zu einer Entscheidung im Zentrum provozieren. Damit wird er aber keinen Erfolg haben. Mit seinem nächsten Zug festigt Weiß sein Zentrum und hält es flexibel, was ihm eine sehr günstige Version des Nimzoinders einbringt.

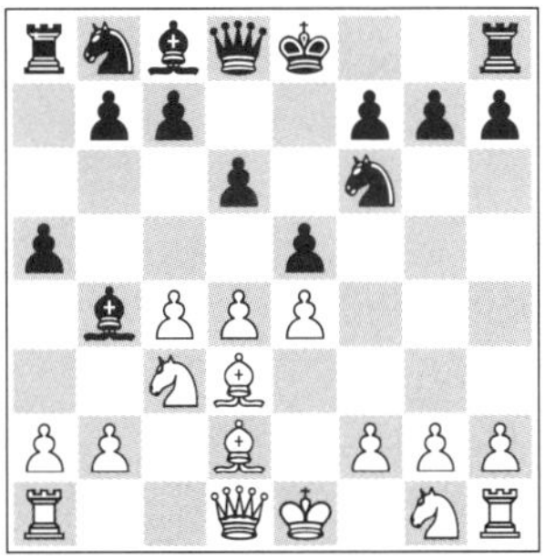

7. a2-a3! ♗b4xc3
8. b2xc3

Es ist ziemlich offensichtlich, dass der zusätzliche Zug ...a7-a5 hier nutzlos ist.

8. ... c7-c5
9. ♘g1-e2 ♘b8-c6
10. 0-0 0-0

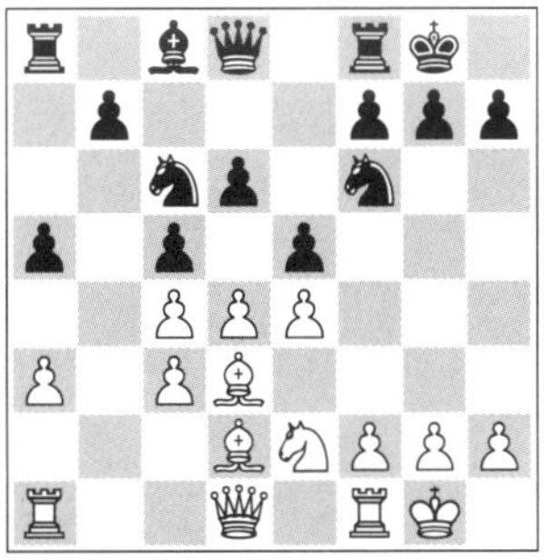

11. f2-f3!

Es ist wichtig für Weiß, sein Zentrum flexibel zu halten und in einem günstigen Moment f4 zu spielen. Außerdem bereitet Weiß 12.♗e3 vor. Wie üblich in derartigen Stellungen hat Weiß keinen Grund, sich vor dem Schlagen auf d4 zu fürchten, wie bereits in den Anmerkungen zu Wischmanawin-Beljawski dargelegt. Das sofortige 11.f4? wäre ein Fehler, da Schwarz nach 11...exd4 12.cxd4 cxd4 seinen Springer f6 entweder über g4 nach e3 oder über d7 nach c5 überführen würde, was die gerade erzeugten Schwächen im weißen Lager ausnutzt.

11. ... ♘f6-d7?!

Das Schlagen auf d4 würde nun ein ganz anderes Ergebnis hervorbringen: 11...exd4 12.cxd4 cxd4 (Der Abtausch eines Springerpaars ändert nicht viel an der Sachlage. Auch nach 12...♘xd4 13.♘xd4 cxd4 14.♗g5 ♕e7 15.♖b1 steht Weiß besser) 13.♗g5 ♕e7 14.f4 (gut ist auch 14.♖b1) 14...h6 15.♗h4 ♕e6 16.♘g3 mit starker Initiative für Weiß, die viel mehr wert ist als ein Bauer.

Der Nachziehende will den Vorstoß des a-Bauern rechtfertigen, indem er seinen Springer c6 nach b3 überführt. Das wird jedoch nicht funktionieren, da Weiß schnell zu seinem Königsangriff kommen wird. Es war besser, den Springer auf f6 zu belassen und ein paar nützliche Züge zu spielen, wie ...♖e8 und ...h6.

12. ♗d2-e3 a5-a4
13. ♖a1-b1 ♖a8-a6

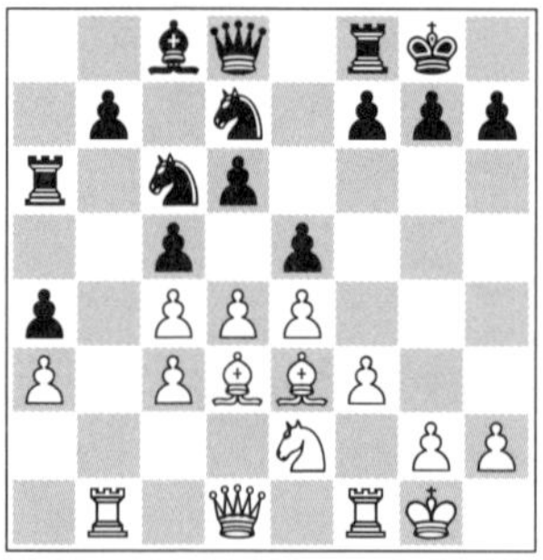

14. f3-f4!

Die Zeit ist reif für aktive Handlungen im Zentrum und am Königsflügel.

14. ... ♘c6-a5

Schwarz macht ungerührt mit seinem Plan weiter. Schwarz hat jedoch schon keine wirklich zufriedenstellenden Möglichkeiten mehr und hat nur die Wahl zwischen mehreren Übeln. Auch nach 14...exd4 15.cxd4 cxd4 16.♘xd4 ♘c5 (auf 16...♖e8 ist 17.c5! dxc5 18.♘f5 ♖b6 19.e5 sehr stark) 17.♘b5 steht Weiß klar besser.

15. ♘e2-g3 ♘a5-b3
16. ♗d3-c2 ♖f8-e8
17. ♘g3-h5!

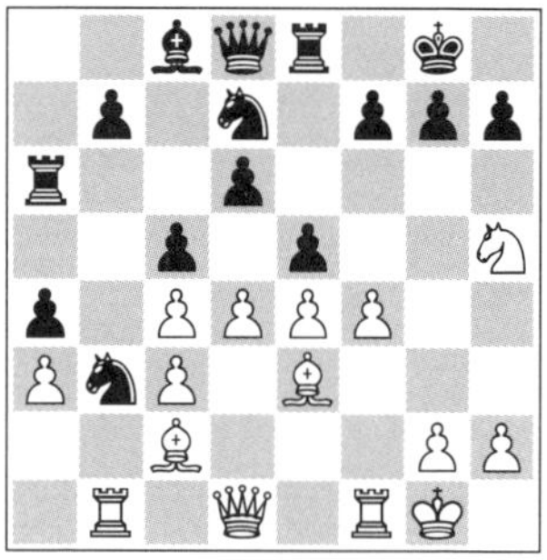

Der Springer auf b3 ist ziemlich irrelevant, und Schwarz hat kein ernstzunehmendes Gegenspiel. Dagegen wird der weiße Ansturm am Königsflügel schon bald nicht mehr abzuwehren sein.

17. ... ♘d7-f8?

Der letzte Fehler, nach dem der weiße Angriff unaufhaltsam wird. Die beste Verteidigung bestand in dem nicht leicht zu spielenden 17...g6! 18.♘g3 cxd4 19.cxd4 exd4 20.♗xd4 ♘xd4 21.♕xd4 ♘c5, und Schwarz spielt noch gut mit.

18. f4-f5! e5xd4

Unter den gegebenen Umständen wohl am besten. Nach 18...f6? verliert Schwarz sofort: 19.♕g4 ♕e7 20.♗h6 g6 21.♕g3.

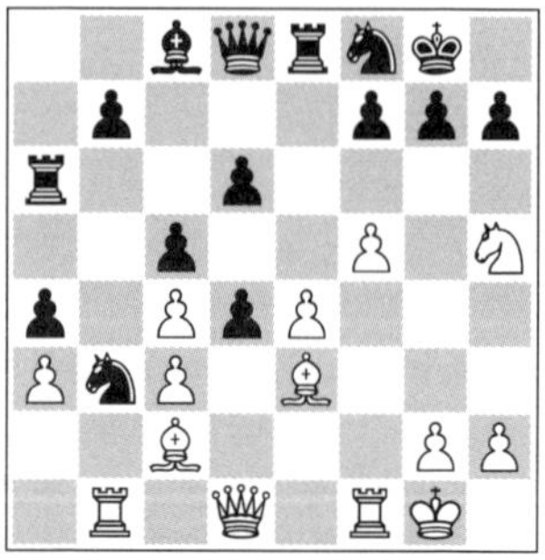

19. ♕d1-g4! ♘f8-g6

Der einzige Zug. Im Fall von 19...g6 erhält Weiß mit 20.♗g5! gxh5 21.♕g3 ♕d7 22.♗f6+ ♘g6 23.♕g5 d5 24.e5 Mattangriff.

20. c3xd4 c5xd4
21. ♗e3-f2

Wegen der schrecklichen Fesselung auf der g-Linie hat Weiß genug Zeit, die Exekution vorzubereiten.

21. ... ♕d8-e7

21...♘d2 verliert wegen 22.♗xd4! ♘xf1 23.♖xf1 f6 24.♕g3.

22. ♗c2xb3!

Nun würde 22.♕g3 dem Nachziehenden nach 22...♕e5! 23.fxg6 ♕xh5 24.gxf7+ ♕xf7 25.♗xb3 axb3 26.♗xd4 ♕g6 einige Überlebenschancen bieten.

22. ... a4xb3
23. ♖b1xb3

Der zweite Turm gesellt sich als letzte Figur zu den weißen Angriffskräften, was die Resignation erzwingt.

23. ... ♖a6-c6

Oder 23...f6 24.♕d1! ♘e5 25.♖g3 g6 26.fxg6 hxg6 27.♗xd4 mit Gewinn für Weiß.

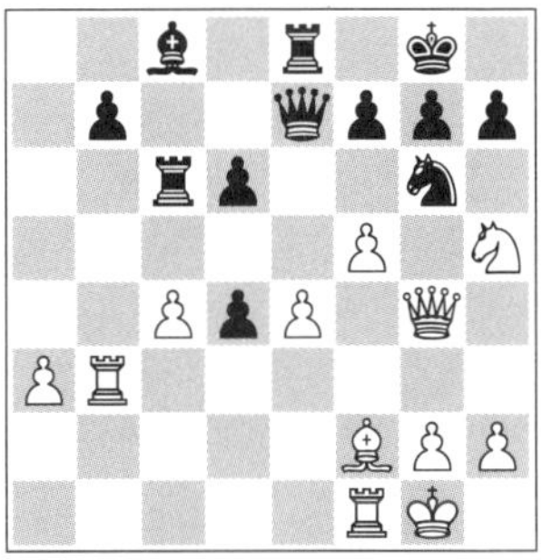

24. ♕g4-d1! ♘g6-e5
25. ♗f2xd4 ♔g8-h8
26. f5-f6 1-0

Schwarz wird bald matt gesetzt, z.B.: 26...gxf6 27.♘xf6 ♖g8 28.♕h5 ♖g7 29.♖g3 ♕f8 30.♕h6 nebst ♘xh7.

Die folgende Partie ist ein gutes Beispiel für eine strategische und taktische Schlacht in Stellungen mit Doppelbauer und Vollzentrum.

Anand verstößt gegen alle allgemeinen Regeln, die ich zu erklären versucht habe, und macht alles anders als in den bisher angeführten Beispielen. Schwarz entscheidet sich für eine minderwertige Eröffnungsvariante und stellt dann seinen Springer ohne realistische Chancen, jemals auf c4 schlagen zu können, freiwillig auf a5 ins Abseits. Unterdessen bereitet Weiß das Vorrücken seines flexiblen und durch gut entwickelte Figuren gestützten Bauernzentrums vor, ohne seinerseits irgendwelche Konzessionen machen zu müssen.

Auf den ersten Blick sieht es so aus, als ob Weiß mit all diesen Trümpfen ansehnlichen Vorteil haben sollte (was in der Tat der Fall ist). Dann wartet Schwarz beginnend mit 12...g5 mit einem ziemlich genialen strategischen Plan auf, den man studieren und verinnerlichen sollte. Da dieser Plan jedoch mit einer Schwächung der Königsstellung verbunden ist, diktiert die Logik, dass die Stellung angesichts des weißen Raum- und Entwicklungsvorsprungs einen taktischen Schlag enthalten sollte. Das Problem mit solchen taktischen Lösungen besteht darin, dass man sie finden und sofort in die Tat umsetzen muss. Wenn man nur einen Zug zu spät kommt, wird der Gegner seine Figuren koordinieren können, und die Möglichkeit ist für immer verloren.

Dies ist zwar nur eine Schnellpartie, aber sie ist gut gespielt und recht kompliziert und stellt ein hervorragendes Lehrbeispiel dar.

NI 19.3 (E26) **PARTIE 13**

Teimur Radjabow
Viswanathan Anand
Monaco (Schnellpartie) 2007 (2)

1. d2-d4 ♘g8-f6
2. c2-c4 e7-e6
3. ♘b1-c3 ♗f8-b4

4. a2-a3 ♗b4xc3+
5. b2xc3 c7-c5
6. e2-e3 d7-d6?!

Es ist schwer zu erklären, warum Vishy sich gegen das übliche 6...♘c6 und für den minderwertigen Textzug entschied. Weiß erhält nun eine sehr gute Version der gut bekannten Sämisch-Variante des Nimzoinders.

7. ♗f1-d3 ♘b8-c6
8. ♘g1-e2

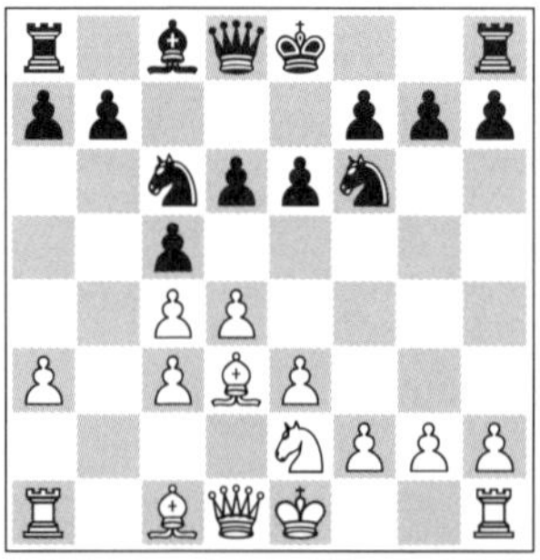

Die nächsten beiden Züge von Schwarz sind recht überraschend. Zuerst verliert er Zeit mit ...b6, und dann stellt er seinen Springer auf a5 ins Abseits, obwohl es ziemlich klar ist, dass er zum Schlagen auf c4 keine Zeit haben wird. Unterdessen verfährt Weiß nach der Standardmethode, indem er seine Stellung verbessert und einen Schlag vorbereitet.

Hätte ich die Namen der Spieler nicht gekannt, so hätte ich gedacht, dass der Nachziehende ein völliger Patzer sein muss. Im Schach wie im Leben trügt jedoch häufig der Schein.

8. ... b7-b6?!
9. e3-e4 ♘c6-a5
10. 0-0

Möglich ist auch die sofortige Fesselung des Springers mit 10.♗g5.

10. ... 0-0
11. ♗c1-g5

Hier kommt die Standardidee 11.f4 stark in Betracht. Weiß sollte keine Angst davor haben, den Bauern c4 zu opfern; nach 11...♗a6 12.f5 ♗xc4 (oder 12...e5 13.♗g5 h6 14.♗h4) 13.♗g5 wird er gute Kompensation haben.

11. ... h7-h6
12. ♗g5-h4

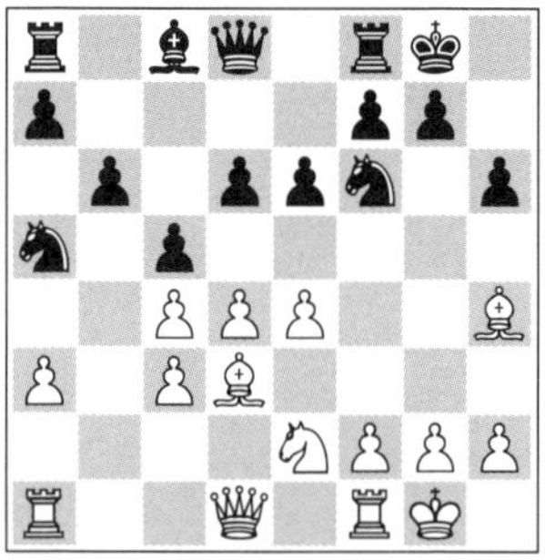

Anand sieht, dass die Dinge sich ganz nach dem Geschmack des Anziehenden entwickeln, und verlegt sich daher mit der folgenden Zugfolge auf eine riskante Strategie, mit der seinen König exponiert, aber beide weiße Läufer im Zaum zu halten versucht.

12. ... g7-g5!
13. ♗h4-g3 ♘f6-h5
14. f2-f4 f7-f5!

Schwarz stoppt den Vormarsch der weißen Bauern und schränkt die Bewegungen beider gegnerischer Läufer ein. Diese Strategie ist zwar mit den beiden Randspringern auf a5 und h5 sehr riskant, aber es ist alles andere als leicht für Weiß, etwas Klares zu finden. Wenn er seine bessere Entwicklung und den potenziell exponierten schwarzen König ausnutzen will, muss dies in Gestalt eines Opfers oder eines Bauerndurchbruchs im Zentrum geschehen, und zwar je eher, desto besser, bevor Schwarz seine Figuren koordiniert.

15. ♕d1-c2?!

Weiß muss handeln, bevor Schwarz seine Stellung organisieren kann. Da Weiß im Moment sehr gut entwickelt und koordiniert ist, war die Zeit zum Handeln JETZT!

Nach 15.dxc5! dxc5 16.fxg5 hxg5 17.exf5 exf5 hätte Schwarz in Schwierigkeiten verkehrt. Nun ist die Stellung offen. Weiß muss diese Gelegenheit nutzen: 18.♗e5! (sonst spielt Schwarz 18...f4) 18...♘c6 (bringt den Springer ins Spiel zurück und greift den Läufer an) 19.♘g3!.

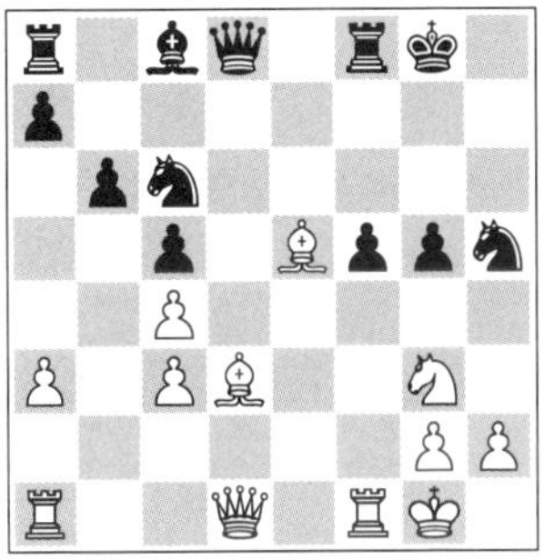

Analysediagramm

Die Pointe des vorigen Zuges. Schwarz wird nun die Konsequenzen der Exponierung seines Königs zu spüren bekommen:

A) 19...♘xe5 20.♕xh5 ♘xd3 21.♖ad1! (natürlich hat Weiß kein Interesse an dem Dauerschach mit 21.♕g6+) 21...♕f6 22.♘e4! (führt eine weitere Angriffsfigur heran) 22...♕g7 23.♖xd3! fxe4 24.♖xf8+ ♔xf8 25.♖d8+ ♔e7 26.♕e8+ ♔f6 27.♕c6+ mit Gewinn für Weiß.

B) 19...♕e8 20.♗e4! (zieht maximalen Nutzen aus der exponierten Stellung des schwarzen Königs) 20...♘xg3 (20...fxe4 verliert wegen 21.♖xf8+ ♕xf8 (oder 21...♔xf8 22.♕d6+) 22.♕d5+ ♕f7 23.♕xc6) 21.♗d5+ ♗e6 22.♗xg3 mit gewinnbringendem Vorteil für Weiß.

C) 19...♘xg3 (Unter den Umständen wahrscheinlich am besten. Die anderen Züge unterstreichen nur die Schwäche des Königsflügels) 20.♗xg3 f4 21.♗e4! ♕xd1 22.♖axd1 fxg3 (andere Züge lösen die Probleme auch nicht: 22...♗g4 23.♖d5; 22...♗b7 23.♖d7 fxg3 24.♗d5+ ♔h8 25.♖xf8+ ♖xf8 26.♖xb7) 23.♗xc6 gxh2+ 24.♔xh2 mit großem Endspielvorteil für Weiß.

15. ... g5-g4!

Ein hervorragender Zug, der den weißen Läufer g3 abschneidet und taktische Möglichkeiten ausschaltet. Nun hat Schwarz die Stellung positionell im Griff. Weiß verpasste den richtigen Moment zum Handeln, als er zaghaft 15.♕c2 spielte.

16. ♖a1-d1 ♘h5-g7
17. ♗g3-f2 ♕d8-c7
18. ♘e2-g3 h6-h5
19. ♖f1-e1 ♕c7-f7
20. e4-e5

Da seine Läufer beide eingeschlossen sind, will Weiß die Stellung öffnen. Der andere Zentrumshebel verspricht nichts: 20.d5 exd5 21.cxd5 c4 22.♗f1 h4! 23.♘xf5 ♘xf5 24.exf5 ♗xf5 mit gutem Spiel für Schwarz.

20. ... d6xe5
21. ♖e1xe5 ♘a5-c6
22. ♖e5-e1 ♕f7-c7
23. d4-d5 ♘c6-d8!

So lange Schwarz die Blockade c4/c5 und f4/f5 aufrechterhält, wird Weiß es schwer haben, seine Läufer zu aktivieren.

24. ♘g3-e2 ♕c7-e7!

Lässt 25.♗h4 nicht zu.

25. ♘e2-g3 ♕e7-f6

Schwarz will mehr als das Remis, das er mit der Rückkehr der Dame nach c7 hätte haben können.

26. ♘g3-f1 ♘d8-f7

Da Schwarz im Begriff ist, das Kommando zu übernehmen, muss Weiß energisch handeln. Mit simplen Zügen würde er in einer schlechteren Stellung landen.

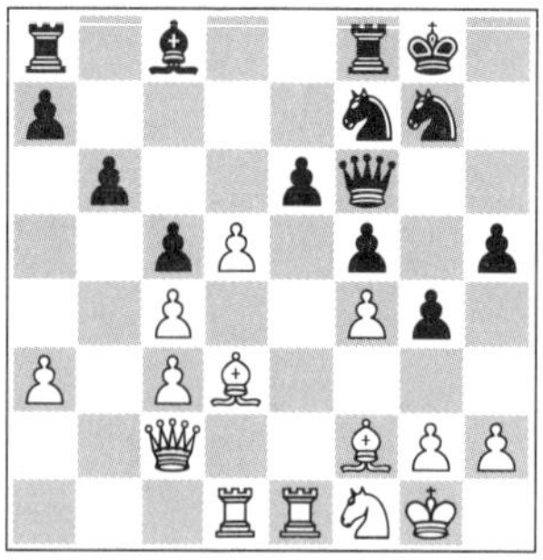

27. d5xe6

Besser war 27.♘e3! e5 28.d6! (räumt das Feld d5 für den Springer) 28...e4! (Dieser Tempogewinn ist logisch und gut. Verkehrt wäre 28...♗e6? 29.fxe5 ♘xe5 30.♗f1! ♖ad8 31.♘d5 ♗xd5 32.♖xd5 ♖fe8 33.d7! ♖e7 34.♕d2 mit klarem Vorteil für Weiß) 29.♗xe4! fxe4 30.♘d5 ♕xd6 31.♗h4 ♕e6! (Die beste Verteidigung, auch wenn sie nicht logisch aussieht. Schwarz setzt seine Dame einem Angriff unter Tempogewinn (♖xe4) aus, um die Zentralisierung der weißen Dame (♕xe4) zu verhindern, wie es nach 31...♕h6? 32.♘e7+ ♔h8 33.♕xe4 ♗a6 (oder 33...♗e6 34.f5) 34.f5 mit siegbringendem Angriff der Fall ist) 32.♖xe4 ♕h6 33.♘e7+ ♔h8 34.♖ee1! (mit der Drohung 35.♘g6+) 34...♖e8 35.♘g6+ (falsch ist 35.f5? wegen 35...♖xe7 36.♖xe7 ♗xf5)

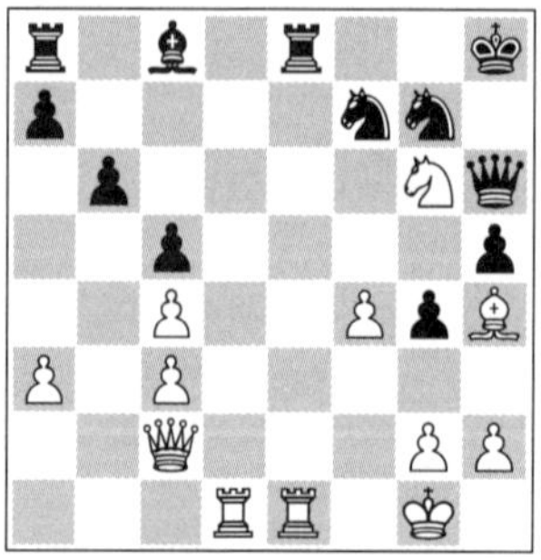

Analysediagramm

35...♔h7!! (Die einzige Verteidigung besteht darin, sich mit dem König in ein Abzugsschach zu begeben. Im Fall von 35...♔g8 36.♖xe8+ ♘xe8 37.♕e4! ♘c7 38.f5 ♗a6 (38...♖b8 39.♕e7! ♗xf5 40.♕xc7 ♖e8 41.♘e7+) 39.♖d7! ♕c1+ 40.♗e1 ♖e8 41.♘e7+ ♖xe7 42.♖xe7 ♘d6 43.♕e5 gewinnt Weiß) 36.♘e7+ ♔h8 37.♘g6+ ♔h7, und Weiß muss sich ins Dauerschach fügen, da 38.♖xe8? an 38...♕xg6! scheitert.

27. ... ♗c8xe6
28. ♘f1-e3 ♖a8-d8

Schwarz hat alle seine Figuren verbunden und koordiniert. Weiß hat seine taktischen Möglichkeiten verpasst und steht nun schlechter.

29. ♗d3-f1 ♖d8xd1
30. ♖e1xd1 h5-h4!
31. ♘e3-d5

In der Hoffnung, eine Diagonale für einen seiner Läufer zu öffnen.

31. ... ♗e6xd5
32. c4xd5 ♘f7-d6
33. ♗f1-d3 ♘g7-h5
34. g2-g3 ♖f8-e8

Noch stärker war vielleicht 34...c4!. Ich vermute, dass Anand den schwarzfeldrigen weißen Läufer nicht nach d4 lassen wollte, aber dann müsste sich sein Kollege auf d3 nach f1 zurückziehen und wäre nach 35.♗f1 ♖e8 36.♗d4 ♕h6 37.♕g2 ♘f6 mausetot. Schwarz stünde viel besser.

35. c3-c4 ♔g8-f7
36. ♕c2-a4! ♖e8-e7
37. ♕a4-c6 h4xg3
38. h2xg3

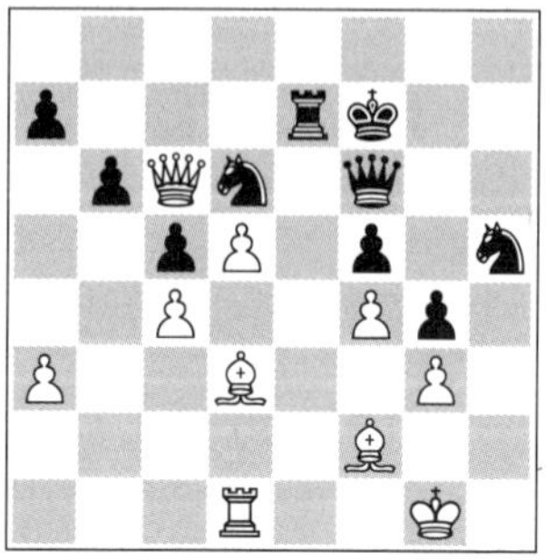

38. ... ♘h5-g7!

Stark gespielt. Durch die Überführung des Springers h5 nach e8 befreit Schwarz seine Dame. 38...♘e4 würde nach 39.♗xe4 ♕xc6 40.dxc6 fxe4 41.f5 ♔f6 42.♖d6+ ♔xf5 43.♖d5+ ♔g6 44.♖d7 ♖e8 45.♖xa7 e3 46.♗e1 ♖c8 47.♖e7 ♖xc6 48.♖xe3 nur ein remisliches Endspiel ergeben.

39. a3-a4 ♘g7-e8!

40. a4-a5 ♕f6-b2!

Da der Springer d6 gedeckt ist, kann die Dame sich ins Getümmel stürzen.

41. a5xb6

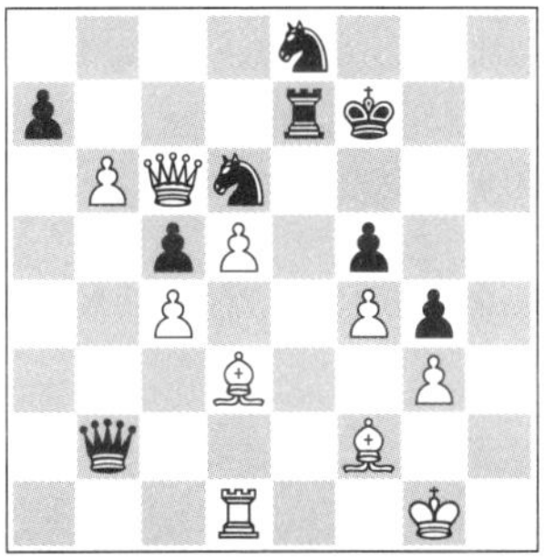

41. ... ♕b2-b3!

42. ♖d1-d2 a7xb6

43. ♗d3-f1

Ein "Nullzug" wie 43.♔h2 verliert wegen 43...♕c3 44.♖d1 ♕a5! nebst 45...♖c7 mit Damenfang.

43. ... ♘d6-e4

44. d5-d6

Hofft auf taktische Verwicklungen. Nach 44.♖e2 ♘8d6 hat Schwarz eindeutig die Stellung seiner Springer verbessert.

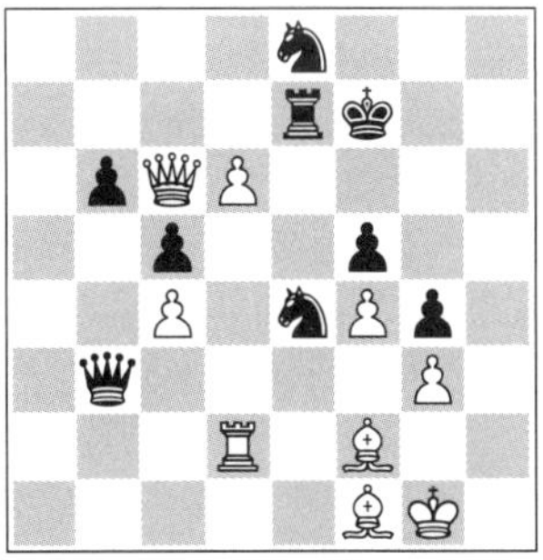

44. ... ♘e4xd2

Schwarz hatte einen hübschen Gewinn mit 44...♘8xd6!! 45.♖xd6 ♕f3 46.♕d5+ ♔g7 47.♗d4+ (oder 47.♗e1 ♕e3+) 47...cxd4 48.♕xd4+ ♔h7.

45. ♕c6-d5+

45.dxe7 verliert wegen 45...♕f3! 46.♕xb6 ♕d1.

45. ... ♔f7-f6

45...♖e6 46.d7 ist nicht klar: 46...♘f3+ 47.♔g2 ♘c7 48.d8♕ (48.♕xf5+ ♔e7) 48...♘xd5 49.cxd5, und Weiß hat taktische Chancen.

46. ♕d5xd2

Die beste Verteidigung war 46.dxe7, auch wenn Schwarz das nach 46...♕d1 47.♕e5+ ♔f7 48.♕xf5+ ♔xe7 49.♕h7+ ♔d8 50.♕d3+ ♔c8 51.♕f5+ ♔b8 52.♕e5+ ♔b7 53.♕d5+ ♔a7 54.♕d7+ ♔a6 55.♕b5+ ♔b7 56.♕d7+ ♘c7 57.♕d3 b5! 58.♗e3 (58.cxb5? c4) 58...♕xf1+ 59.♕xf1 ♘xf1 60.♔xf1 bxc4 61.♗xc5 ♔c6 entstehende Endspiel gewinnen sollte.

46. ... ♖e7-d7

47. ♕d2-d5 ♘e8xd6

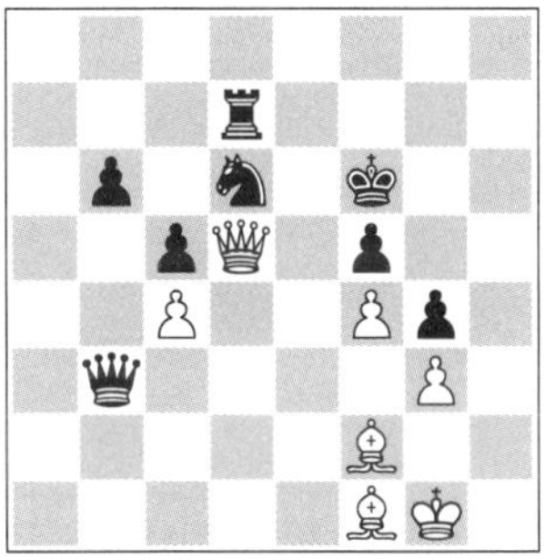

48. ♕d5-e5+ ♔f6-f7

49. ♕e5-d5+ ♔f7-e7

50. ♕d5-e5+ ♔e7-d8

51. ♕e5-h8+ ♔d8-c7

52. ♕h8-a8 ♕b3-b1

53. ♕a8-a7+ ♘d6-b7

Weiß gab auf.

Struktur 1.8

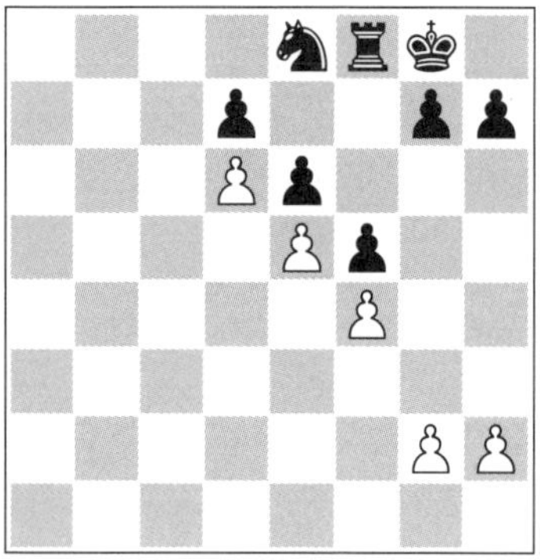

Nimzoindisch, Sämisch-Struktur – die weiße Bauernkette lähmt den schwarzen Königsflügel

In diesen Stellungen mit Doppelbauer und Vollzentrum darf Schwarz die weißen Bauern nicht zu weit vorrücken lassen. Wenn dies passiert, kann der schwarze Königsflügel leicht gelähmt und vom Spiel ausgeschlossen werden.
Ein gutes Beispiel hierfür ist die folgende Partie. Ich bin mir ziemlich sicher, dass die moderne Behandlung einer der gegenwärtig aktuellen Nimzoindisch-Varianten von dieser alten Partie David Bronsteins herrührt.

NI 19.7 (E24) **PARTIE 14**

David Bronstein
Wladimir Simagin
Meisterschaft der UdSSR, Moskau 1961 (12)

1. c2-c4 ♘g8-f6
2. d2-d4 e7-e6
3. ♘b1-c3 ♗f8-b4
4. a2-a3 ♗b4xc3+
5. b2xc3 c7-c5
6. f2-f3

Mit "moderner Behandlung dieser alten Idee von Bronstein" meinte ich das Abspiel 6.e3 ♘c6 7.♗d3 0-0 8.♘e2 b6 9.e4 ♘e8 10.0-0 ♗a6 11.f4 f5 12.d5 ♘a5 13.e5! ♗xc4 14.♗xc4 ♘xc4 15.d6, und Weiß hat starke Kompensation für den Bauern, da der schwarze Königsflügel gelähmt und vom Spiel abgeschnitten ist, wie in Milow-J. Polgar, Moskau, FIDE-Weltmeisterschaft 2001.

6. ... ♘b8-c6
7. e2-e4 0-0
8. e4-e5 ♘f6-e8
9. f3-f4 c5xd4
10. c3xd4 b7-b6

Schwarz konzentriert sich in erster Linie auf die Einsammlung des Bauern c4 und lässt das Vorrücken der weißen Bauern zu. Er wird indes bald feststellen müssen, dass der Mehrbauer nicht viel wert sein wird, da sein Königsflügel, d.h. der Turm auf f8 und der Springer auf e8, aus dem Spiel ausgeschlossen sind.

11. ♘g1-f3 ♗c8-a6
12. ♗f1-d3 f7-f5

Das sofortige 12...♘a5?? scheitert an einer gut bekannten elementaren taktischen Wendung: 13.♗xh7+! ♔xh7 14.♘g5+ ♔g6 (oder 14...♔g8 15.♕h5) 15.f5+ (auch 15.♕g4 sollte gewinnen) 15...exf5 16.g4 mit baldigem Sieg für Weiß.

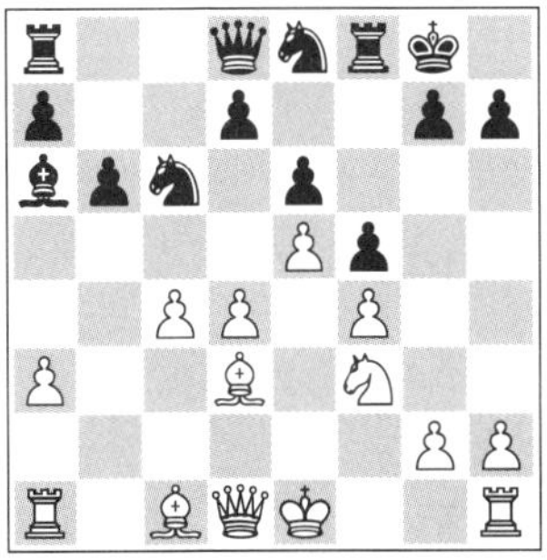

13. d4-d5! ♘c6-a5
14. d5-d6

Wie in der oben erwähnten Partie Milow-Polgar, sind die den schwarzen Königsflügel lähmenden vorgerückten weißen Bauern viel mehr wert als ein Bauer, aber mit dem kleinen Unterschied, dass Weiß hier eine noch bessere Version hat, da sein Springer auf f3 besser steht als auf e2 wie in dem anderen Beispiel.

14. ... ♖a8-c8
15. 0-0 g7-g6

Schwarz erkennt die sich vor ihm auftürmenden Schwierigkeiten und hat mit der Eroberung des Bauern keine so große Eile mehr. Seine Hauptpriorität ist es nun, durch Postierung des Springers e8 auf g7 (dem einzigen verfügbaren Feld) die Türme zu verbinden.

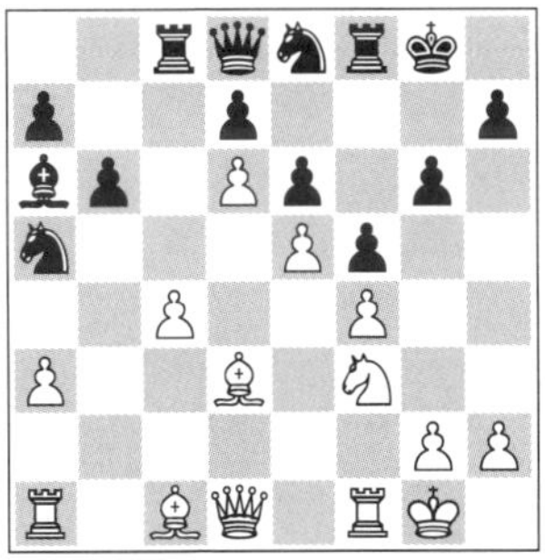

16. c4-c5!

Je mehr Figuren Weiß am Damenflügel tauscht, desto mehr wird sich die Abwesenheit des Springers e8 bemerkbar machen.

16. ... ♗a6xd3
17. ♕d1xd3 ♖c8xc5
18. ♗c1-e3 ♖c5-d5
19. ♕d3-a6 ♘a5-c6
20. ♖f1-c1!

Weiß erkennt, dass er nicht einen Bauern weniger, sondern vielmehr praktisch eine Figur mehr hat, und bereitet daher ein Materialopfer vor, um einen Durchbruch zu erzwingen.

20. ... ♘e8-g7
21. ♖c1xc6! ♖d5-a5

Das Endspiel nach 21...dxc6 22.♕xa7 ♕a8 23.♕xa8 (nicht 23.♕xb6 ♖b8 24.♕c7?? ♖b7, und Weiß hat seine Dame eingepatzt: 25.♕xc6 ♖b1+) 23...♖xa8 24.♗xb6 ist schwierig für Schwarz.

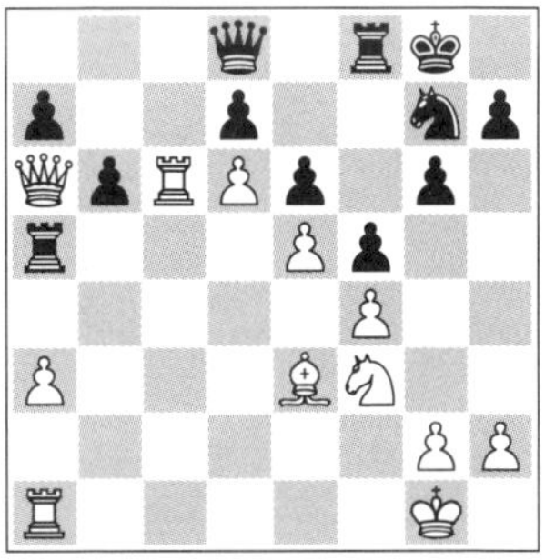

22. ♕a6xa5!

Ein hübsches positionelles Damenopfer. In der resultierenden Stellung wird der weiße Turm auf der siebten Reihe verheerende Stärke zeigen. Da überdies der schwarze Springer im Abseits bleibt, kann man mit Fug und Recht sagen, dass in Wirklichkeit der Weiße materiell im Vorteil ist.

22. ... b6xa5
23. ♖c6-c7 h7-h6

Schwarz will mit ...g6-g5 etwas Gegenspiel am Königsflügel erhalten.

24. ♖a1-b1

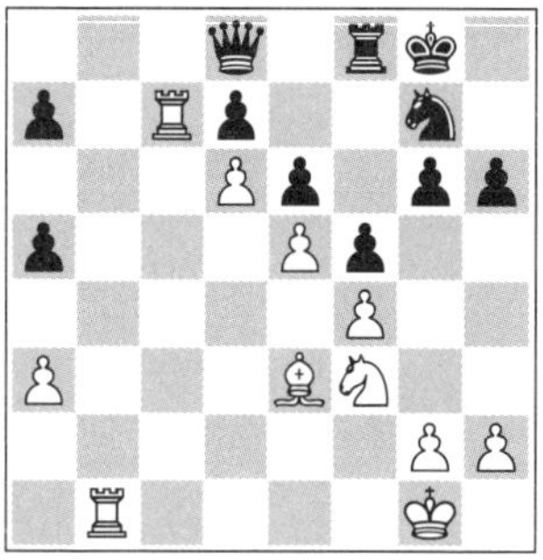

Der andere Turm macht Anstalten, sich auf die siebte Reihe zu begeben.

24. ... ♘g7-e8

Eine traurige Geschichte. Der Springer kehrt nach e8 zurück, was den Erfolg der Strategie des Anziehenden unterstreicht. Schwarz hat überhaupt kein Gegenspiel.

25. ♖c7xa7 g6-g5
26. ♗e3-b6 ♕d8-b8

Den Bauern d7 will Schwarz eigentlich nicht hergeben, aber 26...♕c8 läuft in 27.♗c7 nebst ♖b8, wonach Schwarz seine Dame einbüßen wird.

27. ♖a7xd7

Das Verschwinden des Bauern d7 hat die Probleme des Nachziehenden in keiner Weise geschmälert.

27. ... ♕b8-c8
28. ♖d7-e7 ♕c8-c2
29. ♖b1-f1 ♕c2-c6
30. ♗b6-f2 ♘e8-g7
31. f4xg5!

Nun ist es an der Zeit, diesen Bauern einzusammeln.

31. ... h6xg5
32. ♘f3xg5 ♕c6-d5
33. ♘g5-f3 f5-f4
34. ♖e7-c7 ♘g7-f5

Der schwarze Springer ist endlich aktiv, aber zu welchem Preis!

35. ♖f1-b1 ♘f5-e3
36. h2-h3!

Selbst mit dem Springer auf e3 hat Schwarz nicht genug Potenzial, um ernsthafte Drohungen aufstellen zu können. Darüber hinaus wird sich der schwarze König bald als schönes Angriffsziel entpuppen.

36. ... ♕d5-d3
37. ♖b1-c1

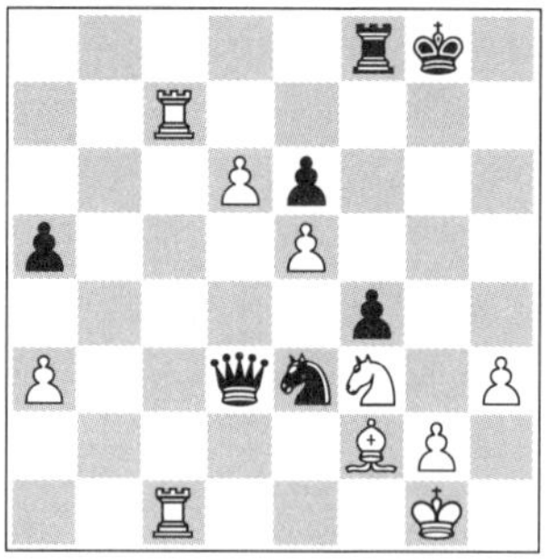

37. ... ♘e3-d5

Der Versuch, mit 37...♕g6 zu Gegenspiel zu kommen, funktioniert nicht: 38.♗xe3 fxe3 39.♖1c4! (Hier zeigt sich der Nutzen von 36.h3!. Die Besetzung von c4 mit dem anderen Turm – 39.♖7c4 – gibt Schwarz nach 39...♕d3 40.♖d4 ♕xa3 vielleicht einige Überlebenschancen) 39...♕b1+ (oder 39...♕d3 40.♖d4; das Turmendspiel nach 39...♖xf3 40.♖g4 ♕xg4 41.hxg4 e2 42.♖c1 ist für Schwarz verloren) 40.♔h2 e2 41.♖g4+ ♔h8 42.d7 e1♕ 43.♘xe1 ♕xe1 44.♖g5! (am genauesten, aber das prosaische 44.♖c8 ♕xe5+ 45.♖g3 ♕d6 46.♖e8 gewinnt auch) 44...♕e3 45.♖c8 ♕f4+ 46.♖g3 ♔h7 47.♖e8, und der d-Bauern geht zur Dame.

38. ♖c7-c6

Weiß verwertet seinen siegbringenden Vorteil systematisch und mit sicherer Hand.

38. ... ♘d5-e3
39. ♖c6-c3 ♕d3-b5
40. ♗f2xe3 f4xe3
41. ♖c3xe3 ♕b5-b6
42. ♖c1-c3 ♔g8-g7
43. ♔g1-h2 ♔g7-h6
44. ♖e3-e4 ♕b6-b2

Schwarz gab gleichzeitig auf.

Struktur 1.9

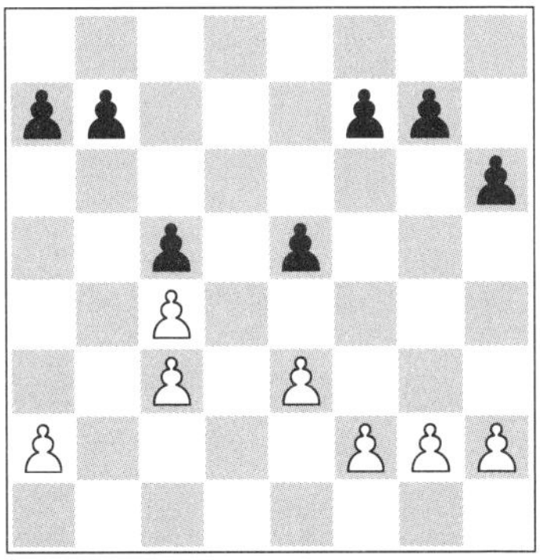

Nimzoindisch-Struktur – Weiß kontrolliert die offene d-Linie und baut auf seine Kontrolle des Feldes d5

Bei einem strategischen Plan, der nicht so häufig zu sehen ist, aber dennoch in Stellungen vom Nimzoindisch-Typ mit Doppelbauer und Vollzentrum wichtig ist, spielt Weiß auf das Feld d5. Dabei tauscht er freiwillig auf e5 oder c5 und nutzt dann den Vorposten d5 für seinen Springer oder eine andere Figur. Zu diesem Plan gehört häufig die Übernahme der Kontrolle über die d-Linie. Eine gute Illustration hierfür liefert die folgende Partie, die vor siebzig Jahren vom 6. Weltmeister gespielt wurde.

♦

NI 28.2 (E21) **PARTIE 15**

Michail Botwinnik
Witali Tschechower

Meisterschaft der UdSSR, Halbfinale, Leningrad 1938

1. d2-d4 ♘g8-f6
2. c2-c4 e7-e6
3. ♘b1-c3 ♗f8-b4
4. ♘g1-f3 0-0

Hier sind auch andere Züge möglich. Heutzutage sieht man häufiger 4...c5 and 4...b6.

5. ♗c1-g5 d7-d6

Bessere Züge sind hier 5...c5 mit Angriff auf das weiße Zentrum oder 5...d5 mit Überleitung in die Ragosin-Variante.

6. e2-e3 ♕d8-e7
7. ♗f1-e2 e6-e5
8. ♕d1-c2 ♖f8-e8
9. 0-0 ♗b4xc3
10. b2xc3

Weiß muss mit dem Bauern zurückschlagen; nach 10.♕xc3? hat Schwarz 10...♘e4.

10. ... h7-h6
11. ♗g5-h4 c7-c5
12. ♖a1-e1!

Bereitet ♘d2 und f2-f4 vor.

12. ... ♗c8-g4

Hindert Weiß daran, die gewünschte Aufstellung zu erreichen.

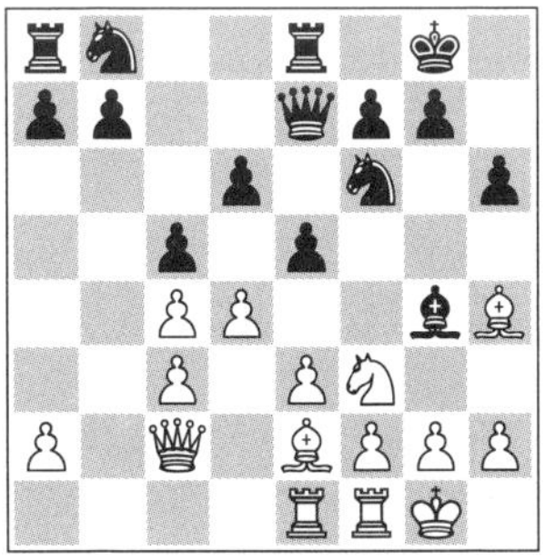

13. ♗h4xf6!

Eine starke und alles andere als offensichtliche strategische Entscheidung. Weiß tauscht seinen gut postierten Läufer ab, der den schwarzen Springer fesselte, um die Kontrolle über die weißen Felder und die Diagonale h1-a8 zu erhalten.

Viele starke Spieler hätten den Abtausch des schönen Läufers gegen den blöden Springer, der überdies noch gefesselt ist, noch nicht einmal in Betracht gezogen. Diese Entscheidung zeigt das tiefe strategische Verständnis, für das der 6. Weltmeister berühmt war. Der Rest der Partie, insbesondere in der technischen Phase, hinterlässt einen starken Eindruck.

13. ... ♕e7xf6

14. ♕c2-e4 ♗g4xf3

Schwarz tauscht seinen Läufer ab, um seine Entwicklung beenden zu können. Die Idee, den Läufer mit 14...♗c8 zu behalten, den Springer nach c6 zu entwickeln und dann die weiße Dame mit ...♗f5 zu vertreiben, funktioniert nicht. Weiß kommt rechtzeitig zu 15.♘d2! ♘c6 16.f4 mit großem Vorteil.

15. ♗e2xf3 ♘b8-c6

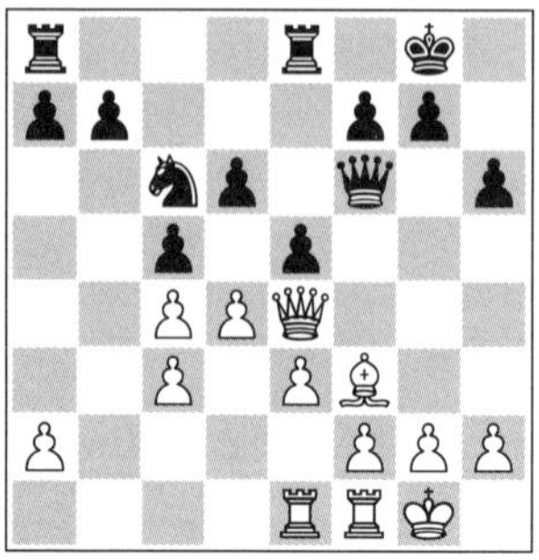

16. d4xc5!

Die Öffnung der d-Linie isoliert zwar den Doppelbauern, gehört aber zu dem mit 13.♗xf6! begonnenen Plan des Anziehenden. Wegen seiner Kontrolle über das Feld d5 wird Weiß die Kontrolle über die Linie übernehmen.

16. ... d6xc5

17. ♖e1-d1 ♖a8-d8

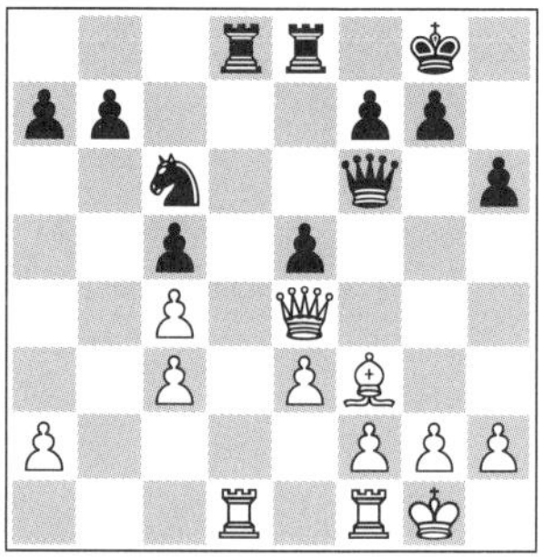

18. ♖d1-d5!

Weiß baut auf seinen schönen Vorposten.

18. ... b7-b6

Das sofortige 18...♖xd5 löst die Probleme des Nachziehenden nicht wegen 19.cxd5 ♘e7 20.d6! ♕xd6 21.♕xb7 mit klarem Vorteil, da der weiße Läufer hier dem schwarzen Springer klar überlegen ist.

19. ♖f1-d1 ♘c6-a5

Weicht dem Tempogewinn cxd5 aus und bereitet dadurch das Schlagen auf d5 vor.

20. h2-h3!

Weiß sieht den zukünftigen Gang der Ereignisse richtig voraus und verbessert seine Stellung.

20. ... ♖d8xd5

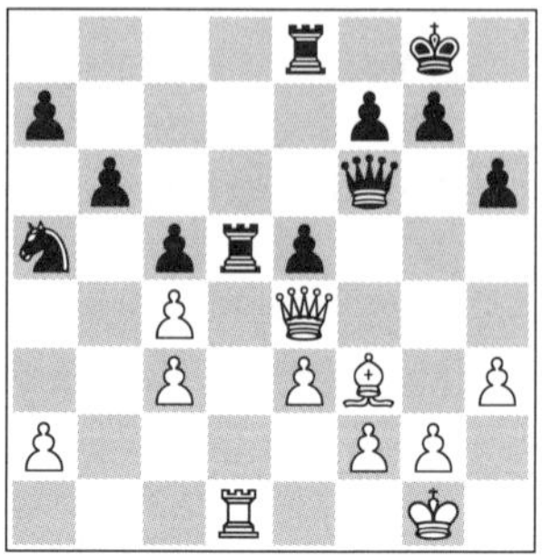

21. ♖d1xd5!

Weiß behält die Kontrolle über die d-Linie und beherrscht die Stellung vollkommen. Die Verbesserung der Bauernstruktur mit 21.cxd5?, die im Allgemeinen eine gute Idee darstellt, wäre hier ein schwerer strategischer Fehler, da Schwarz dann durch

Errichtung einer Blockade auf d6 die Stellung schließen könnte, wonach sich der schwarze Springer bald als dem weißen Läufer überlegen erweisen würde.

21. ... ♕f6-e7
22. ♗f3-g4

Der weiße Turm wird auf die siebte Reihe eindringen.

22. ... ♕e7-b7
23. ♗g4-f5!

Nimmt dem schwarzen König das Feld h7 und bereitet taktische Mattwendungen vor.

23. ... ♕b7-b8

Besser war 23...♕a8, wenngleich Weiß nach 24.♕h4 die Stellung weiterhin völlig beherrscht.

24. ♖d5-d7 ♖e8-d8

Sonst folgt 25.♕d5.

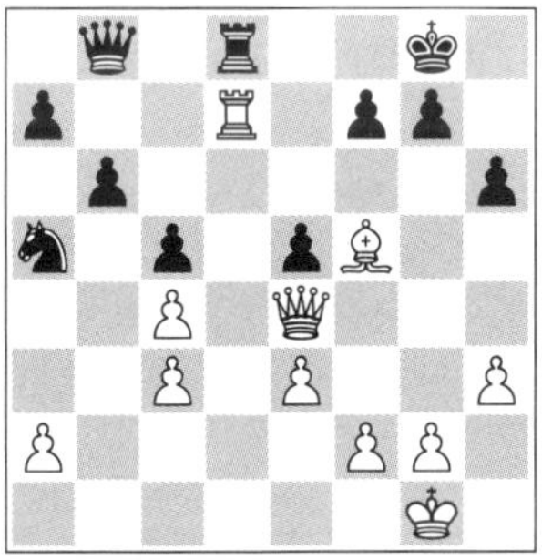

25. ♕e4xe5!

Nutzt die durch 23.♗f5! geschaffenen taktischen Möglichkeiten aus.

25. ... ♘a5xc4
26. ♕e5xb8 ♖d8xb8
27. ♗f5-e4!

Ausgezeichnete Technik. Es ist wichtiger, die Stellung des Läufers zu verbessern und die Stellung weiterhin zu dominieren, als sich den Bauern a7 zu schnappen.

27. ... ♘c4-a3
28. ♗e4-d5 ♖b8-f8
29. e3-e4!

Nun, da Weiß die Stellung völlig unter Kontrolle hat, können die Bauern zu laufen anfangen. Botwinnik spielt diese Partie sehr systematisch und liefert ein wunderschönes Lehrbeispiel ab.

29. ... a7-a5
30. c3-c4 b6-b5
31. c4xb5 ♘a3xb5
32. e4-e5 a5-a4
33. f2-f4 ♘b5-d4
34. ♔g1-f2 g7-g5
35. g2-g3 g5xf4
36. g3xf4

Schwarz steht passiv und hat dem Vorrücken der weißen Bauern nichts entgegenzusetzen.

36. ... ♘d4-e6
37. ♔f2-e3 c5-c4
38. f4-f5 ♘e6-c5
39. ♖d7-c7 ♘c5-d3
40. e5-e6 f7xe6
41. f5xe6 ♖f8-e8
42. e6-e7+ ♔g8-g7
43. ♗d5-c6 1-0

In dem folgenden, neueren Beispiel bringt Weiß seinen Springer auf den Vorposten d5 und schlägt nach dem Springertausch mit dem Bauern zurück. Im vorliegenden Fall verbessert das Erscheinen eines Freibauern auf d5 die weiße Stellung.

NI 15.1 (E41) **PARTIE 16**

Juri Kusubow
John van der Wiel
Groningen 2004 (6)

1. d2-d4 ♘g8-f6
2. c2-c4 e7-e6
3. ♘b1-c3 ♗f8-b4
4. e2-e3

Bei der Verfassung des vorliegenden Buchs stieß ich auf die Partie Wang Yue-Balogh, Taiyuan 2007, in der Weiß ebenfalls den nachstehend erklärten Plan verwirklichte. Dort ging es weiter mit 4.♘f3 b6 5.♗g5 ♗b7 6.e3 h6 7.♗h4

♗xc3+ 8.bxc3 d6 9.♘d2 ♘bd7 10.f3 ♕e7 11.♕a4 0-0 12.e4 e5 (so weit alles standardmäßige Theoriezüge) 13.♗d3 (das Idealfeld für den Springer ist offensichtlich e3; eine logische Folge wäre ♘f1-e3 und dann ♘f5 oder ♘d5) 13...♖fe8 14.0-0 (Ich habe nie verstanden, warum Weiß hier rochiert, statt mit 14.♘f1! seinen Plan weiterzuverfolgen. Der einzige Nachteil besteht darin, dass der weiße König vorübergehend in der Mitte bleibt. Ich kann aber nicht erkennen, wie Schwarz dies ausnutzen kann. Aktives Handeln im Zentrum mit 14...exd4 15.cxd4 c5 16.♘e3! (Ein standardmäßiges Bauernopfer in diesem Stellungstyp, das uns schon geläufig ist. Nach der Schließung des Zentrums mit 16.d5? könnte Schwarz mit 16...♕e5! 17.♖d1 ♕c3+ 18.♔f2 ♘e5 unangenehme Aktivität entwickeln) 16...cxd4 17.♘f5 ♕e6 18.0-0 ♘c5 19.♕d1 (Weiß hat die Stellung völlig unter Kontrolle und wird den Bauern mit Zinsen zurückgewinnen) 19...♘h5 20.♘xd4 ♕e5 21.♗c2 ♘f4 22.♘f5 gibt Weiß das deutlich bessere Spiel) 14...♘f8 15.♖fd1 ♘g6 16.♗f2 ♘f4 17.♗f1! (Weiß muss sich den Läufer bewahren. Im Fall des direkten Springertransfers mit 17.♘f1 wird Schwarz mit 17...♘6h5 18.♘e3 ♕g5 aktiv) 17...c5 18.g3 (treibt den schwarzen Springer zurück) 18...♘e6

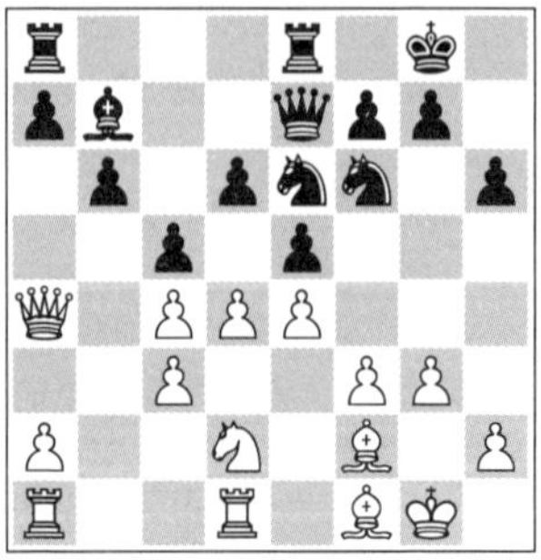

Analysediagramm

19.dxe5! (die richtige positionelle Entscheidung) 19...dxe5 20.♗g2 ♘d8! (Schwarz erkennt, dass der weiße Springer nach d5 gelangen wird, wo er abgetauscht werden muss. Dadurch wird Weiß einen Freibauern auf d5 bekommen, so dass es für Schwarz nützlich sein wird, den Springer zur Blockade des Bauern auf d6 bereitzuhalten) 21.♘f1! (der Springer macht sich auf den Weg zu seinem Bestimmungsort) 21...♗c6 22.♕c2 ♘b7 23.♘e3 g6 24.♘d5 ♗xd5 25.cxd5 ♘d6 26.a4 mit besserer Stellung für Weiß.

4. ... c7-c5
5. ♘g1-f3 d7-d6
6. ♗f1-d3 ♗b4xc3+
7. b2xc3 ♕d8-e7

Eine ungewöhnliche Zugreihenfolge, die nicht die beste ist. Normalerweise stellt Schwarz den Springer nach c6, bevor er sich mit der Dame festlegt.

8. ♕d1-c2

Mit diesem Zug zeigt Weiß, dass er sich schon für einen strategischen Aufbau entschieden hat. Sonst hätte er 8.0-0 e5 9.♘d2 gespielt.

8. ... e6-e5

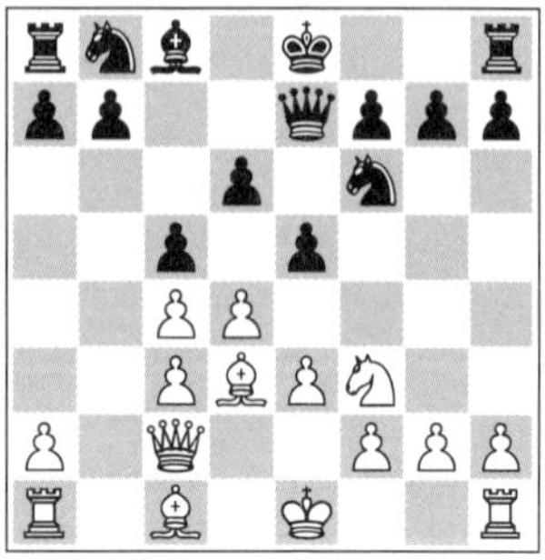

9. d4xe5! d6xe5
10. ♘f3-d2 ♘b8-d7
11. e3-e4!

Die mit 8.♕c2 eingeleitete Idee wird klar. Mit dem Abtausch 9.dxe5 hat Weiß einstweilen die Bauernsituation im Zentrum festgelegt, worüber Schwarz sich in diesem Stellungstyp im Allgemeinen nicht beklagen kann. Bei festgelegter Bauernstruktur lässt es sich mit den Springern viel einfacher manövrieren als mit den Läufern.

Die Strategie des Anziehenden ist korrekt, da sein Springer den schönen Vorposten d5 erreichen wird. Da Schwarz ihn dort kaum dulden kann, wird er ihn gegen einen seiner eigenen Springer abtauschen. Danach nimmt Weiß mit dem Bauern c4 zurück und erhält einen Freibauern. Außerdem wird er bald die Diagonale a1-h8 für seinen schwarzfeldrigen Läufer öffnen können.

11. ... ♘d7-f8

12. ♘d2-f1!

Setzt die Idee in die Praxis um.

12. ... ♘f8-e6

13. ♘f1-e3 ♘e6-f4

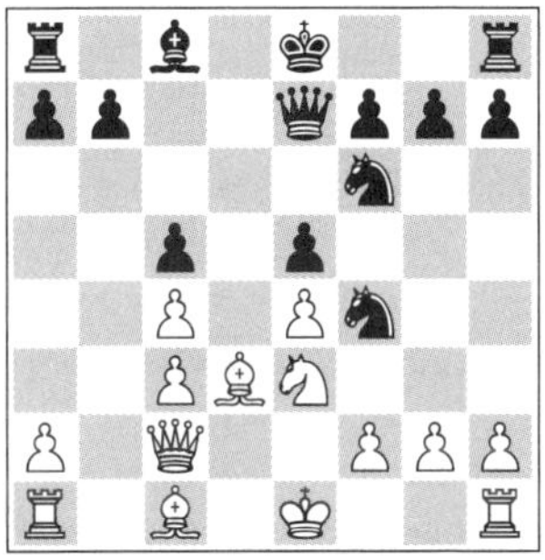

14. ♗d3-f1!

Der schwarze Springer wird bald mit g2-g3 wieder verjagt werden.

14. ... h7-h6

Will auf 15.g3 mit 15...♘h3 antworten können. Im Fall des logischen 14...0-0 steht Weiß nach 15.g3 ♘e6 (15...♘h3?? verliert nach 16.♘f5 ♗xf5 17.exf5 ♘f4 18.gxf4 exf4+ 19.♕e2 ♕d7 20.♗xf4 einfach eine Figur) 16.♘d5 klar besser.

15. h2-h4

Weiß lässt 15.g3 ♘h3 nicht zu, da die Stellung nach 16.♘f5 ♗xf5 17.exf5 ♘g5 18.♗g2 e4 recht unklar ist.

15. ... ♘f6-g4

Sonst folgt 16.g3 und 17.♘d5.

16. ♘e3-d5 ♘f4xd5

17. c4xd5 f7-f5

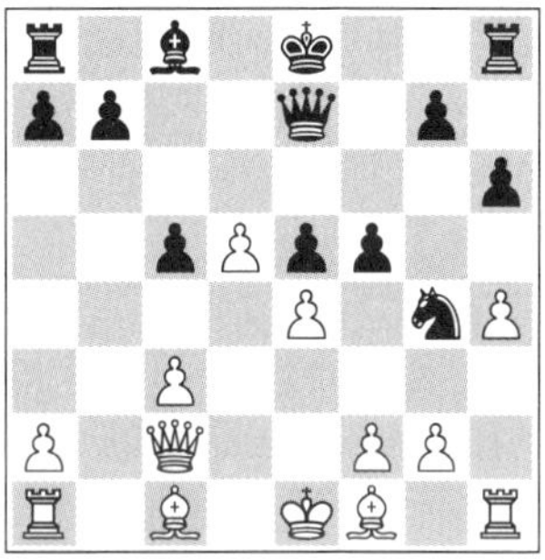

18. ♗f1-b5+!

Ein wichtiges Schachgebot.

18. ... ♗c8-d7

19. ♗b5xd7+ ♕e7xd7

20. e4xf5!

Macht sich die Tatsache zunutze, dass der Bauer d5 vorübergehend tabu ist: 20...♕xd5?? 21.♕a4+.

20. ... 0-0

21. f2-f3 ♘g4-f6

22. c3-c4

Nun ist der Bauer d5 gedeckt und die Diagonale a1-h8 für den Läufer offen. Schließlich hat Weiß auch noch einen Bauern mehr.

22. ... e5-e4

Hofft auf eine taktische Lösung des Problems.

23. 0-0 ♖a8-e8

24. ♗c1-b2!

Dieser Läufer wird nun zu einem Monster.

24. ... e4xf3

25. ♖f1xf3 ♘f6-g4

26. ♖f3-f4!

Bereitet den tödlichen Schlag vor. Das sofortige 26.f6? wäre nicht so effektiv wegen 26...♕d6! 27.g3 ♘xf6.

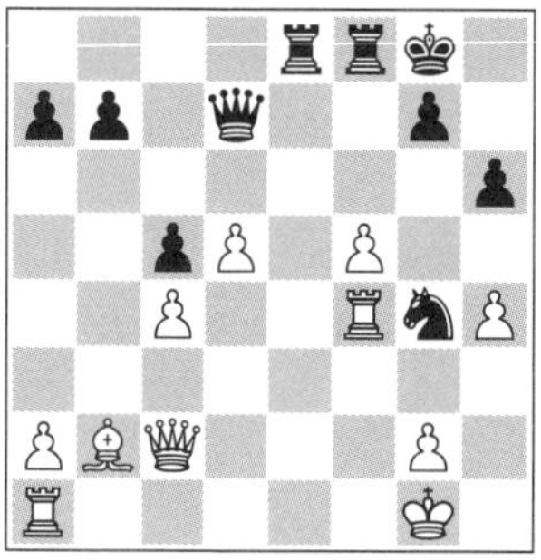

26. ... h6-h5?

Schwarz ist nicht auf der Hut und erlaubt eine schnelle Vernichtung. Nach dem Rückgewinn des Bauern mit 26...♘e3 27.♕d3 ♖xf5 (oder 27...♘xf5 28.♖af1 ♘d6 29.♕g6 mit anhaltendem weißen Angriff; der Verzicht auf das Nehmen des Bauern auf der Suche nach Kompensation mit 27...♕d6 sollte nach 28.♖f3 ♘g4 29.g3 nicht funktionieren) 28.♖e4! ♖xe4 29.♕xe4 ♘g4 30.♖e1 h5 31.d6! steht Weiß jedoch auf Gewinn, da Schwarz nicht mehr als ein paar Schachs hat: 31...♕xd6 32.♕xf5 ♕h2+ 33.♔f1 ♕h1+ 34.♔e2 ♕xg2+ 35.♔d1 ♕xb2 36.♖e8 matt.

27. f5-f6!

Nun ist es sofort vorbei.

27. ... g7xf6

27...♘xf6 28.♗xf6 gxf6 29.♕g6+ ♕g7 30.♕xh5 ist auch verloren.

28. ♕c2-g6+ ♕d7-g7

29. ♕g6xh5 ♘g4-e3

30. ♕h5-f3 ♔g8-h7

31. ♔g1-h1?

Es ist schwer zu erklären, warum Weiß hier von dem einfachen 31.♗xf6 mit sofortigem Gewinn absah. Nun bereitet er sich langsam selbst technische Schwierigkeiten.

31. ... ♕g7-g6

32. ♖a1-e1?

Viel besser ist 32.h5! mit leichtem Gewinn: 32...♕g5 (oder 32...♕c2 33.♗xf6) 33.♗xf6 ♖xf6 34.♖xf6 ♘xg2 35.♖g6.

32. ... ♘e3-g4!

Bringt etwas Taktik ins Spiel, wie etwa 33.♖xe8 ♕b1+ 34.♕f1 ♕xf1+ 35.♖xf1 ♖xe8 mit Rettungschancen, aber 33.♖d1 ♘e3 34.♖d2 sollte immer noch relativ sicher für Weiß gewinnen.

33. ♖e1-f1 f6-f5

34. d5-d6?

Nachdem Weiß eine totale Gewinnstellung erreicht hat, bemüht er sich nach Kräften, sie zu ruinieren.

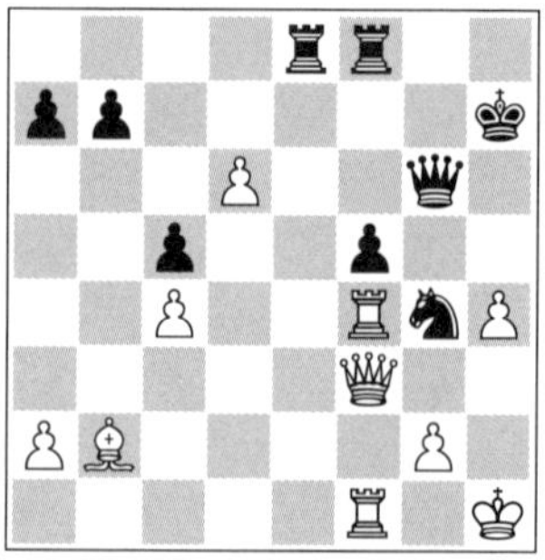

34. ... ♖f8-f7??

In dem Moment, in dem er endlich ernsthafte Gegenchancen erhält, schießt Schwarz einen groben Bock. Nach dem normalen 34...♕xd6 35.♕xb7+ ♖e7 36.♕f3 ♖fe8 hätte er eine Reihe taktischer Tricks und könnte wieder kräftig mitmischen.

35. ♖f4xg4 1-0

Struktur 1.10

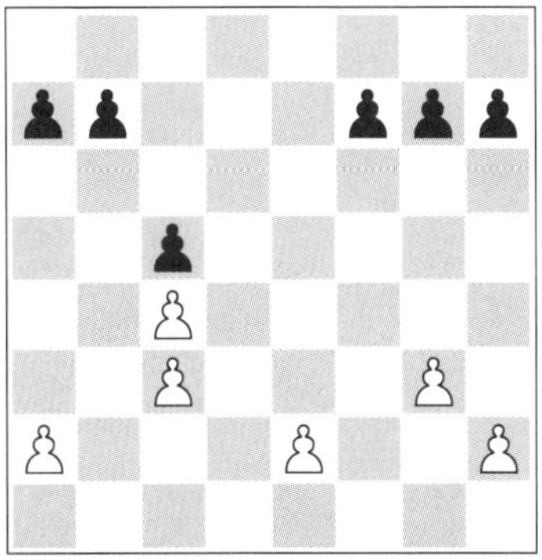

Nimzoindisch-Struktur – Weiß kombiniert die Kontrolle über die d- und f-Linie mit der Kraft seiner Läufer

Bei der Verfassung des vorliegenden Buchs sah ich diese aktuelle Partie und fand Topalows Spielführung ebenso beeindruckend wie lehrreich.

EO 44.8 (E21) **PARTIE 17**

Wesselin Topalow

Lewon Aronjan

Morelia/Linares 2008 (1)

1.	**d2-d4**	**♘g8-f6**
2.	**c2-c4**	**e7-e6**
3.	**♘b1-c3**	**♗f8-b4**
4.	**♘g1-f3**	**c7-c5**
5.	**g2-g3**	

Diese Variante wurde zunächst von Aljechin und später dann von Romanischin gerne gespielt, wurde aber erst dank Kasparows Bemühungen in einem seiner Weltmeisterschaftskämpfe gegen Karpow richtig populär.

5. ... c5xd4

Eine andere logische Fortsetzung besteht darin, im Zentrum keine Bauern zu tauschen und mit 5...♘e4 6.♕d3 ♕a5 sofort Druck auf der Diagonale e1-a5 auszuüben. Eine der Stammpartien in diesem Abspiel war die erste Partie des Weltmeisterschaftsmatchs zwischen Kasparow und Karpow im Jahre 1985. Dort folgte 7.♕xe4 ♗xc3+ 8.♗d2 ♗xd2+ 9.♘xd2

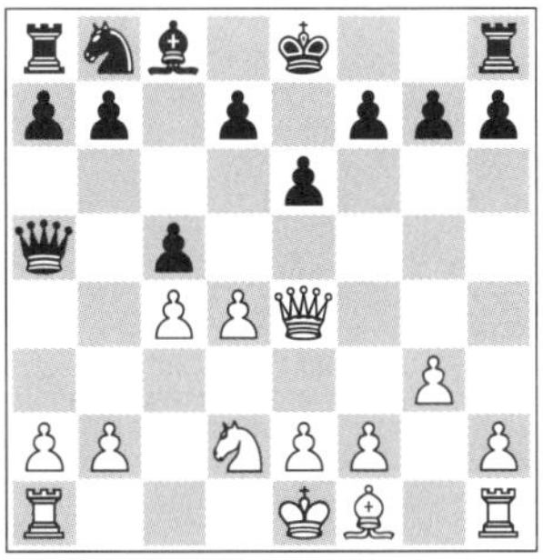

Analysediagramm

9...♕b6? (Ein merkwürdiger Fehler für den 12. Weltmeister. Schwarz ist unterentwickelt und sollte seinen Springer b8 ins Spiel bringen. Außerdem fesselt seine Dame den weißen Springer d2 und steht auf a5 gut. In dem Abspiel 9...♘c6 10.dxc5 (oder 10.d5 ♘d4 11.♗g2; in Betracht kommt auch das originelle 11.♔d1) 10...b6 11.♗g2 ♗b7 ist die moderne Theorie noch nicht zu einem endgültigen Urteil gekommen) 10.dxc5 ♕xb2 11.♖b1 ♕c3 (Schwarz ist – wahrscheinlich zu Recht – der Meinung, dass der Bauernraub mit 11...♕xa2 doch zu gefährlich ist)

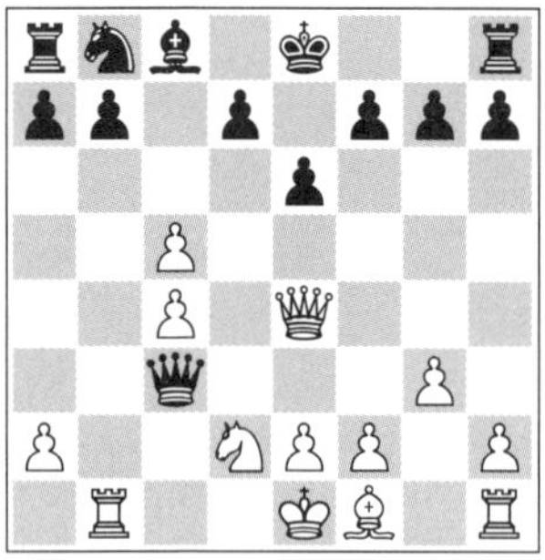

Analysediagramm

12.♕d3!. Dieses hübsche, lehrreiche Konzept, das in diesem Stellungstyp häufig vorkommt, sollte man sich merken. Durch den Abtausch der Damen auf d3 verbessert Weiß ohne Abschwächung seines Drucks seine Bauernstruktur. Insbesondere die Schwäche auf b7 ist lästig für Schwarz, der überdies gewaltige Probleme mit der Vollendung seiner Entwicklung hat.

Der weiße Vorteil ist größer, als es auf den ersten Blick scheinen mag. Ich erinnere mich immer noch daran, dass ich (damals, im Jahre 1985!) bass erstaunt war, dass ein Endspielvirtuose von Karpows Kaliber in dieser Partie einfach unterging, ohne irgendwelches Gegenspiel zu bekommen oder dem jungen Kasparow ernsthaften Widerstand entgegenzusetzen:

12...♕xd3 13.exd3 ♘a6 14.d4 ♖b8 15.♗g2 ♔e7 16.♔e2 ♖d8 (der Versuch, die Schwäche b7 aufzulösen und zugleich den passiven Läufer c8 abzutauschen, funktioniert nicht; nach 16...b6 17.cxb6 axb6 18.♖b3 ♗b7 19.♗xb7 ♖xb7 übt Weiß Druck auf den schwachen b-Bauern aus und erhält nach 20.♖hb1 ♖hb8 21.c5! b5 22.♘e4 ♘c7 23.a4! b4 24.♘d6 ♖a7 25.♖xb4 eine Gewinnstellung) 17.♘e4 (logisch war auch 17.♖b3 d6 18.cxd6+ ♖xd6 19.♔e3 b6 20.♖a3! nebst ♖b1 mit großem Vorteil für Weiß – man beachte die schlechte Koordination der schwarzen Figuren) 17...b6 18.♘d6! ♘c7 (im Fall von 18...bxc5 kann Weiß mit 19.♘xc8+ ♖dxc8 20.♗b7 einfach eine Qualität gewinnen oder mit 19.♖xb8 ♘xb8 20.dxc5 auf Dominanz spielen) 19.♖b4 (die Verdopplung der Türme auf der b-Linie ist hier ein einfacher und starker Plan) 19...♘e8 20.♘xe8 ♔xe8 21.♖hb1 ♗a6 (in verlorener Stellung versucht Schwarz verzweifelt, irgendwie Gegenspiel auf die Beine zu stellen) 22.♔e3 d5 23.cxd6 ♖bc8 (im Fall von 23...♖xd6 entscheidet 24.c5) 24.♔d3 ♖xd6 25.♖a4! b5 26.cxb5 ♖b8 27.♖ab4 mit baldigem Sieg für Weiß.

Diese Partie bestätigt wiederum, dass dann, wenn ein positioneller Aufbau grundlegend verkehrt ist, auch die besten Spieler der Welt – Karpow in seiner Blütezeit – sang- und klanglos verlieren können.

6. ♘f3xd4 ♘f6-e4

Dies ist eine der Hauptvarianten gegen das Abspiel mit g3 im Nimzoinder.

7. ♕d1-d3

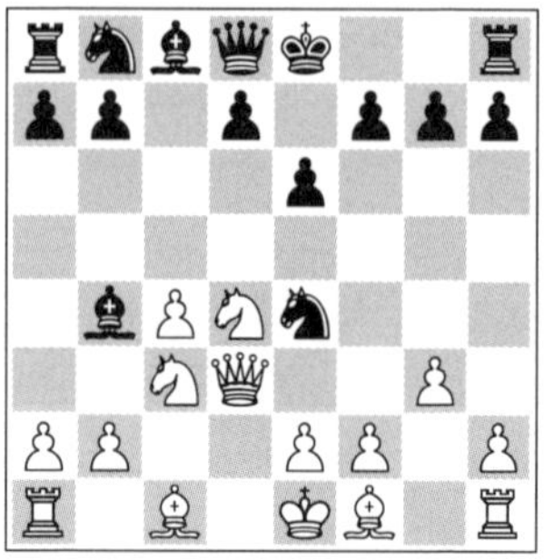

7. ... ♗b4xc3+

Die andere häufig gespielte Variante ist 7...♕a5. Zum besseren allgemeinen Verständnis dieses Stellungstyps seien einige lehrreiche Beispiele für einen möglichen Spielverlauf aufgeführt:

A) 8.♘b3, und nun:

A1) Im Fall von 8...♕f5 9.♕e3 ♘xc3 10.bxc3 ♗e7 11.♗g2 steht Weiß besser.

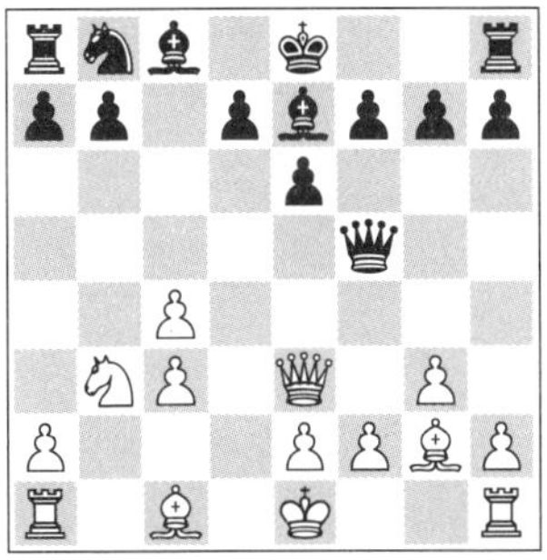

Analysediagramm

Er übt Druck auf der d-Linie und auf den Bauern b7 aus, während die verdoppelten c-Bauern eine Menge Felder kontrollieren. Wichtig ist hier die Feststellung, dass die verdoppelten c-Bauern in diesen Stellungen viel besser sind, als es den Anschein hat.

11...♘a6 12.0-0 0-0 13.♖d1 ♕h5 14.♗f3 ♕g6 15.♕d3! f5 (15...♕xd3 16.exd3 würde die weiße Bauernstruktur verbessern) 16.♗f4, und Schwarz hat schreckliche Probleme mit dem Abschluss seiner Entwicklung: 16...d6 17.♗xd6! ♖d8 18.♗xe7 ♖xd3 19.♖xd3 ♔f7 20.♗a3, und der ♖a8 und der ♗c8 bleiben aus dem Spiel ausgeschlossen. In Ljubojevic-Ermenkow, Malta Olympiade 1980, trug Weiß bald den Sieg davon.

A2) 8...♘xc3 9.♗d2 (nach 9.♘xa5 ♘e4+ 10.♗d2 ♗xd2+ 11.♕xd2 ♘xd2 12.♔xd2 ♘c6 13.♘b3 d6! (dies ist besser als 13...b6 14.♗g2 ♗a6 (oder 14...♗b7 15.c5) 15.♖ac1 ♖c8 16.c5! ♔e7 (nicht 16...♘e5 17.cxb6 ♘c4+ 18.♖xc4 ♗xc4 19.♗b7! mit Gewinn für Weiß) 17.♖c3 ♘e5 18.♖hc1 mit besserem Spiel für Weiß in Wang Yue-Berg, Gibraltar 2008) 14.♗g2 ♗d7 15.♖hd1 ♔e7 ist die Stellung etwa ausgeglichen) 9...♘e4 10.♕xe4 ♗xd2+ 11.♘xd2 0-0 12.♗g2 ♘c6, und nun:

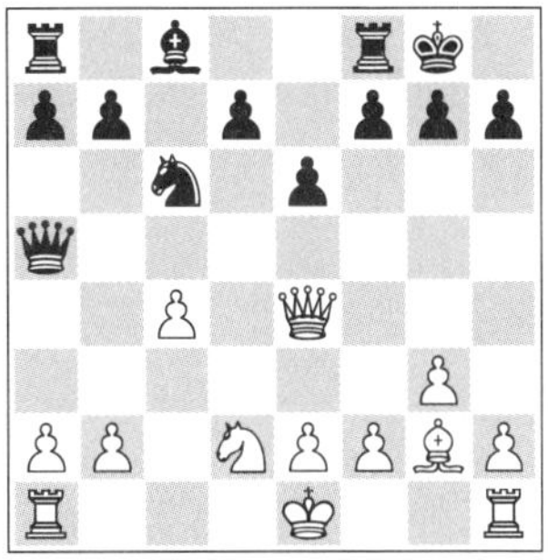

Analysediagramm

A21) 13.♕e3 d5 14.0-0 d4 15.♕d3 e5 16.a3 g6 17.b4 ♕c7 18.c5. Weiß hat etwas Initiative am Damenflügel und ist etwas im Vorteil, wie in Cvitan-P. Nikolic, Sarajewo 1987.

A22) Die Postierung der Dame auf einem aktiveren – und exponierteren – Feld mit 13.♕f4 würde nach 13...e5! 14.♕h4 d6 15.a3 ♗e6 zu Ärger führen. Weiß muss wegen der Fesselung auf der Diagonale a5-e1 einige Tempi zur Vorbereitung der Rochade aufwenden: 16.♖c1 ♖ad8 17.♖c3 d5 18.♘b3 ♕b6 19.cxd5 ♖xd5! mit besserem Spiel für Schwarz in Ljubojevic-Velimirovic, Jugoslawische Meisterschaft, Vrbas 1982.

B) Ein anderer, weniger häufig gespielter Zug ist hier 8.♘c2, was ein Bauernopfer involviert.

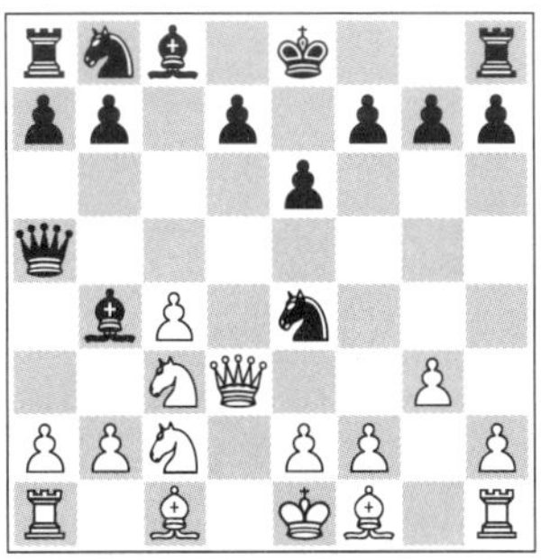

Analysediagramm

8...♘xc3 (Schwarz nimmt den Bauern, was hier riskant ist. Korrekt war 8...♗xc3+! 9.bxc3 ♘c5 mit ungefähr gleichem Spiel) 9.♘xb4 ♘xa2 10.♖xa2 ♕xb4+ 11.♗d2 ♕b6 12.♗g2 (Läuferpaar und gut koordinierte Figuren in einer offenen Stellung geben Weiß reichlich Kompensation für den geopferten Bauern) 12...♘c6 (es war besser, mit 12...0-0 den König in Sicherheit zu bringen und im Fall von 13.b4 zu versuchen, mit 13...d6 14.0-0 ♘c6 die Entwicklung abzuschließen) 13.♕a3 (hält den schwarzen König in der Mitte fest) 13...♘d4.

Nun muss Weiß seine Initiative schüren und bietet richtigerweise einen weiteren Bauern an: 14.0-0!.

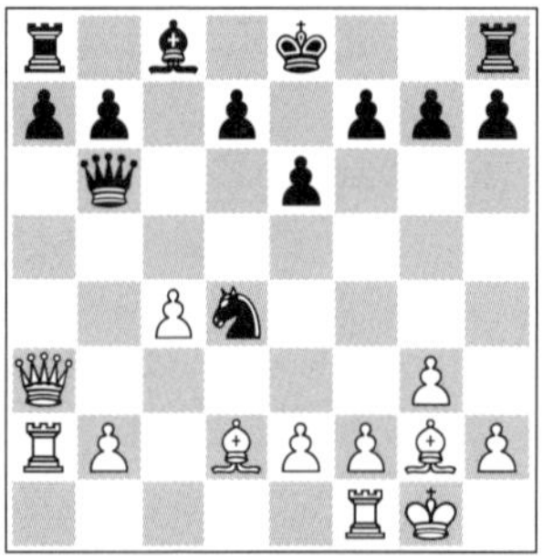

Analysediagramm

B1) 14...d6?! 15.e3 ♘b3 16.♗c3 0-0 17.♖d1 (aufgrund der schrecklichen Schwäche von d6 ist Schwarz hier verloren) 17...♘c5 (17...♖d8 verliert wegen 18.c5!) 18.b4 ♘d7 19.♖ad2 mit massivem Vorteil und baldigem Sieg für Weiß in Beljawski-Alburt, Meisterschaft der UdSSR, Leningrad 1974.

B2) Schwarz hätte konsequent sein und sich einen weiteren Bauern schnappen sollen: 14...♘xe2+ 15.♔h1 ♘d4 (Weiß hat offensichtlich genug Kompensation, aber es ist nicht leicht, mehr zu finden) 16.♗e3 e5 17.♖d1 d6 18.♕c3

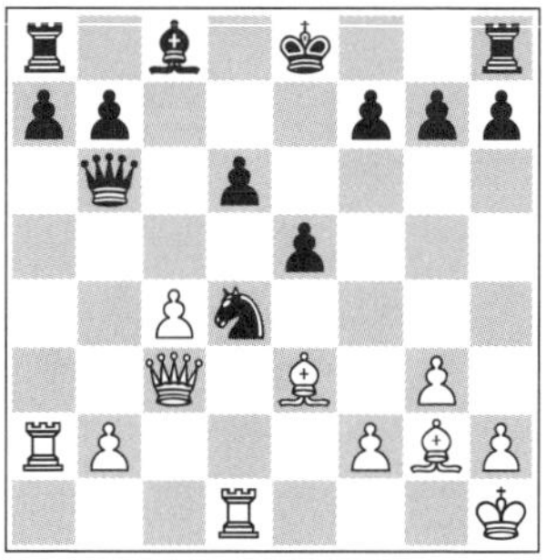

Analysediagramm

18...♕c7! (ein wichtiger Zug; 18...0-0? verliert wegen 19.♖xd4! exd4 20.♗xd4 ♕c7 21.♗xg7), und nun:

B21) Weiß könnte immer noch das Qualitätsopfer versuchen, aber die Konsequenzen sind nun nicht mehr klar: 19.♖xd4 exd4 20.♗xd4 ♗e6! 21.b3 f6 22.♖e2 ♔f7, und hier muss Weiß wahrscheinlich eine weitere Qualität ins Geschäft stecken, um die Initiative zu behalten: 23.♖xe6! ♔xe6 24.♗d5+ ♔e7 25.♕f3. In dieser scharfen Stellung sollte Weiß für sein doppeltes Qualitätsopfer genug Kompensation haben, aber wahrscheinlich nicht mehr.

Andere Züge sind unzureichend: 23.♕f3 ♖he8 24.♕h5+ ♔g8 25.♗e4 h6 26.♕g6 ♔f8 oder 23.♗e4 ♕d7! 24.♕f3 ♗g4 25.♗d5+ ♔f8 26.♕f4 ♗xe2 27.♗xf6 ♗h5! mit Gewinn für Schwarz.

B22) 19.♗xd4 exd4 20.♕xd4 0-0 21.b3 ♖e8!, und Schwarz sollte sich halten können: 22.♖xa7 ♖xa7 23.♕xa7 ♕c5.

B3) 14...♕b3?! ist schlecht: 15.♕xb3 ♘xb3 16.♗c3, und nun stellt 16...f6?? eine Figur ein: 17.♖a3 ♘c5 18.b4.

8. b2xc3 ♘e4-c5

9. ♕d3-f3

Es hat sich eine ähnliche Stellung ergeben wie in Ljubojevic-Ermenkow. Weiß übt Druck aus; die potenzielle Schwäche seines Doppelbauern auf der c-Linie ist einstweilen belanglos.

9. ... d7-d6
10. ♗f1-g2 e6-e5

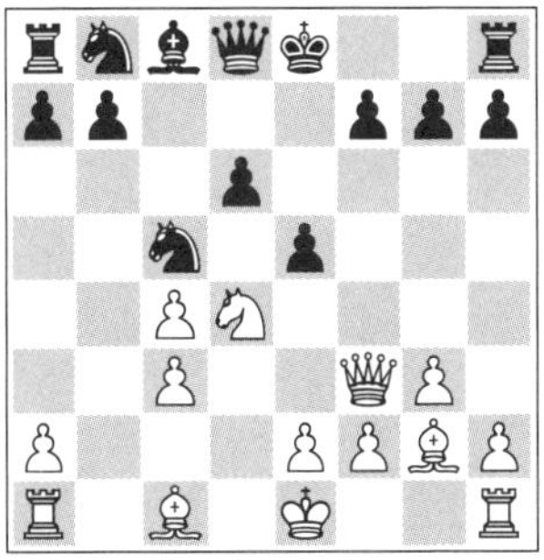

11. ♕f3-e3!?

Mit dieser frischen Idee versucht Topalow, das weiße Spiel gegenüber zwei anderen logischen Zügen zu verbessern.

A) 11.♘f5 ist einer davon; nach 11...♕f6 12.♘e3 ♕xf3 kann folgen:

A1) 13.♗xf3 ♗e6 14.♗a3 ♘ba6 15.0-0-0 ♔e7

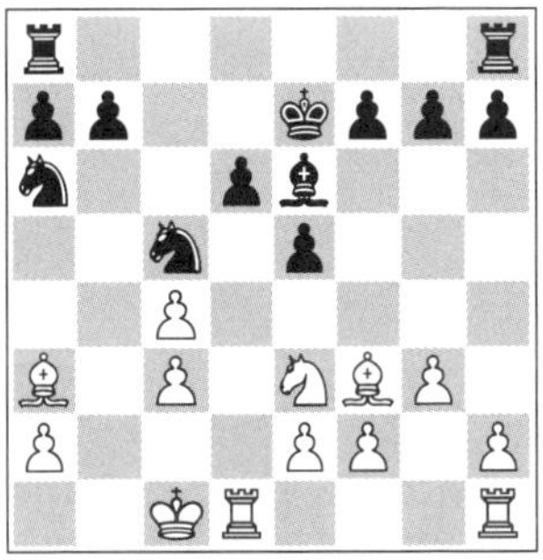

Analysediagramm

16.♗g2! (bereitet einen gut bekannten Plan zur Verstärkung des Drucks auf die schwarze Stellung vor) 16...♖ad8 17.f4 f6 18.♖hf1 b6 19.g4 ♘c7 20.h4 mit Initiative für Weiß in Kramnik-Anand, Blindpartie, Monaco 2007.

A2) Eine andere interessante Idee ist 13.exf3!? – es sei darauf hingewiesen, dass Weiß in den meisten dieser Abspiele wegen seiner guten Kontrolle der Zentrumsfelder und seines Drucks auf der d-Linie vor einer Verdopplung seiner Bauern keine Angst hat: 13...♘ba6 14.♗a3 ♗e6 15.0-0-0 0-0-0 16.f4 exf4 (einen besseren Eindruck macht das sofortige 16...f5!, was einen ähnlichen Zweck erfüllt, aber ohne Druck auf der g-Linie zuzulassen) 17.gxf4 f5 18.h4 ♖he8 19.h5 ♔c7 20.♖hg1, und in Iwantschuk-Asrjan, Sotschi 2007, war Weiß aufgrund seines Drucks auf der d- und g-Linie und seiner guten Kontrolle des Feldes d5 im Vorteil.

B) Aronjan hat diese Stellung auch schon mit den weißen Steinen auf dem Brett gehabt und versuchte bei dieser Gelegenheit 11.♘b3 ♘ba6 12.♗a3 ♕c7 13.♖d1 ♗e6 14.♘xc5 ♘xc5 15.♗xc5 dxc5 (später erkannten die Schwarzspieler, dass die Bildung einer ähnlichen Bauernstruktur wie in Partie 15 (Botwinnik-Tschechower) nicht ratsam ist, und spielten besser 15...♕xc5! 16.♕xb7 ♖c8 17.♗d5 ♗xd5 18.♕xd5 ♕xc4 mit Ausgleich, Moisejenko-Gyimesi, Maalot 2008) 16.0-0! (verzichtet auf 16.♕xb7 ♕xb7 17.♗xb7 ♖b8 18.♗d5 ♔e7 19.f4 ♖b2, wonach ein Remisausgang wahrscheinlich wäre) 16...♖b8 17.♕h5! (ein wichtiger Zug, der das strategische Ziel erreicht, aus der Kontrolle des Feldes d5 Nutzen zu ziehen) 17...0-0 (schlecht ist 17...♗xc4? wegen 18.♕g4) 18.♗d5 ♖fe8 19.♗xe6 ♖xe6 20.♖d5 ♖e7 21.♖fd1 ♖be8 22.♕g5.

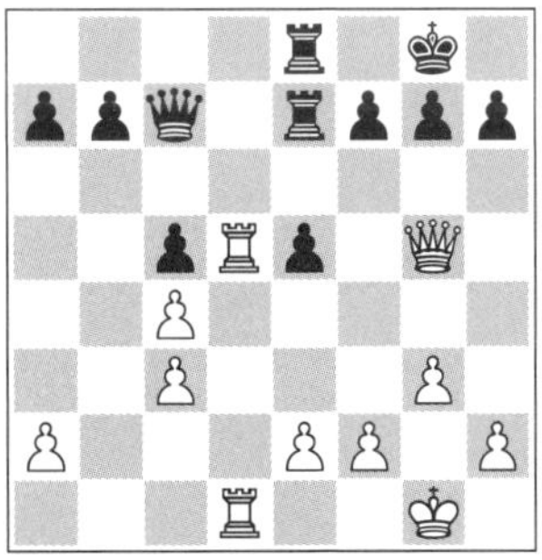

Analysediagramm

Der Anziehende hat die d-Linie unter Kontrolle, und auf dem Feld d5 steht eine dominante Figur (diesmal sein Turm) ganz hervorragend. Diese beiden Pluspunkte sichern ihm langfristigen Vorteil, der er in Aronjan-P.H.Nielsen, Olympiade, Turin 2006, zum Sieg verdichten konnte.

11. ... 0-0

12. ♘d4-b3 ♕d8-c7

Kein leichter Augenblick für Schwarz. Der Textzug lässt Topalow zu der oben erwähnten günstigen Bauernstruktur kommen (siehe Botwinnik-Tschechower oder Aronjan-Nielsen). Eine ähnliche Bauernstruktur, aber in einer etwas anderen Version, war mit 12...♘ba6 zu erreichen. Dann stehen Weiß nach 13.♗a3 ♕c7 ein paar logische Pläne zu Gebote:

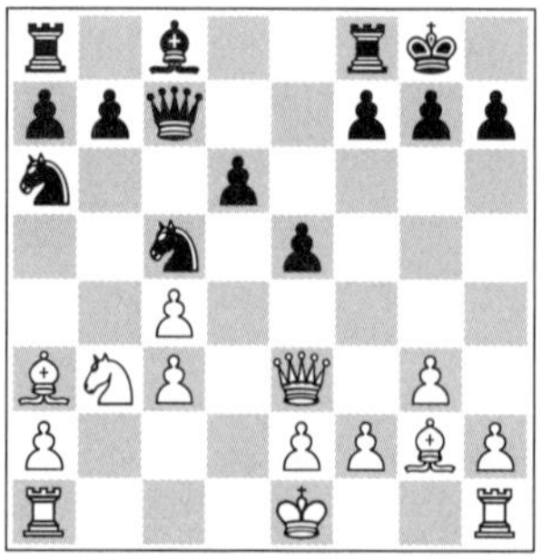

Analysediagramm

A) 14.f4 ♖e8 15.0-0 ♗f5 16.♖ad1 mit weißem Druck.

B) Eine etwas andere Version mit 14.0-0 ♗e6 15.f4 f6 sieht okay für Schwarz aus.

C) Nach dem gut bekannten Plan 14.♗xc5 ♘xc5 15.♘xc5 dxc5 (nach 15...♕xc5 16.♕xc5 dxc5 17.0-0-0! f5 18.♗d5+ ♔h8 19.f4 steht Weiß wegen seiner Kontrolle über die d-Linie und des starken Läufers besser) 16.♗d5 (falsch ist 16.0-0? ♗e6 17.♖ab1 ♖ab8, und Weiß hat seine Chance verpasst, auf dem Vorposten d5 eine stellungsbeherrschende Figur aufzupflanzen) versucht Weiß, auf seiner Beherrschung des Feldes d5 aufzubauen, wie in Aronjan-Nielsen; 16...♗h3 (versucht, Weiß an der Rochade zu hindern) 17.f3. Diese Stellung sieht besser für Weiß aus.

13. ♘b3xc5 d6xc5

14. 0-0 ♘b8-d7

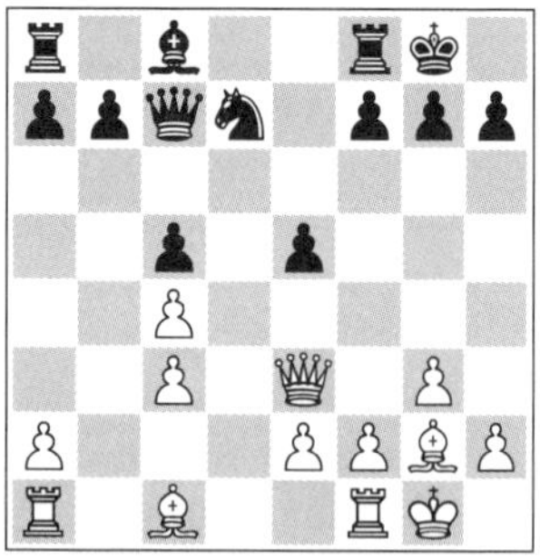

15. f2-f4!

Gut gespielt. Da sofortiges Handeln angezeigt ist, öffnet Weiß die Stellung, um auch seinen schwarzfeldrigen Läufer zu aktivieren. Das stereotype 15.♖d1 verspricht nichts, da Schwarz nach 15...♖b8 nebst ...b6 oder ...♘f6 gutes Spiel bekommt.

15. ... e5xf4

Der Versuch, die Stellung mit 15...♘b6 relativ geschlossen zu halten, würde nicht helfen. Nach 16.f5! ♘xc4 (oder 16...f6? 17.♗a3) 17.♕e4 ♘d6 (17...♘b6? 18.f6 gibt Weiß vernichtenden Angriff) 18.♕xe5 ♖e8 19.♕d5 steht Weiß besser.

16. ♖f1xf4

Schwarz hat große Probleme mit der Entwicklung seines Damenflügels, die er über die gesamte Partie hinweg nicht lösen können wird.

16. ... a7-a5

Schwarz versucht den Turm a8 ins Spiel zu bringen und so seine Entwicklungsprobleme am Damenflügel zu lösen. 16...♘e5 sieht logisch aus, hilft aber nach 17.♗a3 ♘g6 18.♖ff1 ♗e6 19.♕xc5

♖fc8 20.♕xc7 ♖xc7 21.♗d6 ♖xc4 22.♗xb7 ♖d8 23.♗b4 mit gesundem Mehrbauern für Weiß nicht.

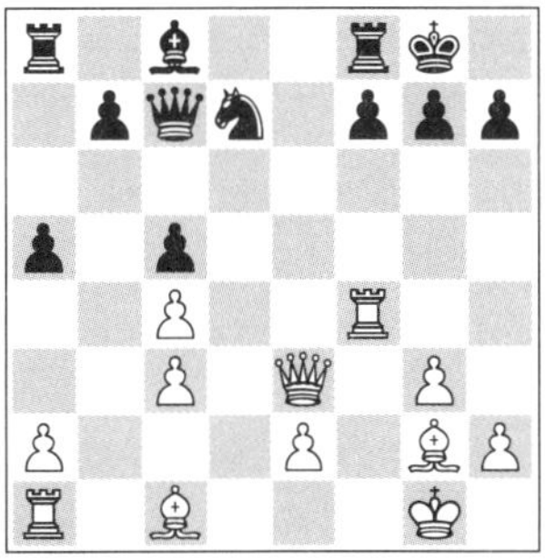

17. ♕e3-e7!!

Dominanz. Weiß hat die Initiative, muss aber sehr energisch und genau spielen. Schwarz braucht nur eine kleine Atempause, um seinen Damenflügel zu entwickeln, wonach die scheinbar starke weiße Initiative leicht verpuffen könnte. Topalows Plan ist ganz eindeutig am besten und genauesten, wenngleich Weiß meiner Meinung nach auch auf einem anderen Weg in Vorteil kommen konnte: 17.♗a3 ♖a6, und nun:

A) 18.♖e4 kann nicht überzeugen.

A1) Nun ist 18...♕d6 nicht gut wegen 19.♖f1 ♕h6, und nun:

A11) 20.♕xh6 ♖xh6 21.♖e7 b6, z.B.:

A111) Es ist nie zu spät, in Schwierigkeiten zu geraten – selbst mit einem logischen Zug: 22.♖d1?

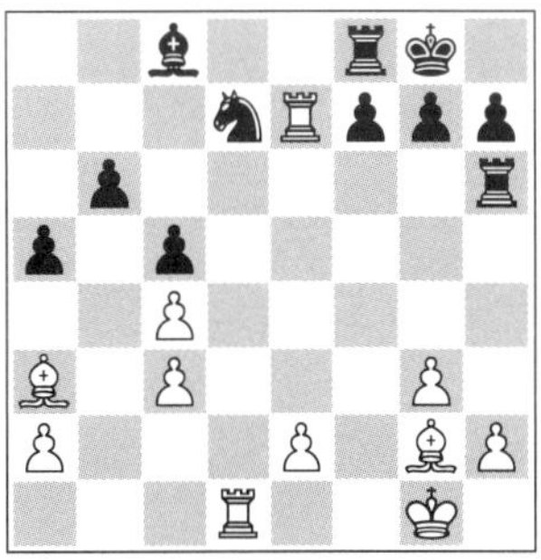

Analysediagramm

22...♖e6!! 23.♖dxd7 (23.♖xe6 fxe6 24.♖d6 ♘e5) 23...♗xd7 24.♖xd7 ♖xe2, und Schwarz nimmt auf a2, fesselt Weiß auf der ersten Reihe und wird seinen eigenen Freibauern auf der a-Linie rasend schnell vorrücken.

A112) 22.♗d5 ♘f6 23.♗c1 ♘xd5 24.cxd5 ♖d6 25.e4 f6 26.♗e3 ♖d7 27.♖xd7 ♗xd7 28.♖b1 b5 29.♗xc5 ♖e8 30.♖e1 ♗f5 31.d6 ♔f7, und Schwarz sollte überleben.

A12) 20.♗xc5! (dieser einfache und direkte Zug verspricht mehr als Abspiel A11) 20...♘xc5 21.♕xc5 ♕b6 22.♕d4 ♗e6 23.c5.

A2) 18...♖f6! 19.♖e7 ♕d6 20.♗d5 b6! (neutralisiert den Läufer a3) 21.♖d1 ♔h8 22.♖d3

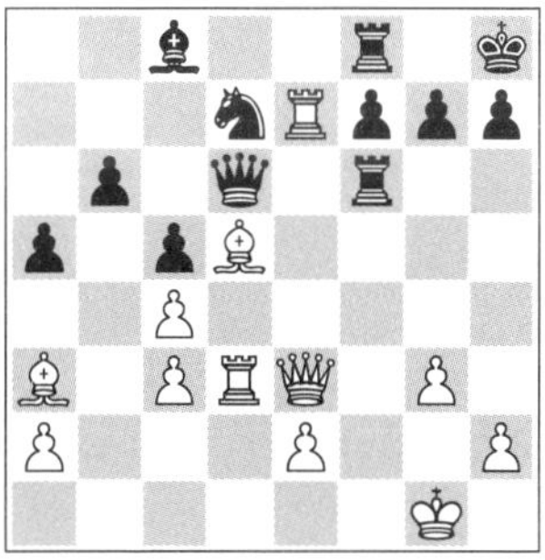

Analysediagramm

22...♖e6! 23.♖xe6 fxe6 24.♗xe6 ♕e7 (die schwarzen Figuren sind gut koordiniert, während sich die Defekte der weißen Bauernstruktur bemerkbar zu machen beginnen) 25.♗xd7 ♕xe3+ 26.♖xe3 ♗xd7 mit etwa gleicher Stellung.

B) 18.♗d5! ♖f6! 19.♖af1 (nach 19.♖e4 ♕d6 20.♖d1 ♔h8 21.♖d2 (oder 21.♗c1 ♘b6 22.♖e8 ♗d7 23.♖xf8+ ♕xf8) 21...♕b6! 22.♖b2 ♕d6 23.♖d2 ♕b6 hält die schwarze Stellung) 19...♕d8 20.♗xc5 ♖e8 21.♕f2 ♘xc5 22.♕xc5 ♖xf4 (ein grober Fehler ist 22...♖xe2?? wegen der einfachen Antwort 23.♗xf7+ ♔xf7 24.♕h5+) 23.♖xf4 ♗e6. Schwarz hat einen Bauern weniger, aber aufgrund der beschädigten weißen Bauernstruktur sind die weißen Gewinnchancen und die schwarzen Remischancen bei etwa 50:50 anzusiedeln.

Es sei darauf hingewiesen, dass diese Stellungen erheblich schwieriger zu spielen sind, als es den Anschein haben mag. Am Brett bekommt man häufig den Eindruck, dass verschiedene Züge gut genug sein sollten, um die Initiative zu bewahren. Aufgrund der potenziellen Strukturprobleme und der Tatsache, dass ein falscher Figurentausch sehr häufig zum völligen Erlöschen der weißen Initiative führen kann, muss man diese Stellungen als Anziehender energisch und präzise behandeln.

17. ... ♕c7-e5

Schwarz muss die Damen tauschen, da 17...♖a6?? an 18.♗d5+– scheitert.

18. ♕e7xe5 ♘d7xe5

19. ♗c1-e3 ♘e5-d7

Der "aktive" Versuch 19...g5 würde nach 20.♖e4 f6 21.♗xc5 einfach einen Bauern verlieren.

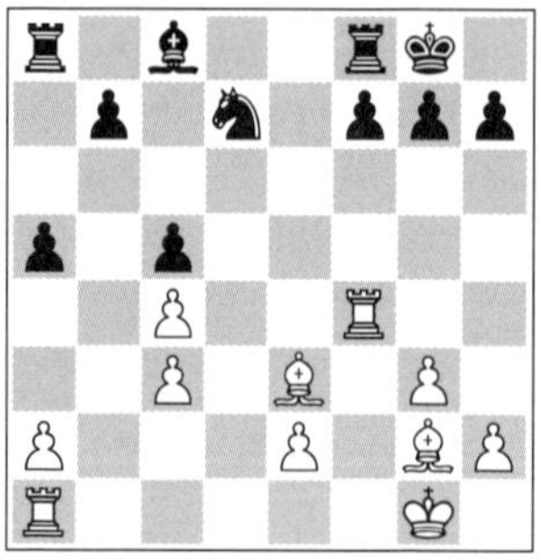

20. ♖f4-e4!

Der Turm gelangt auf die siebte Reihe und wird die Stellung völlig dominieren.

20. ... ♖a8-a6

20...♖d8 verliert wegen 21.♖d1 ♖a6 22.♗xc5.

21. ♖a1-b1! ♖a6-g6

21...♖d6 verliert wegen 22.♗f4 ♖g6 (oder 22...♖b6 23.♖xb6 ♘xb6 24.♗d6+–) 23.♖e7, während im Fall von 21...♖d8 der Zug 22.♖d1! immer noch funktioniert, z.B.: 22...♖f8 23.♖e7 ♖e6 24.♖xe6 fxe6 25.♗xb7 ♗xb7 26.♖xd7 ♗a6 27.♗xc5 ♖f5 28.♖c7 ♗xc4 29.♗d4 ♗xe2 30.♖xg7+ ♔f8 31.♖xh7.

22. ♖e4-e7 b7-b6

23. ♗e3-f4

Trotz des Damentauschs und des relativ reduzierten Materials ist Schwarz immer noch völlig gelähmt, und seinen Figuren mangelt es an Koordination.

23. ... h7-h5

24. ♗g2-e4

Auch 24.♗d5 ♘f6 25.e4 h4 26.♗c7 hxg3 27.hxg3 sollte gewinnen.

24. ... ♖g6-e6

25. ♖e7xe6 f7xe6

26. ♗f4-d6! ♖f8-f6

27. ♖b1-d1 ♔g8-f7

27...e5?? patzt nach 28.♗e7 eine Qualität ein.

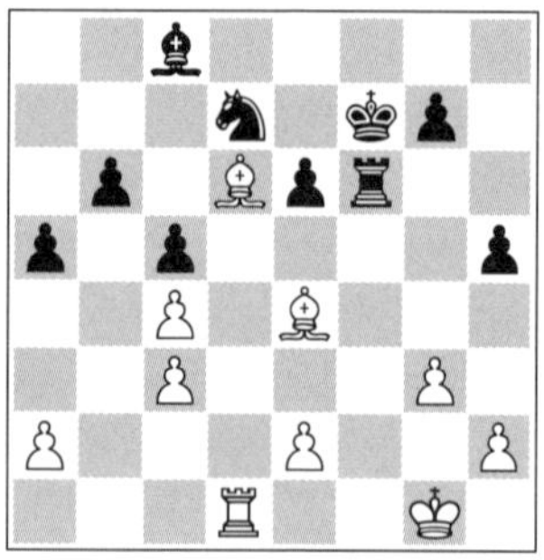

28. ♗d6-f4! ♔f7-g8

29. ♗f4-c7 ♖f6-f7?

Dies stellt eine Qualität ein. Besser war 29...e5, wenngleich Schwarz nach 30.♗d8! ♖f8 31.♗d5+ ♔h7 32.♗c7 ♖f6 33.h4 an Händen und Füßen gebunden bleibt.

30. ♗e4-g6!

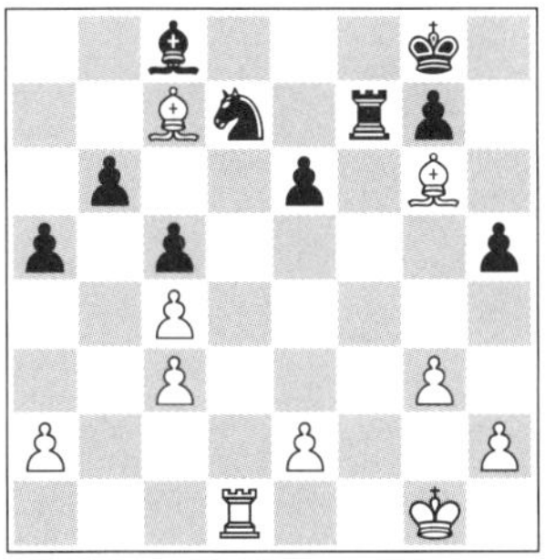

30. ... a5-a4

30...♖f8 verliert nach 31.♗d6 ♖f6 32.♗e8! ♖f5 33.♗e7 ♘f8 34.♖d8 ♗b7 35.♗g6 ebenfalls die Qualität.

31. ♗g6xh5

Schwarz ist so hilflos, dass Weiß sich sogar mit dem Gewinn der Qualität Zeit lassen kann. Dies war ein guter Moment für Schwarz, das Handtuch zu werfen, aber aus unerfindlichen Gründen schleppt Aronjan die Partie noch etwas hin.

31. ... ♘d7-f6
32. ♗h5xf7+ ♔g8xf7
33. ♗c7xb6 ♗c8-a6
34. ♗b6xc5 e6-e5
35. a2-a3 ♗a6xc4
36. ♗c5-b4 e5-e4
37. ♔g1-f1 1-0

Struktur 1.11

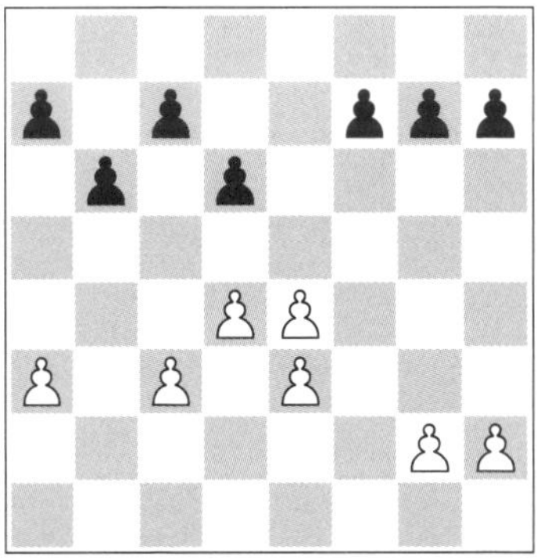

Nimzoindisch-Struktur – Weiß hat eine offene Linie und einen Doppelbauern auf der e-Linie

In der folgenden Partie bringt Weiß ein wunderschönes positionelles Opfer. Ich muss zugeben, dass ich diesen Stellungstyp in einer Reihe von Partien mit Weiß auf dem Brett gehabt habe, aber nie auch nur im Entferntesten an diese Art von Opfer gedacht habe.

Weiß opfert die Qualität, um eine harmonische Entwicklung und langfristige Initiative auf Basis seines starken Zentrums und des einflussreichen Läufers auf a2, der sich zu einem Monster entwickeln wird, zu bekommen. Die offene f-Linie und der Druck auf d7 fügen sich sehr gut in diese Strategie ein. Wenn man das Opfer einmal gesehen hat, sieht es sehr logisch aus. Es ist jedoch alles andere als leicht, am Brett darauf zu kommen (der ehemalige Weltmeister Spasski konnte es auch nicht finden), und man sollte es sich unbedingt merken, da es in diesem Stellungstyp definitiv als Standardopfer angewandt werden kann.

NI 18.10 (E28) **PARTIE 18**

Gregory Kaidanov
Alexander Onischuk
Chicago 2002 (7)

1. d2-d4 ♘g8-f6
2. c2-c4 e7-e6
3. ♘b1-c3 ♗f8-b4
4. e2-e3 0-0
5. a2-a3 ♗b4xc3+
6. b2xc3 d7-d6

In dieser Nebenvariante verfolgt Schwarz ein anderes Konzept als nach dem Standardzug 6...c5.

7. ♘g1-e2 e6-e5
8. ♘e2-g3 ♖f8-e8
9. ♗f1-d3 e5-e4
10. ♗d3-b1 b7-b6
11. f2-f3 ♗c8-a6

Nun wird das Konzept des Nachziehenden klar. Weiß hat ein starkes Bauernzentrum aufgebaut und wird die f-Linie öffnen können, während Schwarz einen starken Läufer auf c4 erhält, der die weiße Entwicklung stört, das Feld f1 kontrolliert und Weiß an der kurzen Rochade hindert.

12. f3xe4 ♗a6xc4
13. ♕d1-f3 ♘b8-d7

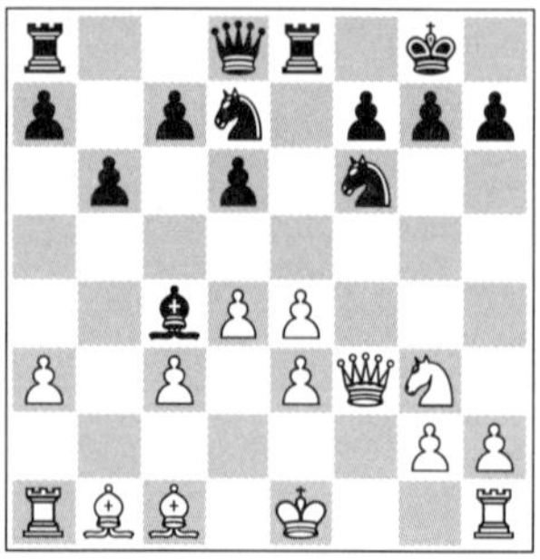

14. ♖a1-a2!!

Um Druck auf der f-Linie auszuüben, braucht Weiß dort einen Turm, und dies ist eine wunderschöne Lösung des Problems. Wenn Schwarz die Qualität nimmt, wird Weiß einen Monsterläufer bekommen und außerdem rochieren und sich so harmonisch entwickeln können. Sollte Schwarz den weißen Turm ignorieren (was wahrscheinlich besser war), so überführt Weiß den Turm von a2 nach f2 mit Druck auf der f-Linie.

Die oben erwähnte Partie von Spasski ging ziemlich originell weiter: 14.a4 ♕c8 15.♔d2!? (Weiß sucht nach einer originellen Lösung des Problems. Es ist interessant, dass ein Spieler von Spasskis Kaliber und Talent 14.♖a2!! nicht fand, obwohl er offensichtlich auf der Suche nach originellen Lösungen war) 15...♕a6 16.h4 ♖ad8 17.h5 h6 18.♖h4 (löst das Problem des ♖h1, aber ♖a1, ♗b1 und ♗c1 bleiben im Abseits) 18...♘h7 19.♗c2 ♘g5 20.♕f2 ♖e6 21.♖g4 ♖de8 22.♗a3 ♘f6 23.♖xg5 (ein erzwungenes Opfer) 23...hxg5 24.♕f5 c5? (unverständlicherweise verzichtet Schwarz auf 24...♕a5, was einfach den Bauern verteidigt und klaren Vorteil einbringt) 25.♕xg5 (nun erhält Weiß Angriff) 25...cxd4 (besser war 25...♘h7, um die Verteidigung zu organisieren. Dies führt wahrscheinlich nach 26.♕g4 ♘f6 (26...♔h8 kann für Schwarz gefährlich sein, da Weiß nach 27.♘f5 g6 28.hxg6 fxg6 29.♖h1! Angriff bekommt) 27.♕g5 ♘h7 zum Remis) 26.♘f5! dxe3+ (die richtige Verteidigung besteht in 26...dxc3+! 27.♔e1 (27.♔c1? ♘xh5 28.♕xh5 ♗d3!−+, da Weiß nicht 29.♔b2! ziehen kann; 27.♔xc3? ♕a5+ 28.♗b4 ♘xe4+ 29.♗xe4 ♕e5+ 30.♔xc4 ♕xa1 31.♗d5 ♖e4+ 32.♗xe4 ♖xe4+ 33.♘d4 ♖e5∓) 27...♘xh5 28.♕xh5 g6! 29.♕g5 ♗f1! 30.♘d4 ♖e5 31.♕f6 ♗d3 32.♔f2 ♖h5 33.♗b3 ♗c4 34.♗b4! ♗xb3 35.♗xc3 ♕d3 36.♘e6! (36.♘xb3 führt nach 36...♖f5+! 37.exf5 ♕xe3+ 38.♔f1 ♕f4+ 39.♔g1 ♕e3+ 40.♔h2 ♕h6+ mit Dauerschach zur Punkteteilung)

36...♕xc3! (36...♖h7 37.♖h1!) 37.♕xc3 ♗xe6 38.♕c7 ♖a5 39.♕xd6, und wegen der schwarzfeldrigen Schwächen im Umfeld des schwarzen Königs hat Weiß Angriffsmöglichkeiten und steht klar besser) 27.♔c1! ♘xh5 (nur so ist das Matt zu verhindern) 28.♕xh5 ♗d3 29.♔b2!, und Weiß gewann bald im Angriff, Spasski-Uusi, Rostow 1958.

14. ... ♗c4xa2?!

Danach hat Weiß leichtes Spiel. Es war besser, mit 14...c5 den Turm zu ignorieren und den starken Läufer zu behalten.

15. ♗b1xa2 ♘d7-f8
16. 0-0 ♘f8-g6
17. ♗c1-d2

Trotz der Mehrqualität ist Schwarz an Händen und Füßen gebunden und muss sich passiv verteidigen.

17. ... ♕d8-d7
18. ♘g3-f5! ♕d7-d8?!

Schwarz hält an seinem Material fest, aber wahrscheinlich war es besser, die Qualität mit 18...♖xe4! 19.♘xg7 ♘f4! (der einzige Zug) 20.♗b1 d5 21.exf4 ♔xg7 22.f5 ♖g8 zurückzugeben.

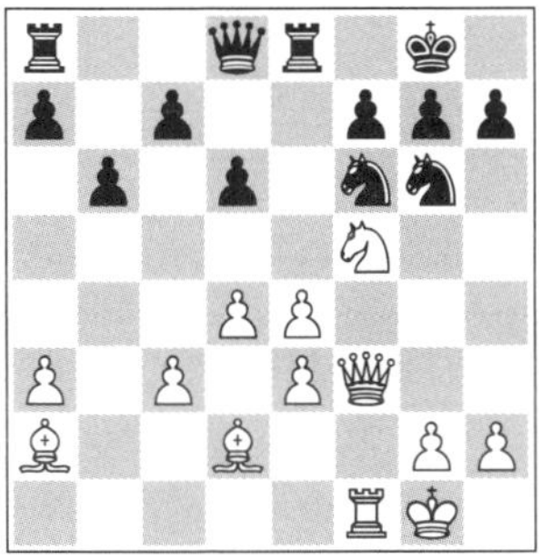

19. e4-e5!!

Mit diesem hübschen Bauernopfer aktiviert Weiß seinen Läufer d2. Der Nachziehende muss wohl gedacht haben, dass Weiß nichts Besseres als den Rückzug 19.♘g3 hat.

19. ... d6xe5
20. e3-e4

Nun hat der Läufer d2 freie Sicht. Weiß greift mit allen Figuren an.

20. ... e5xd4

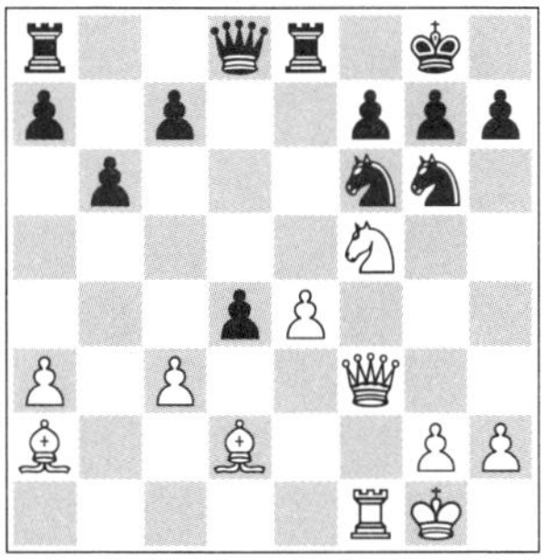

21. ♘f5xg7! ♘g6-e5

Die beste Verteidigung. 21...♔xg7? würde nach 22.♗g5 schnell verlieren.

22. ♕f3-h3!

Nach 22.♕g3? kommt 22...♘xe4 mit Tempo.

22. ... d4xc3

Nun erhält Weiß im Fall von 22...♘xe4 mit 23.♘xe8 ♕xe8 24.♗h6 siegverheißenden Angriff.

23. ♗d2xc3 ♔g8xg7
24. ♕h3-g3+

Die Kraft der Läufer. Schwarz ist von allen Seiten gefesselt und steht auf verlorenem Posten.

24. ... ♘e5-g6
25. ♗c3xf6+

Weiß brauchte sich mit dem Schlagen auf f6 nicht zu beeilen. Da der Springer f6 nicht weglaufen kann, war 25.h4! mit leichtem Sieg besser. Im Vergleich zur Partie hätte Weiß mehr oder weniger ein Tempo mehr.

25. ... ♕d8xf6
26. ♖f1xf6 ♔g7xf6
27. h2-h4! ♖e8-e5
28. ♕g3-f3+ ♔f6-g7
29. h4-h5

Schwarz muss den Springer hergeben.

29. ... f7-f6
30. h5xg6 h7xg6
31. ♕f3-d3 ♖a8-e8

Schwarz versucht, eine Festung aufzubauen.

32. ♕d3-c4 ♖e5-e7
33. ♕c4-c6 ♖e7xe4
34. ♕c6xc7+

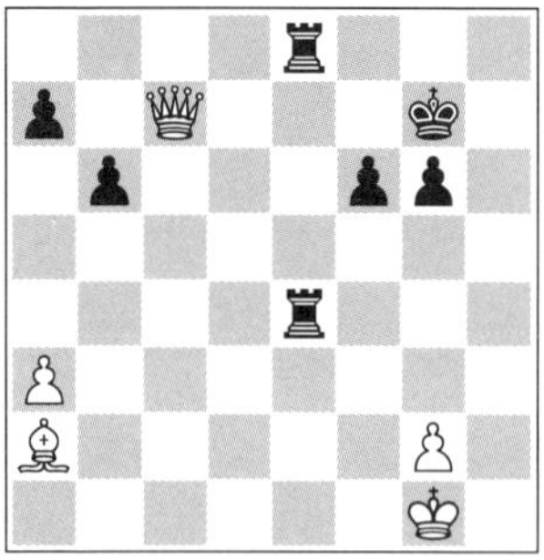

34. ... ♖e8-e7

Die schwarze Stellung ist schwierig, da auch der Bauer g6 schwach ist. Ein besserer Versuch war jedoch womöglich 34...♖4e7.

35. ♕c7-b8 ♔g7-h6
36. ♕b8-f8+ ♔h6-g5
37. ♗a2-f7

Die Schwäche auf d6 bringt die Entscheidung.

37. ... ♖e7-c7
38. ♕f8-g7 ♖c7-c1+
39. ♔g1-f2 ♖c1-c2+
40. ♔f2-f3 ♖e4-f4+
41. ♔f3-e3 1-0

Struktur 1.12

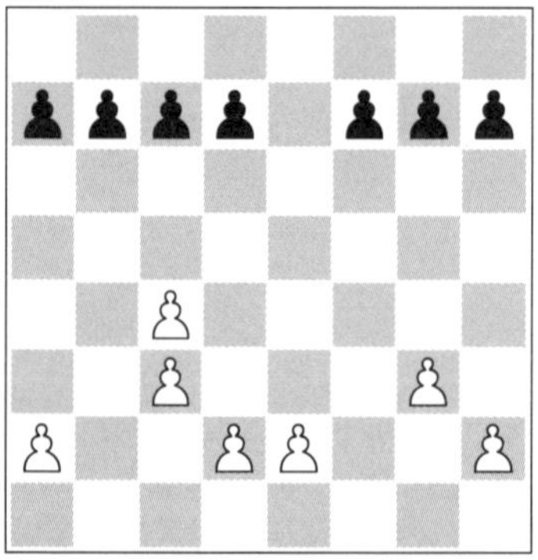

Englisch-Struktur – Weiß hat einen Doppelbauern auf der c-Linie und eine offene f-Linie

EO 1.10 (A29) **PARTIE 19**

Garri Kasparow
Wassili Iwantschuk

Meisterschaft der UdSSR, Moskau 1988 (2)

1. c2-c4 ♘g8-f6
2. ♘b1-c3 e7-e5
3. ♘g1-f3 ♘b8-c6
4. g2-g3 ♗f8-b4
5. ♗f1-g2 0-0
6. 0-0

Dieses Abspiel der Englischen Eröffnung war eine von Kasparows Hauptwaffen in seinem Weltmeisterschaftsmatch gegen Karpow im Jahre 1987 und gehörte auch danach zu seinen Lieblingsvarianten.

In diesem Abspiel schlägt Schwarz mit dem Läufer auf c3 und verpasst seinem Gegner einen Doppelbauern auf der c-Linie. Andererseits erhält Weiß in der Regel die Vorherrschaft im Zentrum. Außerdem kontrollieren seine verdoppelten Bauern

Zentrumsfelder und sind von Schwarz nicht so leicht anzugreifen.

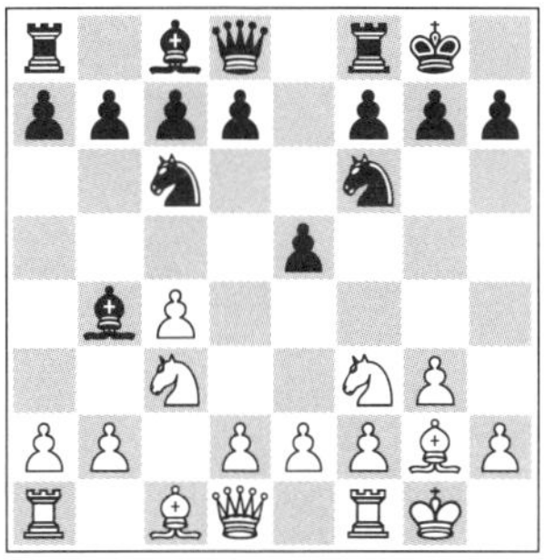

6. ... e5-e4

Eine andere logische Möglichkeit für Schwarz, die hier häufig versucht wird, besteht in 6...♖e8 7.d3 ♗xc3 8.bxc3 e4. Danach kann das Spiel folgendermaßen weitergehen:

A) Weniger überzeugend ist 9.dxe4 ♘xe4 10.♕c2 d6 11.♘d4 ♕e7 12.♖d1 ♗d7 13.f3 ♘c5 14.e4, und die weißen Zentrumsbauern werden anfällig: 14...♘a5 15.♕e2 f5! (erzeugt eine zusätzliche weiße Schwäche auf e4) 16.♗a3 fxe4 17.fxe4 ♖ad8 mit besserem Spiel für Schwarz in Kasparow-Anand, Schnellpartie, Genf 1996.

B) 9.♘d4 h6 10.dxe4 ♘xe4 11.♕c2.

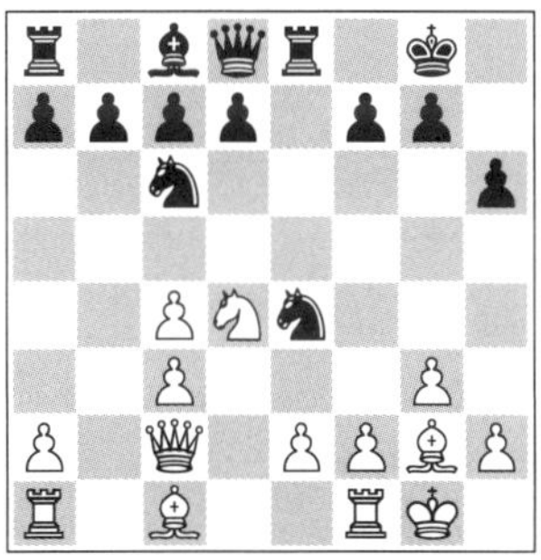

Analysediagramm

Man beachte die Vor- und Nachteile der verdoppelten weißen c-Bauern in dieser Stellung: Einerseits kontrollieren sie Zentrumsfelder und helfen Weiß bei der Beherrschung des Zentrums, aber andererseits kann der Bauer c4 sich zu einem sehr bequemen Angriffsziel entwickeln.

A) Falsch ist 11...♘c5? wegen 12.♗a3, wonach Schwarz Entwicklungsprobleme bekommt. Der Versuch, mit 11...♕e7!? die gleiche Idee wie in Kasparow-Anand zu verfolgen, ist hier vielleicht eine Verbesserung für Schwarz, da er nach 12.♘b5 d6 13.♘xc7 ♕xc7 14.♗xe4 ♘e5 den Bauern mit gutem Spiel zurückgewinnt.

B) 11...d5 (Schwarz setzt auf schnelle Entwicklung und erlöst den Anziehenden daher von seinem schwachen Bauern c4) 12.cxd5 ♕xd5 13.e3 ♘a5 14.f3 ♘d6 15.e4 ♕c5 16.♗e3 ♘dc4 17.♗f2, und in der 16. WM-Partie Kasparow-Karpow, Sevilla 1987, stand Weiß wegen seines Läuferpaars und der Vorherrschaft im Zentrum besser.

7. ♘f3-g5 ♗b4xc3

8. b2xc3 ♖f8-e8

Nun muss Weiß den Bauern e4 beseitigen, um die Kontrolle über das Zentrum zu übernehmen. Danach werden sich die verdoppelten c-Bauern in vielen Abspielen für Weiß als recht nützlich erweisen.

9. f2-f3

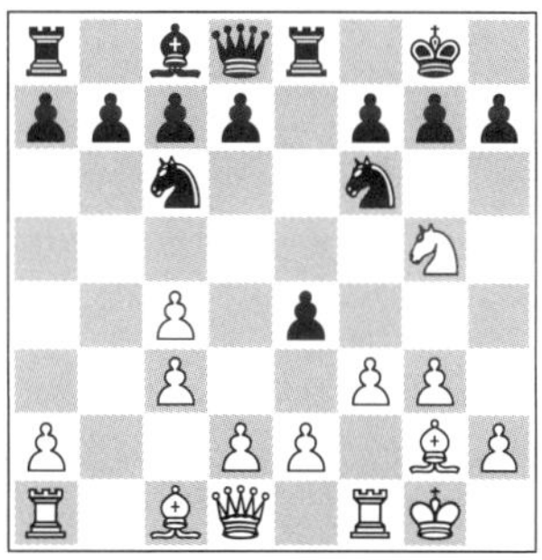

9. ... e4xf3

Die Alternative besteht darin, mit 9...e3 10.dxe3 die f-Linie geschlossen zu halten und in eine etwas merkwürdige Bauernstruktur mit verdoppelten weißen e-Bauern überzugehen. (Logisch ist auch, mit 10.d3 die weiße Bauernstruktur intakt zu halten. In diesem Fall wird Weiß jedoch leicht mit der Entwicklung im Rückstand bleiben und Schwarz die Stellung mit 10...d5 mit scharfem Spiel und beiderseitigen Chancen öffnen, z.B. 11.♕b3 ♘a5 12.♕a3 c6 13.cxd5 cxd5 14.f4 ♘c6 15.♖b1 ♕c7 (Beachtung verdient 15...♗g4!?) 16.♗b2 ♗g4 17.c4!? (sucht nach einer taktischen Lösung; andere Möglichkeiten waren 17.♘f3 oder 17.♖fe1) 17...dxc4 18.♗xf6 gxf6 19.♘e4 ♔g7, wie in Kasparow-Karpow, 2. Matchpartie, Sevilla 1987)

Ich nehme an, dass Kasparow diese Stellung tiefgründig analysiert hatte und zu dem Schluss gekommen war, dass die etwas merkwürdige Bauernstruktur (nach 10.dxe3) in Wirklichkeit recht günstig für Weiß ist. Wie wir sehen werden, wird Schwarz es in der Tat schwierig finden, das Vorrücken des weißen Bauern zu bekämpfen: 10...♕e7 11.♘h3 ♕c5, und Schwarz bekommt seinen Bauern zurück, kann aber gegen den Vorstoß des weißen Bauern kein Gegenspiel finden: 12.♘f4 ♕xc4 13.e4 d6 (im Fall von 13...♕xc3 14.♖b1 d6 15.♗b2 ♕c5+ 16.♔h1 erhält Weiß gute Kompensation für den Bauern)

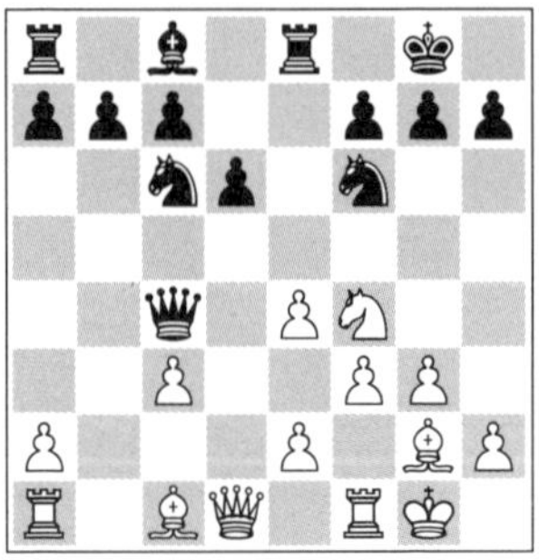

Analysediagramm

A) 14.♕d3 ♘e5 15.♕xc4 ♘xc4 16.g4! ♖b8 17.♖d1 b6 18.g5 ♘d7 19.♘d5 ♖b7 20.f4 mit besserer Stellung für Weiß, wenngleich Schwarz die Partie in Kasparow-Sadwakasow, Astana 2000, letztendlich halten konnte.

Dies ist gewiss ein sicherer Weg, um Vorteil zu erzielen. Ich bin jedoch der Ansicht, dass Weiß mit den Damen auf dem Brett mehr aus seiner Initiative machen kann, indem er aggressiver vorgeht:

B) 14.♔h1!? ♘e5 (oder 14...♕xc3 15.♖b1), und nun sollte 15.g4! in Betracht gezogen werden. Schwarz muss nun den Bauern auf c3 nehmen (sonst wird Weiß ungestört weitermachen), wonach Weiß sehr starken Angriff erhält. Eine der Varianten, die das weiße Angriffspotenzial illustrieren, lautet 15...♕xc3 16.♗d2 ♕c5 17.g5 ♘fd7 18.♘d5 ♘b6 19.♖c1 ♘ec4 20.♗b4 ♕c6 21.♕d4 ♕d7 22.♖xc4 c5 23.♗xc5! ♘xc4 24.♗b4 ♘b6 25.♗c3 f5 26.gxf6 ♘xd5 27.♕xd5+ ♕e6 28.♕d2 mit Gewinn für Weiß: 28...g6 29.f4 ♕f7 30.f5 ♗d7 31.♖g1 usw.

10. ♘g5xf3 d7-d5

Schwarz hat vorübergehenden Entwicklungsvorsprung und entscheidet sich, wahrscheinlich richtigerweise, die Stellung zu öffnen. Das Festhalten an einer "regulären" Strategie, bei der Schwarz den verdoppelten weißen Bauern auf c4 belässt und ganz allgemein geschlossene Stellungen zu spielen versucht, würde sich als verfehlt erweisen. Weiß hat die offene f-Linie, und seine Bauern im Zentrum (c3, c4, d2, e2) gewährleisten die Vorherrschaft im Zentrum und verhindern jegliches Gegenspiel des Nachziehenden, während die verdoppelten c-Bauern hier sogar recht nützlich sind.

Selbst ein Spieler von Anatoli Karpows Format – und das in seiner Blütezeit – unterschätzte die hauptsächlich mit der Zentrumsbauernstruktur assoziierte weiße Dominanz und verlor eine wichtige Partie, ohne auch nur einen Hauch von Gegenspiel zu bekommen. In dieser sehr lehrreichen Partie folgte 10...♕e7 11.e3 ♘e5 12.♘d4 ♘d3 (das Nehmen des Bauern mit 12...♘xc4 ist nicht ratsam, da Weiß nach 13.e4 d6 14.d3 c5 15.♘c2 nebst 16.♗g5 starken Angriff erhält) 13.♕e2 ♘xc1 14.♖axc1 d6 15.♖f4 c6 16.♖cf1.

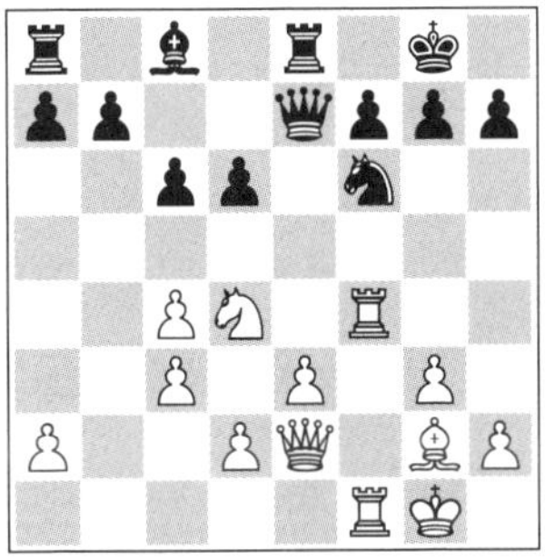

Analysediagramm

Man beachte die hervorragende weiße Bauernstruktur (c3, c4, d2, e3), den die Stellung beherrschenden weißen Springer auf d4 und den weißen Druck auf der f-Linie, während Schwarz über keine Gegenspielideen verfügt. Auch hier sind die verdoppelten c-Bauern wiederum sehr nützlich für Weiß.

A) Im Fall von 16...♗e6 kann Weiß mit 17.♖xf6 gxf6 18.♗e4 ♕f8 (falls 18...♗xc4?, so führt 19.♗xh7+! zum Matt) 19.♕h5 ♕g7 20.♖f4 auf Angriff setzen.

B) 16...♕e5 17.♕d3 ♗d7 (besser war wahrscheinlich 17...♖f8) 18.♘f5 ♗xf5 19.♖xf5 ♕e6 20.♕d4 ♖e7 21.♕h4 (gut für Weiß ist auch 21.♖xf6 gxf6 22.♖xf6 ♕e5 23.♖xd6 ♕xd4 24.cxd4, und wiederum beherrscht Weiß dank seiner ausgezeichneten Zentrumsbauernformation c4, d2, d4, e3 die Stellung) 21...♘d7 22.♗h3! (nun wird Schwarz den Bauern f7 hergeben und die weißen Türme eindringen lassen müssen) 22...♘f8 23.♖5f3 ♕e5 24.d4 ♕e4 25.♕xe4 ♖xe4 26.♖xf7 ♖xe3

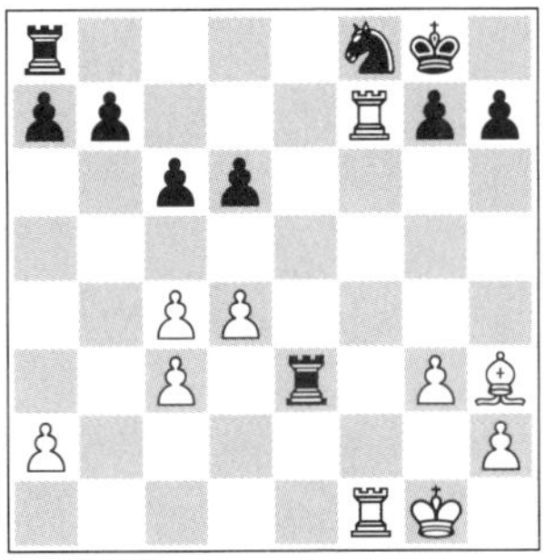

Analysediagramm

27.d5 (Weiß gewinnt auch mit 27.♖xb7 ♖xc3 28.♖c7! (28.♖ff7? ♖xc4 29.♖xg7+ ♔h8 ist nicht klar) 28...♖d3 (28...♖xc4 verliert nach 29.♖cf7! gefolgt von 30.♖f8 und 31.♗e6 eine Figur) 29.♖xc6 ♖xd4 30.♗g2 – nach der Überführung des Läufers nach d5 wird die schwarze Stellung zusammenbrechen) 27...♖ae8 (oder 27...cxd5 28.♗g2!) 28.♖xb7 (schneller gewinnt 28.c5! dxc5 29.d6) 28...cxd5 29.cxd5 mit baldigem Sieg für Weiß in Kasparow-Karpow, 4. Matchpartie, Sevilla 1987.

11. d2-d4!

Weiß hat richtig geurteilt, dass die folgenden Komplikationen für ihn günstig sein werden. Nach 11.cxd5 ♕xd5 12.♘d4 ♕h5 hätte Schwarz sein strategisches Ziel erreicht und die Initiative übernommen.

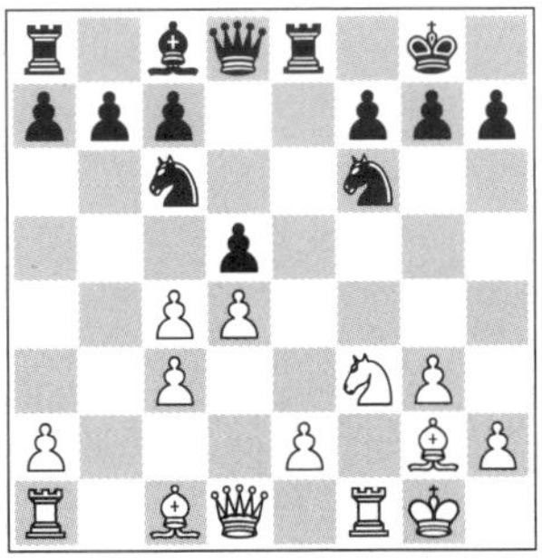

11. ... ♘f6-e4

Eine von zwei logischen Erwiderungen. Die andere war 11...dxc4. Problematisch für Schwarz ist danach, dass Weiß mit 12.♗g5 den schwarzen Springer fesselt und nach 12...h6 (im Fall von 12...♕d6 folgt 13.♘d2! mit starker Initiative; dagegen ist 13.♗xf6 ♕xf6 14.♘e5 nicht klar wegen 14...♕h6!) mit 13.♗xf6 ♕xf6 14.♘e5 fortsetzt, und nun:

A) Im Fall von 14...♕e6 erhält Weiß nach einigen scharfen Verwicklungen das bessere Endspiel: 15.♗xc6 bxc6 16.♖xf7 c5 17.e3 cxd4 18.exd4 ♗b7

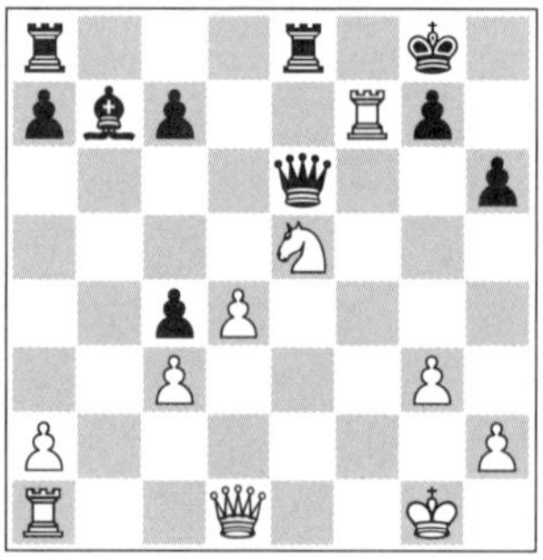

Analysediagramm

19.♕b1! ♗e4 (falls 19...♗d5, so 20.♖xc7; 19...♕d5?? ist ein schrecklicher Patzer wegen 20.♖xg7+ ♔xg7 21.♕g6+) 20.♕xe4 ♕xf7 21.♕xa8 ♖xa8 22.♘xf7 ♔xf7 23.♖b1 ♔e6 24.♖b5 ♔d6 25.a4 mit besserer Stellung für Weiß dank der dominanten Stellung seines Turms.

Die positionellere Spielweise 15.♘xc6 bxc6 16.e4 verspricht keinen Vorteil, z.B.: 16...♖b8 17.♕h5 (nach 17.♖f2 kann sich Schwarz mit 17...c5 Gegenspiel sichern) 17...♖b2 18.♖f4, und Weiß sollte Kompensation haben, aber nicht mehr.

B) 14...♕d6, und nun hat Weiß zwei annehmbare Fortsetzungen, aber keinen klaren Weg zu Vorteil:

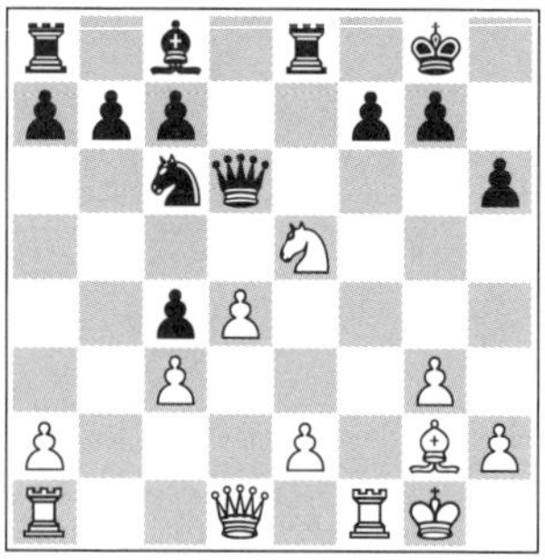

Analysediagramm

B1) 15.♘xc6 bxc6 16.e4 ♗e6 17.♕a4 ♕d7 (17...f6? ist ein Bock wegen 18.e5 fxe5 19.♗xc6) 18.♖ab1 mit Kompensation für den Bauern, aber wahrscheinlich nicht mehr.

B2) 15.♘xf7 ♕e7 16.♕c2! ♗e6 17.♗xc6 bxc6 18.♘e5. Der dominante weiße Springer kompensiert die durch das Fehlen des weißen Läufers bedingten weißfeldrigen Schwächen, aber die Stellung bleibt scharf.

Es ist gut möglich, dass 11...dxc4 eine Verbesserung gegenüber der Partie darstellt, da Weiß nach dem Textzug schnell sehr starke Initiative bekommt. Sehr wahrscheinlich hatte der Nachziehende den 14. Zug von Weiß unterschätzt oder übersehen.

12. ♕d1-c2!

Setzt die Zentrumsfelder weiter unter Druck.

12. ... d5xc4

13. ♖a1-b1!

Weiß setzt ruhig die Entwicklung fort. 13.♘e5 hätte ihm nach 13...♘xe5 14.♕xe4 ♘g6 15.♕d5 ♕e7 nichts eingebracht.

13. ... f7-f5

Auf 13...f6 folgt 14.♘e5! fxe5 15.♗xe4. Nach dem Partiezug mag es so aussehen, als ob Schwarz sich die Kontrolle über die weißen Felder gesichert und seinem Springer einen schönen zentralen Vorposten auf e4 verschafft hat. Kasparows energisches Spiel bis ganz zum Ende der Partie ist sehr lehrreich.

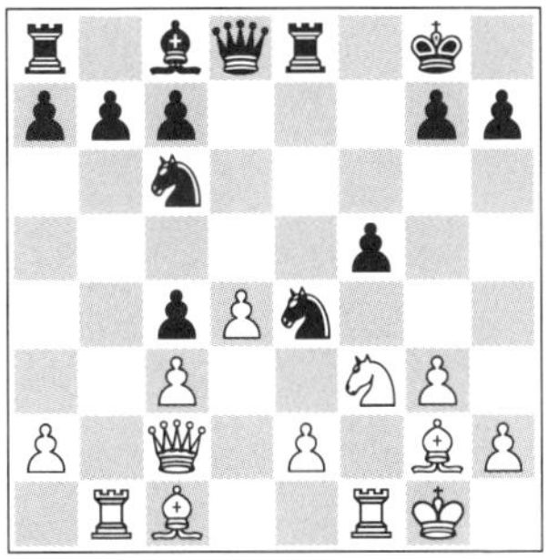

14. g3-g4!

Nun musste Schwarz einsehen, dass er seinen Springer doch nicht auf e4 halten kann.

14. ... ♕d8-e7

Im Fall von 14...fxg4 erhält Weiß nach 15.♘e5 starke Initiative, und nun:

A) Nach 15...♘xe5 16.♗xe4 ♘g6 illustriert das folgende Abspiel das Angriffspotenzial des Anziehenden: 17.♗xg6 hxg6 18.♕xg6 ♕d7 19.d5! b6 (oder 19...♕e7 20.♗a3 ♕e3+ 21.♖f2) 20.♗a3! ♗b7 21.e4 c5 22.♖f5! ♖xe4 23.♖bf1 ♗xd5 24.♖h5, und Schwarz wird matt.

B) 15...♘d6 16.♘xc6 bxc6 17.e4 mit aussichtsreichem Spiel.

Ganz allgemein muss Schwarz nach 14.g4! schwierige Entscheidungen treffen und steht dabei oft zwischen Szylla und Charybdis.

15. g4xf5 ♘e4-d6

15...♗xf5, und nun:

A) Möglich, aber recht unklar ist 16.♘e5 ♘xe5 (16...♘xc3?? ist ein Bock wegen 17.♕xc3 ♗xb1 18.♕xc4+ ♔h8 19.♘f7+ ♔g8 20.♗g5) 17.♖xf5 ♘g4 18.♗f4.

B) 16.♘g5 g6 (oder 16...♗g6 17.♘xe4 ♗xe4 18.♗xe4 ♕xe4 19.♕xe4 ♖xe4 20.♖xb7 ♖c8 21.♖f2) 17.♘xe4 ♗xe4 18.♗xe4 ♕xe4 19.♕xe4 ♖xe4 20.♖xb7.

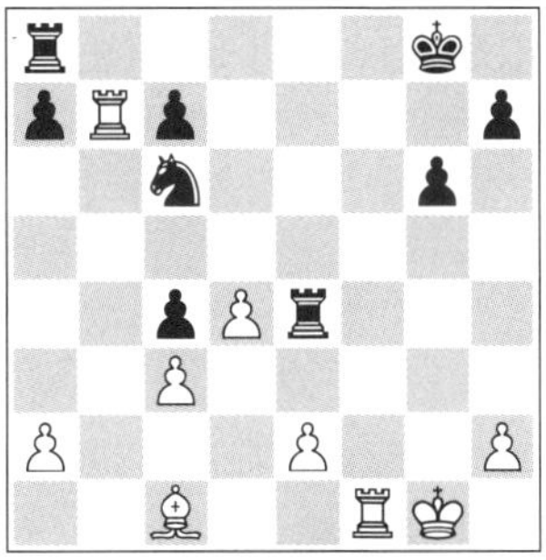

Analysediagramm

In diesem Endspiel steht Weiß klar besser, z.B.: 20...♘e7 21.♖xc7 ♖xe2 22.a4 ♘d5 23.♖xc4 ♖c2 24.♖c5 ♘xc3 25.♔h1 mit Gewinn für Weiß, da Schwarz das Problem seines gefesselten Springers nicht lösen kann.

16. ♘f3-g5! ♕e7xe2

17. ♗g2-d5+ ♔g8-h8

18. ♕c2xe2 ♖e8xe2

19. ♗c1-f4

Der Damentausch hat Schwarz nicht geholfen; der weiße Mattangriff geht mit ungebremster Kraft weiter.

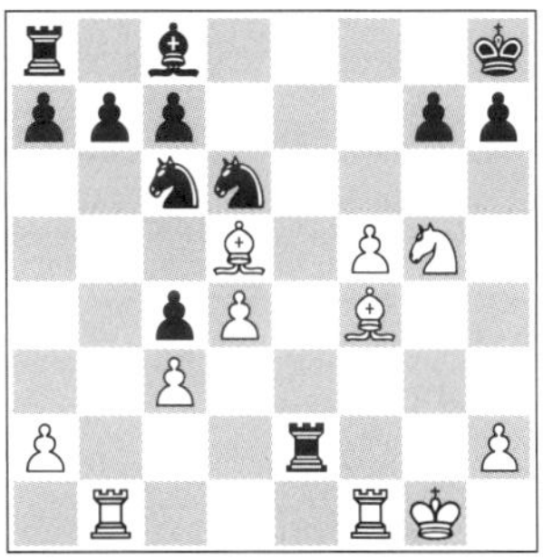

19. ... ♘c6-d8

Der Zug 19...♘e7 verliert wegen 20.♗f3 ♖xa2 21.♗xd6 cxd6 22.♖be1; die Alternative 19...♗xf5 läuft in 20.♗xd6 ♗xb1 21.♘f7+ ♔g8 22.♘d8+ ♔h8 23.♖f8 matt.

20. ♗f4xd6 c7xd6

21. ♖b1-e1!

Nach dem Abtausch seiner einzigen aktiven Figur kann Schwarz nicht verhindern, dass der andere Turm mit verheerender Wirkung in seine Stellung eindringt.

Es ist recht erstaunlich, dass der Nachziehende auch bei so wenigen Figuren auf dem Brett das Matt nicht verhindern kann.

21. ... ♖e2xe1

22. ♖f1xe1 ♗c8-d7

23. ♖e1-e7 ♗d7-c6

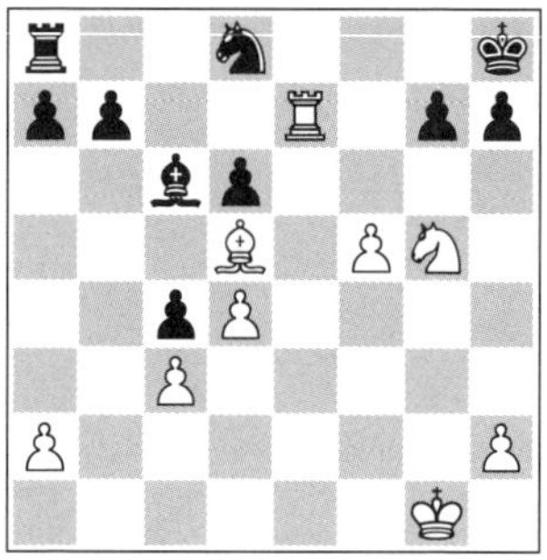

24. f5-f6!

Beendet die Partie stilgerecht. Es könnte folgen: 24...♗xd5 25.♖e8+ ♗g8 26.f7 ♘xf7 27.♘xf7 matt. Schwarz gab auf.

Kapitel 2

Isolierte Bauern

Einleitung

Kapitel 2 ist ähnlich aufgebaut wie das Kapitel über Doppelbauern, aber hier habe ich das Material in zwei Abschnitte aufgeteilt. Der erste Abschnitt zeigt einige mit Erfolg angewandte Strategien im Kampf gegen den Isolani, während der zweite Teil sich auf Pläne für die Seite mit dem isolierten Bauern konzentriert.

Isolani-Strukturen ergeben sich wohl aus der größten Zahl verschiedener Eröffnungen (Tarrasch-Verteidigung, Verbesserte Tarrasch-Verteidigung, Angenommenes Damengambit, Abgelehntes Damengambit, Nimzoindisch, Meraner Variante, Ragosin-Variante, Russisch usw.). Ihr Verständnis ist daher unabhängig von den Eröffnungsvorlieben eines Spielers sehr wichtig. In den Anmerkungen zu den Partien findet der Vereinsspieler nicht nur eine Erklärung der hauptsächlichen strategischen Ideen, sondern auch eine Menge Informationen über die gespielten Eröffnungen.

Wer sich für das Studium dieses Kapitels genug Zeit nimmt, der sollte gut gewappnet sein, um im praktischen Turnierspiel einer Reihe von Varianten zu begegnen.

A) Das Spiel gegen einen isolierten Bauern

2.1

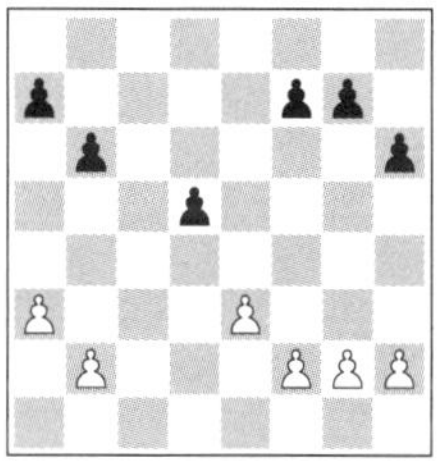

Struktur 2.1 (Partie 20 – Iwantschuk-Aronjan). Hier ergibt sich eine klassische Isolanistellung, in der die gegen den isolierten Bauern kämpfende Seite über eine gute Blockade verfügt, während die Seite mit dem isolierten Bauern scheinbar zum Remis ausreichendes Gegenspiel hat. Mit meisterhaftem Spiel neutralisiert Iwantschuk zunächst Aronjans Gegenspiel und beutet dann die Schwäche des isolierten Bauern aus.

2.2

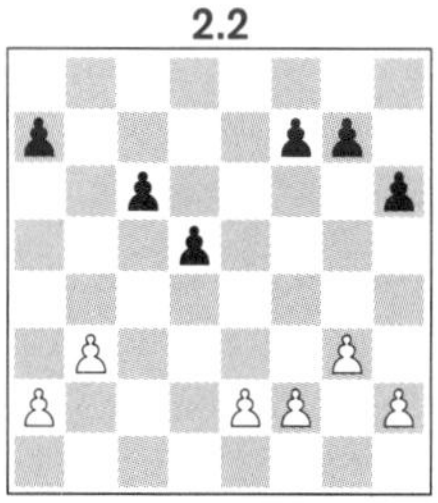

Struktur 2.2 (Partie 21 – Kramnik-Illescas Cordoba). In einer der Hauptvarianten der Tarrasch-Verteidigung bedient sich Kramnik im Kampf gegen den isolierten Bauern der gut bekannten Strategie der Erzeugung einer zweiten Schwäche. Als es zum Springertausch auf c6 kommt, schlägt Schwarz mit dem Bauern b7 zurück, wonach Weiß seine Aufmerksamkeit der neu geschaffenen Schwäche auf c6 zuwendet. Diese klassische Strategie wird in unserer Hauptpartie (Kramnik-Illescas Cordoba) und anderen Partien in den Anmerkungen (Kasparow-Illescas Cordoba, Sokolov-Petrosjan and Ljubojevic-Gligoric) erklärt.

2.3

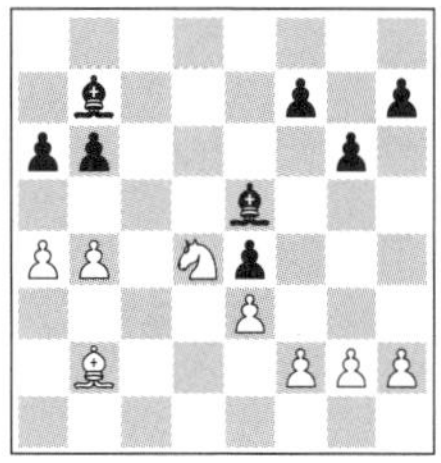

Struktur 2.3 (Partie 22 – Jaracz-P.H.Nielsen). In dieser Partie ist eine andere Strategie zu sehen. Im Kampf gegen einen isolierten Bauern tauscht Weiß irgendwann einen schwarzen Springer auf e4 ab. Nach dem Zurückschlagen mit ...d5xe4 ergibt sich eine nahezu symmetrische Bauernstellung, in der die weißen Figuren für die folgenden Aktionen besser postiert sind.

B) Das Spiel mit einem isolierten Bauern

2.4

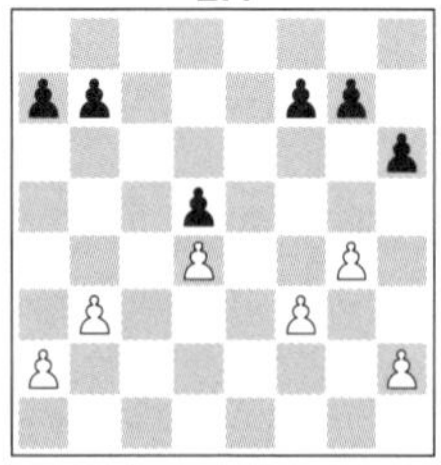

Struktur 2.4 (Partie 23 – Petrosjan-Spasski). In dieser schönen Weltmeisterschaftspartie nimmt der mit einem Isolani spielende Spasski auf d4 einen Springertausch vor, wonach Petrosjan mit e3xd4 zurückschlägt. Dies führt zu einer symmetrischen Bauernstellung im Zentrum (weißer Bauer d4/schwarzer Bauer d5), wodurch sich die strategischen Ziele drastisch ändern. Angesichts der Tatsache, dass beide Seiten noch einen weißfeldrigen Läufer haben (die schwarzfeldrigen Läufer waren schon getauscht), sollte eine derartige Transaktion im Allgemeinen für Weiß günstig sein. Mit dem wunderschönen Springermanöver 32...♘h7! legt Spasski jedoch auf brillante Weise die Mängel der weißen Stellung bloß und gewinnt die Partie in gutem Stil.

2.5

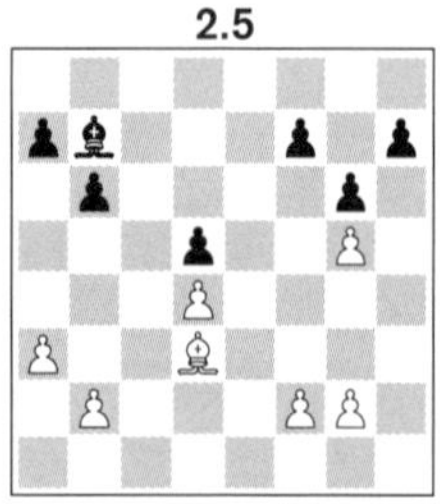

Struktur 2.5 (Partie 24 – Sokolov-Cebalo). In dieser Partie von mir wandte ich eine ähnliche Strategie an; nach Springertausch auf d5 und dem erzwungenen Zurückschlagen ...e6xd5 ergibt sich eine symmetrische Bauernstruktur im Zentrum (weißer Bauer d4/schwarzer Bauer d5), in der die Überlegenheit des weißfeldrigen weißen Läufers gegenüber seinem schwarzen Kollegen (die schwarzfeldrigen Läufer waren schon abgetauscht) im Verein mit der Kontrolle des Anziehenden über das Feld e5 und dem sich abzeichnenden weißen Königsangriff eine entscheidende Rolle spielt.

2.6

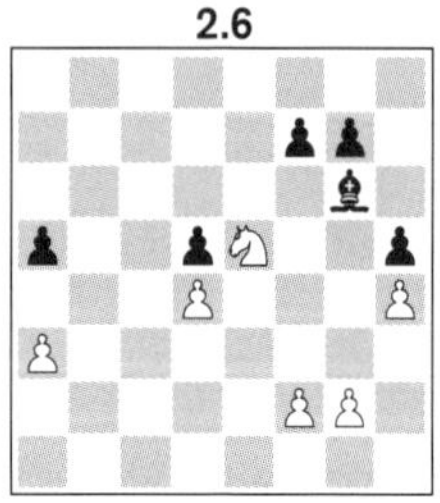

Struktur 2.6 (Partie 25 – Kasparow-Karpow und Partie 26 – Sokolov-Schandorff). Hier erfolgt die gleiche Abtauschoperation im Zentrum wie in den beiden vorhergehenden Partien (Petrosjan-Spasski und Sokolov-Cebalo), aber mit dem Unterschied, dass Weiß nun einen Springer und Schwarz einen weißfeldrigen Läufer hat. Hier ist der Springer im Allgemeinen besser als der Läufer. Der weißfeldrige schwarze Läufer verträgt sich meist

nicht gut mit dem eigenen Bauern auf d5 – einem weißen Feld –, und die schwarzfeldrigen Läufer sind schon abgetauscht.

2.7

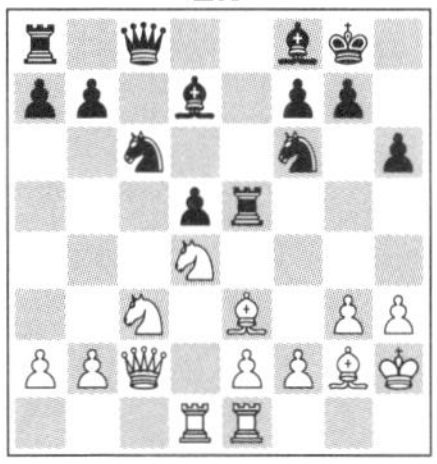

Struktur 2.7 (Game 27 – Beljawski-Illescas Cordoba) zeigt ein schönes, originelles Turmmanöver, das von dem mit einem Isolani spielenden Illescas Cordoba ausgeführt wird.

2.8

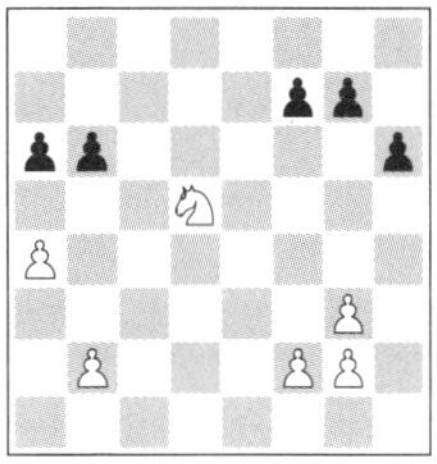

Struktur 2.8 (Partie 28 – Wischmanawin-Beljawski und Partie 29 – Sokolov-Nikolic): Der mit einem isolierten Bauern spielende Anziehende führt den Bauerndurchbruch d4-d5 durch, wonach ein paar Figuren getauscht werden. Bei symmetrischer Bauernstellung auf dem Brett (2:2 am Damenflügel, 3:3 am Königsflügel) wird Weiß eine die Stellung beherrschende Figur auf d5 haben, die dem Nachziehenden Ärger bereitet.

Partie 30 (Kramnik-Hübner) zeigt eine etwas unorthodoxe und ungebräuchliche Idee: Weiß opfert seinen (isolierten) Zentrumsbauern, um das schwarze Läuferpaar zu eliminieren und einige Tempi zur Entwicklung von Initiative zu gewinnen.

2.9

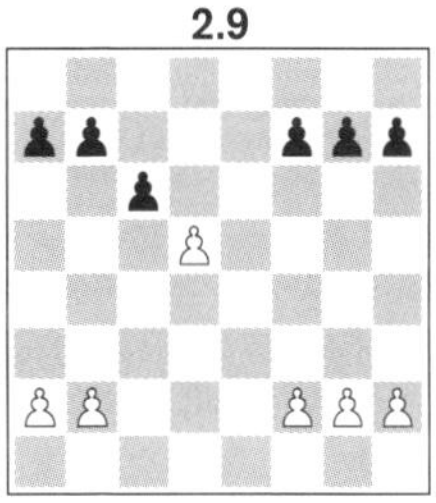

Struktur 2.9 (Partie 31 – Kasparow-Timman). Hier und in den folgenden Partien wird eine wichtige strategische Idee für Weiß analysiert, bei der er seinen isolierten Bauern unter anderen Umständen opfert (meist mit d4-d5), entweder um die schwarzen Figuren in Unordnung zu stürzen oder um den neu geschaffenen schönen Springervorposten d4 (falls Schwarz mit einem Bauern zurücknehmen sollte) und die offene Linie für den weißen Turm auf e1 auszunutzen, was verschiedene Opfermotive in Verbindung mit dem Schlagen des Läufers e7 mit dem Turm auf die Tagesordnung bringt. In der ersten Partie (Kasparow-Timman) dient das Opfer dazu, aus der dadurch verursachten Disharmonie der schwarzen Figuren Profit zu schlagen.

2.10

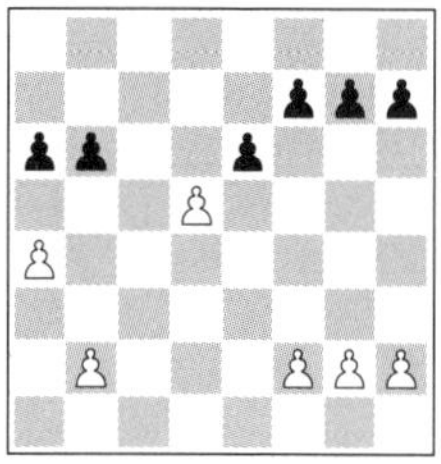

Struktur 2.10 (Partie 32 – Petrosjan-Spasski, Partie 33 – Kramnik-Anand 1999 und Partie 34 – Kramnik-Anand 2001). Diese Partien liefern eine ausgezeichnete Illustration des weißen Angriffspotenzials für den Fall, dass Schwarz den auf d5 geopferten Bauern mit seinem Bauern e6 schlägt.

Partie 35 (Illescas Cordoba-Short) zeigt wiederum die Kraft der Figuren nach einem Zentrumsdurchbruch mit dem isolierten Bauern, diesmal von Seiten des Nachziehenden mit ...d5-d4. Short liefert hier ein hervorragendes Lehrbeispiel ab. Man beachte in den Anmerkungen zu dieser Partie und dem Analysediagramm (der Partie Karpow-Kir. Georgiew in den Anmerkungen) die kraftvolle Strategie des 12. Weltmeisters, der zeigt, dass nach einem potenziellen Bauerntausch am Damenflügel in einem speziellen Abspiel der Tartakower-Variante des Orthodoxen Damengambits die weißen Bauern a4 und d4, die ebenfalls schwach zu sein scheinen, kein Anlass zu großer Sorge sind, während die schwarzen Bauern auf b6 und c6 dem Nachziehenden lange großes Unbehagen bereiten könnten.

A) Das Spiel gegen einen isolierten Bauern

Struktur 2.1

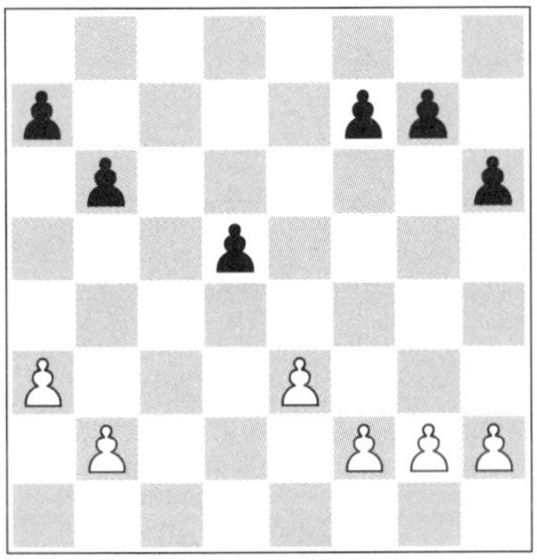

Reine Blockade

Bei der Erforschung von Isolanistellungen möchte ich mit einigen lehrreichen Beispielen für das Spiel gegen den isolierten Bauern beginnen.

NI 27.7 (D38) **PARTIE 20**

Wassili Iwantschuk

Lewon Aronjan

Morelia/Linares 2007 (7)

1. d2-d4 ♘g8-f6
2. c2-c4 e7-e6
3. ♘g1-f3 d7-d5
4. ♘b1-c3 ♗f8-b4
5. ♗c1-g5 ♘b8-d7
6. c4xd5 e6xd5
7. ♕d1-c2

Zu Beginn der Neunziger Jahre lief dieser Zug der alten Hauptvariante 7.e3 den Rang ab.

7. ... c7-c5

Weniger beliebt, aber recht interessant ist hier die Fortsetzung 7...h6 und nach 8.♗h4 g5! (Die richtige Reaktion; im Fall von 8...c5 erhält Weiß nach 9.e3 c4 10.♗e2 ♕a5 11.0-0 (11.♘d2 0-0 12.♗f3 sollte ebenfalls besser für Weiß sein) 11...♗xc3 12.bxc3 ♘e4 (hier ist es offensichtlich, dass der Einschub von 7...h6 8.♗h4 für Weiß günstig ist, da andernfalls sein Läufer g5 nun angegriffen wäre) 13.♖fc1 ♘b6 das bessere Spiel. In der zweiten Wettkampfpartie Kramnik-Lautier, gespielt in Cannes 1993, gab der Anziehende nun eine lehrbuchreife Vorstellung: 14.a4! ♗f5 15.♕b2 0-0 16.♗d1! ♖fe8 17.♖a2 f6 18.♘d2 ♗d7 19.♘f1! nebst f3 mit klarem Vorteil für Weiß) 9.♗g3 ♘e4 10.♘d2 (das natürliche 10.e3 führt nach 10...h5! 11.h4 g4 12.♘g5 ♘xg3 13.fxg3 ♕e7 14.0-0-0! ♗xc3 15.bxc3 ♖h6! 16.♗d3 f6 17.♘h7, wie in Sokolov-Rainfray, Französische Liga 2003, zu sehr kompliziertem Spiel) 10...♘xg3 11.hxg3 ♘b6 12.a3 ♗f8! mit gleichem Spiel, Van Wely-Eljanow, Foros 2007.

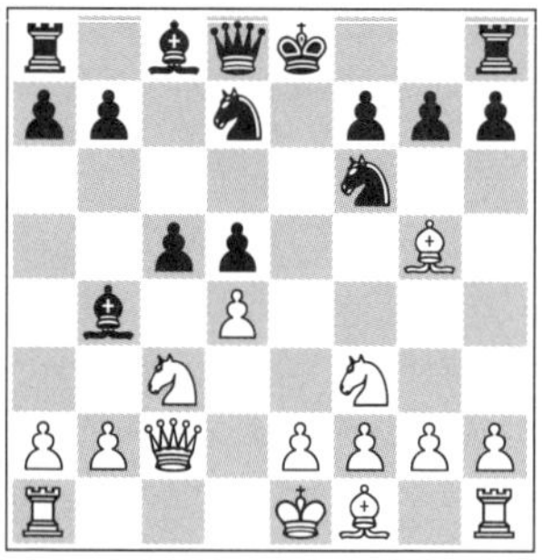

8. a2-a3

Es ist bereits klar, dass sich wahrscheinlich eine Stellung mit einem isolierten Bauern ergeben wird. Weiß hätte dies auch sofort mit 8.dxc5 erzwingen können.

A) Nun ist das Zurückschlagen 8...♘xc5 ziemlich passiv und nicht im Geiste der Stellung, da Weiß nach der praktisch erzwungenen Folge 9.a3 ♗xc3+ 10.♕xc3 ♘ce4 11.♗xf6 ♕xf6 12.♕xf6 ♘xf6 13.e3 ♗d7 14.♘d4 kleinen, aber dauerhaften Vorteil hat und risikolos auf Gewinn spielen kann.

B) Nach 8...h6 hat Schwarz jedoch gutes Figurenspiel als Kompensation für die Bauernschwäche. Es könnte folgen:

B1) Unternehmungslustig, aber schlecht ist 9.♗xf6 ♕xf6 10.0-0-0 ♗xc3 11.♕xc3 ♕xc3+ 12.bxc3 ♘f6 13.e4?! dxe4 (nach 13...♘xe4 könnte der Anziehende seine Idee mit 14.♖xd5 ♗e6 15.♗b5+ ♔e7 16.♖e5! ♘xf2 (oder 16...♘xc3 17.♗c4) 17.♖he1 ♘g4 18.♖5e2 ♖hc8 19.c6! bxc6 20.♗a6 ♖e8 21.♘d4 mit besserer Stellung für Weiß rechtfertigen) 14.♗b5+ ♗d7 (14...♔e7 15.♘d4 sieht besser für Weiß aus) 15.♘d4 0-0-0! 16.♖he1 ♖he8 mit besserem Spiel für Schwarz.

B2) 9.♗d2 0-0 10.a3 ♗xc5 11.e3 a6 12.♗e2 ♗d6 13.0-0 ♘e5 14.♖fd1 ♗e6 15.♖ac1 ♖c8 16.♕b1 ♘c4 17.♘d4 ♗e5. Schwarz hat aufgrund seiner schön entwickelten Figuren etwas Initiative, Aronjan-Lautier, ICC Petrosjan-Memorial 2004.

8. ... ♗b4xc3+

9. ♕c2xc3

Weiß muss mit der Dame nehmen, da 9.bxc3?! mit 9...♕a5 gefolgt von ...♘e4 mit Druck beantwortet wird.

9. ... h7-h6

10. ♗g5xf6

Der Versuch, den Läufer mit 10.♗h4? zu behalten, ist nach 10...g5 11.♗g3 ♘e4 einfach schlecht.

10. ... ♕d8xf6

11. e2-e3

Die andere Möglichkeit besteht darin, in dem Endspiel nach 11.♕e3+ ♕e7 12.♕xe7+ ♔xe7 13.dxc5 ♘xc5 14.♖c1 gegen den Isolani zu spielen.

In der Stammpartie Van Wely-Piket, Niederländische Meisterschaft, Eindhoven 1993, konnte Weiß nach 14...♘e4 15.e3 ♗d7 16.♗d3 auf etwas Übergewicht hoffen. Der schwarze Springer steht jedoch auf e6 besser, so dass Schwarz anstelle von 14...♘e4 mit 14...♘e6, was das Feld d4 kontrolliert, bequemen Ausgleich erhält.

11. ... 0-0

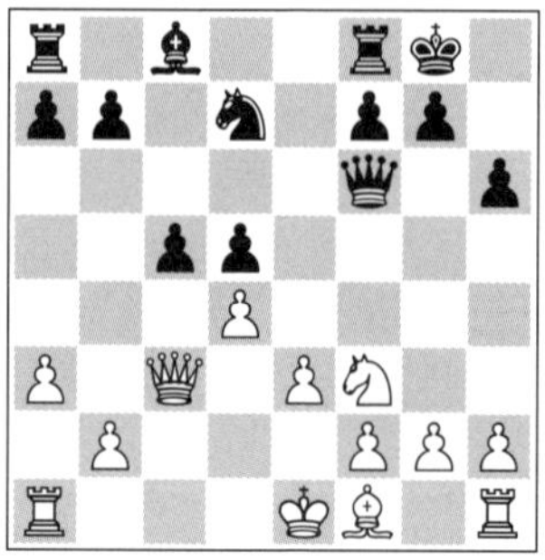

12. ♗f1-e2

Weiß will seine Entwicklung beenden und dem Nachziehenden in einem günstigen Augenblick durch das Schlagen auf c5 einen isolierten Bauern verpassen.

Der Versuch, den Nachziehenden mit 12.♗b5?! zu einer Entscheidung im Zentrum zu zwingen, mag positionell gesund aussehen, aber nach 12...c4! 13.♗xd7 (falls 13.0-0?, so 13...♘b6 nebst ...a7-a6, wonach der weiße Läufer in Schwierigkeiten gerät) 13...♗xd7 14.♘e5 ♗f5 15.b3 b5 16.0-0 ♕e6 erhält Schwarz ausgezeichnetes Spiel am Damenflügel. Nach 17...f6 wird der Stolz der weißen Stellung, der Springer e5, zurückgeworfen, wonach Schwarz alle Trümpfe in der Hand hält.

12. ... b7-b6

Die Schließung des Zentrums mit 12...c4 ist nun eine andere Geschichte, da Weiß das Vorrücken der schwarzen Damenflügelbauern nicht erlauben muss. Nach 13.0-0 b6 (oder 13...♖e8 14.a4 b6 15.b3) 14.b3 sind die weißen Chancen vorzuziehen.

13. 0-0 ♗c8-b7

In Jakowitsch-Sargissjan, Moskau Aeroflot 2007, bereitete Schwarz mit 13...a6 das Vorrücken seiner Damenflügelbauern vor, um nach 14.♖ac1 mit 14...c4 vorzurücken. Es entspann sich eine prinzipielle Schlacht, in der beide Seiten ihre Trümpfe hatten: 15.♘e5 b5 16.f4 ♕d6 17.♗f3 ♗b7. Weiß muss sich mit seinen Aktionen am Königsflügel beeilen, bevor die schwarzen Bauern am Damenflügel ins Rollen kommen. In solchen Stellungen, die sich aus verschiedenen Eröffnungen ergeben können, ist die Farbwahl häufig eine Sache des Geschmacks. Ich habe eine Menge ähnlicher Stellungen auf dem Brett gehabt und meist lieber mit Weiß gespielt. Nach 18.g4 ♖fe8 19.♖ce1 ♘f8 20.g5! hxg5 21.fxg5 ergriff Weiß die Initiative.

14. ♖f1-c1 ♖a8-c8

Schwarz erkennt, dass der Anziehende durch Schlagen auf c5 den d-Bauern vereinzeln will, und bereitet daher Gegenspiel auf der c-Linie vor.

15. d4xc5 ♕f6xc3

16. ♖c1xc3 ♖c8xc5

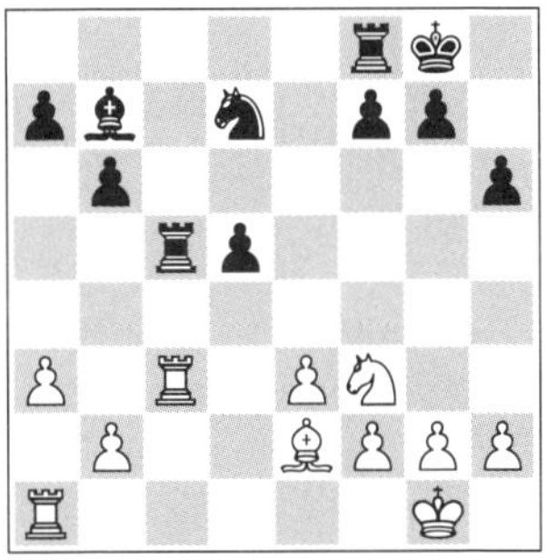

Es sieht so aus, als ob bald alle vier Türme auf der c-Linie abgetauscht werden würden, wonach Schwarz bequem Remis halten kann. Wie wir indes bald sehen werden, ist die c-Linie hier nicht besonders wichtig.

Die Entscheidung für die Struktur mit zwei hängenden Bauern im Zentrum mit 16...bxc5? wäre hier unklug, da Weiß diese Bauern mit dem Standardmanöver 17.b4! c4 18.♘d4 unterminieren kann und mit dem die Stellung beherrschenden Springer und der besseren Bauernstruktur großen, wahrscheinlich gewinnbringenden Vorteil hat.

17. ♖c3-c1!!

Ein wunderschöner Zug. Weiß behält die Türme auf dem Brett, um den schwachen Bauern d5 aufs Korn nehmen zu können. Schwarz kann seinerseits aus der Kontrolle der c-Linie kein Kapital schlagen.

17. ... ♖f8-c8

18. ♖c1-d1 ♖c5-c2

19. ♗e2-b5!

Gewinnt ein wichtiges Tempo.

19. ... ♘d7-f8

20. ♖a1-b1

Im nächsten Zug wird der schwarze Turm von seinem vorgeschobenen Posten verjagt werden.

20. ... ♖c2-c7

21. ♗b5-a4 ♘f8-e6

22. ♗a4-b3 ♔g8-f8

23. h2-h3!

Weiß will den Bauern d5 zu seinen eigenen Bedingungen nehmen. Das sofortige Schlagen dieses Bauern würde zu einem remislichen Endspiel führen: 23.♗xd5?! ♗xd5 24.♖xd5 ♖c1+ 25.♖d1 ♖xb1 26.♖xb1 ♖c2, und dank seines aktiven Turms sollte Schwarz die Stellung halten können.

23. ... ♖c7-c5

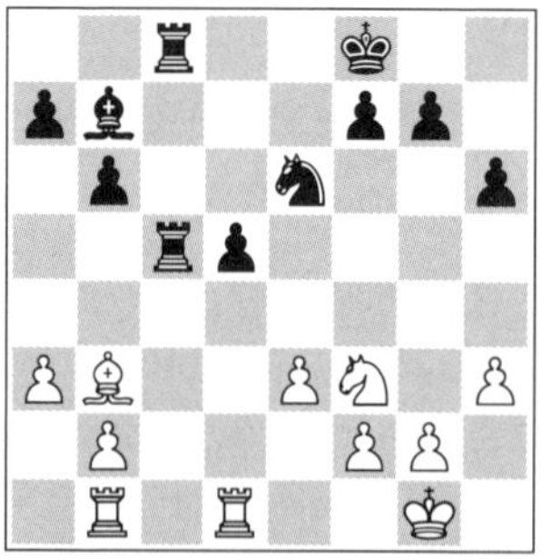

Es hat den Anschein, dass Weiß seine Stellung nicht verbessern kann und Schwarz doch ein Remis erreichen wird. Die von Iwantschuk nun an den Tag gelegte Technik zur Umwandlung seines kleinen Vorteils in einen vollen Punkt ist jedoch ein hervorragendes Lehrbeispiel für Amateure und auch Großmeister!

24. ♔g1-h2!!

Weicht dem Schach auf c1 aus, um auf der d-Linie die Türme zu verdoppeln. Es ist sehr wichtig für Weiß, alle vier Türme auf dem Brett zu behalten.

24. ... ♔f8-e7
25. ♖d1-d2 ♖c5-b5
26. ♗b3-a2 ♖b5-c5
27. ♘f3-e1! a7-a5

Der Versuch, mit 27...♖c1 aktiv zu werden, würde dem Nachziehenden nach 28.♖xc1 ♖xc1 29.♘d3 ♖a1 30.♘b4 d4 (der Bauer d5 wird ohnehin verloren gehen) 31.exd4 ♘f4 32.d5 ♔d6 33.♗b3 ♖e1 34.♘c6! nicht helfen.

28. ♖b1-d1 ♖c8-d8
29. ♔h2-g3 ♖c5-b5
30. f2-f3

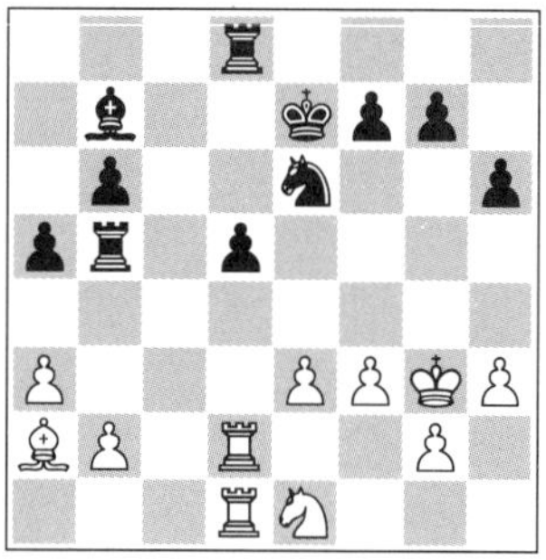

30. ... ♖d8-c8?

30...♘c5 sieht wie die beste Verteidigung aus, löst aber die Probleme auch nicht, da Schwarz nach 31.e4 ♘b3 32.♗xb3 ♖xb3 33.exd5 ♔d6 34.♘d3 ♖b5 (oder 34...♖e8 35.♘c1! ♖b5 36.♘a2) 35.♘f4 schwere Zeiten bevorstehen.

31. ♘e1-d3!

Wegen der Drohung 32.a4 mit Turmfang muss Schwarz einen Bauern geben.

31. ... d5-d4
32. ♗a2xe6 ♔e7xe6
33. ♘d3-f4+ ♔e6-e7
34. ♖d2xd4

Weiß hat nun einen Mehrbauern und obendrein die bessere Stellung. Die Partie ist entschieden – der Rest ist Agonie für Schwarz.

34. ... ♖c8-c7
35. ♖d1-d2 ♖b5-c5
36. e3-e4 ♖c5-c4
37. ♖d4-d6 ♖c4-c6
38. e4-e5 ♖c6-c2
39. ♖d2xc2 ♖c7xc2
40. ♖d6xb6 ♗b7-c6
41. b2-b4 g7-g5
42. ♘f4-h5 a5xb4
43. a3xb4 ♗c6-d5
44. ♘h5-g7 ♖c2-e2
45. ♘g7-f5+ ♔e7-e8
46. ♘f5xh6 ♗d5-e6
47. ♖b6-b5 ♖e2-b2
48. ♖b5-b8+ ♔e8-d7
49. ♖b8-g8 1-0

Struktur 2.2

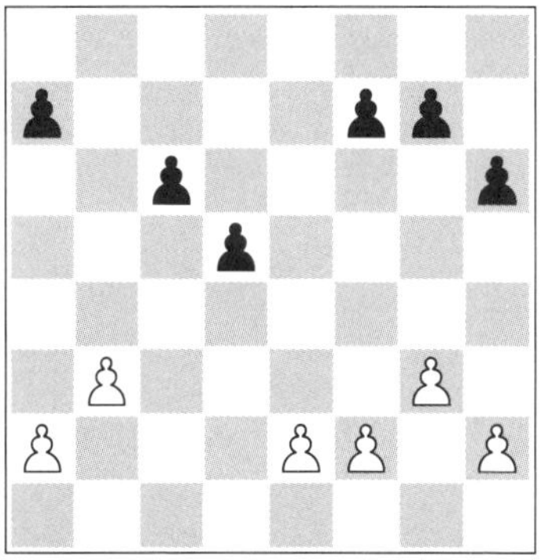

Erzeugung einer neuen Schwäche

Die Tarrasch-Verteidigung ist für das Studium dieses Stellungstyps ideal. Wie aus den vielen Beispielen in diesem Buch ersichtlich ist, hat Exweltmeister Wladimir Kramnik sowohl mit als auch gegen den isolierten Bauern viele hervorragende Partien gespielt. Da solche Stellungen häufig vorkommen, lohnt es sich, ihre Besonderheiten gründlich zu erlernen.

TD 4.16 (D34) **PARTIE 21**

Wladimir Kramnik

Miguel Illescas Cordoba

Linares 1994 (6)

1. d2-d4 e7-e6
2. c2-c4 d7-d5
3. ♘g1-f3 c7-c5
4. c4xd5 e6xd5
5. ♘b1-c3 ♘b8-c6
6. g2-g3 ♘g8-f6
7. ♗f1-g2 ♗f8-e7
8. 0-0 0-0
9. ♗c1-g5

Dies ist einer der beiden Hauptzüge in dieser Stellung. Die andere Möglichkeit ist 9.dxc5 ♗xc5 10.♗g5.

9. ... c5xd4
10. ♘f3xd4 h7-h6
11. ♗g5-e3 ♖f8-e8
12. ♖a1-c1

Dies ist einer von vielen Zügen in dieser Stellung, der zu Beginn der 1980er Jahre häufig gespielt wurde und sich in jüngster Zeit neuer Popularität erfreut. Es sei darauf hingewiesen, dass sich die Bauernstruktur leicht transformieren kann.

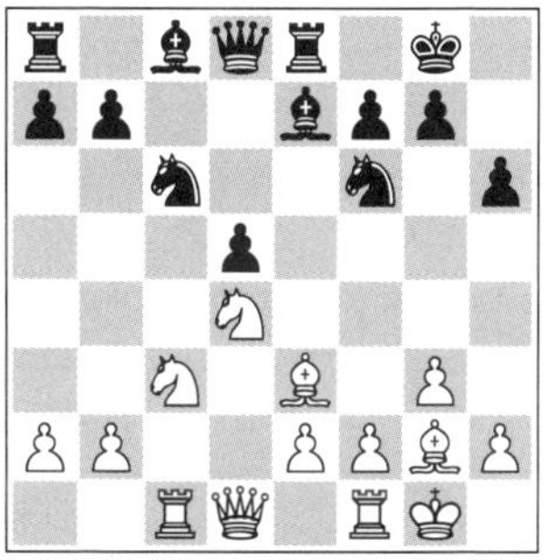

Weiß kann auf c6 schlagen, gegen die beiden verbundenen Bauern spielen und die neu geschaffene Schwäche auf c6 aufs Korn nehmen oder im Fall der Entwicklung des schwarzen Läufers nach e6 mit dem Springer dort nehmen und dann versuchen, sein Läuferpaar auszunutzen.

12. ... ♗e7-f8

Die andere prinzipielle Spielweise ist 12...♗g4, und nach 13.h3 ♗e6 nimmt Weiß den Läufer normalerweise nicht sofort (was die schwarze Bauernstruktur verbessern würde), sondern spielt einige nützliche Züge wie 14.♔h2 ♕d7 15.♕b3 (der Versuch, mit 15.♘xc6 bxc6 16.♘a4 gegen den schwachen c-Bauern zu spielen, bringt nichts ein: 16...♗f5 17.♗c5 ♗d8! 18.♗d4 ♘e4, Züger-Kasparow, Zürich 1987) 15...♖ac8 16.♖fd1 mit Vorteil für Weiß.

In Van Wely-Magomedow, Olympiade, Jerewan 1996, patzte Schwarz nun mit 16...♘e5??, was von Weiß nicht mit 17.♘xe6 17...fxe6 18.♘xd5!! exd5 19.♖xd5 ♘xd5 20.♗xd5+ ♔h8 21.♗e6 mit Gewinnstellung bestraft wurde (er spielte 17.♕b5? und stand etwas besser, musste sich aber am Ende mit einem halben Punkt zufrieden geben).

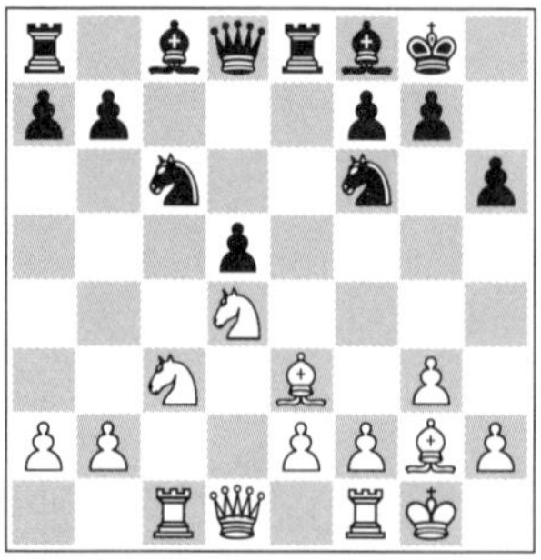

13. ♘c3-a4

Weiß beschließt, sich weiterhin auf die Schwäche d5 zu konzentrieren. Die Alternative bestand darin, dem Nachziehenden durch Schlagen auf c6 eine neue Schwäche aufzubürden und sich dann darauf zu konzentrieren. Dies war hier einmal der Hauptplan, der auch einen sehr logischen Eindruck auf mich macht. Es folgen einige Beispiele:

13.♘xc6 bxc6 14.♘a4, und nun:

A) Der Versuch, mit 14...♕a5? Gegenspiel aufzuziehen, funktioniert nicht, da die Taktik für Weiß arbeitet: 15.♖xc6! ♗d7 16.♗d2! (in Betracht kommt auch 16.♖xf6 ♗xa4 17.b3 gxf6 18.bxa4) 16...♕b5 (16...♗b4 führt nach 17.♖c5 ♕xa4 18.♕xa4 ♗xa4 19.♗xb4 ♖xe2 20.♖a5! ♗d7 21.♗c3 zu einem für Schwarz sehr schwierigen Endspiel) 17.♖xf6 ♕xa4 (im Fall von 17...gxf6 18.♘c3 ♕xb2 19.♘xd5 bekommt Weiß bald seine geringfügige Materialinvestition mit gewinnbringendem Vorteil zurück) 18.♕xa4 ♗xa4 19.♖f5, und Weiß hat einen gesunden Bauern mehr.

B) 14...♗d7 15.♗c5 ♗xc5 16.♘xc5. Die weiße Strategie ist sonnenklar. Die schwarzfeldrigen Läufer sind getauscht, der Springer auf c5 beherrscht die Stellung, und der schwarze Bauer auf c6 ist eine neu erzeugte Schwäche. Um dynamisches Gleichgewicht zu erreichen, muss Schwarz Gegenspiel auf die Beine stellen, das aber ohne die schwarzfeldrigen Läufer und mit dem so gut postierten weißen Springer auf c5 nicht leicht zu finden ist.

Fast jeder weitere Figurentausch ist für Weiß günstig: 16...♗g4 17.♖e1, und nun:

B1) In der Stammpartie in dieser Variante, Ljubojevic-Gligoric, Bugojno 1978, folgte 17...♕b6 18.♕c2 ♖ad8 19.h3 ♗c8 20.b3 ♕b8 21.e3 ♖e7 22.♖ed1 (mit seiner festen Kontrolle über die schwarzen Felder kann Weiß seine Stellung leicht verstärken, während für Schwarz kein Gegenspiel zu finden ist) 22...♖de8 23.♖d4 ♘h7 24.♕d2 ♘g5 25.h4 ♘e6 26.♘xe6 ♖xe6 27.♕b4 ♕b6 28.♕c5, und Weiß konnte die Partie auf seine schwarzfeldrige Dominanz gestützt leicht gewinnen.

B2) 17...♕a5 18.h3, und nun:

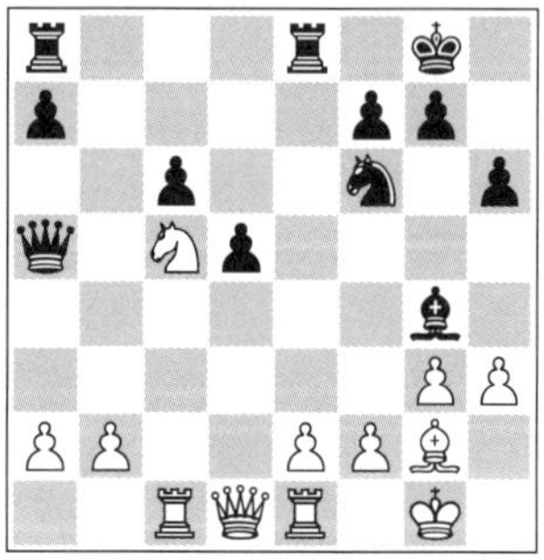

Analysediagramm

B21) In Kasparow-Illescas Cordoba, Linares 1994, wurde 18...♗f5 gespielt, wonach das Spiel des Exweltmeisters sehr lehrreich war. Es folgte 19.♕d4 ♖ab8 20.a3 ♕b5 21.b3! (Vorsichtig und stark. Das sofortige 21.b4 würde 21...a5! zulassen, wonach Weiß am besten mit 22.♕f4! ♗g6 23.♘b3! axb4 24.♘d4 ♕b7 25.axb4 (nicht 25.♘xc6? b3!) 25...♕xb4 26.♘xc6 ♕xf4 27.gxf4 ♖b2 ein remisliches Endspiel forcieren sollte) 21...♘e4 (21...♖xe2?? wäre ein fürchterlicher Bock, der nach 22.♖xe2 ♕xe2 23.♕f4 eine Figur verliert) 22.b4! (großartig gespielt. Bei der veränderten Sachlage braucht Weiß den Hebel ...a7-a5 nicht mehr zu fürchten) 22...a5 23.♘xe4 ♗xe4 24.♖c5 ♕b6 25.bxa5, und Weiß hatte einen gesunden Mehrbauern, den er bald in einen vollen Punkt umwandeln konnte.

B22) 18...♗h5 ist der neueste Versuch, das schwarze Spiel gegenüber den vorhergehenden Beispielen zu verbessern und das ersehnte dynamische Gleichgewicht zu erreichen: 19.♘d3 (da mit dem schwarzen Läufer auf h5 der Bauer e2 angegriffen ist, kann Weiß das Spiel von Kasparow nicht kopieren. Der Nachteil der schwarzen Strategie besteht jedoch darin, dass Weiß mit dem Läufer auf h5 über die Möglichkeit verfügt, seinen Springer mit Tempo nach f4 zu überführen) 19...♗g6 (die andere, wahrscheinlich bessere Möglichkeit war 19...♕xa2! 20.♖xc6 ♗g6! 21.♘b4 (21.♘f4 ♗e4!) 21...♕xb2 22.♘xd5 ♘xd5 23.♗xd5 ♔h7 24.e4 ♖ac8, wonach eine Punkteteilung am wahrscheinlichsten ist) 20.♘f4, und nun:

B221) 20...♕xa2 21.♘xg6 fxg6 22.♖xc6 ♕xb2 ist besser, als es aussieht, da Schwarz nach 23.♗xd5+ ♘xd5 24.♕xd5+ ♔h8! (24...♔h7 25.♕d3) 25.♖xg6 a5! wegen des starken a-Bauern Remis machen können sollte.

B222) Im Fall von passiver Verteidigung mit 20...♕b6 21.♘xg6 fxg6 22.b3 ♖e6 verbessert Weiß dagegen mit 23.e3 ♖f8 24.♖e2 nebst ♖ec2 seine Stellung, wonach die schwarze Bauernschwäche auf c6 fühlbar wird.

B223) 20...♗e4 21.♖xc6 ♗xg2 22.♔xg2 d4 (Schwarz versucht dynamisch zu spielen. Der Rückgewinn des Bauern mit 22...♕xa2 würde nach 23.♕a1 ♕b3 24.♕a3 zu besserem Spiel für Weiß führen)

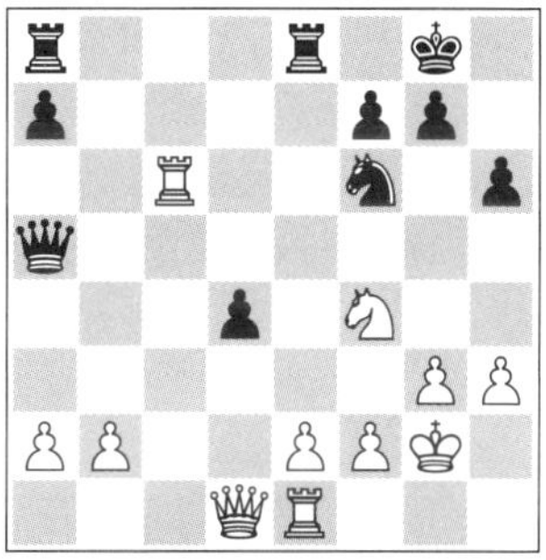

Analysediagramm

23.♕c1! (ein wichtiger Zug) 23...♘d5 (Schwarz setzt seine Versuche fort, seine Probleme auf taktischem Wege zu lösen. Im Fall von 23...♕xa2 würde die Idee des vorigen Zuges von Weiß klar werden: 24.♕c4! ♕xc4 (24...♕xb2?? verliert wegen 25.♖c7 ♖f8 26.♘g6) 25.♖xc4, und Schwarz bleibt auf seinen Bauernschwächen sitzen) 24.♘d3! ♘b4 (auf 24...♕xa2 antwortet Weiß wieder mit 25.♕c4) 25.♘xb4 ♕xb4 (Weiß hat einen Bauern mehr, aber Schwarz hat etwas vorübergehende Aktivität) 26.♖c4 ♕b7+ 27.♔g1 ♕d7 28.♕f4 ♖ad8 29.♖d1! (macht sich ein taktisches Motiv zunutze) 29...♕xh3 30.♖cxd4 ♖xd4 31.♕xd4 a6 (31...♖xe2?? stellt nach 32.♕d8+ ♔h7 33.♕d3+ einen Turm ein) 32.e3 mit gesundem Mehrbauern für Weiß. Später tauschte er die Damen und gewann das Turmendspiel problemlos, Sokolov-T.L. Petrosjan, Europapokal für Vereinsmannschaften, Kemer 2007.

Ich muss zugeben, dass Kasparows Partie für meine Variantenwahl im Zuge meiner Vorbereitung für diese Partie eine entscheidende Rolle spielte. Dieser Entscheidungsfindungsprozess steht in keinerlei Zusammenhang mit dem Thema Bauernstruktur, kann aber für den Leser nützlich sein.

In den letzten zehn Jahren war meine Hauptwaffe gegen die Tarrasch-Verteidigung die Hauptvariante (wie in der Partie): 9.♗g5 cxd4 10.♘xd4 h6, und nun 11.♗f4 (statt 11.♗e3), was zu einem für Weiß leicht besseren Endspiel führt. Einige Monate vor meiner Partie gegen Petrosjan spielte ich eine Partie gegen Akobian. In dem sich nach 11.♗f4 ergebenden leicht besseren Endspiel bekam ich nie reale Gewinnchancen und musste mich in ein langweiliges Remis fügen. Als es nun gegen Petrosjan ging, wusste ich, dass die Tarrasch-Verteidigung aufs Brett kommen würde. Ich hatte nur zwei Stunden Vorbereitungszeit und wollte etwas Neues spielen.

Unter diesen Umständen ist es nützlich, sich die Partien der Elite anzuschauen. Sollte die von der Weltspitze gewählte Variante Ihnen zusagen und für eine Vorbereitung in ein paar Stunden nicht zu kompliziert sein, spielen Sie sie ruhig. Diese Strategie hat mir in meiner Profikarriere gute Dienste geleistet.

13. ... ♗c8-d7

Das aktive 13...♕a5? ist schlecht wegen 14.♘xc6 bxc6 15.♖xc6! ♗d7 16.♗d2! mit Überleitung in eine der vorhergehenden Anmerkungen – siehe 13.♘c6 bc6 14.♘a4 ♕a5?; im Fall von 13...♘g4 steht Weiß nach 14.♘xc6 bxc6 15.♗d4 besser.

14. ♘a4-c5 ♘c6-a5

Keine leichte Entscheidung. Der Springer sieht am Brettrand unbeholfen aus, aber auch mit anderen Zügen lässt sich das von Schwarz erhoffte Spiel nicht aufziehen.

Ganz allgemein ist Kramniks Plan vielleicht eine ausgeklügelte Version der bereits besprochenen Spielweise 13.♘xc6 bxc6 14.♘a4, da in der vorliegenden Stellung der Bauer b7 hängt, was dem Nachziehenden einige zusätzliche Probleme stellt, während Weiß die meisten seiner positionellen Trümpfe behält. Wer sich wundert, warum ich nicht selbst so spielte (gegen Petrosjan), dem sei gesagt, dass ich mir wegen der beschränkten Vorbereitungszeit nur Kasparows Weißpartien gegen die Tarrasch-Verteidigung angesehen hatte!

15. b2-b3

Schränkt den Wirkungsbereich des Springers a5 ein.

15. ... ♖a8-c8
16. ♘c5xd7 ♕d8xd7
17. ♕d1-d3 ♘a5-c6

Der Versuch, mit 17...♘e4? "aktiv" zu spielen, wäre nach der einfachen Antwort 18.♖xc8 ♕xc8 (18...♖xc8 verliert nach 19.♗xe4 dxe4 20.♕xe4 kompensationslos einen Bauern) 19.♖c1 ♕d7 20.♕b5 mit gewinnbringendem Vorteil für Weiß schlecht.

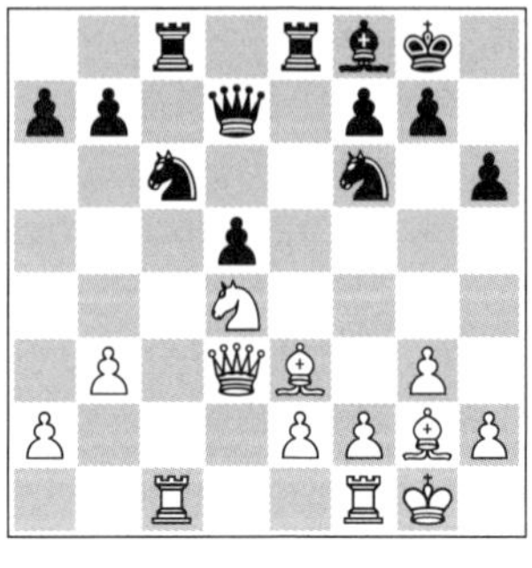

18. ♘d4xc6!

Kramnik entscheidet sich nur ganz richtig für eine Veränderung der Bauernstruktur und konzentriert sich auf die neu gebildete Schwäche. Nach dem logischen 18.♖fd1 würde sich der Nachteil von 15.b3 zeigen: 18...♗a3! 19.♖b1 ♗c5 mit gutem Spiel für Schwarz, da er nach 20.♘xc6?! über das thematische Qualitätsopfer 20...♖xe3! (nicht 20...♗xe3 21.♘b4!) 21.fxe3 bxc6 mit zuallermindest sehr guter Kompensation verfügt.

18. ... b7xc6
19. ♖f1-d1 ♕d7-b7
20. ♗e3-c5

Weiß bedient sich nun ähnlicher positioneller Pläne, wie wir sie unter 13.♘xc6 bxc6 14.♘a4 schon gesehen haben.

20. ... ♗f8xc5
21. ♖c1xc5 ♕b7-e7
22. ♖c5-c2 ♕e7-a3
23. e2-e3

Schwarz steht eine schwierige Verteidigung bevor. Weiß hat wegen seiner besseren Bauernstruktur anhaltenden Vorteil, während der Nachziehende bei weitem nicht genug dynamische Aktivität hat, um die mit seinen schwachen Bauern verbundenen positionellen Probleme zu kompensieren.

Es ist unbedingt darauf hinzuweisen, dass Übergänge von einem isolierten Bauern zu zwei schwachen hängenden Bauern eine sehr gängige Spielweise zur Bekämpfung des isolierten Bauern darstellen. Im Gegensatz zu parallelen hängenden Bauern im Zentrum sind derartige schwache verbundene Bauern definitionsgemäß nicht beweglich, so dass es auch keine auf ihrer Beweglichkeit basierenden taktischen Möglichkeiten gibt.

23. ... ♖e8-d8
24. ♕d3-f5 ♖c8-b8?!

Schwarz zieht es vor, nicht passiv zu bleiben. Dies ist im Allgemeinen eine gute Idee, die aber hier nicht funktioniert. Besser war 24...♕a6 oder 24...♕d6.

25. ♖c2xc6 ♕a3xa2

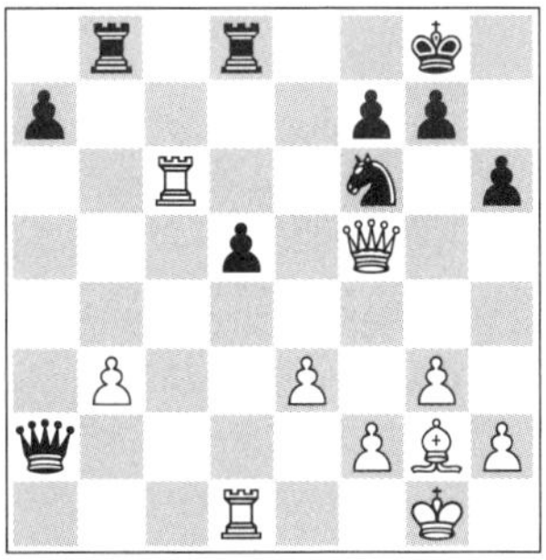

26. ♖c6xf6!

Ein recht thematisches Qualitätsopfer.

26. ... g7xf6

Das Spiel auf Tricks mit 26...♕xb3? misslingt nach 27.♕g4 h5 28.♕xh5 gxf6 29.♗xd5 mit Gewinn für Weiß.

27. ♗g2xd5 ♖d8xd5

Schwarz muss die Qualität zurückgeben, entweder sofort oder nach 27...♔g7 28.♕g4+ ♔f8 29.♕h5.

28. ♖d1xd5 ♕a2xb3

Schwarz hat eine defekte Bauernstruktur am Königsflügel, aber bei reduziertem Material besteht materielles Gleichgewicht, so dass es auf den ersten Blick so aussieht, als ob er ordentliche Remischancen haben sollte. Wenn es im gelingt, die Damen oder Türme zu tauschen, sollte er sich ins Remis retten können, selbst wenn er dabei den a-Bauern verliert.

Es ist gut möglich, dass Illescas Cordoba bei 24...♖b8 diese Stellung anstrebte, da er – mit gutem Grund – annahm, dass er ordentliche Remischancen haben würde. Kramnik lässt jedoch keinen Figurentausch zu und hält den Druck aufrecht. Illescas Cordoba muss eine schwierige Stellung verteidigen und greift am Ende fehl.

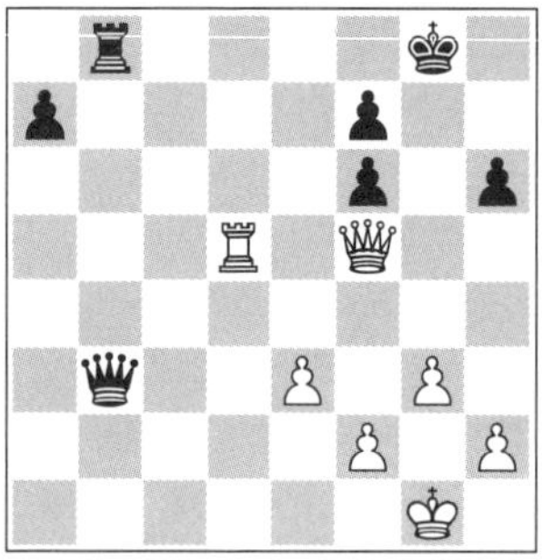

29. ♕f5-g4+ ♔g8-h7
30. ♖d5-d6 ♕b3-b1+
31. ♔g1-g2 ♕b1-g6
32. ♕g4-f3 ♔h7-g7
33. ♖d6-a6 ♖b8-b5?!

Schwarz verliert seinen a-Bauern, aber die Probleme mit seinem exponierten König bleiben bestehen. Eine bessere Verteidigung war 33...♖e8! 34.♖a4 ♖e5 35.h4 h5, was die Tatsache ausnutzt, dass das Damen- oder Turmendspiel mit vier Bauern gegen drei auf einem Flügel Remis ist.

34. ♖a6xa7 ♖b5-f5
35. ♕f3-e2 ♕g6-h5?

Ein taktischer Fehlgriff, der offenbar schon bei 33...♖b5 geplant war.

36. g3-g4 ♕h5-g6?

Ein klarer Bock. Der einzige Zug war 36...♖g5.

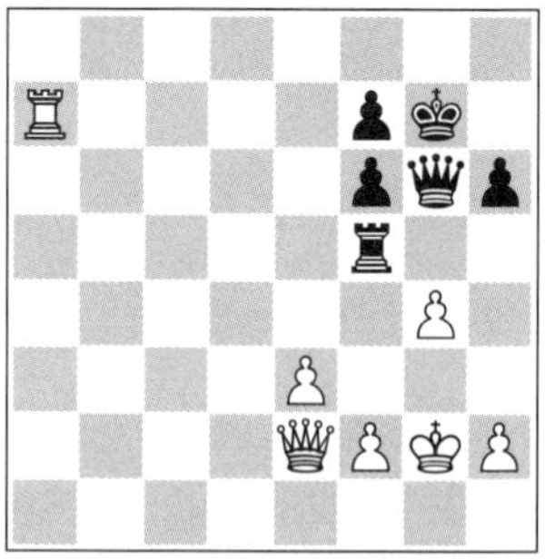

37. ♖a7xf7+! ♔g7xf7
38. ♕e2-c4+

Schwarz gab auf.

Er wird am Ende mit zwei Bauern weniger dastehen: 38...♔f8 39.♕c8++–, 38...♔e7 39.♕e4++– oder 38...♔g7 39.♕c7+ ♔g8 40.♕c8++–.

Struktur 2.3

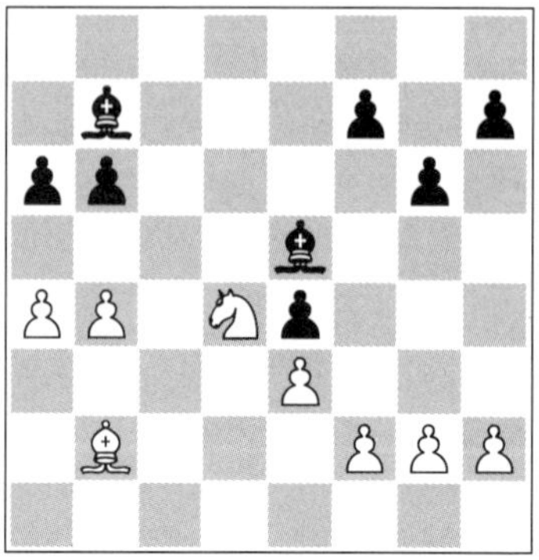

Übergang in eine günstige symmetrische Bauernstellung

In Isolanistellungen wählt eine der beiden Seiten häufig den richtigen Moment für den Abtausch eines Leichtfigurenpaars (meistens eines Springerpaars) im Zentrum, um eine günstige Symmetrie zu erreichen. Derartige strukturelle Transformationen kommen sehr häufig vor. Die nächsten paar Partien sollen einige gute Beispiele beisteuern.

SL 8.5 (D45) **PARTIE 22**

Pawel Jaracz

Peter Heine Nielsen

Europameisterschaft, Dresden 2007 (4)

1.	**d2-d4**	**♘g8-f6**
2.	**c2-c4**	**e7-e6**
3.	**♘g1-f3**	**d7-d5**
4.	**♘b1-c3**	**c7-c6**
5.	**e2-e3**	**♘b8-d7**
6.	**♕d1-c2**	**♗f8-d6**
7.	**b2-b3**	**0-0**
8.	**♗f1-e2**	**b7-b6**

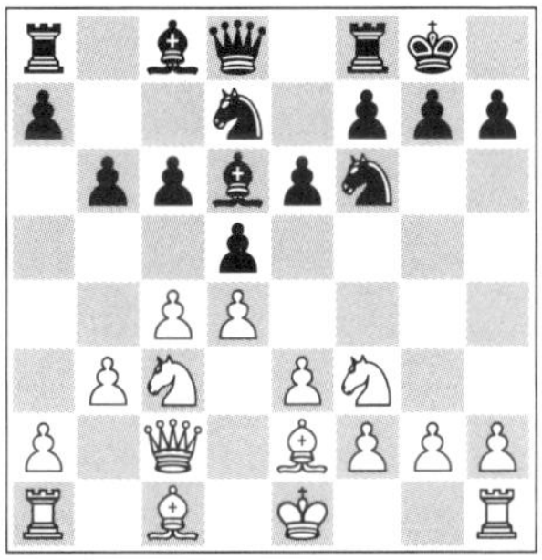

Dies ist eine der geläufigsten Stellungen der Meraner Variante mit 6.♕c2 und stellt schon lange eine Hauptvariante dar. In Hunderten von Partien sind alle logischen Züge, 8...♖e8, 8...e5, 8...dxc4, 8...♕e7 und 8...a6, erprobt worden. Die Partiefortsetzung gehört hier ebenfalls zu den Hauptzügen.

9.	**0-0**	**♗c8-b7**
10.	**♗c1-b2**	**c6-c5**

Schwarz wird im Zentrum aktiv. Er kann diese Entscheidung auch zurückstellen und zuerst einige nützliche Züge spielen, wie 10...♕e7, 10...♖e8, oder 10...♖c8.

11. c4xd5

Die strategischen Merkmale der Stellung kristallisieren sich langsam heraus. Es ist ziemlich klar, dass die gegenwärtige Situation im Zentrum sich in eine Stellung verwandeln wird, in der Schwarz entweder zwei parallele hängende Bauern im Zentrum oder einen isolierten Bauern besitzt.

11.	**...**	**e6xd5**
12.	**♖a1-d1**	

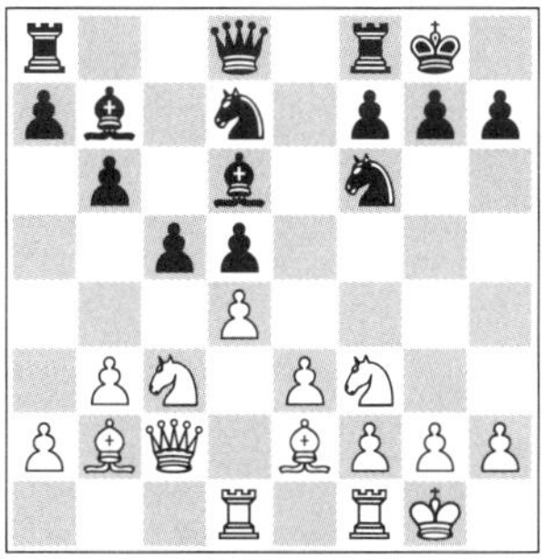

12. ... ♕d8-e7

Im Fall von 12...♖c8 13.dxc5 bxc5 ergibt sich eine komplizierte Stellung mit hängenden Bauern. Im Jahre 1994 spielte ich eine interessante Partie, in der es mit 14.♕f5! (verstärkt den Druck auf die schwarzen Zentrumsbauern) 14...♕e7 weiterging, und nun:

A) 15.♗b5 spielt nach 15...♘e5 dem Nachziehenden in die Hände.

B) Kramnik-Kasparow, 8. Blitzpartie, Moskau 1998, ergab die interessante und dynamische Fortsetzung 15.♖fe1 ♕e6 16.♕b1 h6 17.♗d3 ♘e5! 18.♗f5 ♘xf3+ 19.gxf3 ♕e5 20.f4 ♕e8 21.♗h3 ♖d8 22.♗g2 ♕e6 kompliziertes Spiel.

C) 15.♗d3, und nun:

C1) 15...♘e5? stellt nach 16.♘xd5! einfach einen Bauern ein.

C2) Dagegen sollte 15...♕e6 definitiv in Betracht gezogen werden.

C3) 15...♖fe8 16.♖fe1 (mit einem schwarzen Turm auf e8 kam nun 16.♗b5!? mit Fesselung des Springers in Betracht) 16...♗b8 17.♘e2 (mit zwei aktiven Läufern und der Überführung der Springer auf den Königsflügel werden sich bald Drohungen einstellen) 17...g6 18.♕g5 c4 (Schwarz versucht, selbst Drohungen aufzustellen, übersieht aber ein paar taktische Wendungen. Eine andere Möglichkeit bestand darin, mit 18...♘e5 19.♘xe5 ♗xe5 20.♗xe5 ♕xe5 21.♕xe5 ♖xe5 in ein Endspiel überzugehen, wenngleich Weiß dann mit 22.♖c1 a5 23.♖c2 die schwarzen Bauern aufs Korn nehmen und Vorteil behalten kann, da 23...♖e7 an 24.♖ec1 ♖ec7 25.♘d4! scheitert)

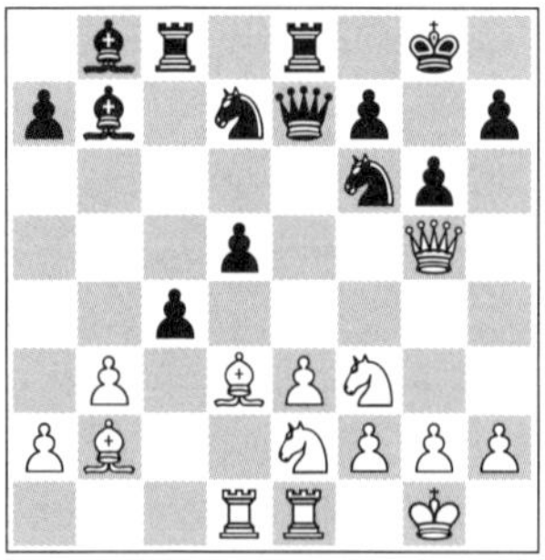

Analysediagramm

19.♗f5! (die Fesselungen beginnen für Schwarz recht unangenehm zu werden) 19...♘e4 (19...h6 hilft nicht, da Weiß nach 20.♕xh6 gxf5 21.♕g5+ ♔h8 22.♘ed4 gewinnbringenden Angriff erhält) 20.♕h6! c3 21.♗a3! (ein sehr wichtiger Zug) 21...♕xa3 22.♗xd7 ♕xa2? (Ein Bock. Besser war 22...c2, obwohl Schwarz nach 23.♖c1 ♖ed8 24.♗xc8 ♖xc8 25.♘fd4! ♕xa2 26.f3 keine ausreichende Kompensation besitzt) 23.♗xe8 ♖xe8 24.♖c1 (24.♘xc3! gewann sofort: 24...♕xf2+ (24...♘xc3 25.♘g5 mit forciertem Matt) 25.♔h1 ♘xc3 26.♖d2, und die schwarze Dame ist gefangen) 24...♖c8 25.♘fd4 ♕a5 26.f3 mit klar besserer Stellung für Weiß in Sokolov-Lautier, Donner-Memorial, Amsterdam 1994.

13. ♘f3-h4

Provoziert ...g7-g6, um auf der Diagonale a1-h8 Drohungen aufstellen zu können.

13. ... g7-g6
14. ♘h4-f3 ♖a8-c8
15. ♕c2-b1 a7-a6
16. a2-a4 ♖f8-e8
17. ♕b1-a1

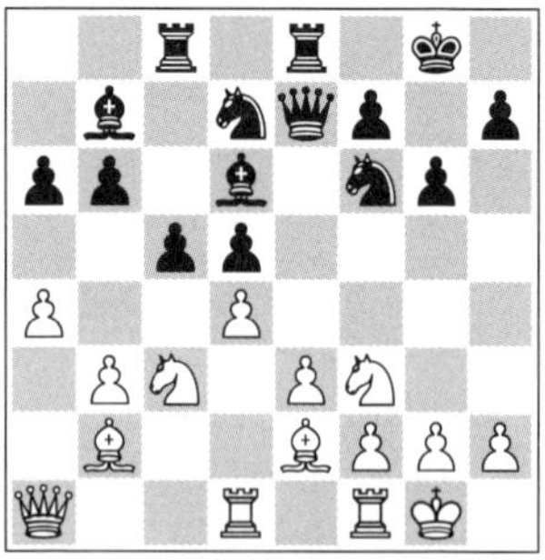

17. ... c5xd4!

Schwarz kommt richtigerweise zu dem Schluss, dass die Zeit zur Veränderung der Bauernstruktur im Zentrum gekommen ist. Er entscheidet sich für die Isolanistellung, da er korrekterweise annimmt, dass er mit seinen gut postierten Figuren nichts zu befürchten hat.

18. ♘f3xd4 ♘d7-c5
19. ♗e2-f3 ♗d6-e5

Der Läufer steht auf e5 gut, so dass die durch den 13. Zug von Weiß erzeugte potenzielle Schwäche im Moment ziemlich irrelevant ist.

20. ♘c3-e2 ♘f6-e4?

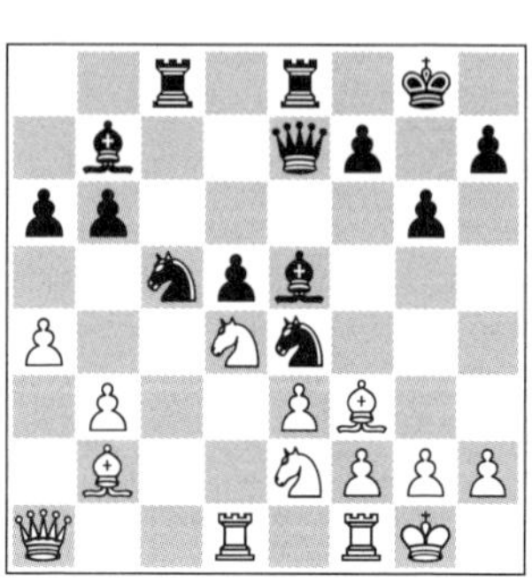

Dieser Standardzug ist zwar an sich logisch, lässt aber hier eine schöne taktische Möglichkeit zu. Schwarz musste zuerst mit 20...a5! den Springer c5 absichern und erst dann ...♘fe4 spielen, was ihm die besseren Chancen gegeben hätte.

Weiß sieht nun ein neues taktisches Motiv, das sich aus der Möglichkeit der Veränderung der Bauernstruktur im Zentrum ergibt. Man beachte, dass durch eine Veränderung der Bauernstruktur geschaffene taktische Wendungen sehr leicht zu übersehen sind.

21. b3-b4! ♘c5-d7
22. ♗f3xe4! d5xe4

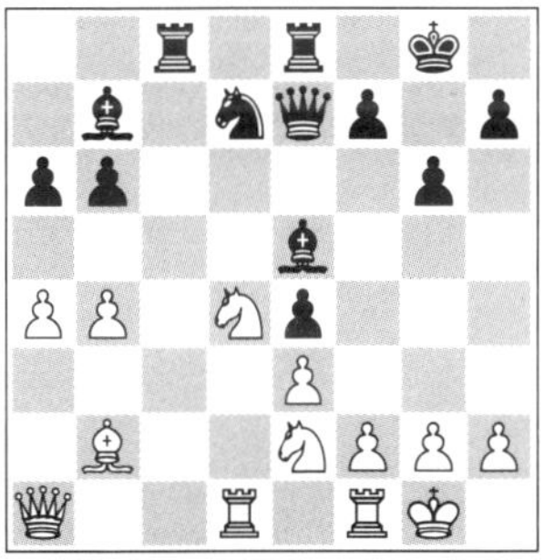

Nun ist die Bauernstruktur symmetrisch, aber alle weißen Figuren arbeiten harmonisch zusammen, während der schwarze Läufer b7 nur auf seinen eigenen Bauern zielt. Weiß bringt nun ein bildhübsches positionelles Qualitätsopfer, das man sich merken sollte.

23. ♘d4-f5! g6xf5
24. ♖d1xd7 ♗e5xh2+
25. ♔g1xh2 ♕e7xd7
26. ♘e2-f4

Für nur eine Qualität hat Weiß die völlige Kontrolle über die Stellung; außerdem ist der schwarze König schwach und die schwarze Bauernstruktur am Königsflügel zerstört, und der Bauer b7 sieht eher wie ein großer Bauer aus.

26. ... ♕d7-e7
27. ♖f1-h1! ♖c8-c2
28. ♗b2-f6 ♕e7xb4

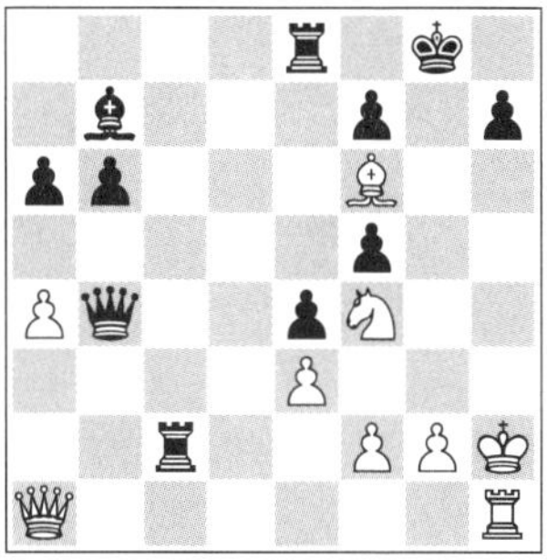

29. ♔h2-g3!

Weiß schaltet seine letzte Figur, den Turm, in den Angriff ein, der nun vernichtend wird. Die Partie ist entschieden.

29. ... ♕b4-d2
30. ♖h1-h5 ♕d2xf2+
31. ♔g3-h2

Der schwarze Monarch ist ohne eine einzige Verteidigungsfigur ganz auf sich gestellt, während alle weiße Figuren am Angriff teilnehmen.

31. ... ♖e8-e6
32. ♕a1-d4! ♕f2-d2
33. ♖h5-g5+ ♔g8-f8
34. ♘f4xe6+ f7xe6

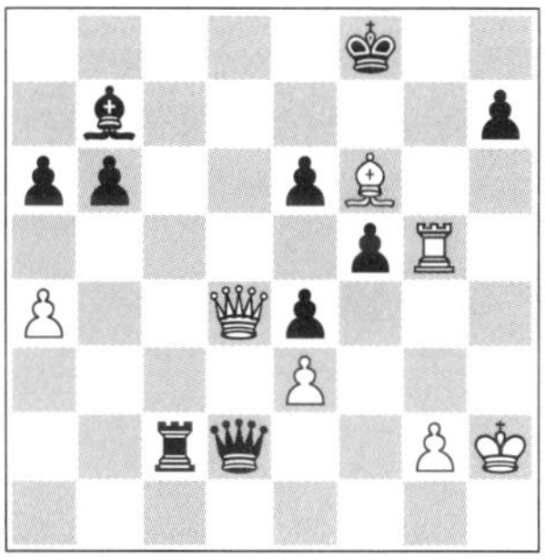

35. ♗f6-e7+!

Der Schlussakkord.

35. ... ♔f8xe7
36. ♖g5-g7+ ♔e7-e8
37. ♖g7-g8+ ♔e8-e7
38. ♕d4-g7+ ♔e7-d6
39. ♖g8-d8+ 1-0

B) Das Spiel mit einem isolierten Bauern

Struktur 2.4

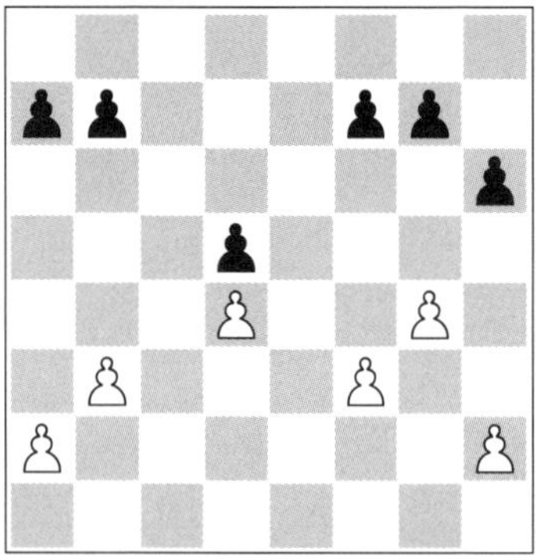

Übergang in eine günstige symmetrische Bauernstellung im Zentrum

TD 4.16 (D34) **PARTIE 23**

Tigran W. Petrosjan
Boris Spasski
Weltmeisterschaft, Moskau 1969 (4)

1.	**c2-c4**	**e7-e6**
2.	**d2-d4**	**d7-d5**
3.	**♘b1-c3**	**c7-c5**
4.	**c4xd5**	**e6xd5**
5.	**♘g1-f3**	**♘b8-c6**
6.	**g2-g3**	**♘g8-f6**
7.	**♗f1-g2**	**♗f8-e7**
8.	**0-0**	**0-0**
9.	**♗c1-g5**	**c5xd4**
10.	**♘f3xd4**	**h7-h6**
11.	**♗g5-e3**	**♗c8-g4**

Dies ist eine seltenere, aber recht gut spielbare Alternative zu dem beliebteren 11...♖e8. Im WM-Kampf 1969 wurde der Zug 11...♗g4 sage und schreibe dreimal gespielt und leistete Spasski gute Dienste. Es ist mir nicht klar, warum dieser logische Zug fast ganz aus der Großmeisterpraxis verschwunden ist und heutzutage fast automatisch 11...♖e8 gespielt wird.

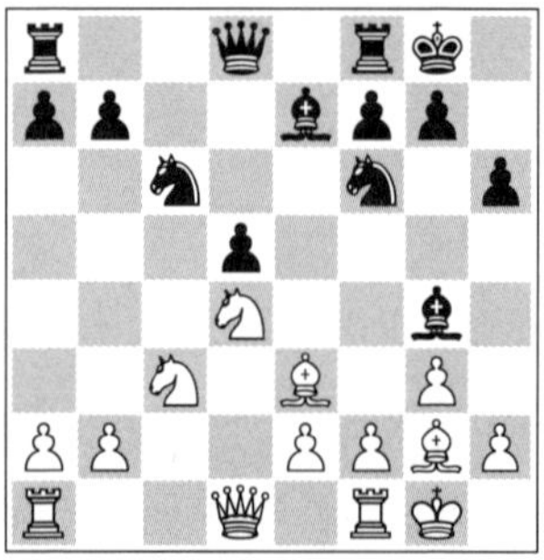

12. ♘d4-b3

Weiß will zunächst auf den Bauern d5 Druck machen und später mit ♗c5 die schwarzfeldrigen Läufer tauschen.

A) 12.♕a4 ist eine andere logische Fortsetzung, die in der 12. Wettkampfpartie gespielt wurde: 12...♘a5! (12...♕d7? sieht hier wie ein Standardzug aus, verliert aber nach 13.♗xd5! ♘xd5 14.♘xd5 ♗d8 (14...♕xd5 15.♘xc6 ♕xc6 16.♕xg4) 15.♘xc6 bxc6 16.♘c3 einen Bauern) 13.♖ad1, und nun:

A1) Schwarz muss aufpassen, dass er nicht in eine andere taktische Wendung läuft. Ein “logischer” Zug wie 13...♖c8 trifft auf die Entgegnung 14.♘xd5! ♘xd5 15.♘f5! (Die Pointe. Weiß bekommt seine Figur zurück und behält einen gesunden Bauern mehr) 15...♖c4 16.♕b5 ♗xf5 17.♖xd5 a6 18.♕xa5 ♕xa5 19.♖xa5 mit technisch gewonnenem Endspiel für Weiß, Tal-Schidkow, Sowjetische Meisterschaft, Baku 1972;

A2) 13...♘c4 14.♗c1 ♕c8 15.♕c2 (nach 15.♘xd5? ♘xd5 16.♗xd5 ♘b6 17.♕b3 ♘xd5 18.♕xd5 ♗f6 erhält Schwarz gute Kompensation, die mindestens einen Bauern wert ist) 15...♖d8 16.b3 ♘e5 17.♗b2 ♕d7 18.f3! ♗h5 19.♕f5! mit besserer Stellung für Weiß. Meiner Meinung nach lässt sich das schwarze Spiel mit 14...♘b6! verbessern, was dem Nachziehenden nach 15.♕c2 (oder 15.♕b3 ♖c8 16.h3 ♗d7 17.♔h2 ♖c4!) 15...♕d7 16.f3 ♗h5 gutes Spiel gibt, da nun die Idee, mit 17.♕f5 die Damen zu tauschen, an 17...♕e8! mit besserem Spiel für Schwarz scheitert, Gen. Timoschenko-Sturua, Pawlodar 1982.

B) 12.h3 ist ein anderer Standardzug, der von Spasski selbst gespielt wurde. Nach 12...♗e6 13.♖c1 (man beachte, dass Schwarz sich nie über 13.♘xe6 fxe6 Sorgen zu machen braucht, da der Verlust des Läuferpaars durch die Verbesserung seiner Bauernstruktur vollauf kompensiert wird) 13...♕d7 14.♔h2 ♘e5! (nach anderen Zügen könnte Weiß wie in Kramnik-Illescas Cordoba (Partie 21) eine neue Bauernschwäche im schwarzen Lager erzeugen: 15.♘xc6 bxc6 16.♘a4) 15.♕a4 ♕xa4 16.♘xa4 ♘c4 17.♗f4 g5! 18.b3 ♗d7! behielt Schwarz in Spasski-Kortchnoi, Sowjetische Meisterschaft, Moskau 1957, dynamisches Figurenspiel.

12. ... ♗g4-e6
13. ♖a1-c1 ♖f8-e8
14. ♖f1-e1

In der zweiten Wettkampfpartie entschied sich Petrosjan für einen anderen Plan und spielte 14.♘b5 mit der Idee, den Springer nach d4 zu überführen und dann durch Schlagen auf c6 eine neue Bauernschwäche zu erzeugen. Diese gut bekannte Strategie, die in Kramnik-Illescas Cordoba (Partie 21) gut funktionierte, klappte hier nicht, da Schwarz schnell dynamisches Spiel erhielt und die Initiative übernahm, so dass Weiß nie Gelegenheit hatte, ihn an seinen schwachen Bauern c6 zu “erinnern”: 14...♕d7 15.♘5d4 ♗h3 16.♘xc6 bxc6 17.♕d3 ♗xg2 18.♔xg2 a5! 19.♖c2 a4 20.♘d2 (der Tausch 20.♘c5 ♗xc5 ist für Schwarz günstig) 20...♕b7 21.f3 ♘d7! (überführt den Springer nach e5 und bereitet zugleich ...c6-c5 vor) mit besserer Stellung für Schwarz.

14. ... ♕d8-d7
15. ♗e3-c5

Der Abtausch der schwarzfeldrigen Läufer ist hier im Allgemeinen eine gute Strategie.

15. ... ♖a8-c8
16. ♗c5xe7 ♕d7xe7
17. e2-e3

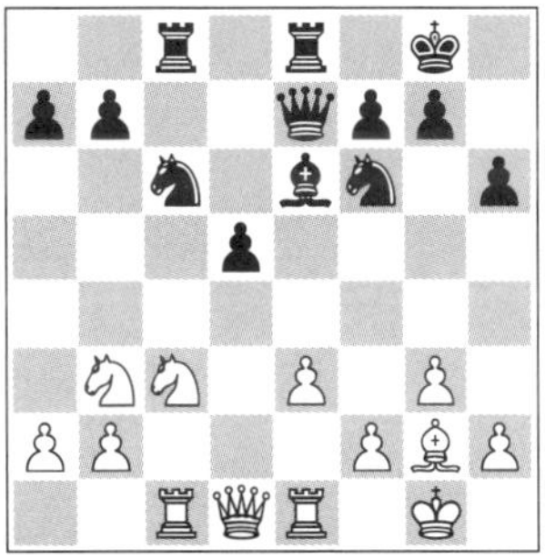

Dank des Tauschs der schwarzfeldrigen Läufer hat Weiß die schwarzen Felder im Zentrum (d4 und c5) gut unter Kontrolle und verfügt auch über genug Manövrierraum. Er sollte hier etwas besser stehen.

17. ... ♖e8-d8
18. ♕d1-e2

Besser war 18.h3!, um das aktive Spiel des Nachziehenden zu verhindern. Dies sichert Weiß kleinen Vorteil.

18. ... ♗e6-g4!

Ein guter Zug, der den Anziehenden zwingt, sich zwischen zwei unangenehmen Möglichkeiten zu entscheiden: Entweder er schwächt mit f2-f3 seine eigene Bauernstruktur und sperrt den Läufer g2 ein, oder er stellt seine Dame nach f1.

Der Zentrumsdurchbruch 18...d4, der in diesen Stellungen oft zum Ausgleich führt, funktioniert hier nicht so gut: 19.♘xd4 ♘xd4 20.exd4 ♖xd4 21.♘b5 ♖xc1 22.♘xd4! ♖xe1+ 23.♕xe1 mit besserem Spiel für Weiß.

19. f2-f3

Weiß wird das Feld e4 kontrollieren und später seinen Läufer nach h3 stellen, kompromittiert aber seine Bauernstruktur, auch wenn es für Schwarz aufgrund des Fehlens der schwarzfeldrigen Läufer erheblich schwieriger sein wird, diese potenzielle Schwäche auszunutzen. Sicherer war 19.♕f1.

19. ... ♗g4-f5

20. ♖c1-d1 ♘c6-e5

Weiß hat seine Bauernstruktur kompromittiert (er muss sich über eine potenzielle Schwäche auf e3 Sorgen machen) und seinen Läufer auf g2 vorübergehend aus dem Spiel ausgeschlossen und kann keinen Druck auf den Bauern d5 ausüben. Er hat seinen kleinen Vorteil eingebüßt und muss vorsichtig spielen, um das Gleichgewicht zu halten. Schwarz hat dagegen bequemes Figurenspiel, und die potenzielle Schwäche des Isolanis auf d5 spielt momentan keine Rolle.

21. ♘b3-d4 ♗f5-g6

22. ♗g2-h3 ♖c8-c4?!

Hält das Feld c5 für die Dame frei und will außerdem mit ...♘c6 Druck auf das Feld d4 ausüben. Dieser Plan hat jedoch seine Nachteile, wie bald klar werden wird.

Eine andere logische Möglichkeit war 22...♖c5, worauf Weiß 23.♗f5 mit ungefähr gleichem Spiel erwidern kann.

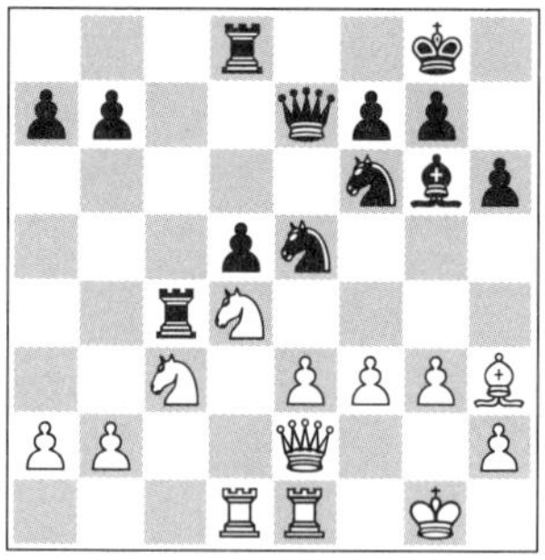

23. g3-g4!

Ein hervorragender Zug, der die Nachteile von 22...♖c4 bloßlegt. Weiß bereitet 24.f4 vor. Im Fall des sofortigen 23.f4 hat Schwarz 23...♗h5. Nach 23.♕f1 ♕c5 oder 23.♗f5 ♗xf5 24.♘xf5 ♕c5 behält Schwarz die Initiative.

23. ... ♖c4-b4

Das Weglaufen vor dem Tempogewinn f3-f4 mit 23...♘c6? wäre ein schrecklicher Patzer wegen 24.♘xd5.

24. b2-b3

Aus irgendeinem Grund zögert Weiß mit der Ausführung seines mit dem vorigen Zug begonnenen Plans. Besser und prinzipieller war 24.f4! ♘c4 25.b3 ♘d6 26.f5 ♗h7 27.♗g2 mit besserer Stellung für Weiß, da der schwarze Läufer auf h7 eingemauert ist und der Turm unbeholfen auszusehen beginnt.

24. ... ♘e5-c6!

Nun hat Weiß die Möglichkeit, seinen f-Bauern vorzurücken und den schwarzen Läufer aus dem Spiel auszuschließen, für immer verloren.

25. ♕e2-d2 ♖b4-b6

26. ♘c3-e2

Der Springer strebt nach f4. Möglich war auch 26.♘a4 ♖a6 (26...♘xd4? ist ein grober Fehler, da Schwarz nach 27.exd4 ♖e6 28.g5! die Qualität verliert) 27.♗f1 ♘xd4

28.exd4 ♖e6 29.♘c5 ♖xe1 30.♖xe1 ♕c7 mit ungefähr gleichem Spiel.

26. ... ♗g6-h7

Kommt einem möglichen Tempogewinn mit ♘f4 zuvor. Diese Art von prophylaktischer Strategie (die vor langer Zeit von Nimzowitsch eingeführt wurde) ist häufig eine gute Idee.

27. ♗h3-g2 ♖d8-e8

28. ♘e2-g3

Bereitet ♘df5 vor, was den Nachziehenden mehr oder weniger zum Schlagen auf d4 zwingt. Eine andere Lösung war 28.♘f4.

28. ... ♘c6xd4

29. e3xd4 ♖b6-e6

Die Situation im Zentrum hat sich geändert; eine Isolani-Struktur hat sich in eine symmetrische Struktur verwandelt. Angesichts dessen, dass die schwarzfeldrigen Läufer bereits abgetauscht sind, sollte eine symmetrische Bauernstruktur d4/d5 nur mit den weißfeldrigen Läufern auf dem Brett im Prinzip für Weiß günstig sein. Hier kontrolliert Schwarz jedoch die e-Linie und hat den besser postierten Läufer, während der weiße Königsflügel sich als anfällig erweisen kann.

30. ♖e1xe6 ♕e7xe6

31. ♖d1-c1

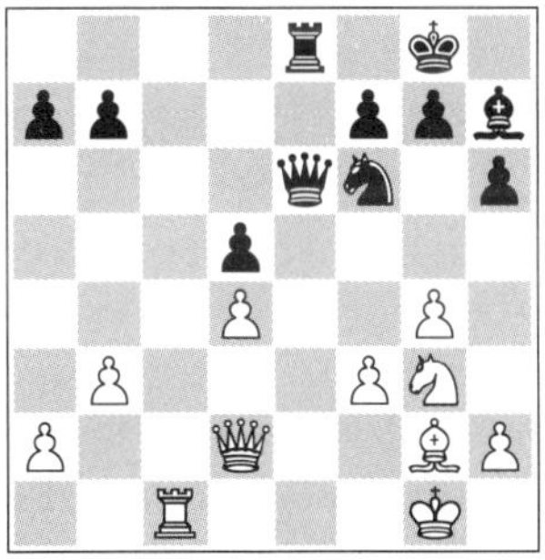

31. ... ♗h7-g6!!

Bereitet ein hervorragendes Springermanöver vor.

32. ♗g2-f1 ♘f6-h7!

Dieser Springer strebt nach f4.

33. ♕d2-f4 ♘h7-f8

34. ♖c1-c5?

Der Turm leistet hier nichts und bleibt bis zum Ende der Partie auf diesem Feld.

34. ... ♗g6-b1!

35. a2-a4 ♘f8-g6

36. ♕f4-d2 ♕e6-f6

In den letzten paar Zügen hat sich die Situation drastisch geändert. Schwarz hat seine Figurenstellung verbessert, während Weiß einfach ein paar Tempi verschleudert hat.

37. ♔g1-f2 ♘g6-f4

38. a4-a5?

Weiß hatte die direkte Drohung des Nachziehenden definitiv nicht gesehen. Er musste mit 38.♖c3 den Turm wieder ins Spiel bringen.

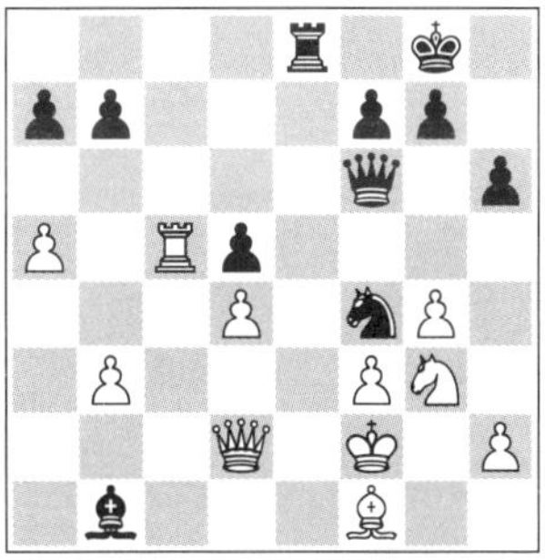

38. ... ♗b1-d3!

Schwarz hat gewinnbringenden Angriff.

39. ♘g3-f5

39.♕c3 verliert wegen 39...♕h4 40.♔g1 ♗xf1 41.♖c8 ♗b5.

39. ... ♕f6-g5!

Mit der Drohung 40...♘h3+. 39...♗xf5 40.♕xf4 g5! 41.♕d2 ♗xg4 gewinnt auch, aber der Textzug ist noch besser.

40. ♘f5-e3 ♕g5-h4+

41. ♔f2-g1 ♗d3xf1

Weiß gab auf. 42.♘xf1 (oder 42.♔xf1 ♕h3+) verliert wegen 42...♖e2.

Es ist interessant, wie leicht ein Gigant wie Petrosjan in einer scheinbar ausgeglichenen symmetrischen Stellung fehlgreifen konnte.

Struktur 2.5

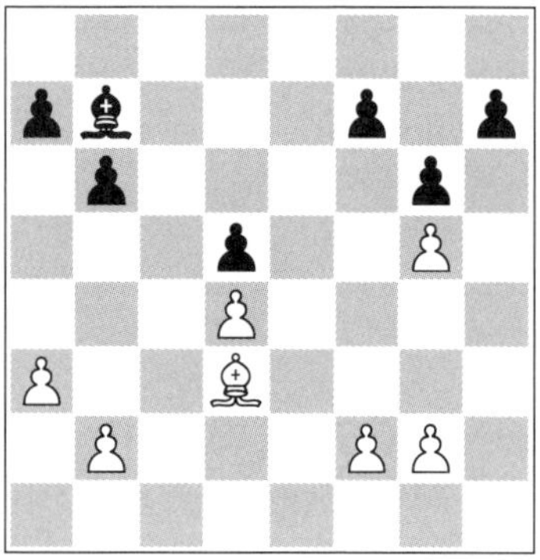

♦

NI 15.6 (E48) **PARTIE 24**

Ivan Sokolov

Miso Cebalo

Jugoslawische Meisterschaft, Pula 1988

1. d2-d4 ♘g8-f6
2. c2-c4 e7-e6
3. ♘b1-c3 ♗f8-b4
4. e2-e3 c7-c5
5. ♗f1-d3 ♘b8-c6
6. ♘g1-e2

Diese Variante wurde von mir vor zwanzig Jahren viel gespielt. In den resultierenden Isolani-Strukturen steht der weiße Königsspringer auf e2 statt auf seinem angestammten Feld f3. Beide Pläne haben ihre Vor- und Nachteile. Meinen Erfahrungen zufolge würde ich jedoch sagen, dass der weiße Königsspringer in derartigen klassischen Isolanistellungen im Prinzip auf f3 besser steht.

6. ... c5xd4
7. e3xd4 d7-d5
8. c4xd5

Weiß hat bessere Chancen auf Vorteil, wenn er selbst auf d5 nimmt, statt 8.0-0 dxc4 9.♗xc4 0-0 zuzulassen.

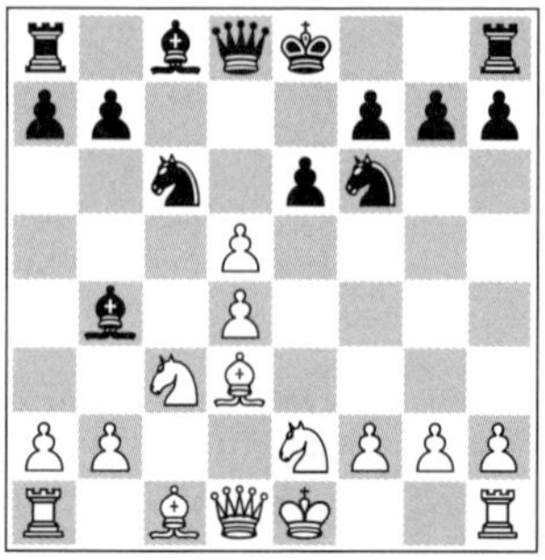

8. ... ♘f6xd5

Eine wichtige strategische Entscheidung für Schwarz. Die andere Möglichkeit bestand darin, mit 8...exd5 die Bauernstruktur symmetrisch zu machen, was wie ein bequemer Weg zum Ausgleich erscheinen mag. Die Lage ist jedoch alles andere als einfach. Der weiße Springer steht nun auf e2 sehr gut (im Gegensatz zu seinem Kollegen auf f6), da Weiß durch das Vorrücken seiner Königsflügelbauern einen ernstzunehmenden Angriff am Königsflügel starten kann.

Ein gutes Beispiel liefert eine meiner eigenen Partien: 9.a3 ♗d6 (Hier wäre

9...♗xc3+ verkehrt, da Weiß bald starken Königsangriff entwickelt. In einer Partie Kasparow-Tal, Brüssel 1987, folgte 10.bxc3 0-0 11.0-0 ♘e7?! (Dieser Plan wird Schwarz nicht helfen. Besser war 11...h6) 12.♕c2 ♗d7 13.♗g5 ♘g6 14.f4! (ein typischer Plan, den man sich merken sollte) 14...h6 15.♗xf6 ♕xf6 16.f5 ♘e7 17.♘g3 (die Dame steht auf f6 extrem schlecht) 17...♘c8 18.♖f4 ♘d6 19.♕f2 ♖fe8 20.♘h5 ♕d8 21.♘xg7 mit baldigem Sieg für Weiß) 10.0-0 0-0 11.♗c2 h6 12.♕d3 (es war auch möglich, mit 12.f3 zu beginnen) 12...♖e8 (eine andere Idee war, den folgenden weißen Bauernvorstoß mit 12...♘e7 13.♘g3 ♖e8 zu verhindern, wenngleich Weiß nach 14.♗d2 nebst 15.♖ae1 besser steht) 13.f3 ♘e7

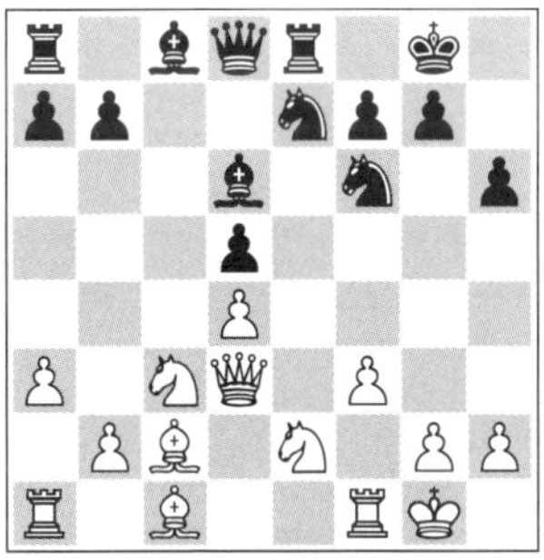

Analysediagramm

14.g4! (Diesen für diese Stellungen typischen Bauernvorstoß sollte man sich unbedingt merken. Weiß gewinnt durch das Vorrücken seiner Königsflügelbauern Raum und wird bald einen tödlichen Angriff entwickeln. Dagegen hat Schwarz es recht schwer, ernsthaftes Gegenspiel zu finden) 14...♘g6 15.♔h1 ♗c7 16.♗d2 ♕d6 17.♖f2 ♗d7 18.♖g1 (Weiß hat alle seine Figuren auf dem Königsflügel in Stellung gebracht) 18...♕e6 19.g5! hxg5 20.♗xg5 ♗c6 21.♖fg2.

Weiß hat verheerenden Angriff, während von schwarzem Gegenspiel nichts zu sehen ist. Schwarz hat zu Beginn des Spiels den falschen strategischen Kurs eingeschlagen und verliert nun, ohne direkte Fehler zu begehen: 21...♔f8 22.♕d2 ♕h3 23.♗xg6! (entfernt die einzigen Verteidiger) 23...fxg6 24.♗xf6 gxf6 25.♘f4 ♕xf3 26.♘xg6+ ♔f7 27.♘h4 (die Partie ist entschieden) 27...♕h5 28.♖g7+ ♔f8 29.♖xc7 ♕xh4 30.♕g2 ♕h8 31.♖g7 ♕h5 32.♕g3, und Schwarz gab auf, Sokolov-Brunner, Oakham 1988.

9. 0-0

Gegen Ende des Jahres 1988 spielte ich bei der Olympiade in Thessaloniki für die jugoslawische Mannschaft. Dort erregte die Partie Knaak-Christiansen meine Aufmerksamkeit. In dieser originellen Partie folgte 9.a3 ♗e7 10.♗c2 0-0 11.♕d3 g6

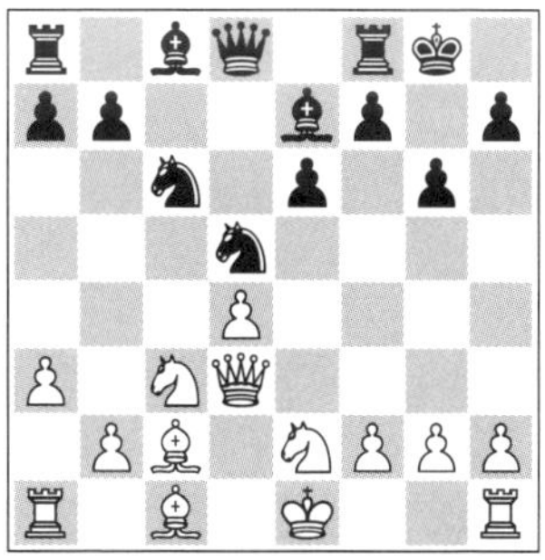

Analysediagramm

12.h4!? (Eine sehr direkte Spielweise, die sich auch in ähnlichen Stellungen als nützlich erweisen könnte. Schwarz muss die alte Grundregel befolgen, dass ein Angriff am Flügel mit einem Gegenangriff im Zentrum beantwortet werden sollte!) 12...e5! (Eine sofortige, prinzipielle Reaktion, die ein Opfer beinhaltet. Die andere Möglichkeit ist 12...♘xc3 13.bxc3 e5, wonach Weiß mit 14.♕g3 exd4 15.h5 ♗d6 16.♗f4 ♗xf4 17.♘xf4 für den geopferten Bauern Kompensation erhält) 13.dxe5 ♘xc3 14.♕xc3 ♗g4 15.f3

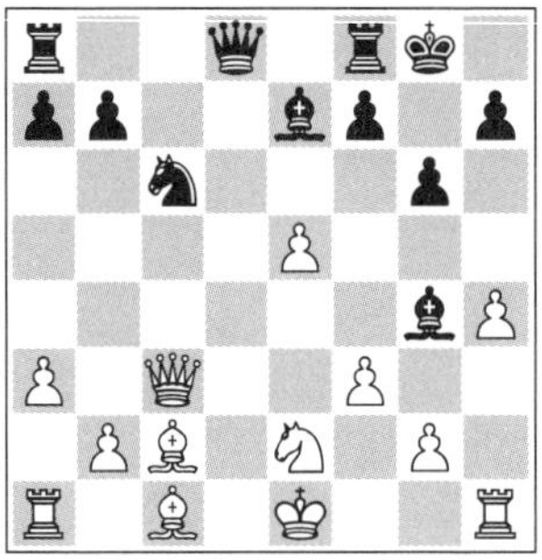

Analysediagramm

15...♖c8! (Das schwarze Spiel ist im Einklang mit dem Geist der Stellung energisch. Er hat seine Brücken schon mit 12...e5! verbrannt und muss nun zu weiteren Opfern bereit sein, um die Initiative zu behalten) 16.fxg4 ♘xe5! (Hervorragend gespielt. Die weiße Königsstellung wird geöffnet) 17.♕b3! (Weiß zeigt in der Defensive gute Nerven. Das Schlagen des Springers ist gefährlich, z.B.: 17.♕xe5 ♖e8!. Weiß hat zwei Figuren mehr, aber sein König findet keinen Unterschlupf: 18.♕d4 ♗xh4+ 19.♔d1 ♕e7 20.♕e4 ♖cd8+ 21.♗d2 ♕c5! (weniger gut ist 21...♗g5 22.♕xe7 ♖xe7 23.♔e1 ♖xd2 24.♗d1 ♖xb2 25.♔f1 b5 26.♖h3, wonach Weiß seine Figuren entwirren kann) 22.b4 ♖xd2+ 23.♔xd2 ♕g5+ 24.♔d1 ♖xe4 25.♗xe4 ♕xg4, und Schwarz hat dank des exponierten weißen Königs reichlich Kompensation für das kleine Materialopfer) 17...♗xh4+ 18.g3

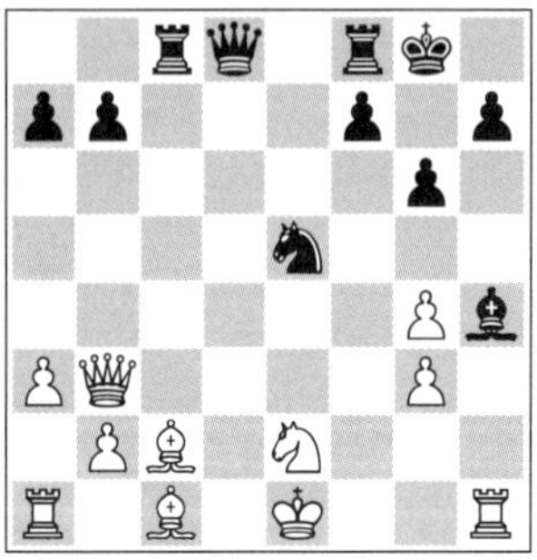

Analysediagramm

18...♖xc2? (In seinem Bestreben, die Initiative zu behalten, opfert Schwarz eine Figur zuviel. Korrekt war 18...♗g5! 19.0-0 (falsch ist 19.♗f4? ♕a5+! 20.♘c3 ♘f3+ 21.♔f2 ♘d4 22.♕a4 ♕b6) 19...♗xc1 20.♖axc1 ♕d2 21.♘f4 ♘xg4 22.♘g2 ♕d4+ 23.♔h1 ♘f2+ 24.♔h2 ♘g4+ 25.♔h1 ♘f2+, wonach diese aufregende Partie remis ausgegangen wäre. Nun wird es bald klar, dass das Blatt sich zugunsten von Weiß wendet) 19.♕xc2 ♘d3+ 20.♔f1 ♕d5 21.♘g1! (der einzige Zug) 21...♖e8 22.♗h6! (webt ein Mattnetz um den schwarzen König) 22...♗xg3 23.♖d1 ♕xh1 24.♕xd3 ♕h2 25.♕e2! mit baldigem Sieg für Weiß.

Während der Olympiade in Thessaloniki bildete sich unter den Großmeistern die generelle Meinung heraus, dass Christiansens Opfer inkorrekt war. Daher wollte ich Knaaks Idee ein paar Monate später in Wijk aan Zee in meiner Partie gegen Van der Wiel (der zu jener Zeit recht stark war) wiederholen. Nach 9.a3 zog Schwarz jedoch 9...♘xc3 10.bxc3 ♗e7, und ich spielte aus irgendeinem Grund statt 11.♗c2, um nach 11...0-0 die obige Partie mit 12.♕d3 g6 13.h4 zu kopieren, 11.♗e4 und beging nach 11...0-0 12.♕d3 h6 mit dem Kaffeehauszug 13.f4? einen unglaublichen positionellen Bock. Diese "aggressive" Spielweise wurde von Schwarz mit leichter Hand bestraft: 13...♕c7 14.♖b1 ♘a5 15.0-0 f5! 16.♗f3, und nun brachte Schwarz mit 16...♕c4! 17.♕xc4 ♘xc4 18.♗xb7 ♖b8 19.♗xc8 ♖fxc8 ein lehrreiches Bauernopfer. Der die Stellung beherrschende Springer auf c4 ist viel mehr wert als ein Bauer. Ich musste lange leiden, bevor ich schließlich im Endspiel das Remis erreichen konnte.

9. ... ♘d5-f6

Ein etwas merkwürdig aussehender Zug. Schwarz entfernt seinen Springer aus

dem Zentrum, um seinen Königsflügel besser zu schützen und zu verhindern, dass Weiß zur rechten Zeit auf d5 nehmen kann.
Eine logische Fortsetzung – und die Hauptvariante – ist 9...0-0, und nach der logischen Zugfolge 10.♗c2 ♖e8 11.♕d3 g6 12.♖d1 ♗f8 13.♕f3 ♗g7 14.♘e4 h6 entspinnt sich eine recht komplizierte Schlacht. Schwarz hat einen schönen Springer auf d5 und eine relativ sichere Königsstellung, aber Weiß besitzt etwas mehr Raum, und Schwarz hat ein kleines Problem mit der Entwicklung seines Damenflügels.
Im selben Turnier spielte ich ein paar Runden später gegen Abramovic. Dort folgte 15.♗d2 ♕e7 16.♗b3 ♗d7 17.♕g3 ♖ed8 18.a3 ♗e8 19.♕h3! (bereitet eine taktische Falle vor) 19...♕f8 20.♖ac1.

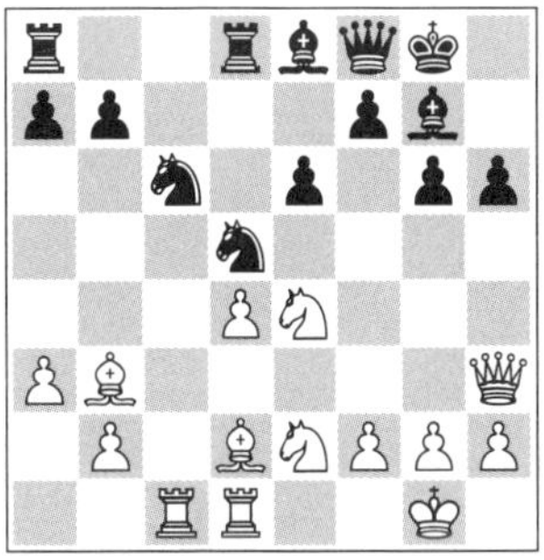

Analysediagramm

Die Stellung ist objektiv ungefähr ausgeglichen, aber hier griff Schwarz fehl, indem er das "logische" 20...♖ac8? spielte und die Fesselung übersah: 21.♗xd5! exd5 22.♗b4, und Weiß gewann nach 22...♗d7 23.♗xf8 ♗xh3 24.♗xg7 dxe4 (24...♔xg7 verliert nach 25.♘c5 einen Bauern) 25.♗f6 ♖d6 26.d5 ♘a5 27.♗e7 ♖xc1 28.♖xc1.

10. ♗d3-c2 ♗b4-e7

Im Fall von 10...♗d6? hätte Schwarz nach 11.♗g5! 0-0 (11...♗xh2+? funktioniert nie wegen 12.♔xh2 ♘g4+ 13.♔g3 ♕xg5 14.f4 ♕h5 15.♖h1 mit Figurengewinn für Weiß) 12.a3 nebst 13.♕d3 ein Tempo weniger als in der Partie.

11. a2-a3 0-0
12. ♕d1-d3 b7-b6
13. ♗c1-g5 g7-g6
14. ♖a1-d1 ♗c8-b7

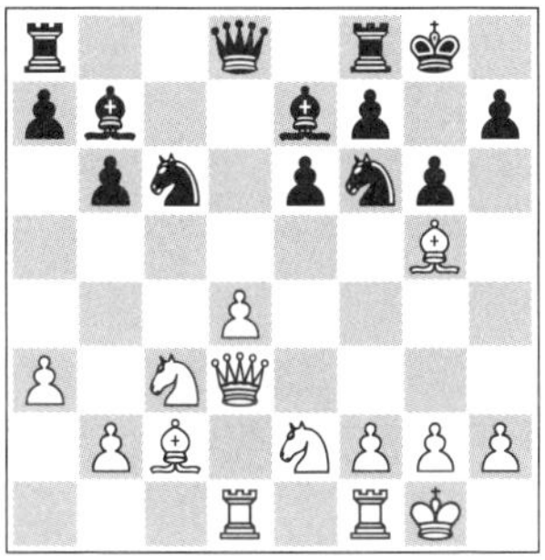

15. h2-h4

Einige Jahre später spielte Cebalo bei der Olympiade in Moskau 1994 eine Partie gegen Tisdall, in der es folgendermaßen weiterging: 15.♕h3 (auf diesem natürlichen Feld steht die Dame häufig gut) 15...♖c8 16.♖fe1 ♘a5 17.♘f4! (erhöht den Druck und schafft taktische Möglichkeiten wie den Durchbruch d4-d5 oder das Opfer ♘xe6) 17...♘d5 (im Fall von 17...♘c4 muss Schwarz sich über 18.♗b3 (auch 18.d5 ♘xd5 19.♘xe6 sieht gefährlich aus) Sorgen machen; nun verliert 18...♘xb2? wegen 19.♖b1! (im Fall des logischeren 19.♖d2 verfügt Schwarz über die schöne taktische Lösung 19...♘h5! 20.♘xe6 ♗xg5 21.♘xd8 ♗xd2) 19...♕xd4 (19...♗xa3 scheitert an 20.♘b5; 19...♘h5?? verliert wegen 20.♘xe6 auf der Stelle) 20.♘xe6! ♕xc3 21.♕xc3 ♖xc3 22.♘xf8 mit für Weiß gewonnenem Endspiel) 18.♗xe7 ♘xe7 (schlecht ist 18...♘xf4? wegen 19.♕h4 ♕c7 20.♗f6) 19.♗e4! (durch den Abtausch der weißfeldrigen Läufer bereitet Weiß den Durchbruch d4-d5 vor) 19...♗xe4 20.♘xe4 ♘f5 21.d5! e5 22.♘h5! f6 23.d6, wonach Weiß bald gewinnbringenden Vorteil erhielt.

15. ... ♖a8-c8
16. ♘e2-f4

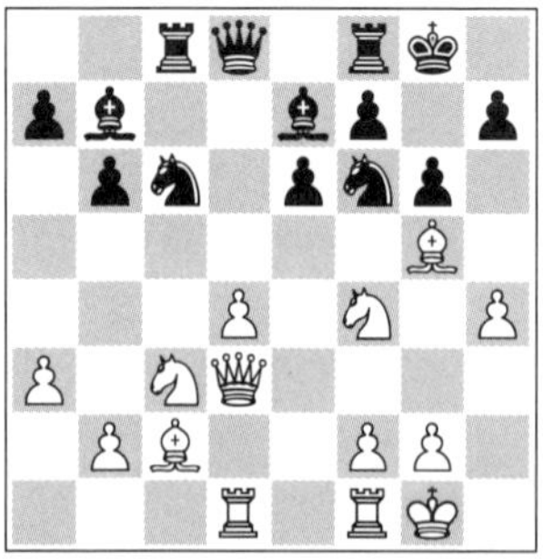

16. ... ♘f6-d5?

Schwarz hat offenbar Angst vor dem Durchbruch d4-d5 und verhindert ihn mit radikalen Mitteln. Nach dem Textzug verwandelt sich die Bauernstruktur im Zentrum jedoch von einem Isolanizentrum in eine symmetrische Struktur, in der Weiß aufgrund seines aktiveren Läufers, seiner Kontrolle über die e-Linie und seiner Angriffsmöglichkeiten am Königsflügel über klaren Vorteil verfügen wird.

Es ist sehr wichtig, dass die schwarzfeldrigen Läufer schon abgetauscht sind, so dass Weiß später sein Spiel auf der Beherrschung des Feldes e5 (die bald zu sehen sein wird!) aufbauen kann. Schwarz musste mit 16...♘a5! nebst 17...♘c4 aktives Gegenspiel behalten. Diesen Plan hätte Cebalo wohl befolgt, als er das Abspiel sechs Jahre später gegen Tisdall wiederholte.

17. ♘f4xd5 ♗e7xg5
18. h4xg5 e6xd5
19. ♕d3-g3 ♘c6-a5
20. ♗c2-d3!

Verhindert das einzig mögliche schwarze Gegenspiel.

20. ... a7-a6

Falls 20...♘c4, so 21.♗xc4 ♖xc4 (oder 21...dxc4 22.d5) 22.♖fe1 mit klar besserer Stellung für Weiß, da der schwarze Läufer b7 sehr passiv ist.

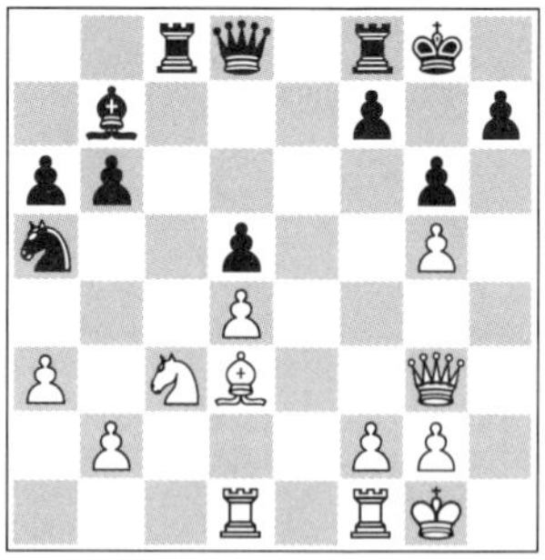

21. f2-f4!

Nun muss Schwarz seine Bauernstruktur kompromittieren, um den Mattangriff zu stoppen.

21. ... ♕d8-d6
22. ♕g3-h4 f7-f5

Sonst folgt f4-f5 mit verheerender Wirkung.

23. ♖f1-e1

Es ist Zeit, die e-Linie in Besitz zu nehmen.

23. ... ♘a5-c6
24. ♗d3-b1!

Der Läufer wird auf der Diagonale a2-g8 wirkungsvoller stehen.

24. ... ♘c6-d8
25. ♖e1-e3

Stark ist auch 25.♗a2.

25. ... ♘d8-e6
26. ♖e3-e5

Da die schwarzfeldrigen Läufer nicht mehr auf dem Brett sind, wird der weiße Turm "für immer" auf e5 bleiben.

26. ... ♖f8-e8
27. ♖d1-e1 ♘e6-c7
28. ♗b1-a2 ♖e8xe5
29. ♖e1xe5 ♖c8-d8

Nun ist es an der Zeit, den schwarzen Königsflügel zu öffnen.

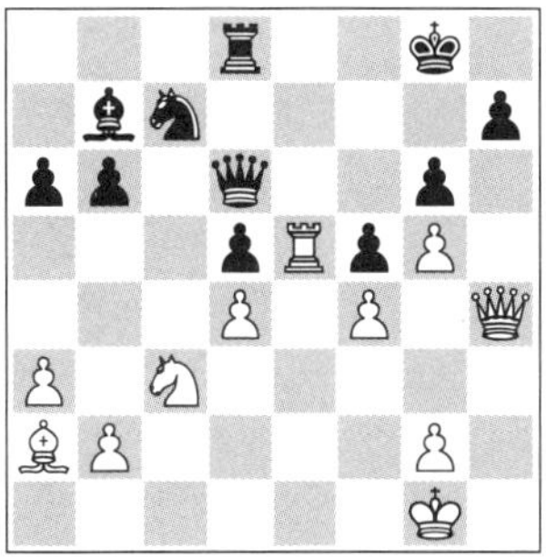

30. g2-g4! ♕d6-f8

30...fxg4? verliert wegen 31.♘e4.

31. g4xf5 g6xf5
32. ♗a2-b1 ♗b7-c8
33. g5-g6! h7-h6
34. ♔g1-f1?

Hier konnte Weiß die Partie sehr einfach mit 34.♗xf5! ♖d6 35.♗c2 ♖f6 36.f5 gewinnen.

34. ... ♖d8-d6
35. g6-g7 ♕f8-f6
36. ♕h4xf6 ♖d6xf6
37. ♘c3xd5 ♘c7xd5
38. ♖e5xd5 ♔g8xg7

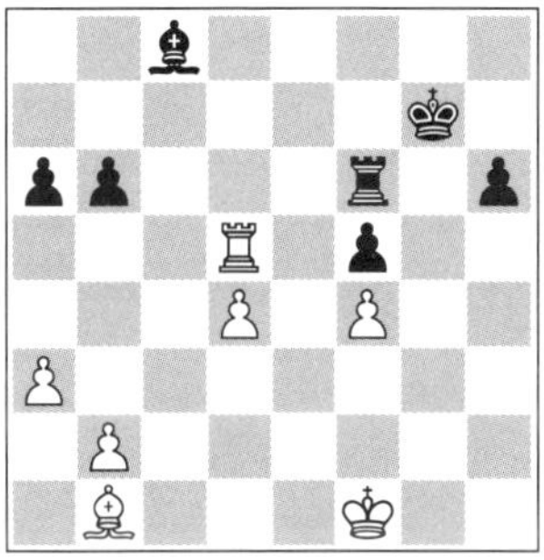

Weiß hat aus seinem Angriff nicht das Beste gemacht. In dem entstandenen Endspiel ist Weiß indes dank seines besseren Läufers, des starken d-Bauern und der schwarzen Schwäche auf f5 immer noch obenauf.

39. ♔f1-f2 ♖f6-c6
40. ♖d5-d8! ♔g7-f6
41. d4-d5 ♖c6-c5
42. ♔f2-e3!

Der zentralisierte weiße König wird die Schlacht entscheiden.

42. ... h6-h5
43. ♗b1-d3

Bereitet die Vertreibung des schwarzen Turms vor.

43. ... h5-h4

Oder 43...♔e7 44.♖h8.

44. b2-b4 ♖c5-c1
45. ♔e3-d2 ♔f6-e7
46. ♖d8-h8 ♖c1-c7

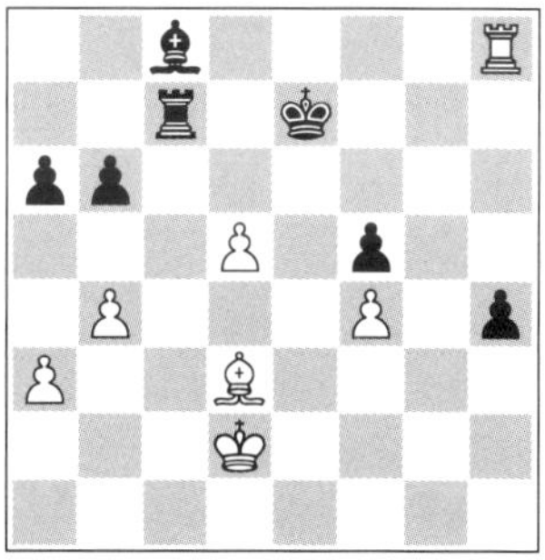

47. ♔d2-e3!

Zurück zum Zentrum.

47. ... ♗c8-b7
48. ♔e3-d4 ♖c7-d7
49. ♖h8-h7+ ♔e7-d8
50. ♖h7xd7+ ♔d8xd7
51. ♔d4-e5! ♔d7-d8
52. ♗d3xf5 ♗b7-c8
53. ♗f5xc8 ♔d8xc8
54. ♔e5-e4

Schwarz gab auf.

Struktur 2.6

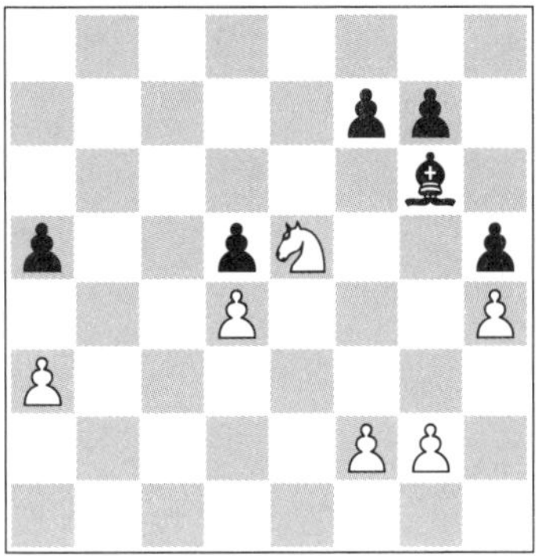

In der symmetrischen Bauernstellung im Zentrum mit dem Widder d4/d5, die sich häufig aus Isolanistellungen ergibt, ist der weißfeldrige schwarze Läufer (da der schwarze Bauer auf einem weißen Feld steht) fast schon definitionsgemäß dem weißfeldrigen weißen Läufer oder einem Springer unterlegen. Es folgen zwei relativ einfache Beispiele, die die Probleme des Nachziehenden aufzeigen.

Das erste Beispiel ist eine Partie, die im Weltmeisterschaftsmatch 1986 die Entscheidung brachte, das zweite stammt aus meiner eigenen Praxis.

♦

QO 10.15 (D55) **PARTIE 25**

Garri Kasparow

Anatoli Karpow

WM-Match, London/Leningrad 1986 (22)

1.	**d2-d4**	**♘g8-f6**
2.	**c2-c4**	**e7-e6**
3.	**♘g1-f3**	**d7-d5**
4.	**♘b1-c3**	**♗f8-e7**
5.	**♗c1-g5**	**h7-h6**
6.	**♗g5xf6**	

Weiß gibt das Läuferpaar her, um Zeit für eine schnelle Entwicklung zu gewinnen. Der andere Hauptzug 6.♗h4 kam in der Partie Wischmanawin-Beljawski (Partie 28), die weiter unten in diesem Kapitel zu finden ist, zur Sprache.

6.	**...**	**♗e7xf6**
7.	**e2-e3**	**0-0**
8.	**♖a1-c1**	**c7-c6**
9.	**♗f1-d3**	**♘b8-d7**

Es hat sich eine gut bekannte Bauernstruktur ergeben, die auch in der Moskauer Variante der Slawischen Verteidigung häufig zu sehen ist. Vorteilhaft für Schwarz ist hier, dass der schwarzfeldrige Läufer bereits gut postiert ist und er keine zusätzlichen Tempi mit Damenzügen vergeuden muß.

10.	**0-0**	**d5xc4**
11.	**♗d3xc4**	

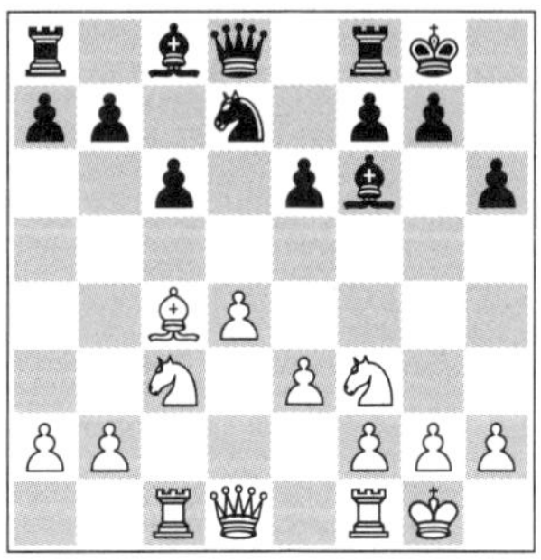

11. ... e6-e5

Dieser Bauernhebel ist eine typische Methode für Schwarz, sich zu befreien und die Entwicklung des Läufers c8 vorzubereiten. Es wird sich eine Isolanistellung ergeben, in der Weiß auf seinen starken Läufer pocht, der auf b3 gut stehen und von Schwarz nicht leicht zu neutralisieren sein wird.

12. h2-h3 e5xd4
13. e3xd4 ♘d7-b6
14. ♗c4-b3 ♗c8-f5
15. ♖f1-e1 a7-a5
16. a2-a3 ♖f8-e8

Weiß hat dank seines gut postierten Läufers auf b3 gewissen Druck und auch eine Drohung in Gestalt von ♘f3-e5. Daher ist es für Schwarz ratsam, ein paar Figuren zu tauschen.

17. ♖e1xe8+ ♕d8xe8
18. ♕d1-d2

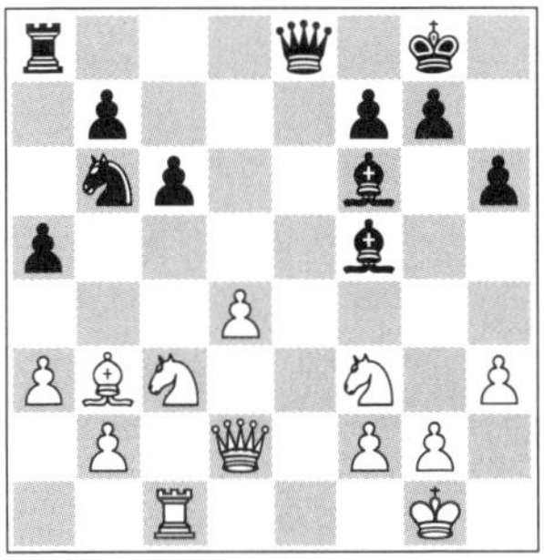

18. ... ♘b6-d7?!

Schwarz will das Feld e5 überdecken.

Nach dieser Partie wurde nach einer Verbesserung für Schwarz gesucht. Schließlich wurde man auch fündig: 18...♕d7! mit der Idee, dass Schwarz nach 19.♖e1 ♖e8 20.♖xe8+ ♕xe8 21.♕f4, was gut für Weiß aussieht, über eine hervorragende taktische Ressource verfügt, die von Paul van der Sterren gefunden wurde:

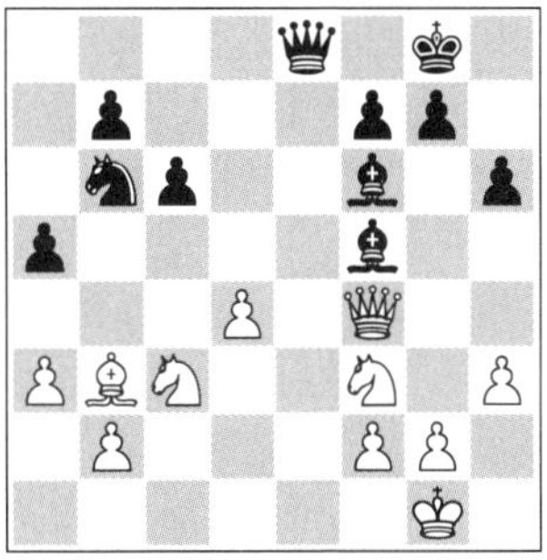

Analysediagramm

21...♗e6! 22.♗xe6 ♕xe6, und nun:

A) 23.♕b8+ ♕c8 24.♕a7 ist versucht worden, führt aber nur zu einem forcierten Remis: 24...♘c4 25.♕c5 ♕e6 (25...♘xb2 sollte nach 26.♘e4 ♗d8! (26...♕e6 27.♘xf6+ gxf6 28.♕xa5 ist etwas besser für Weiß) 27.♕c2 ♕f5 28.♕xb2 ♕xe4 29.♕xb7 ♗f6 ebenfalls zur Punkteteilung führen, z.B. 30.♕a8+ ♔h7 31.♕xa5 ♗xd4 32.♘xd4 ♕xd4 33.♕f5+ ♔g8 34.♕c8+ ♔h7 35.♕xc6 ♕a1+ 36.♔h2 ♕xa3) 26.d5 cxd5 27.♘xd5 ♘xb2 28.♕xa5 ♘c4 29.♕a8+ ♔h7 30.♕xb7 ♘xa3 31.♕b3 ♗e7, und in Ftacnik-H. Olafsson, New York Open 1987, einigte man sich bald auf Remis. Dieses Abspiel macht deutlich, wie wichtig der Einschub von 15...a5 16.a3 ist, wie Van der Sterren immer betont hat – wenn Schwarz diesen Zug auslässt, verliert er einfach den Bauern a7.

B) 23.♕c7 ♘c4 24.♕xb7

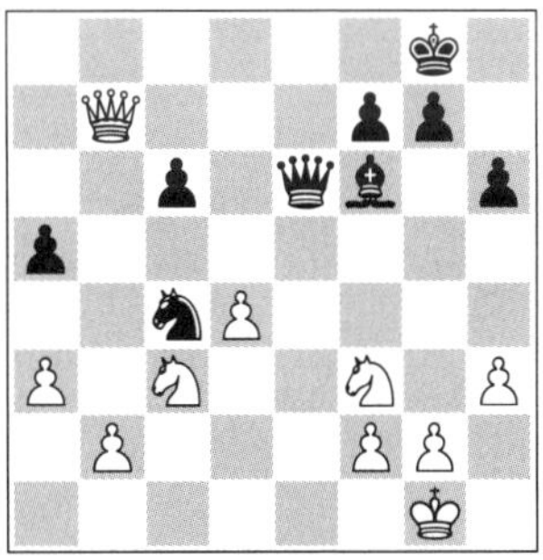

Analysediagramm

24...♗xd4! – die Pointe der Idee des Nachziehenden. Weiß hat nichts Besseres, als mit 25.♘xd4 (das "schlaue" 25.♕b8+?! ♔h7 26.♘xd4 hilft nicht: 26...♕e1+ 27.♔h2 ♕xf2! (nicht 27...♘d2? 28.h4! ♕xf2 29.♕e5), und nun muss Weiß den einzigen Weg zum Remis finden: 28.♕c8! (im Fall von 28.♘de2? ♘e3 29.♘f4 g5! 30.♘ce2 gxf4 31.♘xf4 ♘f1+ 32.♔h1 ♕g3! 33.♔g1 ♘d2! (es droht 34...♘f3 nebst Matt) 34.♔h1 ♘e4! 35.♔g1 (sonst folgt 35...♘f2-h3) 35...♘g5! 36.♔h1 ♘e6 mit Figurengewinn gewinnt Schwarz) 28...♕xd4 29.♕f5+ ♔g8 30.♕c8+) 25...♕e1+ 26.♔h2 ♕e5+ 27.g3 ♕xd4 28.♕c8+ ♔h7 29.♕f5+ ♔g8 30.♕c8+ das Remis zu forcieren. Dieses Dauerschach ergab sich in einer Reihe von Partien, auch in einer von mir gegen Van der Sterren, Niederländische Meisterschaft, Amsterdam 1994.

Meine Vorbereitung auf diese Partie ist eine ziemlich blamable Geschichte. Ich ließ mich auf dieses Abspiel ein, ohne zu wissen, dass es forciert remis ist, und verbrauchte fast meine gesamte Bedenkzeit, während mein Gegner alle seine Züge in wenigen Minuten absolvierte. Nach der Partie musste ich feststellen, dass die ganze Variante gut bekannt war, und fand zahlreiche Partien damit, darunter auch ein paar von Van der Sterren!

19. ♕d2-f4!

Sichert dem Läufer auf der Diagonale a2-g8 eine starke Position mit langfristigem Druck auf die Schwäche f7.

19. ... ♗f5-g6

Durch Opponierung des weißen Läufers auf der Diagonale a2-g8 mit 19...♗e6 würde Schwarz seine Probleme nicht lösen. Weiß würde mit 20.♖e1 ♘f8 (der taktische Trick 20...♗e5 hilft nicht, da nach 21.dxe5 ♗xb3 22.♘e4 der weiße Springer auf d6 einen starken Posten einnehmen wird) 21.d5 cxd5 22.♘xd5 die Initiative behalten.

20. h3-h4 ♕e8-d8

21. ♘c3-a4

Schwarz hat das Läuferpaar und eine gesunde Bauernstruktur. Weiß kann jedoch die einzige Schwäche im schwarzen Lager (f7) aufs Korn nehmen und mit seinen sehr gut zusammenarbeitenden Figuren den Druck aufrechterhalten.

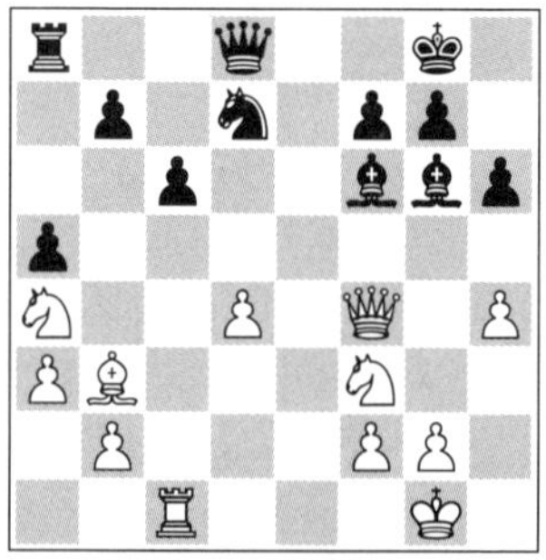

21. ... h6-h5

So einen Zug macht man nicht gern. Nach 21...♖c8 22.♕g4 oder 21...♘b6 22.♕g4! ♗h7 (auch andere Züge können die weiße Initiative nicht neutralisieren: 22...♔h8 23.h5 ♗h7 24.♘c5 oder 22...♘d5 23.h5 ♗h7 24.♘e5) 23.♘c5 hat Weiß jedoch die Initiative.

22. ♖c1-e1

Die Kontrolle über die e-Linie ist wichtig.

22. ... b7-b5

Schwarz versucht, sich aktiv zu verteidigen.

23. ♘a4-c3 ♕d8-b8

24. ♕f4-e3 b5-b4

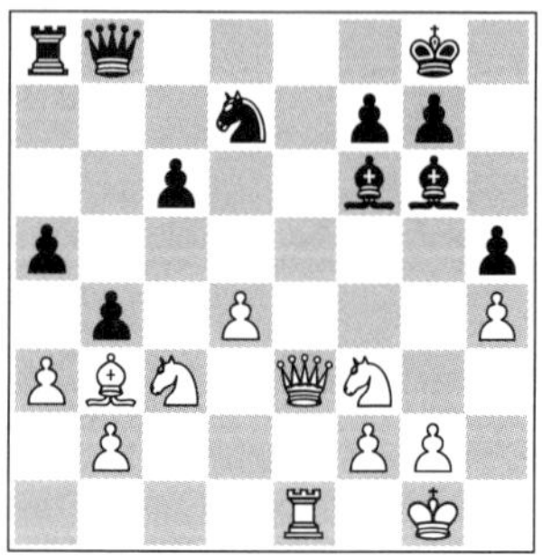

25. ♘c3-e4! b4xa3

25...♗xe4 26.♕xe4 bxa3 verliert nach 27.♕xc6! ♖a7 (27...axb2? würde wegen 28.♕d5! ♕f8 29.♕xd7 eine Figur einpatzen) 28.♕d5 ♘f8 (noch schlechter für Schwarz ist 28...♘b6 29.♕b5 ♔f8 30.bxa3) 29.bxa3 einen klaren Bauern, während Weiß immer noch auf die Schwäche f7 zielt und die Initiative behält.

26. ♘e4xf6+ ♘d7xf6

27. b2xa3

Wegen der Drohung ♘f3-e5 mit Verstärkung des Drucks auf f7 muss Schwarz den weißen Läufer absperren.

27. ... ♘f6-d5

28. ♗b3xd5 c6xd5

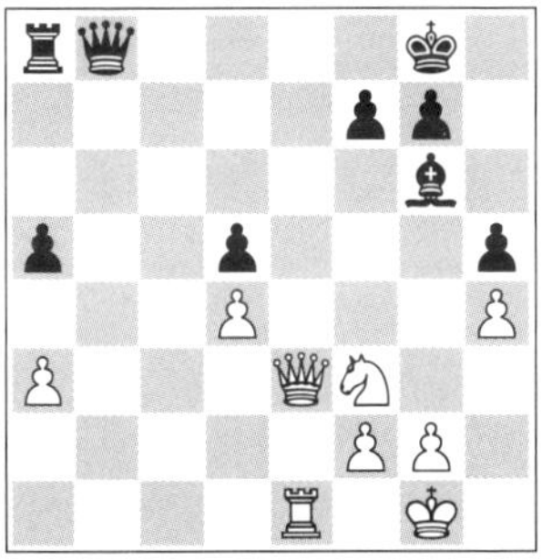

Diese Stellung sieht an sich gar nicht so schlecht für Schwarz aus. Es sind schon viele Figuren vom Brett verschwunden, die Bauernstruktur ist vollkommen symmetrisch, und es scheint, als ob Schwarz dem Ausgleich nahe ist. Seine Schwierigkeiten sind jedoch noch lange nicht vorbei – sie beginnen vielmehr erst. Weiß bekommt einen Monsterspringer auf e5, der dem praktisch nutzlosen schwarzen Läufer klar überlegen ist.

Man beachte, dass die Beurteilung dieser Stellung ganz anders ausgefallen wäre, wenn Schwarz Zeit für ...f7-f6 gehabt hätte, was den weißen Springer von seinem beherrschenden Posten fernhält.

29. ♘f3-e5 ♕b8-d8

30. ♕e3-f3 ♖a8-a6

31. ♖e1-c1!

Der Turm hat auf der e-Linie seine Schuldigkeit getan und wechselt nun auf die c-Linie über, um in die schwarze Stellung einzudringen.

31. ... ♔g8-h7

32. ♕f3-h3! ♖a6-b6

33. ♖c1-c8 ♕d8-d6

34. ♕h3-g3

Die weißen Figuren sind optimal koordiniert; Schwarz steckt in fürchterlichen Schwierigkeiten. Kasparows Vorteilsverwertung ist tadellos.

34. ... a5-a4

Der Versuch, mit 34...♖b1+ 35.♔h2 ♕a6 aktiv zu werden, würde zu einem wahrscheinlich verlorenen Endspiel führen:

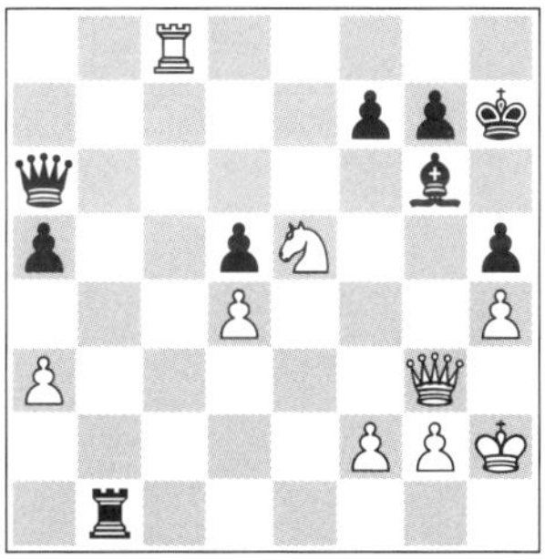

Analysediagramm

36.♖f8! ♕f1 37.♕f3 ♕h1+ 38.♔g3 a4 (nach 38...♕d1 39.♕xd5 ♕b3+ 40.♕xb3 ♖xb3+ 41.f3 ist der weiße Freibauer auf der d-Linie sehr stark) 39.♘xf7! ♗xf7 40.♕xf7 ♖b3+ 41.f3 ♕e1+

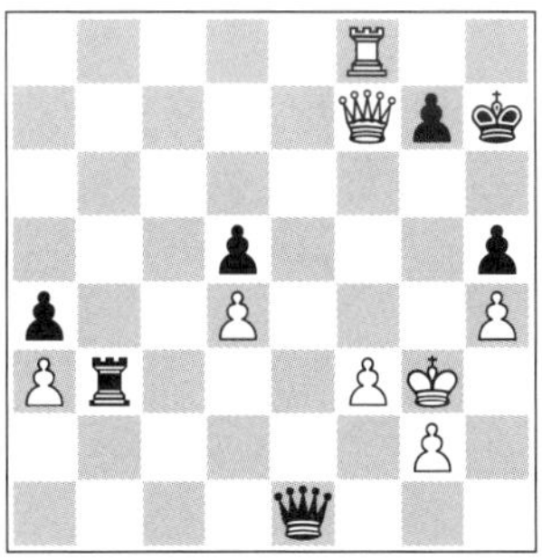

Analysediagramm

42.♔f4! ♕xh4+ (42...♕d2+ verliert wegen 43.♔f5 ♕c2+ 44.♔g5 ♕xg2+ 45.♔xh5 nebst ♕g8 und Matt) 43.♔f5 ♕f6+ 44.♕xf6 gxf6 45.♖f7+! ♔g8 46.♖a7 ♖xa3 47.♔g6 ♔f8 48.♔xf6 ♔e8 49.♔e6.

35. ♖c8-a8 ♕d6-e6

36. ♖a8xa4 ♕e6-f5

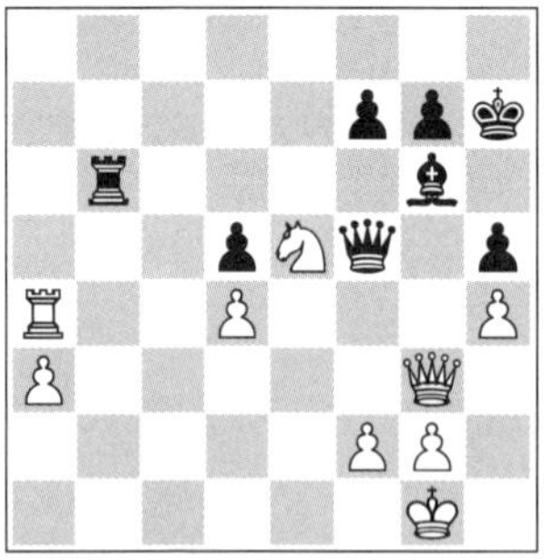

37. ♖a4-a7!

Bereitet ein wunderschönes Mattnetz vor, wie sich bald zeigen wird.

37. ... ♖b6-b1+

38. ♔g1-h2 ♖b1-c1

39. ♖a7-b7

Verhindert 39...♕b1.

39. ... ♖c1-c2

40. f2-f3 ♖c2-d2

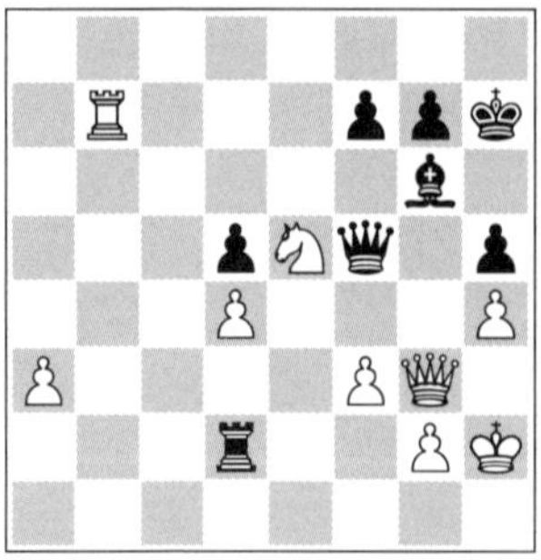

41. ♘e5-d7!

Setzt den mit 37.♖a7! eingeleiteten Plan in die Tat um.

41. ... ♖d2xd4

42. ♘d7-f8+ ♔h7-h6

Oder 42...♔g8? 43.♖b8. Nun zappelt der schwarze König in einem Mattnetz. Nach dem Abtausch des Turms d4 wird Schwarz gegen die Mattdrohungen auf der Diagonale c1-h6 hilflos sein.

43. ♖b7-b4! ♖d4-c4

Nach 43...♖xb4 44.axb4 d4

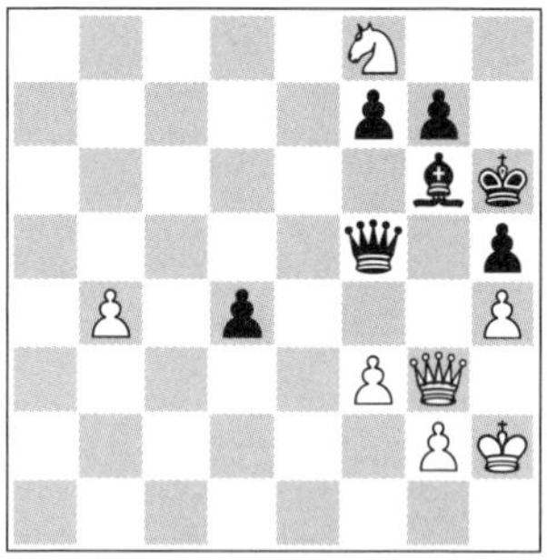

Analysediagramm

wird Schwarz in einer hübschen Variante matt gesetzt: 45.b5! (die schwarze Dame muss auf f5 bleiben, um das Matt auf f4 zu verhindern) 45...d3 46.b6 d2 47.b7 d1♕ 48.b8♕ ♕d2 (der einzige Zug, der das Matt auf f4 verhindert) 49.♘xg6 ♕xg6 50.♕h8+ ♕h7 51.♕gxg7+ matt.

44. ♖b4xc4 d5xc4

45. ♕g3-d6! c4-c3

46. ♕d6-d4! 1-0

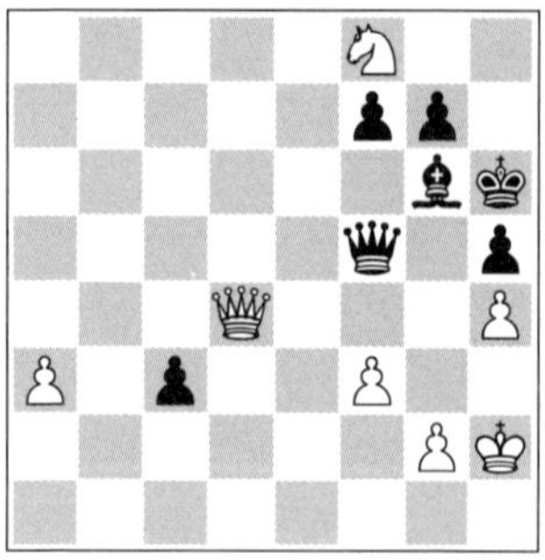

Totale Dominanz. Nach dem einzigen Zug von Schwarz, der das Matt auf der Diagonale c1-h6 verhindert, nämlich 46...Bh7, ist es wahrscheinlich am einfachsten für Weiß, mit 47.♕xc3 den Bauern zu schlagen und Mattdrohungen mit dem Vorstoß des a-Bauern zu kombinieren.

QO 16.12 (D31) **PARTIE 26**

Ivan Sokolov
Lars Schandorff
Reykjavik 2001 (5)

1. d2-d4 d7-d5
2. c2-c4 e7-e6
3. ♘b1-c3 ♗f8-e7
4. ♘g1-f3 ♘g8-f6
5. ♕d1-c2!?

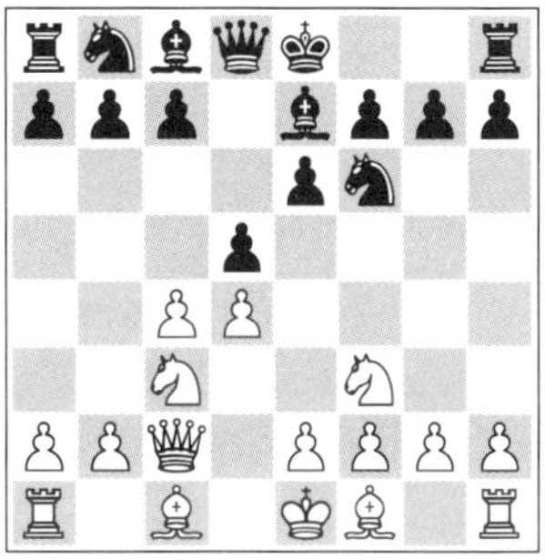

Ein interessanter Zug, der von zahlreichen Elitespielern oftmals versucht worden ist. Im Allgemeinen versucht Weiß mit dieser Zugreihenfolge, eine günstige Version anderer bekannter Abspiele des Abgelehnten Damengambits zu erreichen.

5. ... ♘b8-a6

Dieser auch in anderen Abspielen des Abgelehnten Damengambits anzutreffende Zug ist hier eine Nebenvariante, die auf mich nie einen logischen Eindruck gemacht hat. Es sei kurz umrissen, wie sich das Spiel in den Hauptvarianten entwickeln kann:

A) 5...dxc4 6.e4 ♘c6 7.e5 ♘b4 8.♕b1 ♘fd5 9.♗xc4, und es hat sich eine Stellung ergeben, die hinsichtlich der Bauernstruktur dem Abspiel 3.e4 des Angenommenen Damengambits ähnelt und Weiß die etwas besseren Aussichten gibt.

B) 5...0-0 6.♗g5 h6 (6...c5 7.dxc5 dxc4 8.e4 ♕a5 9.e5 ♘d5 10.♗xc4 ♘xc3 11.0-0 ♕xc5 12.♕xc3 wurde im Weltmeisterschaftsmatch Kasparow-Karpow, Sevilla 1987, diskutiert) 7.♗xf6 ♗xf6 8.♖d1 g6 9.e3 c6 10.♗d3 dxc4 11.♗xc4 ♘d7. Nun ist ersichtlich, wovon oben die Rede war. Die Bauernstruktur ist die gleiche wie in der gut bekannten Tartakower-Makogonow-Variante (siehe Kasparow-Karpow, Partie 25), aber mit dem Unterschied, dass der weiße Turm auf d1 besser steht als auf dem üblichen Feld c1, was Weiß eine günstige Version eines bekannten Abspiels gibt. In Kramnik-Short, Dortmund 1995, spielte Weiß eine schöne, lehrreiche Partie, die alle Vorzüge des weißen Aufbaus aufzeigt:

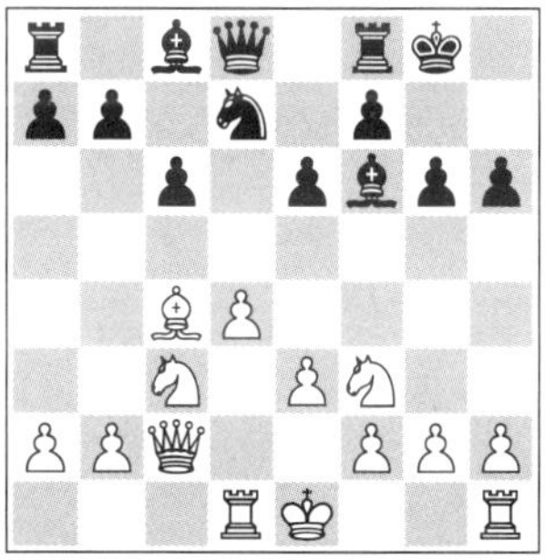

Analysediagramm

12.h4! ♕e7 13.a3! (die beiden Randbauernzüge auf beiden Flügeln sind Teil eines gut durchdachten Angriffsplans) 13...♗g7 14.♗a2 b6 15.♗b1 h5?! (Die Abtretung des sehr wichtigen Feldes g5 wird den Nachziehenden in höherem Sinne die Partie kosten. Short wäre wahrscheinlich besser beraten gewesen, einen kühlen Kopf zu bewahren und sich mit 15...♖d8 16.h5 g5 17.♕h7+ ♔f8 18.♘e4 f5! (nicht 18...♘f6? 19.♘xf6 ♕xf6 20.♘e5, und Weiß gewinnt: 20...♗b7 21.♘g4 ♕e7 22.♘xh6) 19.♘g3 c5! Gegenspiel zu verschaffen) 16.0-0 ♗b7 17.♘g5 (dieser Springer ist ein Monster) 17...♖fd8 18.♗a2 ♘f6?! (definitiv in Betracht kam 18...♘f8, was die Schwächen auf e6 und g6 im Auge behält) 19.e4 ♘g4 (auf diesem "aktiven"

Posten leistet der Springer herzlich wenig) 20.e5 ♖d7 21.♘e2! (bereitet alles für die taktische Exekution vor) 21...♖ad8

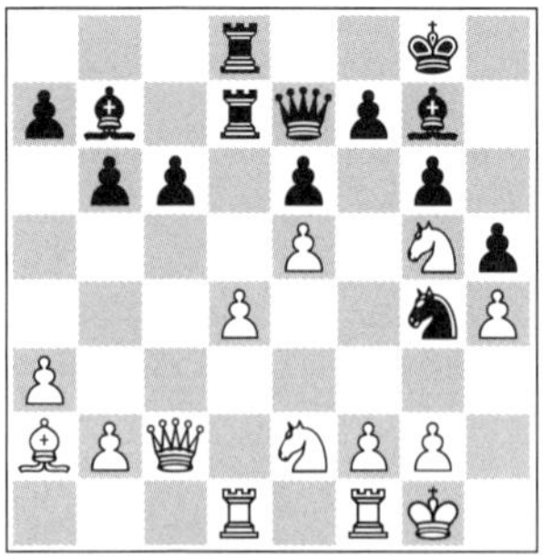

Analysediagramm

22.♗xe6! fxe6 23.♕xg6 ♘xe5 24.♕h7+ ♔f8 25.♘f4. Schwarz gab auf.

Da Weiß relativ früh in der Partie mit einem Damenzug Zeit verliert, besteht die prinzipielle Reaktion meiner Meinung nach darin, mit 5...c5! 6.dxc5 d4 sofort im Zentrum aktiv zu werden. Es folgt ein lehrreiches Beispiel dafür, wie das Spiel in diesem Fall weitergehen kann: 7.♘b5

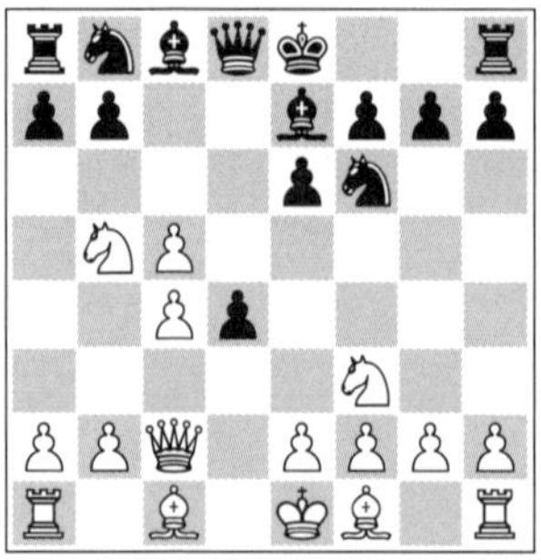

Analysediagramm

7...e5! 8.♘xe5 a6! 9.♘a3 (9.♘d6+?? ist ein schrecklicher Fehler wegen 9...♗xd6 10.cxd6 ♕a5+ mit Figurengewinn) 9...0-0 (für die Bauern hat Schwarz großen Entwicklungsvorsprung) 10.g3 (oder 10.♘d3 ♗f5) 10...♕a5+ 11.♗d2 ♕xc5 12.♘d3 ♕c6 13.♖g1 ♗f5 14.♗g2 ♕c8. In Chalifman-Topalow, FIDE Grand Prix, Dubai 2001, hatte Schwarz kräftige Kompensation und trug am Ende den Sieg davon.

6. a2-a3!

Dieser einfache und starke Zug schiebt der Hauptidee des Nachziehenden (...♘a6-b4 mit Tempo) einen Riegel vor. Nach anderen Zügen würde Schwarz in Verbindung mit ♘a6-b4 aktives Spiel bekommen, was seinen vorigen Zug rechtfertigen würde, z.B.:

A) 6.♗g5 ♘b4 7.♕b1 c5! 8.dxc5 d4 9.a3 ♘c6 10.♘e4 ♘xe4 11.♗xe7 ♕xe7 12.♕xe4 ♕xc5 mit hervorragendem Spiel für Schwarz.

B) 6.g3 ♘b4 7.♕b1 dxc4 8.♗g2 0-0 9.0-0 ♖b8 10.a3 ♘c6 11.♖d1 ♘a5, und in dieser Stellung vom Typ der Katalanischen Eröffnung hat Schwarz gutes Spiel.

6.	**...**	**c7-c5**
7.	**e2-e3**	**c5xd4**
8.	**e3xd4**	**d5xc4**
9.	**♗f1xc4**	**0-0**
10.	**0-0**	**♘a6-c7**

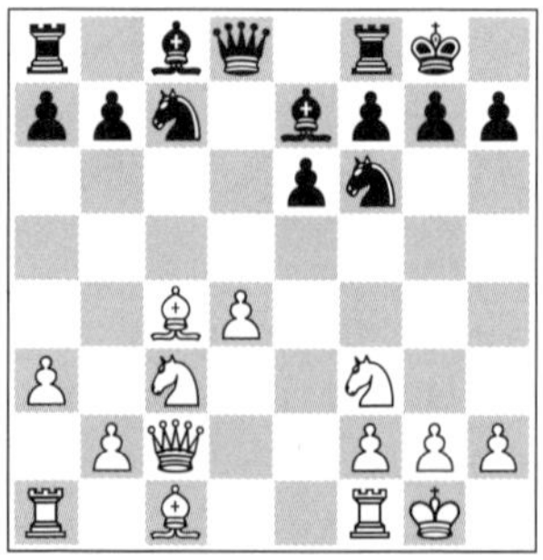

11. ♗c1-g5

Dies war damals ein neuer Plan. Ich dachte, dass Weiß eine recht gute Version einer klassischen Isolanistellung haben sollte, da Schwarz zwar das Feld d5 gut unter Kontrolle hat, aber über kein echtes Gegenspiel verfügt.

Der direkte Angriff auf den schwarzen König, der ebenfalls versucht worden ist, ist nicht besonders gefährlich, z.B.:

11.♖d1 b6 12.♘e5 ♗b7 13.♖d3 b5! (verschafft sich sofortiges Gegenspiel) 14.♗a2 a5! 15.♗g5 b4 16.♖h3 ♘ce8! (einer der Vorteile der Springerstellung auf c7) 17.♘b5 (das “aggressive” 17.♘g4 wird leicht mit 17...g6 pariert) 17...♖c8 18.♕e2 ♘e4 19.♗xe7 ♕xe7 20.♘a7 ♖c7 21.♘b5 ♖c8 22.♘a7 ♖c7 23.♘b5 remis, Topalow-Karpow, Dos Hermanas 1999.

11. ... b7-b6
12. ♖a1-d1 ♗c8-b7
13. ♘f3-e5 ♘c7-d5
14. ♖f1-e1 ♖a8-c8
15. ♕c2-b3 a7-a6

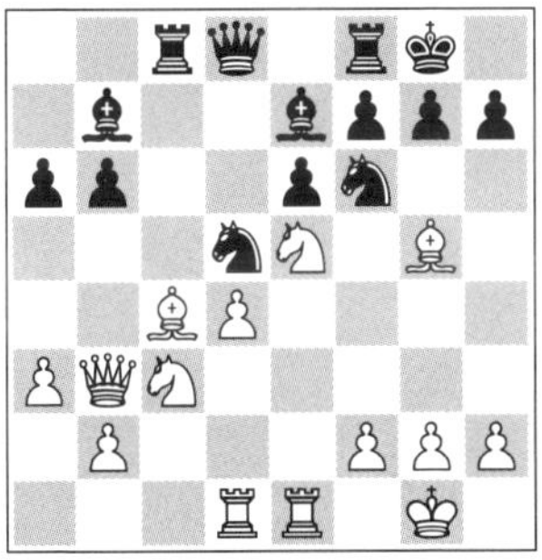

Schwarz ist bereit, die weißen Figuren mit ...b6-b5 zurückzuwerfen. Daher ist es für Weiß an der Zeit, die Bauernstruktur zu verändern.

16. ♗g5xf6! ♗e7xf6

Erzwungen. 16...♘xf6? verliert wegen 17.d5! exd5 18.♘xd5 ♗c5 (18...♘xd5 verliert nach 19.♗xd5 ♗xd5 20.♖xd5 ♕c7 21.♖d7 ♕c5 22.♘d3) 19.♘f4 ♕c7 20.♖d7! ♘xd7 21.♗xf7+ ♔h8 22.♘fg6+ hxg6 23.♕h3+ matt.

17. ♗c4xd5 e6xd5

Auch nach 17...♗xd5 18.♘xd5 exd5 19.♘g4 (nach 19.♕a4 ♗xe5! (nicht 19...♕d6? 20.♕xa6 ♖c2 21.♖e2 oder 19...a5? 20.♘d7) 20.dxe5 a5 21.♖d4 ♖c5 22.♕d1 ♕a8! (nicht 22...♕d7 23.b4 axb4 24.axb4 ♖b5, und der Turm hat sich auf b5 verlaufen) 23.f4 (oder 23.b4 axb4 24.axb4 ♖c4) 23...♕c6! 24.f5 ♖c2 mit Gegenspiel würde Schwarz wahrscheinlich ausgleichen) 19...♖c4 20.♘e3 ♖xd4 21.♘xd5 ♖xd1 22.♖xd1 b5 hätte Weiß das etwas bessere Spiel.

Es ist gut möglich, dass 17...♗xd5 eine bessere Möglichkeit für Schwarz war.

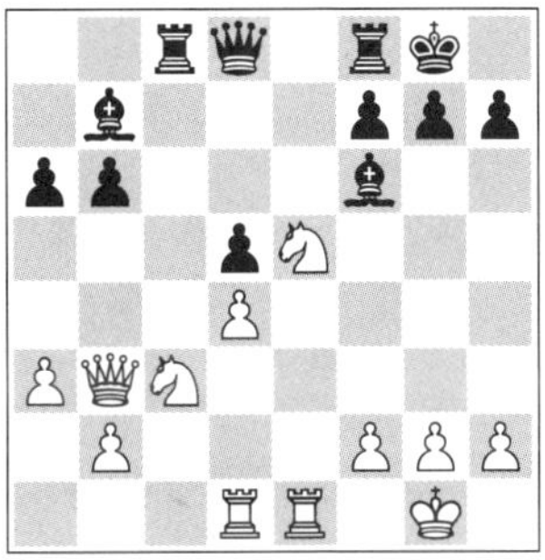

18. ♘c3-a4! ♗f6xe5
19. ♖e1xe5!

Es ist wichtig, die Struktur d4/d5 intakt zu halten, in der der schwarze Läufer b7 eingesperrt ist.

19. ... ♗b7-c6
20. ♘a4-c3 f7-f6
21. ♖e5-e3

Weiß kontrolliert die e-Linie, während Schwarz sich mit einem passiven weißfeldrigen Läufer und schwachen Königsflügelbauern herumschlagen muss.

21. ... ♖f8-f7
22. ♖d1-e1 ♖c8-b8

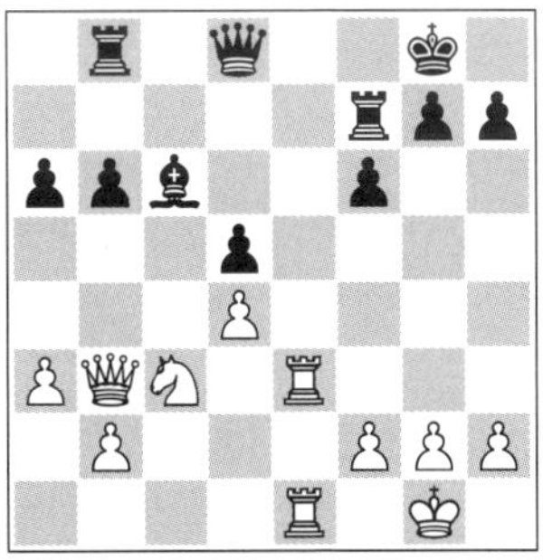

23. ♖e3-e6! ♕d8-d7

24. h2-h3 g7-g6
25. ♕b3-b4

Nimmt die schwarzfeldrigen Schwächen im schwarzen Lager aufs Korn.

25. ... ♔g8-g7
26. a3-a4 ♖b8-b7
27. ♖e6-d6 a6-a5
28. ♕b4-a3 ♕d7-c8
29. ♖e1-e6 ♗c6-d7
30. ♖e6-e3 ♗d7-c6

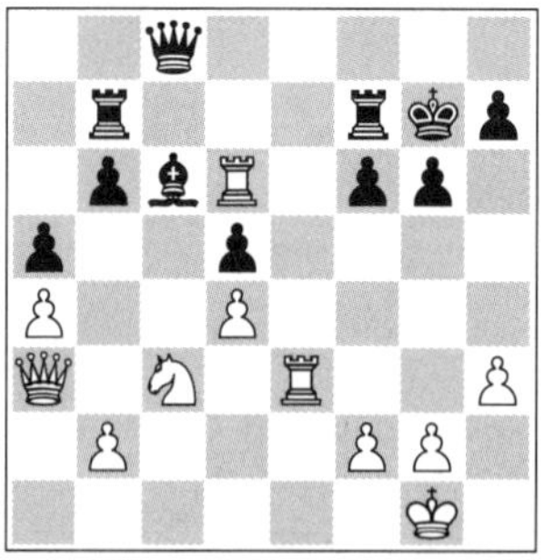

31. ♘c3-e2!

Es ist Zeit, die Stellung des Springers zu verbessern.

31. ... ♖f7-d7
32. ♘e2-f4

Weiß hat die Stellung vollkommen unter Kontrolle und leitet einen direkten Angriff auf den schwarzen König ein. Die Partie ist gelaufen.

32. ... ♔g7-f7
33. ♖e3-e6! ♖d7xd6
34. ♕a3xd6 ♗c6xa4
35. ♖e6xf6+ ♔f7-g8
36. ♕d6xd5+ ♔g8-g7
37. ♕d5-e5 ♔g7-g8

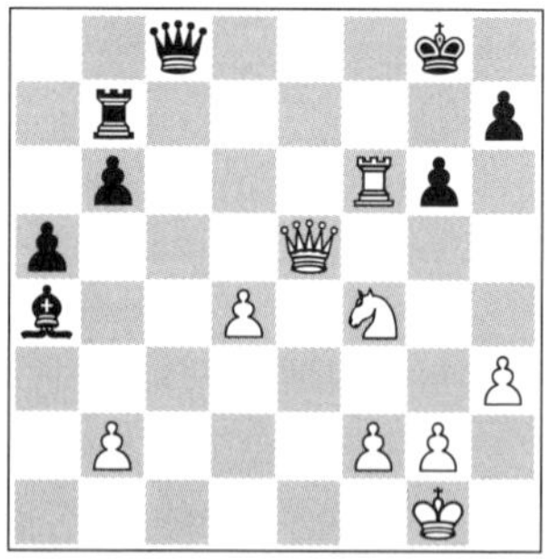

38. ♘f4xg6 ♕c8-c1+
39. ♔g1-h2 h7xg6
40. ♖f6xg6+ ♔g8-f8
41. ♕e5-h8+ ♔f8-e7
42. ♕h8-h7+ ♔e7-d8
43. ♕h7xb7 1-0

Struktur 2.7

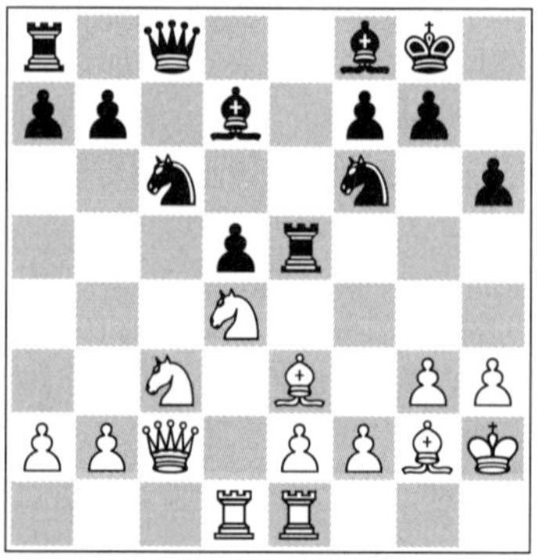

Origineller Turmschwenk – Angriff am Königsflügel

Es folgt ein weiteres Beispiel, das aus der Hauptvariante der Tarrasch-Verteidigung hervorgeht. Illescas Cordoba demonstriert einen höchst originellen Angriffsplan für die Seite mit dem isolierten Bauern.

TD 4.16 (D34) **PARTIE 27**

Alexander Beljawski
Miguel Illescas Cordoba
Linares 1990 (2)

1.	**d2-d4**	**d7-d5**
2.	**c2-c4**	**e7-e6**
3.	**♘b1-c3**	**c7-c5**
4.	**c4xd5**	**e6xd5**
5.	**♘g1-f3**	**♘b8-c6**
6.	**g2-g3**	**♘g8-f6**
7.	**♗f1-g2**	**♗f8-e7**
8.	**0-0**	**0-0**
9.	**♗c1-g5**	**c5xd4**
10.	**♘f3xd4**	**h7-h6**
11.	**♗g5-e3**	**♖f8-e8**

Wie üblich spielt Illescas den Hauptzug. Wie in Petrosjan-Spasski (Partie 23) ausgeführt, ist 11...♗g4 definitiv eine Analyse wert.

12. ♕d1-c2

Beljawski entscheidet sich für eine Nebenvariante, mit der er gelegentlich experimentiert hat.

12. ... ♗c8-g4

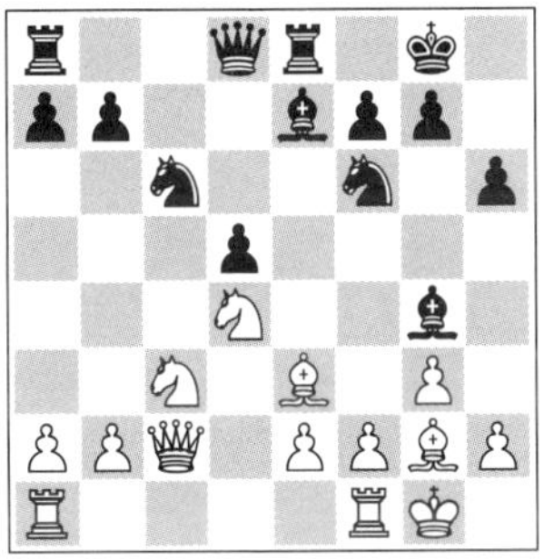

13. h2-h3

Das erste Mal spielte Beljawski den Zug 12.♕c2 in seinem gut bekannten Kandidatenwettkampf im Jahre 1983 gegen keinen Geringeren als Garri Kasparow. In der sechsten Partie folgte 13.♖fd1 ♗f8 (dieser Zug ist hier immer nützlich) 14.♖ac1 ♖c8 15.♘xc6 (ein gängiger Plan, den wir bereits in vorhergehenden Beispielen wie Kramnik-Illescas, Kasparow-Illescas, Sokolov-T.L.Petrosjan usw. gesehen haben) 15...bxc6 16.♗d4 ♗b4 (Schwarz will sich durch Angriff auf die einzige weiße Schwäche, den Bauern e2, Gegenspiel verschaffen. Er verfügte aber auch über den Standardplan 16...♘d7 mit gutem Spiel) 17.♖d2 ♕e7 (17...♘d7? wäre nun ein Einsteller wegen 18.♗xg7! ♔xg7 19.♖d4) 18.a3 ♗a5 19.b4 ♗b6 20.e3 ♕e6 (bereitet ...c6-c5 vor) 21.♕b2 ♗xd4 22.♖xd4 c5 23.bxc5 ♖xc5 mit gleichem Spiel.

Eine andere Möglichkeit, mit der Beljawski ebenfalls experimentiert hat, ist 13.♖ad1 ♕d7 (in Betracht kommt sicher auch der Normalzug 13...♗f8), und nun:

A) Wenn Weiß versucht, mit 14.♘b3 sofort den Bauern d5 aufs Korn zu nehmen, erhält Schwarz nach 14...♗e6 15.♘c5 ♗xc5 16.♗xc5 gutes, dynamisches Spiel.

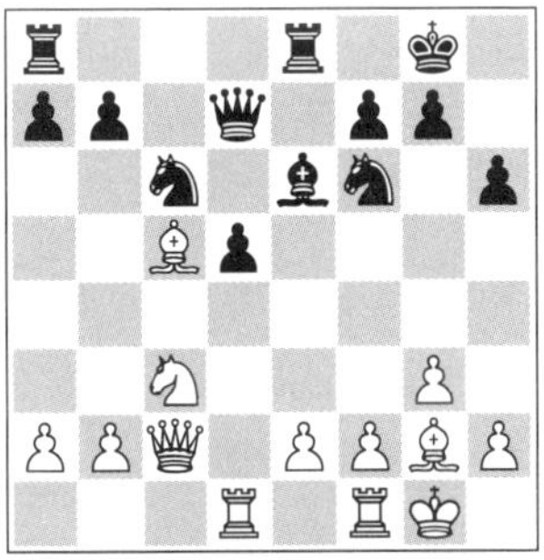

Analysediagramm

Weiß hat nun zusätzlich zu der potenziellen Schwäche des isolierten schwarzen Bauern auf d5 das Läuferpaar. Jener Bauer könnte sich jedoch auch zu einem Aktivposten entwickeln, der dem Nachziehenden eine Menge taktischer Möglichkeiten bietet, z.B. nach 16...d4!, und nun:

A1) 17.♕a4 ♖ab8! 18.♗xc6 (18.♗xd4? ist ein grober Fehler wegen 18...b5 19.♗xc6 (19.♘xb5? ♘xd4) 19...♕xc6 20.♕b4 ♗h3) 18...♕xc6 19.♕xc6 bxc6 20.♗xd4 ♖xb2 mit etwa gleichen Chancen.

A2) 17.♘b5 ♗f5 18.♕b3

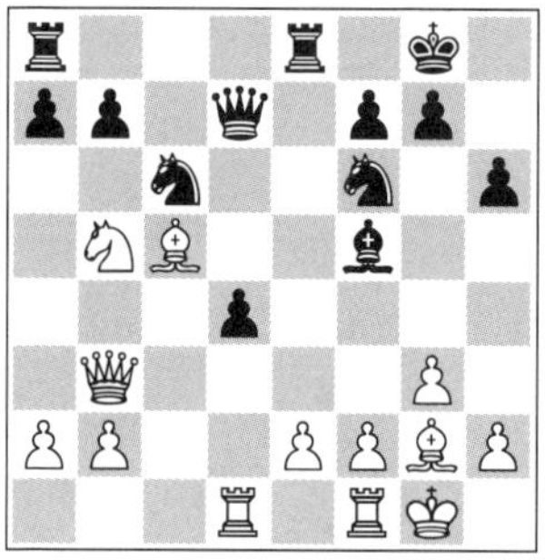

Analysediagramm

18...d3! 19.exd3 ♗e6 20.♕a3 ♗h3, und Schwarz hat gute Kompensation für den geopferten Bauern.

B) 14.f3 ♗h5 15.♗f2 ♗g6 16.♕a4 a6 17.♘xc6 bxc6 18.♖d2

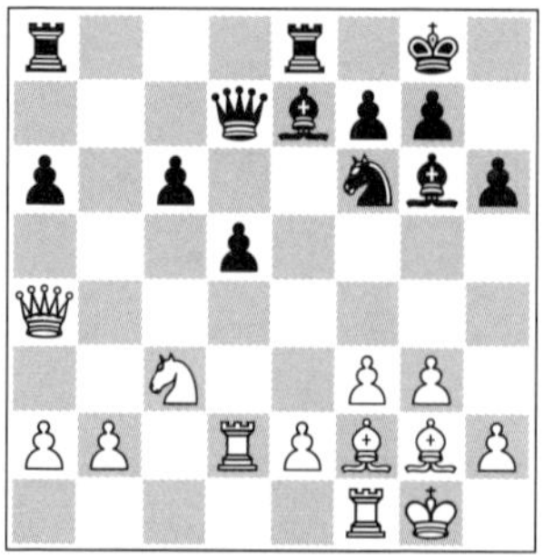

Analysediagramm

18...♕e6! (bereitet ein standardmäßiges Springermanöver vor) 19.♖c1 ♘d7, und die schwarzen Figuren sind harmonisch entwickelt, während Weiß die potenziellen Schwächen im schwarzen Lager nicht wirkungsvoll aufs Korn nehmen kann. Schwarz steht etwas besser, Beljawski-T.L. Petrosjan, Aeroflot, Moskau 2005.

13. ... ♗g4-d7

Dieser Zug ist besser und dynamischer als 13...♗e6.

14. ♖a1-d1

14.♖fd1 würde den Königsturm vom König entfernen und lässt hier nach 14...♗f8 15.♘xd5?! ♘xd5 16.♗xd5 einige klassische Wendungen zu: 16...♖xe3! (diesen Schlag sollte man sich merken – er funktioniert meistens!) 17.♗xc6 (oder 17.fxe3 ♕g5) 17...bxc6 18.fxe3 ♕g5 mit starker Initiative.

14. ... ♕d8-c8!

15. ♔g1-h2 ♗e7-f8

Ein Standardplan, der aber diesmal auch ein ungewöhnliches Angriffsmanöver vorbereitet.

16. ♖f1-e1?!

Im Fall von 16.♘xc6 bxc6 17.♗d4 erhält Schwarz mit 17...♘h7! gutes Spiel, was mit dem Vormarsch der Zentrumsbauern droht.

Nach 16.♘xd5!? ♘xd5 17.♗xd5 ♗xh3 18.♖fe1 ♘e5! (falsch ist 18...♗b4? wegen 19.♕b3) 19.♕xc8 ♗xc8 20.♔g1 ♘g4 21.♗c1 (falls 21.♗d2, so 21...♖d8! 22.e4 ♘f6 23.♗a5 ♖e8) 21...♗c5 ist das Spiel ungefähr ausgeglichen.

Nun kann Schwarz seinen Angriff hübsch entfalten.

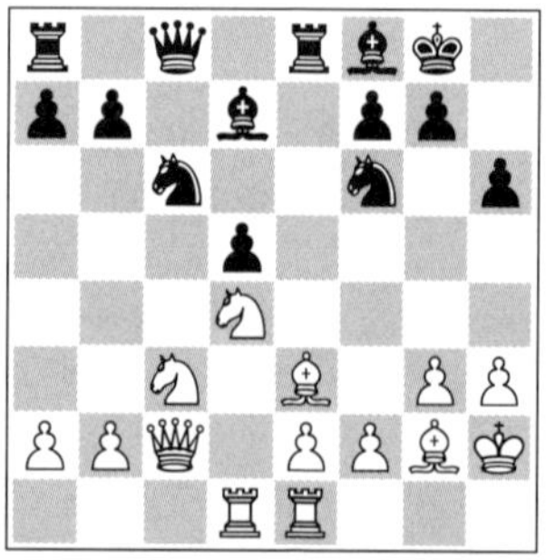

16. ... ♖e8-e5!

Dieses Turmmanöver kann auch in ähnlichen Stellungen zur Anwendung kommen, was den Hauptgrund für die Auswahl dieser Partie für das Buch darstellt.

17. ♖e1-h1

Weiß war wahrscheinlich vom letzten schwarzen Zug ziemlich überrascht. Es ist aber ohnehin nicht einfach, eine gute Verteidigung zu finden; z.B.:

A) 17.♘xc6 bxc6 18.♗d4? verliert wegen 18...♖h5 19.♗xf6 ♗xh3 20.♗h4 (oder 20.♗f3 ♗g2+) 20...♖xh4! 21.gxh4 ♗d6+, und das Matt wird nicht mehr lange auf sich warten lassen.

B) Die andere Verteidigungsmöglichkeit war 17.♘f3 ♖h5 (hier kommt wiederum das klassische Qualitätsopfer 17...♖xe3 in Betracht; nach 18.fxe3 ♕b8! 19.e4 ♘h5 hat Schwarz gute Kompensation) 18.♘h4, und nun:

B1) 18...g5? funktioniert nicht wegen 19.♘xd5 ♘xd5 20.♗xd5.

B2) Nach 18...d4 19.♗xd4 ♘xd4 20.♖xd4 g5 21.♖xd7! ♕xd7 22.♖d1 ♕c7 23.♘f5 hat Weiß etwas Kompensation für die Qualität.

B3) 18...♗d6? ist ein Einsteller wegen 19.♘xd5 ♘xd5 20.♖xd5 ♖xd5 21.♗xd5 ♗xh3 22.♗xf7+.

B4) 18...♘b4 19.♕b3 ♗d6 20.f4 a5, und in dieser höchst ungewöhnlichen Stellung sollten die Chancen des Nachziehenden vorzuziehen sein.

17. ... ♖e5-h5!

18. ♔h2-g1 ♗d7xh3

19. ♗g2-f3

Die Pointe der weißen Verteidigung.

19. ... ♖h5-e5

19...♗g4 ergibt nach 20.♖xh5 ♗xh5 21.♗xh5 ♘xh5 22.♘f3 nicht mehr als gleiches Spiel; interessant war 19...♘g4!?.

20. ♘d4xc6 b7xc6

Im Fall des klassischen Qualitätsopfers 20...♖xe3 verfügt Weiß nun über...

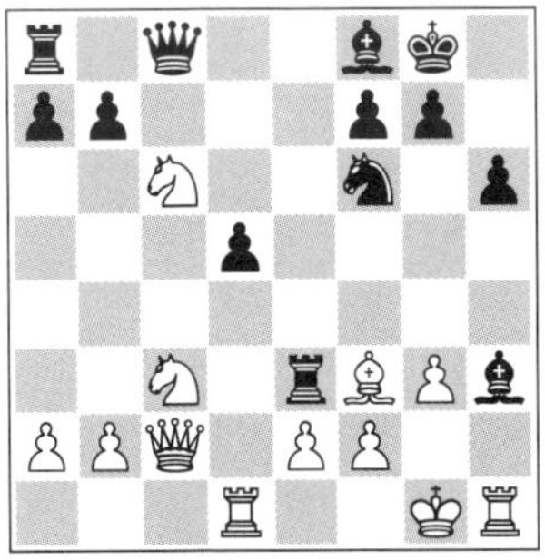

Analysediagramm

21.♘xd5! (21.fxe3 bxc6 wäre wie üblich sehr gut für Schwarz) 21...♘xd5 22.♗xd5 mit unübersichtlicher Stellung, da 22...bxc6? wegen 23.♕xc6 schlecht ist.

21. ♗e3-d4

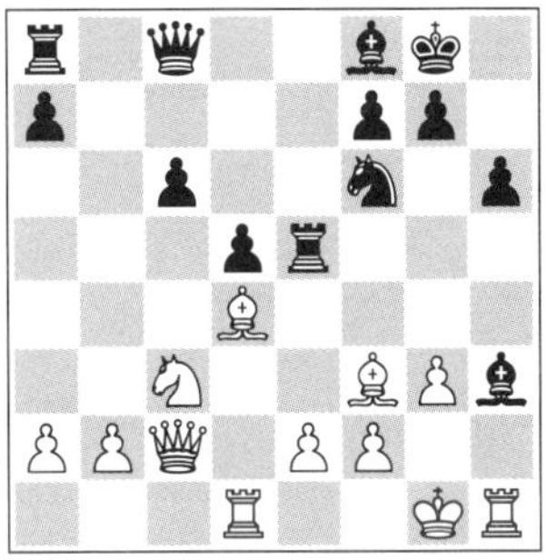

21. ... ♗h3-f5!

Nach anderen Zügen wie 21...♖g5 könnte Weiß mit 22.♗xf6 gxf6 23.e4! d4 24.♘e2 c5 25.♘f4 die schwarze Bauernstruktur am Königsflügel ramponieren und Gegenspiel erhalten.

22. e2-e4 ♖e5xe4

Gut war auch 22...dxe4 23.♗xe5 exf3 24.♕d2 ♘g4, und mit dem schrecklich deplatzierten weißen Turm auf h1 steht Schwarz klar besser.

23. ♘c3xe4 ♘f6xe4

Schwarz hat zwei Bauern für die Qualität und beherrscht die Stellung. Der weiße Turm wird auf h1 geraume Zeit im Abseits bleiben.

24. ♕c2-e2 c6-c5?

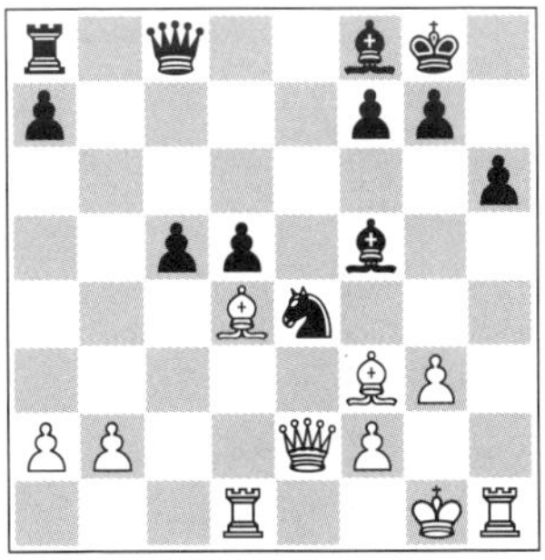

Ein taktischer Fehler. Jeder normale Zug, wie z.B. 24...♕e6, hätte klaren Vorteil behauptet.

25. ♗d4-e3?

Weiß lässt die Gelegenheit 25.♗xg7!! ungenutzt verstreichen: 25...♗xg7 26.♖xd5 ♕e6 27.♖xf5 ♕xf5 28.♗xe4 ♕e6 29.♕f3 ♖d8 30.♖h5 mit besserem Spiel.

25. ... ♕c8-e6

Nun hat Schwarz wieder alles im Griff.

26. ♔g1-g2 d5-d4

Gut ist auch 26...♖e8.

27. ♗e3-c1 ♖a8-e8

28. ♕e2-b5 a7-a6

29. ♕b5-b7

Weiß versucht, etwas Spiel zu bekommen.

29. ... ♕e6xa2

30. ♖d1-e1!

30.♖he1? verliert wegen 30...♖e7! 31.♕a8 ♕b3!.

30. ... ♘e4-d6

31. ♕b7-b6

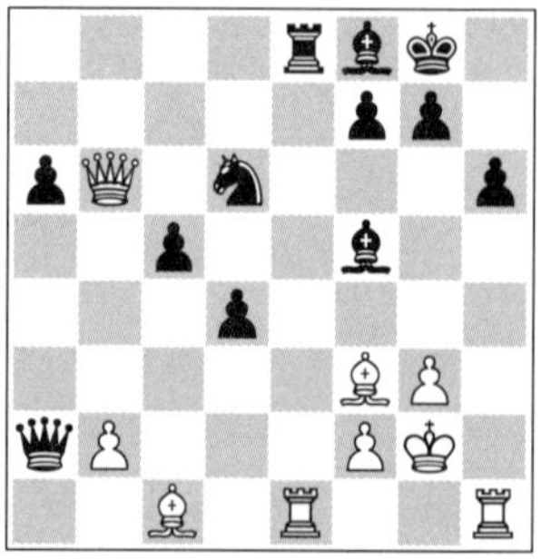

31. ... ♖e8-c8?

Richtig war, mit 31...♗e4! 32.♕xc5 ♕a4 zwecks Koordinierung der Figuren einen Bauern zurückzugeben, wonach Schwarz besser steht.

32. ♗c1-f4!

Nun hat Weiß Gegenspiel.

32. ... ♘d6-c4

33. ♕b6-b7 ♕a2xb2

34. ♕b7-d5 ♕b2-c2

35. ♖e1-e2 ♘c4-b6

Weiß hat ernsthafte Drohungen. Im Fall von 35...♕d3...

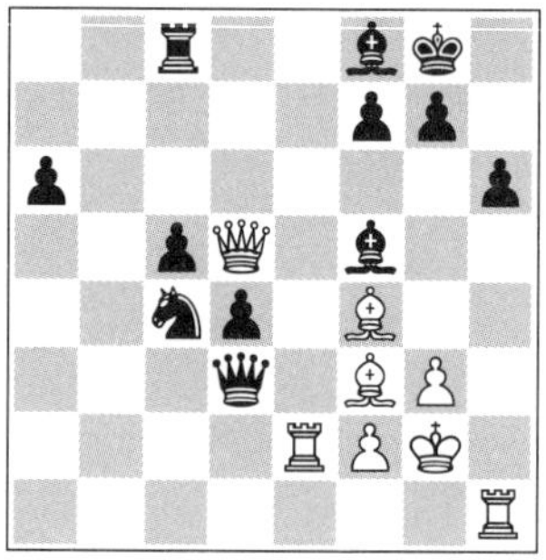

Analysediagramm

... kommt 36.g4! ♗g6 37.♕b7 ♖d8 38.♕c7, und der Turm hat keine Felder mehr.

36. ♕d5-b7 ♕c2-b3

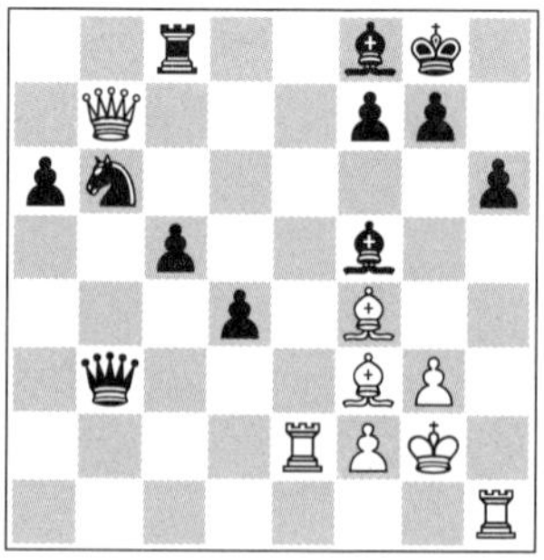

37. ♖h1-e1?

Nachdem Weiß gründlich Verwirrung gestiftet hat, geht er an seiner Chance vorbei. Nach 37.♗c1! hätte Schwarz mit 37...♗c2 38.♖xc2 ♕xc2 39.♕xb6 Material zurückgeben müssen, wonach ein Remisausgang am wahrscheinlichsten ist.

37. ... ♕b3-b5

38. ♗f4-c1

Einen Zug zu spät. Jetzt ist die schwarze Dame gedeckt, und Weiß ist total verloren.

38. ... ♘b6-c4

Schwarz hat einfach zu viele Bauern.

39. ♕b7-d5 ♗f5-d7

40. ♖e2-e7! ♗f8xe7

41. ♖e1xe7 ♗d7-e8

42. ♗f3-e4 ♔g8-f8

Weiß gab auf.

Struktur 2.8

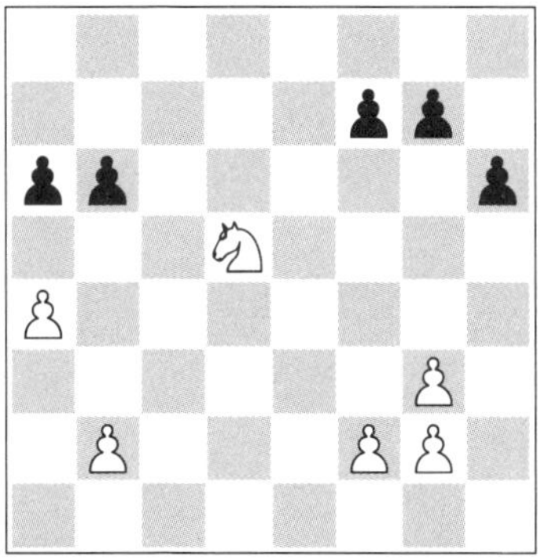

Der Durchbruch d4-d5 führt zu einer symmetrischen Bauernstellung mit einer stellungsbeherrschenden Figur im Zentrum

In Isolanistellungen verfolgt die Seite mit dem isolierten Bauern häufig die Strategie, einen Bauerndurchbruch (in diesem Fall d4-d5) durchzuführen und nach Abtausch einiger Figuren eine symmetrische Bauernstruktur mit den besser postierten Figuren im Zentrum zu erhalten und so etwas Initiative zu behalten. Auf den ersten Blick sieht es oft so aus, als ob sich diese Initiative nach ein paar guten Zügen verflüchtigen, der Verteidiger völligen Ausgleich erzielen und das Remis unvermeidlich sein wird. In der Mehrzahl der Fälle sind diese "paar guten ausgleichenden Züge" indes unauffindbar. Es folgen zwei lehrreiche Beispiele.

♦

QO 7.10 (D58) **PARTIE 28**

Alexej Wischmanawin
Alexander Beljawski
Nowosibirsk 1995 (7)

1.	**d2-d4**	**♘g8-f6**
2.	**c2-c4**	**e7-e6**
3.	**♘g1-f3**	**d7-d5**
4.	**♘b1-c3**	**♗f8-e7**
5.	**♗c1-g5**	**h7-h6**
6.	**♗g5-h4**	**0-0**
7.	**e2-e3**	**b7-b6**
8.	**♗f1-d3**	**♗c8-b7**
9.	**0-0**	**♘b8-d7**

Nun spielt Wischmanawin seine Lieblingsvariante gegen die Tartakower-Verteidigung, die auch heute noch als eine der Hauptvarianten gilt.

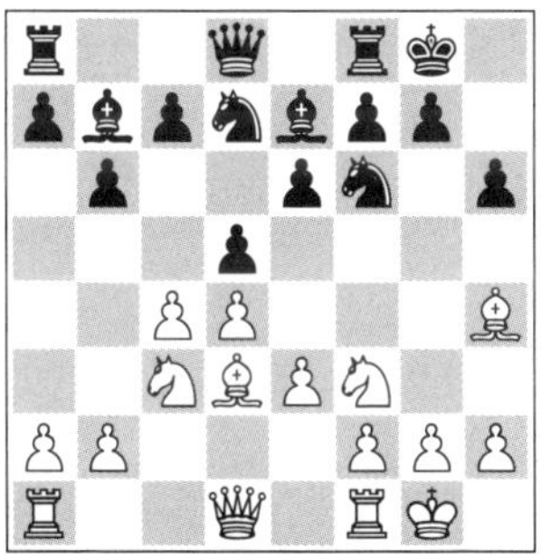

10. ♕d1-e2

Weiß kann auch mit 10.♗g3 beginnen und sich nach 10...c5 für 11.cxd5 entscheiden (11.♕e2 würde wieder zur Partie überleiten, während sich nach 11.♖c1 ♘e4 12.cxd5 exd5 13.dxc5

♘xg3 14.hxg3 bxc5 eine Stellung mit anderem strategischem Gepräge ergibt, in der Schwarz das Läuferpaar und zwei parallele hängende Bauern im Zentrum hat), und nun:

A) 11...♘xd5 12.♖c1 (vor langer Zeit, in Wijk aan Zee 1995 gegen Paul van der Sterren, brachte ich gehörig die Varianten durcheinander und spielte hier 12.♕e2, nur um dann feststellen zu müssen, dass ich nach 12...cxd4 13.exd4 ♘7f6 14.♖ac1 ♖c8 15.♘e5? (dieser "aktive" Zug verschlimmert die Lage deutlich) 15...♘xc3 16.bxc3 ♕d5! 17.♘f3 (traurige Notwendigkeit, da 17.f3?? wegen 17...♖xc3 18.♖xc3 ♕xd4+ verliert) 17...♘e4! 18.c4 ♘xg3 19.hxg3 ♕d6 mein Läuferpaar eingebüßt hatte und mich mit einem schwachen d-Bauern herumschlagen musste, den ich in der Folge dann auch verlor. Danach musste ich noch fünf Stunden kämpfen, um mit einer Punkteteilung davonzukommen) 12...cxd4 13.exd4 (Weiß tut besser daran, hier nicht in die Isolanistellung überzugehen und die dynamische Fortsetzung 13.♘xd5 ♗xd5 14.e4 zu wählen. Das taktische Scharmützel wird jedoch wahrscheinlich nur zu einer ausgeglichenen Stellung führen. Nach 14...♗b7 15.♗c7 ♕e8 16.♘xd4 ♖c8! 17.♗b5 a6 18.♗a4 b5 19.♘xb5 ♘c5 20.♘d6 ♕xa4 21.♖xc5 ♕xd1 22.♖xd1 ♗xe4 einigte man sich in Atalik-Beljawski, Ulcinj 1997, bald auf Remis) 13...♖c8.

Diese Version der Isolanistellung ist sehr bequem für Schwarz, da Weiß nicht in der Lage ist, die zur Kompensation seiner Bauernschwächen gewünschte Initiative zu entwickeln.

Die Partie Yermolinsky-Beljawski, Groningen PCA 1993, demonstriert ganz hervorragend die Mängel der weißen Strategie: 14.♗b1 ♘7f6 15.♗e5 ♘xc3! 16.♖xc3 (oder 16.bxc3 ♕d5 17.♕d3 ♕c4 18.♕c2 ♗e4, und wiederum hat Weiß keine Aktivität, um seine schwachen Bauern zu kompensieren) 16...♕d5 (gut war auch 16...♖xc3 17.bxc3 ♕d5 18.♕d3 ♖c8) 17.♖e3 (Weiß ergreift mit dem Turm die Flucht, damit er sich nur mit einem schwachen Bauern – d4 – anstelle von zweien – c3 und d4 – herumschlagen muss) 17...♖fd8 18.♖fe1 ♕b5 19.♘d2

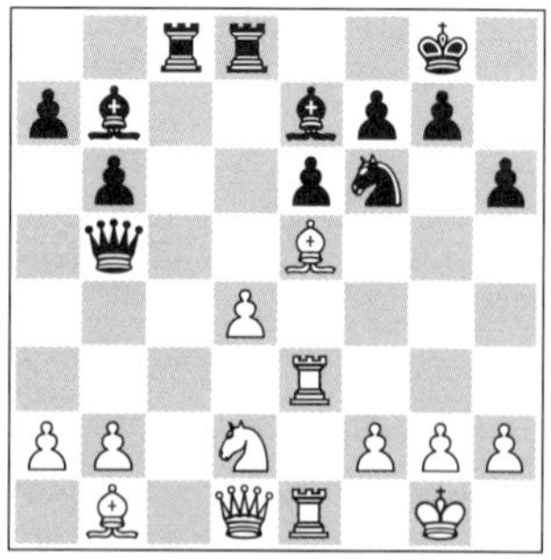

Analysediagramm

19...♘d7! 20.a4 ♕a5! (besser als 20...♕b4? 21.♖b3 ♕xa4? 22.♗xg7! mit Gewinn für Weiß) 21.♘c4 (in der Erkenntnis, dass er die strategische Schlacht verloren hat, sucht Yermolinsky verzweifelt nach taktischen Verwicklungen) 21...♕b4 (ein Anfängerfehler wäre 21...♖xc4?? wegen 22.♕d3) 22.♕d3 g6 23.b3 ♘xe5 24.♖xe5

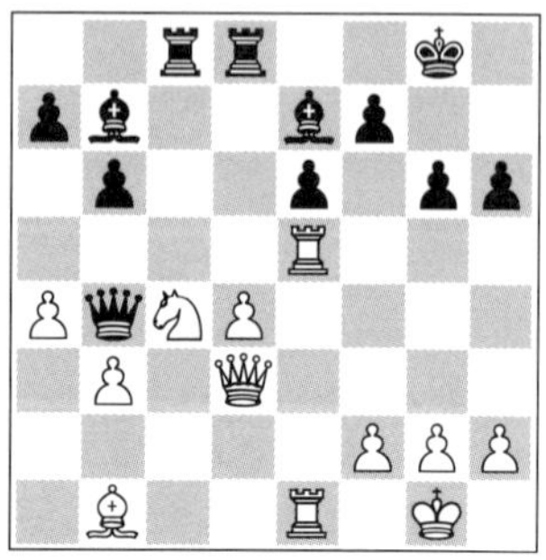

Analysediagramm

24...♗f6! 25.♖xe6 (Weiß hat bereits seine Brücken verbrannt; dieses Opfer ist pure Verzweiflung im Angesicht des strategischen Desasters) 25...♖xd4 mit baldigem Sieg für Schwarz.

B) Eine andere Antwort ist 11...exd5. Nach 12.♖c1 (auch 12.♘e5 ist schon gespielt worden) 12...♘e4 13.dxc5 ♘xg3 14.hxg3 bxc5 15.♕e2 ergibt sich eine weitere Stellung, in der Schwarz das Läuferpaar und parallele hängende Bauern im Zentrum hat. Die Partie Schukowa-Skripchenko, Krasnoturinsk 2003, liefert ein Beispiel dafür, wie leicht hier etwas schief gehen kann. Weiß errang einen lehrreichen Blitzsieg nach 15...♕b6

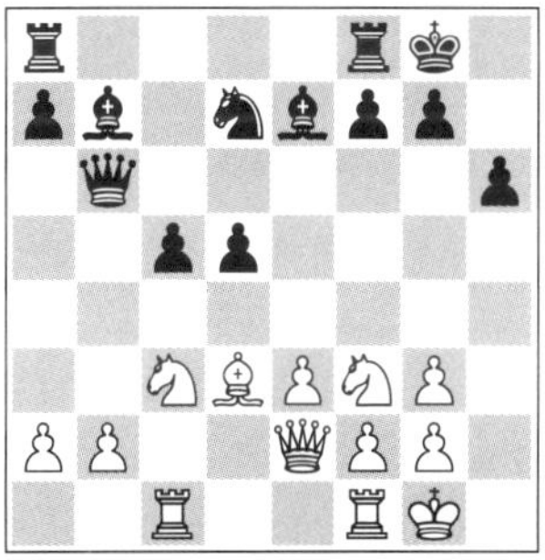

Analysediagramm

16.e4! d4 17.♘a4 ♕e6? 18.b4! cxb4 19.♖c7 ♗c8 20.e5! ♖b8 21.♗c4 ♕g4 22.e6.

10. ... c7-c5

11. ♗h4-g3 c5xd4

Schwarz entscheidet sich für den Übergang in eine Isolanistellung. Er konnte auch die Spannung im Zentrum aufrechterhalten, was ihm später wahrscheinlich selbst zwei parallele hängende Bauern im Zentrum einbringen wird. Ein gesunder positioneller Plan ist 11...♘e4 12.cxd5 exd5 13.♖ad1 ♕c8, was die Spannung aufrechterhält und nach ...♘df6 – die Überführung der Dame nach e6 beabsichtigt. Diese Spielweise wird neben anderen Möglichkeiten für Schwarz weiter unten in Lautier-Short (Partie 40) im Abschnitt "Zwei parallele hängende Bauern im Zentrum" untersucht.

11...dxc4 12.♗xc4 a6 13.a4 cxd4 14.exd4 würde durch Zugumstellung zur Partie führen.

12. e3xd4 d5xc4

13. ♗d3xc4

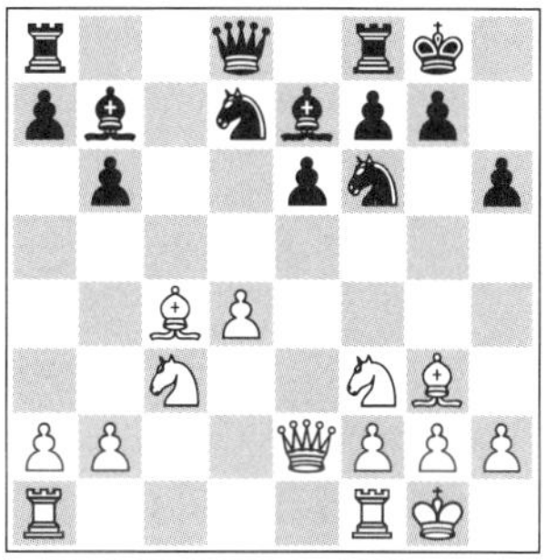

13. ... a7-a6

Schwarz kann auch mit 13...♗b4 beginnen, um durch Schlagen auf c3 eine neue potenzielle Bauernschwäche im weißen Lager zu erzeugen und gleichzeitig das Feld d5 zuverlässig unter Kontrolle zu behalten. Dies könnte hier sehr wohl der sicherste und beste Plan sein, z.B.:

A) Der Versuch, mit 14.♘b5 die Tatsache ausnutzen, dass das Feld b5 ungedeckt ist, und sofort die Initiative zu ergreifen, scheint Weiß nichts Besonderes einzubringen: 14...♘e4 15.a3 ♘xg3 16.hxg3 ♗e7 17.♖fd1 ♘f6 mit ungefähr gleichem Spiel in Ftacnik-Beljawski, Wien 1986.

B) 14.♖ac1 wird mit 14...♗xc3 15.bxc3 ♘e4 16.♗f4 ♖c8 17.♘d2 ♘df6 beantwortet. Hier steht der schwarze Bauer auf a7 gut; in Arencibia-Beljawski, Olympiade, Elista 1998, war die Stellung etwa ausgeglichen.

Es ist in der Tat besser für Schwarz, hier nicht 13...a6 14.a4 einzuschieben, da er dann oft seinen Turm auf a8 lassen muss, um den Bauern a6 zu verteidigen.

Eine andere Möglichkeit ist 13...♘h5, was den schwarzfeldrigen weißen Läufer beseitigt, aber den Durchbruch d5 zulässt: 14.d5 ♘xg3 15.hxg3 exd5 16.♘xd5! (Die alte Schule war wahrscheinlich der Meinung, dass Weiß das schwarze Läuferpaar eliminieren sollte. Daher entschied sich Weiß in Gligoric-Petrosjan, Zürich 1961, dazu, mit 16.♗xd5 ♗xd5 17.♘xd5 die weißfeldrigen Läufer zu tauschen, aber ohne den aktiven Läufer c4 konnte Weiß keine nennenswerte Initiative entwickeln. Nach 17...♖e8 18.♖fd1 ♗c5 19.♕c4 ♖c8 war die schwarze Stellung in Ordnung) 16...♗d6 17.♖fd1 ♘f6 18.♘e3 mit Initiative für Weiß.

14. a2-a4 ♗e7-b4

Schwarz kann auch mit 14...♘h5 sofort den schwarzfeldrigen weißen Läufer ausschalten. Genau wie in der Partie ist dieser Plan jedoch mit dem Nachteil behaftet, dass Schwarz die Kontrolle über das Feld d5 verliert und somit den typischen Durchbruch 15.d5 zulässt, z.B.: 15...♘xg3 16.hxg3 exd5 17.♘xd5! (Hier ist es eine gute Idee für Weiß, die weißfeldrigen Läufer auf dem Brett zu behalten, da er dann leichter Initiative entwickeln kann. Nach 17.♗xd5 ♗xd5 18.♘xd5 steht Weiß nur geringfügig besser. Wenn Schwarz diesen Plan wählt, sollte er ihn besser mit dem Bauern auf a7 ausführen, wie in der Partie Gligoric-Petrosjan) 17...♗d6 18.♖fd1.

Auch hier scheint Schwarz es schwer zu haben, die weiße Initiative zu neutralisieren. In der Partie Sasikiran-Barsow, Doha 2003, verfolgte Weiß einen ähnlichen Plan wie Wischmanawin, der ihm nach 18...♘f6 19.♘e3! ♕e7 20.♘h4 ♖fd8 21.♘hf5 ♕f8 22.♘g4! (die weißen Springer bereiten dem Nachziehenden hier eine Menge Ärger) 22...♘e4 23.♖d4 ♖e8 24.♕d3 ♖ad8 25.♖d1 ♗c7 26.♗xf7+! ♔xf7 27.♕c4+ ♔g6 28.♕xc7 Erfolg brachte.

15. ♖a1-c1 ♘f6-h5

Schwarz verfolgt einen Standardplan, der eine Standardreaktion erlaubt.

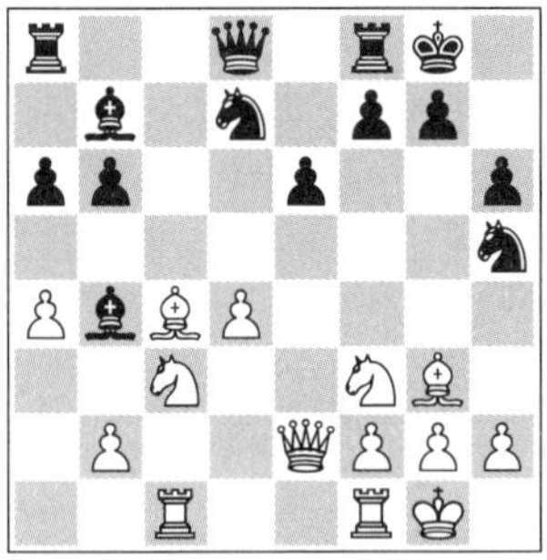

16. d4-d5! ♘h5xg3

17. h2xg3 e6xd5

17...♗xc3? ist ein typischer Fehler, der wegen 18.dxe6 ♗b4 19.♖fd1 ♗c6 20.♘e5 verliert.

18. ♘c3xd5

Wie in einigen oben erwähnten Beispielen meint Weiß, dass er mit den weißfeldrigen Läufern auf dem Brett bessere Chancen auf Initiative hat. Im Fall von 18.♗xd5 ♕b8! würde Schwarz allmählich ausgleichen.

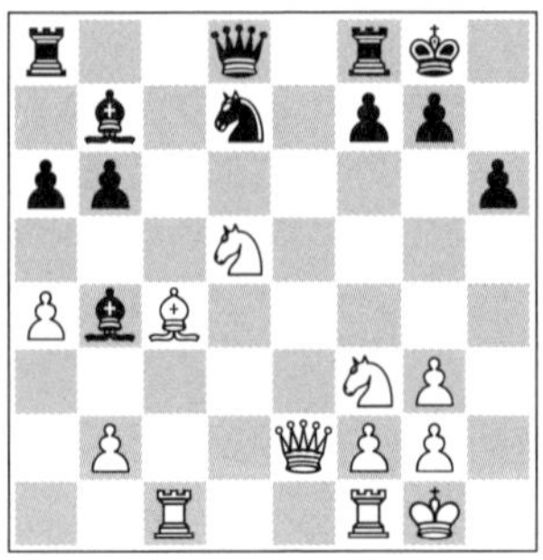

18. ... ♗b4-c5

Eine kritischer Moment in der Partie. Ausgleich ergab das dynamische 18...♖e8! 19.♕c2 b5! 20.axb5 axb5 21.♘xb4 bxc4 22.♕xc4 ♗xf3 23.gxf3 ♘e5 24.♕c3 ♖b8! 25.f4 ♖xb4! 26.♕xb4 (oder 26.fxe5 ♕b8) 26...♘f3+

27.♔g2 ♕d5 28.♔h3! ♕h5+ 29.♔g2 ♘h4+ 30.gxh4 ♕g4+ mit Remis.

19. b2-b4 ♗c5-d6

Schwarz hat seine Ausgleichschance verpasst. 19...♖e8? taugt jetzt nicht mehr wegen 20.♕a2! ♗d6 21.♘c7! ♗xc7 22.♗xf7+ ♔h8 23.♗xe8 mit Gewinn.

20. ♖f1-d1 ♘d7-f6

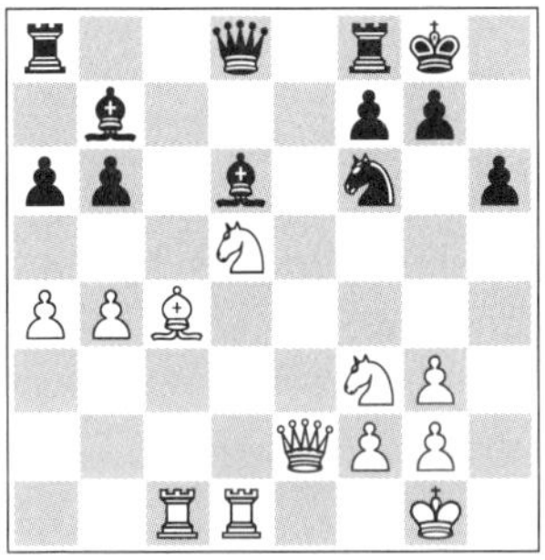

21. ♘d5-e3! ♕d8-e7

Überraschenderweise ist der weiße Angriff sehr stark; die schwarze Stellung kann jeden Augenblick zusammenbrechen.

21...♕b8 hilft auch nicht. Die folgende Variante ist eine gute Illustration des weißen Angriffspotenzials:

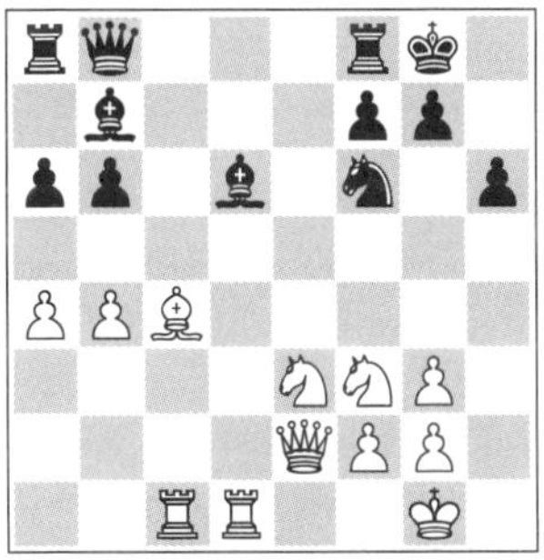

Analysediagramm

22.♘f5! ♗xb4 23.♕b2 ♗xf3 (23...♗c5 verliert wegen 24.♘xh6+ gxh6 25.♕xf6 ♕xg3 26.♖d7! ♗xf2+ 27.♔f1) 24.gxf3 ♗c5 25.♔g2 (die weißen Figuren arbeiten optimal zusammen; Schwarz ist gegen die einfache Drohung 26.♘xh6+ hilflos) 25...b5 (oder 25...♘e8 26.♗d5! ♖a7? 27.♖xc5) 26.♗d5 bxa4 27.♘xh6+.

22. ♘f3-h4! ♗b7-e4

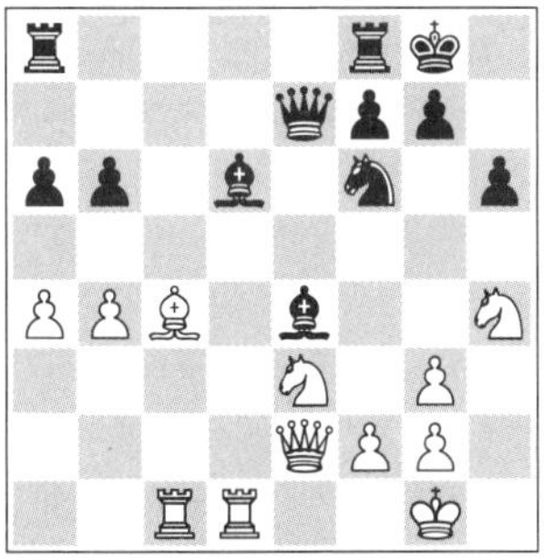

23. ♕e2-d2! ♗d6-c7

Weiß führt den Angriff sehr schön, wobei er das Potenzial seiner Kräfte maximal ausschöpft. 23...♗xb4 ist wahrscheinlich besser als der Textzug, würde aber die Probleme auch nicht lösen: 24.♘ef5! ♗xf5 (oder 24...♕c5 25.♕f4) 25.♘xf5 ♕e5 (oder 25...♕c5 26.♕f4) 26.♘xh6+ gxh6 27.♕xb4 mit großem Vorteil für Weiß.

24. ♘h4-f5 ♗e4xf5

Schwarz beschließt, einen der weißen Springer zu beseitigen. Das sofortige 24...♕e5 würde dagegen 25.f4 ♕e8 26.b5! (26.♕c3? wäre ein Fehler, nach dem Schwarz mit dem die Diagonale a7-g1 öffnenden Zug 26...b5! zu Gegenspiel käme) 26...a5 (26...♖d8 verliert wegen 27.♕c3 a5 28.♘xh6+) 27.♕c3 mit gewinnbringendem Vorteil für Weiß gestatten.

25. ♘e3xf5 ♕e7-e5

26. ♗c4-d3!

Aufgrund seiner schlechten Figurenkoordination kann sich Schwarz nicht gegen die weißen Drohungen verteidigen. Nach der Auslassung seiner Ausgleichschance mit 18...♖e8 fehlt ihm im Rest der Partie genau ein Tempo. Man beachte die Angriffskraft und die großartige Koordination des Springers f5 und des weißfeldrigen Läufers.

26. ... ♗c7-d8

Auch andere Züge verlieren, z.B.: 26...♘d5 27.f4 ♕e6 (27...♕f6 28.♗e4) 28.♕b2 oder 26...♖fd8? 27.f4.

27. ♖d1-e1 ♕e5-d5

Im Fall von 27...♕b8 28.♘xh6+! gxh6 29.♕xh6 ♕d6 30.♗h7+ ♔h8 31.♗f5+ ♔g8 32.♖c4 setzt Weiß matt.

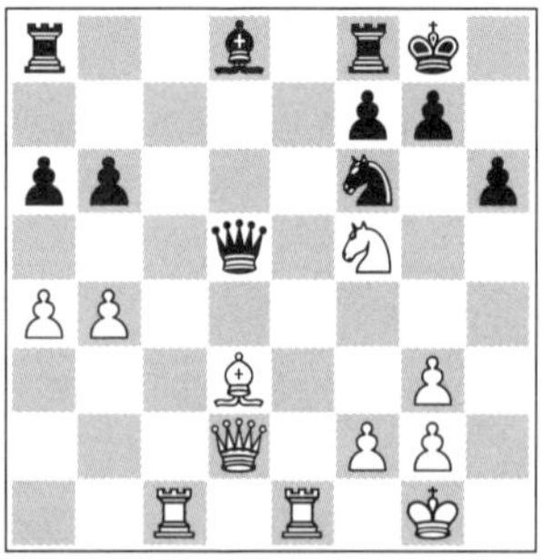

28. ♖c1-c4!

Völlige Dominanz. Die Partie ist gelaufen.

28. ... ♖f8-e8?

In hoffnungsloser Stellung begeht Schwarz einen groben Fehler. Andere Züge verlieren jedoch auch, z.B.: 28...♕d7 29.♖d4 ♕xa4 30.♘xh6+! gxh6 31.♕xh6; oder 28...♖a7 29.♖h4! h5 (sonst kommt 30.♘xh6+) 30.♖d4 ♕a8 31.♘xg7; oder 28...♘e4 29.♕e2 ♘f6 30.♖d4 ♕b7 31.♕d2, und der nächste Zug ist 32.♘xh6+.

29. ♖e1xe8+ ♘f6xe8

30. ♘f5-e7+! 1-0

Nach 30...♗xe7 31.♗h7+ verliert Schwarz die Dame.

QG 14.5 (D27) **PARTIE 29**

Ivan Sokolov

Predrag Nikolic

Elenite 1993 (4)

1. d2-d4 d7-d5

2. c2-c4 d5xc4

3. e2-e3 ♘g8-f6

4. ♗f1xc4 e7-e6

5. ♘g1-f3 c7-c5

6. 0-0 a7-a6

7. ♗c4-d3

Mit diesem Zug, einer der Hauptvarianten in dieser Stellung, will Weiß auf 7...b5 mit 8.a4 antworten können.

7. ... ♘b8-c6

A) 7...cxd4 ist eine recht interessante Idee, auf die Predrag offensichtlich gekommen war, aber er fand sie etwas riskant und überließ sie deshalb seinem Bruder. Nebojsa Nikolic spielt heutzutage nicht mehr auf internationaler Ebene, war aber zu seiner aktiven Zeit ein ordentlicher IM. 8.exd4, und nun:

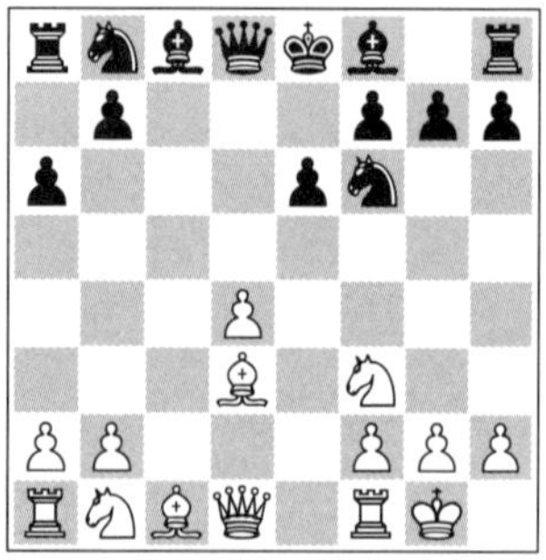

Analysediagramm

8...g6!?. Ein origineller Plan. Schwarz stellt seinen Läufer nach g7 und macht mit dem Bauern auf g6 seinen Königsflügel erheblich weniger angriffsanfällig. Da dieser Plan jedoch Zeit erfordert, kann Weiß den thematischen Durchbruch d4-d5 ausführen: 9.♘c3 ♗g7 10.♗g5 h6, und nun:

A1) Weiß kann mit 11.♗xf6 das Läuferpaar hergeben, aber noch mehr Zeit gewinnen, z.B.: 11...♗xf6 (im Fall von 11...♕xf6 steht Weiß nach der Standardreaktion 12.d5! 0-0 13.♖e1 ♖d8 14.♖c1 klar besser) 12.♖e1 (12.♕d2 ♗g7 13.d5 0-0 14.♗e4 wäre unwirksam wegen 14...f5! 15.♗c2 e5 16.♖fe1 ♘d7, wonach Schwarz mit dem Läuferpaar und seinen beweglichen Zentrumsbauern mehr als ausreichend für den vorgerückten weißen d-Bauern entschädigt ist; nach 17.d6 e4 18.♘d4 ♘e5 steht Schwarz besser) 12...0-0 13.♕d2 ♗g7 14.♖ad1 (Weiß hat alle seine Figuren gut entwickelt und steht für den Vorstoß d4-d5 bereit) 14...♕a5 (nach 14...♘c6 15.♗e4 ♘e7 16.d5! exd5 17.♘xd5 ♗e6 18.♘f4 ♕xd2 19.♖xd2 steht Weiß besser) 15.♗c4 ♘d7 16.d5! ♘b6 17.♗b3 exd5 (bei seiner guten Entwicklung sollte Weiß taktische Wendungen nicht zu fürchten haben; z.B.: 17...♖d8? 18.♕f4! exd5 19.♘xd5! ♘xd5 20.♖xd5 ♖xd5 21.♖e8+ ♔h7 (oder 21...♗f8 22.♗xd5 ♕xd5 23.♕b4! ♕d1+ 24.♘e1 mit Gewinn) 22.♕xf7 ♗e6 23.♖xe6 mit Gewinn) 18.♘xd5 ♕xd2 19.♘e7+ ♔h7 20.♖xd2 ♗g4 21.♘e5! ♗xe5 22.♖xe5, und wie üblich nach einem gut in die Tat umgesetzten Durchbruch d4-d5 hat Weiß ungeachtet der symmetrischen Bauernstruktur wegen seiner besseren Figurenstellung die Oberhand.

A2) 11.♗h4 ♘c6

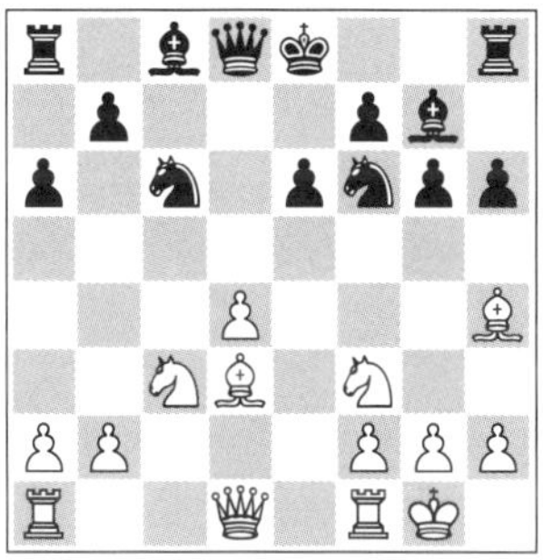

Analysediagramm

Weiß hat vorübergehenden Entwicklungsvorsprung und muss die Gelegenheit zur Ergreifung der Initiative beim Schopfe packen.

A21) 12.♖c1 ♘xd4! 13.♕a4+ ♘c6 14.♖fd1 ♕b6 15.♗xf6 ♗xf6 16.♕f4 ♗g7 17.♘a4 ♕a5! 18.♖c5 ♕d8 19.♖xc6 bxc6 20.♗c2 ♕e7 21.♘b6 0-0 22.♘xa8 ♕b7, und in Petursson-N. Nikolic, Lugano 1989, war die Stellung etwa ausgeglichen, da Weiß in dem sich nach 23.♘c7 e5 24.♘xe5 ♕xc7 25.♘xg6 ♕xf4 26.♘xf4 ♗xb2 ergebenden Endspiel nichts Greifbares hat.

A22) 12.♗e4 ♘e7 13.♕a4+ ♗d7 14.♕a3 g5! 15.♗g3 ♘xe4 16.♘xe4 0-0 17.♗d6 ♖e8 18.♗e5 ♘f5 mit unklarem Spiel, Brenninkmeijer-N. Nikolic, Holländische Liga 1993;

A23) 12.d5! ♘e7 (das Nehmen des Bauern hilft nicht: 12...exd5 13.♖e1+ ♗e6 (nach 13...♘e7 14.♕a4+ ♗d7 15.♕d4 g5 gewinnt 16.♘xd5!; oder 13...♔f8 14.♕b3 mit klarem Vorteil für Weiß) 14.♗xg6 0-0 15.♗c2 mit viel besserem Spiel für Weiß) 13.d6! ♘c6 14.♘e4 g5 15.♘xf6+ ♕xf6 16.♗g3, und Schwarz hat große Probleme, seine Figuren herauszubringen. Das folgende Abspiel illustriert die Probleme des Nachziehenden: 16...g4 17.♘d2 h5 18.♘e4 ♕d4 19.♖c1 h4 20.♗f4 ♘b4

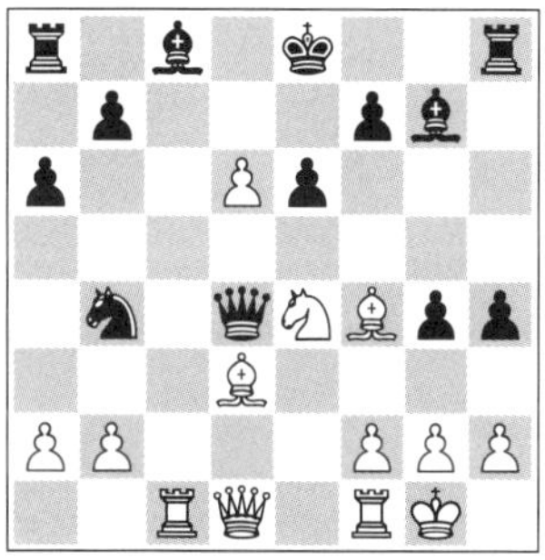

Analysediagramm

21.♗e3!! ♕xd3 22.♕xg4 ♗xb2 23.♖fd1 mit Gewinn für Weiß: 23...♕b5 24.d7+ ♗xd7 25.♘d6+.

B) Der andere Zug, der hier häufig gespielt wird, ist 7...♘bd7. Nun kann Weiß neben dem häufig zu sehenden "regulären" Plan im Angenommenen Damengambit mit 8.♕e2 und 9.♖d1 das Spiel auch mit 8.♖e1 b6 9.e4 cxd4 10.e5 ♘d5 11.♘xd4 ♘c5 12.♗f1 ♗b7 13.♘d2 ♗e7

14.♕g4 0-0 15.♘2f3 ♔h8 in Varianten nach Art der Meraner Variante lenken, wie in Kramnik-Kasparow, Linares 2003.

8. a2-a3

Einer der Standardzüge in dieser Stellung. Die andere Möglichkeit ist 8.♘c3.

8. ... c5xd4

Schwarz klärt die Situation im Zentrum und steuert eine Isolanistellung an. Nach 8...♕c7 9.dxc5 ♗xc5 10.b4 ♗e7 11.♗b2 hätte Weiß einen kleinen Vorteil.

9. e3xd4 ♗f8-e7

10. ♘b1-c3 0-0

11. ♗d3-c2

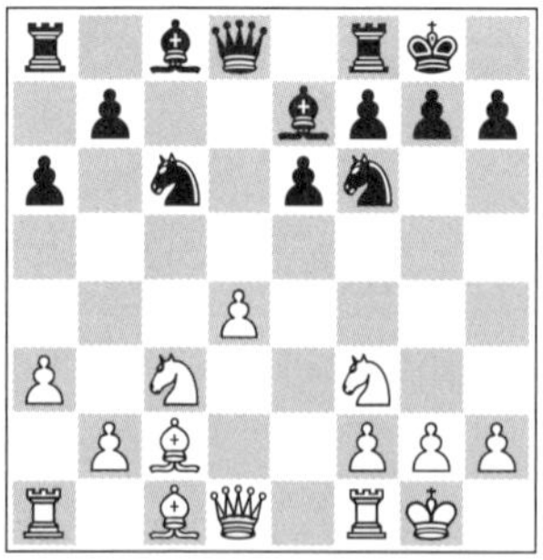

11. ... b7-b6

Ein vorsichtiger Zug, der sicherstellt, dass das Feld c5 gedeckt bleibt. Während der Partie hielt ich 11...b5 für logischer, womit Schwarz so schnell wie möglich Gegenspiel am Damenflügel anstrebt. Hier kann die schwäche des Feldes c5 jedoch eine Rolle spielen, z.B.: 12.♕d3 ♗b7 13.♗g5 (nach 13.♖e1 g6 14.♗b3 ♖c8 15.♗h6 ♖e8 16.♗a2 b4 steht das Spiel etwa gleich, Najdorf-Polugajewski, Mar del Plata 1971) 13...g6 14.♖ad1 b4 15.♘a4 bxa3 16.bxa3 ♘a5 17.♘c5 ♗c6 18.♖fe1 mit besserem Spiel für Weiß dank seines gut postierten Springers auf c5, Donner-Van Scheltinga, Wijk aan Zee 1969.

12. ♗c1-g5

Nach dem sofortigen 12.♖e1 hätte Schwarz sich eines bekannten Turmmanövers bedienen können: 12...♖a7!? 13.♕d3 ♖d7 14.♗e3 ♗b7 15.♖ad1 g6, wie in Waganjan-Bronstein, Tiflis 1973.

12. ... ♗c8-b7

13. ♕d1-d3 g7-g6

14. ♖a1-d1 ♖a8-c8

15. ♗c2-b3

Nachdem der weißfeldrige Läufer eine Schwächung des schwarzen Königsflügels erzwungen hat, muss er nun auf die Diagonale a2-g8 zurückkehren.

15. ... b6-b5

Nach 15...♘a5 16.♗a2 ♘d5?! könnte Weiß mit 17.♗xd5 exd5 18.♗xe7 ♕xe7 19.♖fe1 die Bauernstruktur von einer Isolanistellung zu günstiger Symmetrie im Zentrum verändern. Wie weiter oben bereits ausgeführt (siehe Sokolov-Cebalo, Partie 24), hat Weiß hier wegen des passiven schwarzen Läufers auf b7 und seiner Kontrolle über das Feld e5, das er mit einem Springer oder einem Turm besetzen kann, langfristigen Vorteil.

16. ♗b3-a2 ♘c6-a5

Schwarz will seinen Springer nach c4 stellen und so den weißen Läufer absperren. Die andere Möglichkeit bestand in 16...b4, wonach Weiß, wie oben in der Anmerkung zu 11...b5 gesehen, nach 17.♘a4 bxa3 18.bxa3 nebst ♘c5 wegen der Schwäche des Feldes c5 etwas besser stünde.

17. ♘f3-e5

Natürlich wollte ich die Absperrung meines Läufers nicht zulassen.

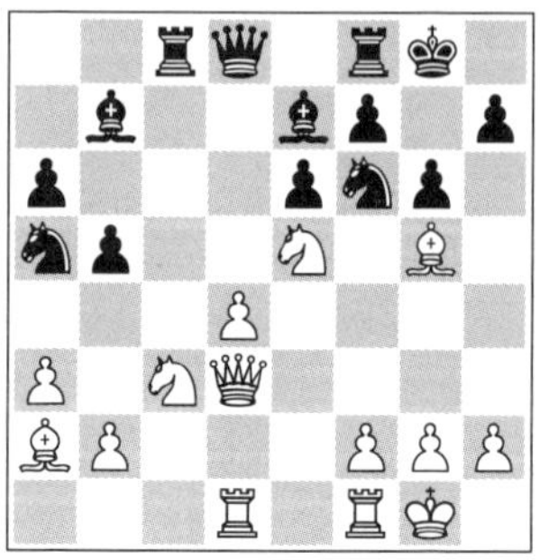

17. ... ♘f6-d7

Der andere logische Zug ist 17...♘d5, der das Problem des aktiven weißen Springers auf e5 ignoriert, aber dafür die Blockade auf d5 sichert. Nach korrektem Spiel von Weiß führt dieser Plan ebenfalls nicht zum Ausgleich: 18.♗xe7! (Das aktive 18.♗h6 sieht gut aus, aber Schwarz verfügt über die starke und lehrreiche Riposte 18...♘xc3! (18...♖e8 spielt Weiß in die Hände: 19.♕f3! f6 20.♕g4 ♗f8 21.♘xg6! ♗xh6 22.♗xd5 ♗xd5 23.♘e7+ ♔h8 24.♘cxd5 exd5 25.♘xc8 ♕xc8 26.♕h5 mit besserer Stellung für Weiß) 19.bxc3 ♖e8 20.♖fe1 ♗d5. In dieser thematischen Stellung muss Weiß sich mit zwei schwachen Bauern – a3 and c3 – herumschlagen und hat Schwierigkeiten, den Nachziehenden mit genügend Drohungen am anderen Flügel beschäftigt zu halten) 18...♘xe7 (im Fall von 18...♕xe7 führt Weiß mit 19.♗xd5 ♗xd5 20.♘xd5 exd5 21.♖fe1 die übliche Strukturtransformation von einem isolierten Bauern zu Bauernsymmetrie im Zentrum durch, und behält, wie oben gesehen, das bessere Spiel) 19.♖fe1 ♘d5 20.♘e4.

18. ♗g5xe7 ♕d8xe7
19. ♘e5xd7 ♕e7xd7

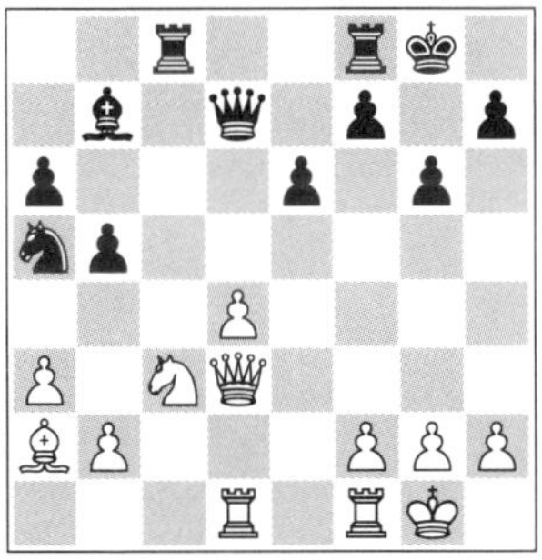

20. d4-d5!

Da Weiß nach dem Abtausch einer Reihe von Figuren keine realistischen Hoffnungen mehr auf einen Angriff am Königsflügel hegen kann, ist die Zeit für den thematischen Durchbruch d4-d5 gekommen, wonach sich eine symmetrische Bauernstruktur ergibt, in der Weiß über eine stellungsbeherrschende Figur im Zentrum – in diesem Fall einen Springer – verfügt und Schwarz, wie so häufig in derartigen Stellungen, Schwierigkeiten haben wird, die weiße Initiative zu neutralisieren.

20. ... e6xd5

Auch mit 20...♘c4, was den Bauern ignoriert und den weißen Läufer absperrt, kann Schwarz seine Probleme nicht lösen, da Weiß den Druck weiter verstärken kann: 21.♕h3! (nicht gut ist 21.♘e4? wegen der ausgezeichneten positionellen Erwiderung 21...f5!, aber 21.♗xc4 ♖xc4 (oder 21...bxc4 22.♕h3) 22.d6 ♕c6 23.♕g3 sollte Weiß ebenfalls etwas Vorteil versprechen) 21...f5 22.dxe6 ♕xe6 23.♖fe1 ♕f7 (oder 23...♕f6 24.♖d7 ♖f7 25.♖xf7 ♕xf7 26.♕h4) 24.♕h4 ♖fe8 25.h3, und Weiß behält die Initiative.

21. ♗a2xd5!

Ein wichtiger Zug. Ein dominanter Springer auf d5 ist viel besser für Weiß als ein Läufer.

21. ... ♔g8-g7

21...♘c6? würde die Lage des Nachziehenden nach 22.♘e4 nur verschlimmern.

22. ♕d3-d4+ f7-f6
23. ♖f1-e1 ♗b7xd5

Bis hierhin hat Schwarz vom Schlagen des weißen Läufers abgesehen, um nicht den weißen Springer zu aktivieren. Nun entscheidet er sich wegen des zunehmenden Drucks auf seine Stellung schließlich doch dafür, den Läufer zu nehmen. Andere Züge würden die weiße Initiative auch nicht neutralisieren, z.B.:

A) 23...♘c4?? stellt nach 24.♗xc4 ♕xd4 25.♖xd4 bxc4 26.♖e7+ ♖f7 27.♖xf7+ ♔xf7 28.♖d7+ einfach eine Figur ein.

B) 23...♖fd8? verliert wegen 24.♘e4.

C) Nach dem verhältnismäßig besten Zug 23...♖fe8 24.♘e4 ♕e7! (24...♗xd5? verliert wegen 25.♘xf6 ♖xe1+ 26.♖xe1 ♘b3 27.♕e5! ♕e6 28.♘h5+ ♔h6 29.♕f4+ ♔xh5 30.♖xe6 ♗xe6 31.h3 nebst g2-g4) 25.♗xb7 ♘xb7 26.f3 ♖cd8 27.♕b6 führt Weiß einen ähnlichen Plan wie in der Partie durch, indem er die schwachen schwarzen Damenflügelbauern angreift und gleichzeitig die Drohungen gegen den schwarzen König aufrechterhält.

24. ♘c3xd5

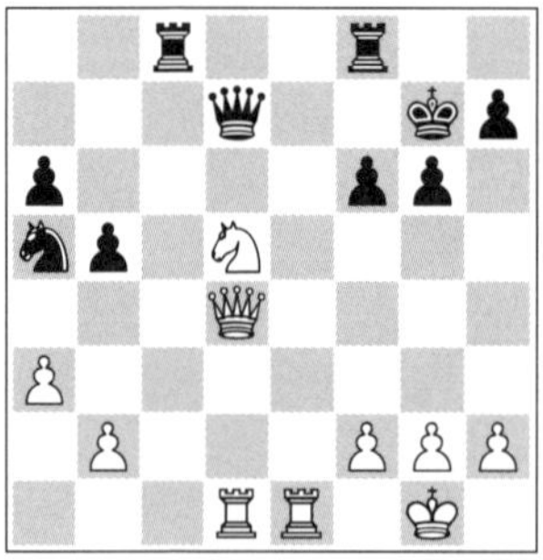

24. ... ♘a5-c6

Es ist gut möglich, dass Nikolic meinen nächsten Zug übersah oder unterschätzte. Die Stellung ist jedoch sehr schwer zu verteidigen. Das größte Problem des Nachziehenden besteht vielleicht darin, dass er überhaupt kein Gegenspiel hat.

Die hartnäckigste Verteidigung war 24...♖f7. Nun wäre der Versuch, mit 25.♖e7? Taktikbuchmustern zu folgen, nach 25...♕c6? 26.♘xf6! ♖xe7 (oder 26...♕xf6 27.♖xf7+ ♔xf7 28.♕d7+ mit Gewinn für Weiß) 27.♘d5+ ♔f7 28.♘xe7 ♔xe7 29.♕g7+ ♔e6 30.♖e1+ ♔d5 31.♕e5+ ♔c4 32.♕c3+ ♔d5 33.♖e5+ ♔d6 34.♕d4+ ♔c7 35.♖e7+ ♔b8 36.♕a7+ matt gerechtfertigt, würde aber nach 25...♖xe7! 26.♕xf6+ ♔h6 27.♕h4+ ♔g7 28.♕f6+ ♔h6 nach hinten losgehen, da Weiß sich mit Remis begnügen muss: 29.♕xe7 ♕xd5 30.♕e3+ ♕g5 31.♕h3+ ♕h5 32.♕e3+ ♕g5 (32...♔g7?? würde nach 33.♖d7+ ins Verderben führen) 33.♕h3+ mit Dauerschach.

Wenn Weiß jedoch einfach mit 25.h3 seine Stellung verstärkt, hat Schwarz es schwer, sich gegen die zahlreichen Drohungen zu verteidigen. Wenn er beispielsweise mit 25...♖c2 aktiv zu werden versucht, entscheidet 26.♖e7! schnell.

25. ♕d4-b6!

Mit der Doppeldrohung 26.♘e7 oder einfach 26.♕xa6 mit Bauerngewinn.

25. ... ♖c8-b8

Schwarz muss in der Tat einen Bauern geben, da 25...♕a7?? nach 26.♖e7+ die Dame verlieren würde, während Weiß im Fall von 25...♖fe8 mit 26.♘e7! gewinnt.

26. ♕b6xa6 ♕d7-b7

Trotz des weißen Materialvorteils muss Schwarz die Damen tauschen und in ein Endspiel übergehen, da er sonst die weißen Drohungen nicht parieren kann.

27. ♕a6xb7+ ♖b8xb7

28. ♘d5-f4

Da Weiß einen gesunden Bauern mehr hat und weiterhin die Initiative besitzt, sollte das Endspiel gewonnen sein.

28. ... ♖f8-a8

29. ♘f4-e6+ ♔g7-g8

29...♔f7? ist ein Einsteller, der nach 30.♖d6! die Qualität verliert.

30. ♖d1-d6 ♘c6-e5

31. ♘e6-c5 ♖b7-c7

32. ♘c5-e4

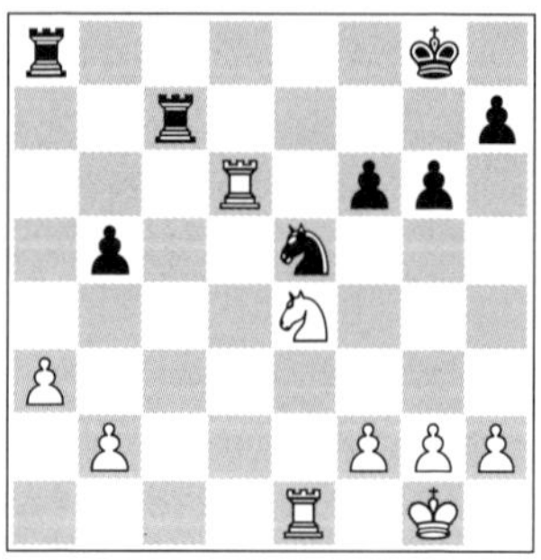

32. ... ♘e5-c4

Die weißen Figuren arbeiten sehr gut zusammen. Weiß hat nicht nur einen Mehrbauern, sondern verfügt auch über zahlreiche taktische Wendungen, die zu seinen Gunsten arbeiten.

Schwarz will sich aktiv verteidigen, kann aber wegen seiner geschwächten Königsstellung kein ernsthaftes Gegenspiel auf die Beine stellen. Seine Probleme sind auch in der folgenden Variante ersichtlich: 32...f5 33.♖d5! ♘c4 (auch der Übergang ins Turmendspiel hilft nicht, z.B.: 33...fxe4 34.♖xe5 ♖c2 35.♖xb5 ♖d8 (oder 35...♖f8 36.♖f1 ♖d8 37.b4 ♖dd2 38.♖e5) 36.h4! ♖dd2 37.♖xe4 ♖xf2 38.♖b8+! ♔g7 39.♖b7+ ♔h6

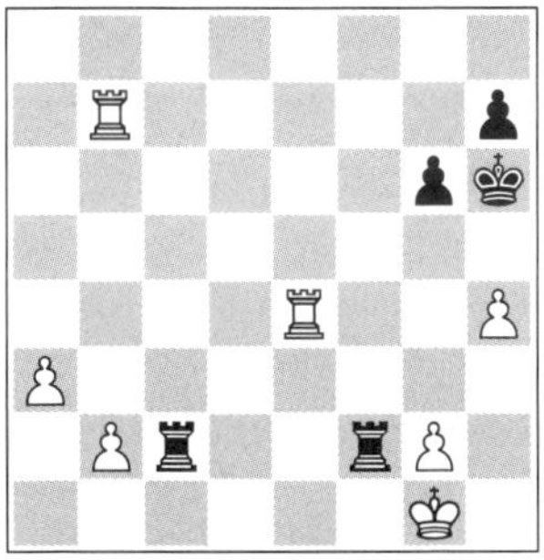

Analysediagramm

40.g4!, und der schwarze König zappelt im Mattnetz) 34.♘f6+ ♔f7 35.♘xh7 ♘xb2 36.♘g5+ ♔f6 37.h4 ♘c4 38.♖e6+ ♔g7 39.h5! gxh5 (39...♔h6 40.♖xg6+ ♔xh5

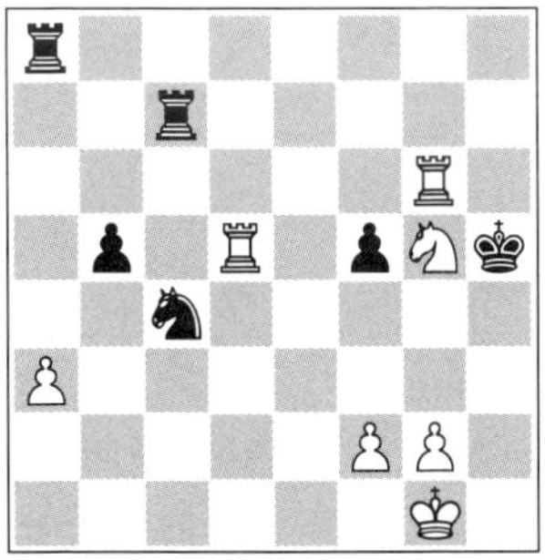

Analysediagramm

41.♖f6! ♔xg5 42.♖dxf5+ ♔h4 43.♖g6 ♖h8 44.♔h2 nebst 45.g3 matt) 40.♖xf5 ♘xa3 41.♖ef6 gefolgt von 42.♘e6. Wiederum arbeiten die weißen Kräfte bei reduzierter Figurenzahl auf dem Brett glänzend zusammen, während der schwarze König sich nirgendwo verstekken kann.

33. ♘e4xf6+ ♔g8-f7

Oder 33...♔g7 34.♖de6.

34. ♖d6-e6 ♘c4xb2

35. ♘f6xh7 ♘b2-d3

35...♖xa3? verliert wegen 36.♘g5+ ♔g7 37.♖6e2.

36. ♘h7-g5+ ♔f7-g7

37. ♖e1-f1 ♔g7-h6

Nach 37...♖xa3 38.♖b6 ♔h6 39.♖xb5 behält Weiß zwei gesunde Mehrbauern.

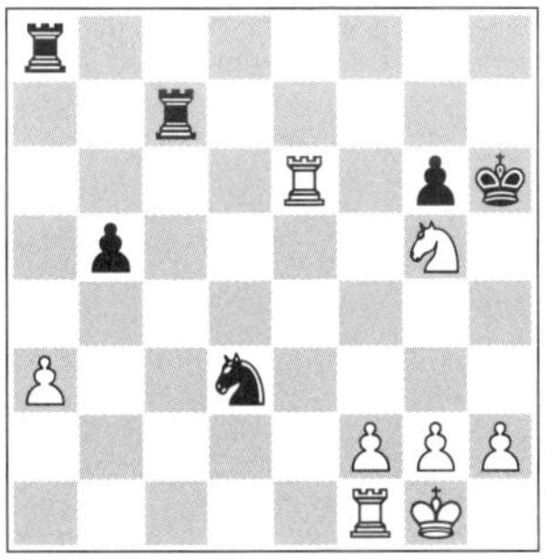

38. ♖e6-e3! ♘d3-f4

Die Taktik arbeitet weiterhin für Weiß: So verliert 38...♖xa3 wegen 39.♘e6 nebst 40.♖h3 matt.

39. h2-h4 ♖c7-a7

40. g2-g3 ♘f4-d5

41. ♖e3-d3 ♘d5-f6

42. ♖f1-b1 ♖a7xa3

43. ♖d3xa3 ♖a8xa3

44. ♖b1xb5

Der Rauch hat sich verzogen. Weiß hat in einem leicht gewonnenen Endspiel zwei Mehrbauern.

44. ... ♖a3-a7

45. ♔g1-g2 ♔h6-g7

46. ♖b5-c5 1-0

Opfer eines isolierten Bauern zwecks Gewinn des Läuferpaars und Ergreifung der Initiative

Das folgende Beispiel passt auch in die Rubrik "Aktives Figurenspiel", wenngleich Kramnik dabei seinen Isolani opferte.

QG 11.14 (D27) **PARTIE 30**

Wladimir Kramnik

Robert Hübner

Dortmund 2000 (8)

1. d2-d4 d7-d5

2. ♘g1-f3 ♘g8-f6

3. c2-c4 d5xc4

4. e2-e3 e7-e6

5. ♗f1xc4 c7-c5

6. 0-0 a7-a6

7. ♗c4-b3

Eine der Hauptvarianten des Angenommenen Damengambits.

7. ... c5xd4

Die anderen Hauptzüge sind hier 7...b5 oder 7...♘c6.

8. e3xd4 ♘b8-c6

9. ♘b1-c3 ♗f8-e7

10. ♖f1-e1

Der andere logische Zug, 10.♗g5, wird in den Anmerkungen zu Kramnik-Anand, Partie 34, näher untersucht.

10. ... 0-0

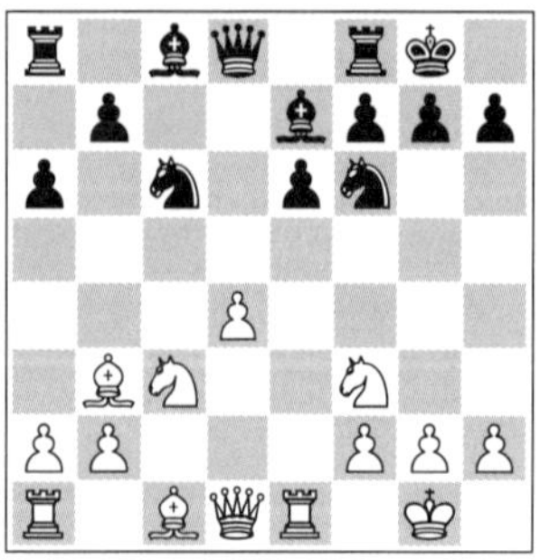

11. h2-h4!?

Kramnik wird sofort am Königsflügel aktiv und ist dabei zu einem Bauernopfer bereit. Hier gibt es viele andere logische Möglichkeiten:

A) Ich selbst spielte gegen Anand in Wijk aan Zee 1999 den Zug 11.♗g5. In dieser Partie folgte 11...b5 12.d5 (Weiß entledigt sich seines schwachen Bauern in der Hoffnung, dass er nach der Tauschserie im Zentrum dank seiner besser entwickelten Figuren in einer ansonsten symmetrischen Stellung die Oberhand haben wird) 12...♘xd5 13.♗xd5 exd5 14.♕xd5 ♕xd5 15.♘xd5 ♗xg5 16.♘xg5 ♗b7 17.♘e4 (die Stellung sieht sehr remislich aus; aufgrund seiner gut postierten Springer und der potenziell schwachen schwarzen Damenflügelbauern hat Weiß jedoch einen winzigen Vorteil) 17...♖fd8 18.♖ad1 ♘d4 (Schwarz will ein paar Figuren tauschen, um die weiße Initiative zu neutralisieren) 19.♘b6 (viel besser war 19.♘c7! ♖ac8 (der taktische Trick 19...♘e2+ hilft nach 20.♔f1 ♖xd1 21.♖xd1 ♖c8 22.♘c5 nicht) 20.♘c5! (die taktische Pointe von 19.♘c7!) 20...h6 (20...♖xc7 21.♖xd4) 21.♘xb7 ♘e2+ 22.♔f1 ♖xd1 23.♖xd1 ♖xc7 24.♔xe2 ♖xb7 25.♖d6, und wegen seines aktiven Turms behält Weiß Endspielvorteil) 19...♖ab8 20.♘c5 ♗c6 21.♘bd7 ♗xd7 22.♖xd4 ♗e6, wonach die Friedenspfeife geraucht wurde.

B) 11.♗f4 (bereitet den Durchbruch d4-d5 vor) 11...♘a5 (11...b5 12.d5 ist besser für Weiß) 12.♗c2 (das sofortige 12.d5 bringt nicht viel ein, da Schwarz nach 12...♘xb3 13.♕xb3 durch das Damenopfer 13...♘xd5 (auch 13...exd5 14.♖ad1 ♗e6 15.♕xb7 ♗d6 ist okay) 14.♖ad1 ♘xf4! 15.♖xd8 ♖xd8 16.♖d1 ♘d5! 17.♘xd5 exd5 18.h3 (oder 18.♖xd5 ♗e6) 18...b5 dynamisches Gleichgewicht erzielen kann) 12...b5 13.d5! (ein thematisches Bauernopfer, das sehr große Ähnlichkeit mit Kramnik-Anand, Partie 33, weiter unten aufweist) 13...exd5 14.♕d3 (Weiß stellt direkte Drohungen gegen den schwarzen König auf. In Betracht kam auch die Besetzung des Vorpostens d4 mit der positionellen Fortsetzung 14.♘d4, was den Springer a5 nicht ins Spiel zurückkommen lässt) 14...♘c6! 15.♗c7 ♕d7 (15...♕xc7?? wäre ein schrecklicher Patzer wegen 16.♘xd5) 16.♘e5 ♘xe5 17.♗xe5 g6 18.♗xf6 (Weiß beschließt, den geopferten Bauern zurückzugewinnen. Es war auch möglich, mit 18.♕d4 ♕d8 19.♗b3 ♗e6 20.♖ad1 die Spannung aufrechtzuerhalten.) 18...♗xf6 19.♘xd5 ♗g7. In Kasparow-Anand, Wijk aan Zee 1999 konnte Weiß aus seinem dominanten Springer kein Kapital schlagen und willigte bald in die Punkteteilung ein.

Die Alternative 11.a3 wird später im Buch unter die Lupe genommen (siehe Kramnik-Anand, Partie 33).

11. ... ♘c6-a5

Der weiße Läufer muss von der Diagonale a2-g8 vertrieben werden. Im Fall des sofortigen 11...b5?! erhält Weiß nach dem thematischen 12.d5! exd5 13.♘xd5 ♘xd5 14.♗xd5 ernstzunehmende Initiative. Auch wenn die Bauernstruktur symmetrisch ist und es den Anschein haben mag, dass Schwarz nach ein paar Zügen Ausgleich erreichen wird, hat Weiß starke Initiative. Die folgende Variante demonstriert sein Angriffspotenzial:

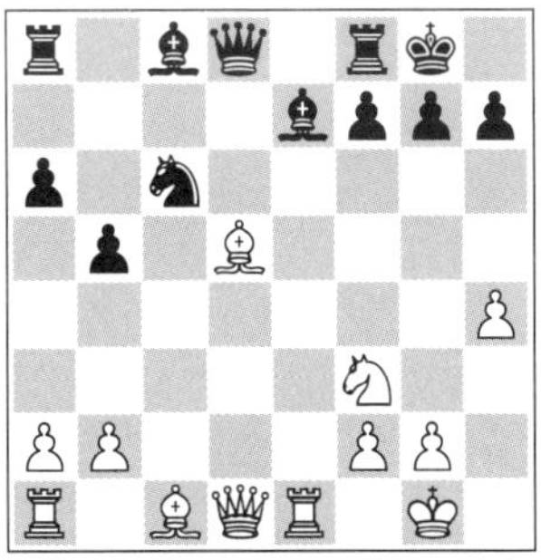

Analysediagramm

14...♗b7 15.♗g5! ♗xg5 16.♘xg5 h6 17.♘xf7! ♖xf7 18.♗xf7+ ♔xf7 19.♕b3+ ♔f8 20.♖ad1. Die weißen Kräfte beherrschen das Brett. Schwarz kann sich gegen die zahlreichen Drohungen nicht verteidigen: 20...♕c7 (20...♕f6 verliert wegen 21.♖d7 ♖b8 22.♖e6 ♕f5 23.♕e3! ♔g8 24.♕g3) 21.♕e6 ♖d8 22.♖xd8+ ♕xd8 23.♖e4 ♕b8 24.g3 mit Gewinn.

12. ♗b3-c2 b7-b5

13. ♕d1-d3 ♗c8-b7

14. h4-h5!?

Eine interessante Idee, die ein Bauernopfer beinhaltet. Das Standardmanöver 14.♗g5 g6 15.♘e5 bringt nach 15...♘c6 oder 15...♖c8 nichts ein.

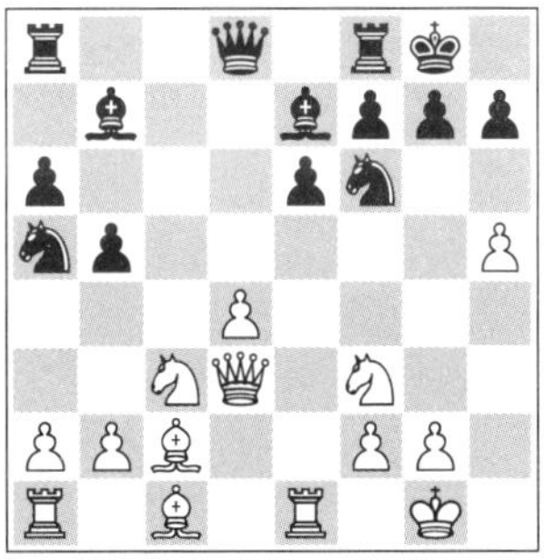

14. ... ♗b7xf3!

Schwarz entscheidet sich richtigerweise für die Annahme des Bauernopfers. Andere Züge würden einen unangenehmen Angriff erlauben. Im Fall von 14...♘c4 15.h6 muss Schwarz eine Schwächung seiner Bauernstruktur am Königsflügel in Kauf nehmen oder den Bauern (nach 15...g6) auf g6 stehen lassen, was verschiedene taktische Wendungen in den Bereich des Möglichen rückt.

Die Unterbindung des weiteren Vorrükkens des weißen h-Bauern mit 14...h6 bringt einige neue Nachteile mit sich: 15.♘e5! (unterhaltsam, aber im Vorteilssinne unzureichend ist 15.♗xh6!? ♗xf3! (nicht 15...gxh6? 16.♖xe6 ♖e8 17.♘e5!

nebst 18.♖xf6 und 19.♕h7+) 16.♗g5 ♗xh5 17.♗xf6 ♗g6 18.♗xe7 ♕xe7 19.♕e2 ♗xc2 20.♕xc2, wie in Stocek-Jirovsky, Tschechische Meisterschaft, Karlsbad 2004) 15...♘c4 16.♘g4 ♖e8 (der einzige Zug)

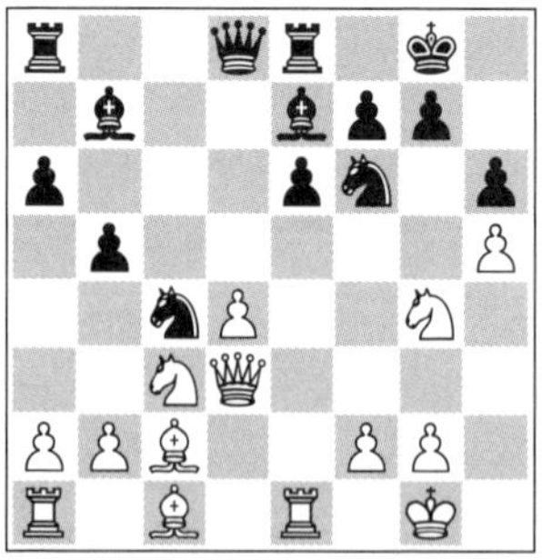

Analysediagramm

17.♖xe6! (ein typisches taktisches Motiv) 17...fxe6 (wenn Schwarz das Opfer ablehnt, steht Weiß nach 17...♔f8 18.♘xf6 ♗xf6 19.♖xe8+ ♕xe8 20.♗f4 ♕e6 21.d5 klar besser) 18.♗xh6! mit vernichtendem Angriff.

15. ♕d3xf3 ♕d8xd4

16. ♗c1-f4

Für den geopferten Bauern hat Weiß das Läuferpaar, einige Angriffsmöglichkeiten am Königsflügel und ein paar Tempi in Verbindung mit der exponierten schwarzen Dame erhalten.

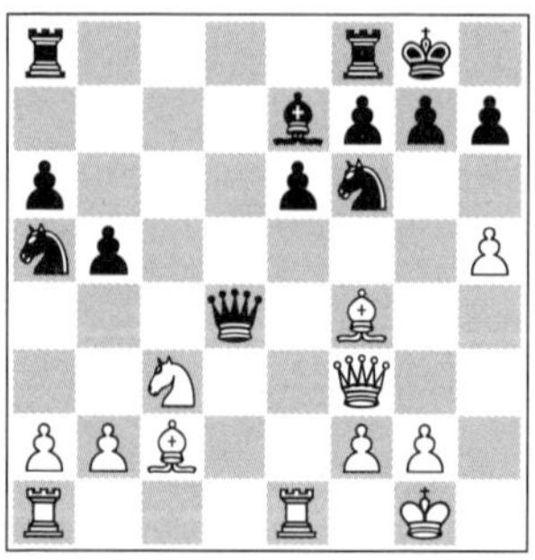

Objektiv gesehen hat Weiß aller Wahrscheinlichkeit nach gerade genug Kompensation für den Bauern, aber nicht mehr. In einer praktischen Partie bringen derartige intuitive Opfer jedoch häufig Erfolg. Im vorliegenden Fall verliert Hübner bald den Faden.

16. ... b5-b4?

Sehr wahrscheinlich war es besser für Schwarz, mit 16...h6! den weißen h-Bauern zu stoppen und einige taktische Wendungen auszuschalten. Außerdem wäre der Bauer h5 nun eine neue Schwäche, um die sich der Anziehende Sorgen machen müsste, was sehr wichtig ist. Es ist nun nicht leicht für Weiß, hier hinreichende Kompensation nachzuweisen, was der Grund dafür sein mag, dass Kramnik dieses Bauernopfer nie wiederholte.

Eine mögliche Folge wäre 17.♖ad1 ♕c5 18.♕g3 ♘xh5 19.♕d3 ♘f6! (19...♕f5 20.♕xf5 exf5 21.♘d5 ♘xf4 22.♘xe7+ ♔h7 23.g3 ♘h5 24.♗xf5+ g6 25.♗e4 ♖ad8 26.♘d5 ♔g7 27.♘c7 ♘f6 mit gleichem Spiel, Barejew-Rublewski, Montecatini Terme 2000) 20.♘e4 ♕f5!. Schwarz wehrt die weißen Drohungen ab und behält Materialvorteil.

17. ♖a1-d1! ♕d4-c4

Weiß hat die Initiative ergriffen. Andere Damenzüge können die Probleme des Nachziehenden ebenfalls nicht lösen, z.B. 17...♕c5 18.♖e5, und nun:

A) In Yermolinsky-Kaidanov, Meisterschaft der USA, Seattle 2000, demonstrierte Weiß auf sehr schöne Art sein Angriffspotenzial: 18...♕b6 19.♕g3! bxc3 20.♗h6 g6 (nach 20...♘e8 21.♗xg7! ♘xg7 22.h6 ♗f6 23.hxg7 ♗xe5 24.gxf8♕+ ♔xf8 25.♕xe5 steht Weiß besser) 21.hxg6 fxg6 22.♗xg6 ♔h8 23.♗xh7! ♖f7 24.♗g6 ♖g8 25.♗e3! c2 26.♖c1 ♕xb2, und nun verpasste Weiß die Gelegenheit, die Partie stilgemäß mit 27.♕h2+! ♖h7 28.♗xh7 ♘xh7 (28...♘g4 verliert wegen 29.♕h3 ♘xe5

30.♗g6+ mit Matt in wenigen Zügen) 29.♖h5 ♖g7 30.♖xc2! (30.♖xa5 gewinnt auch, aber der Textzug ist brutaler) nebst Matt nach 30...♕xc2 31.♕b8+ ♖g8 32.♗d4+ ♗f6 33.♗xf6+ zu beenden.

B) 18...♕c6 19.♕g3! (diese thematische Angriffsidee funktioniert auch hier) 19...bxc3 20.♗h6 ♘e8 21.♗xg7 ♘xg7 22.h6 ♗f6.

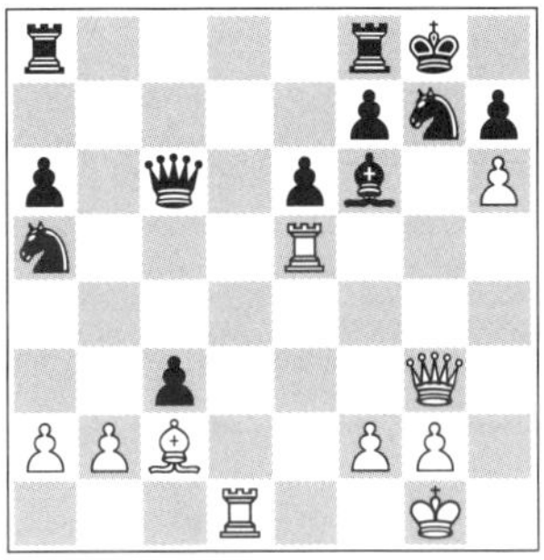

Analysediagramm

Hier beschließt Weiß den Angriff mit 23.♖h5!! (nicht 23.♖g5? ♖fd8! 24.♖xg7+ ♔f8) 23...♖fd8 24.♖xd8+ ♖xd8 25.hxg7 ♗xg7 26.♖xh7 ♖d1+ 27.♔h2.

18. ♗c2-d3 ♕c4-c6
19. ♘c3-e4 ♘f6-d5
20. ♗f4-e5 f7-f5

Nach nur wenigen Zügen findet sich der schwarze König, der nur über sehr wenige Verteidiger verfügt, in einem schrecklichen Angriff wieder.

Auch 20...f6 21.♗d4 bringt keine Abhilfe.

21. ♕f3-g3 ♖f8-f7

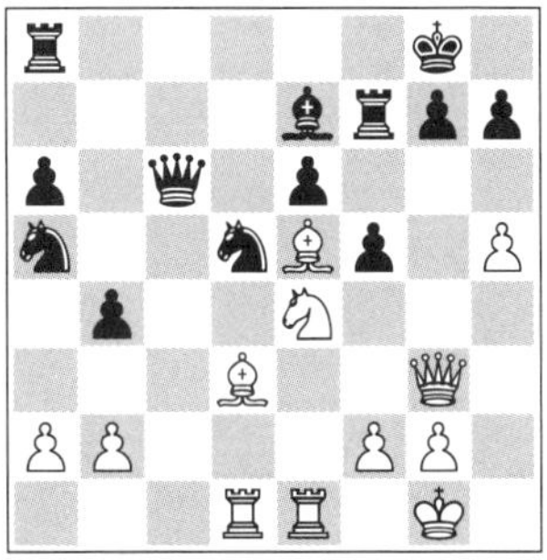

22. ♘e4-d2!

Der Springer ist auf dem Weg nach d4.

22. ... ♘a5-b7
23. ♘d2-f3 ♘b7-c5
24. ♘f3-d4 ♕c6-b6

Die Stellung ist reif für eine taktische Lösung.

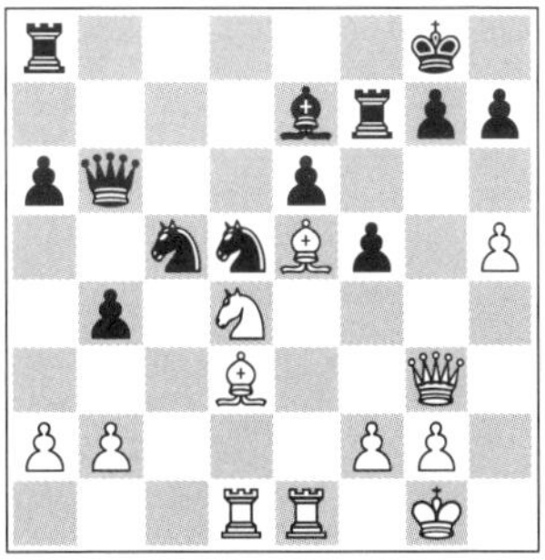

25. ♘d4xf5! e6xf5

Der Übergang ins Endspiel mit 25...♘xd3 26.♘h6+ ♔f8 27.♘xf7 ♕xf2+ 28.♕xf2 ♘xf2 29.♔xf2 ♔xf7 ist hoffnungslos.

26. ♗d3-c4 ♘d5-f6
27. ♗e5-c7! 1-0

Ein schöner Schlusszug. Der von Kramnik durchgeführte Angriff ist lehrreich und für diesen Stellungstyp recht thematisch.

Struktur 2.9

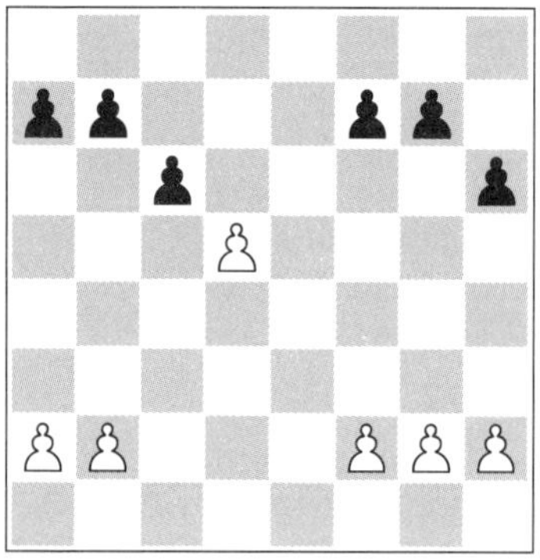

Opfer eines isolierten Bauern durch den thematischen Durchbruch d4-d5

Einer der wichtigsten strategischen Pläne für die Seite mit dem Isolani besteht darin, diesen vorübergehend zu opfern (meist mit d4-d5 bzw. d5-d4 für Schwarz) und dafür hervorragendes Figurenspiel zu erhalten. Bei guter Umsetzung dieser Strategie ist die entwickelte Initiative viel mehr wert als die kleine Materialinvestition. Das Durchbruchsopfer des isolierten Bauern ist eines der sehr wichtigen typischen Motive in diesem Stellungstyp. In den nächsten Partien wird eine Reihe lehrreicher Beispiele vorgestellt.

In der folgenden Partie von Kasparow hatte Weiß stets die Möglichkeit, seinen Bauern bei besserem Spiel schnell zurückzugewinnen. Auch wenn es sich also gar nicht um ein richtiges Opfer handelte, hinterlässt das "Powerplay" Kasparows, der den Bauern geraume Zeit auf d5 hängen ließ und Timman nie Gelegenheit gab, ihn günstig zu schlagen, einen starken Eindruck. Später werden wir auch einige Beispiele für das "echte" Bauernopfer untersuchen.

♦

RG 6.5 (C42) **PARTIE 31**

Garri Kasparow

Jan Timman

Amsterdam 1994 (5)

1.	**e2-e4**	**e7-e5**
2.	**♘g1-f3**	**♘g8-f6**
3.	**♘f3xe5**	**d7-d6**
4.	**♘e5-f3**	**♘f6xe4**
5.	**d2-d4**	**d6-d5**
6.	**♗f1-d3**	**♘b8-c6**
7.	**0-0**	**♗f8-e7**
8.	**♖f1-e1**	

Die andere Hauptvariante lautet 8.c4 ♘b4; ein neuerer Versuch aus der Küche von Topalow und Tscheparinow ist 8.♘c3.

8.	**...**	**♗c8-g4**
9.	**c2-c4**	**♘e4-f6**

Nach der Unterminierung dieses Springers mit 9.c4 ist dies mehr oder weniger erzwungen.

10. ♘b1-c3

Die Aufhebung des Drucks im Zentrum mit 10.cxd5 versprach Weiß nach

10...♗xf3 (oder 10...♘xd5) 11.♕xf3 ♕xd5 keinen Eröffnungsvorteil.

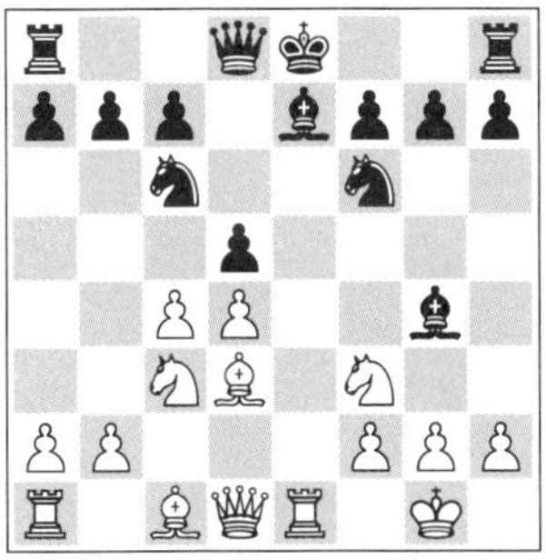

10. ... d5xc4

Schwarz hebt den Druck im Zentrum auf und geht sofort in eine Isolanistellung über. Dieser Plan ist mit dem – von Kasparow glänzend ausgebeuteten – Nachteil behaftet, dass die übliche Blockade auf d5 nicht aufrechterhalten wird, was Weiß taktische Möglichkeiten in Verbindung mit dem Vorstoß d4-d5 an die Hand gibt. Nach dieser Partie ist 10...dxc4 kaum noch gespielt worden.

Ich selbst habe Erfahrung mit 10...0-0. Schwarz geht in eine ähnliche Isolanistellung über, behält dabei aber die Blockade des Feldes d5 eine Zeitlang aufrecht, so dass Weiß seine Initiative nicht so leicht entfalten kann.

In der Partie Schirow-Sokolov, Las Vegas 1999, folgte 11.cxd5 ♘xd5 12.h3 ♗e6 13.a3 ♗f6 14.♘e4

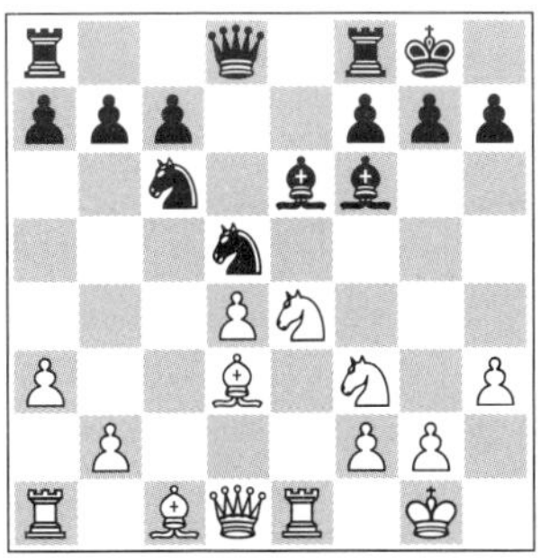

Analysediagramm

14...♗f5! 15.♕b3 ♘b6 16.d5 ♗xe4 17.♗xe4 ♘e7 (der Springer strebt auf das ideale Blockadefeld d6) 18.♗e3 ♘ec8 19.♖ac1 ♘d6 20.♗b1 ♕d7 mit mehr oder weniger ausgeglichener Stellung.

Schwarz kann das vorübergehende weiße Bauernopfer auch mit 10...♗xf3 11.♕xf3 ♘xd4 annehmen. Nach 12.♕d1 ♘e6! tut Weiß sich schwer, in einer dynamischen Stellung etwas Greifbares nachzuweisen. In der Spitzenpartie Morosewitsch-Gelfand, Weltmeisterschaft, Mexiko 2007, ging es weiter mit 13.♗f5 (13.cxd5 ♘xd5 14.♗b5+ c6 15.♘xd5 cxb5 16.♕b3 0-0 17.♘xe7+ (17.♗f4 war ein interessanter Versuch von Naiditsch gegen Kramnik in Dortmund 2008) 17...♕xe7 18.♕xb5 a6 führte in Kasparow-Karpow, 15. WM-Partie, Moskau 1985, zu gleichem Spiel) 13...d4!? (Ein ehrgeiziger Versuch von Gelfand, dynamisches Spiel zu behalten. Mit dem vorher gespielten 13...dxc4 14.♕a4+ c6 15.♗xe6 fxe6 16.♕xc4 0-0 17.♕xe6+ ♖f7 18.♗e3 ♕d6 hatte Weiß keinen Vorteil nachweisen können; in Anand-Kramnik, Mainz 2001, einigte man sich danach bald auf Remis) 14.♘e2 d3! 15.♘f4 ♘d4 16.♗xd3 0-0 17.♗e3 ♗c5!? (Ein verantwortungsvoller Zug, der sich auf taktische Ressourcen verlässt. Nach 17...c5 18.♗xd4 cxd4 19.♕f3 hätte Weiß einen risikofreien Vorteil) 18.♕b1 (18.b4? ist ein Patzer wegen 18...♗xb4 19.♗xd4? ♗xe1) 18...♕d6! 19.♖d1 ♕e5! (die taktische Verteidigung geht weiter) 20.♗xh7+ (falsch wäre 20.b4? wegen 20...♘f3+! 21.gxf3 ♗xe3) 20...♘xh7 21.♘d3 ♕f5 (Schwarz hätte mit 21...♘e2+ 22.♔h1 (mit 22.♔f1?! würde sich Weiß nach 22...♕xh2 23.♘xc5 ♘f4 nur Ärger einhandeln) 22...♘g3+! 23.♔g1

(23.hxg3? ist ein Fehler wegen des einfachen 23...♕h5+ 24.♔g1 ♗xe3, wonach Weiß mit einer ruinierten Bauernstellung verbleibt) 23...♘e2+ mit Dauerschach Remis forcieren können) 22.♘xc5 ♘c2 23.b4, und nun unterlief Schwarz mit 23...♕g6? (richtig war 23...♖fe8) ein taktisches Versehen...

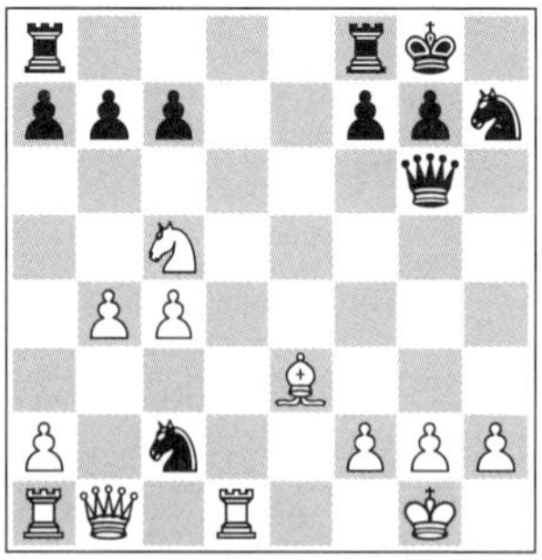

Analysediagramm

...das Weiß mit 24.♘e6! fxe6 25.♖d2 hätte ausnutzen können, wonach Weiß den Springer auf c2 schlägt und mit einem gesunden Mehrbauern verbleibt.

11. ♗d3xc4 0-0

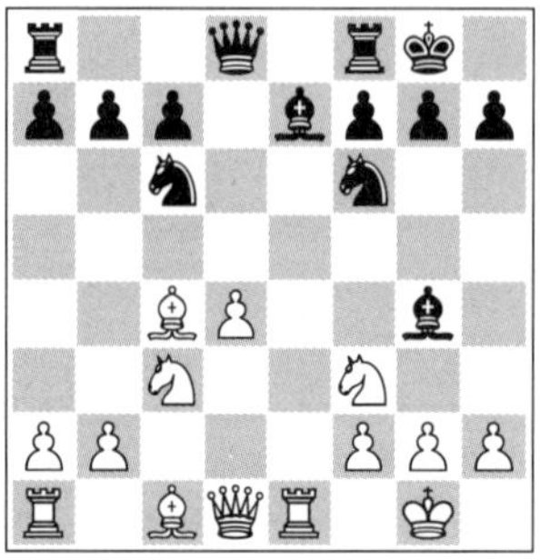

12. d4-d5!

Zweifellos hatte Kasparow seinen 12. Zug einer gründlichen Analyse unterzogen. In seinem Wettkampf gegen Karpow im Jahre 1984 hatte er mit 12.♗e3 fortgesetzt, was nach dem korrekten 12...♗xf3! 13.♕xf3 ♘xd4 14.♗xd4 ♕xd4 15.♖xe7 ♕xc4 16.♕xb7 c6 17.♕b3 ♕xb3 18.axb3 ♖ab8 19.♖a3 ♖fe8 20.♖xe8+ ♘xe8 zu Ausgleich und Friedensschluss führte.

12. ... ♘c6-a5!?

Die herausforderndste Erwiderung. Im Fall von 12...♘b8 13.h3 ♗h5 14.g4 ♗g6 15.♗f4 oder 12...♘b4 13.a3 ♗xf3 14.gxf3 ♘a6 15.♗f4 ♗d6 16.♗g3 hätte Weiß einen soliden, risikofreien Vorteil.

13. ♗c4-d3 c7-c6

14. h2-h3!

Weiß muss hier energisch handeln, um die Initiative zu ergreifen. Im Fall von 14.dxc6 ♘xc6 hat Schwarz bequemen Ausgleich.

14. ... ♗g4-h5

Wenn Schwarz sich für das Schlagen des Bauern d5 mit 14...♗xf3? 15.♕xf3 cxd5 (das Schlagen des Bauern mit dem Springer verbessert die Lage nicht: 15...♘xd5? 16.♘xd5 cxd5□ 17.♖e5! ♘c6 (17...d4? würde nach 18.♖d5! ♕b6 (oder 18...♕c7 19.♗f4) 19.♕e4 eine Figur verlieren) 18.♖xd5 mit großem Vorteil für Weiß) entscheidet, erhält Weiß nach 16.♗g5 ♘c6 17.♗xf6 ♗xf6 18.♘xd5 den Bauern unter Beibehaltung der Initiative zurück, wie in der Partie Gutman-Hergott, Graz 1987.

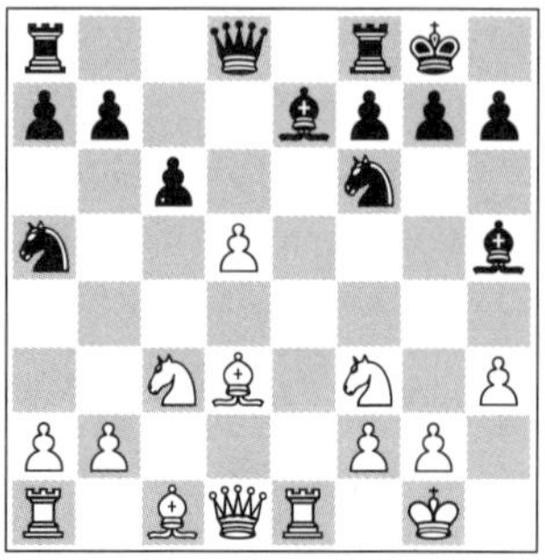

15. ♖e1-e5!

Der Schlüsselzug, der von Kasparow wahrscheinlich im stillen Kämmerlein vorbereitet wurde. Weiß setzt seinen Angriff auf sehr raffinierte Weise fort, indem er Drohungen auf der fünften Reihe mit Drohungen gegen den schwarzen König kombiniert.

15. ... ♗h5-g6

In schwieriger Stellung wählt Timman die natürlichste Fortsetzung. Die anderen Züge wären wahrscheinlich in Kasparows häusliche Vorbereitung gelaufen und lösen die Probleme nicht; z.B.:

A) 15...cxd5 16.♘xd5! ♗xf3 17.♕xf3 ♘c6 18.♘xe7+ ♘xe7 19.♗g5 mit massivem Vorteil.

B) Die wohl prinzipiellste Antwort, 15...♗d6, lässt einen starken Angriff zu:

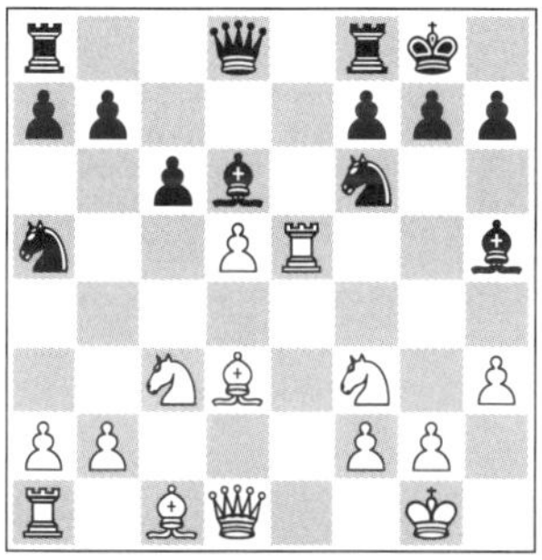

Analysediagramm

16.♖xh5! ♘xh5

B1) Nun scheint das thematische 17.♗xh7+ ♔xh7 18.♘g5+ nach 18...♔g6 19.♕d3+ f5 20.♘e6 nicht zu funktionieren.

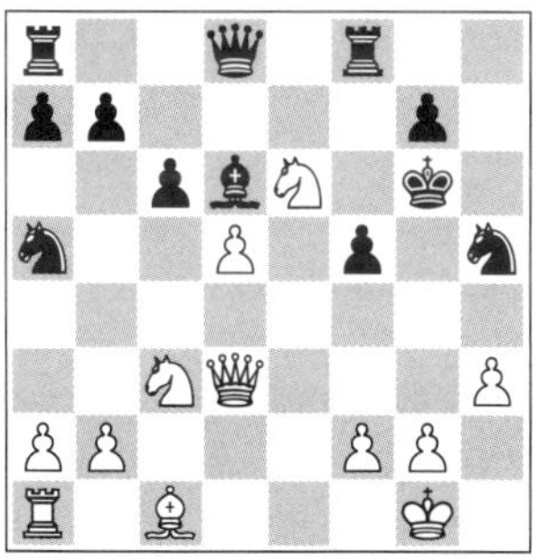

Analysediagramm

B11) Nach 20...♕b8 21.g4! ♘f4 22.♗xf4 ♗xf4 23.♘xf8+ ♕xf8 24.b4! gewinnt Weiß – in vielen Abspielen ist die schlechte Stellung des auf a5 gestrandeten schwarzen Springers ein Schlüsselelement.

B12) 20...♖e8 21.g4.

B13) Im Fall von 20...♕f6 realisiert Weiß einen hübschen Mattangriff mit 21.g4! ♖h8 22.♗g5 ♕f7

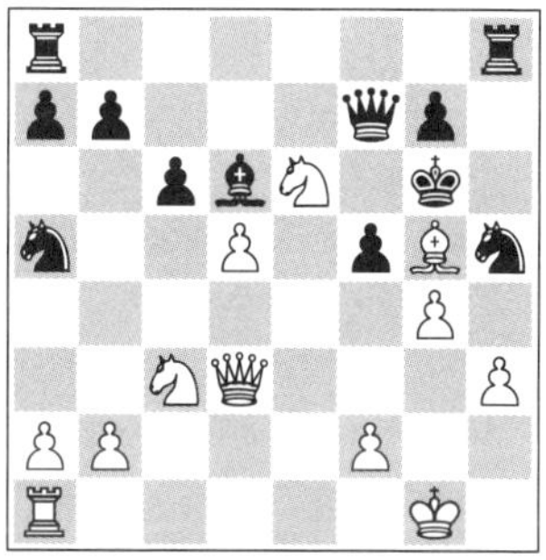

Analysediagramm

23.♘e4!! ♗c7 24.♘f6!.

B14) 20...♕d7!! (der einzige Zug, der aber ausreicht) 21.g4 ♘f6 22.♕xf5+ ♔f7 23.g5 cxd5, und Schwarz gewinnt.

B2) 17.♗g5! ♘f6 (nach 17...f6 18.♗d2 nebst 19.♘d4 verbleibt Schwarz mit zwei schrecklich gestrandeten Springern auf a5 und h5) 18.♘e4 cxd5 (18...♗e7? verliert nach 19.d6 eine Figur) 19.♘xf6+ gxf6 20.♗h6 ♘c6 21.♕a4, und Weiß wird bei anhaltendem Angriff sein Material zurückgewinnen.

C) 15...h6 verliert Material:

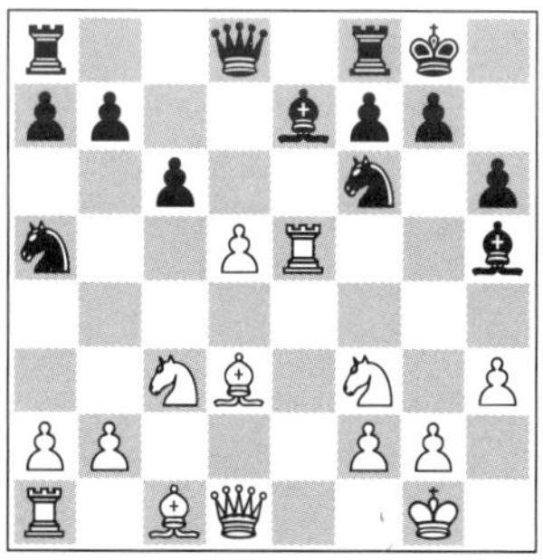

Analysediagramm

16.g4! ♗g6 17.♗xg6 fxg6 18.d6 ♗xd6 19.♖xa5 ♕xa5 20.♕xd6.

16. ♗c1-g5

Kasparow hält seine Initiative schon für wertvoller als nur den klaren Materialvorteil, der durch 16.♗xg6 hxg6 17.d6 ♗xd6 18.♖xa5 ♕xa5 19.♕xd6 einfach zu erhalten war.

16. ... ♗e7-d6!

Der einzige Zug. Im Fall von 16...cxd5? 17.♗xg6 hxg6 18.♘xd5 ♗d6 19.♘xf6+ gxf6 20.♖d5 oder 16...♘xd5? 17.♗xe7 ♘xe7 18.♗xg6 ♘xg6 19.♕xd8 ♖axd8 20.♖xa5 gewinnt Weiß.

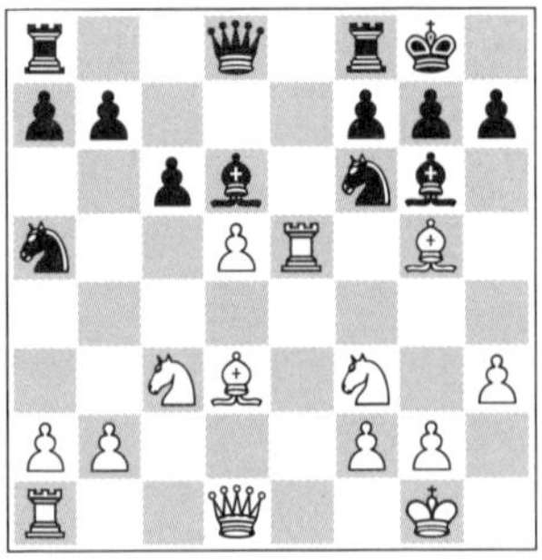

17. ♖e5-e2

Weiß verfügte auch über die recht aussichtsreiche und in meinen Augen besser als der Textzug aussehende Fortsetzung 17.♗xg6! hxg6 (17...♗xe5 verliert wegen 18.♗xf7+ ♖xf7 19.♘xe5) 18.♖e4!, und wiederum macht die schreckliche Stellung des gestrandeten Springers auf a5 dem Nachziehenden das Leben extrem schwer.

17. ... ♗d6-b4

18. ♗g5xf6! g7xf6

Die andere Möglichkeit war, in dem Endspiel nach 18...♕xf6 19.♗xg6 ♕xg6 (schlecht ist 19...hxg6? wegen 20.♘e4 ♕d8 21.d6!) 20.♘e5! (im Fall von 20.♕d4 c5 21.♕f4 ♗xc3 22.bxc3 ♕d3 oder 20.♕a4 ♗xc3 21.bxc3 b6 hat Schwarz ordentliche Überlebenschancen) 20...♕d6 (20...♕f5 21.♕a4 ♗xc3 22.bxc3 b6 23.dxc6±) 21.dxc6± ♕xd1+ 22.♖xd1 ♘xc6 23.♘xc6 bxc6 zu leiden.

19. ♖a1-c1!

Weiß bringt seine letzte Figur ins Spiel, was in vielen Varianten die schlechte Stellung des schwarzen Springers a5 betont.

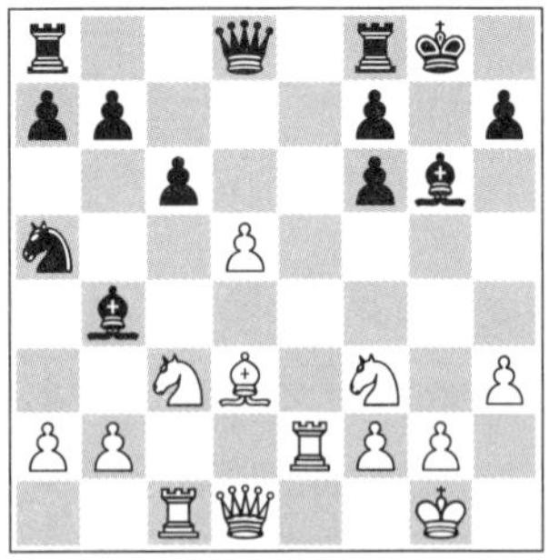

19. ... ♖a8-c8

Danach kann Weiß seine Figuren weiter aktivieren und die schlechte Stellung des schwarzen Springers auf a5 unterstreichen. Andere Züge hätten die Probleme indes auch nicht gelöst, z.B.: 19...♗xc3 20.♖xc3 cxd5 (im Fall von 20...♕xd5? würde Schwarz nach 21.♖d2 ♕e6 22.b4 ♗xd3 23.♖dxd3 ♘c4 24.♘d4 ♕d5 25.♘b3 ♕b5 26.♕g4+ den Springer a5 einbüßen) 21.♗xg6 hxg6 22.♘h4! (Der Schlüsselzug, der den Druck weiter verstärkt. 22.♖d3 ♘c6 23.♖xd5 ♕b6 würde wahrscheinlich zum Remis führen) 22...♖e8 (falls 22...♖c8?, so verbleibt Schwarz nach 23.♖xc8 ♕xc8 24.♘xg6 fxg6 25.♕xd5+ einfach mit einem Bauern weniger, während der Versuch, das Material zu behalten, Weiß nach 22...d4 23.♖g3 ♕d5 24.♕d3 ♕h5 25.♖e4 ♖fe8 26.♖eg4 vernichtenden Angriff gäbe) 23.♖xe8+ ♕xe8 24.♘xg6 fxg6 25.♕xd5+ ♔h8 26.♕xa5 ♕e1+ 27.♔h2 ♕xf2 28.♕b4, und Schwarz muss eine schwierige Stellung verteidigen.

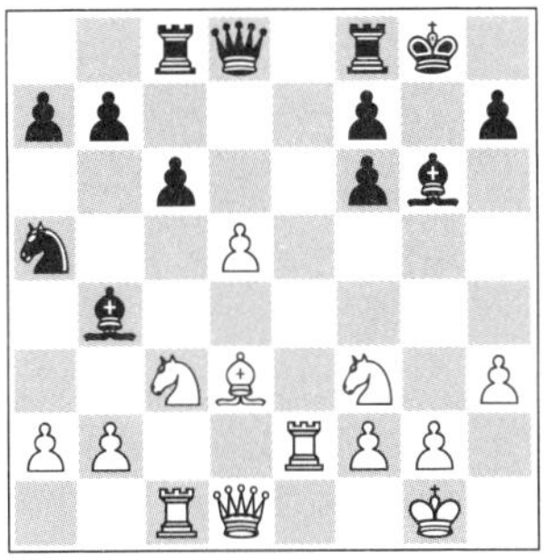

20. ♘c3-e4!

Wegen der schrecklichen Stellung des schwarzen Springers auf a5 und der generell unbeholfen postierten schwarzen Figuren arbeiten viele taktische Wendungen zugunsten von Weiß.

20. ... f6-f5

20...cxd5? verliert wegen 21.♖xc8 ♕xc8 22.♘xf6+ ♔h8 23.♗xg6 fxg6 24.♘xd5 ♗d6 25.♕d4+.

21. ♘e4-g3 ♕d8xd5

22. a2-a3

Kasparows Zug unterstreicht erneut die unbeholfene Stellung des Läufers auf b4 und des Springers auf a5. Der Versuch, die Partie mit 22.♕a4!? sofort zu entscheiden, würde nicht so gut funktionieren:

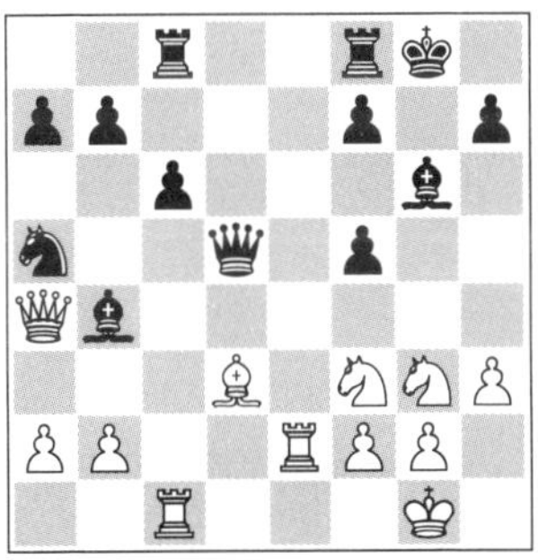

Analysediagramm

A) 22...♕xd3 23.♕xb4 ♕b5 (oder 23...b6 24.h4 h5 25.♕f4) 24.♕f4, und während der schwarze Springer auf a5 im Abseits steht, entwickelt Weiß auf der anderen Brettseite einen tödlichen Angriff.

B) Im Fall von 22...♗d6? 23.♖d2 ♗xg3 24.fxg3 ♖cd8 (oder 24...b6 25.b4 ♘b7 26.♗a6) 25.♗f1 ♕e4 26.♕xa5 ♕e3+ 27.♔h2 würde Schwarz einfach eine Figur verlieren.

C) 22...c5! (der einzige Zug) 23.♖d1 (im Fall von 23.♗b5 a6 24.♗d7 ♖cd8 (nicht 24...b5? 25.♕d1 ♕xd1+ 26.♖xd1 ♖cd8 27.a3 mit weißer Mehrfigur) 25.♖d1 ♕c4 26.♘e5 b5! 27.♘xc4 bxa4 bekommt Weiß ein besseres Endspiel, aber nicht mehr) 23...♖cd8 24.a3 b5! 25.♕xb5 ♕b3 26.♗c2 ♖xd1+ 27.♔h2 ♕xb2 28.♗xd1 ♕xa3 29.♗c2. Weiß hat zwar wegen der deplatzierten schwarzen Figuren am Damenflügel gute Kompensation, aber die Angelegenheit ist immer noch sehr unklar.

22. ... ♗b4-d6

23. ♘g3xf5!

Einfach und stark. Weit weniger überzeugend ist 23.b4 ♗xg3! (Die Räumung des Rückzugswegs für die Dame ist die einzige Verteidigung. Das sofortige 23...♘b3? verliert wegen 24.♗c4 ♘xc1 25.♕xc1! ♗xg3 26.♗xd5 cxd5 27.♕h6 ♗d6 28.h4) 24.fxg3 ♘b3 25.♖e5 (nun führt 25.♗c4 nach 25...♘xc1 26.♗xd5 ♘xe2+ 27.♕xe2 cxd5 zu einer unklaren Stellung) 25...♘xc1 26.♖xd5 cxd5 27.♗f1 ♖fd8 mit scharfem Spiel.

23. ... ♖c8-d8?

Dieser letzte Fehler macht die Sache für Weiß relativ einfach.

A) Unter den gegebenen Umständen war es wahrscheinlich am besten, das mit 23...♗xf5! 24.♗xf5 ♕xd1+ (nicht 24...♕xf5? 25.♕xd6, was wegen des deplatzierten Springers auf a5 im Verein mit der schwachen Königsstellung völlig hoffnungslos für Schwarz ist) 25.♖xd1 ♖cd8 26.♖d4 zu erreichende schwierige Endspiel zu verteidigen.

B) Das "aktive" 23...♘b3? verliert wegen des gleichen Motivs wie in der Partie: 24.♖e5! ♗xe5 25.♘e7+ ♔g7 26.♘xd5 ♘xc1 27.♗xg6 cxd5 28.♗f5 ♘a2 (28...♘b3 verliert wegen 29.♗c2) 29.♗xc8 ♖xc8 30.♕d2 ♖c1+ 31.♘e1.

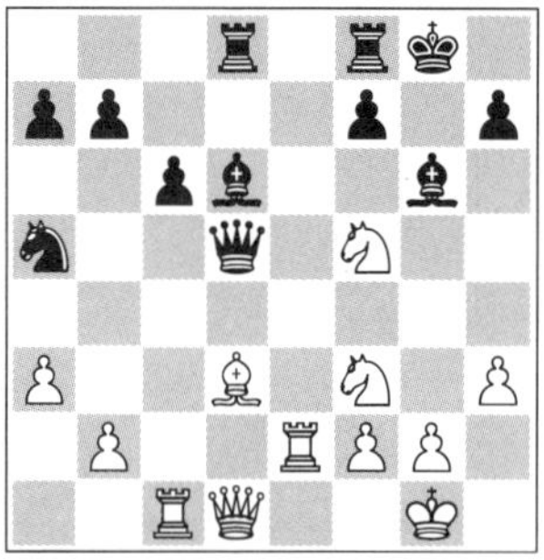

24. ♖e2-e5! ♗d6xe5

Andere Züge verlieren noch schneller: 24...♕b3 25.♖xa5 ♕xd1+ 26.♖xd1 ♗c7 27.♘e7+ ♔g7 28.♘xg6 oder 24...♕xd3 25.♕xd3 ♗xe5 26.♕c2.

25. ♘f5-e7+ ♔g8-g7

26. ♘e7xd5 ♗e5xb2

Im Fall von 26...♖xd5 27.♘xe5 ♖xe5 28.♗xg6 hxg6 29.b4 wird Schwarz einmal mehr an seinen deplatzierten Springer auf a5 erinnert.

27. ♘d5-f4

Der Textzug ist definitiv ausreichend, aber noch überzeugender war wohl 27.♕e2! ♗xc1 28.♕e5+ f6 (nach 28...♔h6 wird Schwarz matt gesetzt: 29.♘f6 ♗xd3 30.♘g4+ ♔g6 31.♘h4+ matt) 29.♕e7+ ♔h6 30.♗xg6 hxg6 31.♘xf6.

27. ... ♗g6xd3

Nach 27...♗xc1 28.♕xc1 ♗xd3 29.♘h5+ ♔h8 30.♕h6 setzt Weiß matt.

28. ♘f4xd3 ♗b2xc1

28...♖xd3 verliert wegen 29.♕xd3 ♗xc1 30.♕c3+.

29. ♕d1xc1 ♖d8xd3

30. ♕c1-g5+

Schwarz gab auf.

Er verliert den Springer a5 und bleibt weiterhin in der Defensive.

Struktur 2.10

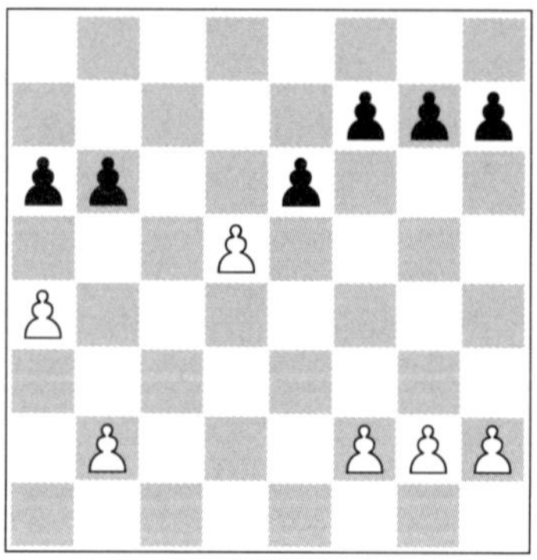

QG 13.15 (D27) **PARTIE 32**

Tigran W. Petrosjan
Boris Spasski

Aljechin-Gedenkturnier, Moskau 1971 (6)

1.	**d2-d4**	**d7-d5**
2.	**c2-c4**	**d5xc4**
3.	**♘g1-f3**	**♘g8-f6**
4.	**e2-e3**	**e7-e6**
5.	**♗f1xc4**	**c7-c5**
6.	**0-0**	**a7-a6**
7.	**a2-a4**	

Dieser Zug galt viele Jahre lang als die Hauptvariante des Angenommenen Damengambits.

7. ... ♘b8-c6

In der sich bald ergebenden Isolanistellung hat Schwarz es in der Regel lieber, wenn Weiß seinen Turm f1 nach d1 entwickelt und nicht nach e1. Neben dem Textzug nimmt Schwarz manchmal auf sofort auf d4, was in der Tat zu der Stellung führt, in der der weiße Turm f1 auf e1 zu stehen kommen wird.

In diesem Abspiel kann ich einige eigene Beispiele zeigen:

7...cxd4 8.exd4 ♘c6 9.♘c3 ♗e7 10.♖e1 0-0 11.♗g5 (ein paar Jahre später versuchte ich bei der K.O.-Weltmeisterschaft in Tripolis gegen Simutowe 11.♗f4 und erhielt nach 11...♘d5 12.♗g3 ♘cb4 13.♘e5 b6 14.♘xd5 exd5 (es hat eine im vorliegenden Buch häufig zu sehenden typische Transformation stattgefunden, und zwar von einer Isolanistellung zu einer symmetrischen Zentrumsstruktur, in der Weiß die Oberhand hat) 15.♗b3 ♗f5 16.♕f3 ♗e6 17.♖ac1 ♖c8 18.♖c3! einen kleinen Vorteil) 11...h6 12.♗h4 ♕b6 13.♕d2 ♖d8 14.♖ad1 ♕a5.

Da Weiß alle Figuren gut entwickelt hat, ist die Zeit reif für den thematischen Durchbruch:

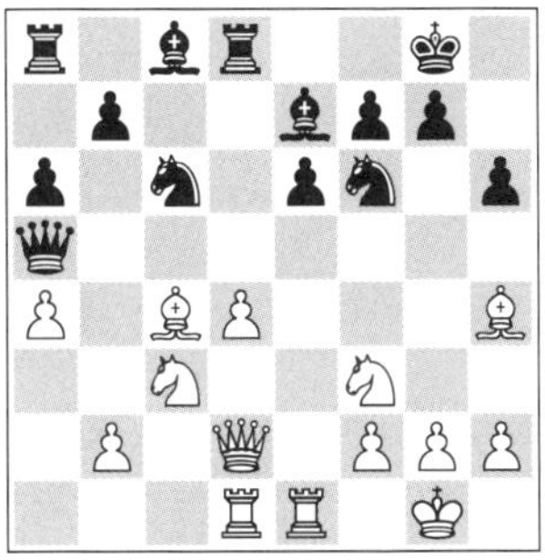

Analysediagramm

15.d5!.

A) Es überrascht nicht, dass die Taktik im Fall von 15...♘xd5 16.♘xd5 ♗xh4 17.♕xa5 ♘xa5 18.♘b6! ♘xc4 19.♘xa8 ♘xb2 20.♖xd8+ ♗xd8 21.♖c1! ♗d7 22.♘e5 ♗c6 23.♘xc6 bxc6 24.♖xc6 mit Gewinn für Weiß arbeitet.

B) Nach 15...exd5 16.♘xd5 ♖xd5 17.♗xd5 ♗b4 18.♕d3 ♗xe1 19.♗xf6 gxf6 20.♕g6+ wird Schwarz matt gesetzt.

C) 15...♕c5 16.♕e2 exd5 17.♗xf6 ♗xf6 18.♖xd5! (besser als 18.♘xd5 ♗f5 19.♘xf6+ gxf6 20.♖c1 ♕a5 mit nur geringem Vorteil für Weiß) 18...♕f8 19.♖xd8 ♗xd8 20.♕e8 g5! (der einzige Zug) 21.♗xf7+ mit klar besserem Spiel für Weiß in Sokolov-Anand, Prag (Eurotel) 2002.

8. ♕d1-e2 c5xd4

Schwarz kann auch die Bauernstruktur im Zentrum intakt halten und mit 8...♕c7 seine Figurenentwicklung fortsetzen, was hier die andere Hauptvariante darstellt. Aus dieser Stellung heraus habe ich mehrere Partien gespielt. In einer davon, gegen Rublewski, Poikowski 2002, folgte 9.♘c3 ♗d6 10.♗d2 0-0.

A) 11.♖ac1 b6, und nun:

A1) Im Fall von 12.dxc5 sollte Schwarz sich nicht vor einer potenziellen Bauernschwäche fürchten und mit 12...bxc5! zurückschlagen.

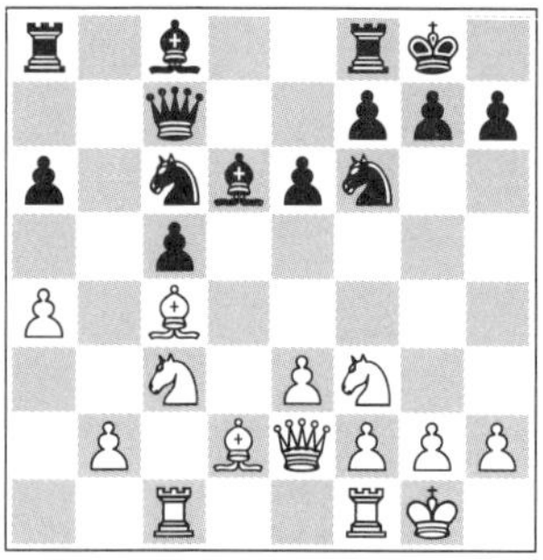

Analysediagramm

Seine gute postierten Figuren und die gute Kontrolle über die Zentralfelder bieten reichlich Kompensation für die optisch geschädigte Bauernstellung am Damenflügel. Objektiv ist die Stellung ungefähr ausgeglichen, z.B. 13.h3 ♗b7 14.♖fd1 ♖fd8 15.♗e1 h6 16.♗d3 ♘e5 17.♘xe5 ♗xe5 18.f3 ♘d5 mit gleichen Chancen, Sokolov-Schirow, Sarajewo 2002.

A2) 12.♗d3 ♗b7 13.♘e4 (Dieser Abtausch stellt hier einen typischen Plan dar. Nach dem Springertausch wird der weiße Läufer auf e4 gut stehen, während der andere Läufer nach c3 entwickelt werden könnte) 13...♘xe4 14.♗xe4 ♕e7 15.♖fd1 ♖ac8 16.dxc5 (sonst spielt Schwarz ...cxd4) 16...♗xc5 (Das Schlagen mit dem Bauern – 16...bxc5? – ist hier nicht so gut, da Weiß nach 17.♗c3 besser steht. Im Vergleich zu meiner Partie gegen Schirow ist es hier der Weiße, der die Zentrumsfelder kontrolliert, während die potenziellen Probleme im Hinblick auf die ramponierte schwarze Bauernstruktur bestehen bleiben) 17.h3 (in Ermangelung von direktem Spiel ist dieser nützliche Zug in der Regel eine gute Idee) 17...♖fd8 18.♗c3 h6 19.♘d2 ♘b4 (der gut postierte weiße Läufer auf e4 muss abgetauscht werden) 20.♗xb7 ♕xb7 21.♕g4 (erzwingt eine Schwächung) 21...f5 22.♕c4 ♘d5 23.♕b3 b5 24.♘f3, und wegen der Schwäche des schwarzen Bauern e6 hatte ich einen kleinen Vorteil.

B) Die andere strategische Möglichkeit ist der sofortige Vorstoß 11.d5!? exd5 12.♘xd5 ♘xd5 13.♗xd5 ♖d8 (Schwarz muss unbedingt verhindern, dass der Anziehende aus seinem gut postierten Läufer Kapital schlägt) 14.h3 (Weiß muss für diesen Zug Zeit aufwenden, da das sofortige 14.e4? wegen 14...♗g4 falsch ist) 14...♗h2+ 15.♘xh2 ♖xd5 16.♗c3 ♗e6 17.♘f3 ♖ad8 18.a5, und wegen seiner besseren Bauernstruktur (die schwarze 3:2-Bauernmehrheit ist festgelegt, während die weiße 4:3-Majorität beweglich ist) hatte Weiß in Kramnik-Anand, Schnellpartie, Monaco 1999, leichten Druck.

9.	**♖f1-d1**	**♗f8-e7**
10.	**e3xd4**	**0-0**
11.	**♘b1-c3**	**♘f6-d5**

Dies ist eine der Hauptstellungen des Angenommenen Damengambits mit 7.a4. Im Vergleich zu vielen anderen normalen Isolanistellungen hat Weiß hier einen Bauern auf a4 (in den meisten anderen Fällen steht dieser Bauer auf a3), was seine Vor- und Nachteile hat. Mit dem Bauern auf a4 steht der weiße Läufer auf c4 ziemlich stabil. Außerdem wird Schwarz mehr Zeit brauchen, um seinen Läufer c8 auf die Diagonale a8-h1 zu stellen, da ...b7-b5 nie möglich ist. Andererseits ist nun das Feld b4 auch auf lange Sicht chronisch schwach und gibt einen schönen Posten für einen schwarzen Springer ab.

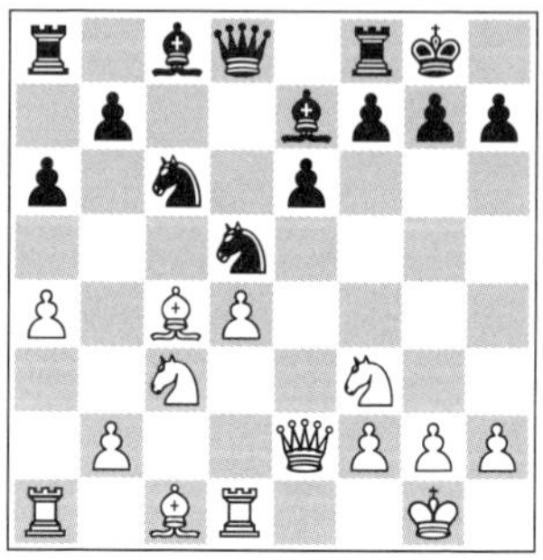

12. ♕e2-e4

Die Hauptvariante.

A) Weiß kann auch zunächst mit 12.♗d2 seinen Läufer c1 entwickeln, was vielleicht etwas zahm ist. Nach 12...♗f6 13.♕e4 ♘cb4 14.h4 ♗d7! (die richtige Entscheidung; Schwarz kommt mit seinem Gegenspiel gerade rechtzeitig) 15.♗g5 (es ist ziemlich offensichtlich, dass Schwarz im Fall von 15.♗xd5 exd5 16.♘xd5 ♘xd5 17.♕xd5 ♗c6 mindestens genug Kompensation für den Bauern hätte) 15...♗c6 16.♕g4 ♗xg5 17.hxg5 ♘xc3! (gibt Weiß keine Gelegenheit, den Springer f3 nach e5 zu stellen) 18.bxc3 ♗xf3 19.♕xf3 ♘d5 erhält Schwarz gleiches Spiel, Sokolov-Van den Doel, Niederländische Meisterschaft, Leeuwarden 2002.

B) Der andere Plan ist die Überführung des Läufers c4 auf die Diagonale b1-h7, auf der er eine wichtige Rolle beim Angriff auf den schwarzen König spielen wird: 12.♗d3 ♘cb4 13.♗b1, und nun:

B1) Ein logischer Plan für Schwarz besteht in der Postierung seines Läufers auf b7 mit 13...b6 14.♘e5 ♗b7, wonach Weiß am besten einem gut bekannten Angriffsplan folgt:

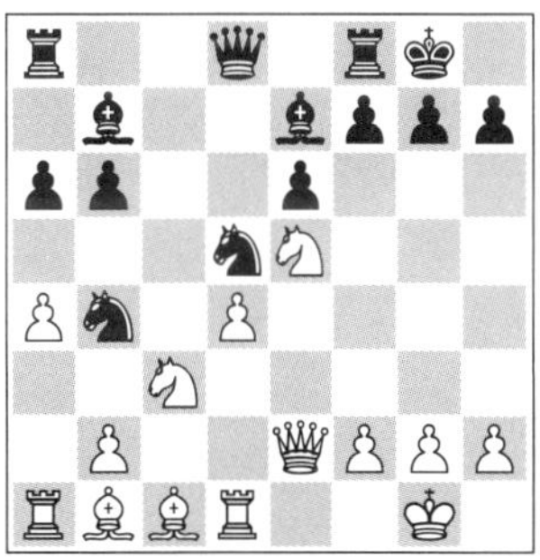

Analysediagramm

15.♖a3!. Die Überführung des Turms auf den Königsflügel führt charakteristischerweise zu einem scharfen Kampf. Dieser Turmschwenk ist eine der Besonderheiten der Isolanistellungen mit dem weißen Bauern auf a4.

Es mag clever erscheinen, zunächst den Springer c3 mit 15.♘e4? ins Zentrum zu stellen und erst dann den Schwenk ♖a3-g3 durchzuführen. Danach verfügt Schwarz jedoch über eine typische Reaktion, die man sich merken sollte, da sie in diesem Stellungstyp meistens funktioniert: 15...f5! 16.♘c3 ♖c8 17.♖a3??.

Dies ist nun, zwei Züge zu spät, ein fürchterlicher Bock.

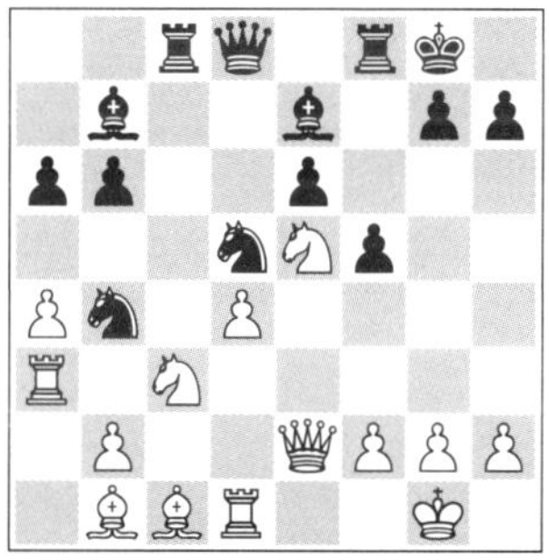

Analysediagramm

17...♘c2! 18.♖a2 (18.♗xc2 verliert nach 18...♗xa3 19.♘xd5 ♕xd5 einfach eine Qualität). Mit dem Textzug hofft Weiß, dass der Nachziehende nichts Besseres als die Zugwiederholung 18...♘cb4 19.♖a3 hat. Zum Leidwesen des Anziehenden gibt es aber in dieser Stellung eine hübsche taktische Lösung: 18...♘xd4! 19.♕e1 (nach 19.♖xd4 ♘xc3 20.bxc3 ♕xd4 21.cxd4 ♖xc1+ 22.♕f1 ♖xf1+ 23.♔xf1 behält Schwarz im Endspiel einen gesunden Bauern mehr) 19...♘b3, und mit einem Mehrbauern und der deutlich besseren Stellung trug Schwarz in Malanjuk-Jakowitsch, Moskau 1992, bald den Sieg davon.

B2) 13...♗d7 14.♘e5 ♗c6 15.♘e4, und hier muss Schwarz aufpassen.

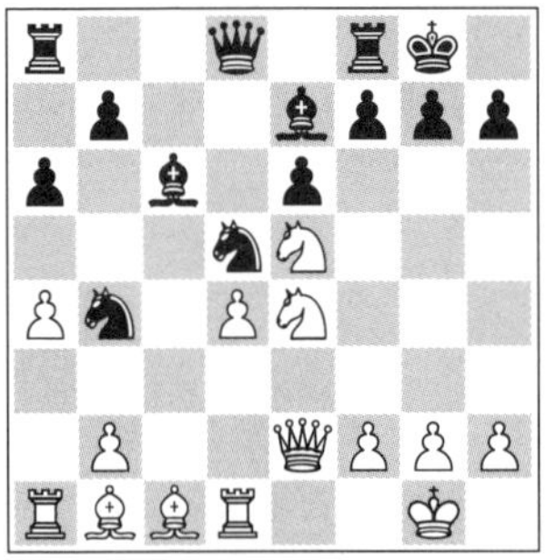

Analysediagramm

B21) Ein logisch aussehender Entwicklungszug wie 15...♖c8? könnte nach 16.♖a3! (Dieser thematische Turmtransfer ist hier extrem stark. Nun greift Weiß mit buchstäblich allen seinen Figuren an; Schwarz steckt in großen Schwierigkeiten) zu einem Desaster führen: 16...f6 (16...♘f6 hilft nicht mehr wegen 17.♘xf6+ ♗xf6 18.♗xh7+! (ein typisches Motiv) 18...♔xh7 19.♕h5+ ♔g8 20.♖h3, und Weiß setzt matt) 17.♕h5! nebst Matt nach 17...fxe5 (17...g6 verliert wegen 18.♘xg6)

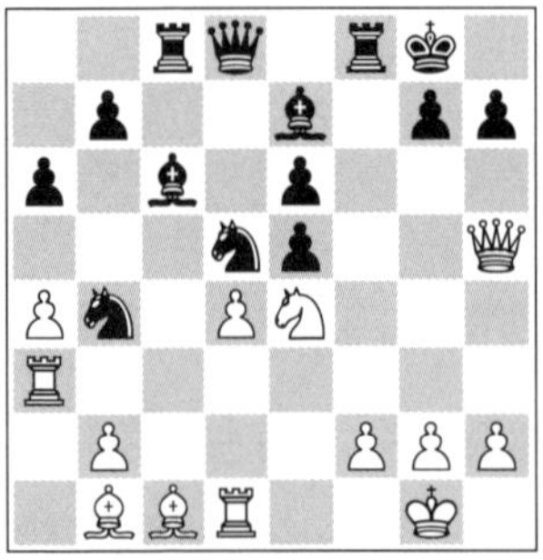

Analysediagramm

18.♕xh7+!! ♔f7 (oder 18...♔xh7 19.♘f6+ ♔h8 20.♖h3+ matt) 19.♘d6+! (der Läufer b1 muss in den Angriff einbezogen werden) 19...♗xd6 20.♗g6+ ♔f6 21.♗g5+! ♔xg5 22.♖g3+ ♔f6 23.♕h4 matt.

B22) 15...♘f6! 16.♘xf6+ ♗xf6 17.♖a3 g6 18.♗h6 ♖e8 19.♖g3, und Weiß hat Angriffspotenzial am Königsflügel, Spasski-Pachman, Interzonenturnier, Manila 1976. Ich möchte den Leser noch einmal auf die Wichtigkeit des Turmschwenks a1-a3-g3 hinweisen, da dieser Angriffsplan hier zu den Standardmethoden des Weißen gehört.

12. ... ♘c6-b4

Häufig anzutreffen ist hier 12...♘f6 mit Belästigung der weißen Dame. Weiß scheint jedoch mit seiner Dame fliehen und etwas Vorteil erhalten zu können. Ein gutes Beispiel ist vielleicht die Partie Marin-Ibragimow, Odorheiu Secuiesc 1993, in der es folgendermaßen weiterging: 13.♕h4 ♘d5 14.♕g3 ♔h8 15.♗b3 ♘a5?! (Ein riskantes Konzept. Besser war 15...♘cb4, um das Feld d5 zu kontrollieren und die Überführung des Läufers b3 auf die Diagonale b1-h7 nicht zuzulassen) 16.♗a2 ♘xc3 17.bxc3 ♗d7 18.♗f4 ♖c8 19.♗b1! (wie bereits erwähnt, ist der auf der Diagonale b1-h7 stehende weißfeldrige weiße Läufer eine wichtige Angriffsfigur) 19...♖xc3 20.d5! exd5 21.♗e5 ♗f6 22.♗xc3 ♗xc3

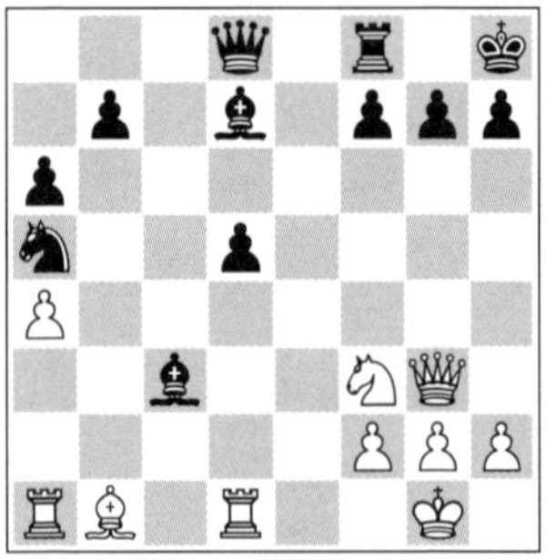

Analysediagramm

23.♘g5! (energisch gespielt; Schwarz bekommt keine Atempause zur Konsolidierung) 23...♗f6 (23...♗xa1?? verliert wegen des gut bekannten taktischen Motivs 24.♕h4 h6 25.♘xf7+) 24.♘xh7 ♖e8 25.♘xf6 ♕xf6 26.♖a3, und Weiß hat eine gesunde Qualität mehr und behält die Initiative.

B) Ein anderes gutes Beispiel für einen möglichen weiteren Spielverlauf ist Polugajewski-Hort, Interzonenturnier, Manila 1976: 14.♕g4 ♘f6 15.♕g3 ♘h5 16.♕h3 ♘f6 (da die weiße Dame nun endlich nicht mehr angegriffen ist, sollte sich Weiß wieder der Figurenentwicklung widmen) 17.♗g5 ♘b4 18.♕g3 ♖e8 19.♘e5 ♘fd5 20.♗h6 ♗f8 21.♖ac1 b6 (Dies schwächt das Feld c6 und erlaubt eine Änderung der Bauernstruktur, mit der Weiß (wie wir in einigen vorhergehenden Beispielen gesehen haben) bei symmetrischer Bauernstellung im Zentrum die Oberhand erhält. Meiner Meinung nach war es besser für Schwarz, das Feld c6 in seinem Lager nicht zu schwächen und stattdessen 21...♗d7 zu spielen) 22.♘xd5! exd5 23.♗b3 ♗e6 24.h3 ♖c8

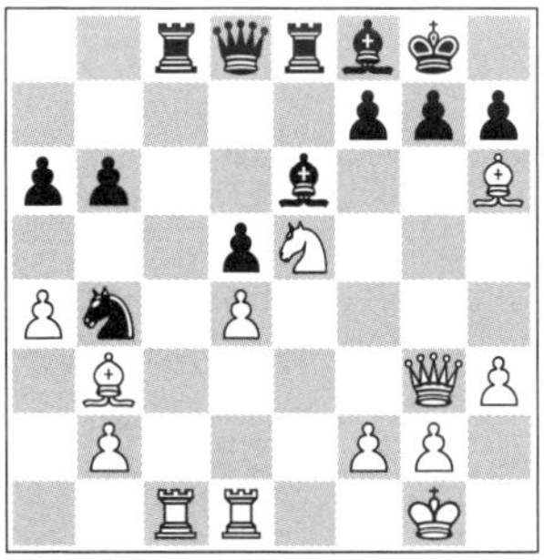

Analysediagramm

25.♖xc8 (Hier hätte sich Weiß mit 25.♖c3! für ein anderes (und für Schwarz unangenehmeres) strategisches Konzept entscheiden können, wie in den Anmerkungen zum 7. Zug in meiner eigenen Partie gegen Simutowe erwähnt. Hier hat Schwarz es schwer, da der Turm auf c3 nicht geschlagen werden kann, aber Weiß gleichzeitig seinen positionellen Druck zu verstärken droht. Unter den gegebenen Umständen sollte Schwarz zumindest den dominanten weißen Springer auf e5 mit 25...f6 hinauswerfen, aber nach 26.♘g4 hat Weiß unangenehme Initiative) 25...♕xc8 26.♗f4 ♕b7 27.♘g4 mit etwas Vorteil für Weiß.

13. ♘f3-e5

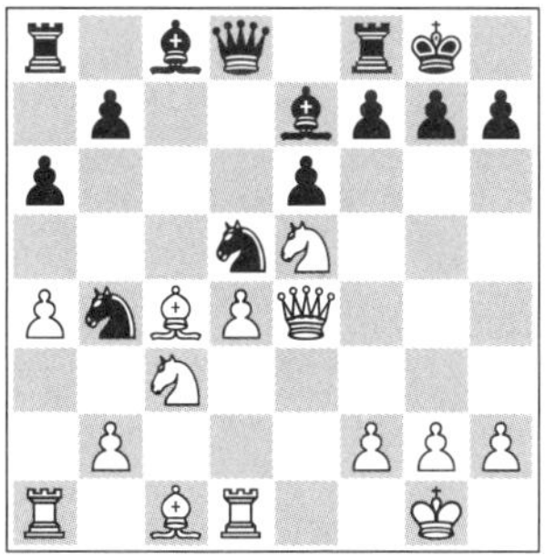

13. ... ♖a8-a7

Schwarz bereitet ...b7-b6 und dann ...♗c8-b7 mit Abschluss seiner Entwicklung vor. Es stellt sich die logische Frage, warum Schwarz Zeit mit 13...♖a7 verschwendet und nicht sofort 13...b6 spielt. Das Problem des Nachziehenden besteht darin, dass Weiß nach 13...b6 über die hübsche taktische Lösung 14.♘c6! verfügt, und nach 14...♘xc6 (im Fall von 14...♘xc3?! 15.♘xe7+ ♕xe7 16.bxc3 ♗b7 17.♕g4 ♖fc8 18.♗g5 steht Weiß klar besser) 15.♘xd5

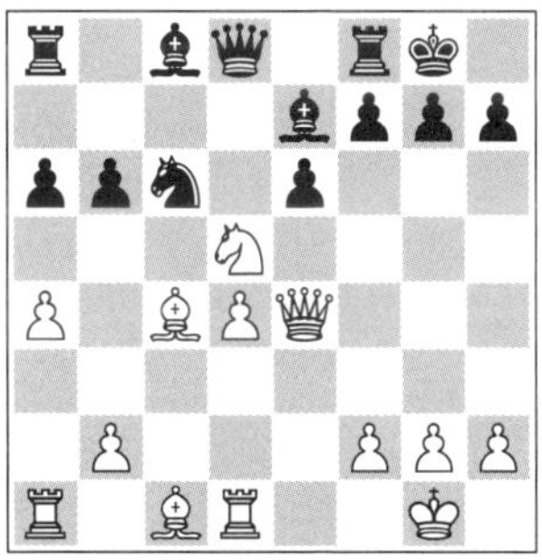

Analysediagramm

15...♖a7! (die beste Verteidigung; 15...exd5 verliert nach 16.♗xd5 ♗g4 17.f3! (nicht 17.♖e1? ♗d7! 18.♗xc6 ♗xc6 19.♕xc6 ♕xd4 mit gleichem

Spiel) 17...♗d7 18.♗xc6 ♗xc6 19.♕xc6 ♖c8 20.♕e4 ♗f6 21.♗e3 ♖e8 22.♕d3 einfach einen Bauern, während Weiß nach 15...♗b7 16.♘xe7+ ♕xe7 17.d5! (direkt und stark) 17...exd5 (17...♘a5? ist ein Einsteller, der nach 18.♗d3 g6 19.♗h6 ♖fe8 20.♕d4 e5 21.♕xb6 einfach einen Bauern verliert, während sich nach 17...♘b4 18.♕e2 ♖ad8 19.dxe6 ♖xd1+ 20.♕xd1 fxe6 21.♗e3 die Probleme in bezug auf die beschädigte schwarze Bauernstruktur bald bemerkbar machen würden) 18.♗xd5 ♕xe4 19.♗xe4 klaren Endspielvorteil hat) 16.♗d3! (Ein wichtiger Zwischenzug. Nach 16.♘xe7+ ♘xe7 17.♗g5 ♕d7! 18.♗xe7 ♕xe7 19.d5 exd5 20.♗xd5 ♕f6 würde Schwarz allmählich ausgleichen) 16...f5 17.♘xe7+ ♘xe7 18.♕e2 behält Weiß einen kleinen, aber beständigen Vorteil. Der von Spasski gespielte Zug schaltet die taktische Wendung ♘c6 aus, verliert aber auch wertvolle Zeit.

14. ♗c4-b3

Weiß bereit sich darauf vor, in einem geeigneten Moment ♘c3xd5 zu spielen. Ziemlich logisch ist auch der direkte Angriff auf den schwarzen König mit 14.♕g4. Nach 14...♔h8 (Ein Präventivzug. Falsch ist 14...f5?, da Weiß nach 15.♕f3 b6 16.♘xd5! exd5 17.♘c6 (gut ist auch 17.♗b3) 17...♕d7 18.♘xe7+ ♕xe7

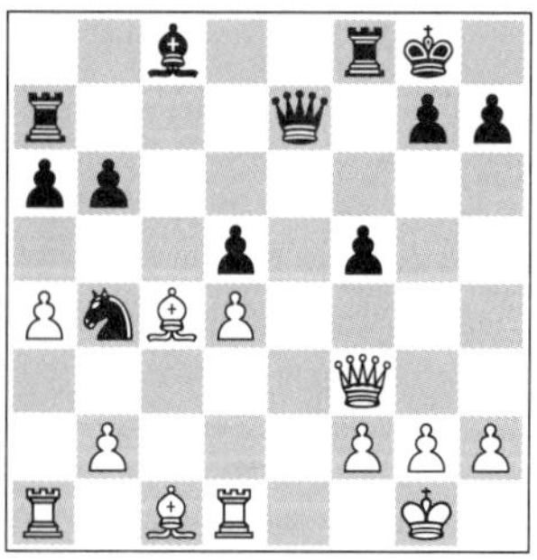

Analysediagramm

19.♗b3! über großen Vorteil verfügt. Es ist viel besser, das Läuferpaar zu behalten und die Schwächen in der schwarzen Stellung auszubeuten, als den Bauern d5 zu nehmen) 15.♕h5 ♕e8 16.♘xd5 (sonst 16...f6) 16...exd5 17.♗d3 ♘xd3 18.♘xd3 b6

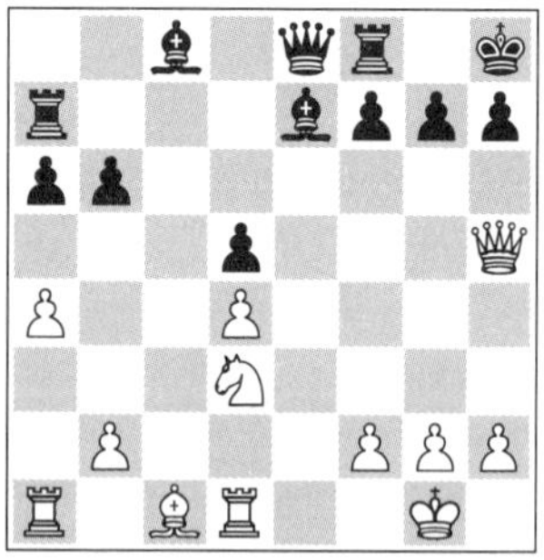

Analysediagramm

19.♖e1. Nach der – in diesem Buch bereits vielmals gesehenen - Transformation der Bauernstruktur hat Weiß angenehmen Vorteil. Das Schlagen des Bauern mit 19.♕xd5 öffnet die weißfeldrigen Diagonalen und sollte Schwarz dank seines Läuferpaars gute Kompensation geben.

14. ... ♘d5-f6

Im Fall von 14...b6 transformiert Weiß mit 15.♘xd5 die Bauernstruktur im Zentrum und wird nach 15...exd5 16.♕f3 alle Vorteile der für ihn günstigen Stellung mit symmetrischer Bauernstruktur im Zentrum genießen können.

15. ♕e4-h4 b7-b6

Schwarz wird durch die Postierung des Läufers c8 auf der langen Diagonale seine Entwicklung abschließen und scheint gutes Spiel zu haben. Petrosjan entwickelt und behält nun mit meisterhaftem und kraftvollem Spiel die Initiative.

16. ♕h4-g3! ♗c8-b7

Im Fall des prophylaktischen Zuges 16...♔h8

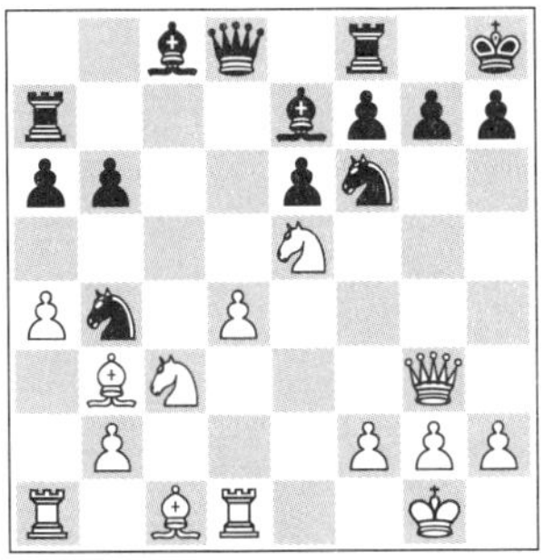

Analysediagramm

erhält Weiß nach dem hübschen und starken 17.♗e3! ♗b7 18.d5! ♘bxd5 19.a5 klaren Vorteil.

17. ♗c1-h6 ♘f6-e8

18. ♖a1-c1

Bereitet den Zentrumsdurchbruch vor. Das sofortige 18.d5!? war ebenfalls möglich, hätte aber zu unklarem Spiel geführt:

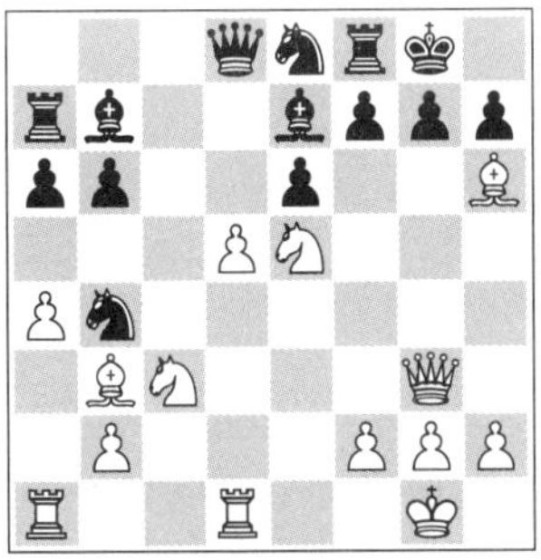

Analysediagramm

18...♘xd5 19.♘xd5 (oder 19.♖d4 ♗f6; weniger gut ist 19...♗d6, da Weiß nach 20.♘xd5 ♗xd5 21.♗xd5 ♗xe5 22.♕xe5 exd5 23.♖xd5 ♖d7 24.♖xd7 ♕xd7 25.♗e3 klar besser steht) 19...exd5 20.♖d4 ♗f6 21.♖e1 ♘d6 22.♗xd5 ♕e7.

18. ... ♔g8-h8

Nun sieht es so aus, als ob Schwarz nach 19.♗e3 ♘f6 gutes Spiel haben wird. Weiß verfügt jedoch über eine starke und energische Lösung:

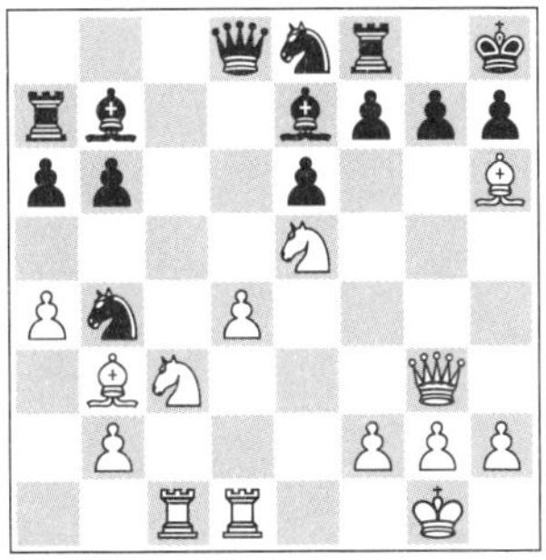

19. d4-d5!

Wunderschön und höchst lehrreich. Weiß ist zu diesem Zentrumsdurchbruch bereit, da alle seine Figuren harmonisch entwickelt sind. Dies ist ein typisches intuitives Opfer. Petrosjan urteilt richtigerweise, dass die Taktik in den sich ergebenden Verwicklungen für ihn arbeiten wird.

19. ... e6xd5

19...♘xd5 verliert nach der spektakulären Erwiderung 20.♘xd5 exd5

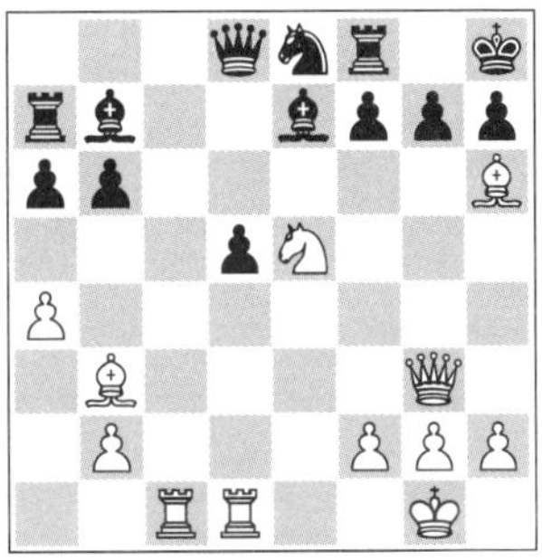

Analysediagramm

21.♖c7!! gxh6 (der einzige Zug, da 21...♕xc7 wegen 22.♗xg7+ ♘xg7 23.♘xf7+ ♖xf7 24.♕xc7 mit weiteren Materialeinbußen für Schwarz verliert) 22.♖d7 ♗h4 23.♖xd8 ♗xg3 24.hxg3 (der Damentausch hilft dem Nachziehenden wegen seiner schrecklichen Figurenkoordination nicht) 24...♔g7 25.♖d7! ♘f6 26.♖e7. Ungeachtet des Mehrbauern ist Schwarz an Händen und Füßen gebunden und steht hoffnungslos.

20. ♗h6-e3! ♖a7-a8

Im Fall von 20...♗c5 behält Weiß einen Bauern mehr:

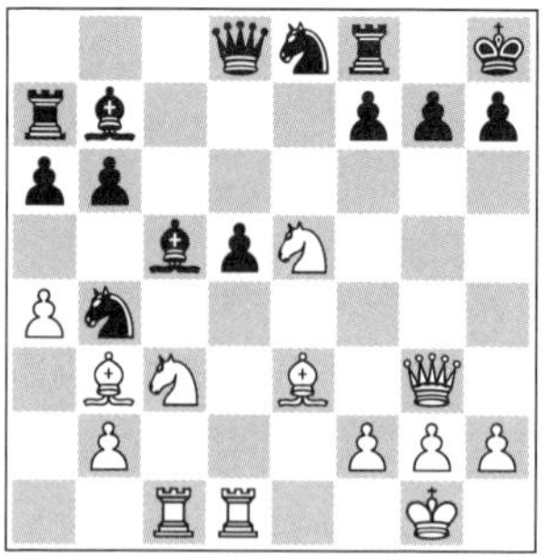

Analysediagramm

21.♘xd5! ♗xd5 22.♖xc5! bxc5 23.♗xc5 ♘f6 24.♗xa7.

21. ♘e5-c4! ♘e8-d6

Im Fall von 21...♘f6 steht Weiß nach dem einfachen 22.♘xb6 ♖b8 23.a5 viel besser, während er auf 21...♗c5 wiederum über eine hübsche taktische Wendung verfügt:

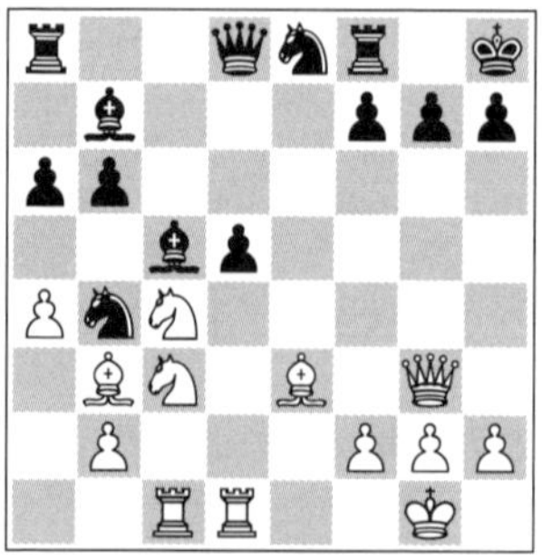

Analysediagramm

22.♘a5! bxa5 23.♗xc5 ♖g8 24.♗xb4 axb4 25.♘xd5 mit gewinnbringendem Vorteil.

In all diesen Abspielen besteht ein frappierender Unterschied zwischen der Koordination der weißen und der schwarzen Figuren.

22. ♗e3xb6 ♕d8-b8
23. ♘c4-a5

Gut war auch 23.♘e3, was Weiß nach 23...♖c8 24.♗d4 ♗f8 25.♘cxd5 siegverheißenden Vorteil einbringt.

23. ... ♘d6-f5

Schwarz hofft, durch Damentausch seine Lage erträglicher zu gestalten.

24. ♕g3xb8 ♖a8xb8
25. ♘a5xb7 ♖b8xb7
26. a4-a5 ♗e7-g5
27. ♖c1-b1

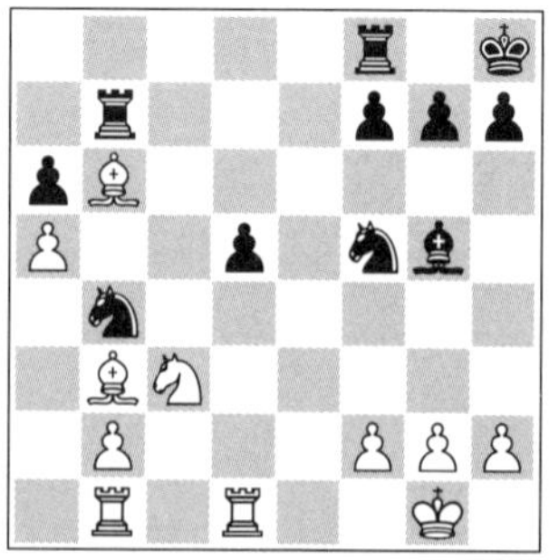

Der Übergang ins Endspiel hat die Schwierigkeiten des Nachziehenden nicht lösen können. Petrosjans Technik ist tadellos. Der Unterschied zwischen der Koordination der weißen und der schwarzen Kräfte ist so offenkundig wie eh und je.

27. ... d5-d4
28. ♘c3-d5 ♘b4-c6
29. ♗b3-a4! ♖f8-c8
30. f2-f4! ♘c6-e7

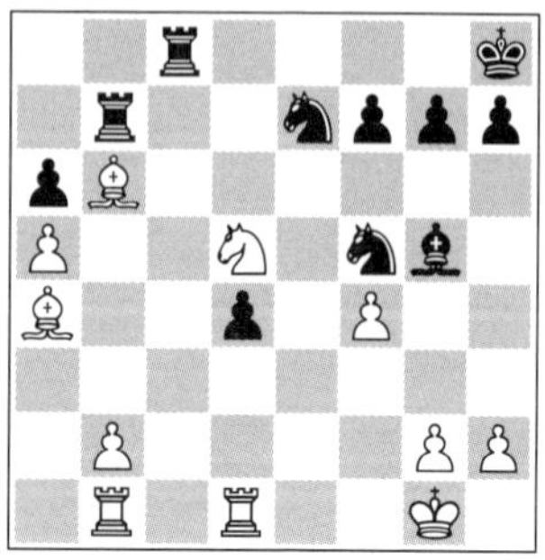

31. ♖b1-c1!

Gibt Schwarz auch nicht die geringsten Überlebenschancen. Petrosjan bedient sich einer sehr lehrreichen Kombination taktischer und technischer Motive.

31. ... ♖c8-b8
32. f4xg5 ♘e7xd5
33. ♗a4-c6 ♖b7xb6
34. a5xb6 ♘d5-e3
35. b6-b7

Auch 35.♗d7 gewinnt leicht, z.B. 35...♘xd1 36.♗xf5 ♘e3 37.b7, und der Bauern geht zur Dame.

35. ... ♘e3xd1
36. ♖c1xd1 g7-g6
37. g2-g4! ♘f5-g7
38. ♖d1xd4 ♘g7-e6
39. ♖d4-d7 1-0

Eine großartige Partie von Petrosjan.

QG 11.14 (D27) **PARTIE 33**

Wladimir Kramnik
Viswanathan Anand

Dos Hermanas 1999 (3)

1. d2-d4 d7-d5
2. c2-c4 d5xc4
3. ♘g1-f3 e7-e6
4. e2-e3 ♘g8-f6
5. ♗f1xc4 c7-c5
6. 0-0 a7-a6
7. ♗c4-b3 c5xd4
8. e3xd4 ♘b8-c6
9. ♘b1-c3 ♗f8-e7
10. ♖f1-e1 0-0

Kramnik hat enorme Erfahrung mit dieser Variante. Seine Partie gegen Karpow (Schnellpartie, Frankfurt 1999) ist ebenfalls sehr lehrreich. Anatoli Karpow spielte im Bestreben, eine bessere Zugreihenfolge für Schwarz zu finden, 10...♘a5 11.♗c2 b5. Nun hatte Kramnik korrekterweise das Gefühl, dass die Stellung sofortiges, energisches Handeln erforderte und setzte folgendermaßen fort:

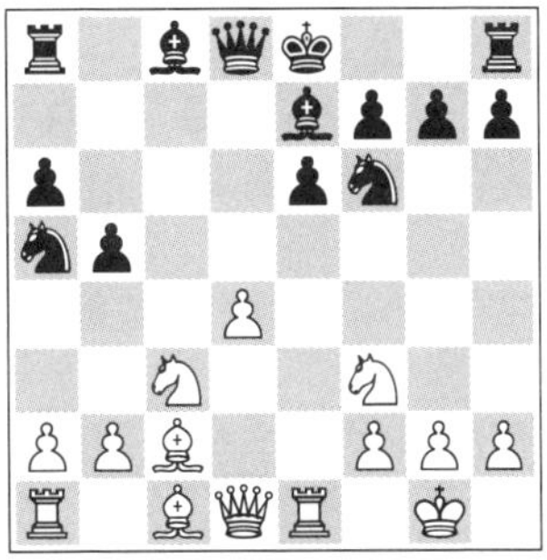

Analysediagramm

12.d5! (in diesem scharfen Kampf ist die weiße Initiative sehr stark) 12...b4 (Sucht nach aktivem Gegenspiel. Das Nehmen des Bauern d5 ist auch nicht gut: 12...exd5 13.♗g5 ♗e6 (13...0-0?? ist ein schrecklicher Fehler wegen 14.♕d3 g6 15.♖xe7 ♕xe7 16.♘xd5) 14.♘d4, und die schwarze Stellung wird bald zusammenbrechen; oder 12...♘xd5 13.♘xd5 ♕xd5 14.♗d2! ♘c6 (14...♘b7 verliert wegen 15.♗e4 ♕d6 16.♕c2! ♕c5 17.♕xc5 ♗xc5 18.♖ac1 mit Materialgewinn für Weiß) 15.♗e4 ♕d6 16.♕c2 (16.♗c3 gibt Weiß nach 16...♕xd1 17.♖axd1 ♗b7 18.♗xg7 ♖g8 19.♗c3 f5 20.♗c2 ♘a5 21.♔f1 b4 22.♗e5 Endspielvorteil) 16...♗b7 17.♖ad1, und die weiße Initiative ist viel mehr wert als ein Bauer) 13.♗a4+ ♔f8

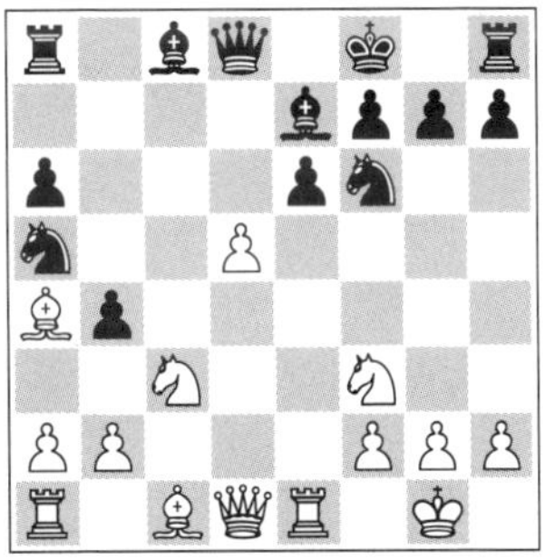

Analysediagramm

14.♗f4! bxc3 15.d6 ♘d5 (Schwarz sind die guten Züge ausgegangen, da 15...cxb2 16.dxe7+ ♔xe7...

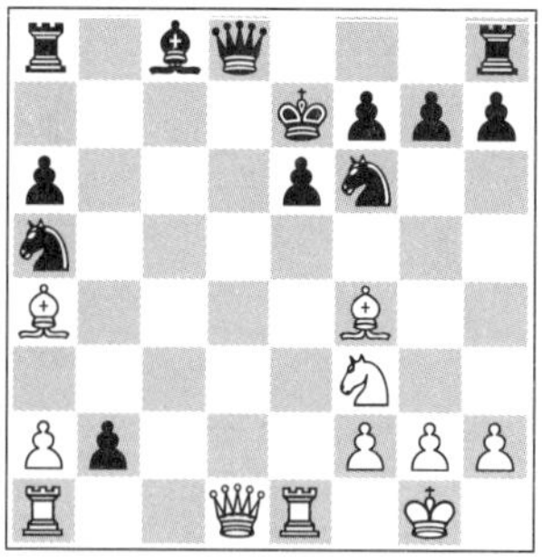

Analysediagramm

... mit 17.♕c2! ♗d7 18.♕xb2! ♗xa4 19.♕b4+ ♔e8 20.♕xa4+ ♔f8 21.♖ad1 beantwortet wird, wonach er den Springer a5 verliert, z.B.: 21...♘d5 22.♗g5 ♕c7 23.♖c1 ♕b6 24.♖b1 ♕c5 25.♖ec1) 16.dxe7+ ♕xe7 17.♗e5 ♗b7 18.bxc3 ♖d8 19.♘d4 (in schwieriger Stellung unterläuft dem 12. Weltmeister nun ein taktischer Fauxpas) 19...♘c4? 20.♗xg7+ ♔xg7 21.♘f5+ exf5 22.♖xe7 ♘xe7 23.♕e2 mit baldigem Sieg für Weiß, da Schwarz seine Springer nicht decken kann.

11. a2-a3 ♘c6-a5

12. ♗b3-c2 b7-b5

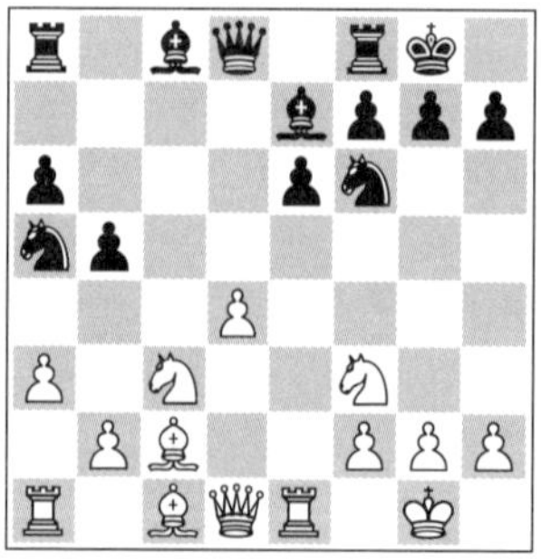

13. d4-d5!

Weiß opfert einen Bauern, um einen Vorposten auf d4 für seinen Springer zu erhalten und die natürliche schwarze Figurenentwicklung zu stören. In einer meiner eigenen Partien entschied ich mich für einen traditionellen Angriffsaufbau mit 13.♕d3 ♗b7 14.♗g5 g6 15.♖ad1 ♖c8 16.♘e5. Mein Gegner, der dänische Großmeister Curt Hansen, legte die Unzulänglichkeiten meines Aufbaus mit 16...♘c4! (tauscht zuerst den Angriffsspringer auf e5 ab) 17.♘xc4 bxc4! (und schlägt dann richtigerweise mit dem Bauern zurück, was die Diagonale a2-g8 schließt) 18.♕h3 ♘d5 19.♗h6 ♖e8 20.♘e4 ♕b6 (greift die neu geschaffene Schwäche im weißen Lager an) 21.♗c1

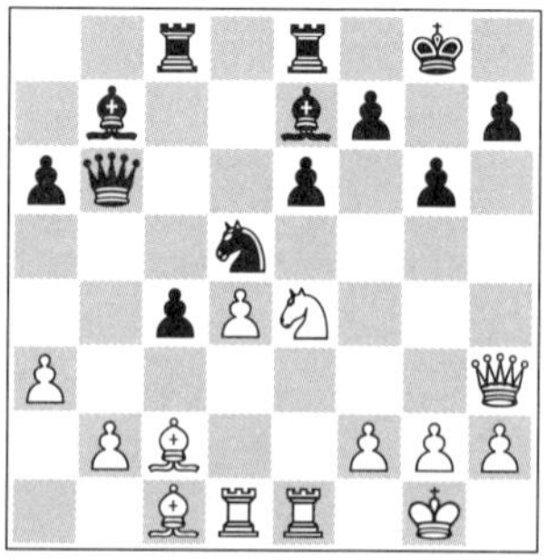

Analysediagramm

21...f5! (durch ein gut getimtes ...f7-f5 wird den Angriffshoffnungen des Anziehenden in derartigen Stellungen häufig das letzte Fünkchen genommen) 22.♘c3 ♗f6 mit besserem Spiel für Schwarz bloß. Ich konnte mich nur mit Glück ins Remis retten, Sokolov-C. Hansen, Malmö 1998.

13. ... ♖f8-e8!

Eine gute, coole Reaktion. Schwarz kümmert sich um die Entwicklung und Koordination seiner Figuren und macht es dem Anziehenden schwer, Initiative zu entwickeln. Das Schlagen des Bauern d5 gibt Weiß Gelegenheit, aus der schrecklichen Stellung des schwarzen Springers auf a5 Kapital zu schlagen und einen schnellen Angriff auf den schwarzen König in Szene zu setzen.

A) Ein hübsches, lehrreiches Beispiel nahm folgenden Fortgang: 13...♘xd5 14.♘xd5 exd5 15.♕d3 g6 16.♗h6 ♖e8 17.♕c3! (erzwingt eine weitere Schwächung des Königsflügels) 17...f6

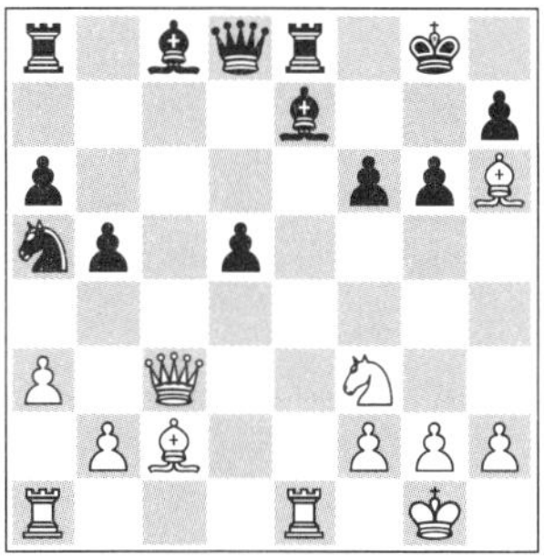

Analysediagramm

18.♘h4! (droht sofortige Vernichtung durch 19.♘xg6) 18...♔f7 19.♕g3 ♖g8 20.♘f3! (der Springer hat auf h4 seine Schuldigkeit getan; nun ist es an der Zeit, neue taktische Motive zu kreieren) 20...♘c4 (Schwarz versucht den gestrandeten Springer a5 wieder ins Spiel zu bringen, aber es ist zu spät) 21.♕f4 ♖e8 (21...♕d6 22.♕h4 nebst 23.♗f4 ist ebenfalls unangenehm für Schwarz) 22.♘g5+ ♔g8

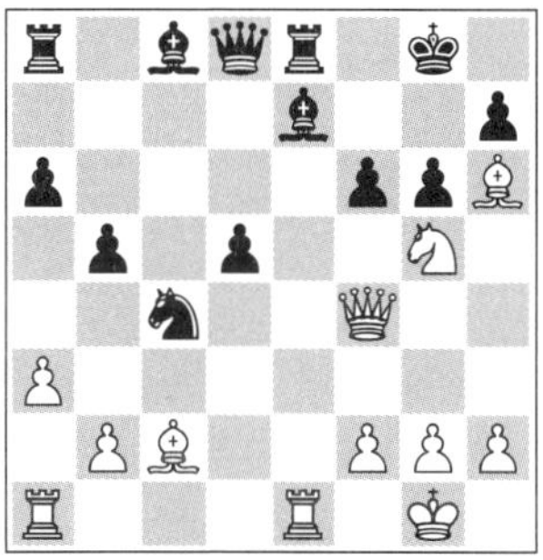

Analysediagramm

23.♘xh7! (die Barrikaden werden erstürmt) 23...♔xh7 24.♕h4 ♗f5 (am besten für Schwarz war es vielleicht, nach 24...♖h8 25.♗f8+ ♔g8 26.♗xe7 ♕c7! 27.♕g3 ♕xg3 28.fxg3 ♔f7 29.♗c5 in einem schwierigen Endspiel zu leiden) 25.♗xf5 gxf5 26.♖e6! (Weiß führt kaltblütig mehr Figuren heran und verstärkt den Druck) 26...♔g6 27.♖ae1 ♖a7 28.♕g5+ 1-0, P.H. Nielsen-Bentzen, Dänische Liga 1999/00.

B) Schwarz kann auch in Anlehnung an Anands Reaktion den weißen Bauern auf d5 stehen lassen und mit 13...♘c4 den Springer wieder ins Spiel bringen. Diese Reaktion ist an sich logisch, kann aber die Probleme des Nachziehenden nicht lösen: 14.♕d3 ♖e8

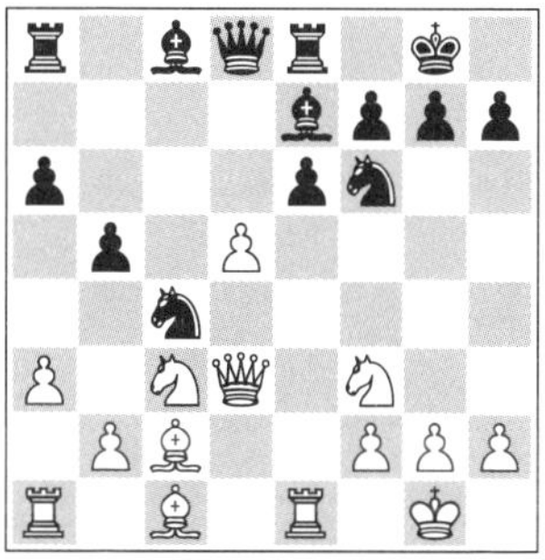

Analysediagramm

15.a4! (ein starker Zug, der die Nachteile von 13...♘c4 unterstreicht) 15...exd5 16.axb5 a5 17.b3 ♘b6 18.♘d4 (der starke Springer auf d4 garantiert Weiß hier Vorteil; man beachte den schwachen schwarzen Bauern auf d5, der tolpatschig jeglichem Gegenspiel des Schwarzen im Weg steht) 18...♗b7 19.f3 ♖c8 20.♘a4 ♗f8 21.♗g5 mit klar besserem Spiel für Weiß in Kasparow-Iwantschuk, Linares 1999.

14. ♗c1-g5

Versucht wurde auch schon 14.♕d3, was 14...g6 erzwingt, Weiß aber nicht mehr als gleiches Spiel einbringt. Schwarz lässt sich immer noch nicht durch den weißen Bauern auf d5 beeindrucken und verbessert einfach seine Stellung. In derartigen Stellungen ist es für Schwarz häufig wichtig, angesichts des scheinbar gefährlichen weißen Bauern auf d5 Ruhe zu bewahren und konstruktive Züge zu machen: 15.b4 ♘c4 16.dxe6 ♗xe6 17.♘d4 ♗d5, Illescas Cordoba-Anand, Dos Hermanas 1999.

14. ... h7-h6

Irgendwo hier beging Schwarz wahrscheinlich einen Fehler. Der Textzug ist definitiv logisch, gibt Weiß aber einige zusätzliche Angriffsmöglichkeiten, wie im weiteren Spielverlauf zu sehen ist. Der andere kritische Zug für die Beurteilung dieser Stellung ist das sofortige 14...♘xd5.

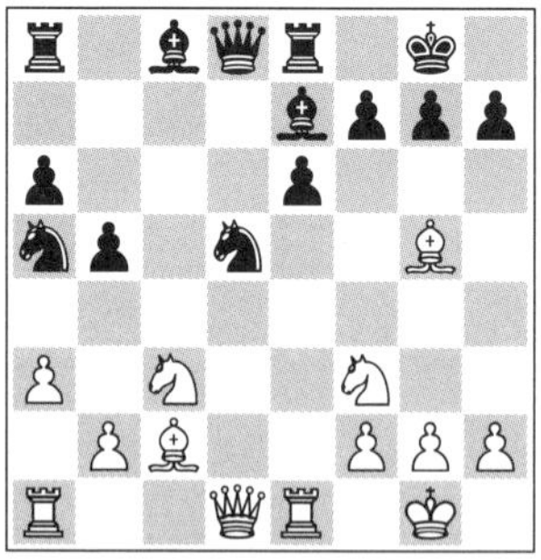

Analysediagramm

A) 15.♘xd5 exd5! (15...♗xg5 16.♘xg5 ♕xg5 sieht nach 17.♕d3 g6 18.♕c3! ♕xd5 19.♗e4 besser für Weiß aus) 16.♖xe7 ♖xe7 17.♕d3! (die prinzipielle Fortsetzung; 17.♗xe7 ♕xe7 18.♕xd5 ♗b7 19.♕d3 g6 20.♖e1 ♕f6 21.♘e5 ♖e8 ist etwas besser für Schwarz) 17...g6 18.♕c3 ♖aa7.

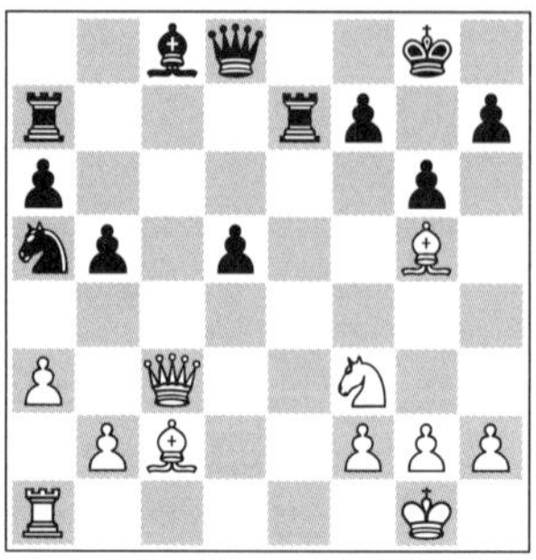

Analysediagramm

Diese unübersichtliche Stellung könnte für diese Variante kritisch sein und muss analysiert werden.

B) 15.♗xe7, und nun besteht die beste Fortsetzung für Schwarz meiner Meinung nach in 15...♘xe7! (im Fall von 15...♖xe7 hat Weiß nach 16.♘g5 g6 17.♕d4 ♗b7 18.♕h4 h5 19.♖ad1 gefährlichen Angriff) 16.♕e2 (nach 16.♘g5 ♕xd1! 17.♗xh7+ ♔f8 18.♖axd1 ♘c4 sollte Schwarz mindestens gleiches Spiel haben) 16...♗b7! (nach 16...♘g6 17.♖ad1 ♕e7 18.♗xg6! hxg6 19.♘d5 ♕a7 20.♘g5 gerät Schwarz in einen Angriff) 17.♘g5

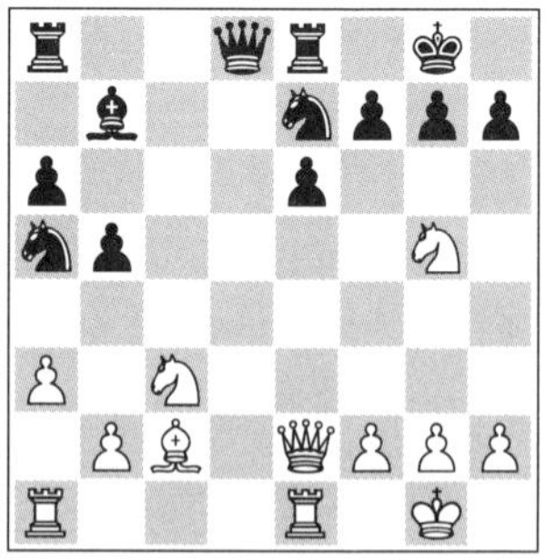

Analysediagramm

17...h6! (keine Angst vor Gespenstern!) 18.♗h7+ ♔f8 19.♘xf7 ♔xf7 20.♕xe6+ ♔f8 21.♖ad1 ♕c8! 22.♖d7 ♕c6 23.♕g4 h5 24.♕f4+ (der einzige Zug) 24...♕f6 25.♕b4 ♖ac8, und Schwarz schlägt den Angriff zurück, da 26.♕xa5?? wegen 26...♘c6 ein schrecklicher Fehler wäre.

Schließlich könnte Weiß nach 14...♘c4?! anstelle des Textzuges seine Initiative mit 15.♘d4! ausbauen.

15. ♗g5-h4

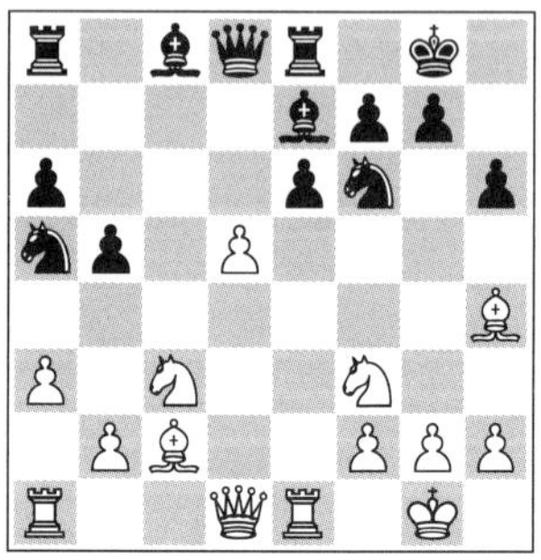

15. ... ♘f6xd5?

Dies ist wahrscheinlich ein entscheidender Fehler, der Schwarz letztendlich die Partie kosten wird.

A) 15...♘c4? ist wieder falsch wegen 16.♘d4, z.B.: 16...♘xd5 (16...♘xb2? verliert wegen 17.♕c1 ♘c4 18.♘c6 ♕c7 19.♘xe7+ ♕xe7 20.♘e4) 17.♕d3 g6 18.♘c6 ♕d7 19.♘xe7+ ♘xe7 20.♕xd7 (auch 20.♕h3 sieht gut für Weiß aus) 20...♗xd7 21.♗xe7 ♖xe7 22.♘d5, und Weiß gewinnt eine Qualität.

B) 15...exd5! sieht sehr riskant aus, könnte hier aber in Wirklichkeit kritisch sein, da es alles andere als leicht ist, etwas Klares für Weiß zu finden. Möglich wäre nun:

B1) 16.♗xf6 ♗xf6 17.♖xe8+ ♕xe8 18.♘xd5 ♕d8 19.♕d3 g6 20.♖e1 ♔g7 mit ungefähr gleichem Spiel; in Betracht kommt selbst 20...♗b7!? 21.♖e8+ ♔g7 22.♖xd8 ♖xd8.

B2) 16.♖xe7 ♖xe7! (nicht 16...♕xe7? 17.♘xd5 ♕d8 18.♘xf6+! gxf6 19.♕c1! ♔g7 20.♕f4 ♖a7 21.♕g3+ ♔h8 (21...♔f8 22.♗h7 ist noch schlechter) 22.♘e5! ♖xe5 23.♕xe5 fxe5 24.♗xd8, und dieses Endspiel sollte für Weiß gewonnen sein) 17.♗xf6 gxf6 18.♕d2 ♔g7 19.♕d3 f5.

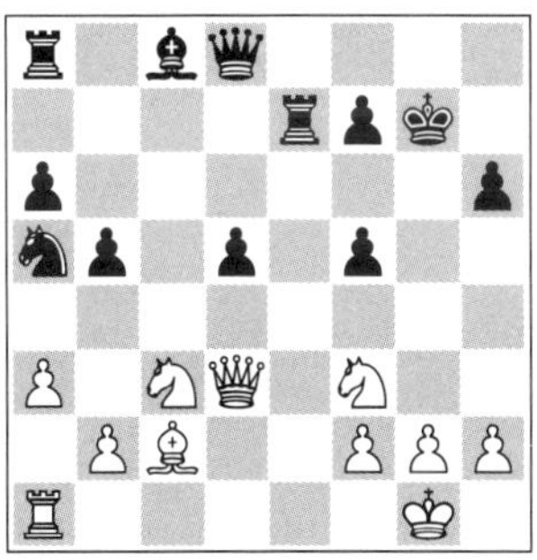

Analysediagramm

Der weiße Angriff sieht aussichtsreich aus, aber es ist schwer, etwas Konkretes zu finden: 20.♘xd5 ♖e6 21.♕c3+ ♔g8 22.♖d1 ♖d6! 23.♕d4 ♘c4 24.♗b3 ♗e6! 25.♗xc4 bxc4 26.♘e7+ (26.♘f6+? ♕xf6) 26...♕xe7 27.♕xd6 ♕xd6 28.♖xd6 ♖b8 mit besserem Spiel für Schwarz, da 29.♖d2?? ein schrecklicher Patzer ist, der wegen 29...c3 auf der Stelle verliert.

B3) Ein anderes interessantes Abspiel ist 16.♕d3 g5! (mutig und stark) 17.♘xg5! (eine prinzipielle Reaktion im Geiste der Stellung) 17...hxg5 18.♗xg5 ♘c4! 19.♕g3 (19.b3 sieht wie einer jener "kleinen Züge" aus, die Schwarz aus der Bahn werfen können, führt aber lediglich zu einem ungefähr ausgeglichenen Endspiel:

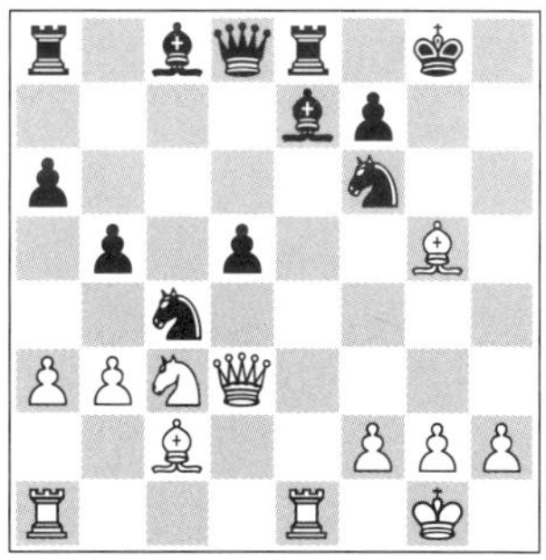

Analysediagramm

19...♘xa3! 20.♘xd5! (20.♕g3 ♘h5) 20...♕xd5 21.♗xf6 ♕xd3 22.♗xd3 ♖d8! 23.♗xe7 ♖xd3 24.♖xa3 ♗e6) 19...♘h5 20.♕h4 (Weiter im gleichen Stil. Nach 20.♗xe7+ ♘xg3 21.♗xd8 ♖xd8 22.hxg3 d4 hat Schwarz im Endspiel ordentliches Gegenspiel) 20...♗xg5 21.♖xe8+ ♕xe8 22.♕xg5+ ♘g7 23.♘xd5 ♕e5 24.♘f6+ ♔f8 25.♘h7+ ♔g8 (falsch ist 25...♔e8? 26.♕xe5+ ♘xe5 27.♖e1 ♗e6 28.♖xe5 ♖c8 29.♖e2) 26.♘f6+ (mit 26.♕h6 f5 kann Weiß einen Schritt zu weit gehen) 26...♔f8, und das Ergebnis dieser schönen Variante ist ein Remis durch Dauerschach.

16. ♘c3xd5 e6xd5

Mehr oder weniger erzwungen. 16...♗xh4? ist nicht gut, da Weiß nach 17.♕d3! f5 (im Fall von 17...♔f8?? wird Schwarz matt gesetzt: 18.♘xh4 ♗b7 19.♕h7 ♕xd5 20.♖ad1 ♕c6 (oder 20...♕c5 21.♖d7) 21.♕h8+ ♔e7 22.♘f5+ ♔f6 23.♕xg7+ matt, während 17...g6? wegen 18.♘xh4 exd5 19.♘xg6 oder 18...♕xh4 19.♕c3! verliert) 18.♘xh4 ♗b7! (Unter den gegebenen Umständen noch am besten. 18...♕xh4? verliert nach 19.♘c7 ♖d8 20.♕c3 mehr Material) 19.♘xf5! ♕xd5 (19...exf5? verliert wegen des prosaischen 20.♘e7+ ♖xe7 21.♕xd8+ ♖xd8 22.♖xe7) 20.♘xh6+! ♔f8 (20...gxh6? verliert nach 21.♕g6+ ♔f8 22.♕xh6+ ♔e7 23.♕g7+ ♔d6 24.♖ad1 ♖g8 25.♕e5+ die Dame) 21.♕xd5 ♗xd5 22.♘g4 im Endspiel einen gesunden Mehrbauern hat.

17. ♕d1-d3 g7-g6

18. ♕d3-e3

Weiß will die Tatsache ausnutzen, dass auf h6 ein Bauer hängt. Sehr aussichtsreich war auch 18.♖xe7 ♖xe7 19.♕d2! (macht sich die Stellung des schwarzen Bauern auf h6 zunutze) 19...♘c4 (19...g5? 20.♘xg5) 20.♕xh6 ♕f8 21.♕f4 mit klar besserer Stellung für Weiß.

18. ... ♗c8-e6

Die beste Verteidigung. 18...g5?? verliert schnell wegen 19.♕d3! f5 20.♗g3 ♘c4 21.♘d4 (der schwarze König ist zu exponiert und hat keine Deckungsfiguren) 21...♘xb2 22.♕e2 ♗d7 23.♕h5 ♕b6 24.♘e6, und Schwarz wird matt gesetzt.

18...♘c6? hilft auch nicht, da Weiß nach dem einfachen 19.♕xh6 ♗f8 (19...♗xh4? verliert wegen 20.♗xg6! fxg6 21.♕xg6+ ♔f8 22.♕xc6 ♖xe1+ 23.♖xe1 ♖b8 24.♕h6+) 20.♕d2 seinen Bauern bei anhaltendem Angriff zurückgewonnen hat.

19. ♕e3xh6 ♗e7xh4

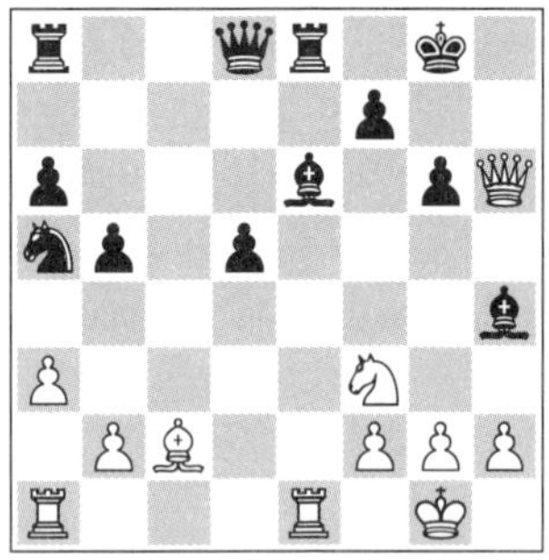

20. ♗c2xg6! ♕d8-f6!

Der einzige Zug. 20...fxg6? verliert wegen 21.♕xg6+ ♔f8 22.♕h6+ ♔f7 (oder 22...♔g8? 23.♖xe6+−) 23.♕h7+ ♔f6 24.♘xh4 ♕d7 25.♕g6+ ♔e7 26.♘f5+ ♔f8 (oder 26...♔d8 27.♘g7) 27.♘h6 ♕g7 28.♖xe6 ♕xg6 29.♖xg6 mit zwei gesunden Mehrbauern für Weiß.

20...♗f6? ist schlecht wegen des einfachen 21.♖xe6 fxg6 22.♕xg6+ ♗g7 23.♘g5 mit Gewinn.

21. ♗g6-h7+ ♔g8-h8

22. ♗h7-g6+ ♔h8-g8

23. ♕h6-h7+ ♔g8-f8

24. ♘f3xh4

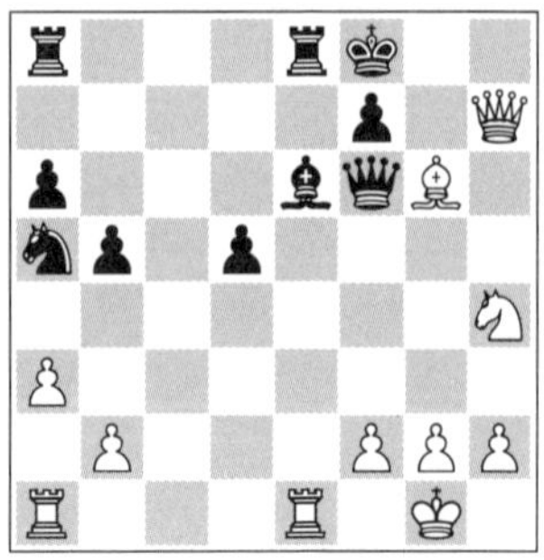

24. ... ♕f6-g7?!

Nach langer Gegenwehr in schwieriger Stellung verpasst Anand die beste praktische Verteidigung (und die Chance, in der Partie zu bleiben), die wahrscheinlich darin bestand, den Bauern mit

24...♕xb2! zu nehmen. Danach hat Weiß die Oberhand, aber die Dinge sind alles andere als klar:

A) Nach 25.♕h6+ ♕g7 26.♕f4 ♔g8 27.♗f5 (oder 27.♗d3 ♕g4) 27...♖ac8! (nicht 27...♘c4? 28.♖ad1) 28.♘f3 ♖c4 spielt Schwarz gut mit.

B) Das geradlinige 25.♘f5? funktioniert nach 25...fxg6 26.♕h6+ ♔f7 27.♘d6+ ♔e7 28.♘xe8 ♖xe8 29.♕xg6 ♕f6 mit besserer Stellung für Schwarz nicht.

C) 25.♗f5! ♕f6 26.♖ad1 ♗xf5 (26...♘c4?? ist ein schrecklicher Bock wegen 27.♗xe6 ♖xe6 28.♖xe6 fxe6 29.♘g6+ ♔e8 30.♕g8+) 27.♖xe8+ ♖xe8 28.♘xf5 ♘c4 29.g4! ♖e5 30.♖d3.

25. ♕h7xg7+ ♔f8xg7

26. ♗g6-d3

Weiß hat einen gesunden Mehrbauern, was in den Händen von Kramnik bedeutet, dass die Partie mehr oder weniger entschieden ist. Wladimirs Technik ist ein Genuss, aber was das Verständnis von Isolanistellungen angeht, ist die Partie vorbei. Daher beschränke ich mich in der Folge auf sehr knappe Kommentare.

26. ... ♘a5-c4

27. b2-b4 ♘c4-b2

28. ♗d3-f1 d5-d4

29. ♘h4-f3 ♖a8-d8

30. ♖e1-b1! ♘b2-c4

31. ♖b1-d1 ♗e6-g4

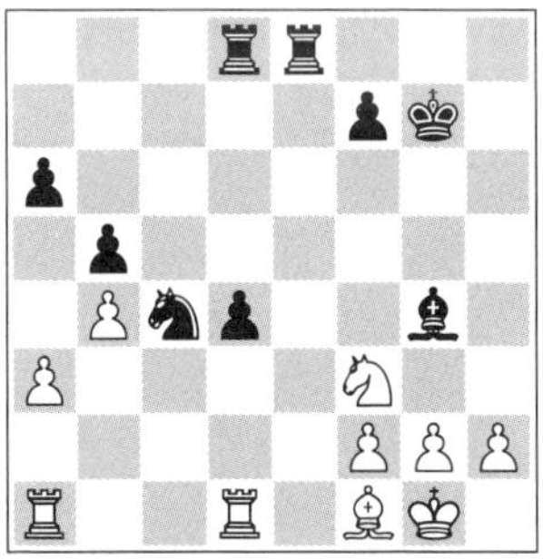

32. ♖d1-d3!

Weiß will keine Remischancen zulassen, die nach 32.♖xd4 ♗xf3 33.♖xd8 ♖xd8 34.gxf3 ♘d2 35.♗g2 (oder 35.♗e2 ♖e8) 35...♖d3 36.f4 ♘c4 erhältlich gewesen wären.

32. ... ♘c4-b2

33. ♖d3xd4 ♗g4xf3

34. ♖d4xd8 ♖e8xd8

35. g2xf3

Nun hat Weiß den schwarzen d-Bauern unter viel günstigeren Umständen geschlagen.

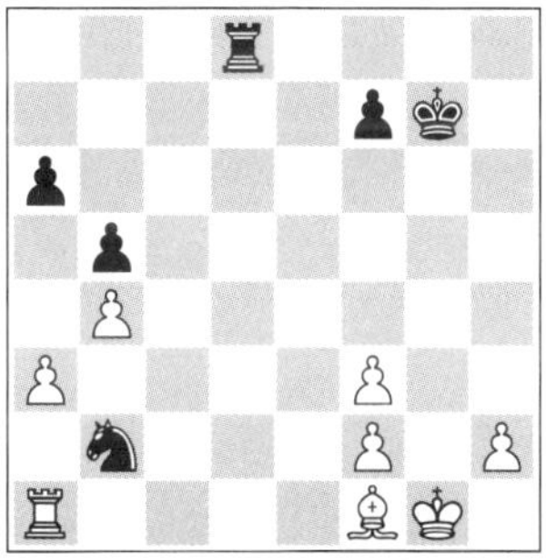

35. ... ♖d8-c8!

36. ♖a1-a2! ♘b2-a4

Nach 36...♖c2 besteht der einfachste Weg zum Sieg in der Bildung eines Freibauern mit 37.a4! bxa4 38.♗xa6.

37. ♖a2-d2 ♖c8-c6

38. f3-f4 ♘a4-b6

39. ♔g1-g2 ♘b6-c4

40. ♖d2-d3 ♘c4-b2

41. ♖d3-g3+ ♔g7-h8

Oder 41...♔f6 42.h4.

42. ♗f1-e2 ♖c6-c2

43. ♗e2-h5 ♖c2-c7

44. f4-f5 ♔h8-h7

45. ♗h5-e2

45.f6 oder 45.♔f3 sollte leicht gewonnen sein.

45. ... ♔h7-h6

46. h2-h4 ♖c7-c2

47. ♗e2-f3 ♘b2-c4

48. ♗f3-d5

Ein dicker Fehler wäre 48.♗b7? ♘d6 49.♗xa6? ♖c6.

48. ... ♘c4-d6

Nun verliert 48...♘e5 wegen 49.♗b7.

49. ♖g3-d3! ♔h6-g7

Nach 49...♘xf5 50.♗b7 ♘xh4+ 51.♔g3 (51.♔g1 sollte auch ausreichen, aber 51.♔h3? ♘g6 wahrscheinlich nicht) 51...♘f5+ 52.♔f3 ♘h4+ 53.♔e3 ♘f5+ 54.♔e4 ♖xf2 55.♗xa6 gewinnt Weiß.

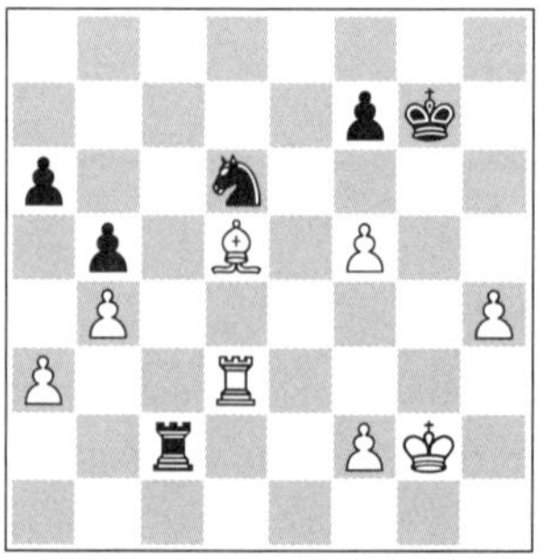

50. ♗d5-f3! ♘d6xf5
51. ♗f3-b7 ♘f5xh4+
52. ♔g2-g1 ♖c2-e2
53. ♗b7xa6 ♖e2-e5
54. ♖d3-c3 ♘h4-f5
55. ♖c3-c5 ♖e5xc5
56. b4xc5 ♘f5-d4

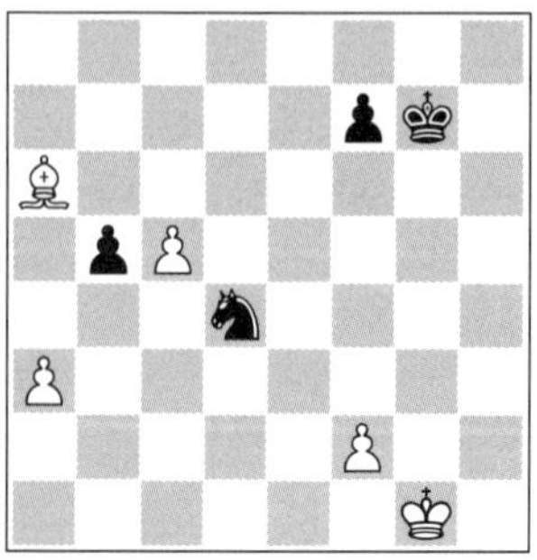

57. c5-c6!

Danach muss Schwarz gegen den Freibauern kämpfen, mit dem der Springer die meisten Probleme hat, nämlich einen Turmbauern.

57. ... ♘d4xc6
58. ♗a6xb5 ♘c6-a5
59. ♔g1-g2 ♔g7-f6
60. ♔g2-f3 ♔f6-e5
61. ♔f3-e3 ♘a5-b7
62. ♗b5-c4 f7-f6

Noch hoffnungsloser für Schwarz wäre 62...f5 63.f4+ ♔d6 64.♗d3 ♔e6 65.♔d4.

63. a3-a4 ♘b7-a5
64. ♗c4-f7 ♘a5-c6
65. ♔e3-d3 ♔e5-d6
66. ♔d3-e4 ♘c6-e7
67. a4-a5 ♔d6-c5
68. a5-a6 ♘e7-c8

68...♔b6 verliert wegen 69.♗c4 ♔a7 70.♔f4 ♔b6 71.♔g4 ♔a7 72.♔h5 ♔b6 73.♔h6, und Weiß holt schließlich den schwarzen f-Bauern ab.

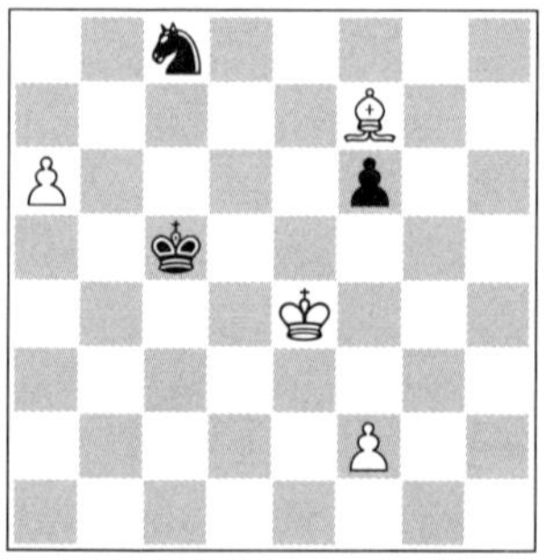

69. ♗f7-h5!

Der weiße Läufer dominiert im Verein mit dem Mehrbauern auf der a-Linie mit Leichtigkeit den schwarzen Springer.

69. ... ♔c5-d6

Oder 69...♔b6 70.♗e2.

70. ♗h5-f3 1-0

Die schwarze Stellung ist hoffnungslos, z.B. 70...♘a7 71.♔d4 ♘c8 72.♗b7 ♘a7 73.♔c4 oder 70...♔c6 71.♔f5+ ♔b6 72.♗b7.

QG 11.14 (D27) **PARTIE 34**

Wladimir Kramnik
Viswanathan Anand
Dortmund 2001 (9)

1. d2-d4 d7-d5
2. c2-c4 d5xc4
3. ♘g1-f3 e7-e6
4. e2-e3 ♘g8-f6
5. ♗f1xc4 c7-c5
6. 0-0 a7-a6
7. ♗c4-b3 c5xd4
8. e3xd4 ♘b8-c6
9. ♘b1-c3 ♗f8-e7
10. ♗c1-g5

Der Zug 10.♖e1 wurde in zwei vorhergehenden Beispielen (Kramnik-Hübner, Partie 30, und Kramnik-Anand, Partie 33) analysiert. Der Textzug ist hier die andere Hauptvariante. Man beachte, dass Kramnik sich die Zeit genommen hat, diese Stellung gründlich zu analysieren, und ein beträchtlicher Teil seines Erfolgs auf sein vortreffliches Verständnis von Isolanistellungen zurückzuführen ist.

10. ... 0-0

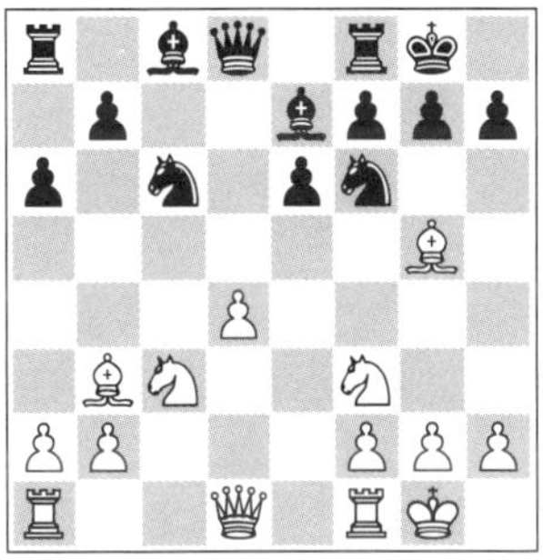

11. ♕d1-d2!

Wie man sieht, folgt Weiß nicht dem traditionellen Angriffsmuster in Isolanistellungen (♖e1, a3, ♗c2, ♕d3), sondern hat eine ziemliche frische Idee im Sinn.

11. ... ♘c6-a5

Hier sind auch zwei andere natürliche Fortsetzungen probiert worden, die aber beide nicht zum Ausgleich führen:

A) 11...h6, und nun:

A1) Die Idee, den Springer f6 zu eliminieren und Drohungen auf der Diagonale b1-h7 aufzustellen, funktioniert hier nicht: 12.♗xf6?! ♗xf6 13.♖ad1 ♘a5 14.♗c2 b5 15.b3 ♗b7 16.♘e4 ♖c8 17.♗b1 ♗xe4 18.♗xe4 ♘c6 19.♖fe1 ♘e7 20.♗b1 ♘d5 21.♕d3 g6 mit etwas besserem Spiel für Schwarz, Gelfand-Schirow, Schnellpartie, New Delhi 2000.

A2) 12.♗h4 ist dagegen ein recht logischer Zug, der auf Großmeisterebene noch nicht versucht worden ist, was mich etwas überrascht. Sollte Schwarz dann mit 12...♘a5 13.♗c2 b5 der Idee aus der Hauptpartie folgen, so würde sich die Anfälligkeit des Feldes g6 (die auf 11...h7-h6 zurückzuführen ist) nach 14.♕d3 g6 15.♘e5 sofort bemerkbar machen.

A3) 12.♗f4 ♖e8 13.♖ad1 ♗f8 14.♘e5 ♘e7 15.♕d3 (nun baut Weiß einen klassischen Isolani-Angriff auf) 15...♘ed5

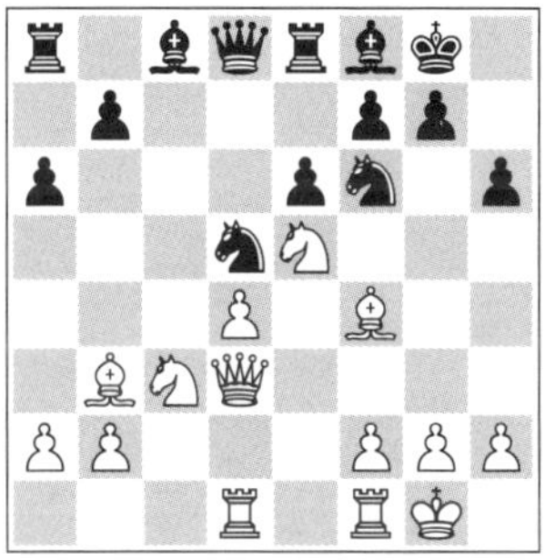

Analysediagramm

16.♗c1 (möglich ist auch 16.♘xd5, was Weiß nach 16...♘xd5 (im Fall von 16...exd5 hat Weiß nach 17.♗a4! b5 18.♗c2 einen angenehmen und risikofreien Vorteil – der Springer auf e5 beherrscht die Stellung, während die Angriffsmöglichkeiten auf der Diagonale b1-h7 bestehen bleiben) 17.♗c2 f5 18.♕g3 ♘xf4 (oder 18...♕f6 19.♗b3)

19.♕xf4 ♗d6 20.♖fe1 a5 21.h4 die deutlich bessere Stellung bescherte, Barsow-Lesiège, Montreal 2002) 16...b5 17.♕g3 ♗b7 (Schwarz hofft, dass seine taktischen Möglichkeiten ausreichen, um dem Angriff standzuhalten) 18.♗xh6 ♘xc3 19.bxc3 ♘e4 20.♕g4 ♘f6 21.♕g5 (Weiß will mehr als ein Remis) 21...♕e7 22.♖d3 (Beachtung verdiente 22.♗c2, was den schwarzen Remismechanismus mit ...♘e4 verhindert) 22...♘e4

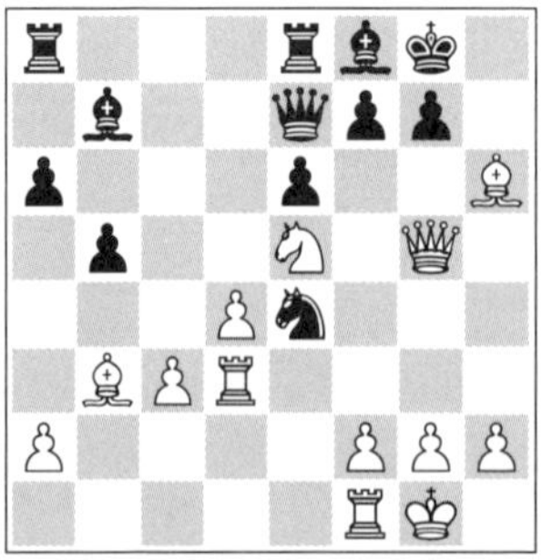

Analysediagramm

23.♕g4 (Wegen seines schwachen Bauern c3 vermeidet Weiß das Endspiel mit einem Bauern mehr. Indes kam 23.♕xe7 ♖xe7 24.♗f4 definitiv in Betracht, wonach es für Schwarz nicht leicht ist, seinen Bauern zurückzubekommen, z.B.: 24...♖c8 25.♖c1 ♖ec7 26.c4! g5 27.♗e3 f6? 28.c5 fxe5 29.♗xe6+ ♔g7 30.♗xc8 ♗xc8 31.dxe5 ♗f5 32.c6! ♘xf2 33.♖d7+ ♗xd7 34.cxd7 ♖xd7 35.♔xf2, und das Endspiel ist für Weiß gewonnen) 23...♘f6 24.♕g5 ♘e4 25.♕g4 ♘f6 mit Remis durch Zugwiederholung, Kramnik-Anand, Mainz 2001. Wie der Leser wahrscheinlich bemerkt hat, haben Kramnik und Anand das Angenommene Damengambit ausgiebig diskutiert, wobei Kramnik in den meisten Fällen die Nase vorn hatte.

B) Nach 11...♘d5 kann Weiß mit 12.♘xd5 exd5 13.♗xe7 ♘xe7 14.♖fe1 eine jener Stellungen mit symmetrischer Zentrumsbauernstruktur und besserem Spiel ansteuern.

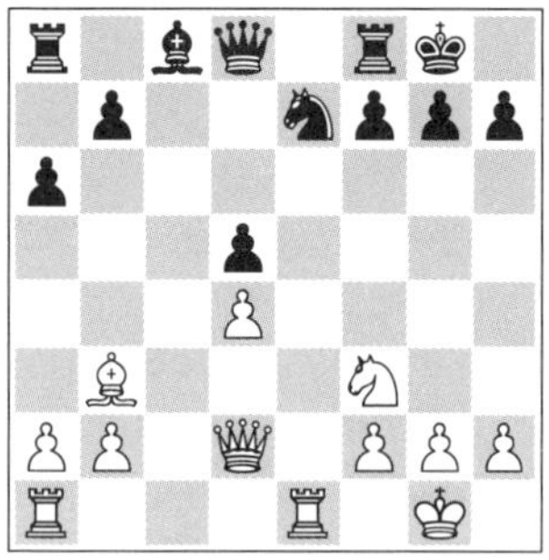

Analysediagramm

Wie oben erklärt, wirkt sich bei symmetrischer Bauernstellung d4/d5 im Zentrum und nach Abtausch der schwarzfeldrigen Läufer das Vorhandensein der weißfeldrigen Läufer fast immer zugunsten von Weiß aus. Hier kontrolliert Weiß außerdem zuverlässig die e-Linie und wird bald einen die Stellung beherrschenden Springer nach e5 stellen. Weiß hat langfristigen, risikolosen Vorteil. Ein gutes Beispiel ist die 7. Wettkampfpartie Leko-Karpow, Miskolc 2006:
14...♕d6 15.♖ac1 ♗g4 16.♘e5 ♗f5 17.♖c3 ♖ac8 18.♖ce3 ♘g6 19.♘xg6 hxg6 20.♖e5 ♗e6 21.h4. Weiß kontrolliert die e-Linie, wobei zunächst der Springer und nun der Turm auf e5 sehr gut steht. Der weißfeldrige weiße Läufer ist hier seinem schwarzen Pendant weitaus überlegen, was eine entscheidende Rolle spielt.
Diese typische Stellung mit der Bauernsymmetrie d4/d5, dem weißen Läufer auf b3 oder d3 und dem schwarzen Läufer auf e6 oder b7 kommt sehr häufig vor. Fast immer hat Weiß langfristigen, risikolosen Druck, während Schwarz nur sehr wenig bis gar kein Gegenspiel hat.

12. ♗b3-c2 b7-b5

Sofort 12...♘c4? ist ein schrecklicher Zug, da Schwarz nach 13.♕e2 b5?? wegen 14.♗xf6 ♗xf6 15.♕e4 einen Turm verliert.

13. ♕d2-f4!

Die Dame geht nach h4 – das ist die Idee von 11.♕d2 –, wo sie für Angriffsmotive aller Art ausgezeichnet stehen und vor allem Druck auf der Diagonale h4-d8 ausüben wird, was dem potenziellen Vorstoß d4-d5 zusätzliche Kraft verleihen wird. Diese Idee ist kein Patent von Kramnik, sondern gehört nach meinen Informationen Wladislaw Tkatschijew.

13. ... ♖a8-a7

Dieser Turmschwenk funktioniert hier nicht gut, da er Schwarz einige Zeit kosten wird. Außerdem stehen seine Figuren unterdessen unbeholfen.

A) In der Stammpartie wurde das natürliche 13...♗b7 versucht. Dieser Zug löst jedoch die Probleme des Nachziehenden nicht, da Weiß über starkes Angriffspotenzial verfügt: 14.♖ad1. Schwarz wollte wahrscheinlich seinen Königsflügel nicht sofort schwächen, hat aber nun kein leichtes Leben:

A1) Wenn er mit dem logischen 14...♖c8 beginnt, wird der weiße Angriff durchschlagen: 15.♕h4 h6 (15...g6 läuft in das thematische 16.d5! ♗xd5 (16...exd5 ist schlecht wegen einfach 17.♖fe1) 17.♘e4!, und Schwarz wird matt gesetzt)

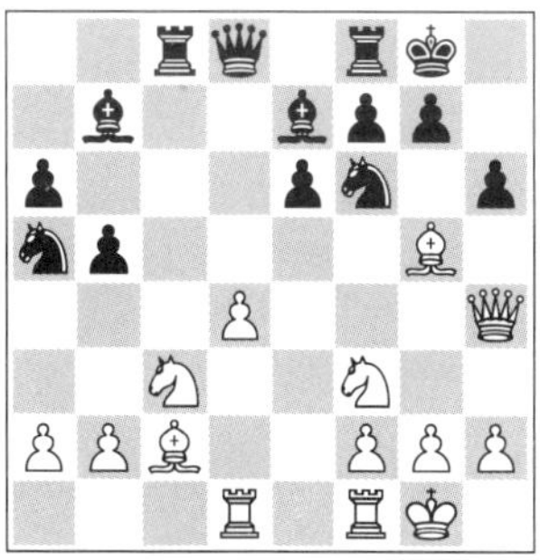

Analysediagramm

Nun kommt das Standardopfer 16.♗xh6! gxh6 (16...♗xf3 17.gxf3 ändert wenig) 17.♕xh6 (Der schwarze König zappelt in einem Mattnetz. Nach der Ausschaltung seines einzigen Verteidigers, des Springers auf f6, wird die Partie gelaufen sein) 17...b4 (die einzige Chance auf Gegenspiel) 18.♘e5! ♖xc3 (Nach 18...bxc3? setzt 19.♖d3 matt) 19.bxc3 ♕d5 20.f3 nebst 21.♘g4, und Weiß setzt matt.

A2) Der Versuch, mit 14...♗xf3 die weiße Dame von dem Angriffsfeld h4 fernzuhalten und nach 15.♕xf3 mit 15...♖c8 Gegenspiel auf der c-Linie zu bekommen, funktioniert nach 16.d5! exd5 (16...♘xd5? verliert nach 17.♕e4 g6 18.♗xe7 ♕xe7 19.♘xd5 einfach eine Figur) 17.♗xf6 ♗xf6 18.♖xd5 (der weiße Turm wird auf die h-Linie überführt, wonach Schwarz gegen den mit allen Figuren geführten weißen Angriff wehrlos ist) 18...♕b6 19.♖h5 h6 20.♘d5 (auch 20.♖xh6 sollte nach 20...gxh6 21.♕f5 ♖fd8 22.♕h7+ ♔f8 23.♕xh6+ ♔e7 24.♖e1+ ♔d7 25.♘d5 ♕d6 26.♗f5+ ♔c6 27.♘xf6 ♖h8 28.♗e4+ gewinnen) 20...♕d6 (20...♕d4 21.♖d1 ♕xb2 22.♖xh6) 21.♖xh6! gxh6 (21...♖xc2? verliert auf der Stelle wegen 22.♘xf6+) 22.♘xf6+ ♔g7 23.♕f5 ♖xc2 24.♘h5+ ♔h8 25.♕xc2 nicht. Weiß hat bei anhaltendem Angriff einen Bauern gewonnen.

A3) 14...g6 15.♗h6 ♘h5! (15...♖e8 16.♘e5 ist schlecht für Schwarz – Weiß hat schrecklichen Druck auf f7) 16.♕g4 f5?! (Schwarz will seine Königsflügelprobleme auf radikale Weise lösen und außerdem die weiße Dame nach h3 treiben, wo sie gegenüber taktischen Wendungen auf Basis von ...♘f4 anfällig wäre. Die weitere Jagd auf die Dame mit 16...♘f6! 17.♕g3

♘h5 ist ein Standardmotiv im Angenommenen Damengambit und könnte hier sehr wohl ein guter Rat sein, da Schwarz sich nach 18.♕h3 ♖e8 19.♘e5 ♖c8 20.♖fe1! (es droht 21.♘f7) 20...♗g5! 21.♗xg5 ♕xg5 22.♗e4! (nach dem Abtausch der weißfeldrigen Läufer droht der weiße Springer c3 kraftvoll nach e4 zu gehen) 22...♘f6! 23.♕f3 ♖c7 halten zu können scheint) 17.♕h3 ♖c8

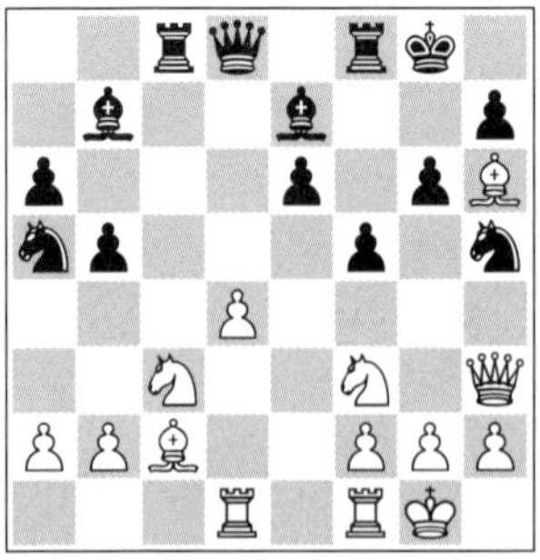

Analysediagramm

18.d5! (Konsequent und stark. Natürlich hat Weiß keine Eile mit dem Qualitätsgewinn 18.♗xf8?, da Schwarz nach 18...♕xf8 19.♗d3 ♘f4 20.♕g3 ♗d6 starken Angriff erhält) 18...b4 (Hofft verzweifelt auf Gegenspiel, aber Weiß ist einen Schritt voraus. Falls 18...exd5, so einfach 19.♘d4 mit völliger positioneller Dominanz und vielen vernichtenden Drohungen) 19.dxe6 ♗d6 20.♖fe1! ♖e8 21.♗a4! ♖e7 22.♗d7! bxc3 23.♖xd6 cxb2 24.♗g5, und in Tkatschijew-Lesiège, New Delhi/Teheran 2000, gewann Weiß schnell.

B) In der Erkenntnis, dass die Schwächung ...g7-g6 praktisch unvermeidbar erscheint, wurde in letzter Zeit sofort 13...g6 gespielt. Ein lehrreiches Beispiel ist 14.♕h4 ♖e8!, was den Läufer e7 deckt, um den Aufzug d4-d5 zu verhindern.

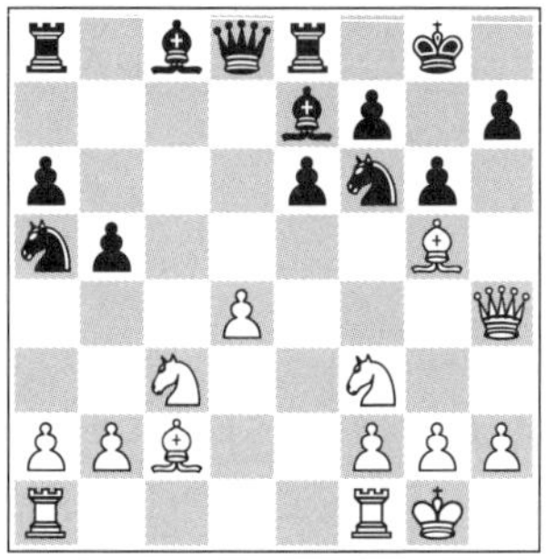

Analysediagramm

15.d5! (dieser prinzipielle Vorstoß scheint hier in den meisten Abspielen zu funktionieren) 15...♘xd5 16.♘xd5 exd5 17.♖ae1 ♘c6 (nicht ratsam für Schwarz ist 17...♗xg5? 18.♘xg5 h5 19.♕g3 mit der schrecklichen Drohung ♘xf7, während 17...♖a7!? eine Verbesserung darstellen könnte) 18.♖xe7! ♖xe7 (die Behauptung der Qualität wäre schlecht, da Weiß nach dem einfachen 18...♘xe7? 19.♗f6 ♕d6 20.♖e1 ♕c6 21.♗c3! Mattangriff hat, z.B.: 21...f6 22.♘g5! fxg5 23.♕d4) 19.♘e5! ♘xe5 20.♗xe7 ♕c7 21.♗b3 ♗e6 22.♗g5 – Schwarz vermisst seinen schwarzfeldrigen Läufer schmerzlich. Wegen der Schwächen um den schwarzen König hat Weiß anhaltende Initiative, die wahrscheinlich mehr wert ist als der Bauer, Bruzon-L. Dominguez, Kubanische Meisterschaft, Santa Clara 2006.

14. ♖a1-d1 ♗c8-b7

Nach diesem Zug sieht der schwarze Turm auf a7 unbeholfen aus; der Nachziehende wird nie Zeit dazu haben, ihn mit ...♗b7-a8 wieder ins Spiel zu bringen. Schwarz ist nur ein Tempo von einer harmonischen Entwicklung entfernt. Daher ist energisches Handeln angezeigt, und Kramnik ergreift die Gelegenheit beim Schopfe. Wie bereits erwähnt, läuft zwischen Kramnik und Anand eine Dauerdebatte im Angenommenen Damengambit. In einer weiteren ihrer Partien folgte:

A) 14...♘c4 15.♘e5! ♖c7 (das Schlagen des Bauern mit 15...♘xb2? verliert nach dem prinzipiellen 16.♕h4! (wenn Weiß seinen Angriff vernachlässigt und mit 16.♘c6? gierig wird, ist die schwarze Stellung nach 16...♘xd1! 17.♘xd8 ♘xc3 18.♕f3 ♖xd8 19.♕xc3 ♖ad7 okay) 16...h6

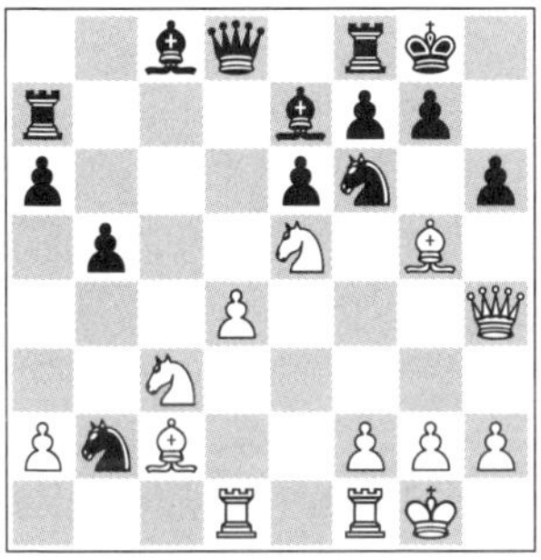

Analysediagramm

17.♗xh6! (dieses Standardopfer funktioniert auch hier) 17...gxh6 18.♕xh6 ♖c7 19.♘g4! (der Schlüssel ist wiederum die Eliminierung des einzigen schwarzen Verteidigers, des Springers auf f6) 19...♖e8 20.d5! (nach dieser Verstärkung des Drucks bricht die schwarze Stellung zusammen) 20...♘xd1 (20...♖xc3?? würde freiwillig einen Verteidiger des Feldes f7 entfernen und in ein schnelles Matt laufen: 21.♘xf6+ ♗xf6 22.♗h7+ ♔h8 23.♗g6+ ♔g8 24.♕h7+ ♔f8 25.♕xf7 matt)

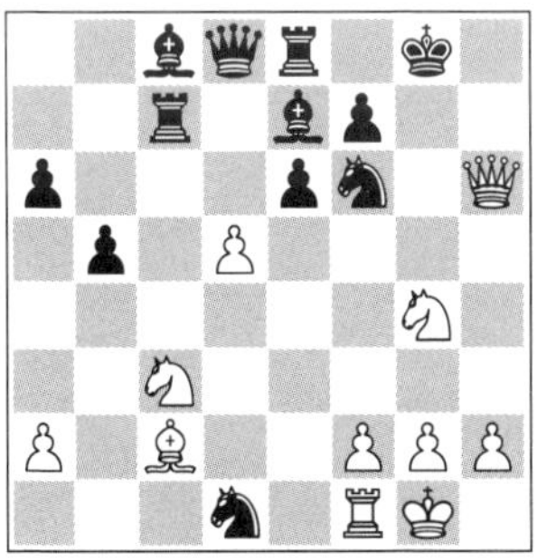

Analysediagramm

21.d6! (auch 21.♖xd1 sollte gewinnen) 21...♕xd6 22.♘xf6+ ♗xf6 23.♗h7+! ♔h8 24.♗g6+ ♔g8 25.♘e4! ♕e5 26.♘xf6+ ♕xf6 27.♗h7+ ♔h8 28.♕xf6+) 16.♘xc4! (Kramnik meint gut zu stehen und erzwingt korrekterweise eine günstige Veränderung der Bauernstruktur) 16...bxc4 (16...♖xc4 erlaubt 17.♗b3)

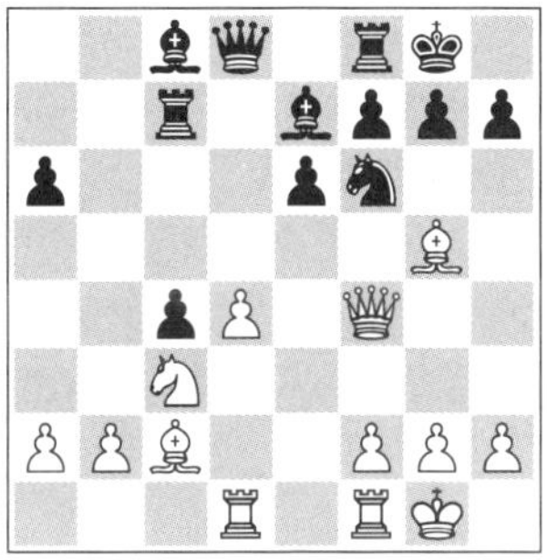

Analysediagramm

17.♗xf6! ♗xf6 18.d5! (bildet einen starken Freibauern) 18...e5 19.♕f3 ♖b7 20.♕e4 g6 21.♕xc4 ♖xb2 22.♗b3 ♗g5 23.d6. Nun stand Weiß klar besser und gewann in Kramnik-Anand, 3. Wettkampfpartie, Mensch + Computer, Leon 2002, mit Leichtigkeit.

B) Eine logische Fortsetzung des mit 13...♖a7 begonnenen Plans wäre 14...♖c7 gewesen. Es ist gut möglich, dass Anand ursprünglich den sofortigen Turmschwenk nach c7 geplant hatte, dann aber an der nach 15.♖fe1 (Der Vorstoß d4-d5 muss noch vorbereitet werden. Das sofortige 15.d5 wäre nicht besonders effektiv, da Schwarz nach 15...exd5 16.♗xf6 ♗xf6 17.♖xd5 ♖d7! 18.♖fd1 ♗xc3 19.♖xd7 (19.♗xh7+? ♔xh7 20.♘g5+ ♔g8 21.♕h4 ♖e8) 19...♗xd7 20.bxc3 ♕c8! allmählich ausgleichen würde) 15...♗b7 entstehenden Stellung einfach keinen Gefallen fand.

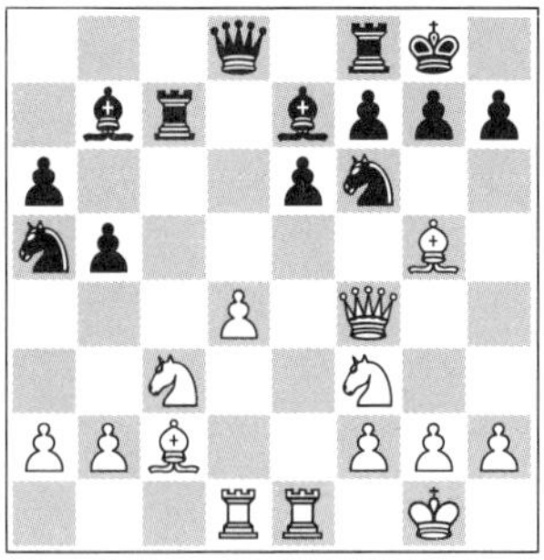

Analysediagramm

16.d5! (Nun scheint dieses typische vorübergehende Bauernopfer wieder ziemlich unangenehm für Schwarz zu sein. Man beachte, dass der Aufzug d4-d5 in einer sehr großen Zahl der gezeigten Varianten sehr gut funktioniert!) 16...♗xd5 (16...exd5?? ist ganz schlecht; nach 17.♖xe7! ♕xe7 18.♗xf6 gxf6 19.♕g4+ ♔h8 20.♕f5 wird Schwarz sofort matt gesetzt; oder 16...♘xd5 17.♘xd5 ♗xd5 18.♗xh7+ (oder 18.♖xd5 mit Übergang in die Hauptvariante) 18...♔xh7 19.♕h4+ ♔g8 20.♗xe7 ♕xe7 21.♘g5 ♕xg5 22.♕xg5) 17.♘xd5 ♘xd5 (17...exd5? ist wiederum schlecht: 18.♖xe7! ♕xe7 19.♗xf6 gxf6 20.♗f5! mit Mattangriff für Weiß)

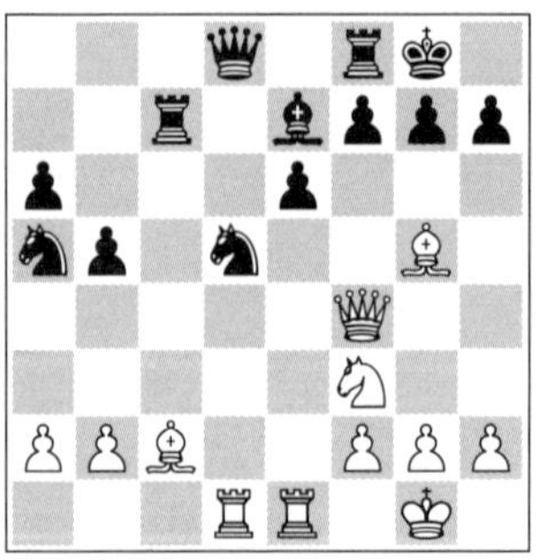

Analysediagramm

18.♖xd5! exd5 19.♗xh7+ ♔xh7 20.♗xe7 ♖xe7 21.♕h4+ ♔g8 22.♖xe7 f6 (der einzige Zug; 22...♘c6?? stolpert nach 23.♘g5 in ein Matt)

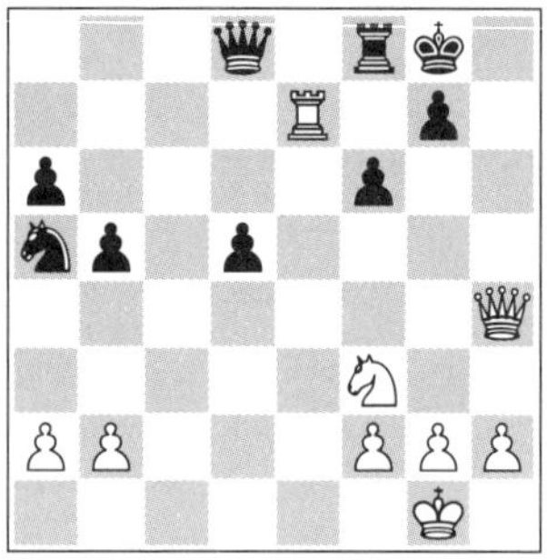

Analysediagramm

23.♖e1! (23.♖a7 sieht aktiv aus, aber Schwarz entkommt mit 23...♕b6 24.♕d4 ♕xd4 25.♘xd4 ♖c8! 26.g3 ♘c6 27.♘xc6 ♖xc6 in ein remisträchtiges Endspiel) 23...♖e8 24.♖d1 – Schwarz steht mit seinem schwachen d-Bauern und exponierten König vor einer schwierigen Verteidigung.

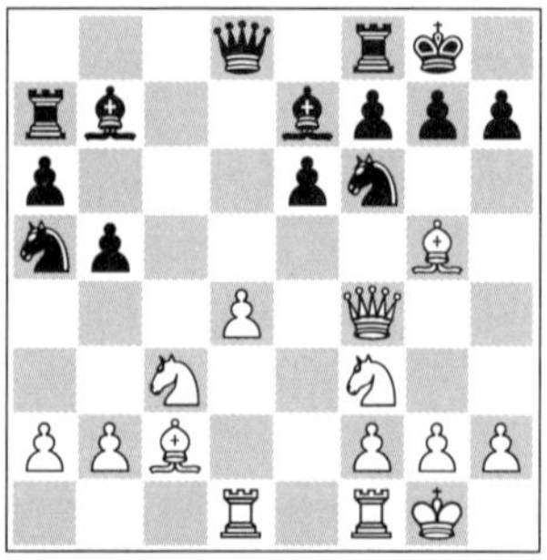

15. d4-d5!

Dieser thematische Bauernvorstoß funktioniert hier ausgezeichnet. Es wird bald klar werden, dass Weiß seinen Bauern bei anhaltendem Angriff zurückbekommen wird.

15. ... ♗b7xd5

Erzwungen. Andere Schlagmöglichkeiten verlieren:

A) 15...♘xd5? 16.♘xd5 ♗xd5 17.♖xd5! (Weiß hat gewinnbringenden Angriff, muss aber bei der Exekution noch Vorsicht walten lassen; schlecht wäre z.B. 17.♗xh7+? ♔xh7 18.♕h4+ ♔g8 19.♗xe7 ♕xe7 20.♘g5, was durch 20...♗e4! mit Gewinn für Schwarz widerlegt wird) 17...exd5 (oder 17...♕xd5

18.♗xe7 ♖c8 (nach 18...♖xe7 19.♕h4 mit Figurengewinn für Weiß) 19.♗xh7+ ♔xh7 20.♘g5+ mit Gewinn) 18.♗xh7+ ♔xh7 19.♕h4+ ♔g8 (oder 19...♔g6 20.♘e5+ ♔f5 21.♕g4+! ♔xe5 22.♗f4+ ♔f6 23.♖e1 nebst Matt im nächsten Zug) 20.♗xe7 ♕xe7 21.♘g5, und Schwarz muss seine Dame geben, um das Matt zu verhindern.

B) 15...exd5? hilft auch nicht: 16.♕h4 h6 (16...g6 verliert wegen 17.♘e4!, aber auch 17.♖fe1 sollte gewinnen), und nun entscheidet wiederum das standardmäßige Figurenopfer: 17.♗xh6! gxh6 18.♕xh6, und das Matt wird nicht mehr lange auf sich warten lassen.

16. ♘c3xd5 e6xd5

16...♘xd5 17.♖xd5! leitet durch Zugumstellung in die in der vorigen Anmerkung erwähnte Variante (15...♘d5) über.

17. ♕f4-h4

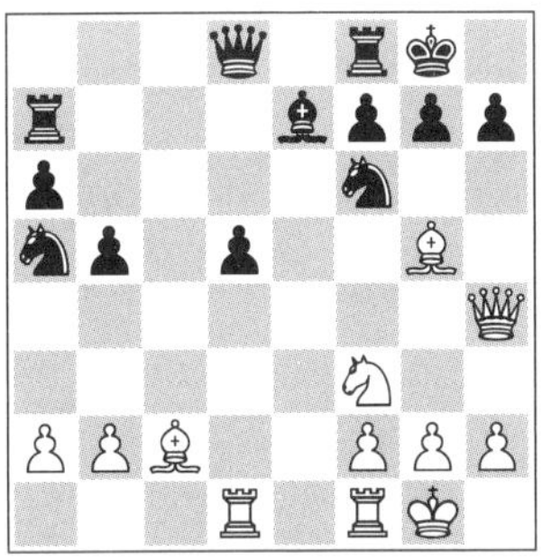

17. ... h7-h5!

In schwieriger Stellung findet Anand die beste Verteidigung. Andere Züge würden die Aufgabe des Anziehenden erheblich vereinfachen; nach etwa 17...h6 funktioniert das Standardopfer wieder: 18.♗xh6! gxh6 19.♕xh6 ♖c7 (oder 19...♖e8 20.♖d4 ♗f8 21.♖g4+ nebst Matt) 20.♘d4! (wie üblich entscheidet die Einbeziehung zusätzlicher Kräfte in den Angriff die Schlacht) 20...♖xc2 21.♖d3! ♘g4 22.♖g3 ♕d7 23.♕h5 mit Gewinn.

Nach 17...g6 18.♖fe1 verliert Schwarz Material.

18. ♖f1-e1!

Weiß verstärkt ruhig den Druck.

18. ... ♘a5-c6

Es mag den Anschein haben, dass Schwarz sich durch die Rückführung des Springers ins Spiel retten kann, aber Kramnik findet einen Weg, die Festung zu knacken. Es ist jedoch schwer, dem Nachziehenden einen guten Rat zu geben, da andere Züge auch nicht ausreichen, z.B.:

A) 18...♕c8 19.♘d4 ♕g4 (versucht sich ins Endspiel zu retten) 20.♕xg4 hxg4 21.♗d2! ♗d8 (21...b4? verliert wegen des einfachen 22.♖xe7 ♖xe7 23.♗xb4) 22.♗b4 ♖e8 23.♖xe8+ ♘xe8 24.♗f5 – die weißen Läufer beherrschen das Brett; Schwarz wird bald Material zu verlieren beginnen.

B) Oder 18...♖c7 19.♘d4 ♘c4 20.♘f5 ♘xb2 21.♖c1 ♖e8 22.♕g3, und Weiß sollte im Angriff gewinnen.

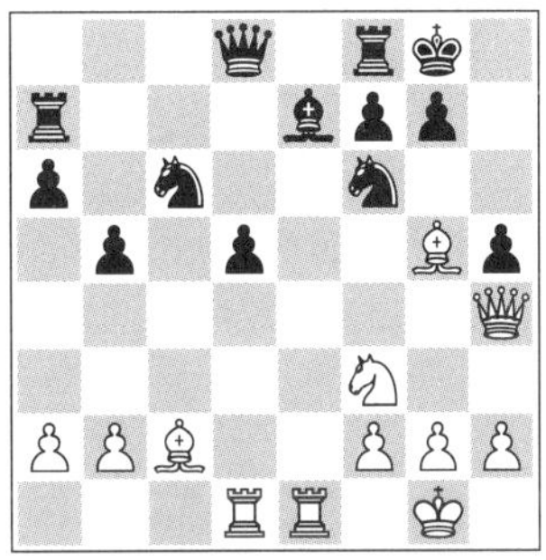

19. g2-g4! ♕d8-d6

Nach 19...♖c7 setzt Weiß einfach mit 20.gxh5 den Angriff fort.

19...♖e8? verliert forciert wegen 20.♗xf6 ♗xf6 21.♕xh5 ♖e6 (oder 21...g6 22.♗xg6! ♖xe1+ 23.♖xe1 fxg6 24.♕xg6+ ♔f8 25.♖e6) 22.♖xe6 fxe6 23.♖e1 ♕d7 24.♗f5! ♘d8 25.g5 ♗xb2 26.♘h4, und Schwarz hat nur die Wahl zwischen Matt und tonnenweisem Materialverlust.

Im Fall von 19...♖d7 behält Weiß nach 20.gxh5 ♘e4 21.♗xe4 dxe4 22.♖xd7

♕xd7 23.♕xe4 einen gesunden Bauern mehr.

Schlecht ist 19...♘xg4?, was wegen 20.♕xh5 f5 21.♖xd5 ♕xd5 22.♗b3 verliert.

20. g4xh5 ♕d6-b4

Schwarz versucht die Damen zu tauschen in der Hoffnung, den Angriff dann leichter neutralisieren zu können.

20...♘h7 löst seine Probleme nicht, da der Angriff dann nach 21.♗f4! ♕c5 (21...♕b4 verliert wegen 22.♕g3 ♕xb2 23.♗xh7+ ♔xh7 24.♘e5 ♘d8 25.♘d7! gefolgt von 26.♗e5) 22.♗xh7+ ♔xh7 23.♕g4 weitergeht.

21. h5-h6!

Kramnik sieht, dass er auch nach dem Damentausch noch starken Angriff haben wird.

21. ... ♕b4xh4
22. ♘f3xh4 ♘f6-e4
23. h6xg7 ♖f8-c8
24. ♗g5xe7 ♘c6xe7
25. ♗c2xe4 d5xe4
26. ♖e1xe4 ♔g8xg7

Es sieht so aus, als ob Schwarz den Schaden in Grenzen halten konnte und in dem folgenden Endspiel über ordentliche Überlebenschancen verfügt. Sein Hauptproblem besteht jedoch darin, dass der weiße Angriff längst nicht vorbei ist. Es ist hübsch anzusehen, wie Kramnik bei stark reduziertem Material die Initiative bis zum Ende der Partie fest in der Hand behalten kann.

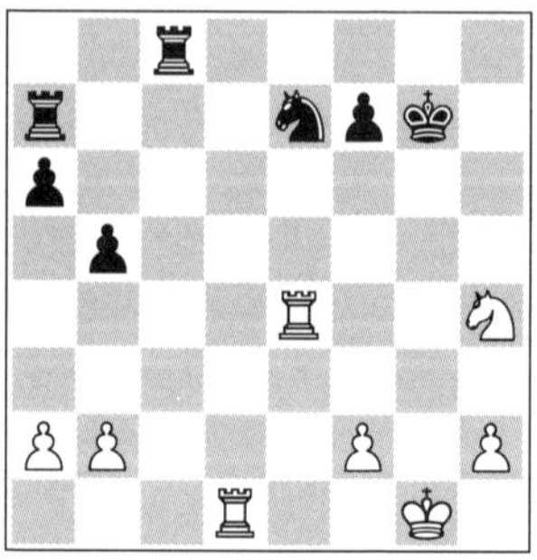

27. ♖d1-d6!

Weiß will richtigerweise mehr als das sich nach 27.♖xe7 ♖xe7 28.♘f5+ ♔f6 29.♘xe7 ♔xe7 ergebende Turmendspiel mit einem Bauern mehr.

27. ... ♖c8-c5

Der Gegenspielversuch 27...♖c2 verliert wegen 28.♖g4+ ♔h7 29.♖f6 ♘g6 (oder 29...♘g8 30.♖f3 ♘h6 31.♖g5 ♖xb2? 32.♖h5) 30.♘f5 ♖ac7 31.h4!.

28. ♖e4-g4+ ♔g7-h7
29. ♘h4-f3! ♘e7-g6
30. ♘f3-g5+ ♔h7-g7
31. ♘g5xf7

Ein Turmendspiel mit zwei Mehrbauern lässt sich Kramnik schon eher gefallen.

31. ... ♖a7xf7
32. ♖d6xg6+ ♔g7-h7
33. ♖g6-g5 ♖c5xg5
34. ♖g4xg5 ♖f7-c7

Weiß muss nun nur noch darauf achten, dass er mindestens einen Damenflügelbauern auf dem Brett behält, um nicht in einem theoretisch remisen Endspiel mit Turm und h- und f-Bauer gegen Turm zu landen.

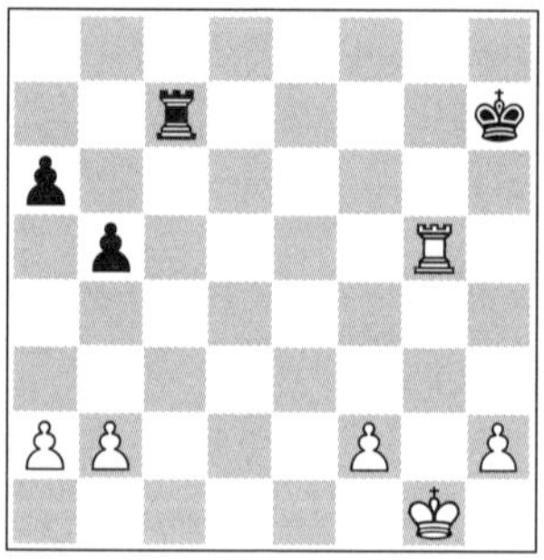

35. a2-a3 b5-b4
36. a3xb4 ♖c7-c1+
37. ♔g1-g2 ♖c1-b1
38. ♖g5-a5 ♖b1xb2
39. ♖a5-a4! 1-0

Die nächste Partie gehört zwar an sich nicht wirklich in dieses Kapitel über

Isolanistellungen, ist aber ein hervorragendes Beispiel für die dynamische Kraft von Zentrumsbauerndurchbrüchen und ein guter Übergang von diesem zum nächsten Kapitel, das sich mit hängenden Bauern beschäftigt.

QO 8.12 (D58) **PARTIE 35**

Miguel Illescas Cordoba
Nigel Short
Pamplona 1999/00 (5)

1. ♘g1-f3 d7-d5
2. d2-d4 ♘g8-f6
3. c2-c4 e7-e6
4. ♘b1-c3 ♗f8-e7
5. ♗c1-g5 h7-h6
6. ♗g5-h4 0-0
7. e2-e3 b7-b6

Die Tartakower-Makogonow-Variante ist eine der ältesten und strategisch gesündesten Varianten der klassischen Eröffnungen.

8. ♗f1-e2 ♗c8-b7
9. ♗h4xf6 ♗e7xf6
10. c4xd5 e6xd5

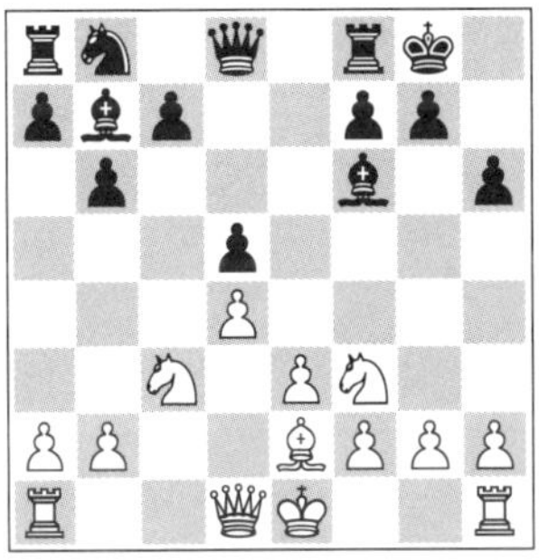

Man mag sich wundern, warum Weiß zuerst mit 6.♗h4 ein Tempo "verliert" und dann mit 9.♗xf6 den Springer schlägt. Weiß wollte warten, bis Schwarz seinen Läufer nach b7 gestellt hat, dann auf f6 nehmen und mit dem Bauern auf d5 schlagen, was das Zurückschlagen ...exd5 erzwingt und zu einer Bauernstruktur führt, in der sein weißfeldriger Läufer besser stehen sollte als sein schwarzes Pendant.

Diese Stellung hat große Ähnlichkeit mit den Stellungen mit d4/d5-Bauernsymmetrie im Zentrum, in denen (wie wir bereits herausgearbeitet haben) der weißfeldrige weiße Läufer schon fast definitionsgemäß besser ist als sein schwarzer Kollege.

Hier gibt es jedoch einen ziemlich wichtigen Unterschied, da Weiß einen beweglichen Bauern auf e3 und Schwarz einen ebensolchen auf c7 hat. Es ist meist für Weiß vorteilhaft, wenn Schwarz ...c7-c5 und dann ...cxd4 spielt, wonach Weiß mit e3xd4 zurückschlagen und die günstige Zentrumssymmetrie mit besserem Läufer erhalten kann.

Das Problem für Weiß besteht jedoch darin, dass Schwarz nach ...c7-c5 üblicherweise die Zentrumsspannung im Vertrauen auf sein Läuferpaar aufrechterhält (Der Läufer auf f6 steht vorzüglich). Sollte Weiß in dem Versuch, die hängenden schwarzen Bauern auszunutzen, irgendwann d4xc5 spielen, so bekommt Schwarz Gelegenheit (wie wir später in einer Reihe von Beispielen in Kapitel 3 über hängende Bauern sehen werden) zu dem dynamischen Bauernvorstoß ...d5-d4, der ihm häufig ernsthafte Initiative gibt.

Dies ist eine der Hauptstellungen in der Tartakower-Makogonow-Variante, die auch für das strategische Verständnis von Bauernstrukturen im Mittelspiel ganz allgemein wichtig ist. Daher werde ich eine Reihe von Abspielen angeben, die für die vorliegende Partie nicht von direktem Interesse sind, aber ein besseres Verständnis der Licht- und Schattenseiten der Stellung vermitteln.

11. 0-0

Ein weiterer recht logischer und häufig gespielter Zug ist hier 11.b4 (Weiß gewinnt Raum am Damenflügel und versucht, den Befreiungszug ...c7-c5 zu erschweren), und nun:

A) Das sofortige 11...c5 ist möglich, spielt aber dem Weißen ziemlich in die Hände. Normalerweise landet Schwarz nach 12.bxc5 bxc5 13.♖b1 ♕a5 14.♕d2 cxd4 15.♘xd4 ♗xd4 16.exd4 in einer etwas schlechteren, passiven Stellung. Wiederum hat sich die d4/d5-Zentrumsbauernsymmetrie ergeben, in der Weiß dank seines besseren weißfeldrigen Läufers die Oberhand besitzt. Nach 16...♗a6

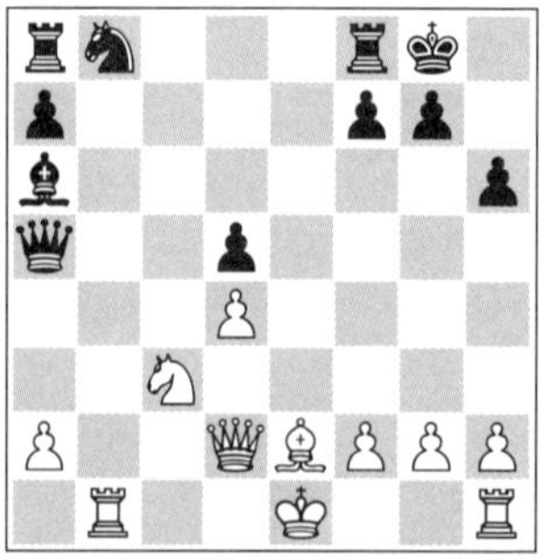

Analysediagramm

17.♘b5! ♕d8 18.0-0 ♘d7 19.♖fc1 ♘f6 20.f3 hatte Weiß die bessere Stellung, Waganjan-Geller, New York 1990.

B) 11...c6 (Schwarz findet sich fürs Erste mit einer relativ passiven Stellung ab und will in Verbindung mit ...a7-a5 Gegenspiel entwickeln) 12.0-0

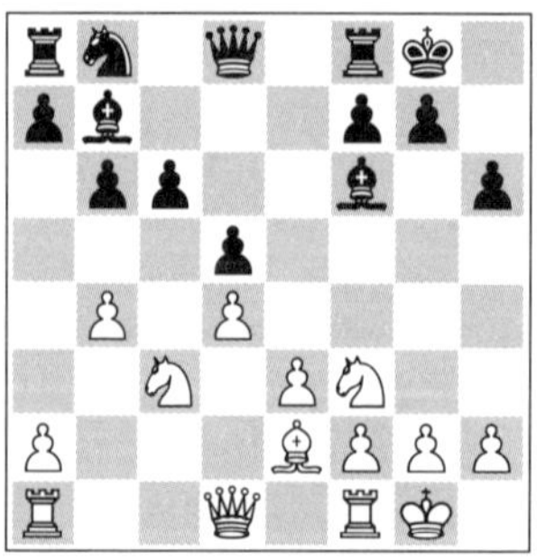

Analysediagramm

B1) Schwarz kann zuerst mit 12...♖e8 13.♕b3 ♘d7 seine Figuren entwickeln, aber dann wird er nach 14.♖ad1! (durch den Druck auf das Feld d5 wird der schwarze Vorstoß ...a7-a5 nie funktionieren, da er mit b4-b5 beantwortet werden würde, was die potenzielle Schwäche des Bauern d5 betont) 14...a6 15.a4 ♘f8 16.a5! bxa5 17.bxa5 (der schwarze Läufer b7 sieht hier nur wie ein großer Bauer aus) 17...♖b8 18.♘a4! ♘e6 (der Bauernraub 18...♕xa5? führt nach 19.♘c5 zu totaler weißer Dominanz) 19.♕c3 passiv bleiben; in Kasparow-Ehlwest, Belgrad 1989, hatte Weiß klaren Vorteil.

B2) 12...♕d6 13.♕b3 ♘d7 14.♖fe1 ♗e7, und nach 15.♖ab1 kann Schwarz mit 15...a5 16.bxa5 ♖xa5 nach Gegenspiel suchen.

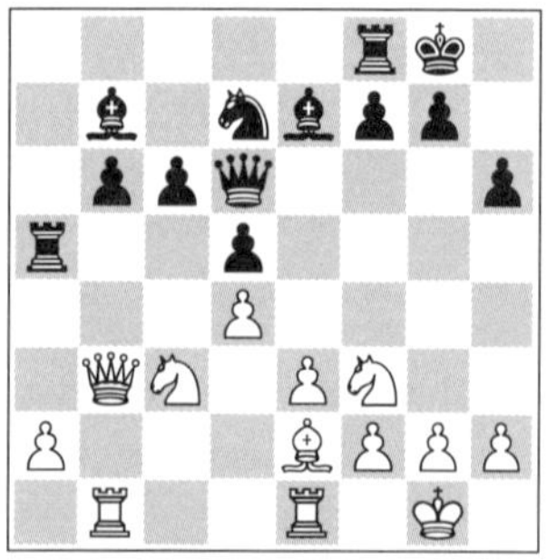

Analysediagramm

Nun fixiert Weiß die schwarze Schwäche auf b6 und bereitet den Hebel e3-e4 vor. Der schwarze Läufer auf b7 bleibt passiv, während die schwarzen Bauern auf b6 und c6 nach der Ausführung von e3-e4 viel schwächer sein werden als die weißen Bauern auf a4 und d4. Das folgende Spiel liefert eine hervorragende Illustration der Vorzüge der weißen Stellung:

17.a4 ♖e8 18.♗f1 ♗f8 19.♕c2! (Bereitet e3-e4 vor. Das sofortige 19.e4? wäre ein Fehler wegen 19...dxe4 20.♘xe4 ♕a3!) 19...g6 (Nun ist für Weiß die Zeit gekommen, den thematischen Zentrumshebel unter günstigen Umständen durchzuführen. Geboten war 19...♗a6!, was die weißfeldrigen Läufer tauscht und viele taktische Möglichkeiten des Weißen eliminiert) 20.e4! dxe4 21.♘xe4 ♕f4.

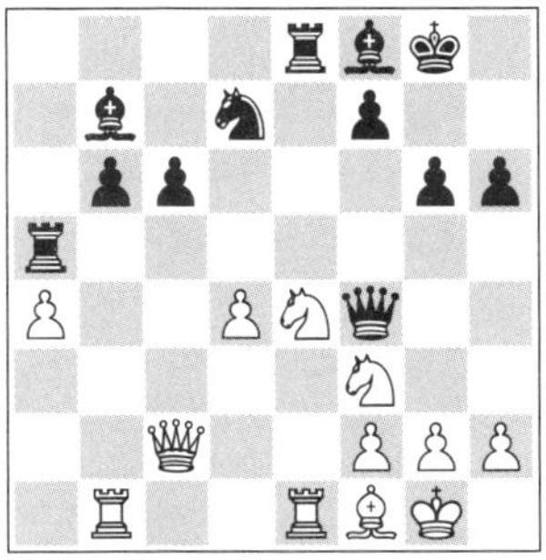

Analysediagramm

Dies ist eine der thematischen Stellungen in diesem Abspiel der Tartakower-Makogonow-Variante. Schwarz hat schwache Bauern auf b6 und c6, während Weiß seine potenziellen Schwächen auf a4 und d4 leicht verteidigen kann. Der Anziehende hat aufgrund der schwarzen Schwäche auf f7 und der baldigen Kontrolle über die e-Linie reichlich taktische Möglichkeiten.

Die Kenntnis dieser thematischen Stellung ist wichtig, da sie sich in dieser Variante häufig ergeben kann und fast immer für Weiß günstig ist. Karpow selbst hat viele Partien mit Weiß gewonnen und dabei immer wieder bewiesen, dass die Bauernstruktur mit weißen Bauern auf a4 und d4 und schwarzen Bauern auf b6 und c6...

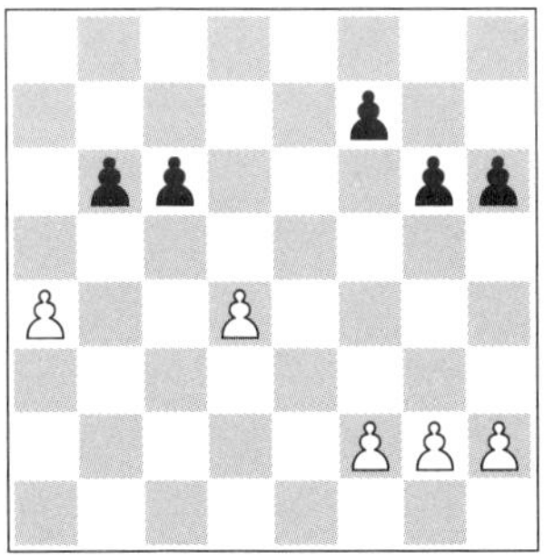

Struktur a4/d4 gegen b6/c6

... für Weiß günstig ist. Suchen Sie sich seine Partien in diesem Abspiel in einer Datenbank heraus und studieren Sie sie selbständig!

22.♗c4! (mittlerweile bedauerte Schwarz es wahrscheinlich, nicht mit 19...♗a6 die Läufer getauscht zu haben) 22...♗g7 23.♖e2 (die Kontrolle über die e-Linie ist hier sehr wichtig) 23...c5 (die schwarze Stellung ist bereits schwierig; dieser Gegenspielversuch bringt keine Abhilfe) 24.d5 ♖aa8 25.♖be1 ♖ad8 26.♕b3! (Ein hervorragender Mehrzweckzug. Weiß nimmt b6 und f7 aufs Korn und bereitet die Vertreibung der schwarzen Dame mit g2-g3 vor) 26...♗a8 27.g3 ♕b8 28.d6, und nun:

B21) Schwarz kann seine Probleme nicht auf taktischem Wege mit 28...♖xe4 29.♗xf7+ ♔h7 30.♖xe4 ♗xe4 31.♖xe4 ♘f8 (nach 31...♘f6 gewinnt 32.♘e5! sofort) lösen wegen 32.♘e5! ♗xe5 33.♖xe5 ♕xd6 34.♖d5 ♕e7 35.♗xg6+! ♘xg6 36.♖xd8 ♕xd8 37.♕f7+ ♔h8 38.♕xg6 ♕d1+ 39.♔g2 ♕xa4 40.♕xh6+ ♔g8 41.♕g6+ ♔h8 42.h4! ♕a8+ 43.f3 ♕a2+ 44.♔h3 ♕d5 45.♕f6+ ♔g8 46.g4 c4 47.h5 mit Gewinn für Weiß.

B22) 28...♖f8

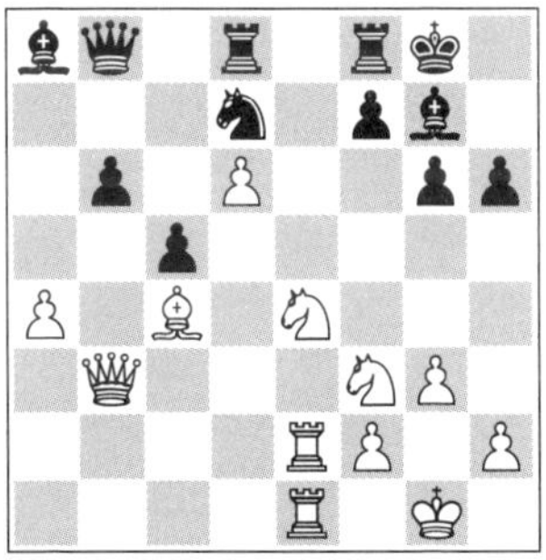

Analysediagramm

Nun ist die Stellung reif für eine taktische Lösung, die von Karpow brillant in die Tat umgesetzt wird: 29.♗xf7+! ♖xf7 30.♘eg5 hxg5 31.♘xg5 ♖f8

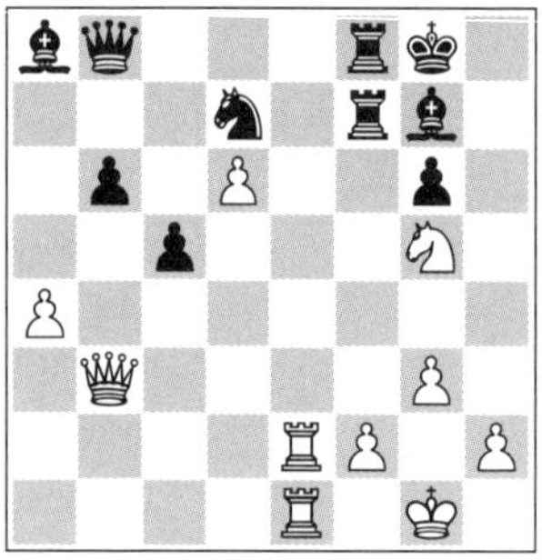

Analysediagramm

32.♖e8! (genauigkeit tut not; falsch ist 32.♘xf7? wegen 32...♕b7! 33.♘d8+ ♕d5 34.♕xd5+ ♗xd5 35.♘e6 ♖f7 mit etwas besserer Stellung für Schwarz) 32...♕xd6 33.♕xf7+ ♔h8 34.♘e6! 1-0, Karpow-Kir. Georgiew, Tilburg 1994.

B3) 12...a5! sucht nach sofortigem Gegenspiel. Nun hat Weiß drei Möglichkeiten:

B31) Der weiße Standardplan 13.bxa5 ♖xa5 14.♕b3, der auf die potenziellen schwarzen Schwächen auf b6 und c6 abzielt, funktioniert hier nicht so gut nach 14...♗c8! (verbessert die Stellung des Läufers) 15.♗d3 (falls 15.♖ab1?, so 15...♗f5 16.♖b2 ♘d7) 15...♗e6 16.a4 c5! (dies ist der richtige Zeitpunkt für konkretes Gegenspiel) 17.♗b5 ♘a6 18.♖ad1 (versucht ...c5-c4 zu erzwingen) 18...c4 19.♕b1 ♘c7 20.♘e5 ♘xb5 21.axb5 ♗xe5! 22.dxe5 ♕a8, und dank seines Freibauern auf der c-Linie und der baldigen Kontrolle über die a-Linie (...♖a3, ...♕a5) hatte Schwarz in Sokolov-Lutz, Garmisch-Partenkirchen 1994, gutes Gegenspiel.

B32) Wenn Weiß seinen Bauerndruck mit 13.a3 aufrechterhält, bekommt Schwarz mit 13...♖e8 14.♕b3 b5! gefolgt von ...♘d7-b6-c4 gutes Spiel. Dies ist einer der Standardpläne in diesen Stellungen, den man sich merken sollte.

B33) 13.b5 c5 14.♘e5 (dieser Springerzug ist das Kernstück des mit 13.b5 begonnenen Plans. Weiß will die harmonische Entwicklung der schwarzen Figuren stören) 14...♕c7 (14...♘d7? ist ein Patzer wegen 15.♘c6, wohingegen 14...♗xe5 15.dxe5 d4 16.exd4 cxd4 ein logischer Plan ist. Schwarz hat seinem Läufer b7 den Weg geöffnet, während Weiß den schwachen Bauern b6 angreifen kann, z.B. 17.♘a4 ♕g5! 18.♗g4 ♕xe5 19.♘xb6 ♖a7, und Schwarz kann mit dynamischem Spiel das Gleichgewicht halten) 15.♘g4 (die Pointe des Plans des Anziehenden)

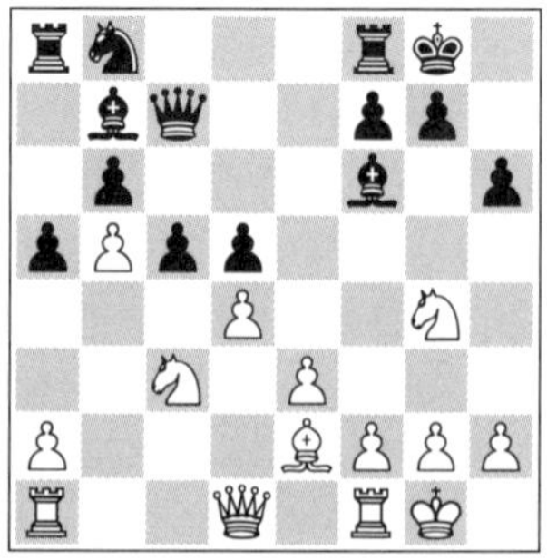

Analysediagramm

B331) 15...♗e7?! ist nicht gut wegen 16.♗f3 ♖d8 17.dxc5! ♕xc5 18.♖c1 ♕d6

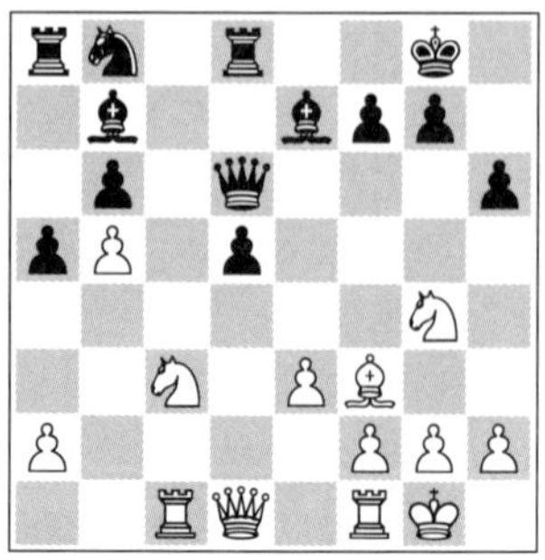

Analysediagramm

19.♕d4! (ein positioneller Zug, der auf taktischen Lösungen beruht) 19...♕e6 (19...h5 20.♘e5 ♗f6 scheitert an 21.♘c4! dxc4 (21...♕e7? 22.♕xb6) 22.♕xd6 ♖xd6 23.♗xb7 ♖a7 24.♘e4! ♖d8 25.♗c6 ♘xc6 26.bxc6 b5 27.a4 mit schrecklichem Endspiel für Schwarz) 20.♘e2! ♗c5 21.♘f4 ♕e7 22.♕e5, und der schwache schwarze Bauer d5 wird bald fallen.

B332) 15...♘d7! 16.♗f3 ♖ad8! (Dynamische Verteidigung. 16...cxd4 ist nicht gut wegen 17.♘xf6+ ♘xf6 18.♕xd4 mit typischem Isolanivorteil) 17.♘xd5 ♗xd5 18.♗xd5 cxd4 19.♖c1 (oder 19.exd4 ♕f4 20.♖c1 ♕xd4 21.♕xd4 ♗xd4 22.♖fd1 ♗c5 23.♗c6 ♘f6 mit ausgeglichenem Endspiel) 19...♕d6 20.e4 ♘c5 mit starkem Gegenspiel für Schwarz, z.B. 21.♖c4 d3 22.f4 ♖fe8.

11. ... ♕d8-e7

Dieser Zug verhindert den Standardvorstoß b2-b4 und stellt hier eine logische Möglichkeit dar. Sein Nachteil besteht darin, dass die schwarze Dame auf der e-Linie unglücklich stehen könnte, wenn Weiß zu ♖e1 und e3-e4 kommen sollte.

A) Das sofortige 11...c5 ist auch schon versucht worden und durchaus spielbar. Eine mögliche Folge wäre dann 12.dxc5 bxc5! (dieses direkte Zurückschlagen bietet aktives Gegenspiel und ist besser als das relativ passive 12...♗xc3 13.bxc3 bxc5 14.♖b1 ♕c7 15.♘e5! ♘d7 16.♘xd7 ♕xd7 17.♕b3 ♗c6 18.♕a3 ♕e7 19.♗f3, wonach Schwarz in Kramnik-Chalifman, Linares 2000, wegen der Schwäche der Bauern c5 und d5 eine schlechtere Stellung verteidigen musste) 13.♕b3 ♗c6 14.♖fd1

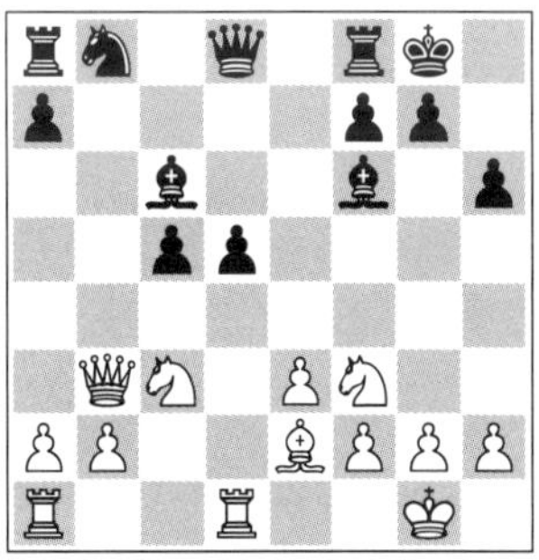

Analysediagramm

14...♘d7! (Um aktives Gegenspiel zu erhalten, muss Schwarz den Läufer f6 behalten. Ein klassischer Fehler wäre 14...♗xc3? 15.♕xc3 ♘d7 wegen 16.b4! c4 17.b5 ♗b7 18.a4 mit typischem Positionsvorteil für Weiß) 15.♗b5!? (Ein origineller Versuch. 15.♘xd5 bringt wegen 15...♖b8 nichts ein) 15...♖b8 16.♗xc6 (die Pointe des vorigen Zuges von Weiß) 16...♖xb3 17.axb3 ♗xc3 18.bxc3 ♘f6 19.c4 d4 20.exd4 cxd4 21.♖xd4 ♕b6 22.♗b5 ♕c5 mit ungefähr gleichem Spiel in Piket-Jegjasarjan, Europameisterschaft, Ohrid 2001.

B) 11...♖e8 ist an und für sich ein logischer Entwicklungszug, der aber auch seine Nachteile hat, wie die folgende Partie schlagend beweist: 12.b4 (Wie gesehen, ist dies ein Standardplan für Weiß. Schwarz wird nun mit seinem Gegenspiel zu spät kommen) 12...c6 13.♕b3 ♕d6 14.♖fe1! ♘d7 15.♗f1 (der Schlüssel zum weißen Vorteil ist ein gut getimtes e3-e4)

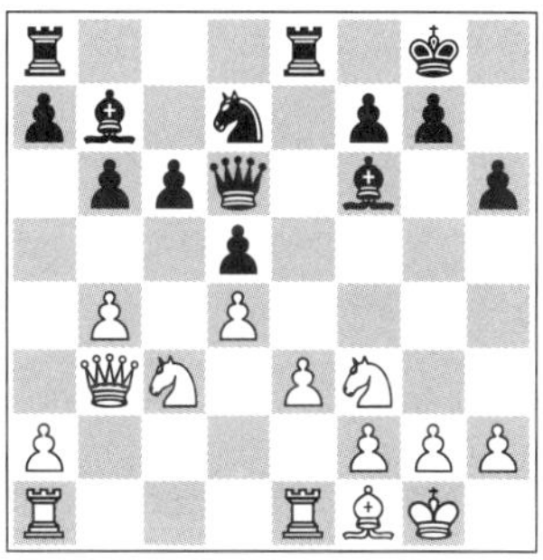

Analysediagramm

15...♗e7 16.♖ab1 a5 17.bxa5 ♖xa5 18.a4 ♗a6 19.♗xa6 ♖xa6 20.e4! dxe4 21.♘xe4 ♕g6 22.♖e3. Diesen Stellungstyp sollte man sich merken. Hier sind die schwarzen Bauern b6 und c6 definitionsgemäß schwächer als die weißen Bauern a4 und d4, so dass Schwarz zu einer langen, unangenehmen Verteidigung verurteilt ist, wie in Karpow-Bönsch, Baden-Baden 1992.

12. ♕d1-b3 ♖f8-d8

13. ♖f1-d1

Ein anderer Plan ist hier 13.♖ad1, um auf schwarzes ...c7-c6 zu warten und dann den anderen Turm nach e1 zu stellen und zu versuchen, e3-e4 durchzusetzen. Nun hat Schwarz folgende Möglichkeiten:

A) Nach 13...c6 (Weiß konzentriert sich, wie gesagt, auf den Hebel e3-e4) 14.♖fe1 ♘a6? (besser ist 14...♘d7) 15.e4! dxe4 16.♘xe4 ♘c7 17.♗c4 ♘d5 18.♕c2 ist die weiße Initiative sehr unangenehm: 18...g6 19.h4 h5 20.a3 ♗g7 21.♘eg5 ♕d6

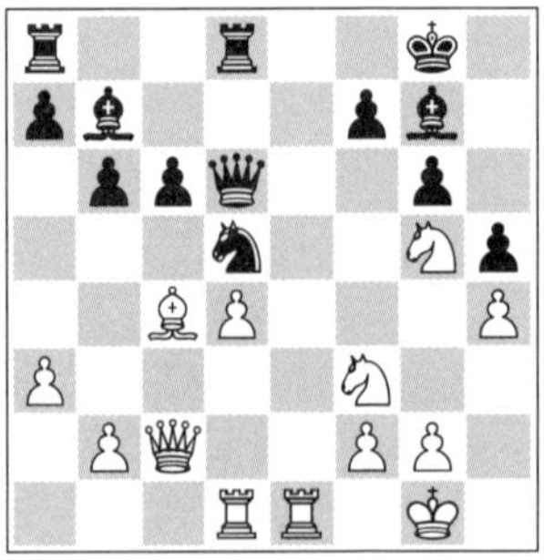

Analysediagramm

22.♘xf7! (ein taktisches Standardmotiv) 22...♔xf7 23.♘g5+, und angesichts von 24.♖e6 strich Schwarz in Podgajez-Gusew, Odessa 1991, die Segel.

B) 13...c5 ist wahrscheinlich am besten. Schwarz sollte sich vor der Entstehung hängender Bauern im Zentrum nicht fürchten und nach aktivem Spiel Ausschau halten: 14.dxc5 ♗xc3 15.♕xc3 bxc5. Es hat sich eine Standardstruktur mit parallelen hängenden Bauern im Zentrum ergeben. Das Spiel ist dynamisch ausgeglichen, aber das Pendel kann schnell zu einer Seite hin ausschlagen, wie folgende Partie sehr gut illustriert: 16.♖c1 ♘d7 17.♖c2 ♖ab8 18.b3 (Es ist eine strategisch angespannte Stellung entstanden. Weiß versucht, die schwarzen hängenden Bauern im Zentrum unter Beschuss zu nehmen, während Schwarz aktives Gegenspiel in Verbindung mit der Dynamik des Bauernvorstoßes ...d5-d4 organisieren muss) 18...♕e6 19.♖d1 ♕b6 20.♘e1! (will mit ♗g4 den schwarzen Springer auf d7 angreifen, der den Bauern c5 deckt)

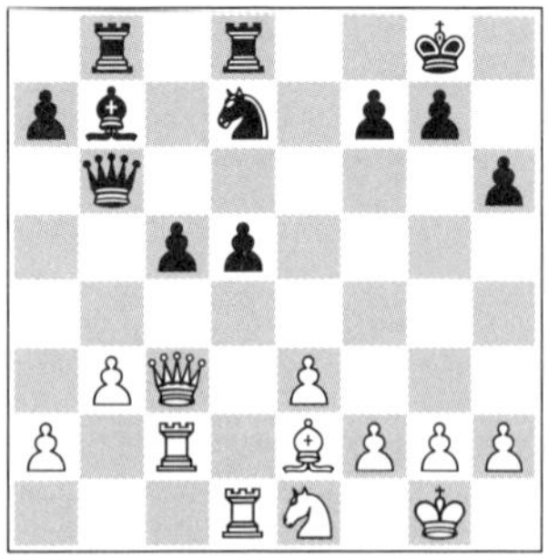

Analysediagramm

20...♖bc8 (Mit 20...♕g6, was ♗g4 verhindert, hätte Schwarz gutes Spiel behalten) 21.♗g4 ♕g6? (Jetzt ist dieser Zug verkehrt. Besser war 21...♖c7) 22.♗h3 ♖c7 23.♘d3! ♘f6 24.♕a5! (dies war dem Nachziehenden bei 21...♕g6? offensichtlich entgangen) 24...♘e8 25.♖xc5 ♖xc5 26.♕xc5, und in dieser hoffnungslosen Stellung warf Schwarz in der 5. Partie des Kandidatenwettkampfs Kortschnoi-Geller, Moskau 1971, das Handtuch.

13. ... c7-c6

14. ♗e2-f1

Ein Angriff auf den schwarzen Damenflügel mit 14.a4 ♘a6 15.a5 bringt nach dem korrekten 15...b5! nichts ein. In der Partie P.Nikolic-Beljawski, Weltcup, Reykjavik 1991, folgte stattdessen 15...♕b4 16.♕c2 (besser war 16.♕xb4! ♘xb4 17.♘a4 mit Vorteil) 16...♕e7 17.♘a4? (zwingt Schwarz zu einer guten Entscheidung) 17...b5 18.♘c3 ♗c8! (verbessert die Stellung des Läufers. Falsch ist 18...♘c7?! wegen 19.e4! b4 20.e5 mit besserem Spiel für Weiß) 19.♘a2 ♗d7

20.♖ab1 ♖dc8 (Möglich war auch 20...♖ac8. Im Allgemeinen ist es hier sehr wichtig für Schwarz, b2-b4 zu erzwingen, da seine strategische Idee in der Überführung seines Springers nach c4 besteht und Weiß dies dann nicht durch b2-b3 verhindern könnte) 21.b4 ♘c7 (es ist Zeit für den Springer, sich auf den Weg nach c4 zu machen) 22.♘c3 g6 (Schwarz muss mit der Ausführung seines Plans vorsichtig sein, da 22...♘e8? in 23.e4 laufen würde) 23.♖e1 ♗g7 24.♗d3 (bereitet e3-e4 vor) 24...♗g4! 25.♘d2 ♘e8 26.h3 (falls 26.e4?!, so 26...♕g5) 26...♗e6 27.♘e2 ♘d6 28.♘b3 ♘c4. Schwarz hat seine strategischen Ziele erreicht und steht ausgezeichnet.

14. ... ♘b8-a6

Schwarz entwickelt richtigerweise zuerst seinen Springer und lässt den weißfeldrigen Läufer erst einmal auf b7 stehen. Er kann auch mit 14...♗c8 15.g3 ♗g4 die Stellung dieses Läufers verbessern. Der Nachteil dieses Plans besteht darin, dass sein Bauer c6 leichter angreifbar sein wird. Die folgende Partie liefert eine gute Erläuterung dafür: 16.♗g2 ♘d7 17.♖ac1 ♖ac8

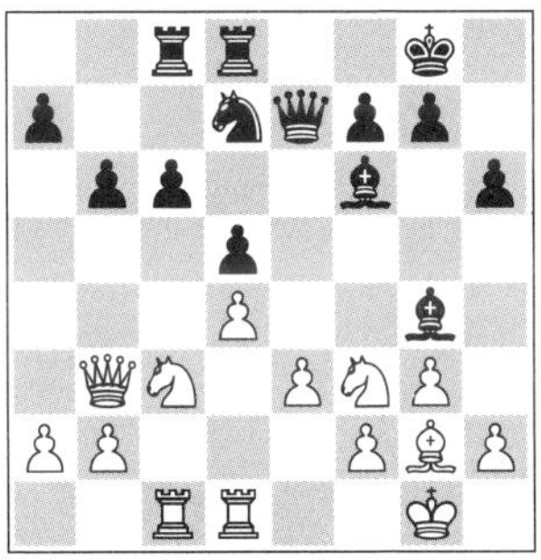

Analysediagramm

18.♘e2! (beginnt mit der Ausübung von Druck auf c6) 18...♘f8 19.h3 ♗f5 20.♘f4 g6 21.♕a4! ♗g7 22.b4 (nun steht Weiß zu 23.♖xc6 ♗d7 24.b5 bereit) 22...b5 23.♕a6 ♕xb4 24.♖xc6 (jetzt ist der Bauer d5 sehr schwach) 24...♖xc6 25.♕xc6 ♕a4 26.♖a1 ♕c4 27.♕a6 ♖d7 28.♘d2 ♕b4 29.♘b3 ♗e4 30.♖c1 (Schwarz ist verloren) 30...g5 31.♘h5 ♘e6 32.♗xe4 dxe4 33.♔g2 ♕a4 34.♖c8+ ♘f8 35.♖xf8+! ♗xf8 36.♘f6+ ♔g7 37.♕xa4 bxa4 38.♘xd7 axb3 39.axb3 ♗d6 40.g4 ♔g6 41.f3 exf3+ 42.♔xf3 f5 43.e4 fxe4+ 44.♔xe4 ♔f7 45.♔d5 ♗g3 46.♔c6 ♔e7 47.d5 1-0, Piket-Beljawski, Bugojno 1999.

15. ♖d1-d2 ♘a6-c7

16. a2-a4 ♘c7-e6

17. a4-a5 b6-b5!

18. ♕b3-a2

18.a6 ♗c8 ist riskant für Weiß, da der Bauer a6 später verteidigt werden muss, musste aber wahrscheinlich gespielt werden. Nun entwickelt Schwarz schnell starke Initiative.

18. ... a7-a6!

19. ♖a1-c1?

Weiß spürt die Gefahr nicht. Geboten war 19.♖ad1 mit Festigung der Kontrolle über das Feld d4.

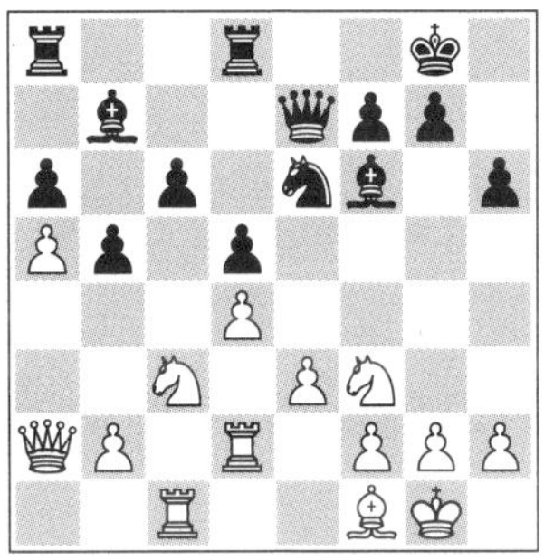

19. ... c6-c5!

20. d4xc5 d5-d4!

Nun entwickelt sich der Läufer auf b7 zu einem Monster.

21. ♘f3xd4 ♗f6xd4

22. e3xd4 ♘e6xd4

23. ♔g1-h1

Jetzt schließt Short den Angriff sehr energisch ab, ohne Weiß eine Atempause zu gönnen.

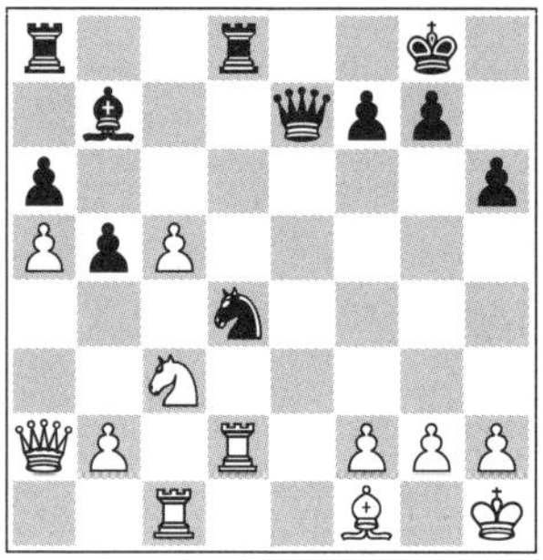

23. ... ♘d4-f3!

Der englische Großmeister verwertet seinen Vorteil in vortrefflicher Manier.

24. ♖d2xd8+

24.♖dd1 verliert wegen 24...♕g5! (mit den Drohungen ...♘d2 und ...♕f4) 25.♘e2 ♕h4! 26.h3 ♖xd1 27.♖xd1 ♕xf2 28.♕a3 ♘e1!.

24. ... ♖a8xd8
25. c5-c6 ♗b7xc6
26. ♘c3-e2

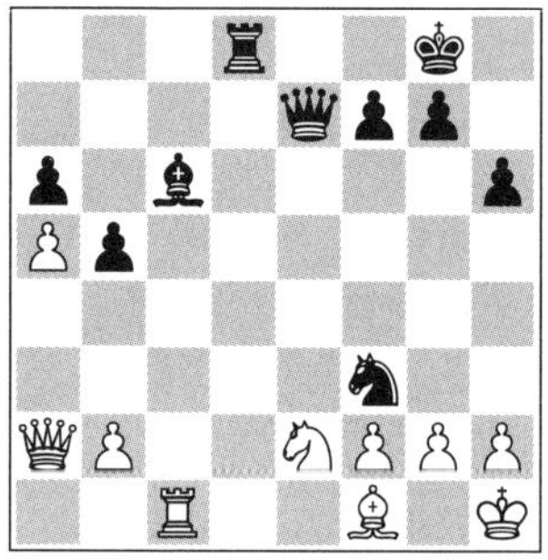

26. ... ♕e7-h4!!
27. g2xf3 ♕h4xf2
28. ♘e2-f4 ♗c6xf3+

Es gewann auch 28...♕e3 29.♖xc6 ♕xf3+ 30.♔g1 ♖d1 31.♖c8+ ♔h7.

29. ♗f1-g2 ♖d8-d2
30. ♖c1-g1

Auch nach 30.♖c8+ ♔h7 31.♕b1+ g6 32.♕g1 ♖d1 verliert Weiß.

30. ... ♗f3-e4!

Ein hübscher Schlusspunkt. Weiß gab auf.

Kapitel 3

Parallele hängende Bauern im Zentrum

Einleitung

In Anlehnung an das Konzept der Kapitel über Doppelbauern und isolierte Bauern habe ich hier Diagramme ausgewählt, die Bauernstrukturen (und Partien) in Relation zu den prinzipiellsten Plänen im Kampf mit parallelen hängenden Bauern und dagegen für beide Seiten zeigen.

Hängende Bauern im Zentrum sind definitionsgemäß verbunden; zwei hängende Bauern auf derselben Reihe werden im vorliegenden Buch mit dem Begriff "parallel" versehen. Sie ergeben sich normalerweise aus verschiedenen 1.d4-Eröffnungen, wie der Tarrasch-Verteidigung, der Tartakower-Variante des Abgelehnten Damengambits, der Damenindischen Verteidigung, der Meraner Variante usw. In vier der fünf kommentierten Partien kommt die Tartakower-Variante des Damengambits aufs Brett. Für den Vereinsspieler, der die strategischen Vor- und Nachteile dieser Stellungen erlernen und danach diese Variante entweder mit Schwarz in der Praxis anwenden oder die Methoden zu ihrer Bekämpfung mit den weißen Steinen besser kennenlernen will, wird es sich sicherlich lohnen, diese Partien und Kommentare einer gründlichen Analyse zu unterziehen.

3.1

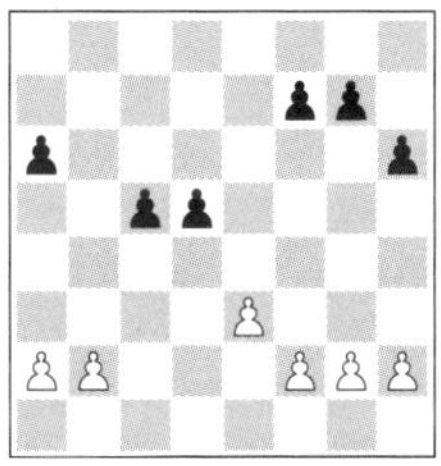

3.2

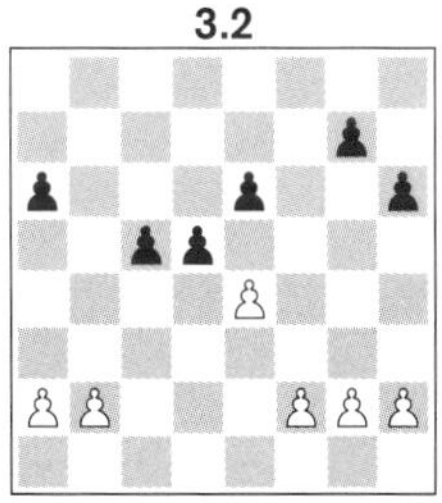

Struktur 3.1 & **Struktur 3.2** (Partie 36 – Fischer-Spasski). Dieser WM-Klassiker stellt nach wie vor ein hervorragendes Lehrbeispiel dar. Nach der Eröffnung ergibt sich eine der typischsten Stellungen mit hängenden Bauern im Zentrum. Dann führt Fischer einen Standardplan durch, der von Weiß bei einer Reihe anderer Gelegenheiten in anderen Eröffnungen gewählt wurde, insbesondere in einer der Hauptvarianten der Tarrasch- Verteidigung: Er schlägt zuerst den schwarzen Läufer auf e6 mit seinem Springer auf d4, was ...f7xe6 erzwingt, und greift dann das schwarze Zentrum mit dem gut getimten Anrempler e3-e4 an, was Schwarz zu einem positionellen Zugeständnis nötigt. Unter dem Druck bricht Spasski schnell zusammen. Die Kommentare zu dieser Partie liefern dem Vereinsspieler auch einen guten Eröffnungsleitfaden in dieser Tartakower-Variante des Damengambits.

In Partie 37 (Sokolov-Chalifman) baut Weiß Druck auf die schwarzen hängenden Bauern im Zentrum auf, bis Schwarz sich dazu gezwungen sieht, nach taktischen Lösungen zu suchen.

3.3

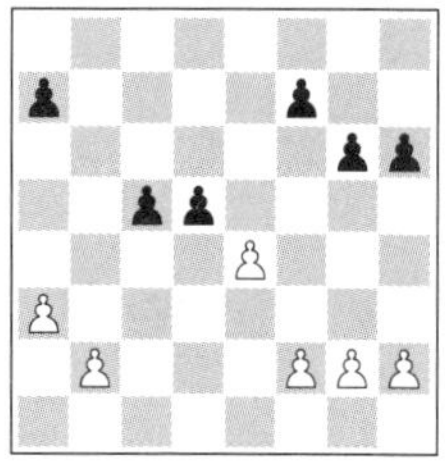

Struktur 3.3 (Partie 38 – Sokolov-Short). In dieser Partie verwirklicht Weiß den Standardplan e3-e4 mit Angriff auf die schwarzen hängenden Bauern im Zentrum, aber mit dem Unterschied gegenüber der Partie Fischer-Spasski, dass hier auf e6 kein Figurentausch stattgefunden hat und der schwarze Bauer daher noch auf f7 steht. Es entspinnt sich ein interessanter strategischer Kampf, der zeigt, wie leicht man in solchen komplizierten Stellungen auf die schiefe Bahn geraten kann. Diese Partie und die Kommentare dazu sind ein gutes Lehrbeispiel für dieses Abspiel der Tartakower-Variante sowie die strategischen Vor- und Nachteile der Stellung.

Partie 39 (Kramnik-Jussupow) ist ein interessantes Gefecht, in dem beide Seiten eine Fülle taktischer Möglichkeiten demonstrieren, wie sie in diesen dynamischen Stellungen häufig zu finden sind. Wiederum verbessert der Vereinsspieler nicht nur sein Verständnis dieser Stellungen im Allgemeinen, sondern findet auch nützliche Eröffnungsinformationen zu diesem Abspiel der Tartakower-Variante.

3.4

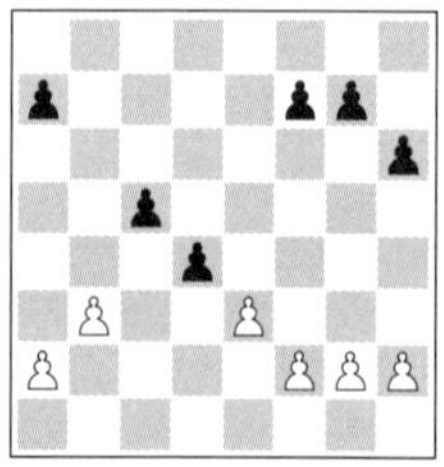

Struktur 3.4 (Partie 40 – Lautier-Short). Short demonstriert durch hervorragendes Spiel mit den parallelen hängenden Bauern die dynamischen Möglichkeiten in Verbindung mit einem gut in die Tat umgesetzten Bauernhebel – im vorliegenden Fall ...d5-d4, einem Standardplan zur Entfaltung von Initiative für die Seite mit den hängenden Bauern. Wiederum werden neben strategischen Zielen auch nützliche Erklärungen zur Eröffnung angegeben.

Struktur 3.1

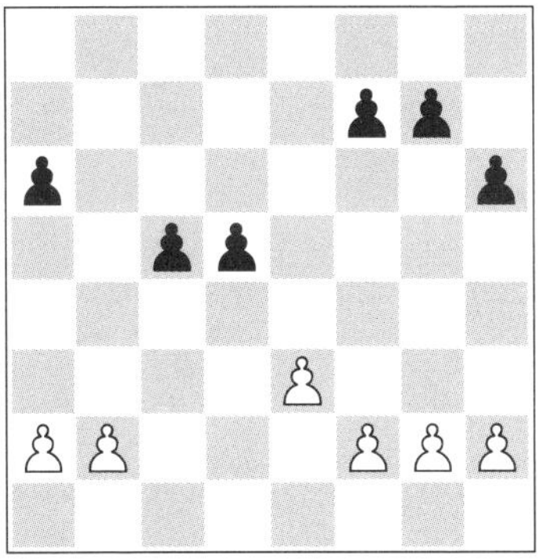

Struktur 3.2

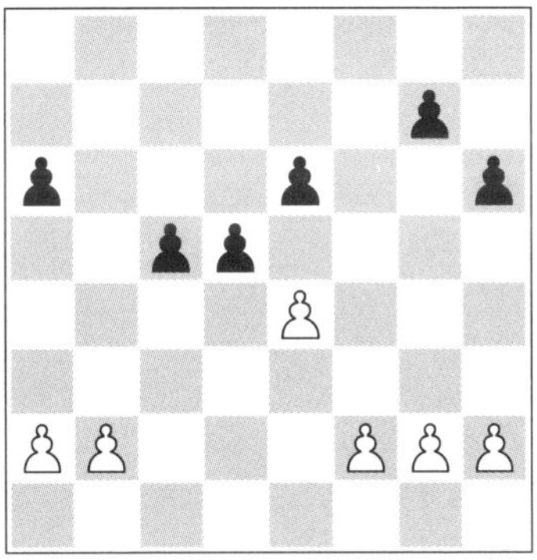

Das Kapitel über parallele hängende Bauern im Zentrum beginnt mit einem Klassiker. Vielleicht bin ich mit der Angabe und Erklärung der vielen verschiedenen Abspiele und Ideen in dieser berühmten Partie zu weit gegangen, aber nicht ohne Grund. Diese spezielle Eröffnungsstellung, die damit verbundenen Pläne und das sich daraus ergebende Mittelspiel sind klassisch und kommen in vielen Stellungen mit hängenden Bauern im Zentrum vor. Daher sollte der Leser hier nicht faul sein, sondern tief in die Kommentare eintauchen und sie zu verstehen versuchen.

QO 6.6 (D59) **PARTIE 36**

Robert James Fischer

Boris Spasski

Weltmeisterschaft, Reykjavik 1972 (6)

1. c2-c4 e7-e6

2. ♘g1-f3 d7-d5

3. d2-d4 ♘g8-f6

4. ♘b1-c3 ♗f8-e7

5. ♗c1-g5 0-0

6. e2-e3 h7-h6

7. ♗g5-h4 b7-b6

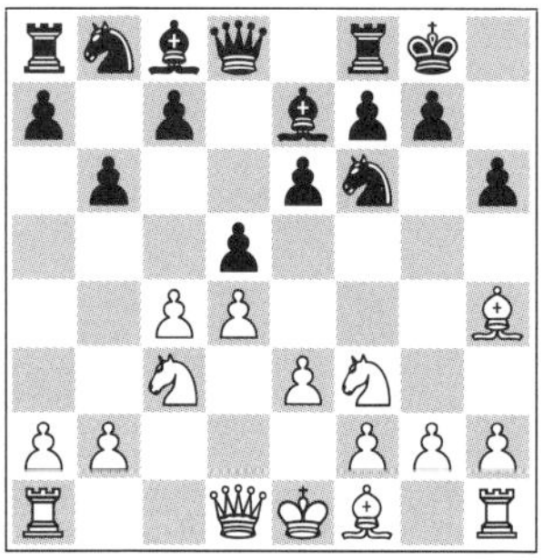

8. c4xd5

Eine der "alten" Hauptvarianten der Tartakower-Makogonow-Variante. Die moderne Theorie konzentriert sich in erster Linie auf 8.♗d3 oder 8.♗xf6. Diese beiden Züge sind im Kapitel über isolierte Bauern untersucht worden – siehe Wischmanawin-Beljawski (Partie 28) und Illescas Cordoba-Short (Partie 35).

8. ... ♘f6xd5

Es gilt als gute Idee für Schwarz, hier einige Figuren zu tauschen, um sich mehr Manövrierraum zu verschaffen. In den Stellungen nach 8...exd5 9.♗d3 ♗b7 10.0-0 ♘bd7 11.♕c2 c5 12.♖ad1 nebst ♘f3-e5 und ♗d3-f5 hat Weiß die besseren Chancen.

9. ♗h4xe7 ♕d8xe7
10. ♘c3xd5 e6xd5
11. ♖a1-c1

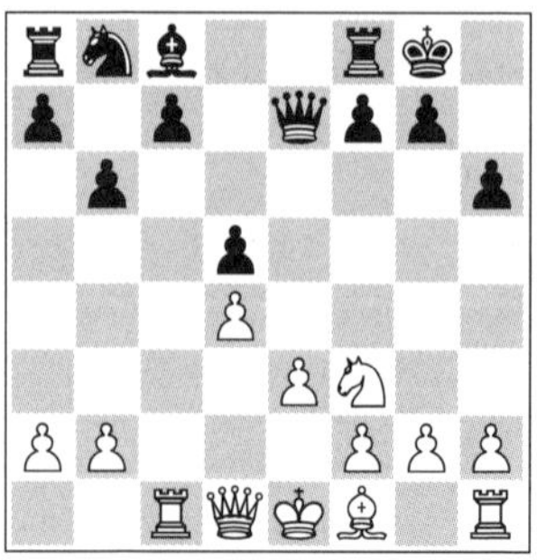

Die strategische Situation ist ziemlich klar. Weiß hat sich mit dem Tausch einiger Figuren einverstanden erklärt, um eine potenzielle Schwäche zu erzeugen: den schwarzen c-Bauern. Schwarz wird dagegen ...c7-c5 spielen, was nach Bauerntausch auf c5 (dxc5 bxc5) eine Stellung mit parallelen hängenden Bauern im Zentrum ergeben würde. Schwarz ist harmonisch entwickelt und sollte generell gutes Spiel haben. Weiß wird seinerseits mit dem Damenmanöver ♕a4-a3 eine Fesselung auf der Diagonale a3-f8 aufstellen, um Schwarz vor einige Probleme zu stellen.

11. ... ♗c8-e6

Wie so häufig nach Bauerntausch auf d5 behält Schwarz seinen Läufer auf der Diagonale h3-c8, da er von b7 aus nur seinen eigenen Bauern auf d5 anstarren würde. Diese generelle Logik ist hier fragwürdig, da Weiß nach ...c7-c5 wahrscheinlich auf c5 nehmen wird und es für Schwarz dann mit zwei parallelen hängenden Bauern im Zentrum (c5 und d5) recht nützlich wäre, wenn der Läufer auf der langen Diagonale stünde, von wo aus er verschiedene taktische Wendungen in Verbindung mit dem Hebel ...d5-d4 unterstützt. Jedenfalls hat Schwarz nach 11...♗b7 dynamisches Spiel. Nach dieser vollauf spielbaren Fortsetzung hat Weiß keinen Weg zu Vorteil nachweisen können, z.B.:

A) Mit 12.♕a4 verfolgt Weiß wie in der Hauptpartie einen Standardplan, der auf die Fesselung auf der Diagonale a3-f8 baut. 12...c5 13.♕a3 ♖c8. Nun trifft 14.♗d3 mit der Idee, mit ♗f5 den schwarzen Springer auf d7 zu fesseln, auf die gute Antwort

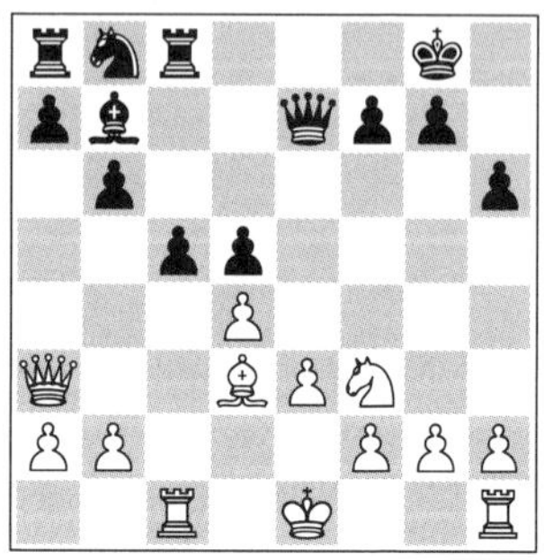

Analysediagramm

14...♘c6!, und falls 15.dxc5 (15.0-0 c4! 16.♕xe7 ♘xe7 17.♗b1 b5 ist besser für Schwarz), so 15...d4! – der Leser sollte sich diese klassischen Motive gut merken.

Nach 14.♗e2 kann folgen:

A1) Ein sehr interessanter Plan ist 14...a5!? 15.0-0 ♘a6 16.♗xa6 ♖xa6, und die dynamischen Möglichkeiten des Nachziehenden kompensieren den schwachen Bauern c5, z.B.:

A11) 17.♖fd1 ♕e4! mit hervorragendem Spiel für Schwarz, da im Fall des Bauernraubs 18.dxc5? der schwarze Läufer b7 zu einem Monster wird: 18...bxc5 19.♖xc5 ♖xc5 20.♕xc5 ♖g6! 21.♘e1 d4.

A12) 17.h3

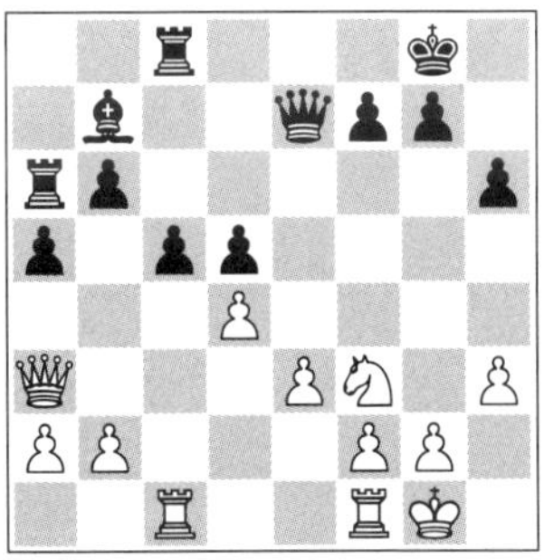

Analysediagramm

17...♕e4! 18.dxc5 bxc5 19.♖xc5 ♖xc5 20.♕xc5 ♖g6 21.♔h1 d4 22.♕xd4 ♕xf3 23.gxf3 ♗xf3+ 24.♔h2 ♖g2+ mit Remis durch Dauerschach in Yermolinsky-Lputjan, Telawi 1982.

A2) 14...♘d7 15.0-0 ♘f8 (die bereits in einigen früheren Beispielen gesehene typische Überführung des Springers nach e6 funktioniert auch hier) 16.♖fd1 ♖c7 (mit der Drohung ...c5-c4) 17.dxc5 bxc5 18.♗a6 ♗xa6 19.♕xa6 ♖d8 20.♕d3 ♘e6 21.♕f5 d4, und Schwarz hat seine strategischen Ziele erreicht und steht gut, Flohr-Vidmar, Groningen 1946.

A21) Ein anderer Zug, der sechs Jahre zuvor von Spasski gespielt wurde, ist 15...♕f8 (eine standardmäßige Entfesselungsmethode) 16.dxc5 bxc5 17.♖c2 ♕d6! (überführt die Dame nach b6, wo sie den Hebel ...d5-d4 gut unterstützt) 18.♖fc1 ♕b6 19.♘d2! (überführt den Springer nach b3, um den Druck auf den Bauern c5 zu verstärken) 19...♖e8 (Schwarz erkennt, dass der Bauer c5 nicht hinreichend zu verteidigen ist, und bereitet daher eine taktische Lösung vor) 20.♘b3. Nun muss Schwarz den in den letzten paar Zügen geplanten Bauernhebel spielen, was ein Bauernopfer beinhaltet:

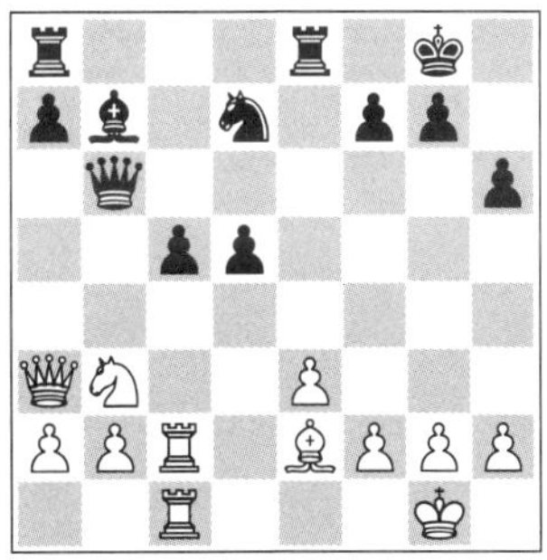

Analysediagramm

20...d4! 21.♘xc5 ♘xc5 22.♖xc5 dxe3 23.fxe3 ♖e7. Schwarz scheint genug Kompensation zu haben, um das Gleichgewicht zu halten. Daher scheint mir die Idee mit 15...♘f8 gesünder zu sein. Eine mögliche Folge wäre 24.♖b5 (Weiß wickelt in ein remises Endspiel ab. Wenn er mit 24.b4 an dem Bauern festhält, erhält Schwarz nach 24...♖d8 dank seines starken Läufers auf b7 und des schwachen weißen Bauern auf e3 gute Kompensation) 24...♕xe3+ 25.♕xe3 ♖xe3 26.♖xb7 ♖xe2 27.♖cc7 ♖d8 28.♖d7 (28.♖xf7?? wäre ein schrecklicher Fehler wegen 28...♖d1+ 29.♖f1 ♖dd2) 28...♖c8 29.♖bc7 remis, Petrosjan-Spasski, Santa Monica 1966.

Andere Züge stellen Schwarz keine Probleme, z.B.:

B) 12.♗e2 c5 13.dxc5 bxc5 14.0-0 ♖c8! (ein Fehler ist 14...♘d7? wegen der thematischen Erwiderung 15.b4! c4 16.♘d4 mit klarem Vorteil) 15.♕a4 ♘c6 16.♗d3

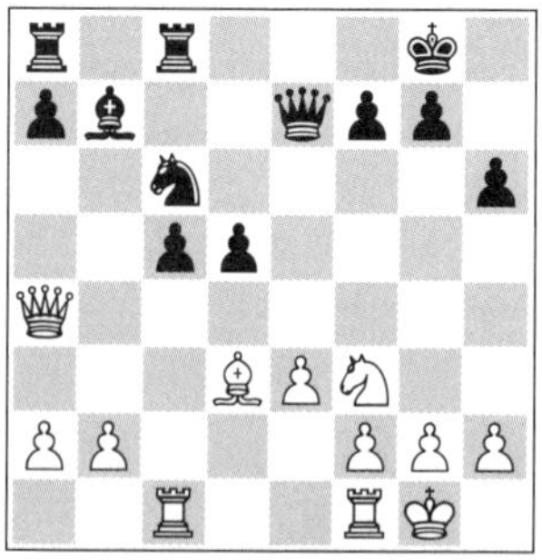

Analysediagramm

16...♘d8! (Ein hübscher Plan, den man sich merken sollte. Dieser Springer wird auf e6 gut stehen) 17.♖fe1 ♘e6 18.e4 (versucht den Vorstoß ...d5-d4 zu provozieren, aber dies kommt ein Tempo zu spät) 18...c4! 19.♗b1 ♘c5 20.♕a3 dxe4, Szabo-Pirc, Interzonenturnier, Saltsjöbaden 1948.

C) 12.♗d3 c5, und nun:

C1) Im Fall von 13.dxc5 bxc5 14.0-0 ♖c8 15.♖e1 ♘d7 16.♕a4 ♘f8! überführt Schwarz wiederum seinen Springer nach e6 und erzielt ungefähren Ausgleich.

C2) Im Fall von 13.0-0 erhält Schwarz durch 13...c4 mit Raumgewinn am Damenflügel gutes Spiel.

C3) Das "ehrgeizige" 13.♗b1?! ♘d7 14.♕c2 ♘f6 15.dxc5?! ♖fc8 16.b4? (es ist keine gute Idee, mit dem König noch in der Brettmitte einen Bauern zu fressen und diesen dann zu verteidigen) 16...bxc5 17.bxc5

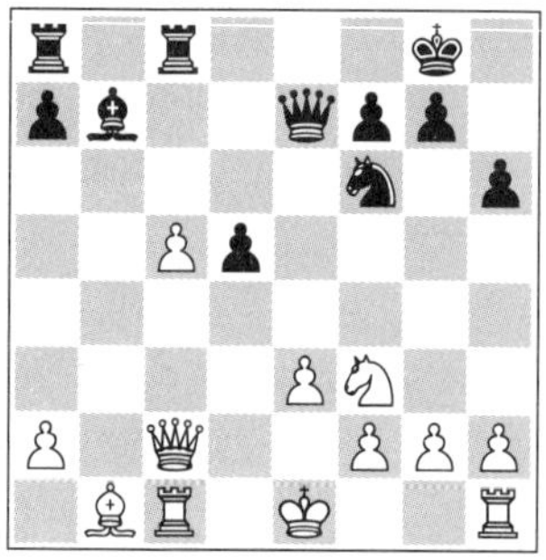

Analysediagramm

17...♗a6! (nun muss der weiße König für den Preis eines lausigen Bauern für immer in der Brettmitte bleiben) 18.♘d4 ♘e4 19.c6 ♕b4+ 20.♔d1 ♗d3! (ein einfaches Motiv, das Weiß sicherlich übersehen hatte) 21.♕xd3 ♘xf2+ mit baldigem Sieg für Schwarz in Timman-Rukavina, Parcetic-Memorial, Sombor 1972.

12. ♕d1-a4 c7-c5

Eine recht gut spielbare Alternative ist 12...a5!?. Die Idee besteht darin, das Feld a7 für die schwarze Dame zu räumen, so dass Schwarz das Problem des gefesselten Bauern auf c5 effektiv lösen und zugleich diesen Bauern verteidigen kann. Mir gefällt dieser Plan sehr gut. In einer der Stammpartien folgte 13.♖c3 (oder 13.♗b5 ♖c8 14.0-0 ♕b4 15.a3 (falls 15.♘e5, so 15...c5) 15...♕xa4 16.♗xa4 c5 17.♖c3 c4 18.b3 ♗d7! mit gutem Spiel für Schwarz) 13...♖c8 14.♗d3 c5 15.♕a3

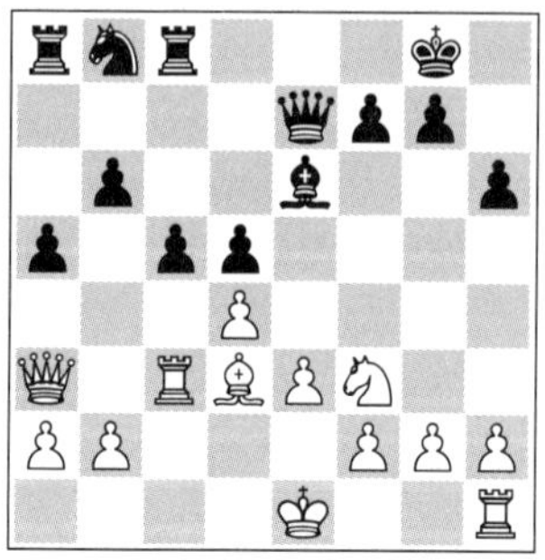

Analysediagramm

15...♕a7! (die Pointe von 12...a5) 16.♗b5 ♘a6 17.0-0. Nun zeigt Schwarz ein ausgezeichnetes Stellungsgefühl und spielt eine Reihe von schönen Zügen: 17...♘c7! 18.♗c6 c4! 19.b4 ♕a6! 20.bxa5 ♘b5 21.♗xb5 ♕xb5 22.♘e5 ♖xa5 23.♕d6 ♖xa2, und in Furman-Saizew, Tallinn 1991, stand Schwarz auf Gewinn.

13. ♕a4-a3 ♖f8-c8

14. ♗f1-b5

Weiß will den schwarzen Springer angreifen, sobald er nach d7 kommt, und so die Verteidigung des schwarzen Bauern c5 unterminieren.

Häufig gespielt wird hier auch 14.♗e2. Nun erhält Schwarz mit 14...a5 bequemes Spiel. Er wählt den gleichen Plan wie in Furman-Saizew (siehe oben nach 12...a5!?): 15.0-0 ♕a7!. Nach der Aufhebung der Fesselung ist ...c5-c4 eine positionelle Drohung, der Weiß Rechnung tragen muss. 16.b3 ♘d7 17.♗b5 ♖c7 18.♖fd1 ♖ac8, und in Karpow-Kavalek, Linares 1981, hatte Schwarz keinen Grund zur Klage.

Der Zug 14...♔f8, der einmal von Kasparow gespielt wurde, ist ebenfalls eine gute Möglichkeit zur Lösung des Problems der Fesselung: 15.dxc5 bxc5 16.0-0 a5! (dieser Zug ist in diesen Stellungen fast immer nützlich für Schwarz) 17.♖c3 ♘d7 18.♖fc1 ♖cb8 19.♖b3

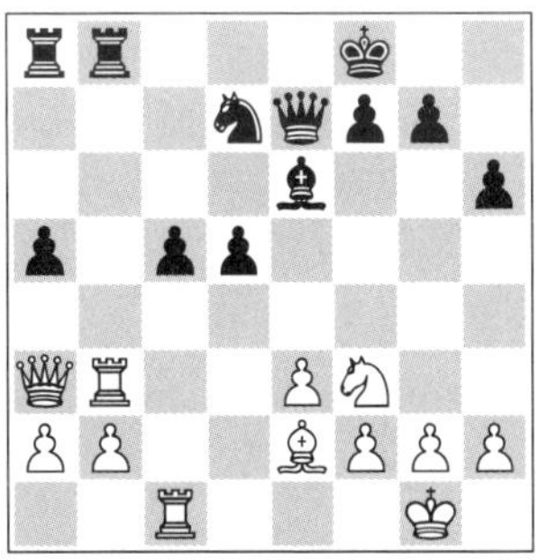

Analysediagramm

19...c4! (Gutes Stellungsurteil. Schwarz gibt die Kontrolle über das Feld d4 auf, um mit seinem Turm auf die zweite Reihe einzudringen) 20.♖xb8+ ♖xb8 21.♕xa5 ♖xb2 mit etwas besserem Spiel für Schwarz, Winants-Kasparow, Brüssel 1987.

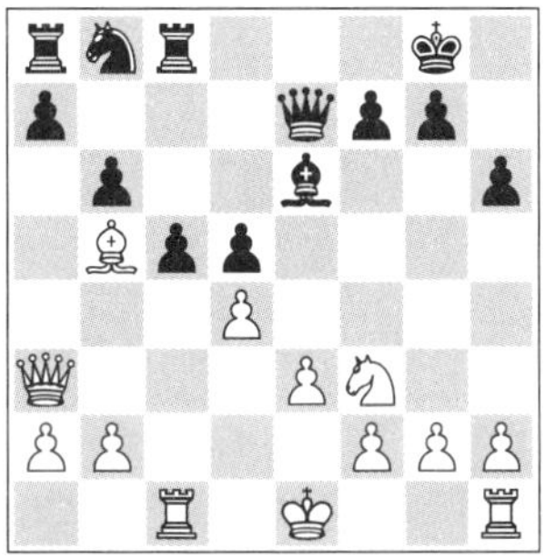

14. ... a7-a6

Hier kann Schwarz auf mehrere Arten zufriedenstellendes Spiel erhalten:

A) 14...♔f8 15.dxc5

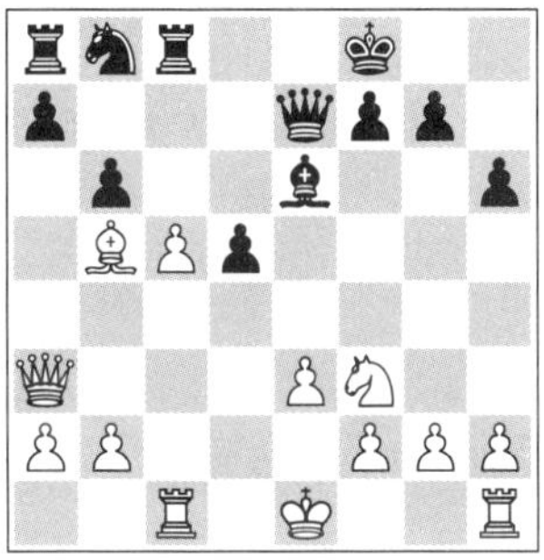

Analysediagramm

15...♖xc5! (Die richtige Entscheidung. Nach 15...bxc5 16.0-0 ist Weiß im Vorteil; falls nun 16...♗g4?, so genügt das einfache 17.♖fd1) 16.♖xc5 ♕xc5! (der Damentausch geht hier für Schwarz in Ordnung, da sein König nahe am Kampfschauplatz steht und auf d6 einen natürlichen Standort finden wird) 17.♕xc5+ (17.♔d2 ist nach 17...♕xa3 18.bxa3

♘d7 19.♗xd7 ♗xd7 ausgeglichen) 17...bxc5 18.♔d2 ♔e7 19.♖c1 ♔d6 mit gleichem Spiel.

B) Am ehrgeizigsten und wahrscheinlich auch am besten ist 14...♕b7!, da Schwarz nach 15.dxc5 bxc5 16.♖xc5 ♖xc5 17.♕xc5 ...

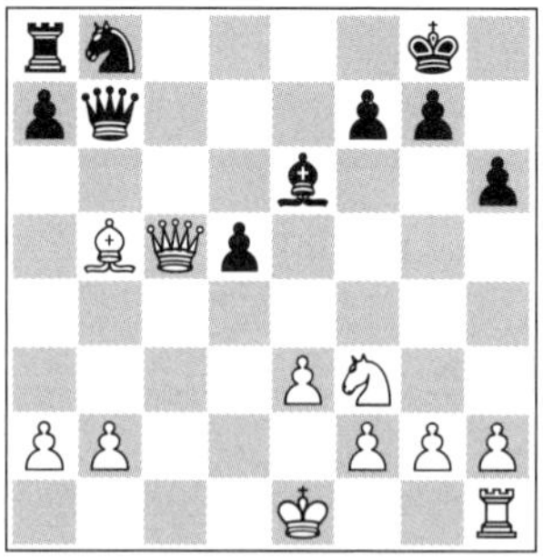

Analysediagramm

... über die starke Antwort 17...♘a6! (nicht gut ist 17...a6, da die Stellung nach 18.♗d3 ♕xb2 19.0-0 ♘d7 (19...♕xa2? taugt nicht, da Schwarz nach 20.♘d4 die Entwicklung seines Damenflügels nicht abschließen kann) 20.♕c6 ♖b8 21.♘d4 ♕b6 22.♖c1 klar besser für Weiß ist) 18.♗xa6 (im Fall von 18.♕c6 ♕xc6 19.♗xc6 steht Schwarz nach 19...♖b8! (nach sofort 19...♖c8 kann Weiß sich mit 20.♗a4! verteidigen) 20.0-0 (20.b3?? ist nun ein schrecklicher Einsteller, der wegen 20...♖c8 verliert) 20...♖xb2 21.a4 ♘b4 22.♘d4 ♖a2 besser) 18...♕xa6 verfügt.

Der weiße König bleibt in der Mitte; Schwarz hat sehr gute Kompensation. Die folgende Partie illustriert die Probleme, die Weiß sich eingebrockt hat: 19.♕a3 ♕c4 20.♔d2 ♕g4 21.♖g1. Der weiße König steht zwar in der Mitte, doch es hat den Anschein, als ob er bei dem relativ knappen verbliebenen Material den Ansturm überleben wird. Aber...

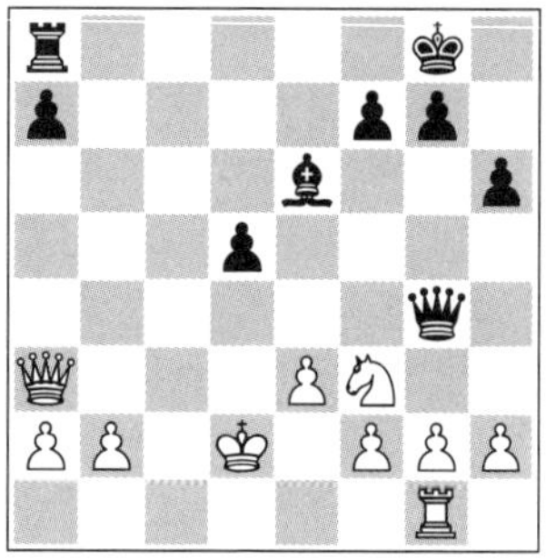

Analysediagramm

21...d4! (öffnet die Stellung weiter) 22.♘xd4 (falls 22.exd4, so 22...♗d5) 22...♕h4 23.♖e1 ♕xf2+ 24.♖e2 ♕f1 25.♘xe6 fxe6 26.♕d6 ♔h8 (auch wenn nur noch Schwerfiguren auf dem Brett sind, ist der schwarze Angriff immer noch sehr stark) 27.e4 ♖c8 28.♔e3 ♖f8 29.♖d2? (Der entscheidende Fehler. 29.♔d2 musste in Betracht gezogen werden)

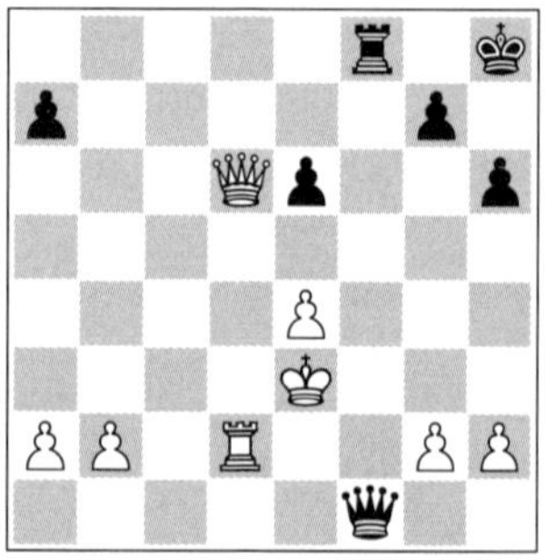

Analysediagramm

29...e5! (danach findet sich Weiß in einem Mattnetz wieder) 30.♕xe5 ♕e1+ 31.♖e2 ♕g1+ 32.♔d3 ♖d8+ 33.♔c3 ♕d1 34.♕b5 ♕d4+ 35.♔c2 a6!. Dieser kleine Zug gibt Weiß den Rest. 36.♕xa6 ♕c5+ 0-1, Timman-Geller, Hilversum 1973.

Man beachte, dass diese Partie kurz nach dem WM-Match 1972 gespielt wurde, bei dem Geller einer von Spasskis Sekundanten war. Daher war der Zug 14...♕b7! sehr wahrscheinlich in Reykjavik gefunden worden. Es wäre interessant zu wissen, ob Fischer 14...♕b7 analysiert hatte und was er dagegen geplant hatte.

C) Der Standardplan 14...a5!? funktioniert vielleicht sogar mit einem Tempo weniger: 15.0-0, und nun:

C1) 15...♘a6 führt nach 16.♘e5 ♘b4 17.♕a4 cxd4 (oder 17...f6 18.♘g6 ♕f7 19.♘f4) 18.exd4 ♖xc1 (im Fall von 18...f6 hat Weiß nach 19.♘g6 ♕d6 20.a3 ♗f5 21.♖xc8+ ♖xc8 22.axb4 ♗xg6 23.bxa5 bxa5 24.♕xa5 ♖c2 25.♕a3 das bessere Spiel) 19.♖xc1 ♕g5 20.♖c7 ♕d2 21.a3± ♘a6 22.♗xa6 ♖xa6 23.♕e8+ ♔h7 24.♕b5 ♖a8 25.♕d3+ ♕xd3 26.♘xd3 mit etwas Vorteil für Weiß nicht zum Ausgleich. Wie im Kapitel über isolierte Bauern häufig gesehen, hat Weiß in dieser Stellung mit symmetrischer Zentrumsstruktur die Oberhand.

C2) 15...♘d7?! ist nicht im Geiste der Stellung, da Weiß nach 16.dxc5 ♘xc5 (16...bxc5? verliert nach 17.♘d4! a4 18.♘xe6 fxe6 19.♗xd7 ♕xd7 20.♖xc5 einfach einen Bauern) 17.♘d4 das schöne Blockadefeld d4 für seinen Springer erhält.

C3) 15...♕a7! 16.♖c3 ♗d7! 17.♗e2 c4 mit kompliziertem Spiel.

15. d4xc5 b6xc5

Schwarz hätte auch mit dem Turm schlagen können, obwohl Weiß mit korrektem Spiel etwas Übergewicht zu erhalten scheint: 15...♖xc5, und nun:

A) 16.♖xc5 bxc5 (Im Hinblick auf dynamisches Gegenspiel ist es für Schwarz im Prinzip immer ratsam, die Damen auf dem Brett zu behalten. Nach 16...♕xc5 17.♕xc5 bxc5 18.♗a4 ♗d7! hält Schwarz jedoch das Endspiel. 18...♘d7 ist dagegen nach 19.♗xd7! ♗xd7 20.♔d2 etwas besser für Weiß) 17.0-0 ♗g4 18.♗e2 ♘d7 mit ungefähr gleichem Spiel.

B) 16.0-0 ♕c7 (Die Pointe von 15...♖xc5. Weiß muss auf c5 schlagen, wonach der schwarze Bauer b6 doch auf c5 landen wird. 16...♗g4? ist nicht gut, da Weiß nach 17.♘d4 ♕c7 über 18.♘b3! verfügt) 17.♖xc5 ♕xc5 (Falsch ist 17...bxc5?!, da Weiß nach 18.♖c1 ♕b6 19.♗a4 c4 20.♘d4 durch Erzwingung von ...c5-c4 sein strategisches Ziel erreicht hat. Er hat einen starken, dominanten Springer auf d4, während Schwarz nun die taktischen Wendungen in Verbindung mit dem Hebel ...d5-d4 fehlen), und nun:

B1) 18.♕xc5 bxc5 19.♗a4 verspricht nichts, da Schwarz nach 19...♗d7! hervorragendes Spiel hat. Man beachte, wie häufig dieser unscheinbare kleine Zug die Probleme des Nachziehenden mit der Entwicklung des Damenflügels löst. Daher ist es für Schwarz nützlich, den Springer auf dem Brett zu behalten: 20.♗b3 c4 (Hier ist dieser Zug gerechtfertigt. Schwarz gibt das Feld d4 auf, erhält aber starken Druck auf den weißen Bauern b2) 21.♗c2 ♘c6 22.♗a4 ♘e5! 23.♗xd7 ♘xd7 24.b3 (oder 24.♖d1? ♖b8!) 24...♖b8.

B2) 18.♗e2 ♕xa3 19.bxa3 ♘d7 20.♘d4 ♘c5 21.♖b1! b5 22.♖c1 ♖c8 23.♘xe6 fxe6 24.a4! bxa4 25.♗xa6 ♖a8 26.♗b5 ♘e4

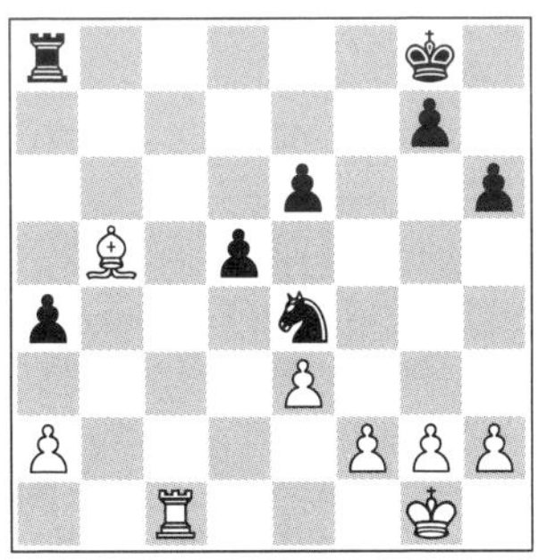

Analysediagramm

27.♗d3! ♔f7 28.♗xe4 dxe4 29.g4! a3 30.♖c3 mit besserem Endspiel für Weiß, da der schwarze Turm zur Passivität verdammt ist.

16. 0-0 ♖a8-a7

Dies ist einer der logischen Züge in dieser Stellung, aber mir erscheint es vielleicht eher angebracht, die Dame auf ein besseres Feld zu stellen:

A) 16...♕b7 versprach Schwarz nach 17.♗a4 ♕b6 18.♘e5

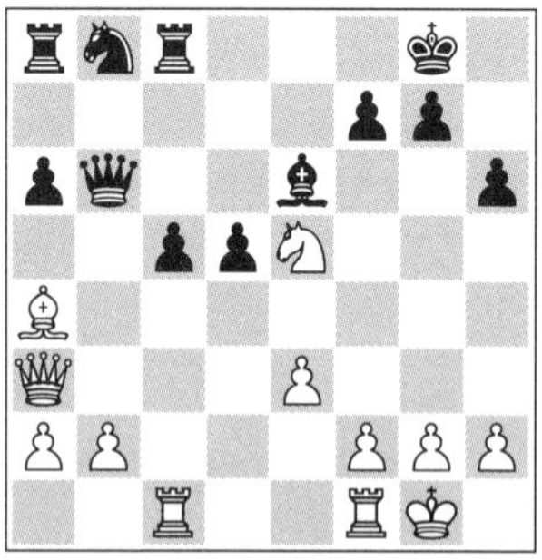

Analysediagramm

18...a5! gutes Spiel. Wie bereits erwähnt, ist dieser Zug in derartigen Stellungen für den Nachziehenden immer nützlich. Schwarz hat bequemes Spiel; gewaltsame Versuche wie 19.f4? würden nach 19...♖a7! 20.f5 ♗d7 21.f6 ♕b4! nur den Anziehenden in Schwierigkeiten bringen.

19.♘d3 kann dank 18...a5! mit 19...♘a6 beantwortet werden.

B) Ein anderer guter Standardplan (der bereits in einer Reihe vorhergehender Kommentare gezeigt wurde) ist hier 16...♕a7; nach 17.♗a4 a5! ist die schwarze Stellung in Ordnung.

C) Eine andere interessante Möglichkeit bestand in 16...♘c6!?. Den allgemeinen Prinzipien zufolge sollte dieser Zug aus den folgenden Gründen falsch sein:

1. Schwarz sollte versuchen, den Springer auf dem Brett zu behalten.

2. Schwarz sollte auch den Vorstoß ...c5-c4 vermeiden, der das Feld d4 aufgeben würde.

Hier gibt es aber eine taktische Rechtfertigung, da nach 17.♗xc6 ♖xc6 18.♘e5 ♖c7 19.♘d3

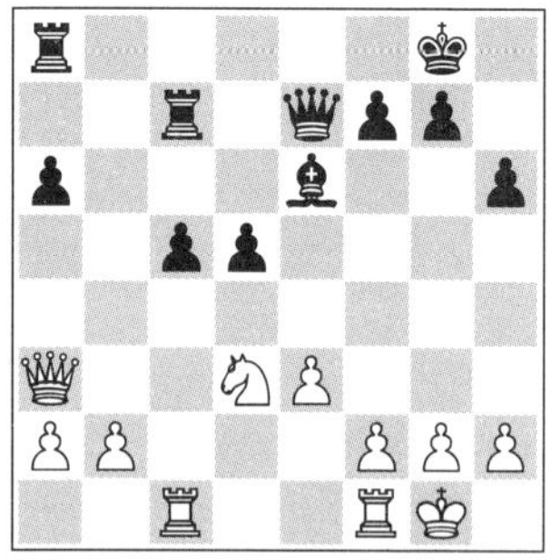

Analysediagramm

19...c4! die Schwäche des weißen Bauern b2, der durch die schwarzen Türme angegriffen werden wird, die generelle Unterlegenheit des schwarzen Läufers gegenüber dem weißen Springer hier mehr als kompensiert. Man beachte, dass die Schwäche des weißen Bauern b2 mit den Türmen auf dem Brett dem Nachziehenden hier ausgezeichnetes Spiel gibt, während er ohne die Türme positionell verloren wäre (!).

17. ♗b5-e2 ♘b8-d7

A) Schwarz könnte auch im Sinne der oben erklärten Strategie mit 17...c4!? 18.♕xe7 ♖xe7 das Feld d4 aufgeben, um Druck gegen den Bauern b2 zu erhalten, aber diesmal scheint das dynamische Spiel des Nachziehenden nicht zum Ausgleich zu reichen: 19.b3! (sofortiges Handeln ist angesagt; im Fall von 19.♘d4 ♘c6 20.♘xe6 fxe6 21.b3 ♖ec7! 22.bxc4 ♘e5 hat Schwarz keine Sorgen) 19...♖ec7 20.bxc4! (Beseitigt den schwachen b-Bauern ein für alle Mal und erzeugt einen schwachen c-Bauern, mit dem Schwarz seine Sorgen haben wird. 20.♖c3 cxb3! 21.♖xc7 ♖xc7 22.axb3

♖c3 23.♘d4 ♘c6 ist remislich, während Schwarz nach 20.♘d4 mit 20...♘c6 21.♘xe6 fxe6 22.bxc4 ♘e5 den oben erwähnten Ausgleichsmechanismus anwendet) 20...dxc4 21.♖c3 ♖b7.

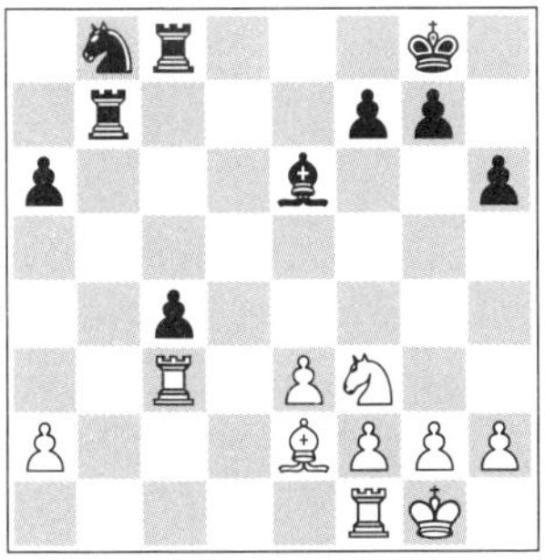

Analysediagramm

Schwarz versucht, seine Schwäche auf c4 durch aktives Spiel zu kompensieren.
22.♖fc1! ♖b2 23.♘d4 ♘d7 24.♔f1! ♗d5 25.f3! nebst e4, und Schwarz steckt in Schwierigkeiten.

B) Der Standardzug 17...a5 funktioniert nun wegen der Verwundbarkeit des Bauern c5 nicht so gut, z.B.: 18.♖c3 ♘d7 19.♖fc1 ♖e8? (besser war 19...♗g4) 20.♗b5 mit klar besserem Spiel für Weiß, Furman-Geller, Moskau 1970, da 20...♗g4...

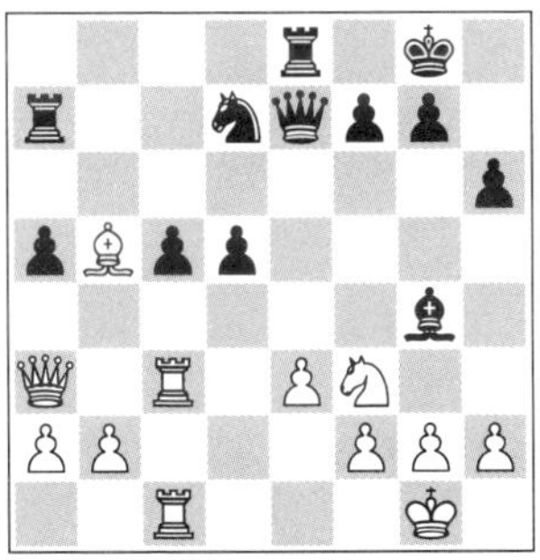

Analysediagramm

... an 21.♖xc5! ♗xf3 22.♖c8! scheitert.

18. ♘f3-d4!

Weiß bedient sich immer noch der auf der Fesselung des Bauern c5 beruhenden Motive. Es ist gut möglich, dass Spasski hauptsächlich mit 18.b4 gerechnet hatte, was dem Nachziehenden nach 18...c4 aktives Spiel gibt.

18. ... ♕e7-f8?

Der erste wirkliche Fehler von Schwarz in der Partie. Die Verteidigung der Dame mit 18...♔f8 ist nicht gut wegen 19.b4, und im Vergleich zu 18.b4 aus der vorigen Anmerkung hat Weiß einen nützlichen Zug (♘d4) gemacht, während der schwarze König auf f8 nur exponierter steht.
Schwarz verfügte jedoch über eine recht zufriedenstellende Antwort in Gestalt von 18...♘f6 19.♘b3.

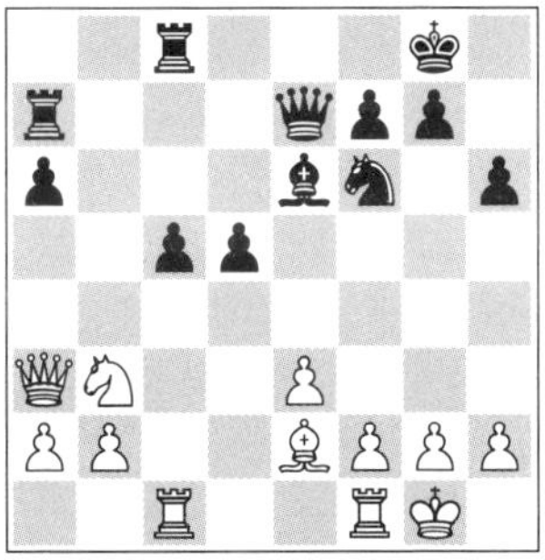

Analysediagramm

Nun stünde Weiß nach 19...♘e4 20.f3 c4 21.♕xe7 ♖xe7 22.♘d4 oder 19...c4 20.♕xe7 ♖xe7 21.♘d4 im Endspiel besser.
Der Springerrückzug 19...♘d7 ist passiv und löst nach 20.♖c3 nebst ♖fc1 die Probleme des Nachziehenden nicht.
Die taktische Verteidigung 19...♖ac7! bietet Schwarz aber gute Aussichten:

A) 20.♗xa6? ist ein Patzer, der nach 20...♖a8 21.♖xc5 (oder 21.♘xc5 ♗c8 22.b4 ♕d6 23.e4 (23.b5? ♘e4) 23...♘d7 24.♖fd1 ♗xa6 25.♖xd5 ♕e7) 21...♖ca7 22.♕b4 ♘e4 23.a3 ♘xc5 24.♘xc5 ♖c7 25.♘xe6 ♕xb4 26.axb4 fxe6 27.b5 ♖c2 Material verliert.

B) Nach 20.♕xa6?! hat Schwarz das einfache 20...♖a7 21.♕b6 c4 (oder

21...♖b7 22.♕a5 c4 23.♘d4 ♖xb2) 22.♘d4 ♖b7 23.♕a6 ♖xb2, jeweils mit besseren Aussichten für Schwarz.

C) 20.♖fd1, und nun setzt Schwarz sein dynamisches Spiel mit 20...d4! (die Seite mit parallelen hängenden Bauern im Zentrum sollte energisch spielen!) 21.♘a5! (Weiß muss aufpassen, dass er nicht in einer schlechteren Stellung landet; 21.♗xa6? verliert Material wegen 21...♖a8, und falls 22.♘xc5, so 22...♗c8 23.exd4 ♗xa6) 21...♗d5! 22.♗c4 ♕e6! 23.♖e1 ♕b6 24.♗xd5 ♘xd5 25.♘c4 ♕g6 fort. In dieser dynamischen Stellung steht Schwarz nicht schlechter.

19. ♘d4xe6 f7xe6

20. e3-e4!

Thematisches Spiel. Schwarz kann nun entweder die Öffnung des Spiels zulassen, wonach der weißfeldrige weiße Läufer stark sein wird und die schwarzen Zentrumsbauern zu Angriffszielen werden, oder versuchen, die Stellung mit ...d5-d4 geschlossen zu halten. Letztere Möglichkeit, die in der Partie gewählt wurde, ist viel schlechter.

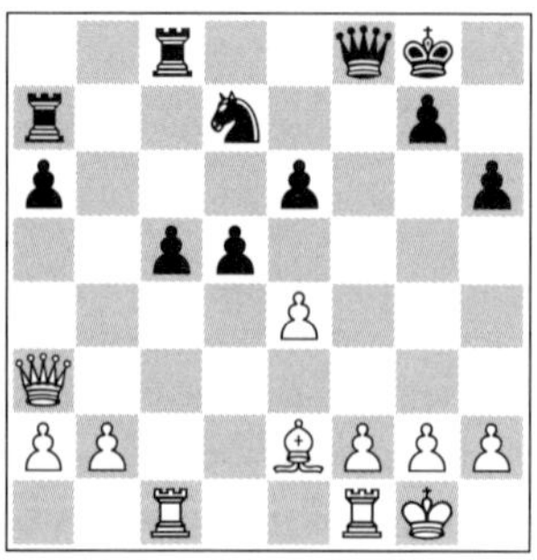

20. ... d5-d4?

Ein unerklärlicher Fehler für einen Spieler von Spasskis Kaliber. Hatte er wirklich so viel Angst vor Fischer? Weiß erhält nun freie Hand für einen Angriff am Königsflügel und offene Diagonalen für seinen Läufer, während Schwarz überhaupt kein Gegenspiel besitzt und dazu verdammt ist, qualvoll auf das Unvermeidliche zu warten.

Die schwarze Stellung ist bereits schwierig, hätte aber besser verteidigt werden können. U.a. konnte Schwarz versuchen, den Anziehenden mit dem schwarzen Bauern auf d5 zu e4-e5 zu provozieren, so dass Schwarz eine den weißen Läufer einschränkende Bauernkette e6, d5, c4 aufbauen kann:

A) 20...♘f6 21.♕h3! (Zwingt Schwarz, den Bauern e6 mit einem Turm zu verteidigen. Falls 21.e5, so 21...♘d7 22.f4 c4 23.♕h3 ♘c5) 21...♖c6 22.e5 ♘e4 (22...♘d7 23.f4 mit Angriff) 23.f3 (möglich ist auch 23.♕e3 mit der Absicht f2-f3) 23...♘g5 24.♕h5 c4 25.h4 ♕c5+ 26.♔h2 ♘f7 27.f4 ♕e3 28.♖c3 ♕d2 29.♖g3 mit sofortigem Angriff.

B) 20...c4? würde letztendlich nach 21.♕h3 ♕f7 (oder 21...♘c5 22.b4 cxb3 23.axb3) 22.♗h5 ♕e7 (oder 22...g6? 23.♗g4) 23.exd5 exd5 24.♗f3 ♖c5 25.b4! cxb3 26.♖xc5 ♕xc5 27.♕e6+ ♔h8 28.♗xd5 ♘f6 29.♗xb3 Material verlieren.

C) Am besten sollte Schwarz wahrscheinlich versuchen, mit 20...♕d6! den Laden zusammenzuhalten. Nun sehen die schwarzen Figuren unbeholfen aus, aber es ist schwer, für Weiß etwas Konkretes zu finden, z.B.: 21.exd5 (oder 21.♖fd1 ♕e5) 21...exd5 22.♖fd1 (oder 22.♗g4 ♖c6!, und die schwarze Stellung hält, ob unbeholfen oder nicht: 23.♖fe1 ♘e5) 22...♘f6 23.b4 ♕e6! 24.♖e1 cxb4.

21. f2-f4

In höherem Sinne ist Schwarz nun verloren. Weiß hat das Traumszenario in der Struktur mit parallelen hängenden Bauern im Zentrum erreicht: das gut getimte e3-e4 hat den gewünschten Effekt provoziert, der weißfeldrige weiße Läufer hat die uneingeschränkte Kontrolle über die geschwächten Diagonalen a2-g8 und

b1-h7, seine Bauernmehrheit am Königsflügel rückt mit verheerender Wirkung vor, und Schwarz hat auch nicht ein Fünkchen Gegenspiel.
Es hilft auch nicht gerade, wenn Bobby Fischer auf der anderen Seite des Bretts sitzt.

21. ... ♕f8-e7
22. e4-e5 ♖c8-b8

Im Fall von 22...♘b6 kann folgen:
A) Falsch ist 23.f5? wegen 23...c4! (23...exf5?? ist ein fürchterlicher Bock wegen 24.♕b3+) 24.♕a5 ♕c5! mit ordentlicher Stellung für Schwarz, da die scheinbar starke forcierte Variante 25.b4? ♕b5 26.a4 ♘xa4 27.♖xc4 ♖xc4 28.♕d8+ ♔h7 29.fxe6 wegen 29...♖c8! nicht funktioniert.
B) 23.♕d3 ♘d5 24.♕e4, und Weiß erhält eine tödliche ♗d3/♕e4-Batterie.

23. ♗e2-c4 ♔g8-h8

Auf 23...♘b6 hat Weiß 24.♕b3!.

24. ♕a3-h3 ♘d7-f8
25. b2-b3 a6-a5

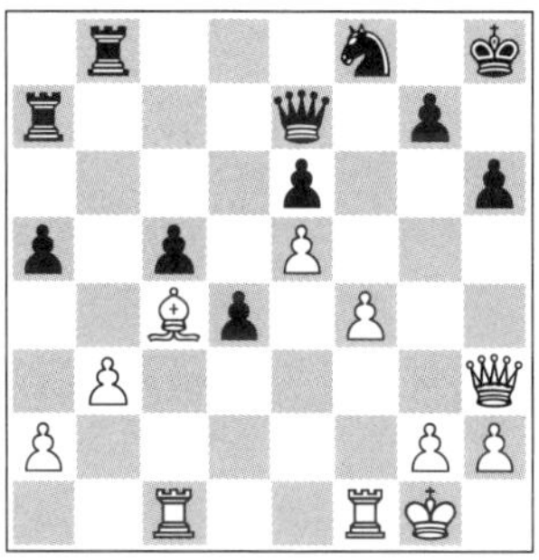

Nun ist der richtige Zeitpunkt für direkte Aktionen am Königsflügel gekommen.

26. f4-f5 e6xf5
27. ♖f1xf5 ♘f8-h7
28. ♖c1-f1

Es ist nie zu spät, eine Gewinnstellung mit einem dummen Patzer wie 28.♖f7?? ♘g5 noch wegzuwerfen.

28. ... ♕e7-d8
29. ♕h3-g3 ♖a7-e7
30. h2-h4 ♖b8-b7
31. e5-e6! ♖b7-c7
32. ♕g3-e5

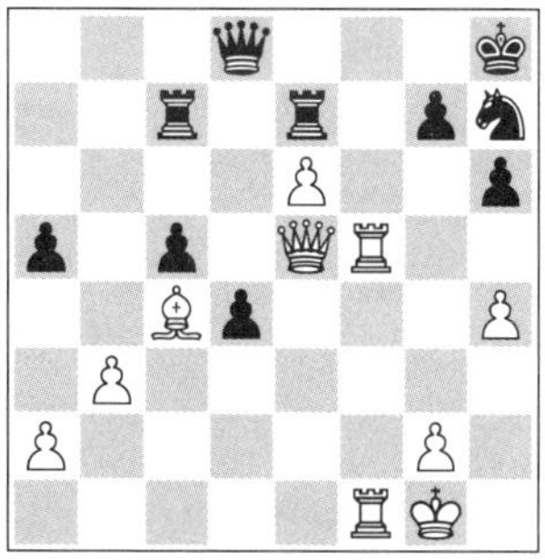

Eine traurige Situation für Schwarz. Ohne jegliches Gegenspiel ist er auf einige passive Züge beschränkt und kann nur auf die Vernichtung warten.

32. ... ♕d8-e8
33. a2-a4

Weiß hat alle Zeit der Welt.

33. ... ♕e8-d8
34. ♖f1-f2 ♕d8-e8
35. ♖f2-f3 ♕e8-d8
36. ♗c4-d3 ♕d8-e8
37. ♕e5-e4 ♘h7-f6

37...♖xe6 läuft in die forcierte Variante 38.♖f8+ ♘xf8 39.♖xf8+ ♕xf8 40.♕h7 matt.

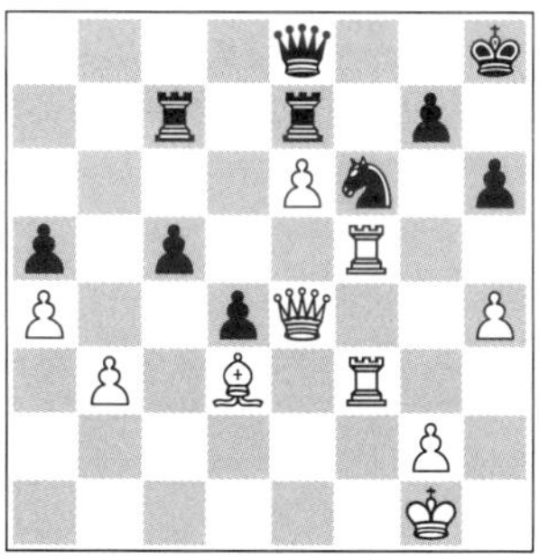

38. ♖f5xf6 g7xf6
39. ♖f3xf6 ♔h8-g8
40. ♗d3-c4!

Mit der Drohung 41.♖f7.

40. ... ♔g8-h8
41. ♕e4-f4 1-0

Stellungen mit parallelen hängenden Bauern im Zentrum sind für beide Seiten schwer zu spielen, da es eine Menge dynamischer Möglichkeiten gibt und man ein gutes Auge fürs Detail braucht. Es gibt eine Reihe gut bekannter Pläne, aber man muss gründlich prüfen, ob sie in der jeweiligen Situation auf dem Brett anwendbar sind.

Da ich selbst immer mit dem Damenbauern eröffne, habe ich in meinen eigenen Partien viele derartige Stellungen auf dem Brett gehabt (in der Regel gegen die hängenden Bauern) und die Vor- und Nachteile kennengelernt. Die folgenden beiden Beispiele aus meiner eigenen Praxis zeigen, wie delikat diese Stellungen sind, und wie schnell man auf Abwege geraten kann.

SL 8.3 (D45) **PARTIE 37**

Ivan Sokolov
Alexander Chalifman
Pardubice 1994 (3)

1. d2-d4 d7-d5
2. c2-c4 c7-c6
3. ♘b1-c3 ♘g8-f6
4. e2-e3 e7-e6
5. ♘g1-f3 ♘b8-d7
6. ♕d1-c2 ♗f8-e7

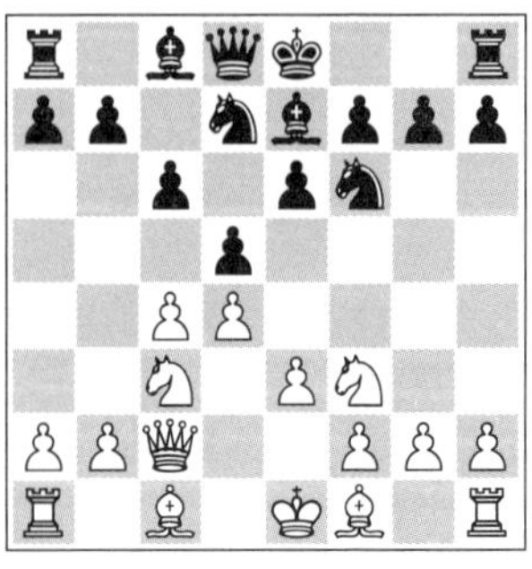

Ich vermute, dass Schwarz mit diesem Zug (im Gegensatz zu 6...♗d6) in erster Linie eine theoretische Diskussion vermeiden will. In fast allen Abspielen steht der Läufer besser auf d6, wo er u.a. den Befreiungszug ...e6-e5 unterstützt.

7. b2-b3

Dieser Zug ist hier am gängigsten, da Schwarz nicht über ...e6-e5 verfügt. In Betracht kommt auch 7.♗d3, aber dann kann Schwarz mit 7...c5 nachzuweisen versuchen, dass sein Läufer auf e7 gut steht, und nach 8.0-0 cxd4 9.exd4 dxc4 10.♗xc4 0-0 11.♖d1 ♘b6 12.♗b3 ♗d7 13.♘e5 ♗c6 14.♖d3 (ein Turmschwenk, den wir bereits im Kapitel über isolierte Bauern gesehen haben) 14...♖c8 15.♕e2 ♘bd5 16.♖g3 ♘xc3 17.bxc3 ♗e4! 18.♗h6 ♗g6 19.♘xg6 hxg6 war das Spiel in Tkatschijew-Waisser, Französische Meisterschaft, Aix-les-Bains 2007, mehr oder weniger ausgeglichen.

7. ... b7-b6

In Ermangelung des Hebels ...e6-e5 muss Schwarz seinen weißfeldrigen Läufer nach b7 entwickeln. Diese Spielweise gibt es auch mit dem schwarzen Läufer auf d6 statt auf e7, was (zumindest für mich) natürlicher aussieht. Vielleicht hat der Leser mittlerweile verstanden, dass mir das Abspiel mit 6...♗e7 nicht gefällt.

8. ♗f1-d3 ♗c8-b7
9. 0-0 0-0
10. ♗c1-b2 ♖a8-c8

Im Fall von 10...c5 würde 11.cxd5 exd5 12.♖ad1 ♖c8 in die Partie überleiten.

Schwarz kann auch alle Entscheidungen zurückstellen und zunächst den nützlichen Zug 10...h6 spielen. Dann kann Weiß nach 11.♖ad1 ♕c7 entweder mit 12.e4 dxe4 13.♘xe4 ♘xe4 14.♗xe4 ♘f6 15.♘e5 zu Handlungen im Zentrum übergehen oder 12.♘e5 spielen und ähnliche Pläne verfolgen wie in der weiter unten in den Anmerkungen zu findenden Partie Kramnik-Van Wely.

11. ♖a1-d1

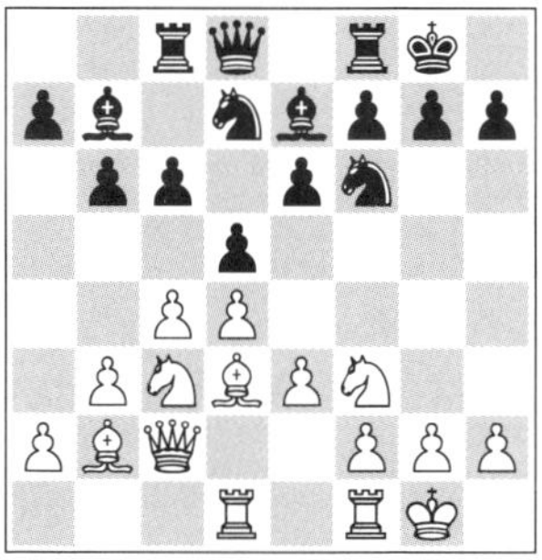

11. ... c6-c5

Statt im Zentrum aktiv zu werden, kann Schwarz sich auch für den logischen Entwicklungszug 11...♕c7 entscheiden. In der folgenden Partie war das Spiel des Weißen sehr instruktiv. Der von ihm gewählte Plan kann auch in ähnlichen Stellungstypen angewandt werden:

12.♘e5!? (ein anderer Standardplan ist hier 12.e4) 12...h6 13.♕e2 ♖fd8 14.f4.

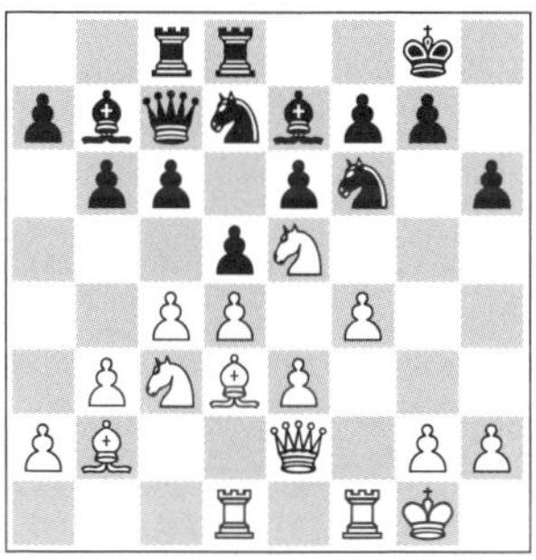

Analysediagramm

Die Pointe von 12.♘e5. Der weiße Flügelangriff wird nun richtigerweise mit Gegenspiel im Zentrum beantwortet:

14...c5! 15.cxd5 ♘xd5 16.♘b5 ♕b8 17.♘xd7 ♖xd7 18.f5! (da Weiß bereits ein erhebliches strategisches Risiko eingegangen ist, gibt es keinen Weg zurück; er muss seinen ursprünglichen Plan weiterverfolgen, selbst wenn er dabei Material opfern muss) 18...♗g5 19.fxe6 fxe6 (oder 19...♗xe3+ 20.♔h1 fxe6 21.♕g4 mit Überleitung in die Partie) 20.♕g4

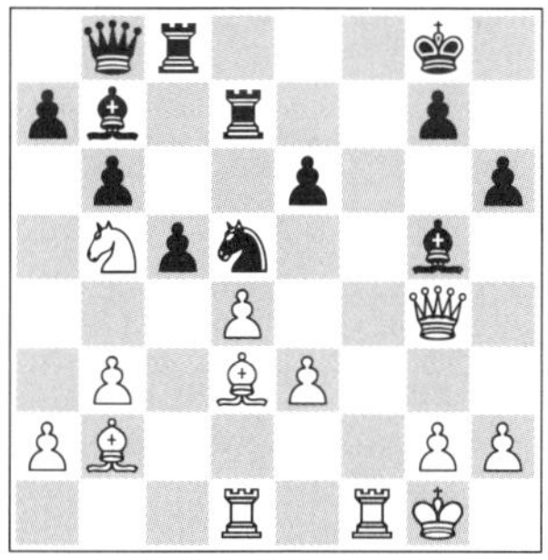

Analysediagramm

20...♖e7?.

Dies führt zum Verlust. Der Bauer auf e3 musste schließlich doch geschlagen werden: 20...♗xe3+! 21.♔h1 ♘f4! 22.♖xf4 ♕xf4 23.♕xe6+ ♖f7 24.♖f1 ♗f2 25.d5 (25.♗g6?? erlaubt Matt in zwei Zügen – 25...♗xg2+ 26.♔xg2 ♕f3+ matt; nach 25.♕g6? ♖d8 hat Weiß keine gute Fortsetzung) 25...♖d8 26.♗c4 (26.♗g6? ♗xd5 27.♗xf7+ ♕xf7 28.♕xf7+? ♗xf7) 26...♗c8! 27.♕e2 ♗g4, und Schwarz schlägt den Angriff ab.

21.♕e4 ♘f6 22.♕g6

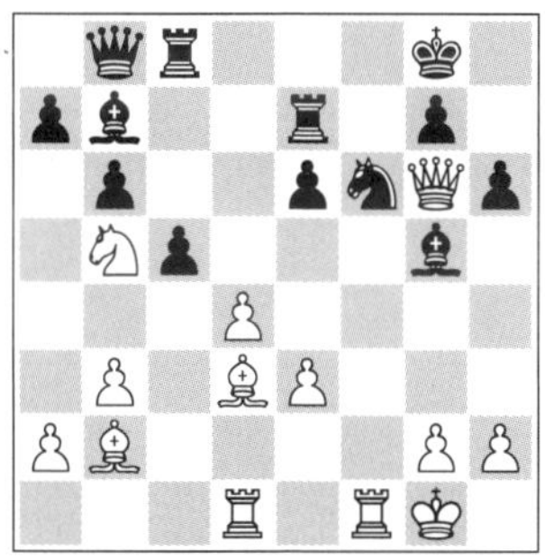

Analysediagramm

22...♔h8 23.dxc5 (nach der Einbeziehung des Läufers b2 ist der weiße Angriff unaufhaltsam) 23...♖xc5 24.♖xf6 gxf6 25.♗xf6+ ♗xf6 26.♕xf6+ ♖g7

27.♕xh6+ ♔g8 28.♕xe6+ ♔h8 29.♕h6+ ♔g8 30.e4 mit baldigem Sieg für Weiß in Kramnik-Van Wely, Wijk aan Zee 2007.

12. c4xd5 e6xd5

13. d4xc5 b6xc5

Damit hat sich eine der typischen Stellungen mit parallelen hängenden Bauern im Zentrum ergeben. Weiß wird Druck auf die Bauern c5 und d5 (hauptsächlich d5) ausüben und versuchen, den Nachziehenden zu einer Entscheidung im Zentrum – ...c5-c4 oder ...d5-d4 – zu zwingen, während Schwarz versuchen wird, seine Figuren zu koordinieren, und nach dynamischen Möglichkeiten, zumeist in Verbindung mit dem Vorstoß ...d5-d4, Ausschau halten wird.

Der Übergang in eine Isolanistruktur mit 13...♖xc5? wäre ein gravierender positioneller Fehler, da Schwarz hier kein aktives Figurenspiel als Kompensation für den isolierten Bauern entfalten kann. Nach einer derartigen positionellen Kapitulation kann es für Schwarz ganz schnell bergab gehen: 14.♕b1 ♖e8 15.♘e2! ♖c8 16.♘f4 h6? (ein unscheinbarer Zug mit schwerwiegenden Konsequenzen) 17.♗f5! ♖c7 18.♘d4 ♗a6 19.♘de6 1-0 Polugajewski-Comas Fabrego, Palma de Mallorca GMA 1989.

14. ♗d3-f5!

Die Fesselung des Springers d7 und Erhöhung des Drucks auf den Bauern d5 (der Bauer c5 ist gut gedeckt und kann zunächst einmal nicht angegriffen werden) ist hier ein Standardplan und die richtige Fortsetzung.

Ein weiterer strategischer Standardplan in derartigen Stellungen ist 14.e4. Die Idee besteht darin, ...d5-d4 zu erzwingen (im Fall eines Massenabtauschs auf e4 bliebe der schwarze c-Bauern recht schwach und ein leichtes Angriffsziel) und dann durch Überführung des Springers c3 über d2 nach c4 die Konstellation ♗d3/♘c4 zu erreichen oder den Springer auf d2 zu belassen, den Läufer nach c4 zu stellen und den anderen Springer über e1 nach d3 zu überführen, was die Konstellation ♘d2/♘d3/♗c4 ergibt. Nach Errichtung einer derartigen Blokkade auf d3 und c4 kann Weiß dann mit dem Vorrücken seines e- und f-Bauern beginnen (f2-f4 und e4-e5).

Das Problem für Weiß besteht darin, dass Schwarz Raum und Möglichkeiten für einen Angriff am Königsflügel erhält. Außerdem ist die oben skizzierte Idee schwer zu verwirklichen, z.B.: 14...d4 (auch nach 14...c4 15.bxc4 dxc4 16.♗e2 ♕c7 erhält Schwarz gutes Gegenspiel) 15.♘b1 ♘g4! (Schwarz muss sich beeilen und darf dem Anziehenden keine Zeit zu dem Manöver ♘a3-c4, h2-h3 und ♗b2-c1 geben) 16.♘bd2 ♕c7! 17.♘c4 f5!, und Schwarz hat die Initiative übernommen; seine Figuren arbeiten sehr gut zusammen. Es ist klar, dass die Strategie des Weißen gescheitert ist.

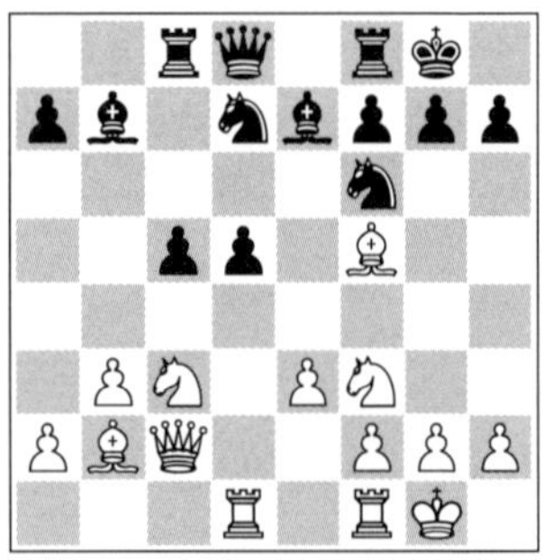

14. ... g7-g6?

An sich kein schlechter Zug, der aber im vorliegenden Fall die Diagonale a1-h8 schwächt, was einen der Hauptgründe für die späteren Probleme des Nachziehenden darstellen wird.

Es ist besser, diese Entscheidung zurückzustellen. Eine logische Möglichkeit besteht darin, einen nützlichen Zug wie

14...♖e8 zu spielen; nach 15.♘e2 ♖c7! scheint die schwarze Stellung in Ordnung zu sein, da der Nachziehende nach 16.♘f4 die Wahl zwischen 16...♗d6 und 16...d4 hat.

15. ♗f5-h3 a7-a6

Schwarz möchte seinen Turm nach c7 stellen (um den Springer d7 zu entfesseln), kann dies aber wegen 16.♘b5 nicht sofort tun.

16. ♘c3-e2!

Weiß versucht, die Schwächung der Diagonale a1-h8 auszunutzen.

16. ... ♖c8-c7

17. ♕c2-c3 ♘d7-b6

Schwarz macht sich Sorgen über den Druck auf der d-Linie und andere taktische Wendungen auf der Basis einer Batterie mit ♕c3/♗b2. Eine andere Möglichkeit ist 17...♖e8.

18. ♕c3-a5 ♘b6-d7

Wegen des weißen Drucks auf der d-Linie und der guten Koordination der weißen Figuren hat Schwarz Probleme.

Der Versuch, den Springer mit 18...♘c8 über d6 nach e4 zu überführen, würde in 19.♘f4 laufen.

19. ♘e2-f4

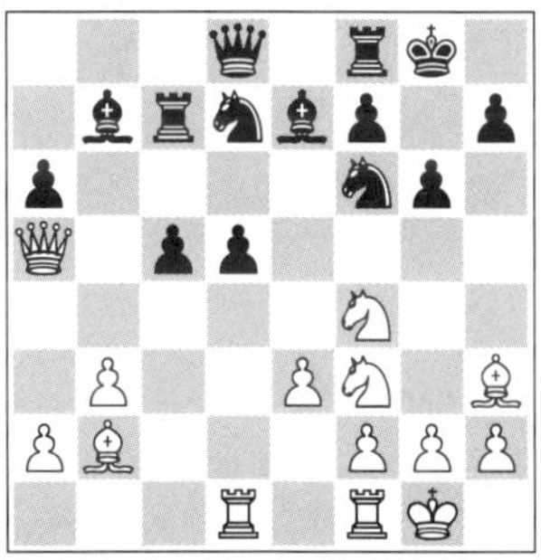

19. ... d5-d4?

Schwarz steht unter Druck und opfert daher einen Bauern, um den Charakter der Partie zu verändern. Für den geopferten Bauern wird er aber keine nennenswerte Kompensation erhalten.

Eine bessere Verteidigung ist 19...♗d6!, und nun:

A) Im Fall von 20.♖fe1?! folgt 20...♗xf4 (nicht 20...d4 wegen 21.♘d3!) 21.exf4 d4 22.♘e5 ♘xe5 23.fxe5 ♘d5 mit hervorragendem Spiel für Schwarz, da 24.g3? in 24...♘f4! läuft.

B) 20.♗xd7! ♗xf4 21.♗h3 ♗d6 22.♕c3! (zurück auf die lange Diagonale mit Wiederherstellung der Batterie) 22...d4!. Schwarz muss diesen thematischen Hebel ausführen.

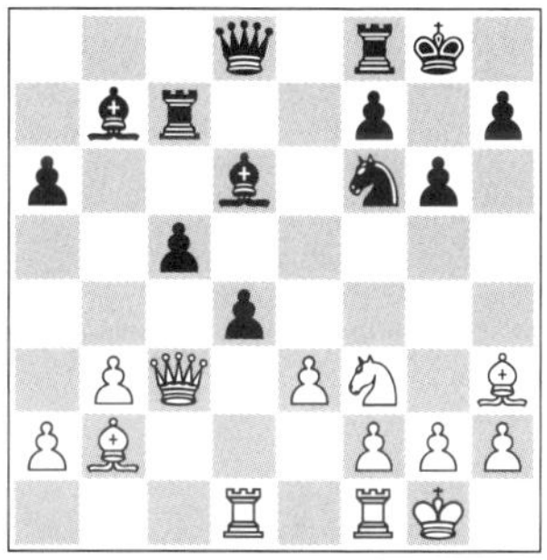

Weiß steht besser, muss aber genau spielen:

B1) 23.exd4? ist falsch wegen 23...♘d5 24.♕d2 ♘f4 25.dxc5 ♗xf3 26.cxd6 ♘xh3+ 27.gxh3 (27.♔h1? verliert wegen 27...♕a8! 28.♖g1 ♖d7! 29.gxf3 ♕xf3+ 30.♖g2 ♘xf2+) 27...♖c5.

B2) Nach 23.♕c4 erzielt Schwarz mit 23...♘d7! zumindest Ausgleich.

B3) 23.♕d3! ♗xf3 (falls 23...♘d7?, so 24.exd4; oder 23...♗e4 24.♕xa6) 24.gxf3 ♘d5 25.f4, und Weiß sollte besser stehen, aber die Stellung ist recht kompliziert und bietet auch Schwarz Chancen.

20. e3xd4 ♗b7xf3

21. g2xf3 c5-c4

22. b3xc4 ♖c7xc4

23. ♕a5xa6

Weiß hat zwar eine ramponierte Bauernstruktur am Königsflügel, kontrolliert die

Stellung aber recht gut. Schwarz hat es schwer, die Korrektheit seines Opfers nachzuweisen.

23. ... ♖c4-c2

Falls 23...♘b6, so 24.♖fe1 ♖a4 25.♕b5, und nun:

A) Im Fall von 25...♗d6 26.♗c1! erhält Weiß großen Vorteil, man sehe:

A1) 26...♖xa2?? ist ein Einsteller wegen 27.♘e6.

A2) Mit dem weißen Turm auf e1 funktioniert 26...♗xf4? 27.♗xf4 ♘fd5 nicht wegen des einfachen 28.♗h6! ♘c3 29.♕e5.

B) 25...♗b4! 26.♖e2 ♗d6, und nun:

B1) 27.♘d3! ♖xa2 28.♕b3, und Weiß behält einen gesunden Mehrbauern.

B2) 27.♗c1 ist spielbar, aber nach 27...♗xf4 28.♗xf4 ♘fd5 29.♗h6 ♘c3 30.♕e5 ♘xe2+ 31.♔h1 f6 32.♗e6+ ♔h8 33.♕xe2 ♖e8 34.d5 ♕d6 (34...♘xd5? 35.♕b5) 35.♗e3 weniger gut. Weiß hat Kompensation, aber vielleicht nicht mehr.

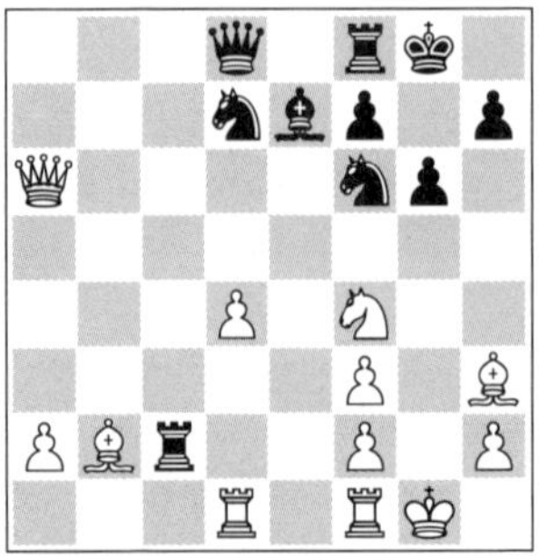

24. ♗b2-c1

Ich wollte einen meiner beiden Mehrbauern zurückgeben und die Lage übersichtlich halten. Es war jedoch besser, mit 24.♘d3! ♘d5 25.♖c1 ♖d2 26.♖fd1 gierig zu sein und beide Bauern zu behalten.

24. ... ♕d8-a8

25. ♕a6xa8 ♖f8xa8

26. ♗c1-e3 ♖a8xa2

Falls 26...♘b6, so 27.♖a1! (27.d5?! ist nicht gut wegen 27...♘c4 mit Kompensation für Schwarz) 27...♖cxa2 28.♖xa2 ♖xa2 29.♖b1 ♘bd5 30.♗f1 mit gesundem Mehrbauern für Weiß.

27. ♖d1-b1 ♖a2-b2

28. ♘f4-d3 ♖b2xb1

29. ♖f1xb1

Weiß hat einen klaren Mehrbauern, aber aufgrund seiner verunstalteten Bauernstruktur am Königsflügel behält Schwarz einige Remischancen.

29. ... ♖c2-c7

30. ♖b1-b5!

Lässt keine Blockade auf d5 zu.

30. ... ♔g8-g7

31. ♔g1-g2?!

Angesichts der Zeitnot des Nachziehenden wollte ich die Figuren auf dem Brett behalten, aber objektiv besser war 31.♘e5! ♘xe5 32.dxe5 ♘d7 33.f4 ♗c5 34.♗d2, wonach Weiß gewinnen sollte.

31. ... ♘f6-e8!

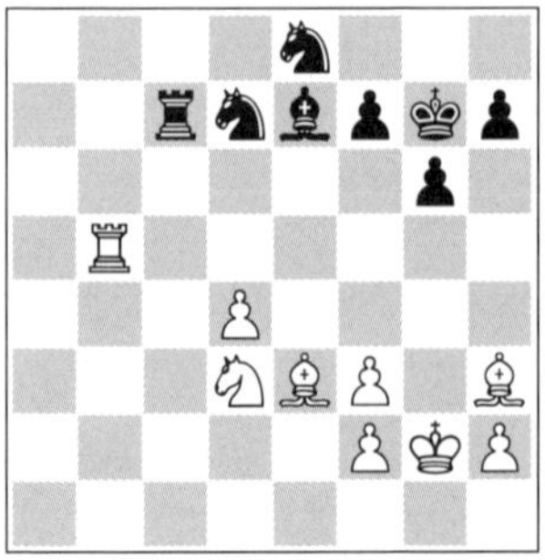

32. ♘d3-c5?

Dies ist einfach falsch. Besser war 32.♘e5 oder 32.♗f4.

32. ... ♘d7-f6?

Er geht an seiner Chance vorbei: 32...♘xc5! 33.dxc5 f5! (schneidet den Läufer h3 ab) 34.♔g1 ♘f6 35.♗f1 ♘d5 (nicht 35...♘d7?? 36.c6) 36.♗d4+ ♗f6 37.c6 ♗xd4 38.♖xd5 ♗b6 39.♗b5 ♖e7, und Schwarz rettet die Partie.

33. ♖b5-b8 ♗e7-d6

34. ♖b8-a8

34.♘e4? patzt nach 34...♘xe4 35.fxe4 ♖e7 36.♖b6 ♖xe4 einen Bauern ein.

34. ... ♖c7-e7

35. ♗e3-g5 ♖e7-e1?

Der letzte Fehler. Nach 35...h6! 36.♗h4 g5 37.♗g3 h5 hätte Schwarz ordentliche Überlebenschancen.

36. ♘c5-e4! ♗d6-b4

37. ♖a8-b8! ♗b4-a3?

Besser war 37...♗a5!, um 38.♗f4? (38.♗e3 sollte für Weiß gewinnen) mit 38...♗c7 zu beantworten.

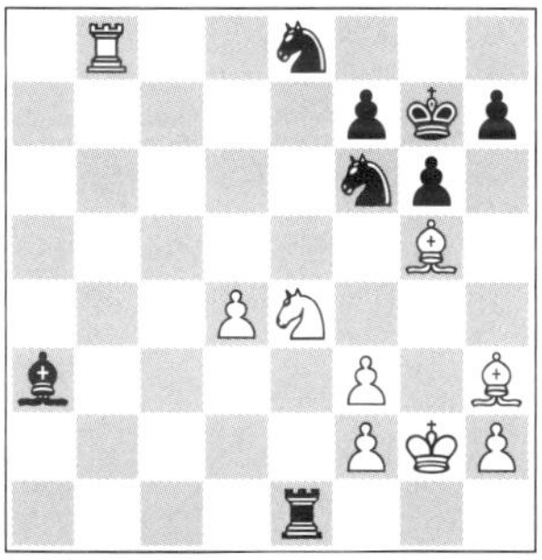

38. ♗g5-f4!

Nun verliert Schwarz weiteres Material.

38. ... ♘f6-d5

39. ♗f4-e5+

Die Zeitnot macht sich bemerkbar. Viel besser war 39.♗d2 ♖d1 40.♖xe8 f5 41.♘c3 mit Figurengewinn.

39. ... f7-f6

40. ♗e5-g3

Schwarz kann weiteren Materialverlust immer noch nicht verhindern.

40. ... ♔g7-f7

41. ♗h3-d7 ♘e8-c7

42. ♖b8-b7 ♖e1-c1

43. ♗d7-a4 g6-g5

Oder 43...f5 44.♗e5 ♔e7 45.♘f6 ♘xf6 46.♗xc7 ♔f8 47.♗f4 ♖c8 48.♗h6+ ♔g8 49.♗b3+.

44. ♗g3xc7!

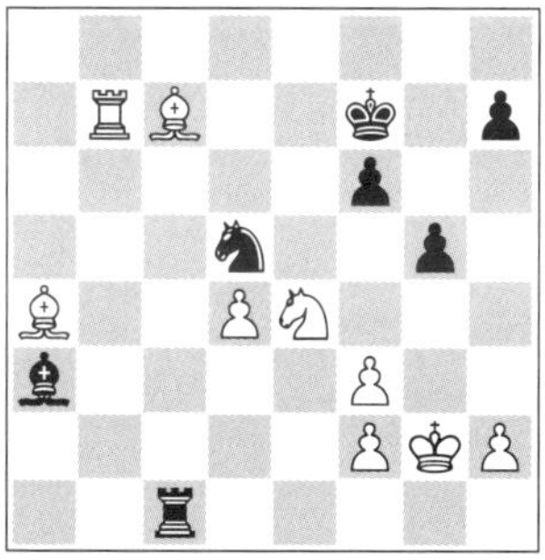

Angesichts von 44...♘xc7 45.♘c5 oder 44...♖xc7 45.♗b3 gab Schwarz auf.

Struktur 3.3

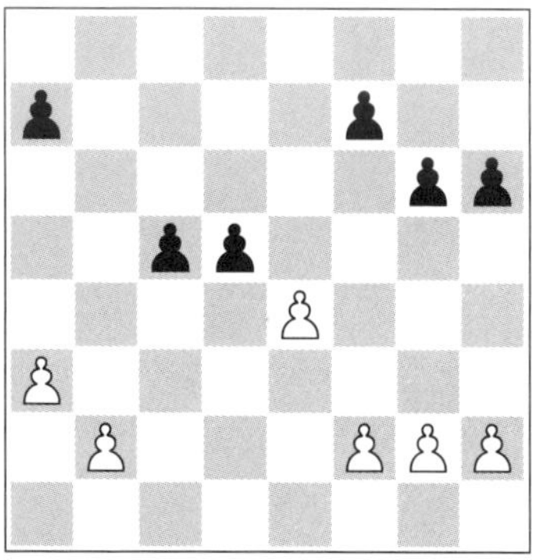

QO 8.5 (D58) **PARTIE 38**

Ivan Sokolov
Nigel Short
Sarajewo 1999 (6)

1. d2-d4 ♘g8-f6
2. c2-c4 e7-e6
3. ♘g1-f3 d7-d5
4. ♘b1-c3 ♗f8-e7
5. ♗c1-g5 h7-h6
6. ♗g5-h4 0-0
7. e2-e3 b7-b6
8. ♖a1-c1

Eine der Hauptvarianten der Tartakower-Makogonow-Variante, die Ende der 1980er Jahre und in den 1990er Jahren recht beliebt war.

8. ... ♗c8-b7
9. ♗h4xf6

Nachdem Schwarz seinen Läufer nach b7 gestellt hat, trennt sich Weiß von seinem Läuferpaar und schlägt dann auf d5, wonach Schwarz mit dem Bauern zurückschlagen muss. Diese Idee haben wir bereits in mehreren Partien in diesem Buch gesehen.

9. ... ♗e7xf6
10. c4xd5 e6xd5
11. ♗f1-d3 c7-c5
12. 0-0

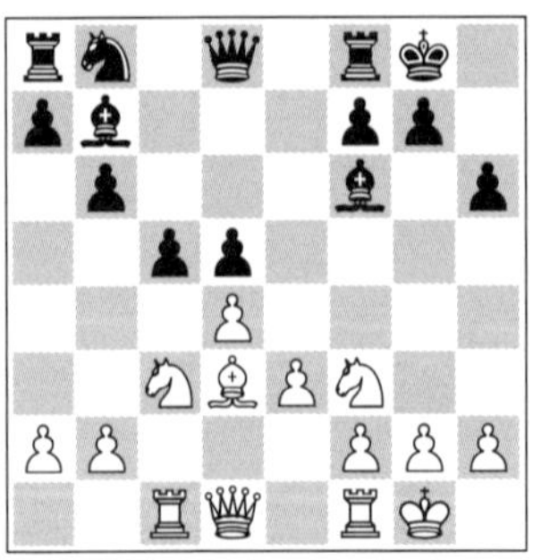

Dies wird als Ausgangsstellung der Variante erachtet. Man fragt sich vielleicht, welche Idee Weiß hier überhaupt verfolgen könnte. Schließlich verfügt Schwarz über das Läuferpaar, wobei insbesondere der schwarzfeldrige Läufer auf f6 gut steht, und übt dank seines letzten Zuges ...c7-c5 sogar etwas Druck auf den weißen Zentrumsbauern d4 auf.

Die Hauptidee des Anziehenden in dieser Variante besteht darin, einen Tausch auf d4 zu erzwingen und eine günstige Stellung mit d4/d5-Bauernsymmetrie im Zentrum zu erreichen, in der sein weißfeldriger Läufer d3 seinem Kollegen auf b7 überlegen ist. Diese Idee haben wir bereits in einer Reihe von Partien in Kapitel 2 über isolierte Bauern gesehen. Wenn Weiß seine Idee gut in die Tat umsetzt, wird er einen kleinen, dauerhaften Vorteil haben.

12. ... ♘b8-a6

Damit will Schwarz den oben erwähnten Tausch auf d4 vermeiden und die Zentrumsspannung aufrechterhalten. Dieser Plan ist im allgemeinen vernünftig, aber der schwarze Springer auf a6 steht etwas unbeholfen. Der Textzug gilt daher nur als eine der Nebenvarianten.

Die Stellung ist aus strategischer Sicht sehr interessant. Beide Seiten müssen auf Bauerntausch im Zentrum Acht geben, da sich hier leicht drei verschiedene Bauernstrukturen ergeben können: isolierter Bauer, symmetrische Bauernstellung im Zentrum oder hängende Bauern. Zum besseren Verständnis der Vor- und Nachteile der Stellung seien einige Varianten angegeben.

A) Als Hauptvariante gilt 12...♘d7. Vor einiger Zeit spielte ich in Biel 1989 in einer Partie gegen Hellers darauf 13.♗f5, was den Druck auf die schwarzen Zentrumsbauern verstärkt und Schwarz zu einer Entscheidung im Zentrum zu zwingen versucht. 13.♗b1 ist auch schon versucht worden, aber dann kann Schwarz mit 13...♖e8 seine normale Entwicklung fortsetzen und erhält nach 14.dxc5 ♘xc5 15.♘d4 g6 eine bequeme Isolanistellung. Nach 13.♗f5 folgte:

A1) 13...cxd4 (dieser Zug ist bestimmt kein Fehler, aber nun kann Weiß seine strategischen Ziele erreichen) 14.exd4 g6 15.♗d3 ♗g7 16.♕b3 (Weiß hat leichten Druck auf d5, sein Läufer d3 steht wesentlich besser als sein schwarzes Pendant, und der weiße Springer f3 wird wahrscheinlich auf e5 eindringen. Schwarz hat jedoch einen starken Läufer auf g7, und sein Druck auf der Diagonale a1-h8 kann sich als wichtige Gegenspielquelle erweisen) 16...a6 17.♖fe1 ♖c8 18.a4 ♘f6 19.♖cd1 (geht taktischen Wendungen in Verbindung mit ...♘f6-e4 aus dem Weg) 19...♕d6 20.♘e5 (der Springer f3 hat einen beherrschenden Posten gefunden) 20...♖c7 21.♖e2 ♖e8 22.f4 ♖ce7 23.♗b1 (es ist Zeit, den Läufer auf die Diagonale a2-g8 zu bringen)

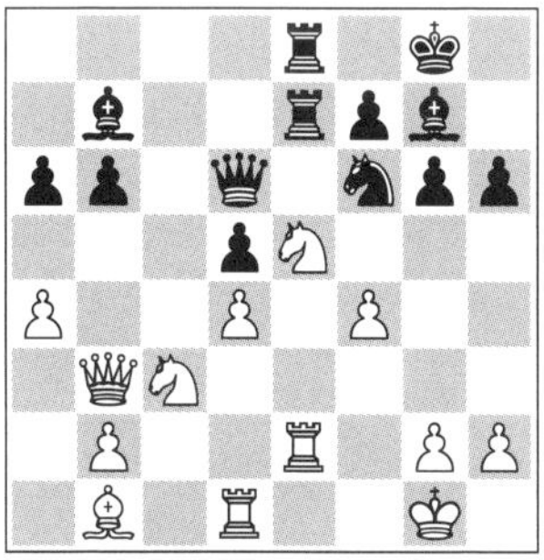

Analysediagramm

23...♘e4? (In Zeitnot entscheidet sich Schwarz für einen verzweifelten Gegenspielversuch, der einfach einen Bauern verliert. Die Stellung war jedoch alles andere als klar, und Schwarz musste den dominanten Springer e5 mit 23...g5! 24.fxg5 hxg5 mit der Drohung ...♘f6-g4 unterminieren) 24.♘xe4 dxe4 25.♗xe4 ♗xe4 26.♖xe4, wonach ich einen gesunden Bauern mehr hatte und die Partie bald gewann.

Schwarz hat noch zwei andere annehmbare Fortsetzungen.

A2) Er kann Ruhe bewahren und den nützlichen Zug 13...♖e8 spielen. Überraschenderweise ist diese Fortsetzung in der Praxis selten vorgekommen; nichtsdestotrotz ist die schwarze Stellung solide und gesund, und Weiß kann keinen Vorteil nachweisen, z.B.:

A21) Nach 14.♗xd7 ♕xd7 15.dxc5 bxc5 16.♘a4 c4 17.♘d4 ergibt sich eine der klassischen Stellungen mit hängenden Bauern im Zentrum.

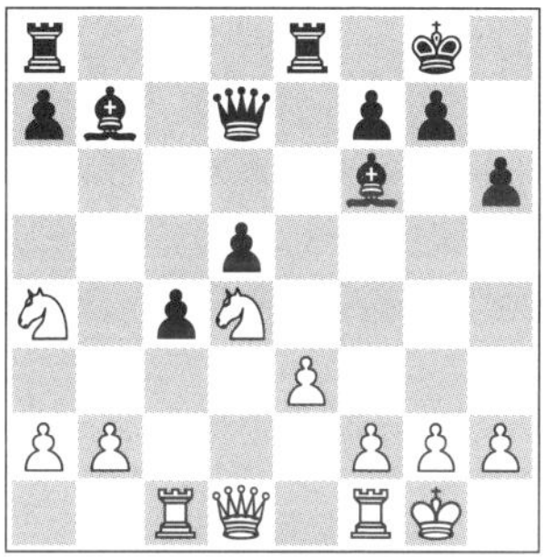

Analysediagramm

Weiß hat mit seinen Springern auf c3 und d4 eine perfekte Blockade, Schwarz hat einen hervorragenden Läufer auf f6 und einen passiven Läufer auf b7 und außerdem etwas mehr Raum. Die Stellung ist dynamisch ausgeglichen.

Eine ähnliche Bauernstruktur mit der gleichen Blockade (Weiß: ♘c3, ♘d4 – Schwarz: Bauern c4, d5, Läufer auf b7 und Läufer auf e5), aber günstiger für Weiß, ergab sich in der 17. Partie des WM-Matches zwischen Capablanca und Aljechin im Jahre 1927. Trotz dieser besseren Umstände konnte der legendäre Kubaner den Vorteil der perfekten Blockade nicht nutzen und musste letztendlich ins Remis einwilligen.

A22) 14.♕a4 ♘f8 15.♖fd1 g6! (Ein wichtiger Zug. Im Fall von 15...♘e6 16.dxc5 bxc5 17.♕g4 hat Weiß etwas Druck im Zentrum) 16.♗h3 ♘e6 17.dxc5 bxc5! (Die richtige Entscheidung. In der sich nach 17...♘xc5 18.♕c2 ergebenden Isolanistellung hat Weiß etwas Vorteil) 18.♕b3 ♖b8 19.♘xd5 ♗xd5 20.♖xd5 ♖xb3 21.♖xd8 ♖xd8 22.axb3 ♗xb2 23.♖b1 ♗c3 24.♖c1 (sonst folgt 24...♖b8 mit der Drohung 25...c4) 24...♗b2 mit gleichem Spiel.

A3) In Betracht kommt auch 13...g6 und nach 14.♗xd7

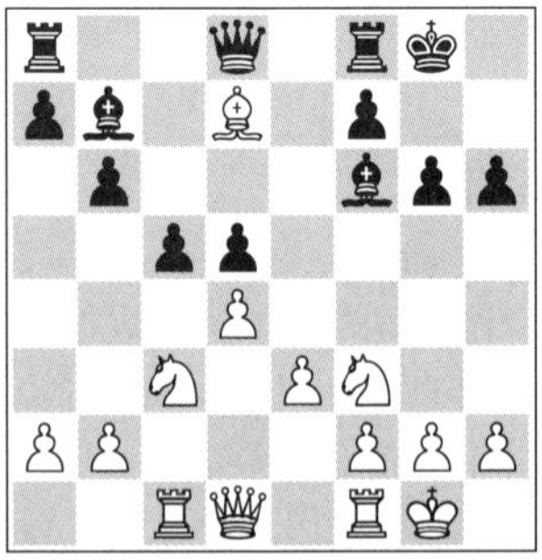

Analysediagramm

... der Zwischenzug 14...cxd4! (ein Fehler wäre 14...♕xd7? wegen 15.dxc5 bxc5 16.♘e4 ♗xb2 17.♘xc5 ♕e7 18.♖b1 ♕xc5 19.♖xb2 mit perfekter Blockade für Weiß mit einem starken Springer gegen einen schlechten Läufer) 15.♗c6 (gewinnt im Vergleich zu 15.♘xd4 ♕xd7 ein Tempo) 15...♗xc6 16.♘xd4 ♗b7, und der starke Läufer auf f6 wiegt den isolierten Bauern d5 völlig auf, Kasimdschanow-Kramnik, Wijk aan Zee 1999.

B) Auch 12...♖e8 ist in der Praxis schon versucht worden mit der Idee, die Spannung im Zentrum aufrechtzuerhalten und dabei einen nützlichen Zug zu machen.

C) 12...♕e7 wurde in Wijk aan Zee 1991 von Helgi Olafsson gegen mich gespielt. Schwarz verfolgt die gleichen Ziele wie mit 12...♖e8, aber dieser Zug ist mit dem Nachteil behaftet, dass Weiß nach 13.♖e1 unangenehm e3-e4 droht.

D) Schließlich ist auch 12...cxd4 vielmals gespielt worden. Dieser Zug gewährt dem Anziehenden sofort seine strategischen Wünsche (symmetrische Bauernstellung d4/d5 mit überlegenem weißfeldrigen Läufer), aber nun behält Schwarz die Möglichkeit, seinen Springer auf das natürliche Feld c6 zu entwickeln: 13.exd4 (13.♘xd4 ♘c6 14.♘xc6 ♗xc6 15.♘e2 ♕d6 16.♕d2 mit Spiel gegen den isolierten Bauern gibt Weiß ein winziges Übergewicht) 13...♘c6 14.♗b1 ♖e8 15.♕d3 g6 16.♖fe1 ♕d6 17.a3 ♖xe1+ 18.♖xe1 ♖d8 19.♗a2 ♘e7 20.♘e5.

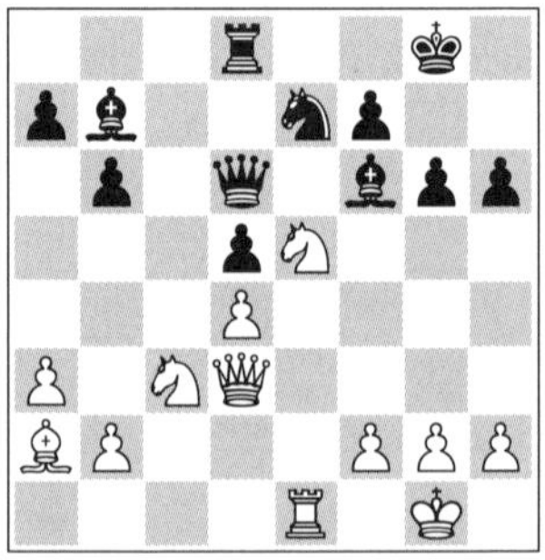

Weiß hat einen standardmäßigen und gut bekannten kleinen Vorteil, Karpow-Portisch, Weltcup, Skelleftea 1989.

13. ♗d3-b1 ♖f8-e8

14. a2-a3

Mit seinen letzten beiden Zügen hat Weiß die Überführung seines Läufers auf die Diagonale a2-g8 zum richtigen Zeitpunkt vorbereitet.

14. ... g7-g6

15. ♖f1-e1

Bereitet die Anrempelung der hängenden schwarzen Zentrumsbauern mit e3-e4 (nach dem Bauerntausch d4xc5 b6xc5) vor.

15. ... ♕d8-d7

16. d4xc5

Stellt Schwarz die Frage, mit welcher Bauernstruktur er spielen möchte.

16. ... b6xc5

Plausibel war auch die Entscheidung für eine Isolanistellung mit 16...♘xc5.

17. e3-e4

Setzt den mit a3, ♗b1 und ♖e1 vorbereiteten Plan in die Tat um.

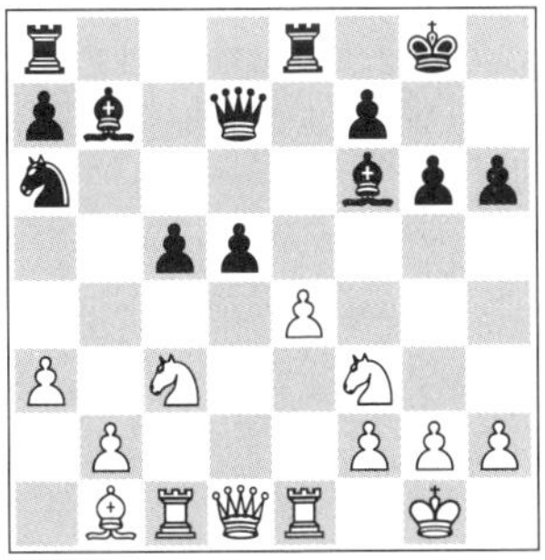

17. ... d5-d4

Schwarz macht sich keine Sorgen um die Schwächung seiner weißen Felder auf den Diagonalen f1-a6 und a2-g8. Besser und prinzipieller war meiner Meinung nach 17...♖ad8!, wonach der Läufer auf f6 stark ist und Schwarz gutes Spiel hat: 18.exd5 ♖xe1+ 19.♕xe1 ♗xd5 20.♘xd5 (oder 20.♖d1 ♕e6 21.♕xe6 ♗xe6 22.♖xd8+ ♗xd8 23.♘e5 ♘b8) 20...♕xd5 21.♕e2 ♖d6 22.h4.

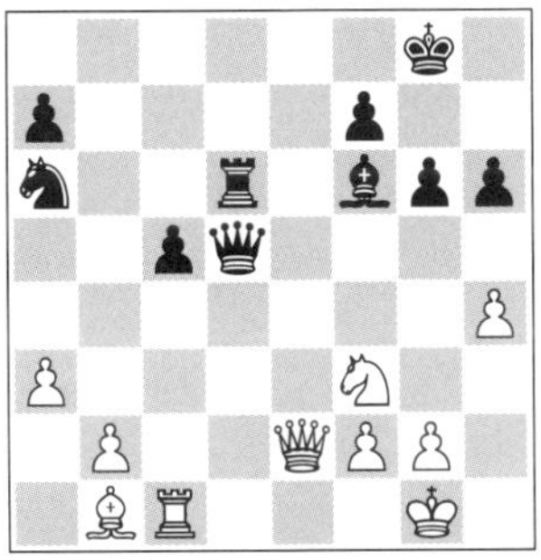

Analysediagramm

A) Sofortige Aktivität mit 22...♕b3? ist falsch wegen 23.♗c2! ♕xb2 24.♖b1, und nun:

A1) 24...♕a2 löst nach 25.♕e8+ ♔g7 26.♖b7 ♕e6 27.♕xe6 ♖xe6 28.♗d3! die Probleme des Nachziehenden nicht.

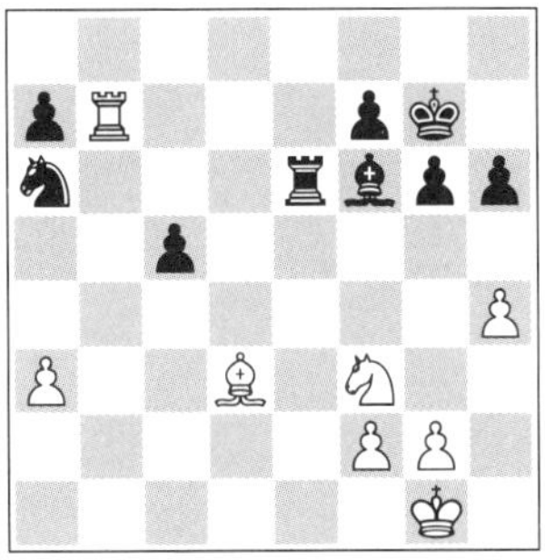

Analysediagramm

Der schwarze Springer auf a6 ist dem Untergang geweiht. 28...♗d4 29.♗c4 ♖f6 30.♔f1! (da alle anderen Figuren bereits optimal stehen, verbessert Weiß die Stellung seines Königs) 30...g5 (dieser Gegenspielversuch funktioniert nicht) 31.hxg5 hxg5 32.♘xg5 ♖xf2+ 33.♔e1 ♖f6 (33...♖xg2? verliert nach dem einfachen 34.♘e6+ ♔h6 35.♘xd4 cxd4 36.♗xa6 ♖a2 37.♖b3 eine Figur) 34.♘xf7 ♔g6 35.g4 mit Gewinn für Weiß.

A2) 24...♕xa3?? ist ein schrecklicher Bock wegen 25.♕e8+ ♔g7 26.♗b3.

A3) 24...♖e6 25.♕c4 ♕xa3 (falls 25...♕c3, so 26.♗b3 ♕xc4 27.♗xc4 ♖c6 28.♖b7 ♘c7 29.♖xa7) 26.♗xg6 ♘b4 27.♗f5 ♖e7 (27...♖c6? verliert wegen 28.♖e1) 28.♕xc5, und Schwarz hat wegen seines geschwächten Königsflügels Probleme.

B) 22...♔g7! 23.♗e4 ♕a2 24.♖c2 ♖e6 25.h5 g5 mit scharfem Spiel, in dem Schwarz sicher nicht schlechter steht.

18. ♗b1-a2

Dies ist eine der typischen Stellungen mit hängenden Bauern im Zentrum. Mit e3-e4 hat Weiß ...d5-d4 provoziert und erhält dadurch die zuverlässige Kontrolle über die Diagonalen f1-a6 und a2-g8 und in vielen Fällen auch eine hervorragende Blockade auf d3 und c4. Außerdem ist der schwarze Bauer c5 recht schwach. Die Stellung ist objektiv besser für Weiß, aber genaues Spiel ist vonnöten. Schwarz hat das Läuferpaar (beide Läufer arbeiten jetzt) und einen potenziell starken Freibauern auf der d-Linie, so dass sich das Blatt schnell wenden kann – wie wir gleich sehen werden.

Man beachte, dass diese Bauernstruktur weit besser für Weiß ist als die ähnliche Struktur, die in der vorhergehenden Partie Sokolov-Chalifman besprochen wurde, in der in den Anmerkungen 14.e4 anstelle des Partiezuges 14.♗f5 vorgeschlagen wurde. Hier hat Weiß keinen schwarzfeldrigen Läufer auf b2; dieser ist gegen den schwarzen Springer auf f6 getauscht worden, was recht nützlich ist.

Der Textzug sieht an sich logisch aus, aber Weiß verfügte über einen starken und geradlinigen Weg, in Vorteil zu kommen: 18.♘a4 ♖ac8 19.♗d3 (konzentriert sich auf den schwachen Bauern c5) 19...♕d6

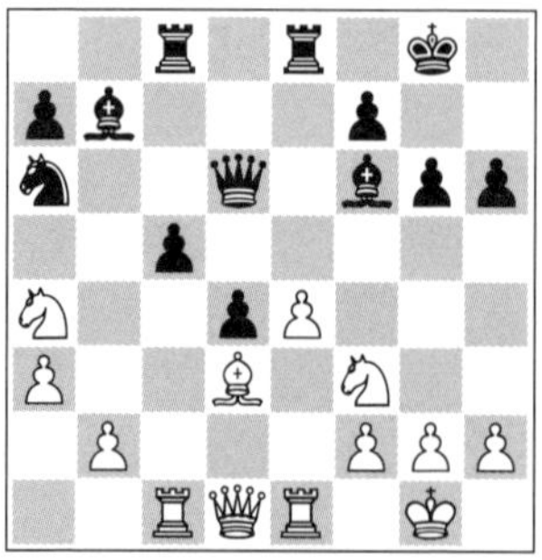

Analysediagramm

20.♕d2! ♗g7 (das "Gegenspiel" mit 20...c4? 21.♗xc4 ♗xe4?? ist ein verheerender Fehler wegen 22.♗xa6 ♖xc1 23.♕xc1 ♕xa6 24.♘c5 ♕c6 25.♘xe4 ♕xc1 26.♘xf6+), und nun:

A) Das Spiel auf weißfeldrige Blockade mit 21.b3 ♘b8 22.♘b2 ♘d7 23.♘c4 führt zu einem messerscharfem Kampf, da Schwarz harmonisch entwickelt ist und zu Gegenspiel bereit steht, falls sich die Stellung öffnen sollte, z.B. 23...♕b8 24.h4 ♘f6! 25.e5 ♘g4 26.♕f4 ♗xf3 27.♘d6!

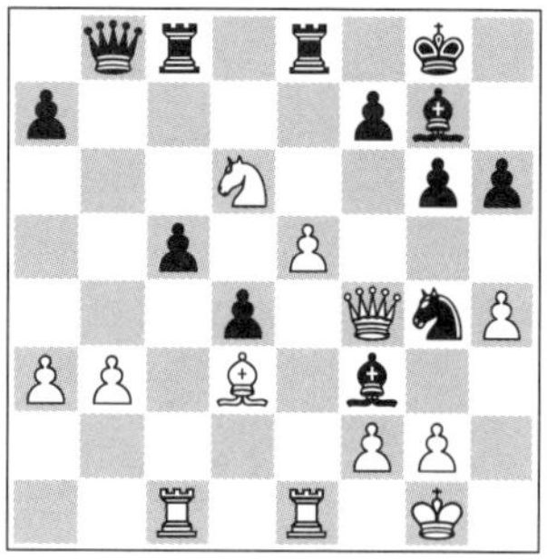

Analysediagramm

27...♕xb3! (Schwarz fürchtet sich nicht vor Gespenstern; 27...♘xe5 ist nicht gut wegen 28.♖xe5! ♖f8 29.♖exc5 ♖xc5 30.♖xc5 mit großem Vorteil für Weiß) 28.♗c4 ♕b2! (die Drohung, auf d2 zu schlagen, zwingt Weiß dazu, ein wichtiges Tempo zu verlieren) 29.♗xf7+ (29.♕xf3 ♘xe5 30.♕f4 ♔h7! 31.♘xc8 ♖xc8 ist besser für Schwarz; oder 29.♕xf7+ ♔h7 30.♕xf3 ♘xe5) 29...♔h8 30.♕xf3 ♘xe5 31.♕h3 ♖f8 32.♘xc8 ♖xf7 33.♕g3.

B) 21.♕a5! verstärkt den Druck auf die Schwäche c5 weiter:

B1) Sehr wahrscheinlich ist Schwarz zum Damentausch gezwungen; man sehe: 21...h5 22.♗b5! (nicht 22.♗xa6? ♕xa6 23.♕xa6 ♗xa6 24.♖xc5 (24.♘xc5? verliert nach 24...♗h6 die Qualität) 24...♗d3! 25.b4 ♗c2 26.♖xc8 ♖xc8 27.♘c5 d3, und die schwarze Initiative ist mehr wert als ein Bauer) 22...♖e7 23.e5! ♕d8 24.♕xd8+ ♖xd8 25.♗xa6 ♗xa6 26.♘xc5 mit gesundem Mehrbauern für Weiß.

B2) Also 21...♕d8 22.♕xd8 ♖exd8 23.♘d2 (das Nehmen des Bauern kommt nun sehr stark in Betracht: 23.♗xa6 ♗xa6 24.♘xc5 ♗b5 25.a4 ♗c6 26.b4 d3 27.♘d2 oder 27.♖ed1) 23...♗f8 (oder 23...♗f6 24.f4) 24.e5 mit besserem Spiel für Weiß. In den meisten dieser Abspiele leidet Schwarz, weil er nicht genug Gegenspiel aufziehen kann, um die Schwäche des Bauern c5 zu kompensieren.

18. ... ♖a8-b8!

Greift eine der Schwächen im weißen Lager an: den Bauern b2.
Schlecht ist 18...♘c7? wegen 19.♘a4±.

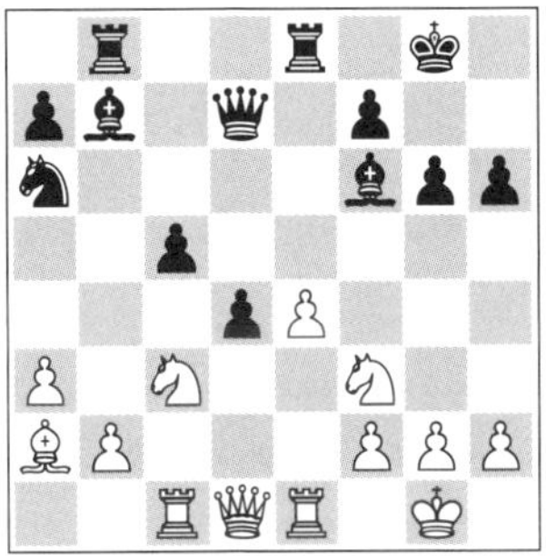

19. ♗a2-c4?

Übersieht die schwarze Antwort. Weiß hat zwei vernünftige Fortsetzungen:

A) 19.♕d2, z.B.:

A1) 19...♘c7, und nun:

A11) 20.♕xh6? ist ein schwerer Fehler, da Weiß für die Figur nur ein paar Schachgebote bekommt: 20...dxc3! 21.♕xg6+ ♗g7 22.♘g5 ♘d5! 23.♕h7+ ♔f8.

A12) 20.♕f4 ♕e7 (nach 20...♔g7 spielt Weiß trotzdem 21.♘a4! ♕xa4 (die "taktische Wendung" 21...♘d5? 22.♗xd5 ♕xa4 verliert wegen 23.♗xf7 ♔xf7 24.e5) 22.♕xc7 ♗e7 23.♘e5; oder 20...♗g7? 21.♘a4!) 21.♘a4 g5 (21...♗c6 22.♘xc5 ♖xb2 23.♗c4 ♗g7 24.e5; 24.♘d3 ♖b6 25.e5; 21...♘a6 22.♕xh6) 22.♕g3 d3 23.♘xc5! ♗xb2 24.h4 ♗xc1 25.♖xc1 mit starkem Angriff für Weiß.

A2) 19...♗g7 20.♘d5 ♗c6 (nach 20...♗xd5 21.♗xd5 fällt der Aktivitätsunterschied zwischen dem weißen und dem schwarzen Läufer ins Auge) 21.h4. Die Stellung ist scharf, aber die Chancen des Anziehenden scheinen vorzuziehen zu sein.

B) Interessant ist 19.♖e2!?, womit Weiß das Problem des schwachen Bauern auf b2 löst. Nun ist 19...♘c7? nicht gut wegen 20.♘a4 ♘a6 21.♗b1 nebst ♗d3 (21.♗c4 ♗c6 gibt Schwarz Gegenspiel). Nach 19...♗c6! 20.♘d5 ♗g7 sieht die Stellung jedoch ziemlich unklar aus.

19. ... ♗b7-c6!

Aus irgendeinem Grund hatte ich diese starke Erwiderung komplett übersehen. 19...♘c7? ist wiederum nicht gut wegen 20.♘a4. Das Blatt hat sich nun bereits gewendet; Weiß wird in die Verteidigung gedrängt.

20. ♘c3-d5

Nach 20.♗xa6 dxc3 21.♕xd7 ♗xd7 22.bxc3

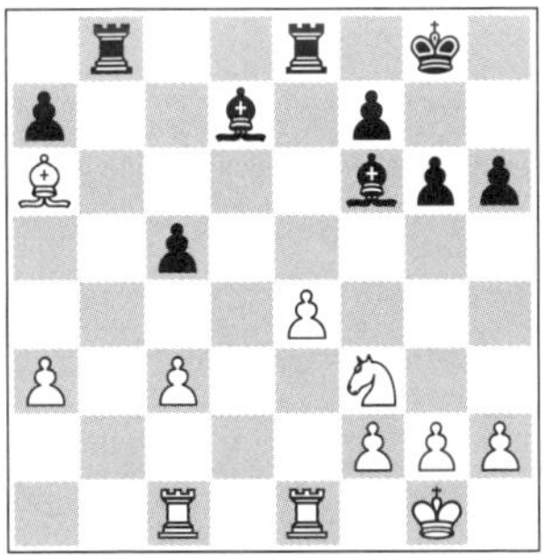

Analysediagramm

22...♖b3! (dies ist besser als 22...♗c6 23.e5 ♗g7 24.♗c4 ♗xf3 25.e6 fxe6 26.♖xe6 ♖xe6 27.♗xe6+ ♔f8 28.gxf3, und Weiß rettet sich ins Remis) 23.e5 ♖xa3 steht Schwarz besser.

20. ... ♗c6xd5

21. e4xd5

Nach 21.♗xd5 ♖xb2 22.♕d3 ♖b6 23.♗c4 ♘c7 24.e5 ♗g7 hat Weiß nicht genug Kompensation für den geopferten Bauern.

21. ... ♘a6-c7

22. ♕d1-d2

Besser war 22.♖xe8+ ♘xe8 (oder 22...♖xe8 23.♕d2) 23.♕d2 ♔g7, was zur Partiestellung führt.

22. ... ♔g8-g7

Schwarz hatte nun die zusätzliche Möglichkeit 22...♖xe1+ 23.♖xe1 ♔g7, und Weiß hat Probleme mit der Verteidigung des Bauern d5, da Schwarz nach 24.♘e5 ♗xe5 25.♖xe5 ♕d6 besser steht.

23. ♖e1xe8 ♘c7xe8

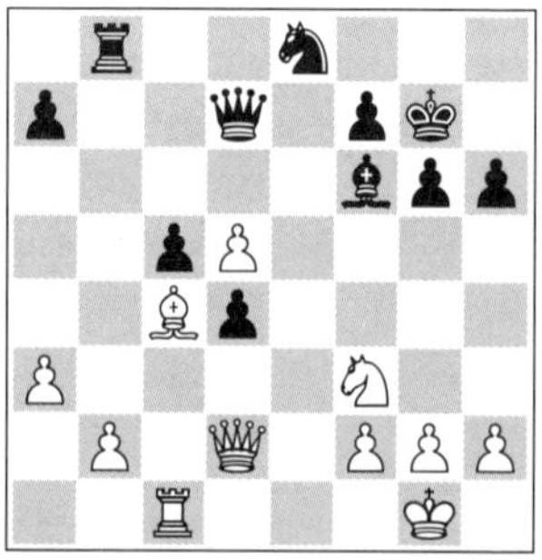

24. ♘f3-e1

Schwarz hat einen vielleicht sehr kleinen, aber anhaltenden und unangenehmen Vorteil.

A) Wenn Weiß mit 24.b4 Vereinfachungen sucht, steht er nach 24...♘d6 25.♗d3 (falsch ist 25.bxc5? wegen 25...♘xc4 26.♖xc4 ♕xd5) 25...cxb4 26.axb4 ♘b5 27.♖c6 ♖b6! (27...♘c3?? stellt nach dem einfachen 28.♖xf6 ♔xf6 29.♕f4+ eine Figur ein) 28.♗xb5 ♖xb5 29.♕f4 (29.♖xf6 funktioniert nach 29...♔xf6 30.♕xd4+ ♔e7 31.♕e5+ ♔d8 nicht) 29...♕d8! immer noch schlechter.

B) Oder 24.♗a2 ♘d6!.

C) Die Lösung des Problems der Schwäche b2 mit 24.b3 hilft nach 24...♘c7 25.♕a5 ♘xd5 26.♕xc5 ♘f4 nicht.

24. ... ♘e8-d6

25. ♘e1-d3 ♕d7-f5!

Behält die Initiative.

26. ♕d2-c2

Im Fall von 26.♘xc5 ist 26...♘xc4 27.♖xc4 ♕b1+ (27...♕xd5 28.♖c1 ♗g5! 29.f4 ♗f6 ist ebenfalls besser für Schwarz) 28.♖c1 ♖xb2! 29.d6 ♕a2 unangenehm für Weiß.

26. ... ♖b8-e8

27. h2-h3 ♗f6-g5

28. ♖c1-d1 h6-h5

29. b2-b3 h5-h4

Gewinnt Raum am Königsflügel.

30. ♕c2-b2 ♗g5-f6!

31. ♕b2-c2

Weiß ist nolens volens zu passiver Verteidigung gezwungen. Ich hatte überhaupt keine Lust, die Konsequenzen von 31.♘xc5 d3 (das einfache 31...♕c8 32.♘d3 ♘xc4 33.bxc4 ♕xc4 34.♘f4 (oder 34.♕b7 ♖e7) 34...♕c3! 35.♕xc3 dxc3 36.d6 ♖d8 sieht ebenfalls gut genug für Schwarz aus) 32.♕c1 ♗d4 33.♘xd3 ♘e4 oder 33...♖e2 zu berechnen.

Nach 31.♖d2 (mit der Absicht 32.♖e2) 31...♖d8! 32.♘xc5 (32.♕c2 ♘e4) 32...♕c8 33.♘d3 ♘xc4 34.bxc4 ♕xc4 hat Schwarz einen gesunden Bauern mehr. Die schwarzen Figuren stehen schon sehr gut und lassen sich nur schwer in noch bessere Stellungen bringen.

Natürlich traf mich der nächste Zug von Schwarz völlig unerwartet.

31. ... g6-g5!

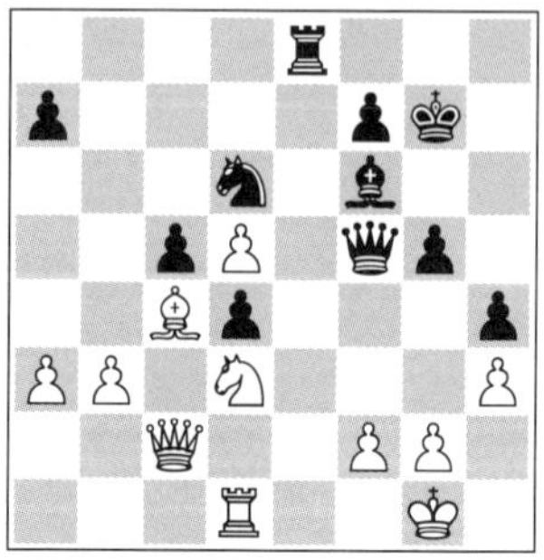

32. f2-f3??

Ein wahrlich schrecklicher Zug, der massenhaft Felder preisgibt und die Partie zu Ende bringt. Der Zug ...g5-g4 war überhaupt keine so starke Drohung, und selbst dann wäre es besser, matt gesetzt zu werden, als eine derartige positionelle Kapitulation zuzulassen.
Dieser fürchterliche, hässliche Zug erinnert mich unwillkürlich an einen Spruch von Yasser Seirawan: "Gott sei Dank gilt der Großmeistertitel auf Lebenszeit."
Es gab immer noch eine annehmbare Verteidigung in Gestalt von 32.♖f1! (mit der Idee, das Feld g4 mit ♕d1 zu decken) 32...g4 33.hxg4 ♕xg4 34.♕d1. Mit seinen letzten paar aktiven Zügen hat Schwarz sich auch selbst ein paar Schwächen zugefügt. Das Spiel ist recht unklar geworden.

32. ... ♖e8-e3
33. ♕c2-d2 ♗f6-e5

All diese wichtigen Felder hat Weiß mit einem einzigen blöden Zug preisgegeben.

34. ♗c4-a6 ♕f5-f6
35. ♖d1-e1 ♗e5-f4
36. ♕d2-d1 ♖e3xe1+
37. ♕d1xe1 ♗f4-e3+
38. ♘d3-f2

Traurige Notwendigkeit: Nach 38.♔h1 ♘f5 39.♗c4 ♘g3+ 40.♔h2 ♕d6 gerät Weiß in ein Mattnetz. Der Anziehende ist völlig gelähmt. Schwarz kann sich aussuchen, wie er gewinnen will.

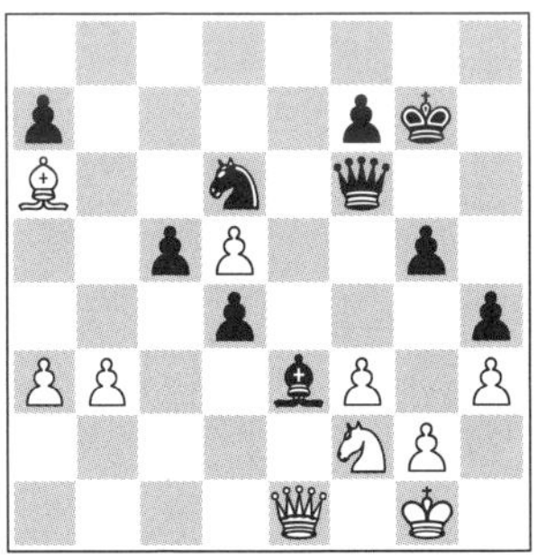

38. ... ♘d6-f5
39. ♗a6-d3 ♘f5-g3
40. ♕e1-d1 ♕f6-e5
41. ♕d1-c2 ♕e5xd5
42. b3-b4 c5xb4
43. a3xb4 ♕d5-e5

Weiß gab auf.

QO 7.10 (D58) **PARTIE 39**

Wladimir Kramnik
Artur Jussupow
Dortmund 1998 (6)

1. ♘g1-f3 d7-d5
2. d2-d4 ♘g8-f6
3. c2-c4 e7-e6
4. ♘b1-c3 ♗f8-e7
5. ♗c1-g5 h7-h6
6. ♗g5-h4 0-0
7. e2-e3 b7-b6
8. ♗f1-d3 ♗c8-b7
9. 0-0 ♘b8-d7
10. ♕d1-e2 c7-c5
11. ♗h4-g3 ♘f6-e4

Bezüglich 11...cxd4 sowie Kommentaren zu der von Weiß gewählten Alternative 10.♕e2 sei auf Wischmanawin-Beljawski, Partie 28, im Kapitel über isolierte Bauern verwiesen.

12. c4xd5 e6xd5
13. ♖a1-d1

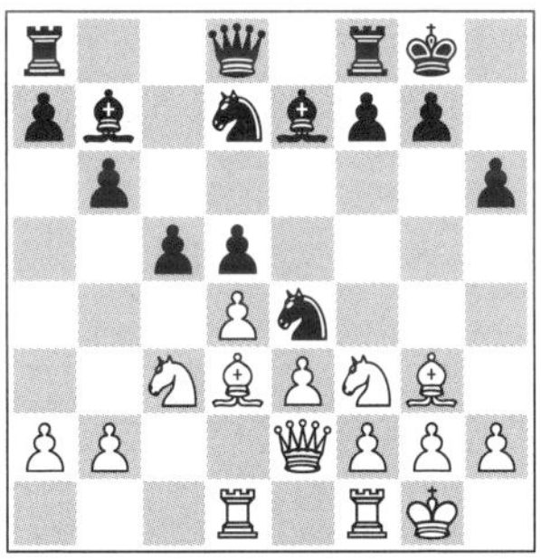

Dies ist eine der kritischen Stellungen in dieser populären Variante. In der Großmeisterpraxis hat Schwarz hier alle logischen Möglichkeiten versucht.

13. ... ♘e4xg3

Schwarz beseitigt den schwarzfeldrigen weißen Läufer. Angesichts der Tatsache, dass der weiße Springer auf c3 Druck auf den schwarzen Bauern d5 ausübt und der weiße Läufer g3 momentan nicht besonders lästig ist, kann Schwarz auch den Springer auf e4 stehen lassen (und damit die Möglichkeit behalten, jederzeit den Springer auf c3 abzutauschen) und die Spannung im Zentrum aufrechterhalten, beispielsweise mit 13...♕c8, wie in der nächsten Partie. Es folgt eine kurze Übersicht über die Möglichkeiten in dieser Stellung.

A) 13...cxd4?! (Der falsche Plan. Schwarz hebt freiwillig die Spannung im Zentrum auf, wonach Weiß ungestört aus seinen gut postierten Figuren Kapital schlagen kann) 14.♗xe4! (statt des Spiels gegen den Isolani gibt Weiß einer günstigen Symmetrie den Vorzug) 14...dxe4 15.♘xd4. Weiß kontrolliert die d-Linie, hat einen hervorragend postierten Springer auf d4, und der Läufer leistet auf g3 gute Arbeit, während der schwarze Läufer b7 passiv steht und nur den eigenen Bauern auf e4 anstarrt. Alles in allem steht Weiß klar besser.

B) 13...♘df6 14.dxc5! (ändert die Bauernstruktur und verpasst dem Nachziehenden einen isolierten Bauern auf d5, während die weiße Schwäche auf c3 sich kaum bemerkbar machen wird) 14...♘xc3 15.bxc3 ♗xc5 16.♘d4 ♕e7 17.♗h4 ♕e5

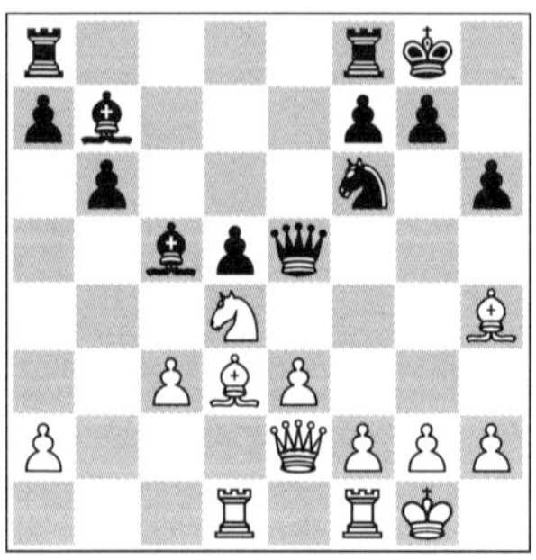

Analysediagramm

18.f4 (Beachtung verdient 18.♗c2. Wenn Schwarz dann mit 18...♘e4? 19.f3 ♗d6 aktiv zu werden versucht, verliert er nach 20.g3 ♘c5 21.f4 ♕e8 22.♘f5 ♕e6 23.c4 Material) 18...♕d6 19.♘b3 ♖fe8 20.♘xc5 bxc5 21.c4 ♕e6 22.♗xf6 ♕xf6 23.cxd5 ♗xd5 24.e4 c4 25.♗b1, und Weiß erhielt durch das Vorrücken seiner Bauernmehrheit am Königsflügel die Initiative, Wischmanawin-A. Petrosjan, Palma de Mallorca 1989;

C) Bezüglich der laut gegenwärtiger Theorie besten Erwiderung 13...♕c8 sei auf die nächste Partie verwiesen.

D) Die natürliche Postierung des schwarzfeldrigen Läufers auf der langen Diagonale mit 13...♗f6?! funktioniert nach 14.♗xe4! dxe4 15.♘e5 ♗xe5 16.dxe5 ♕e7 17.♘d5 ♗xd5 18.♖xd5 nicht gut.

14. h2xg3 a7-a6

Bereitet ...c5-c4 gefolgt von ...b6-b5 vor. Nach der Reaktion des Weißen wird sich dieser Zug jedoch fast als glatter Tempoverlust erweisen. Schwarz verfügt hier über einige nützliche Züge:

A) Der logischer Entwicklungszug 14...♘f6 hat den Nachteil, dass er Weiß nach 15.dxc5 bxc5 (wiederum mit einer typischen Stellung mit hängenden Bauern im Zentrum) in einem kritischen Moment ein wichtiges Tempo gibt, z. B.:

A1) 16.e4! (wie in meiner Partie gegen Short ist dieser typische Hebel ein Kernstück der Strategie von Weiß) 16...d4

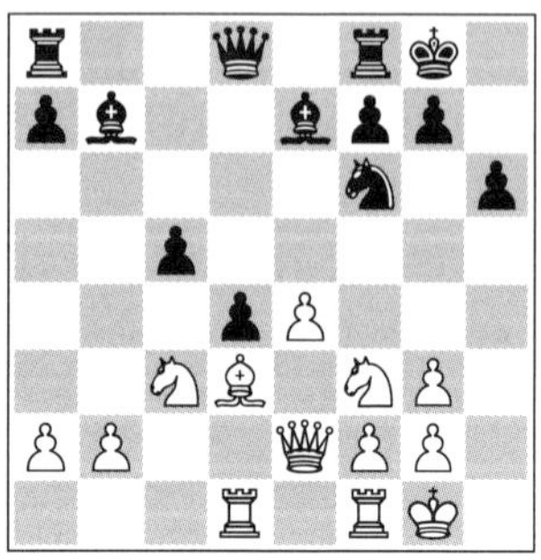

Analysediagramm

17.e5! (Ergreift die Initiative. Das normale Spiel auf weißfeldrige Blockade mit 17.♘b1 führt nach 17...♗d6 18.♘bd2 ♖e8 zu unklarem Spiel) 17...♘e8 18.♘e4 ♗d5 19.♘fd2!? (Wählt einen ehrgeizigen Plan, der mit einem Bauernopfer verbunden ist. Mit 19.♗c4 hätte Weiß risikofreien Vorteil erhalten können) 19...♕b6 20.f4 ♕xb2 21.♖b1 ♕a3 (21...♕xa2?? verliert nach 22.♖a1 ♕b2 23.♖fb1 die Dame) 22.f5 ♗g5 23.♘xg5 hxg5 24.♘e4 c4 25.♘xg5! (mit der Drohung 26.♕h5; 25.♗xc4? ist ein Einsteller wegen 25...♗xc4 26.♕xc4 ♕e3+ 27.♘f2 ♕xe5)

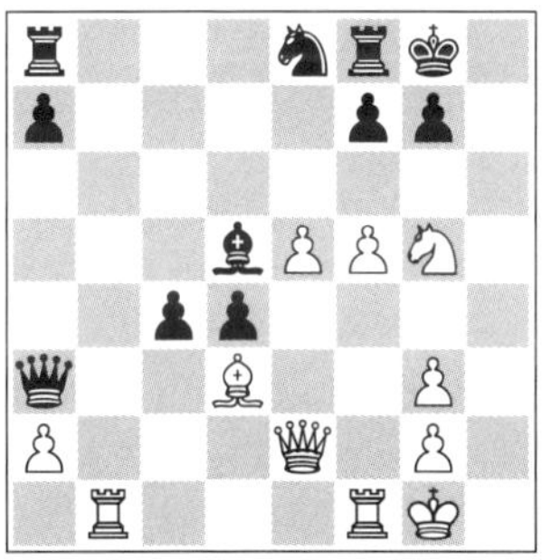

Analysediagramm

25...f6? (Dieser Fehler führt zum Verlust der Partie. Die korrekte Verteidigung bestand in 25...g6! 26.♕g4 ♘g7) 26.♗xc4 mit baldigem Sieg für Weiß in Moisejenko-Sargissjan, Europameisterschaft, Istanbul 2003.

A2) Eine andere strategische Idee ist 16.♗a6!?. Der Tausch der weißfeldrigen Läufer ist hier im Allgemeinen eine gute Idee. Der schwarze Läufer b7 verteidigt die potenzielle Schwäche auf d5 und spielt auch eine wichtige Rolle bei jeglichem Gegenspiel in Verbindung mit dem Hebel ...d5-d4: 16...♕b6 17.♗xb7 ♕xb7 18.♖d2 ♖fd8 19.♖fd1 ♖d6 20.♘e1 ♖ad8 21.♘d3 ♘e4 22.♖c2 ♗f6 23.♘f4 ♗xc3 24.bxc3, und nun warf Weiß in Wischmanawin-Kolew, Elenite 1993, mit ♔h2 und f3 den schwarzen Springer aus dem Zentrum und erhielt einen kleinen Vorteil.

B) Die Postierung des schwarzfeldrigen Läufers auf seinem natürlichen Posten mit 14...♗f6 ist eine prinzipielle und recht logische Entscheidung (diese Stellung ähnelt den in Sokolov-Short, Partie 38, besprochenen Abspielen). Ich kann keinen Vorteil für Weiß erkennen, z.B.:

B1) Die Ausübung von Druck auf d5 mit 15.♗b1 ♖e8 16.♖d2 a6 17.♖c1 ♖c8 18.♕d1, um den Nachziehenden zu Aktionen im Zentrum zu provozieren, bringt dem Anziehenden weniger als nichts ein, da Schwarz mit 18...c4! seine Damenflügelbauern ins Rollen bringt und die Initiative übernimmt, wie in der Partie Wischmanawin-Pigusow, Moskau 1987.

B2) Die Deckung des Springers c3 vor dem Schlagen auf c5 mit 15.♕c2 verspricht Weiß nichts, da Schwarz nach 15...g6 16.dxc5 bxc5 eine bequeme Stellung mit parallelen hängenden Bauern im Zentrum erreicht.

B3) 15.dxc5 ♗xc3! (ein wichtiger Zwischenzug) 16.c6 (Der Versuch, mit 16.bxc3 ♘xc5 17.c4? die Fesselung auf der d-Linie auszunutzen, hätte nach 17...♘xd3 18.♖xd3 ♗a6 schlechte Konsequenzen für Weiß) 16...♗xc6 17.bxc3 ♕f6. Beide Seiten haben eine Schwäche, um die sich sorgen müssen; die Stellung ist ungefähr ausgeglichen.

C) Der Aufbau mit 14...♕c7 15.♗c2 ♖ad8 gibt Weiß etwas bessere Chancen in einer Isolanistellung nach 16.dxc5 ♘xc5 17.♘d4.

D) Eine andere logische und ehrgeizige Möglichkeit für Schwarz ist die sofortige Neutralisierung des potenziellen weißen Drucks auf der d-Linie mit 14...c4!, und nach 15.♗b1 a6 ist die schwarze Bauernwalze am Damenflügel rollbereit, so dass Weiß sofort im Zentrum handeln muss: 16.e4

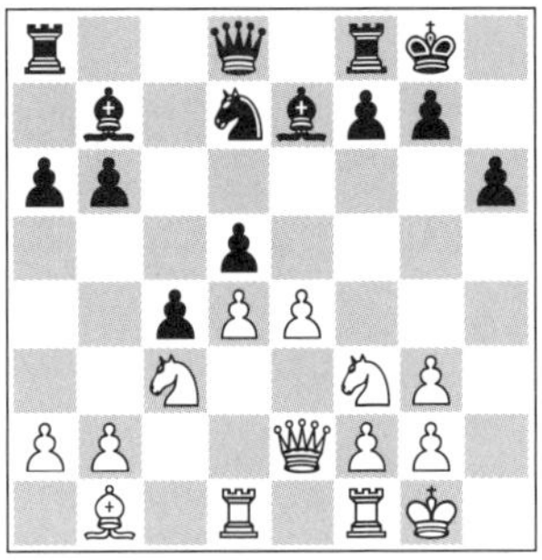

Analysediagramm

16...dxe4 (Beachtung verdient 16...♖e8!? und falls 17.e5, so 17...♘f8 – ein Standardplan in diesen Stellungen, der meist funktioniert) 17.♘xe4 b5.

Schwarz hat gutes Spiel. Weiß muss aufpassen, dass er nicht in eine schlechtere Stellung schlittert. Die folgende Partie ist ein gutes Beispiel: 18.♘e5 (oder 18.d5 ♖e8) 18...♕c7 19.♘g4 f5 (möglich war auch 19...♖ae8, und falls 20.♘e3, so 20...♗b4) 20.♘c3 fxg4 21.♕xe7 ♖ae8 22.♕b4 ♘f6.

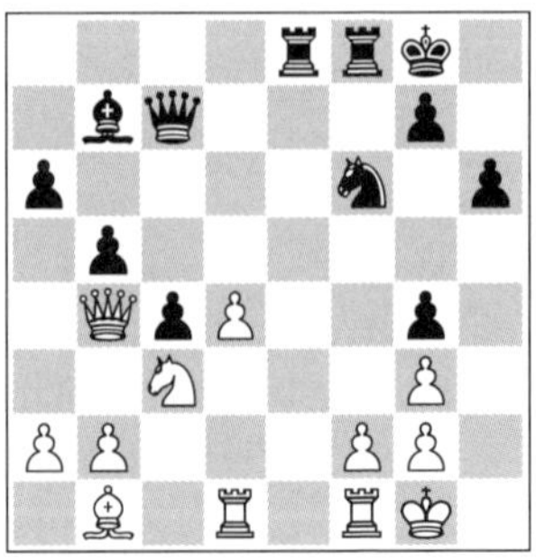

Analysediagramm

Nun muss Weiß sofort Gegenspiel aufbauen: 23.a4! ♘d5! 24.♘xd5 ♗xd5 25.axb5 ♕b7 26.♖fe1! axb5 27.♕d2?! (korrekt war 27.♖e5! mit unklarem Spiel, da 27...♗xg2?? ein böser Fehler ist wegen 28.♖xb5 ♕f3 29.♕xc4+ ♔h8 30.♕c2 g6

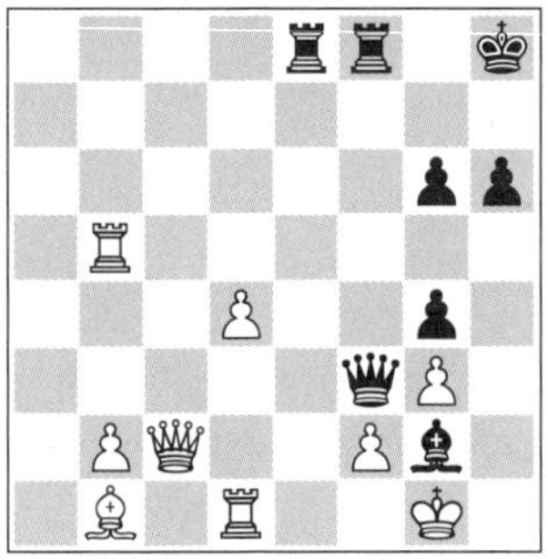

Analysediagramm

31.♖h5! mit Gewinn für Weiß) 27...♗xg2 28.♕c2 ♖xe1+ 29.♖xe1 ♖f6! mit besserem Spiel für Schwarz, Babula-Bönsch, Bundesliga, Deutschland 1999/00.

15. d4xc5!

Gibt Schwarz keine weitere Chance, mit ...c5-c4 das Zentrum zu schließen.

15. ... b6xc5

Schwarz muss sich auf eine typische Struktur mit hängenden Bauern im Zentrum einlassen und eingestehen, dass 14...a6? ein Tempoverlust gewesen ist.

15...♘xc5? büßt nach 16.♗c4 einfach einen Bauern ein; 15...♗xc5? verliert einen Bauern wegen der taktischen Wendung 16.♘xd5! ♗xd5 17.♗h7+ ♔xh7 18.♖xd5 ♖a7 19.♖fd1 ♕e7 (ein Einsteller ist 19...♔g8? 20.♘e5, und Schwarz wird wahrscheinlich mehr Material verlieren) 20.♕d3+, und Weiß gewinnt die Figur zurück und behält einen gesunden Bauern mehr.

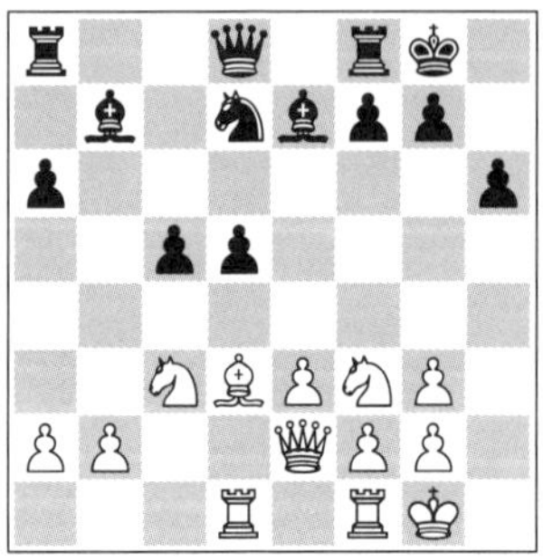

16. ♗d3-b1!

Kramnik erhöht richtigerweise den Druck auf den einzigen schwachen Punkt im schwarzen Lager, den Bauern d5. Das Standardmanöver 16.e4 d4 17.♘b1 (da der schwarze Springer noch auf d7 steht, verfügt Weiß hier nicht über zusätzliche Möglichkeiten wie e4-e5, wie in Moisejenko-Sargissjan) gefolgt von ♘bd2 verspricht Weiß bestenfalls einen kleinen Vorteil. Es sei darauf hingewiesen, dass eine schöne Blokkade Weiß häufig weniger verspricht, als es auf den ersten Blick aussehen mag.

16. ... ♘d7-b6

16...♘f6?! verliert nach 17.♘xd5! ♘xd5 (oder 17...♗xd5 18.e4) 18.e4 einfach einen Bauern.

17. a2-a4!

Baut weiter Druck auf d5 auf. Mit dem schwarzen Springer auf b6 ist 17.♘xd5?? ein schrecklicher Patzer wegen 17...♗xd5 18.e4 ♗c4, und Weiß hat ohne Gegenwart eine Figur eingebüßt.

17. ... ♗e7-f6

17...a5 ist ein hässlicher Zug; nach 18.♕c2 g6 (oder 18...f5?! 19.g4) 19.♗a2 bleibt der weiße Druck unangenehm.

18. ♕e2-c2 g7-g6

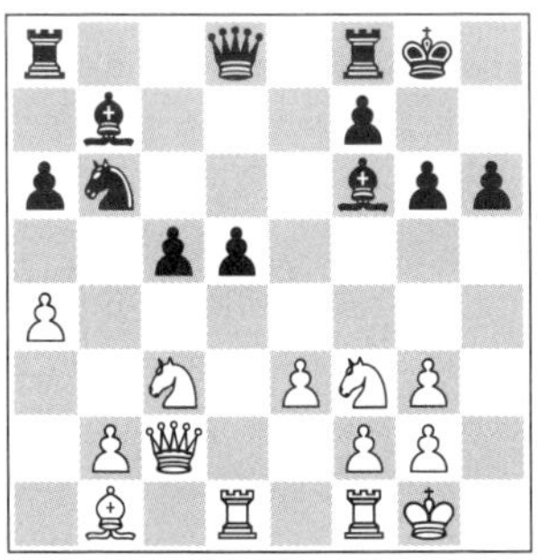

19. a4-a5

Weiß will mehr als nur einen sicheren Vorteil, der mit 19.♗a2! (diesen Zug halte ich übrigens hier für objektiv am besten) 19...♗xc3 20.♕xc3! ♘xa4 21.♕c2 ♕d7 22.♗b3 ♘b6 23.♕xc5 zu haben war, wonach das Problem des schwarzen Bauern d5 unlösbar bleibt. Man beachte den gewaltigen Unterschied, den die An- oder Abwesenheit des schwarzfeldrigen schwarzen Läufers (z.B. auf f6 stehend) bei der Beurteilung dieser Stellungen macht.

19. ... ♘b6-c4

Eine andere Verteidigung war 19...♗xc3 20.♕xc3 (falls 20.axb6, so 20...♗b4 21.♗a2 ♖e8) 20...♘c4! (20...♘d7? ist nicht gut wegen 21.♗a2) 21.e4! (im Fall von 21.♗a2 ♕xa5 22.♕xa5 ♘xa5 23.♗xd5 ♖fb8 24.♘e5 ♗xd5 25.♖xd5 ♖xb2 26.♖xc5 ♖b5 stünde Schwarz in dem Endspiel gut) 21...♕xa5 22.♕c1 ♔g7 23.exd5 ♕b4 24.♗a2 ♘d6 25.♘e5 mit besseren Chancen für Weiß.

20. ♘c3xd5

Der von Weiß eingeschlagene Weg sieht logisch aus, aber 20.e4! wäre wohl besser gewesen, z.B.:

A) Im Fall von 20...d4? steht Weiß nach 21.♘a4 ♘xa5 22.♘xc5 viel besser.

B) Nach 20...♕xa5? 21.♘xd5! (falsch ist 21.exd5? wegen 21...♗g7! mit schöner Initiative für Schwarz nach Art des Grünfeld-Inders) 21...♗xd5 22.♖xd5 ♕b4 23.e5 ♗g7 24.♗a2 erhält Weiß wegen der offenen Diagonalen a2-g8 und b1-h7 gewinnbringenden Vorteil.

C) Das prophylaktische 20...♗g7? ist auch nicht gut wegen 21.♘xd5 ♘xb2 22.♖d2 ♕xa5 23.♘e7+ ♔h7 24.e5 ♘c4 25.♘xg6.

D) 20...♗xc3! ist am besten: 21.♕xc3 ♕xa5 22.♕c1! ♔g7 23.exd5 ♕b4 24.♗a2 ♘d6

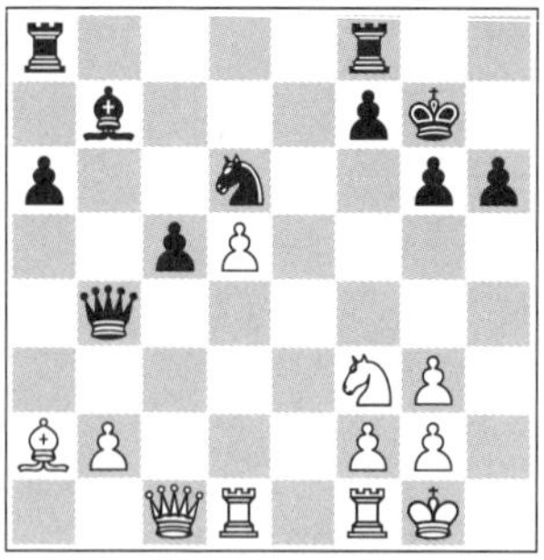

Analysediagramm

25.♘e5, und durch Zugumstellung hat sich eine in der vorhergehenden Anmerkung (19...♗xc3 anstelle von 19...♘c4) besprochene Stellung ergeben.

20. ... ♘c4xb2!

Schwarz hat keine Angst davor, sich mit dem Springer in die Höhle des Löwen zu begeben. 20...♗xd5 21.e4 wäre gut für Weiß.

21. ♘d5xf6+ ♕d8xf6

22. ♖d1-d2 ♗b7xf3

23. g2xf3 ♖a8-b8

23...c4?? verliert wegen 24.♕xb2 c3 25.♕a1! den Springer.

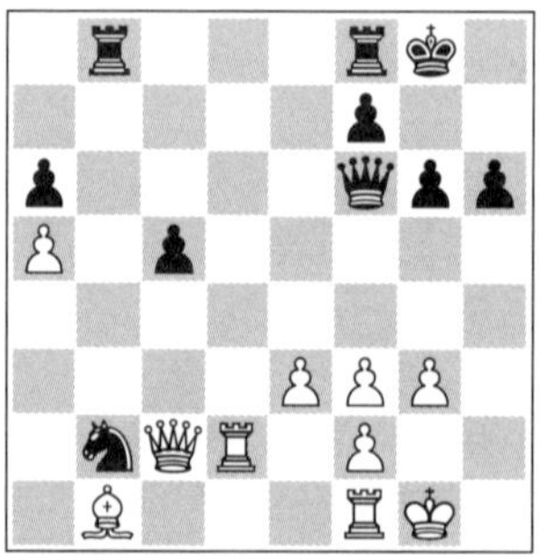

24. f3-f4

Es ist gut möglich, dass Kramnik hier seine Chancen in Verbindung mit dem deplatzierten schwarzen Springer auf b2 überschätzte. Dieser Springer wird sich sehr bald zu einem Monster entwickeln.

Weiß hätte sich mit 24.♕xc5 einen Bauern einverleiben können, und nun:

A) 24...♕xf3? ist schlecht wegen 25.♕d4, und nun wird Schwarz die Konsequenzen seines gestrandeten Springers auf b2 zu spüren bekommen: 25...♖b5! 26.♗e4 (natürlich nicht 26.♖xb2?? ♖h5, und Weiß wird matt gesetzt) 26...♕g4 27.f3! ♕xg3+ 28.♖g2 ♕b8 29.♗xg6 ♖g5 30.♗e4 ♖d8 31.♗d5!, und Schwarz ist wegen der schrecklichen Stellung seines Springers auf b2 verloren.

B) Die beste Antwort ist 24...♖b5! 25.♕c2!? (Weiß hat hauchdünnen Vorteil, der nach 25.♕d4 ♕xd4 26.♖xd4 ♖xa5 27.♗e4 bei weitem nicht für realistische Gewinnchancen ausreicht) 25...♕xf3 26.♖d6! ♖fb8 (nicht 26...♖h5?? 27.♖xg6+) 27.♗a2 ♖h5!

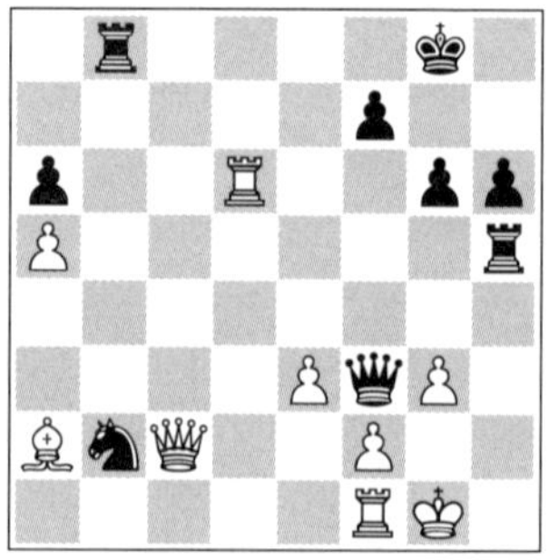

Analysediagramm

28.♕xg6+! ♔f8 (28...♔h8?? 29.♕f6+ ♕xf6 30.♖xf6 ♖xa5 31.♗xf7 ♔g7 32.♖f4 ♘d3 33.♖d4) 29.♕xf7+ ♕xf7 30.♗xf7 ♔xf7 31.♖xa6, und mit drei Bauern für einen Springer und der exponierten schwarzen Königsstellung sollte Weiß besser stehen.

24. ... c5-c4

Nun wird der schwarze Springer sich auf d3 einnisten. Außerdem schließt der Bauer c4 auch die Diagonale a2-g8.

25. e3-e4 ♖f8-d8!

Es ist nützlich für Schwarz, ein Turmpaar zu tauschen. 25...c3? wäre ein entscheidender Fehler, da der Bauer auf c3 schwer zu verteidigen wäre und die Diagonale a2-g8 wieder für den weißen Läufer geöffnet würde: 26.e5 ♕c6 27.♖d6 ♕c7 28.♖c1 ♖fc8 29.♗a2 ♔g7 30.♖f6.

26. e4-e5 ♖d8xd2
27. ♕c2xd2 ♕f6-d8

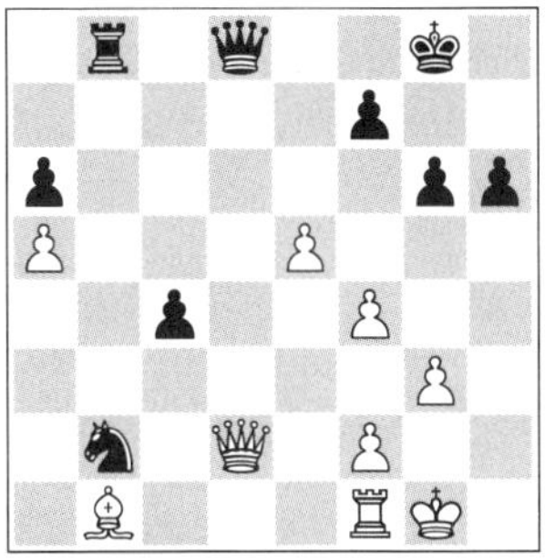

28. ♕d2-e2!

Weiß muss die Damen auf dem Brett behalten, um Angriffspotenzial gegen den schwarzen König als Kompensation für die schwarze Dominanz am Damenflügel zu haben.

28.♕c3? wäre ein Patzer angesichts von 28...♖b3!.

28. ... ♕d8-d4!

Vor die Wahl zwischen Gier und Zentralisation gestellt, entscheidet sich Schwarz korrekterweise für letztere. 28...♕xa5 würde Weiß nach 29.e6 (oder 29.f5) 29...♕d5 30.e7 ♕b5 31.f5 gxf5 32.♗xf5 starke Initiative geben.

29. e5-e6

Möglich war auch 29.f5.

29. ... ♘b2-d3

Eine interessante Möglichkeit war 29...f5!?, um die weißen Felder zu kontrollieren und den weißen Läufer einzuschränken.

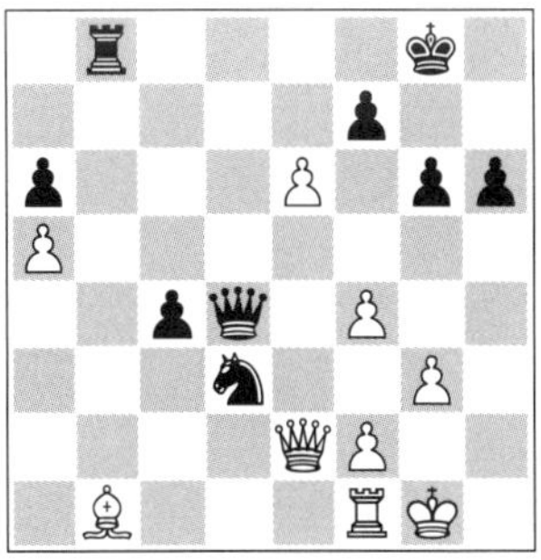

30. ♗b1-c2

Weiß will den Läufer wieder aktivieren und das Motiv ♗a4 ins Spiel bringen.

Es war wahrscheinlich besser, mit 30.♖d1 den Springer zu fesseln, da 30...♖d8 (oder 30...♖b2 31.♗c2) 31.exf7+ (31.e7 ♖e8 32.♗xd3 cxd3 33.♖xd3 ♖xe7 34.♖xd4 ♖xe2 35.♖d6 ist remis angesichts von 35...♖e6) 31...♔xf7 wegen des exponierten schwarzen Königs besser für Weiß sein sollte: 32.♗a2. Um einen effizienten Angriff gegen den schwarzen König zu erhalten, muss Weiß seinen Turm und seinen Läufer, die gegenwärtig vom schwarzen Springer dominiert werden, wieder ins Spiel bringen.

Ein Angriff mit der Dame alleine reicht nicht, z.B.: 30.exf7+ ♔xf7 31.f5? gxf5! 32.♕h5+ ♔g7 33.♕xf5? ♖f8 mit Gewinn für Schwarz.

30. ... f7xe6?!

Schwarz hatte überhaupt keine Veranlassung, die weiße Dame in sein Lager eindringen zu lassen. Natürlich und gut war 30...♖e8 31.exf7+ (31.f5 ♔g7 ist gut für Schwarz) 31...♔xf7 32.♕f3 ♕e4, und die Stellung ist dynamisch ausgeglichen und wird wahrscheinlich in eine Punkteteilung münden.

31. ♕e2xe6+ ♔g8-g7
32. ♗c2-a4

Wiederum ist der Angriff mit der Dame alleine falsch: 32.f5? gxf5 33.♕xf5?? ♖f8, während 32.♕xa6 ♖b2 wahrscheinlich zum Remis führen wird: 33.♗xd3 cxd3 34.♕e6 ♖xf2 35.♖xf2 d2 36.♕e7+ ♔g8 37.♕e8+.

32. ... c4-c3??

Wahrscheinlich in Zeitnot will Schwarz sichergehen, dass er mit seinem Gegenspiel "rechtzeitig" kommt. Unglücklicherweise erhält Weiß nun wieder die Kontrolle über die weißen Felder, und sein Läufer wird wieder zu einem Monster.

A) 32...♘xf2?? wäre ein Einsteller wegen 33.♖xf2 ♕a1+ (oder 33...♖b2 34.♕e5+) 34.♔g2 ♕xa4 35.♕e5+.

B) Richtig war, mit 32...♘c5! den weißen Läufer unter Kontrolle zu halten. Nach 33.♕e7+ ♔g8 34.♗c2 (34.♗e8?! ♖b7! 35.♕h4 ♕e4 36.♕d8 ♔g7 bringt Weiß in Schwierigkeiten) 34...♘d3 scheint Weiß nichts Besseres zu haben als Zugwiederholung oder das Abspiel 35.♕e6+ ♔g7 36.♕xa6 ♖b2, das ebenfalls wahrscheinlich zum Remis führt. Nun findet diese interessante und gut gespielte Partie ein abruptes Ende.

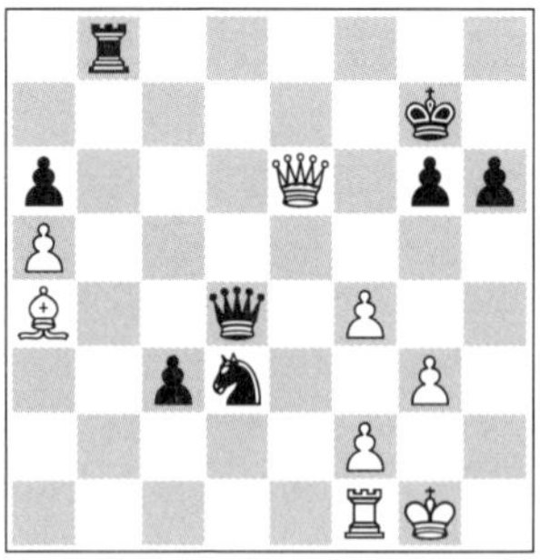

33.♗c2!!

Diesen unscheinbaren Rückzug muss Schwarz vollkommen übersehen haben. Nun wird der Springer d3, der nur einen Zug zuvor noch gut gedeckt war und die Stellung dominierte, zu einer fürchterlichen Bürde. Schwarz verliert einzügig aus einer ausgeglichenen Stellung heraus, indem er seinen Freibauern gemäß den normalen Schachprinzipien einen Zug näher zur Umwandlung bringt. Die Logik folgt im Schach manchmal seltsamen Regeln.

33. ... ♖b8-b2

Ein verzweifelter Gegenspielversuch. Auf 33...♖f8 folgt 34.♕xa6.

34. ♕e6-e7+ ♔g7-g8

35. ♕e7-e2!

Nun verliert Schwarz Material.

35. ... ♘d3xf4

36. g3xf4 ♔g8-f7

37. ♖f1-d1

Schwarz gab auf.

Struktur 3.4

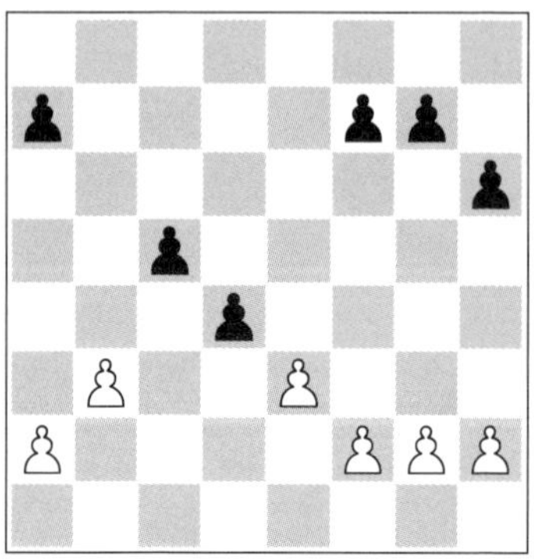

QO 7.10 (D58) **PARTIE 40**

Joel Lautier
Nigel Short

Pamplona 1999/00 (8)

1.	d2-d4	e7-e6
2.	♘g1-f3	♘g8-f6
3.	c2-c4	d7-d5
4.	♘b1-c3	♗f8-e7
5.	♗c1-g5	h7-h6
6.	♗g5-h4	0-0
7.	e2-e3	b7-b6
8.	♗f1-d3	♗c8-b7
9.	0-0	♘b8-d7
10.	♗h4-g3	c7-c5
11.	♕d1-e2	♘f6-e4
12.	c4xd5	e6xd5
13.	♖a1-d1	

Bezüglich einer Reihe anderer Abspiele und Erklärungen zu dieser beliebten Variante sei auf Wischmanawin-Beljawski (Partie 28) und Kramnik-Jussupow (Partie 39) verwiesen.

13. ... ♕d8-c8!?

Wenn ich mich nicht irre, wurde diese interessante Idee von Short erfunden und in dieser Partie in die Praxis eingeführt. Schwarz will seinen Springer d7 nach f6 stellen und auf c5 mit dem Bauern b6 zurückschlagen können (weshalb er mit der Dame aus der Fesselung auf der d-Linie geht). Außerdem kann die schwarze Dame nach ...♘df6 nach e6 überführt werden, einem der besten Felder für die Dame in diesem Stellungstyp.

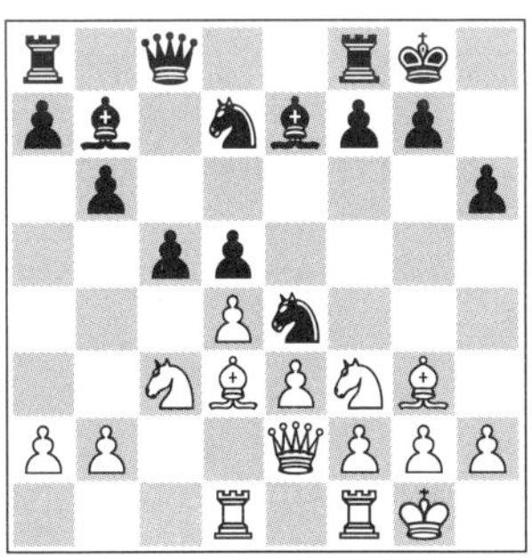

14. ♗d3-b1?!

Weiß will Druck auf den Bauern d5 machen und eine Batterie auf der Diagonale b1-h7 aufbauen, aber diese beiden Motive werden in dieser Partie keinerlei praktische Bedeutung haben. Weiß kann auch nicht mit 14.♗xe4? dxe4 15.♘e5 auf eine symmetrische Stellung mit Übergewicht spielen, da Schwarz nach 15...♘xe5 16.♗xe5 über 16...♗a6! (ein weiterer Vorteil von 13...♕c8) 17.♘b5 ♕e6! 18.a4 ♕b3 verfügt, wonach Weiß in Schwierigkeiten verkehrt.

Da der Partiezug (14.♗b1) Weiß nichts einbrachte, haben sich seitdem zwei andere Züge zu Hauptfortsetzungen entwickelt:

A) 14.a4. Die Idee dieses Zuges besteht darin, den potenziellen Vormarsch des schwarzen Damenflügels (sollte jemals ...c5-c4 kommen) zu verlangsamen und auch auf ...♘df6 zu warten, um dann mit dem Springer f3 nach e5 zu gehen. Ich bezweifle, dass dieser Plan Weiß objektiv Vorteil einbringen kann, z.B.:

A1) 14...♘df6 15.♘e5! ♕e6 16.f4 (im Fall von 16.f3 ♘xg3 17.hxg3 ♗d6 18.f4 hätte Weiß im Vergleich zur Partie ein halbes Tempo weniger) 16...cxd4 17.exd4 ♘xg3 18.hxg3.

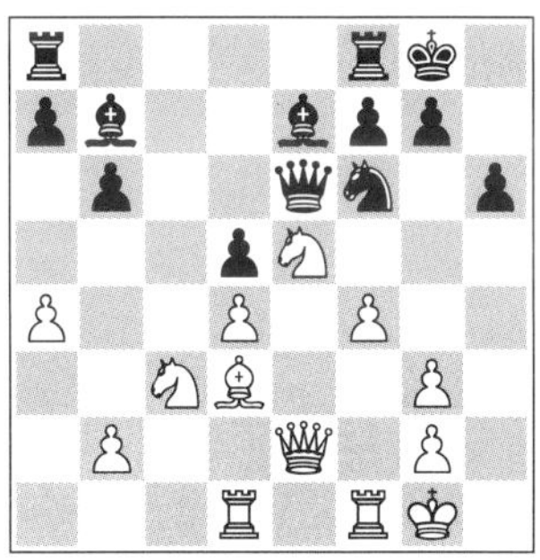

Analysediagramm

Weiß hat mit seiner Strategie Erfolg gehabt, da der Vorstoß g4-g5 in der Tat für den Nachziehenden unangenehm sein wird: 18...♗b4 19.g4! ♖ae8 20.g5 hxg5 21.fxg5 ♘e4 22.♗xe4 (Weiß will mehr als nur einen Mehrbauern im Schwerfigurenendspiel nach 22.♘xe4 dxe4 23.♗xe4 ♗xe4 24.♕xe4 ♗d6 25.♖de1 ♗xe5 26.dxe5) 22...dxe4 23.♕h5 ♗xc3 (falls 23...e3?, so 24.♖f4! e2 25.♖h4 exd1♕+ 26.♘xd1, und Schwarz wird matt gesetzt) 24.bxc3 e3 25.♖de1, wonach Weiß in Sasikiran-Kasimdschanow, Skanderborg 2003, bald gewinnbringenden Vorteil erhielt.

Trotz des Erfolgs in dieser Partie hat 14.a4 nur wenig Nachahmer gefunden. Es war vielleicht besser für Schwarz, ebenfalls einen nützlichen Zug zu machen und den Springer erst später auf die Reise zu schikken und zunächst einmal auf d7 zu belassen, von wo aus er das Feld e5 kontrolliert.

A2) Nach 14...a6!? kann Weiß immer noch nicht mit 15.♗xe4?! dxe4 16.♘e5 auf eine symmetrische Stellung mit Übergewicht spielen, da Schwarz nach 16...♘xe5 17.♗xe5 ♕e6 gutes Spiel hat.

B) Am häufigsten gespielt wurde bisher 14.♖c1 ♘df6 15.dxc5?! (Die Bildung von hängenden schwarzen Bauern im Zentrum ist hier keine gute Idee für Weiß. Wie aus dem vorliegenden lehrreichen Beispiel und auch aus der Hauptpartie ersichtlich ist, erhält Schwarz ausgezeichnetes Figurenspiel, das Läuferpaar und etwas mehr Raum, während Weiß sehr weit davon entfernt ist, die schwarzen Bauern auf c5 und d5 ernsthaft angreifen zu können. Es war besser für Weiß, mit 15.♘e5! den Status quo im Zentrum aufrechtzuerhalten und ähnliche Pläne zu verfolgen wie in der oben erwähnten Partie Sasikiran-Kasimdshanow, was gute Chancen auf Eröffnungsvorteil ergeben hätte) 15...bxc5 16.♖fd1 ♕e6 17.♗h4.

Wahrscheinlich dachte der Anziehende, dass er besonders schlau vorgegangen sei und der Läufer auf h4 für Schwarz lästig wäre. Ich habe diese Partie gewählt, da Schwarz nun einen in Stellungen wie dieser häufig anwendbaren Angriffsplan demonstriert und ihn gut in die Tat umsetzt, so dass man sich diese Partie sicherlich merken sollte.

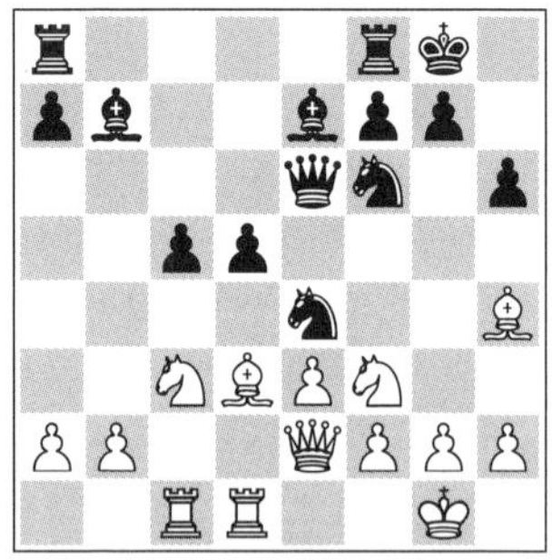

Analysediagramm

17...g5! 18.♗g3 ♖fd8 19.♘d2! (zwingt Schwarz richtigerweise zu einer Entscheidung bezüglich des Springers e4) 19...♘xg3 20.hxg3 g4! (legt den weißen Königsflügel fest und bereitet einen direkten Angriff vor) 21.b3 ♔g7!.

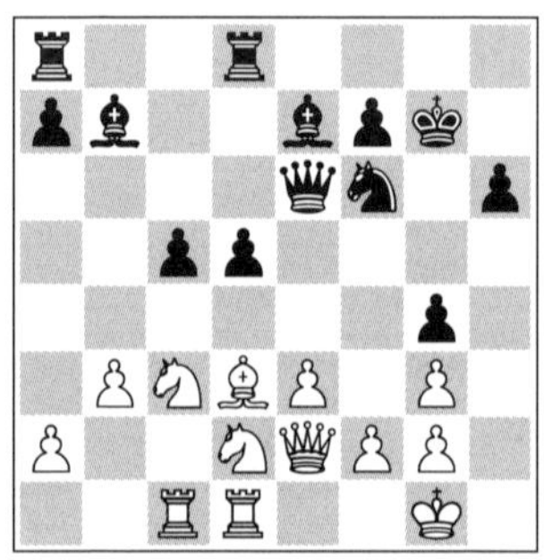

Analysediagramm

Es wird klar, dass Schwarz versuchen wird, die h-Linie zu öffnen und Mattdrohungen aufzustellen. Weiß muss sich schnell Gegenspiel verschaffen: 22.♕f1 (in Betracht kam 22.♖e1 mit Vorbereitung von e3-e4) 22...a5 23.♘e2? (Weiß ist sich offensichtlich seiner Schwierigkeiten nicht bewusst und verschwendet mit einer Reihe nutzloser Züge Zeit, während Schwarz seinen geplanten Mattangriff auf der h-Linie durchzieht. Es war höchste Zeit für Weiß, mit 23.♖e1! mit der Drohung e3-e4 aktives Gegenspiel in die Wege zu leiten, und falls dann 23...♘e4, so 24.♘dxe4 dxe4 25.♗c4 ♕e5 26.♖ed1 mit ungefähr gleichem Spiel) 23...♕e5 24.♗b5 h5 25.♘f4 ♖h8!.

Nun hat Schwarz seinen Plan in die Praxis umgesetzt. Das kommende ...h5-h4 ist nicht aufzuhalten. Weiß, der sich nun definitiv seiner Probleme vollauf bewusst war, führt seinen Springer heran, um eine sofortige Vernichtung zu vermeiden, aber vergeblich: 26.♕e2 h4 27.♘f1 ♗d6

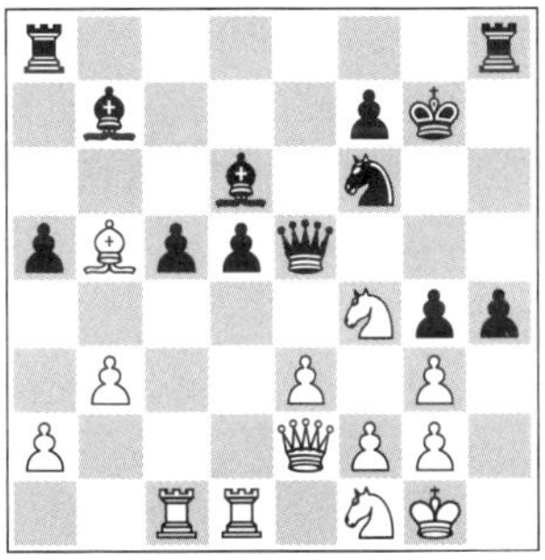

Analysediagramm

28.♗d3? (In schwieriger Stellung hilft dieser erneute Tempoverlust bestimmt nicht. Zu erwägen war der Gegenspielversuch 28.♗d7! ♕g5 29.♕b5) 28...♕g5 29.♕d2 ♕h6 30.e4 (der erste aktive Zug von Weiß kommt viel zu spät) 30...hxg3 31.fxg3 c4! 32.♗b1 ♖ae8 33.♘e3 ♗c5, und in Sargissjan-Halkias, Europameisterschaft, Antalya 2004, strich Weiß die Segel.

Die Art und Weise, wie Sargissjan in dieser Partie zusammengeschoben wurde, ist für Weißspieler in derartigen Stellungen nicht unüblich. Ziemlich oft befindet sich die gegen die hängenden Bauern im Zentrum spielende Seite, statt sich auf den Bauernhebel e3-e4 oder direkten Druck auf die schwarzen Bauern c5 und d5 (meist c5) zu konzentrieren, in dem Irrglauben, dass sinnloses Hin- und Herziehen von Figuren aus irgendeinem Grund die hängenden schwarzen Bauern von selbst schwach werden lässt und den Nachziehenden in die Defensive zwingt. Unterdessen wird Schwarz natürlich seinen Raumvorteil nutzen, um entweder einen erfolgreichen Hebel ...d5-d4 – wie in der Hauptpartie Lautier-Short – oder – wie in Halkias' Fall – einen Angriff am Königsflügel – vorzubereiten.

Schwarz kann auch erst einmal den Springer auf d7 belassen, um den von Weiß geplanten Sprung ♘f3-e5 zu verhindern: 14...♘xg3 15.hxg3 ♖e8 16.♖fd1 c4 (Schwarz kann auch die Spannung mit 16...♘f6 17.♘e5 ♗d6 noch etwas länger aufrechterhalten, da nach 18.f4 der weiße Turm im Vergleich zur Partie Sasikiran-Kasimdschanow auf d1 schlecht steht und unter Zeitverlust wieder nach f1 zurückgebracht werden müssen wird) 17.♗b1 ♘f6 18.♘e5 ♗d6 19.f4 a6 20.g4 b5 mit kompliziertem Spiel, Rjasanzew-Onischuk, Sotschi 2008.

Am flexibelsten ist es für Schwarz, mit 14...♖d8 einen nützlichen Entwicklungszug zu machen und sich alle Möglichkeiten offen zu halten: 15.♖fd1 ♘df6 16.♘e5 ♕e6.

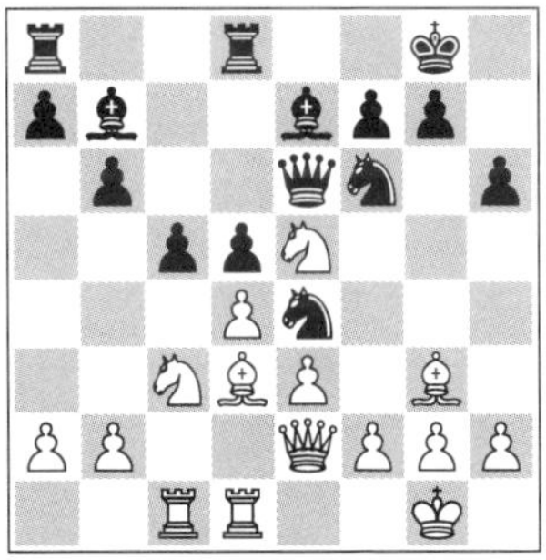

Analysediagramm

Da der weiße Turm f1 nach d1 gegangen ist und den Vorstoß f2-f4 nicht unterstützen kann, entscheidet sich Weiß nun für einen anderen Plan: 17.♗h4 ♖ac8 18.f3 cxd4 19.exd4 ♘xc3 20.♖xc3 ♖xc3 21.bxc3 ♘d7! (Schwarz tauscht weiter Figuren; bei stark reduziertem Material wird Weiß es schwer haben, aus seinem besser postierten weißfeldrigen Läufer etwas zu machen und am Königsflügel aktiv zu werden) 22.♗xe7 ♕xe7

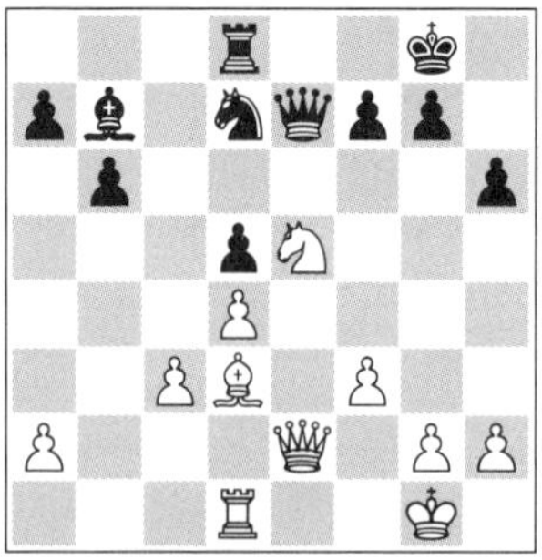

Analysediagramm

23.♘xd7 (Dies führt sofort zum Remis. Nur mit 23.f4 konnte Weiß etwas Leben in der Stellung halten und Ehrgeiz zeigen) 23...♖xd7 24.♖e1 ♕xe2 25.♖xe2 ♔f8 26.♖e3 ♖e7 27.♔f2 ♖xe3 28.♔xe3 ♔e7 remis, Bacrot-Iwantschuk, ACP Grand Prix, Odessa 2007.

14. ... ♘d7-f6

15. ♕e2-c2 ♖f8-e8

Schwarz hat eine Reihe von nützlichen Zügen und spielt sie richtigerweise, wobei er die Spannung im Zentrum aufrechterhält.

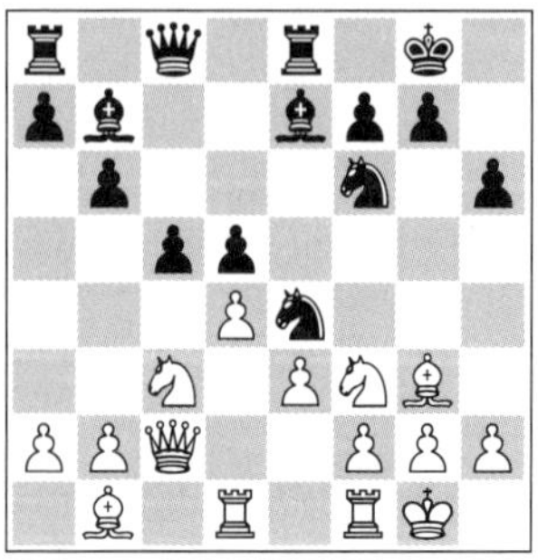

16. ♗g3-e5?

Dieser Zug passt nicht in irgendeinen Plan und stellt den Läufer nur auf ein unbeholfenes Feld. Ich halte von dem Plan mit ♗b1/♕c2 nicht viel und denke, dass Weiß hier vorsichtig sein muss, um nicht in einer schlechteren Stellung zu landen. Wahrscheinlich waren eine Abtauschoperationen im Zentrum vonnöten: 16.dxc5 bxc5 17.♘xe4! ♘xe4?! (Der Versuch, seine Zentrumsbauern verbunden zu halten, könnte Schwarz Ärger einbringen. Nach 17...dxe4 18.♘e5 ♕e6 steht das Spiel etwa gleich) 18.♘d2! f5 19.♘xe4 fxe4 20.f3! ♗g5 21.fxe4 ♗xe3+ 22.♗f2 ♗xf2+ 23.♕xf2 d4 (23...dxe4?? ist ein dicker Bock wegen 24.♕f7+ ♔h8 25.♖d7) 24.b4! ♗a6 (24...cxb4?? ist ein schrecklicher Patzer wegen 25.♕f7+ ♔h8 26.♖c1 ♕b8 27.♖c7) 25.♖fe1 mit etwas Initiative für Weiß, z.B. 25...cxb4 26.♕xd4 ♕c3 27.♕d5+ ♔h8 28.♕d6 ♗b7 29.e5.

16. ... ♕c8-e6

Die Dame kommt auf ihrer natürlichen Position an und unterstreicht die Unbeholfenheit des Läufers e5.

17. d4xc5 b6xc5

Es hat sich eine Stellung mit parallelen hängenden Bauern im Zentrum ergeben, in der es für Weiß schwierig ist, Druck auf die schwarzen Bauern d5 und c5 auszuüben, während es Schwarz ziemlich leicht fällt, seine Figurenstellung weiter zu verbessern. Wahrscheinlich kann man hier schon geringfügigen Vorteil für Schwarz konstatieren.

18. ♕c2-a4

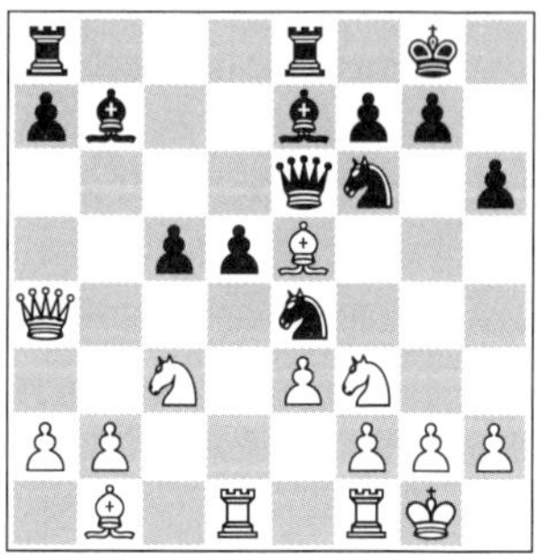

18. ... ♘e4-g5!

Erobert das Läuferpaar.

19. ♘f3xg5 ♕e6xe5

20. ♘g5-f3 ♕e5-e6

21. ♖f1-e1 ♗e7-f8

Schwarz hat seine Bauern c5 und d5 gut verteidigt und seine Figuren harmonisch aufgestellt, während Weiß sich über den Bauernhebel ...d5-d4 Gedanken machen muss. Außerdem hat Schwarz genug Zeit, diesen Hebel vorzubereiten und ihn in einem günstigen Moment auszuführen, da Weiß kein nennenswertes Gegenspiel hat.

22. ♕a4-f4 ♕e6-b6

Interessant war auch der Versuch, mit 22...♘e4!? die weiße Dame abzuschneiden, und falls 23.♘xe4 (oder 23.♕c7 ♖ab8), so 23...dxe4 24.♘d2 ♗d6 (auch 24...c4 25.♕c7 ♗d5 ist besser für Schwarz) 25.♕h4 ♖ad8 26.b3 ♗c7 27.♘c4 ♗d5 28.♖c1 f5 mit besserem Spiel für Schwarz. Der weiße Läufer auf b1 steht ziemlich passiv, während die Dame auf h4 definitiv deplatziert ist.

23. b2-b3 ♖a8-d8

Schwarz konzentriert sich auf die Vorbereitung des Hebels ...d5-d4. Auch ein Standardplan wie 23...♗d6 24.♕h4 a5 ist gut für Schwarz.

24. ♖d1-c1

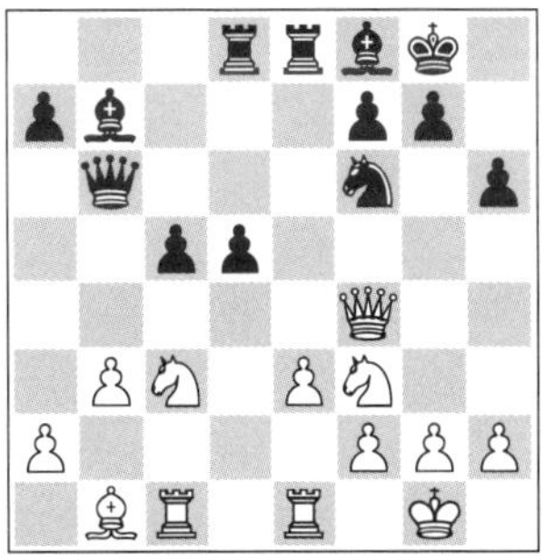

24. ... d5-d4!

25. e3xd4 ♖e8xe1+

26. ♖c1xe1 c5xd4

27. ♘c3-a4!

Leider muss der Springer an den Bretrand gehen. 27.♘e4? wäre nicht gut wegen 27...♗xe4 28.♗xe4 d3 – der schwarze d-Bauer ist stark, während die weißen Figuren sehr schlecht stehen, insbesondere ♗e4 und ♕f4 – 29.♖d1 (noch schlechter ist 29.♕f5?, da nach dem einfachen 29...g6 30.♕f4 ♔g7 alle weißen Probleme weiterhin Bestand haben) 29...♕b4 30.♘d2 ♖d4 31.a3 (31.f3? verliert wegen 31...♘d5 32.♕h4 ♘e3) 31...♕c3, und jetzt kann Weiß Materialverlust nicht vermeiden, man sehe 32.♕e3 ♘xe4 33.♘xe4 ♕xb3 usw.

27. ... ♕b6-c6

28. ♖e1-c1

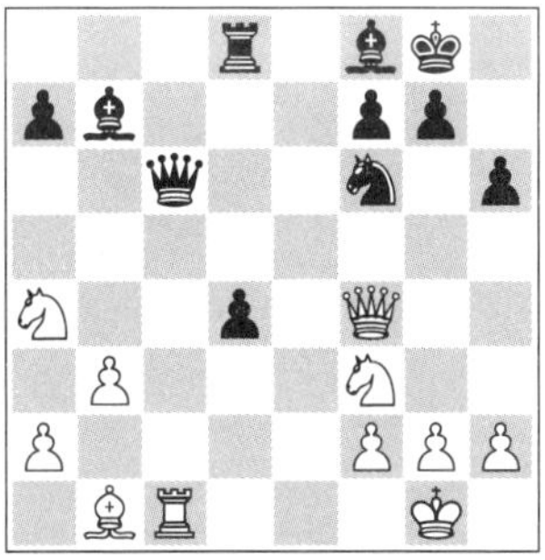

28. ... ♕c6-b5!?

Stellt eine Falle, in die Weiß hineintappt. Besser war der Zwischenzug 28...♘d5!, womit Schwarz die Stellung seiner Dame verbessern kann: 29.♕d2 (29.♖xc6? ist ein Einsteller, der nach 29...♘xf4 30.♖c7 (oder 30.♖c4 ♗d5!) 30...♗xf3 31.gxf3 d3 32.♘b2 d2 33.♗c2 ♖e8 34.h3 ♖e1+ 35.♔h2 ♘d3! 36.♘xd3 ♗d6+ schnell verliert) 29...♕f6 30.♗e4! (30.♕xd4?? stellt nach 30...♕xd4 31.♘xd4 ♘f4 eine Figur ein) 30...♗a6 31.♖d1 (eine bessere oder zumindest praktisch klügere Ver-

teidigung besteht wahrscheinlich darin, mit 31.♗xd5! den schwarzen Springer zu beseitigen und nach 31...♖xd5 mit 32.b4 gefolgt von ♘c5 fortzusetzen) 31...♘f4. Mit dem Springer auf dem Brett verfügt Schwarz über eine Menge lästiger taktischer Wendungen.
Es folgt 32.g3 (falsch ist 32.♖e1? wegen 32...d3 gefolgt von ♘e2) 32...♘e2+ 33.♔g2 ♖e8 34.♕c2! (Der weiße Läufer muss auf der Diagonale h1-a8 bleiben. Ein Einsteller ist 34.♗d3? wegen 34...♘c3 35.♘xc3 (oder 35.♖e1? ♗b7 oder 35.♗xa6 ♘xd1 36.♗b5 ♖b8) 35...dxc3 36.♕c2 ♗b7) 34...♕e6.

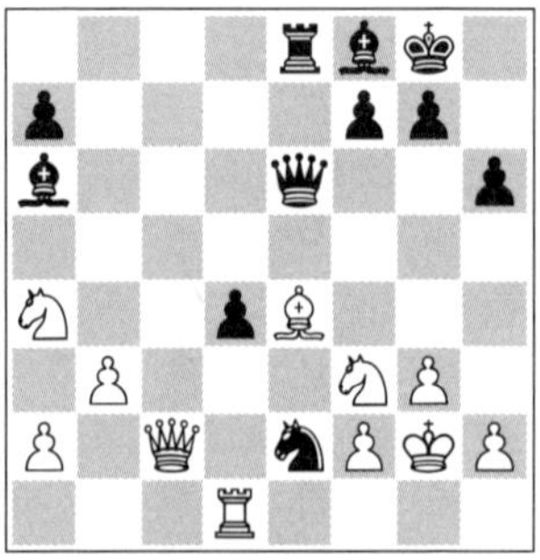
Analysediagramm

A) Die beste Verteidigung ist nun 35.♗h7+! ♔h8 36.♗f5! ♕d5 37.♗d3, wonach es so aussieht, als ob Weiß überlebt, z.B. 37...♘f4+ 38.gxf4 ♗b7 39.♗e2 ♕e6 40.f5! ♕xe2 41.♕xe2 ♖xe2 42.♖xd4 ♖xa2 43.♖d8 ♔g8 44.♘c5 ♗c6 45.♖c8! ♖c2 46.♖xc6 ♖xc5 47.♖xc5 ♗xc5 48.♘e5.

B) 35.♘d2? ist schlechter: 35...d3 (einfach und stark ist auch 35...♗b5!, was das Auftauchen der weißen Dame auf c6 verhindert und Schwarz großen Vorteil sichert) 36.♕c6 (36.♗xd3?? ist falsch wegen der einfachen Replik 36...♘f4+ 37.gxf4 ♕g4+ 38.♔h1 ♗xd3), und nun:

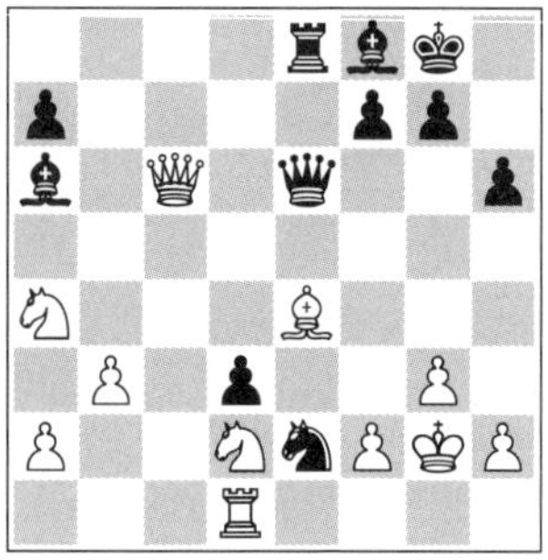
Analysediagramm

Am stärksten ist 36...♘f4+! 37.♔g1 ♗b4! 38.♕xe6 ♘xe6.
Nach dem Damentausch hat Schwarz nun dank des Springerschachs eine verbesserte Version des Endspiels erreicht. Sein d-Bauer ist stark und seine Figuren sind optimal koordiniert; die Stellung ist sehr schwierig für Weiß, z.B. 39.♘c4 ♗xc4 40.bxc4 d2 41.a3 ♗a5 nebst ...♘d4, und Schwarz sollte gewinnen.
Wenn Schwarz sofort 36...♗b4?! spielt, hat Weiß nach 37.♕xe6 ♖xe6 gute Rettungschancen: 38.♗d5 (möglich ist auch 38.f3 ♗b5 39.♘b1!, und falls 39...♗xa4 40.bxa4 d2, so 41.♘xd2! ♖d6 42.♖b1 ♖xd2 43.♖xb4 f5 44.♖b8+ ♔f7 45.♗b7 mit guten Remischancen) 38...♖d6, und nun:

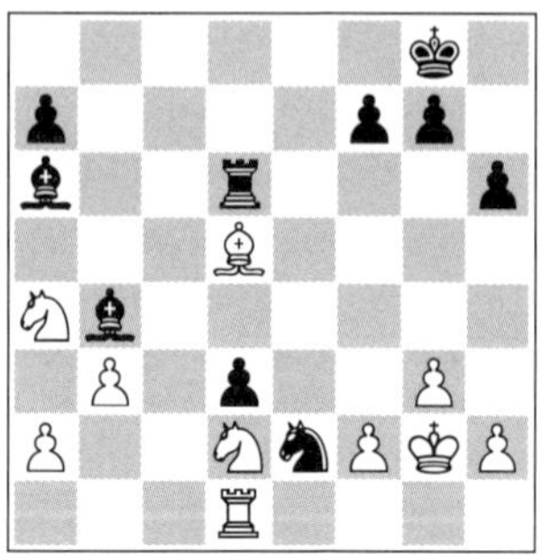
Analysediagramm

B1) Am besten ist 39.♗c4! ♗b7+ 40.f3 ♘d4 41.♘e4! (41.♗xd3?! löst die Probleme nach 41...g6! (um das Abzugsschach ♗h7+ zu verhindern) 42.♔f2

♗xd2 43.♖xd2 ♘xf3 nicht) 41...d2 42.♔f2 ♗xe4 43.fxe4 mit guten Chancen für Weiß, die Partie zu halten.

B2) 39.♗e4? erweist sich als entscheidender Fehler: Nach 39...♖d4 40.f3 ♗b5! ist der Springer a4 ein wichtiger Verteidiger, der das Feld c3 kontrolliert:

B21) Vielleicht kommt 41.♘b1 in Betracht, wenngleich die weiße Stellung ziemlich passiv und wahrscheinlich verloren ist, da nach 41...♗xa4 42.bxa4 d2 43.♔f2 ♘c1 (43...♘c3 44.♘xc3 ♗xc3 45.♔e2) 44.a3 ♗a5

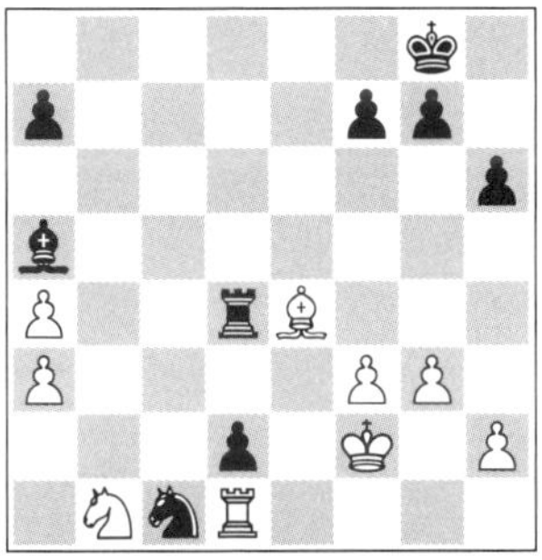

Analysediagramm

der einzige Gegenspielversuch 45.♔e3 wegen 45...♗b6 46.♗c2 (46.♖xd2?? ist ein Bock wegen 46...♖d3+ 47.♔f4 ♗e3+) 46...♖d8+ 47.♔e4 ♗a5 48.♔e3 g6! 49.♘xd2? ♗b6+ 50.♔e4 (oder 50.♔f4 ♘e2+ 51.♔g4 ♘c3) 50...f5+ 51.♔e5 ♔f7 52.♘c4 ♗c7+ 53.♘d6+ ♖xd6 54.♖xd6 ♔e7 verliert.

B22) 41.♔f2 ♗xa4 42.bxa4 ♘c3 43.♖c1

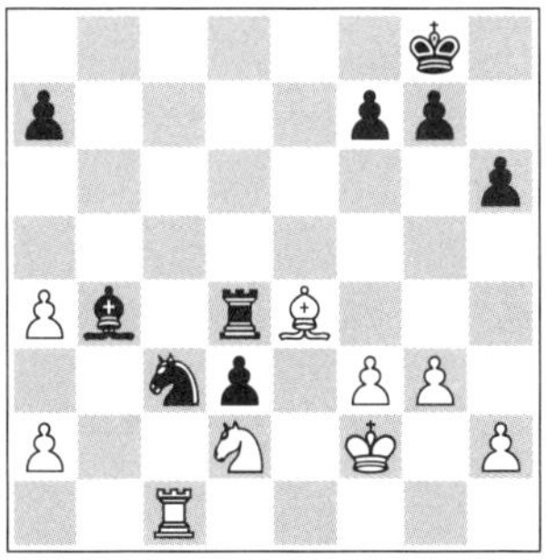

43...♘xe4+! 44.♘xe4 f5! 45.♔e3 ♖d5 mit Gewinn für Schwarz. Ein unerwarteter Ausgang. Der weiße Springer wird mitten auf dem Brett gefangen: 46.♘d2 (oder 46.♘f2) 46...♗c5+ 47.♔f4 g5+ matt.

29. ♘f3xd4? ♖d8xd4

30. ♕f4xd4

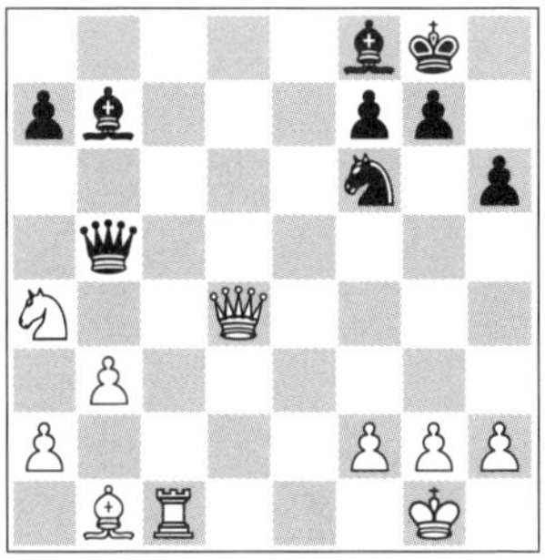

30. ... ♕b5-g5!

Weiß gab auf.

Kapitel 4

Bauernmajorität im Zentrum

Einleitung

In diesem Kapitel habe ich die Strukturen und Partien etwas anders systematisiert als in den vorhergehenden drei Kapiteln, da die verschiedenen thematischen Ideen für beide Seiten häufig zu überlegen und schließlich je nach den Besonderheiten der Stellung zu wählen sind.

Daher folgen auf den nächsten Seiten 7 Strukturen in Relation zu den thematischen Ideen. Dann folgen fünf kommentierte Partien, in denen in einer Partie oder den Anmerkungen dazu oft andere thematische Ideen anzutreffen sind.

Der Leser wird womöglich feststellen, dass ich vielleicht etwas parteiisch bin und der Seite mit der Bauernmehrheit den Vorzug gebe. Dies könnte stimmen, da ich mit dem Damenbauern eröffne und meist auf der Seite mit der Bauernmehrheit im Zentrum gesessen habe.

Die fünf ausgewählten Partien werden dem Vereinsspieler nicht nur beim Verständnis der thematischen Ideen helfen, sondern sind auch ein ausgezeichneter Leitfaden für die gespielten Eröffnungsvarianten. Wenn man sich die Zeit für ein sorgfältiges Studium des Materials nimmt, kann sich das dabei erworbene Wissen in der Turnierpraxis als sehr wertvoll erweisen.

Partie 41 (Spasski-Petrosjan) ist ein Führer durch die Hauptvarianten der Verbesserten Tarrasch-Verteidigung mit klassischen und aktuellen Partien.

Partie 44 (Sokolov-Howell) erklärt eine interessante Nebenvariante des Grünfeld-Inders und enthält einige bisher unveröffentlichte Analysen des Autors.

Die Partien 42 (Kasparow-Najdorf), 43 (Galljamowa-Tiwjakow) und 45 (Sokolov-Polgar) behandeln alle die Petrosjan-Variante der Damenindischen Verteidigung. Diese Variante hatte erheblichen Anteil am Erfolg des jungen Garri Kasparow vor fast 30 Jahren und hat auch mir sehr gute Dienste geleistet. In den Kommentaren zu diesen Partien sind die relevanten strategischen Ideen, wichtige Partien, persönliche Meinungen und Analysen zu finden.

Struktur 4.1 ist eine reguläre Ausgangsstellung mit einer Bauernmehrheit im Zentrum.

4.1

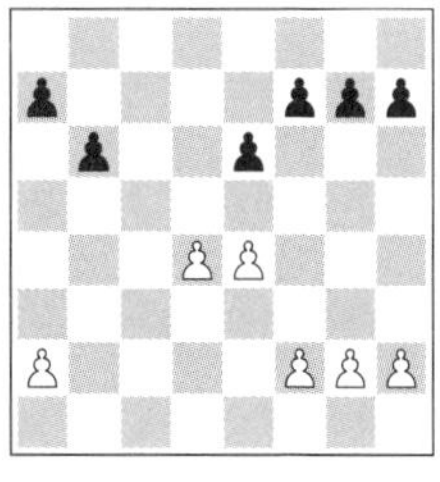

4.2

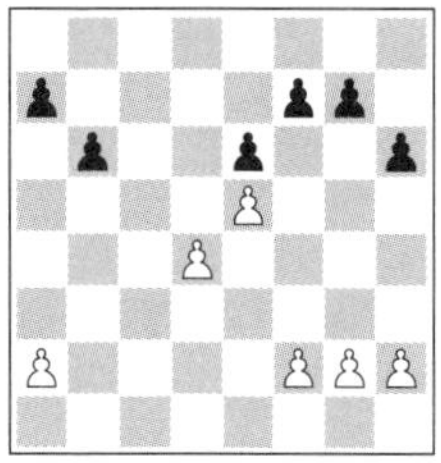

Struktur 4.2 betrifft den Plan von Weiß, mit e4-e5 einen Angriff am Königsflügel aufzubauen. Dies wird in den Anmerkungen zu Partie 41 (Spasski-Petrosjan) und zu 11...♘d7 (statt des Partiezuges 11...♘c6) erläutert – siehe insbesondere die Partien Lobron-C.Hansen und Radjabow-Van Wely.

4.3

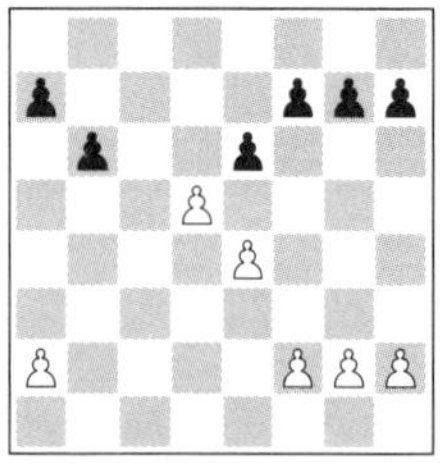

Struktur 4.3 bezieht sich auf den regelmäßig anzutreffenden Zentrumsbauernvorstoß d4-d5, den Weiß in diesen Stellungen häufig ausführt (und der von Schwarz meist mit ...e6xd5 beantwortet wird).

4.4

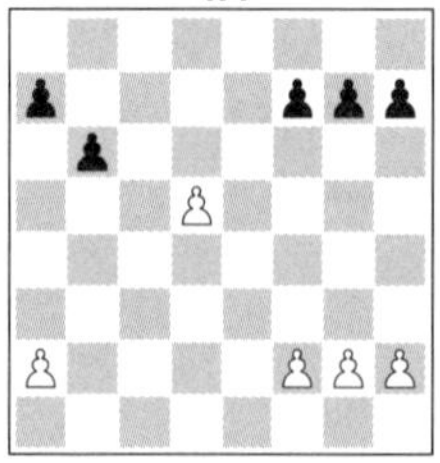

Struktur 4.4 betrifft den Plan von Weiß, d4-d5 zu spielen und dann einen starken Freibauern auf der d-Linie zu bilden – siehe Partie 41 (Spasski-Petrosjan).

4.5

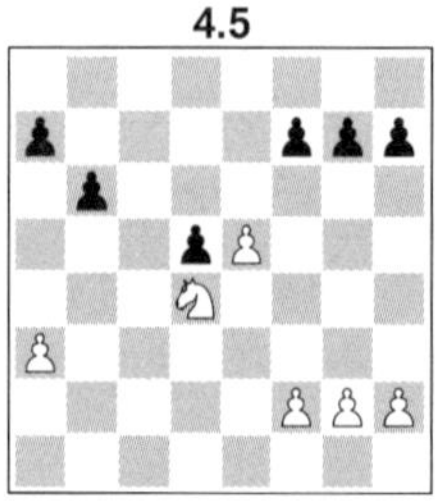

Struktur 4.5 bezieht sich auf den Plan von Weiß, seinen d-Bauern zu opfern und nach d4-d5 e6xd5 mit e4-e5 fortzusetzen, um auf den offenen Diagonalen a1-h8, b1-h7 und c1-h6 einen Angriff am Königsflügel aufzuziehen. Dieser Plan wird in Partie 43 (Galljamowa-Tiwjakow) hübsch illustriert. Der andere Aspekt dieses Bauernopfers besteht darin, dass Weiß einen schönen Angriffsvorposten für seinen Springer auf d4 erhält.

4.6

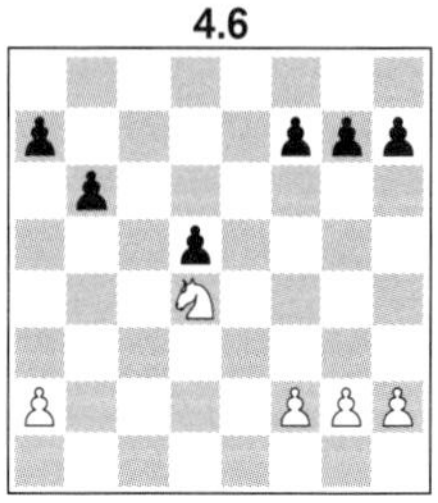

Struktur 4.6 betrifft ein doppeltes Bauernopfer. Nachdem er bereits seinen d-Bauern geopfert hat (wie unter Struktur 4.5 erwähnt; nach d4-d5 e6xd5 lässt Weiß e4-e5 folgen), opfert Weiß mit ♘f3-d4 auch noch den Bauern e5, um etwas zusätzliche Zeit zu gewinnen und einen Angriff auf den schwarzen König zu starten. In Partie 44 (Sokolov-Howell, einer Grünfeld-Indischen Verteidigung) standen die schwarzen Bauern auf g6 und f5. Dort tauschte Weiß seinen Springer gegen den fianchettierten

schwarzfeldrigen schwarzen Läufer ab, was die schwarze Stellung öffnete und dem Anziehenden starken Angriff auf der Diagonale a1-h8 gab.
Partie 42 (Kasparow-Najdorf) ist ein klassischeres Beispiel. Kasparow gewann schnell, aber den Analysen ist zu entnehmen, dass Schwarz über eine Menge Verteidigungsressourcen verfügte.

4.7

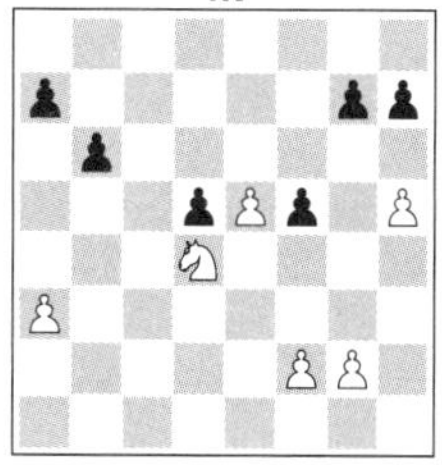

Struktur 4.7 zeigt ein hübsches Angriffsbeispiel aus meiner eigenen Praxis – dies war eine der besten Partien, die ich je gespielt habe. Weiß bringt das standardmäßige Bauernopfer d4-d5 und setzt nach ...e6xd5 mit e4-e5 fort, was ihm einen bärenstarken Springer auf d4 einbringt, der aus dem gebildeten Vorposten maximalen Nutzen zieht, da der schwarze f-Bauer hier bereits auf f5 steht.

TD 2.9 (D41) **PARTIE 41**

Boris Spasski

Tigran W Petrosjan

Weltmeisterschaft, Moskau 1969 (5)

1.	**c2-c4**	**♘g8-f6**
2.	**♘b1-c3**	**e7-e6**
3.	**♘g1-f3**	**d7-d5**
4.	**d2-d4**	**c7-c5**
5.	**c4xd5**	**♘f6xd5**
6.	**e2-e4**	**♘d5xc3**
7.	**b2xc3**	**c5xd4**
8.	**c3xd4**	

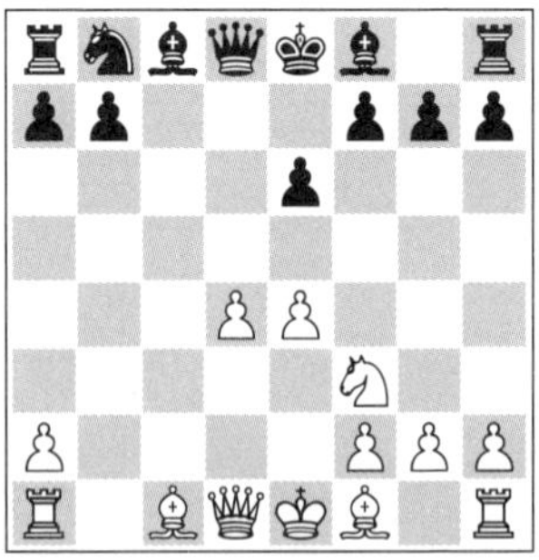

Eine der Hauptstellungen der Verbesserten Tarrasch-Verteidigung, die für das Studium von Bauernmajoritäten im Zentrum ideal ist.

8. ... ♗f8-b4+

Die vorliegende Bauernstruktur ähnelt derjenigen in der Petrosjan-Variante des Dameninders, die in den Partien Kasparow-Najdorf, Galljamowa-Tiwjakow und Sokolov-Polgar weiter unten in diesem Kapitel zu sehen ist.

Im Vergleich zu jener Variante ist die Lage hier für Schwarz etwas günstiger, da er sofort den Abtausch der schwarzfeldrigen Läufer erzwingen kann. In Anbetracht des beträchtlichen weißen Raumvorteils ist es im Allgemeinen recht günstig für Schwarz, seinen schwarzfeldrigen Läufer gegen sein weißes Pendant zu tauschen, damit er auf dem ihm zur Verfügung stehenden begrenzten Raum leichter mit seinen Figuren manövrieren kann.

Schwarz kann den Läufertausch auch etwas verzögern und sich ein taktisches Element zunutze machen, um auf schnellere Entwicklung zu spielen. Nach 8...♘c6 9.♗c4 verfügt Schwarz nämlich über den Tempozug 9...b5. Die Praxis hat gezeigt, dass es bei korrektem Spiel von Weiß fragwürdig ist, ob der etwas unterentwickelte Nachziehende wirklich für eine derartige aktive Unternehmung bereit ist. Die folgende Partie ist ein gutes Beispiel.

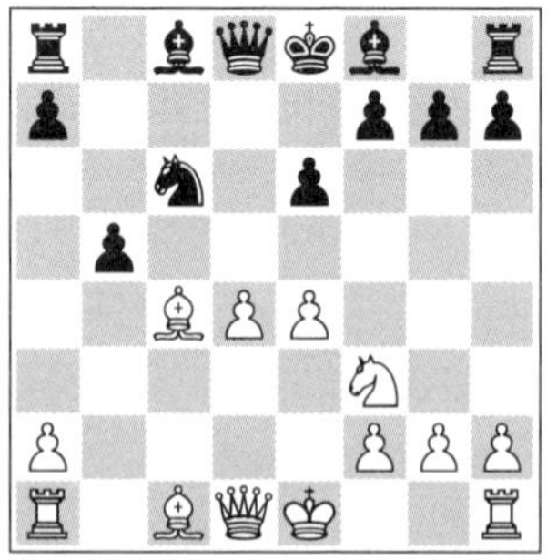

Analysediagramm

A) 10.♗d3 mag aktiv aussehen, verspricht aber nichts: 10...♗b4+ 11.♗d2 ♗xd2+ 12.♕xd2 a6 13.a4 0-0! 14.♕c3 (oder 14.axb5 ♘xd4) 14...♗b7 15.axb5 axb5 16.0-0 (der Bauer b5 ist tabu, da Schwarz sowohl nach 16.♗xb5? ♖xa1+ 17.♕xa1 ♕b6 als auch nach 16.♖xa8 ♕xa8 17.♗xb5? ♘a7 seinen Bauern mit besserem Spiel zurückgewinnt) 16...♕b6 17.♖ab1 b4, und nun:

A1) 18.♕d2 führt zu einem forcierten Remis: 18...♘xd4 19.♘xd4 ♕xd4 20.♖xb4 ♕d7, und in der 9. Matchpartie Spasski-Fischer, Reykjavik 1972, wurde der Punkt bald geteilt. Fischer bediente sich in einer Reihe wichtiger Partien der Verbesserten Tarrasch-Verteidigung, da er an das schwarze Gegenspiel glaubte.

A2) Der aktive Versuch 18.d5 führt nach 18...exd5 19.exd5 bxc3 (plötzlicher Ehrgeiz mit 19...♕a5? ist ein Patzer wegen 20.♗xh7+ ♔xh7 21.♕c2+ gefolgt von dxc6, und Schwarz wird bestenfalls einen Bauern weniger haben) 20.♖xb6 ♘a5 21.d6 ♗xf3 22.gxf3 ♖ac8 23.♖c1 ♘c4 ebenfalls zu einem friedlichen Ausgang.

B) 10.♗e2! (Weiß zieht den Läufer nach e2 zurück, um für den Vorstoß d4-d5 bereit zu sein) 10...♗b4+ 11.♗d2 ♕a5 (Eines der Probleme des frühen Remplers ...b7-b5 besteht darin, dass Schwarz nach dem anfänglichen Tempogewinn Zeit mit der Verteidigung seines Bauern b5 verlieren muss. Die Fischersche Methode mit 11...♗xd2+ 12.♕xd2 a6 würde hier nicht funktionieren, da Weiß nun über 13.d5 verfügt) 12.d5! (dieser typische Bauernvorstoß ist in diesen Strukturen fast definitionsgemäß unangenehm für Schwarz) 12...exd5 13.exd5 ♘e7 14.0-0 ♗xd2 15.♘xd2 0-0 16.♘b3 ♕d8.

B1) Mit 17.♗xb5 ♗b7 18.d6 ♘f5 (in Betracht kommt 18...♘g6!?) 19.♘c5 (19.d7? ♕g5) 19...♘xd6 20.♘xb7 ♘xb7 erhält Weiß einen kleinen Vorteil.

B2) Ehrgeiziger ist 17.♗f3 ♘f5 (Seit Nimzowitsch ist bekannt, dass der Springer die beste Figur zur Blockierung eines Freibauern ist. Daher begibt sich der Springer nach d6) 18.♖c1 ♘d6.

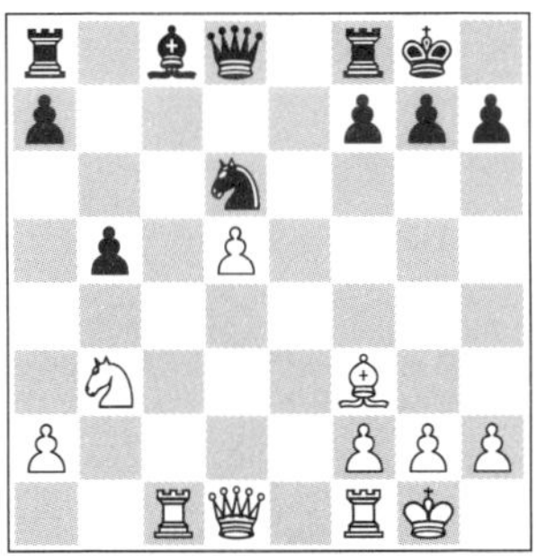

Analysediagramm

Leider können die schwarzen Bauern nicht rückwärts ziehen. Wenn der b-Bauer auf b7 statt auf b5 stünde, hätte Schwarz mindestens gleiches Spiel. Mit der Schwäche des Feldes c6 liegen die Dinge völlig anders. Weiß steht besser, da Schwarz das Eindringen des weißen Springers auf c6 nicht verhindern kann. Nach 19.♕d4 ♕b6 20.♕f4 ♗d7 21.♘d4 ♖fe8 22.♘c6 ♘c4 23.♖fe1 hatte Weiß in Jussupow-Ribli, Kandidatenturnier, Montpellier 1985, wegen des ausgezeichnet postierten Springers auf c6 klaren Vorteil.

9. ♗c1-d2 ♗b4xd2+
10. ♕d1xd2 0-0
11. ♗f1-c4

Es hat sich eine der typischen Stellungen mit einer Bauernmehrheit im Zentrum ergeben. Dies ist ein guter Moment, Bilanz zu ziehen und einige allgemeine Pläne zu erklären.

Schwarz wird erklärtermaßen seinen Läufer nach b7 stellen, wo er aktiv steht und das weiße Zentrum angreift. Der schwarze Turm a8 wird nach c8 gehen. Danach opponiert Weiß normalerweise nicht auf der c-Linie, da Turmtausch im Allgemeinen günstig für Schwarz ist.

Der schwarze Springer geht manchmal – wie in der vorliegenden Partie – nach c6, um den weißen Bauern d4 anzugreifen und über Manöver wie ...♘c6-a5 oder ...♘c6-e7 zu verfügen; oder nach d7, damit Weiß nicht mit d4-d5 ein Tempo gewinnen kann.

Damentausch und andere Arten von Abtausch sind hier im Allgemeinen für Schwarz günstig.

Weiß wird seine Kräfte hinter dem mächtigen Bauernzentrum organisieren und entweder den Vorstoß d4-d5 ausführen, um einen Freibauern zu bilden, oder den Bauern d4 opfern, um nach d4-d5 e6xd5 mit e4-e5 vorzustoßen, einen Vorposten auf d4 für seinen Springer f3 zu erhalten und Angriffsaussichten gegen den schwarzen König zu bekommen.

Im Fall der Entwicklung des schwarzen Springers nach d7 kann Weiß auch seinen Bauern auf d4 belassen und mit e4-e5 diesen Springer d7 einzuschränken und etwas mehr Raum zur Organisierung eines Angriffs am Königsflügel gewinnen. Dass Weiß das Zentrumsfeld d5 aufgegeben hat, ist weit weniger relevant, als es den Anschein haben mag.

Weiß sollte im Allgemeinen versuchen, Figurentausch aus dem Weg zu gehen und möglichst viele Figuren auf dem Brett zu behalten.

Dies sind die allgemeinen Pläne in Stellungen mit einer Bauernmehrheit im Zentrum. Wie wir sehen werden, gelten sie auch für die Petrosjan-Variante des Dameninders, in der beide Seiten noch einen schwarzfeldrigen Läufer auf dem Brett haben. Die oben erwähnten Pläne werden in einer Reihe hochklassiger praktischer Beispiele ausgearbeitet.

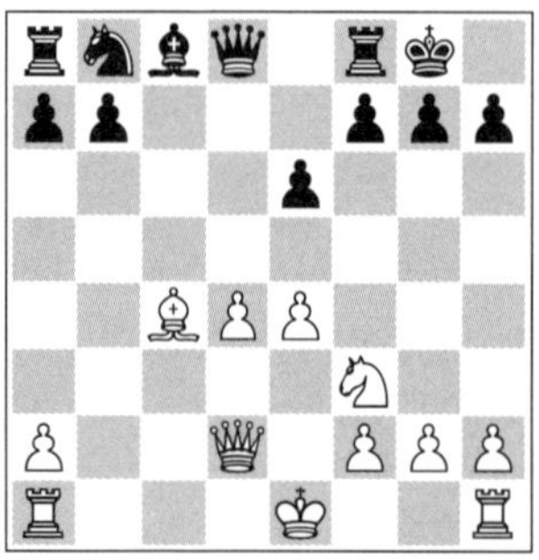

11. ... ♘b8-c6

Schwarz kann auch zuerst seinen Läufer nach b7 entwickeln und erst später entscheiden, wo er seinen Springer hinstellt, indem er sich für 11...b6?! entscheidet. Dieser Zug ist jedoch mit dem Nachteil behaftet, dass er das sofortige 12.d5! zulässt (einer der Gründe für 11.♗c4). Weiß gewinnt eine Menge Raum und hat nach 12...♗a6! (der Läufer c4 muss abgetauscht werden) 13.♗xa6 ♘xa6 14.d6! ♘c5 15.e5 die besseren Chancen, wie in Kortchnoi-Mecking, Hastings 1971/72.

Es sieht also so aus, als ob Schwarz angesichts der Möglichkeit d4-d5 besser zuerst seinen Springer entwickeln sollte. Diese Meinung wird von der modernen Theorie geteilt.

Wie gesagt, stellt 11...♘d7 hier eine weitere Hauptalternative für Schwarz dar. In der überwiegenden Mehrzahl der Partien ging es mit dem fast obligatorischen 12.0-0 b6 13.♖fe1 ♗b7 weiter, und nun:

A) Weiß verfügt über den recht interessanten Plan 14.♖e3!?. Meines Wissens ist dieser Zug auf Spitzenebene nur einmal gespielt worden, verdient aber wahrscheinlich mehr Beachtung. Weiß will den oben erwähnten Plan e4-e5 ausführen und als Ersatz für die Aufgabe des Feldes d5 Königsangriff erhalten. Schauen wir uns an, wie dies in der Praxis geklappt hat:

14...♖c8 15.♗d3 (in den Plänen mit e4-e5 wird dieser Läufer auf der Diagonale b1-h7 gebraucht) 15...♕c7 16.♖ae1 ♘f6?!. Spielt dem Anziehenden in die Hände. Besser war 16...♖fd8. Nun kann Weiß seinen Plan hübsch in die Tat umsetzen:

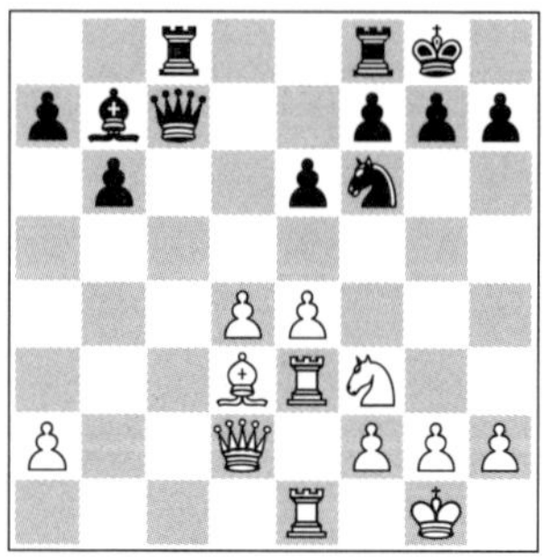

Analysediagramm

17.e5! ♘d5 18.♘g5 h6? (Ein entscheidender Fehler. Schwarz musste starke Nerven zeigen und sich auf 18...♘xe3!

19.♗xh7+ ♔h8 20.♕xe3 g6 (20...♕c3? ist schlecht wegen einfach 21.♗d3) 21.♗xg6 (vielleicht hat Weiß hier etwas Besseres) 21...fxg6 22.♘xe6 einlassen. Dann hat Weiß drei Bauern für die Figur, aber seinem Angriff geht die Puste aus und der schwarze Läufer ist stark. Außerdem hat Schwarz zwei Bauern gegen einen am Damenflügel, was ihm Gewinnchancen bietet, wenn der weiße Angriff gestoppt ist. Die Stellung ist sehr unklar) 19.♖h3! ♕e7

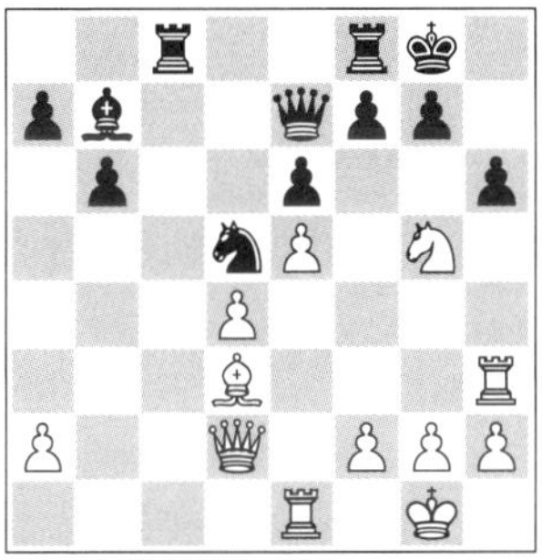

Analysediagramm

20.♘h7! ♖c7 (nach 20...♖fd8 gewinnt 21.♖xh6! gxh6 22.♕xh6) 21.♘xf8 – Weiß hat eine klare Qualität mehr und trug in Lobron-Cu. Hansen, Wijk aan Zee 1993, letztendlich den Sieg davon. Wie wir gesehen haben, war der "schöne" schwarze Springer auf d5 für die ganze Geschichte ziemlich irrelevant.

B) 14.♖ad1 ♖c8.

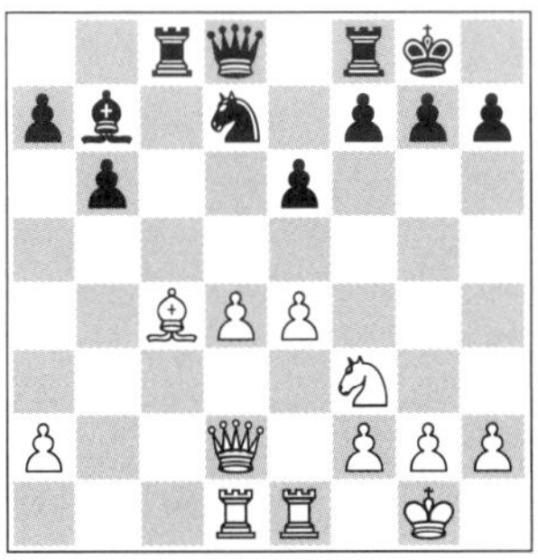

Analysediagramm

Nun muss Weiß sich für einen Angriffsplan entscheiden.

B1) Er kann mit 15.♗d3 in Analogie zu Lobron-Cu.Hansen seinen Läufer nach auf die Diagonale b1-h7 zurückziehen und auf e4-e5 mit Angriff am Königsflügel spielen. Wie wir sehen werden, spielte die Aufgabe des Feldes d5 (die zum Plan gehört) auch in dieser Partie keine wesentliche Rolle: 15...h6 16.♗b1 ♖e8 17.♖e3 (wie in Lobron-Hansen bildet der Turmschwenk über die dritte Reihe einen wesentlichen Bestandteil des Plans) 17...♕c7

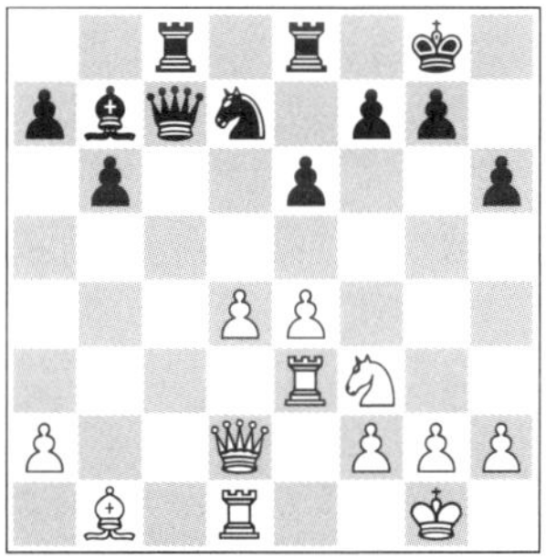

Analysediagramm

18.e5!. Auf den ersten Blick mag es etwas überraschend aussehen, dass Weiß hier starken Angriff am Königsflügel entwikkelt. Schließlich ist nun die Diagonale des schwarzen Läufers offen und das Feld d5 fest in schwarzer Hand – man könnte sogar argumentieren, dass Weiß effektiv einen Bauern weniger hat –, jedes Endspiel wäre für Schwarz mehr oder weniger gewonnen, und Weiß hat momentan immer noch keine Drohungen.

Andererseits bestehen die Probleme des Nachziehenden darin, dass sein Läufer b7 zwar in der Tat schön aussieht, aber momentan nichts droht, sein Springer auf d7 und später f8 passiv steht und die schwarzen Kräfte von der Verteidigung des Königsflügels abgeschnitten sind, so dass Schwarz irgendwann zu ...f7-f5 gezwungen sein wird, was nach exf6 den Bauern e6 zu einer Schwäche macht. Außerdem ist es für Schwarz schwierig, ja sogar praktisch fast unmöglich, irgendwelche Figuren zu tauschen.

18...♘f8 19.♘e1! (der weiße Springer begibt sich über e1, d3 und f4 auf seinen optimalen Angriffsposten h5) 19...♕e7 20.♖g3 ♕h4 21.h3! (Weiß droht ♖g4 gefolgt von der Realisierung der Springerwanderung ♘d3-f4-h5. Dann wird der Springer f8 die einzige Verteidigungsfigur für den schwarzen König sein, so dass Schwarz mit ...f7-f5 weitere Figuren in die Verteidigung einbeziehen müssen wird. Wie gesagt, schafft dies eine Schwäche auf e6 und löst die Probleme auf dem Königsflügel immer noch nicht) 21...f5! 22.exf6 ♕xf6 23.♘d3 ♖ed8 24.♘f4 (der Springer setzt seine Reise auf das gewünschte Feld fort) 24...♖c5 (Diese Verteidigung wird nicht funktionieren, aber die Stellung war bereits schwierig für Schwarz. Falls 24...♖c7, so 25.♖g4! (25.♘h5? ist ein Fehler wegen 25...♕h4, und nun ist 26.♕xh6?? ein schrecklicher Bock wegen 26...♕xg3 27.♘f6+ ♔f7) 25...e5 26.♘h5 ♕e6

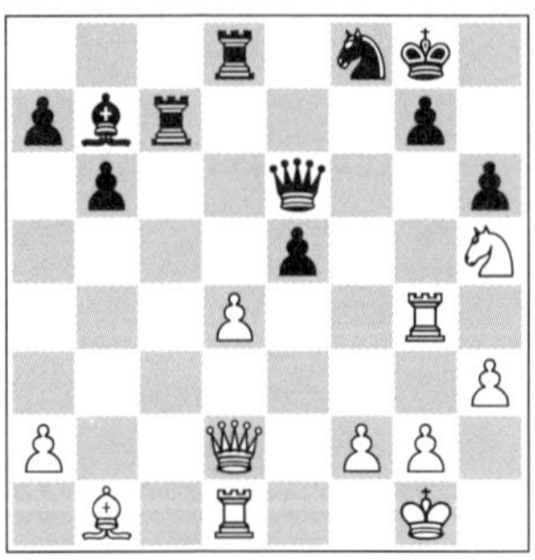

Analysediagramm

27.♗c2! (es ist Zeit, den Läufer auf die Diagonale a2-g8 zu stellen) 27...♔h8 (27...♖xd4?? ist ein Einsteller wegen 28.♖xd4 exd4 29.♗b3 ♗d5 30.♘f4) 28.♗b3 ♕c6 29.d5 mit klar besserer Stellung für Weiß)

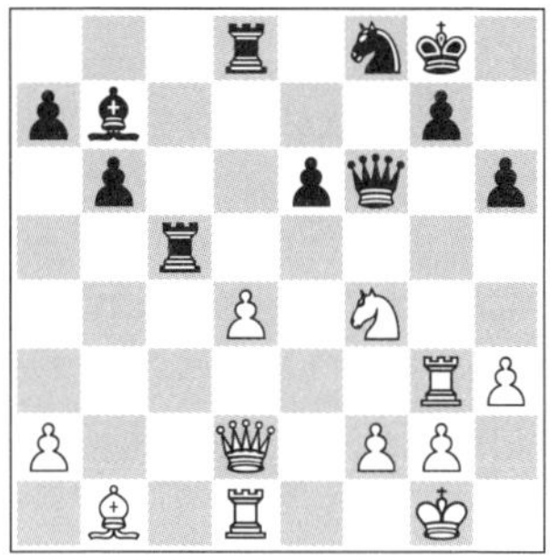

Analysediagramm

25.d5! (unterbricht die schwarze Verteidigung des Feldes h5) 25...g5 (einen solchen Zug hat Schwarz bestimmt nicht gerne gemacht) 26.h4! ♖c4 27.♘h5 ♕e5 28.hxg5 ♖xd5 29.♘f6+, und Schwarz gab auf, Radjabow-Van Wely, Chanty-Mansijsk 2005. Man beachte, dass Van Wely ziemlich sang- und klanglos unterging, ohne einen offensichtlichen Fehler gemacht zu haben. Der von Radjabow demonstrierte (und auch in Lobron-Hansen gesehene) Angriffsplan ist definitionsgemäß gefährlicher, als es den Anschein haben mag, während die Kontrolle über das Feld d5 weniger wichtig ist, als sie aussieht.

B2) 15.♗b3 (will d4-d5 durchdrükken) 15...♘f6 (Diese Partie wurde im Jahre 1938 gespielt. Der Textzug ist sicherlich logisch und okay, aber die moderne Theorie hält das Feld f6 lieber für die schwarze Dame frei; so spielte Iwantschuk in einer seiner Partien 15...♕f6 16.h3 ♖fd8) 16.♕f4 ♕c7 17.♕h4 ♖fd8 18.♖e3 b5 19.♖de1 a5 20.a4 b4 (Möglich war auch 20...bxa4. Nun wendet Weiß einen der gut bekannten Standardpläne an:) 21.d5!? (es sei darauf hingewiesen, dass Schwarz im Allgemeinen seine Stellung weiter verbessert, wohingegen Weiß früher oder später zu einer Entscheidung im Zentrum gezwungen sein wird, wobei er zwischen den oben erwähnten Plänen mit seinen Zentrumsbauern wählen kann) 21...exd5 22.e5 (dieses Opfer des d-Bauern gehört hier zum Allgemeinwissen und wird in vielen Partien in diesem Kapitel zu sehen sein)

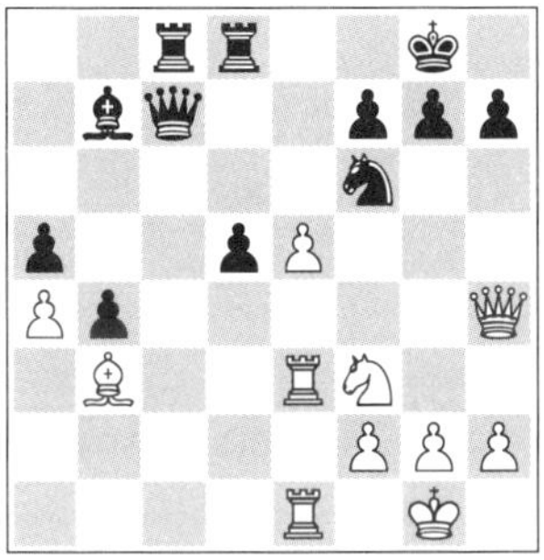

Analysediagramm

22...♘d7? (besser war 22...♘e4!, wonach der weiße Angriff zwar gefährlich aussieht, aber von Schwarz mit Erfolg abgewehrt werden kann: 23.♖xe4 (oder 23.e6 ♖f8! (nicht 23...fxe6? wegen 24.♖xe4 dxe4 25.♘g5) 24.exf7+ ♔h8!) 23...dxe4 24.♘g5 h6! (falsch ist 24...♕c3? wegen 25.♗xf7+ ♔f8 26.♖f1) 25.♗xf7+ (25.♘xf7? verliert wegen 25...♗d5) 25...♔h8 mit besserer Stellung für Schwarz, z.B. 26.♗e6 ♖f8 27.♗xc8 ♖xc8 28.e6 b3!) 23.♘g5 (Ein typischer Folgezug im Einklang mit den positionellen Regeln des Standardplans mit dem Opfer des d-Bauern wäre 23.♘d4. Nach dem schwarzem Schlagen mit exd5 spielt Weiß e4-e5 und erhält einen hervorragenden Vorposten für seinen Springer auf d4) 23...♘f8? (Ein entscheidender Fehler. Gefragt waren Nerven wie Drahtseile: 23...h6! 24.e6 hxg5 25.exf7+ ♔xf7 26.♖e7+ ♔g6! 27.♖xg7+ (27.♖1e6+?? verliert wegen 27...♘f6) 27...♔xg7 28.♕xg5+ ♔h8 29.♕h6+, und Weiß muss Dauerschach geben) 24.♘xh7! ♘xh7 25.♖h3 mit baldigem Sieg für Weiß in Keres-Fine, Ostende 1938.

Angesichts der gesehenen theoretischen Aspekte dieser Variante bin ich der Meinung, dass 15.♗d3, wie in Radjabow-Van Wely, wahrscheinlich gefährlicher für Schwarz ist.

12. 0-0 b7-b6

13. ♖a1-d1

Es dauerte eine ganze Weile, bis die Weißspieler zu dem Schluss kamen, dass die Türme hier nach d1 und e1 gehören. In der 18. WM-Partie Aljechin-Euwe (1937) folgte 13.♖fd1 ♗b7 14.♕f4 ♖c8 (heutzutage würde 14...♕f6! als Standardantwort erachtet)

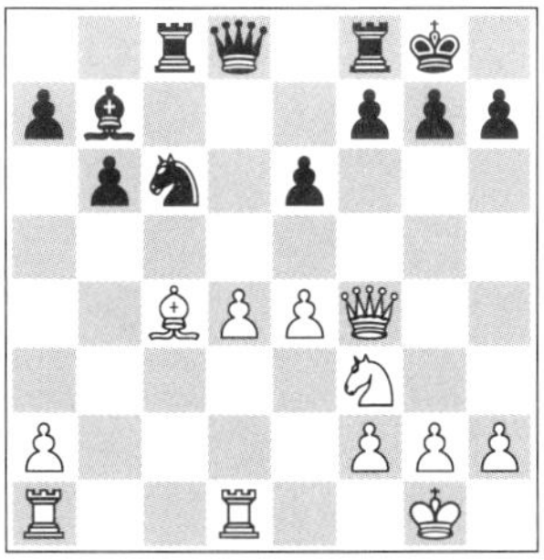

Analysediagramm

15.d5! exd5 16.♗xd5 ♕e7 17.♘g5

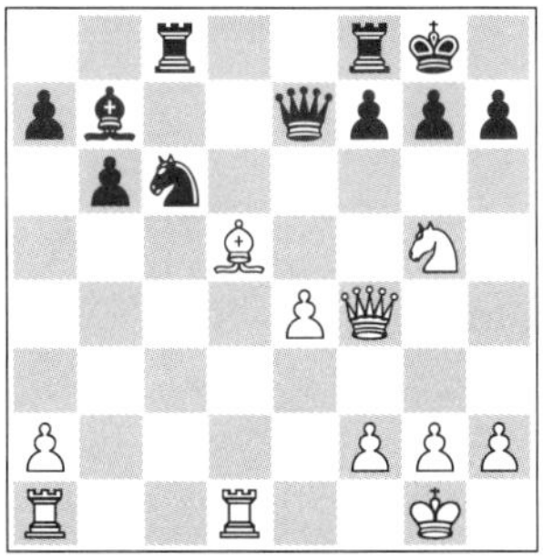

Analysediagramm

17...♘e5! 18.♗xb7 ♘g6 19.♕f5 ♕xb7 20.♖d7 ♕a6 (nach 20...♖c7 21.♖ad1

♖xd7 22.♖xd7 ♕a6 23.h4 ♕xa2 24.♔h2 (oder 24.h5 ♕a1+ 25.♔h2 ♕e5+) 24...h6 25.h5 hxg5 26.hxg6 fxg6 27.♕e5 ♖f7 28.♕e8+ ♖f8 29.♕xg6 ♖f7 sollte Schwarz sich halten können) 21.h4 (falls 21.♖xf7, so verteidigt sich Schwarz mit 21...♕xa2! – mit einem weißen Turm auf f1 statt auf a1 sind solche Tricks nie möglich – 22.♖xf8+ ♘xf8) 21...♖c5 mit dynamischem Gleichgewicht.

13. ... ♗c8-b7

14. ♖f1-e1

Weiß entwickelt seine letzte Figur, bevor er mit seinen Zentrumsbauern aktiv wird. In einigen Abspielen gibt die Auslassung von 14.♖fe1 ♖c8 Weiß einige Vorteile; in Betracht kommt daher auch das sofortige 14.d5!?, und nun:

A) Nach 14...♘a5 würde das Fehlen der Züge 14.♖fe1 ♖c8 Weiß nun in der Tat eine zusätzliche Möglichkeit geben:

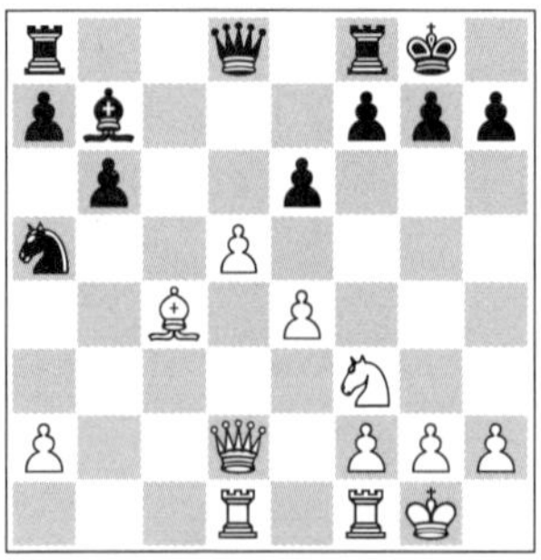

Analysediagramm

15.dxe6! (eine andere Möglichkeit war die Standardidee 15.♗d3 exd5 16.e5) 15...♘xc4 (im Fall von 15...♕xd2? 16.exf7+ ♔h8 17.♘xd2 behält Weiß einen Bauern mehr) 16.exf7+ ♔h8 (nach 16...♔xf7? 17.♕f4+ ♕f6 18.♕c7+ gewinnt Weiß die Figur zurück und verbleibt mit einem Mehrbauern) 17.♕xd8 ♖axd8 18.♖xd8 ♖xd8 19.e5.

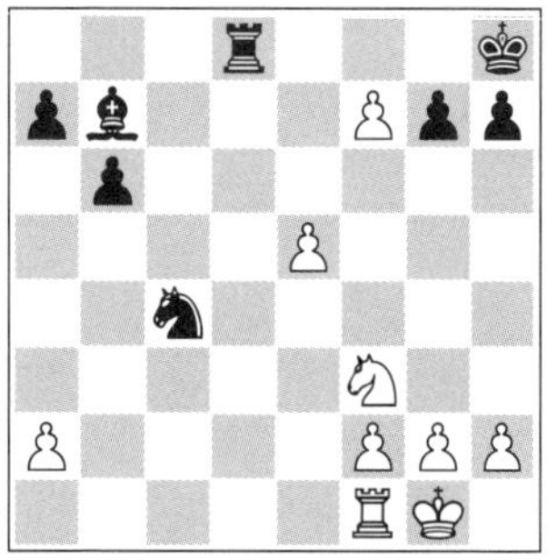

Analysediagramm

Die weißen Freibauern sind sehr stark.

19...♖c8!! (Nur so kann Schwarz in der Partie bleiben. Die Idee besteht darin, dass e6-e7 nun kein Tempo mehr an dem Turm gewinnt. Nach 19...♗xf3?? 20.e6 bekommt Weiß eine neue Dame; auf 19...♗d5?? folgt 20.♖d1; und 19...♗c8 verliert wegen 20.♖e1! g6 21.♘g5 ♘xe5 22.f4) 20.e6 (20.♖d1 führt nach 20...♗xf3! 21.e6 ♘e5 22.gxf3 ♘xf7 23.exf7 g6 zum Remis) 20...♗d5 21.♘g5 ♘d6 22.♖d1 ♗xe6 (22...♗xa2? verliert wegen 23.h4) 23.♘xe6 ♘xf7 24.h3 nebst ♖d7, und Schwarz steht ein schweres Leben bevor.

B) Angezeigt ist 14...exd5! 15.♗xd5 ♕e7, und in dieser Stellung wäre der Einschub von 14.♖fe1 ♖c8 definitiv für Weiß günstig gewesen, da ein Turm auf e1 hier sehr nützlich wäre.

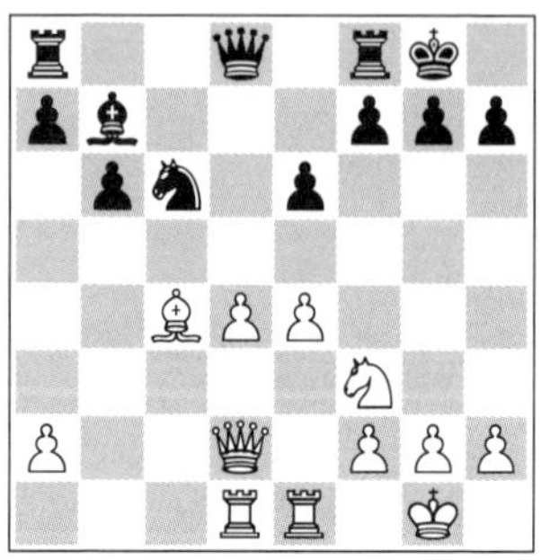

14. ... ♖a8-c8

Die Idee des Textzuges ist offensichtlich. Schwarz macht einen nützlichen Entwicklungszug und stellt die Entscheidung über die künftige Postierung seines Springers (e7 oder a5) zurück. Schauen wir uns an, was passiert, wenn Schwarz seinen Springer sofort bewegt.

A) Die Nachteile von 14...♘e7 wurden in Petrosjan-Kortchnoi, Kandidatenwettkampf, 6.Partie, Il Ciocco 1977, in hervorragender Manier aufgezeigt: 15.d5! (da Weiß alle seine Figuren entwickelt hat, ist es Zeit für aktive Handlungen) 15...exd5 16.exd5 ♘f5 (der Springer strebt nach d6, um den weißen d-Bauern zu blockieren, wie in den obigen Kommentaren zu 8...♗b4 in Jussupow-Ribli gesehen) 17.♘e5! (das Problem des Nachziehenden besteht wie in Jussupow-Ribli in der Schwäche des Feldes c6) 17...♘d6 (sonst folgt 18.d6)

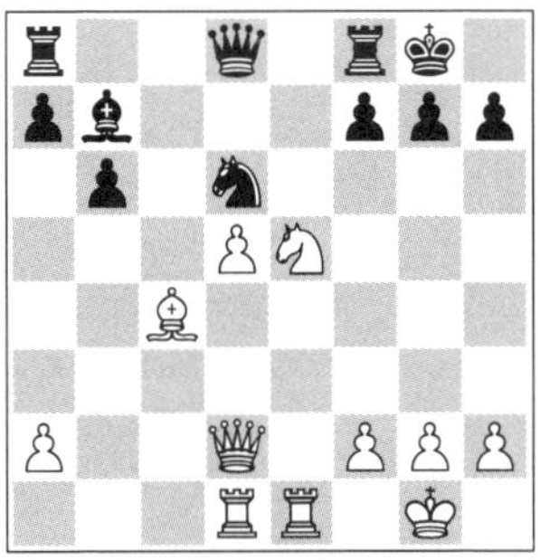

Analysediagramm

18.♘c6! ♗xc6 (18...♘xc4? ist schlecht wegen 19.♘xd8 ♘xd2 20.♘xb7 ♖ab8 21.♖e7 ♘e4 22.d6 mit gewonnenem Endspiel für Weiß) 19.dxc6 ♘xc4 20.♕f4 (die Pointe von 18.♘c6; Weiß gewinnt sein Material zurück und behält einen gut gedeckten Freibauern auf c6) 20...♘d6 21.♖xd6 ♕c7.

Es ist offensichtlich, dass Weiß besser steht. Es ist indes ebenso offensichtlich, dass die Verwertung dieses Vorteils alles andere als einfach ist. Petrosjans Vollstreckung ist sehr lehrreich und schön anzusehen:

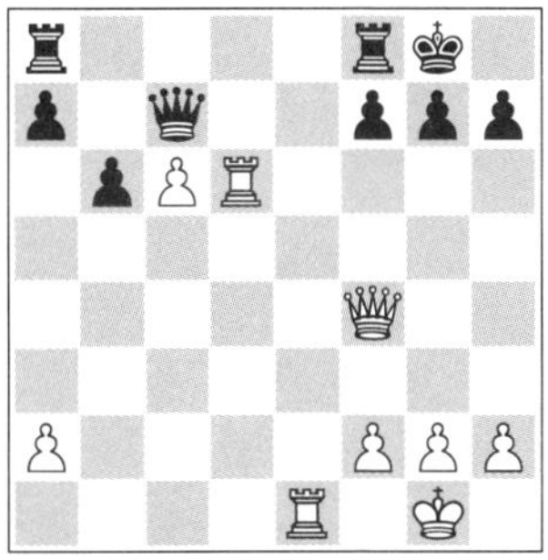

Analysediagramm

22.g3 h6 23.♕e5! ♖ac8 24.♕d5 (die Dame wird in eine dominante Stellung gebracht) 24...♔h7 25.♖e4 ♔g8 (Schwarz ist offensichtlich zur Passivität verdammt, aber wie soll Weiß seine Stellung verbessern?) 26.♔g2 a6 27.h4 b5 28.g4! ♔h7 29.♖e2 ♔h8 30.g5 h5 31.♖d2 ♖fe8 32.♕f3! g6 33.♖2d5! (mit der Drohung 34.♖d7) 33...♖f8 34.♖f6! (nun steigt der andere Turm auf d7 ein) 34...♕e7 35.♖d7 ♕e8

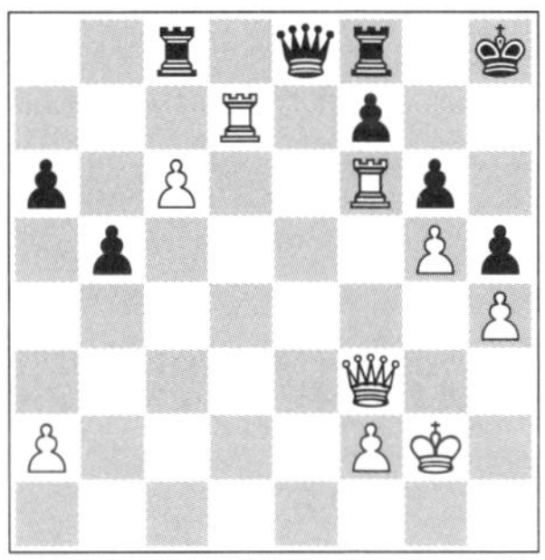

Analysediagramm

36.♖xg6! (Petrosjan und Kortchnoi konnten sich überhaupt nicht riechen, aber manchmal ist es besser, einfach aufzugeben und u.a. seinem verhassten Gegner nicht das Vergnügen des Mattsetzens zu gestatten) 36...♕e5 37.♕xh5+ matt. Dies ist wahrscheinlich die einzige Partie in der Geschichte der Kandidatenwettkämpfe, die tatsächlich mit einem Matt endete!

B) Der andere Springerzug ist 14...♘a5, was meist einfach durch Zugumstellung in Abspiele mit 14...♖c8 15.d5 ♘a5 überleitet: 15.♗d3 h6 (dieser im Allgemeinen immer nützliche Zug ist die unabhängige Idee hinter 14...♘a5; das meistens gespielte 15...♖c8 16.d5 ist nur eine einfache Zugumstellung)

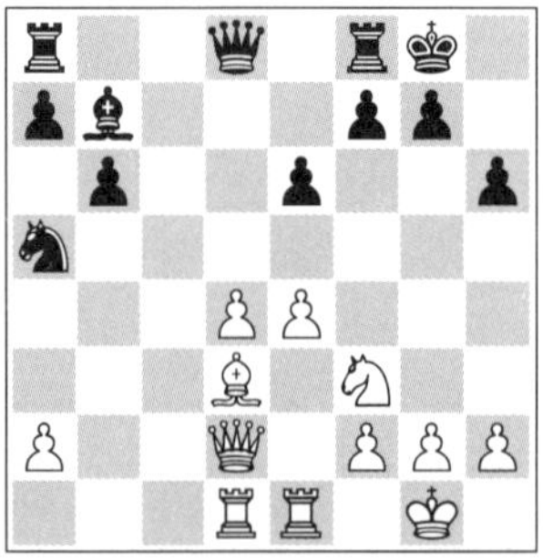

Analysediagramm

B1) Der Versuch, die Stellung weiter zu verbessern und dann den Vorstoß d4-d5 anzustreben, fruchtet hier nicht, da Schwarz seine Kräfte ebenfalls organisieren kann: 16.♕f4 ♕f6 17.♕g3 ♕e7 18.h4 ♖fd8 19.d5 ♕d6! 20.e5

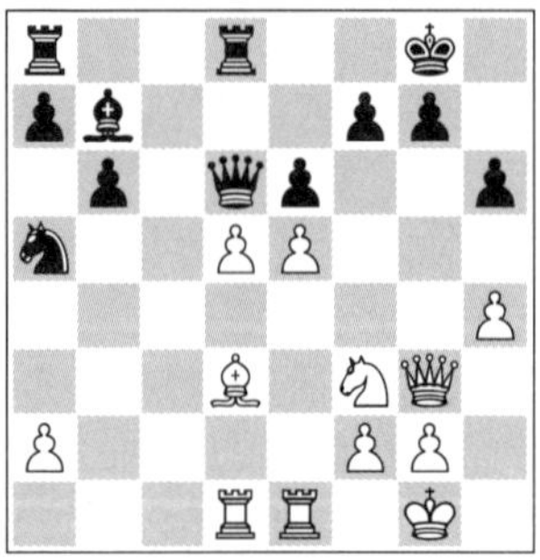

Analysediagramm

20...♕xd5 21.♗h7+ ♔xh7 22.♖xd5 ♖xd5 mit gutem Spiel für Schwarz, P.Nikolic-Ruban, PCA-Turnier, Groningen 1993;

B2) 16.d5! (wieder wird eine der strategischen Hauptideen verwirklicht) 16...exd5 17.e5 ♘c4 18.♕e2 ♕c7 19.♘d4.

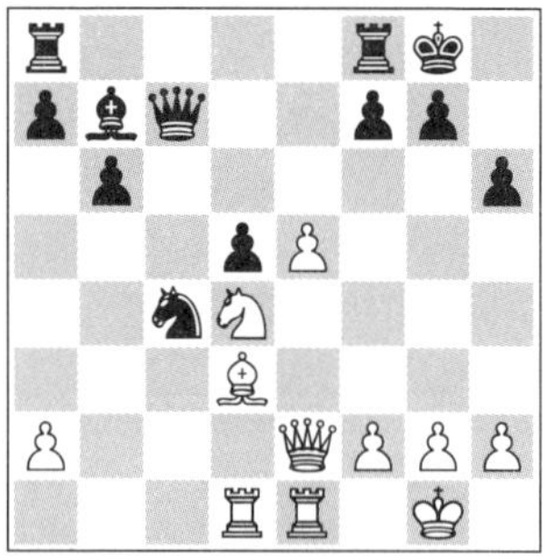

Analysediagramm

Eine hübsche Diagrammstellung, die die Pointe eines Standardopfers wie 16.d5 verdeutlicht. Weiß hat sich unter Bauernopfer einen hervorragenden Springer auf d4 verschafft, der mit einem Sprung nach f5 leicht zu einer sehr starken Angriffsfigur werden kann. Der weiße Läufer d3 ist ebenfalls ausgezeichnet für einen Angriff postiert, da er leicht mit der Dame eine Batterie bilden kann und auf der offenen Diagonale optimal steht. Der weiße Bauer e5 hat seine eigene Angriffskraft (e5-e6) und kann bald von dem auf dem Königsflügel vorpreschenden f-Bauern (f2-f4) Gesellschaft bekommen.

Die schwarzen Figuren sind zur Passivität verdammt: Der Läufer b7 ist nur ein großer Bauer, das Feld f5 ist schwach, da der Bauer e6 nach d5 übergewechselt ist, die schwarze Bauernstruktur am Königsflügel ist generell gegenüber Angriffen anfällig, der Springer auf c4 tut wenig und leistet keinen Beitrag zur Verteidigung des Königsflügels, und schließlich hat Schwarz auch nur sehr wenig Gegenspiel. All dies für den Preis eines einzigen Bauern ist eine gute Grundlage für ein positionelles Bauernopfer, dessen Korrektheit nicht durch allzu viele direkte Varianten nachgewiesen werden muss.

Ich weiß, dass ich hier etwas unfair bin, wenn ich sage, dass ich in derartigen Stellungen fast schon definitionsgemäß lieber mit Weiß spielen würde, aber ist nicht das ganze Leben unfair?

Nach 19...♖ae8 20.f4 b5 21.♔h1 hatte Weiß in Gulko-Jussupow, Tal-Memorial, Riga 1995, gute Kompensation für den Bauern.

Da alle weißen Figuren gut stehen, ist die Zeit zum Handeln gekommen.

15. d4-d5! e6xd5

Dies führt zu einer für Weiß besseren Stellung. Ein anderer Hauptzug ist 15...♘a5 (wie unter 14...♘a5 15.♗d3 ♖c8 16.d5 erwähnt), und nun:

A) Mit den Türmen auf e1 und c8 ist 16.dxe6 im Vergleich zu dem Kommentar nach 14.d5 ♘a5 15.dxe6! viel weniger gefährlich für Schwarz. Die Komplikationen führen mehr oder weniger forciert zu einem remisen Endspiel; man sehe:

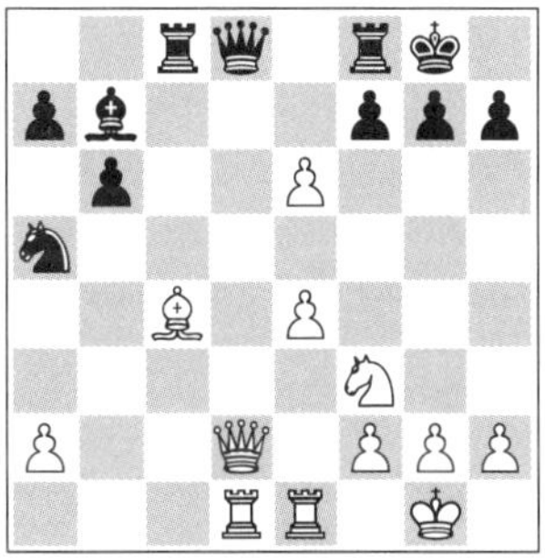

Analysediagramm

A1) Ein dicker Fehler ist 16...♘xc4? 17.exf7+ ♔h8 (oder 17...♔xf7 18.♕f4+ ♕f6 19.♖d7+) 18.♕xd8 ♖cxd8 19.♖xd8 ♖xd8 20.e5 mit Gewinn für Weiß. Im Vergleich zu der oben analysierten Stellung nach 14.d5 ♘a5 15.dxe6 ♘c4 hat er ein Tempo mehr, da der weiße Turm auf e1 statt auf f1 steht.

A2) 16...♕xd2! 17.exf7+ ♔h8 18.♘xd2 ♘xc4 19.♘xc4 ♖xc4 20.e5.

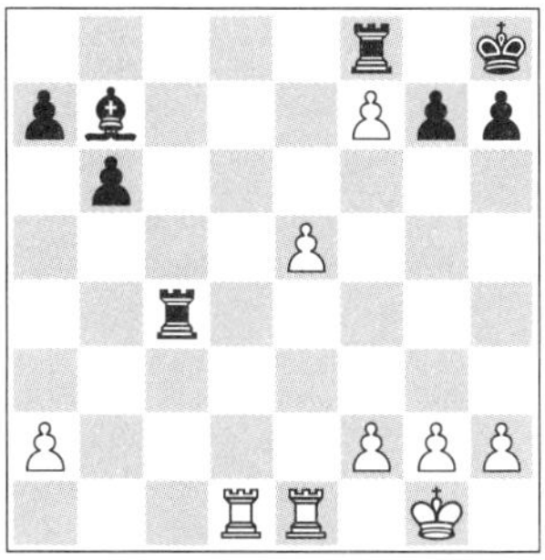

Analysediagramm

Angesichts der marschierenden weißen Bauern ist Schwarz zur schnellen Rückgabe der Figur gezwungen: 20...♗c8! 21.e6 ♗xe6 22.♖xe6 g6! (ungenau ist 22...♖c7? wegen 23.♖e8 ♖xf7 24.♖xf8+ ♖xf8 25.♖d7 ♖a8 26.♖b7, und Weiß steht dank seines aktiven Turms besser) 23.♖e7 ♖a4.

B) Daher geht das Spiel nun weiter mit 16.♗d3 exd5 17.e5 (wiederum hat sich eine Standardposition für das Bauernopfer d4-d5 ergeben) 17...♘c4 (es mag den Anschein haben, dass die Situation hier grundlegend anders ist, da der weiße Springer noch auf e2 steht und im Vergleich zu Gulko-Jussupow der Zug ♕e2 nicht geht, aber:) 18.♕f4! (Weiß vertraut auf seine Angriffsressourcen!) 18...♘b2

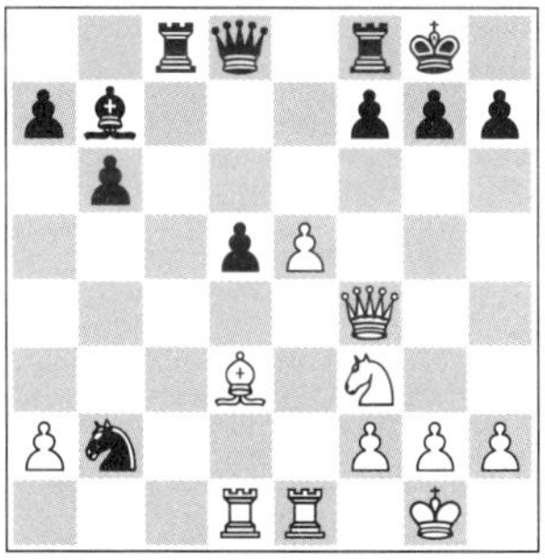

Analysediagramm

19.♗xh7+!! (die Idee von 18.♕f4) 19...♔xh7 20.♘g5+ ♔g6 21.h4! (deckt nicht nur den Springer, sondern droht auch das tödliche 22.h5+!), und nun:

B1) Nach 21...♘xd1? wird die Idee des Weißen klar: 22.h5+! ♔xh5 (oder 22...♔h6 23.♘e6+ ♔h7 24.♘xd8 ♖cxd8 25.♖xd1) 23.g4+! ♔g6 24.♕f5+ ♔h6 25.♕h7+ ♔xg5 26.♕h5+ ♔f4 27.♕f5+ matt.

B2) 34 Jahre (!) nach der Stammpartie des Opfers 19.♗xh7+!! wurde eine weitere Spitzenpartie gespielt, die folgenden Fortgang nahm: 21...♕e7 22.♖d2 ♖c4 (falls 22...♘c4, so setzt Weiß seinen Angriff mit 23.♖d3 fort)

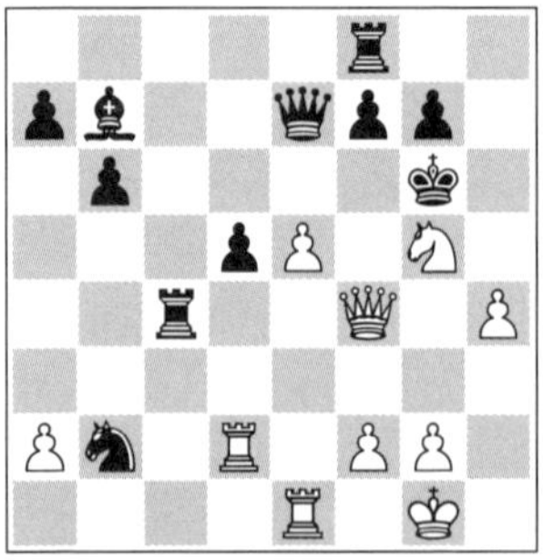

Analysediagramm

23.♕g3 (Weiß verpasst den hübschen forcierten Gewinn 23.h5+! ♔h6 (nach 23...♔xh5? wird Schwarz immer noch mit 24.g4+ ♔h6 25.♕h2+ matt gesetzt) 24.♘xf7+ ♔h7 25.♕f5+ ♔g8 26.e6 ♘a4 (sonst sackt Weiß einfach den Springer ein) 27.h6! (droht einzügig Matt) 27...♖h4 28.♖d4!, und Schwarz ist hilflos. Man beachte, dass in allen diesen Abspielen der Läufer b7 abgesehen davon, dass er den Bauern d5 verteidigt, passiv steht und überhaupt nicht am Spiel teilnimmt. Dies ist eine der wichtigen strategischen Pointen des Bauernopfers d4-d5) 23...♔h6 24.♖xb2, wonach Weiß in Drejew-Jussupow, Mainz 2003, letztendlich den Sieg an seine Fahnen heften konnte.

B3) 21...♖c4 22.h5+ ♔h6 (22...♔xh5?? 23.g4+ ist die gleiche Leier) 23.♘xf7+ ♔h7 24.♕f5+ ♔g8 25.e6 ♕f6! (25...♕e7? verliert wegen eines Motivs aus dem obigen Abspiel: 26.h6! ♖h4 27.♖d4!) 26.♕xf6 gxf6

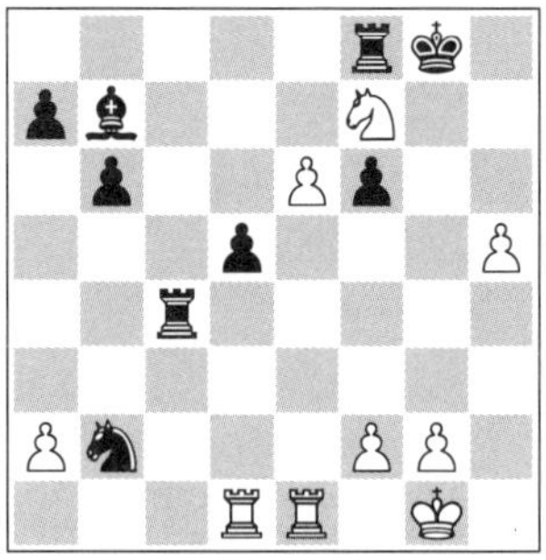

Analysediagramm

27.♖d2! (27.♘d6 ♘xd1 28.e7 ♖c1 29.exf8♖+ ♔xf8 30.♘xb7 d4 31.♘d6 d3 32.♖e8+ ♔g7 33.♘f5+ ♔f7 34.♘d6+ ♔g7 35.♘f5+ ♔h7 36.♖e7+ ♔g8 37.♖e8+ führt forciert zum Remis), und nun:

B31) Die Deckung des Springers mit 27...♖b4 erscheint logisch, verliert aber nach 28.a3!, was den Turm b4 aus dem Gleichgewicht bringt: 28...♖b3 29.e7 ♔xf7 30.exf8♕+ ♔xf8

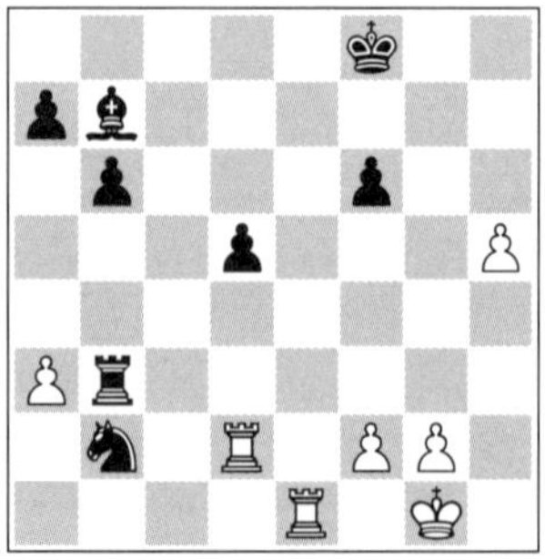

Analysediagramm

31.h6! ♔g8 (falls 31...♗c6, so einfach 32.♖e6; oder 31...♘c4 32.h7 ♔g7 33.♖e7+ ♔h8 34.♖d4 mit Gewinn für Weiß) 32.♖e7 ♗c6 33.♖de2 ♘c4 34.♖g7+ ♔h8 35.♖ee7, und Weiß setzt in wenigen Zügen matt.

B32) 27...♖c6 28.♖xb2 ♖e8 29.♘h6+! (überführt den Springer auf ein besseres Feld) 29...♔h7 30.♘f5 ♖exe6 31.♖xe6 ♖xe6 32.♖c2 ♖c6 33.♖e2

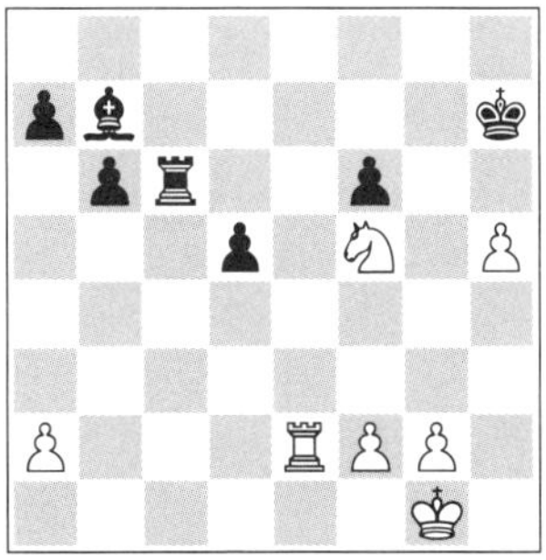

Analysediagramm

33...♗c8? (Danach kann der weiße Turm auf die siebte Reihe eindringen, was sich in dieser spektakulären Partie als entscheidend erweist. Besser war 33...♖c7, aber es könnte gut sein, dass Schwarz nach 34.♖e6 ohnehin verloren ist) 34.♖e7+ ♔h8 35.♘h4! f5 36.♘g6+ ♔g8 37.♖xa7, und in Polugajewski-Tal, Sowjetische Meisterschaft, Moskau 1969, gab Schwarz auf.

16. ♗c4xd5!

Auf d5 wird der Läufer die Stellung beherrschen. Daher muss Schwarz ihn abtauschen und Weiß schließlich doch einen Freibauern auf der d-Linie zugestehen. Das sofortige 16.exd5 gibt Schwarz ein Tempo mit 16...♘a5 und ist nicht besonders überzeugend: 17.♗f1 ♕d6 (17...♖c5 18.d6 ♗d5 19.♘g5! ist gefährlich für Schwarz) 18.♘g5 ♖cd8 19.♕d3 ♕h6! 20.♕f5 ♗c8 21.♕f4

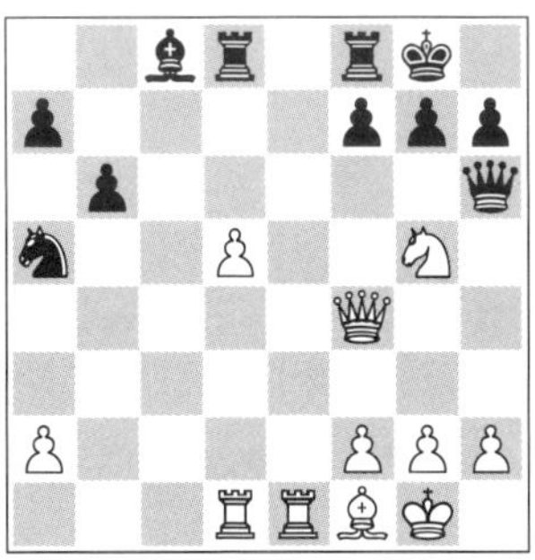

Analysediagramm

21...♘b7! (Kaltblütige und lehrreiche Verteidigung. In derartigen Stellungen kann sich das Blatt leicht wenden, und plötzlich muss Weiß einsehen, dass er ernsthafte Probleme hat) 22.♖e7 (falls 22.♗d3?!, so 22...f6!) 22...f6 23.♘e6 ♕xf4 24.♘xf4 ♖f7 mit gutem Spiel für Schwarz, Chalifman-Ruban, Russische Meisterschaft, Elista 1995, da 25.d6? wegen 25...♔f8! den d-Bauern verliert.

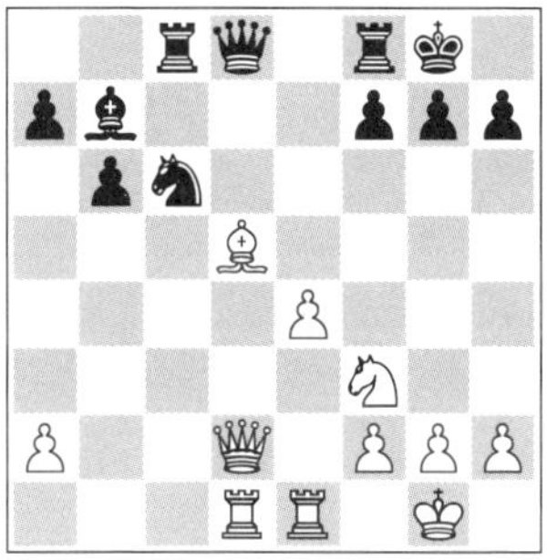

16. ... ♘c6-a5

Schwarz wird höchstwahrscheinlich seine Dame nach e7 oder c7 stellen müssen und hätte dies auch gut sofort tun können:

A) 16...♕e7 17.e5! (Man beachte, dass der weiße Turm im Vergleich zum Abspiel 14.d5 ed5 15.♗d5 ♕e7 hier auf e1 sehr nützlich ist, wie in den meisten anderen Varianten, so dass die Einschaltung von 14.♖e1 ♖c8 schließlich doch Weiß zugute kommt!) 17...♘d8 18.♗xb7 ♘xb7 19.♘d4 g6 20.f4 mit besserer Stellung für Weiß, dessen Bauernmajorität gefährlich auf den schwarzen Königs zurollt.

B) 16...♕c7 ist dagegen mit einigen anderen Nachteilen behaftet: 17.♕g5! h6 18.♕g4 ♖fd8 19.h3 (dieser Zug ist hier nützlich) 19...♘e7 (schlecht ist 19...♘b4? wegen des einfachen 20.♗xb7 ♕xb7 21.♘d4, und der weiße Springer steigt über f5 ein), und nun sehen sowohl 20.♗b3 als auch 20.♗xb7 ♕xb7 21.e5 aussichtsreich für Weiß aus.

17. ♕d2-f4 ♕d8-c7

Nach 17...♕e7, überführt Weiß wiederum mit 18.♘d4 seinen Springer nach f5.

18. ♕f4-f5!

Hält den Druck aufrecht und zwingt Schwarz zur Beseitigung des dominanten Läufers auf d5.

18. ... ♗b7xd5

19. e4xd5

Nun hat Weiß einen flinken Freibauern.

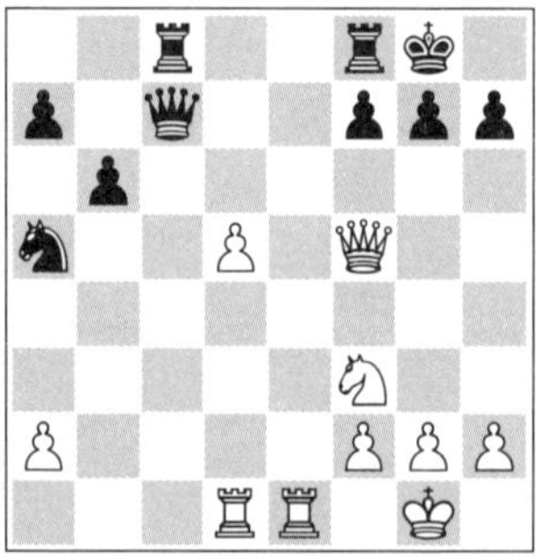

19. ... ♕c7-c2

Schwarz will die weiße Dame von der Diagonale b1-h7 vertreiben, um die Erzeugung schwarzfeldriger Schwächen nach weißem ♘f3-g5 zu verhindern.

Für die Überführung des Springers nach d6 fehlt ihm die Zeit, da 19...♘c4 wegen 20.♘g5 g6 21.♕h3 h5 22.♘e4 ♘d6 23.♘f6+ ♔g7 24.♕g3! verliert.

Das sich nach 19...♕d6 20.♘g5! ♕g6 21.♕xg6 hxg6 22.d6 ♘b7 23.d7 ♖cd8 24.♖e7 forciert ergebende Endspiel ist wahrscheinlich für Schwarz verloren.

20. ♕f5-f4!

Das Endspiel nach 20.♕xc2 ♖xc2 21.♖e7 ist klar besser für Weiß, aber Spasski will mehr.

20. ... ♕c2xa2

Damit hat Schwarz nicht ganz Unrecht. Seine Stellung war ohnehin schwierig; nun hat er wenigstens einen Bauern.

21. d5-d6! ♖c8-d8

22. d6-d7

Es ist offensichtlich, dass Weiß mit seinem starken Bauern auf d7 und der völligen Beherrschung der Stellung für den geopferten Bauern mehr als ausreichend entschädigt ist.

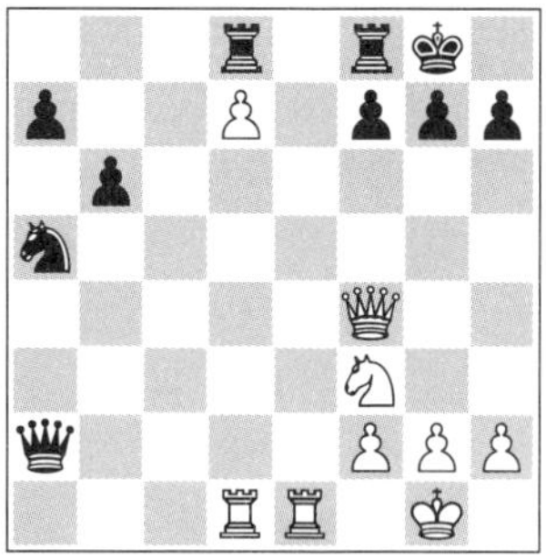

22. ... ♕a2-c4

23. ♕f4-f5 h7-h6

24. ♖d1-c1!

Bereitet das Eindringen auf der siebten Reihe vor.

24. ... ♕c4-a6

25. ♖c1-c7 b6-b5

26. ♘f3-d4

26.♖e8 sollte ebenfalls gewinnen (falls 26...♕d6, so 27.♖c8 ♕d1+ 28.♘e1), aber es ist verständlich, dass Weiß einen Turm auf der ersten Reihe halten will.

26. ... ♕a6-b6

26...♕d6 ist vielleicht besser, bringt aber nach 27.♘xb5 ♕d2 28.♖b1 a6 29.♘c3 ♘b3 30.♖d1 auch keine Rettung.

27. ♖c7-c8!

Das Schicksal des Nachziehenden ist besiegelt.

27. ... ♘a5-b7

Eine hübsche Variante ist 27...b4 28.♖e8! ♕xd4 29.♖xf8+ ♖xf8 30.♖xf8+ ♔xf8

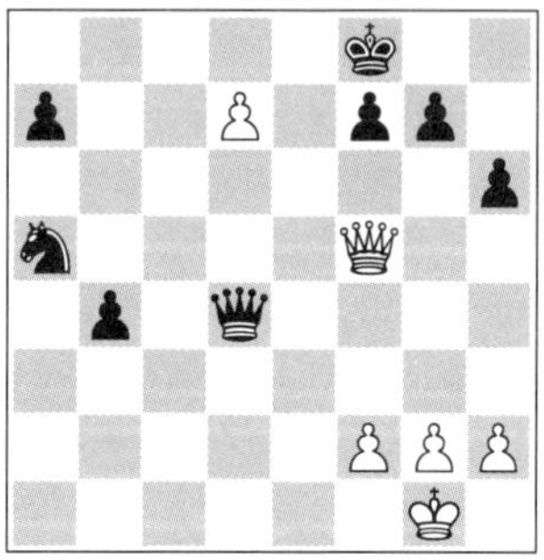

Analysediagramm

31.♕c5+! ♕xc5 32.d8♕+ matt.
27...g6 verliert wegen 28.♖xd8 gxf5 29.♖xf8+ ♔xf8 30.♖e8+.
Oder 27...♕xd4 28.♖xd8 ♖xd8 29.♖e8++–.

28. ♘d4-c6! ♘b7-d6

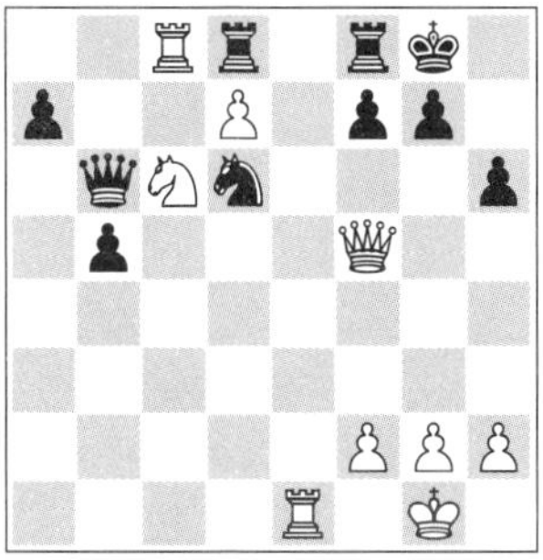

29. ♘c6xd8!

Hübsche Vollstreckung bis ganz zum Schluss.

29. ... ♘d6xf5
30. ♘d8-c6

Schwarz gab auf.

QI 7.4 (E12) **PARTIE 42**

Garri Kasparow
Miguel Najdorf
Bugojno 1982 (3)

1. d2-d4 ♘g8-f6
2. c2-c4 e7-e6
3. ♘g1-f3 b7-b6
4. a2-a3

Diese Variante wurde vom 10. Weltmeister Tigran Petrosjan, der sie seit 1958 regelmäßig anwandte, hoffähig gemacht und trägt seinen Namen. Heutzutage ist sie eine der Hauptvarianten des Dameninders. Meist entsteht in dem sich aus dieser Variante ergebenen Mittelspiel eine typische Struktur mit einer Bauernmehrheit im Zentrum.

Der junge Kasparow griff diese dynamische Variante auf, analysierte sie tiefschürfend und erzielte mit ihr viele glanzvolle Siege, wobei ihm sein hervorragendes Gefühl für das der Zentrumsbauernmajorität innewohnende Angriffspotenzial gute Dienste leistete.

Der Zug 4.a3 verfolgt die ziemlich einfache Idee, ohne Umschweife um die Felder d5 und e4 zu kämpfen. Konkret verhindert er die Fesselung ♗b4.

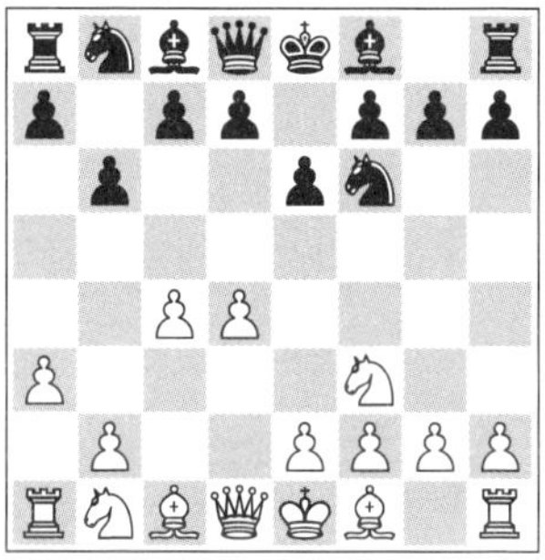

4. ... ♗c8-b7
5. ♘b1-c3 d7-d5
6. c4xd5 ♘f6xd5

Eine andere Hauptvariante ist 6...exd5.

7. e2-e3

Beliebt ist auch 7.♕c2; siehe Partie 45 (Sokolov-Polgar) weiter unten in diesem Kapitel.

7. ... ♗f8-e7

Alle normalen Züge für Schwarz in dieser Stellung sind in der Großmeisterpraxis hunderte Male versucht worden: 7...g6; 7...♘f6; 7...♘d7 (siehe Galljamowa-Tiwjakow, Partie 43, weiter unten in diesem Kapitel) und 7...♘xc3.

8. ♗f1-b5+

Dieses Schachgebot ist eine Erfindung von Petrosjan höchstselbst. Seine Idee besteht darin, die schwarze Entwicklung etwas zu stören.

8. ... c7-c6
9. ♗b5-d3 ♘d5xc3
10. b2xc3 c6-c5
11. 0-0 ♘b8-c6

Das Hauptdilemma für Schwarz besteht hier in der Frage, wo er seinen Springer hinstellen will. Die andere Hauptvariante ist natürlich 11...♘d7.

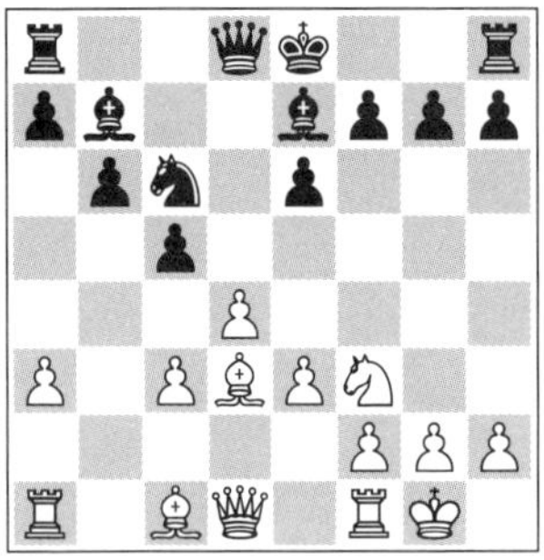

12. e3-e4

Sehr logisch; Weiß kann jedoch auch seinen schwarzfeldrigen Läufer auf die lange Diagonale stellen und dann mit c3-c4 (statt e3-e4) eine Stellung mit hängenden Bauern im Zentrum anstreben.

Einer von Kasparows spektakulären Siegen nahm folgenden Verlauf: 12.♗b2 ♖c8 13.♕e2 0-0 14.♖ad1 ♕c7 15.c4 cxd4 16.exd4 (eine typische Stellung mit hängenden Bauern im Zentrum) 16...♘a5.

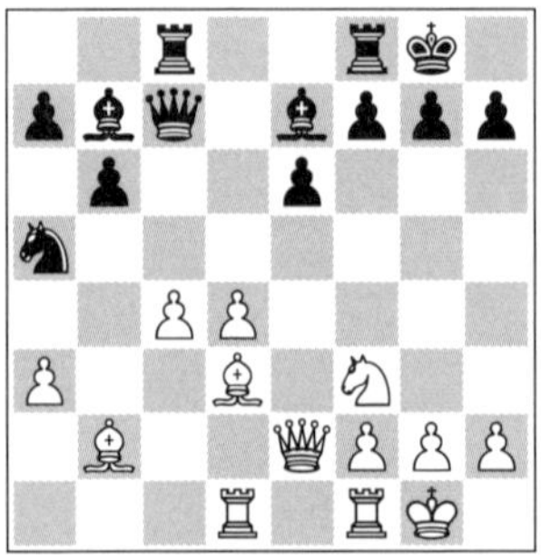

Analysediagramm

Schwarz greift die weiße Schwäche auf c4 an.

17.d5! (da seine Figuren gut entwickelt sind, entscheidet sich Weiß für den Vorstoß des Zentrumsbauern, den wir im vorigen Kapitel häufig gesehen haben) 17...exd5 18.cxd5 ♗xd5 19.♗xh7+ ♔xh7 20.♖xd5 ♔g8.

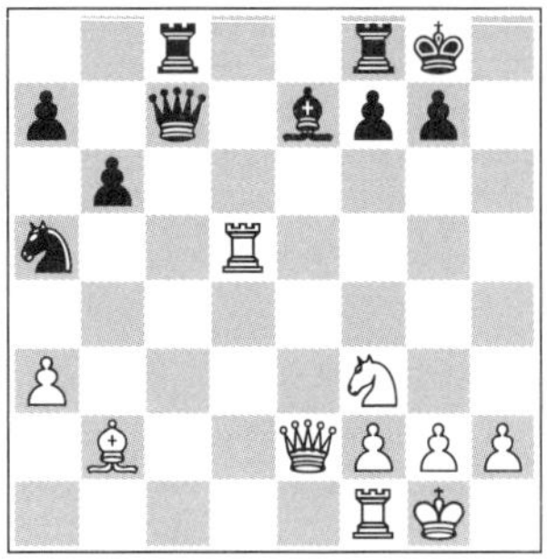

Analysediagramm

Weiß ist harmonisch entwickelt, aber wie soll es weitergehen? Es sind bereits einige Figuren getauscht worden, und Schwarz ist im Begriff, sich zu konsolidieren.

21.♗xg7!! (dieses hübsche, thematische Opfer beruht auf guter Berechnung und taktischer Intuition) 21...♔xg7 22.♘e5! ♖fd8 23.♕g4+ ♔f8 24.♕f5! f6 25.♘d7+ ♖xd7 26.♖xd7 ♕c5 27.♕h7 mit anhaltendem Angriff auf den schwarzen König, Kasparow-Portisch, Niksic 1983.

12. ... 0-0

Schwarz kann auch die Rochade zurückstellen und zuerst seinen Turm entwikkeln: 12...♖c8 13.♗b2 (im Fall von 13.♗e3 würde das Spiel vermutlich durch Zugumstellung wieder in die Hauptpartie übergehen) 13...♗f6.

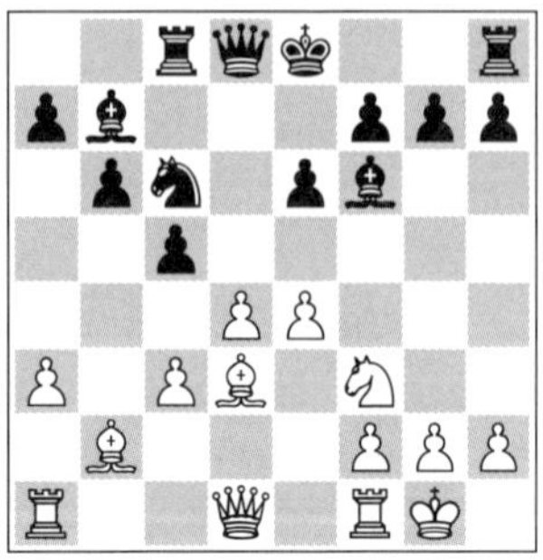

Analysediagramm

Mit dem schwarzen König noch auf e8 opfert Kasparow bereitwillig einen Bauern, um das Zentrum zu öffnen: 14.d5! exd5 15.exd5 ♕xd5 16.♖e1+, und nun:

A) 16...♘e7? löst das Problem des in der Mitte festsitzenden schwarzen Königs nicht: 17.c4 ♕d6 (nicht 17...♕c6? wegen der einfachen Antwort 18.♗e4) 18.♘e5! ♖d8 (falls 18...♕c7, so hat Weiß nach 19.♕h5 oder 19.♕a4+ ♗c6 20.♕c2 starken Angriff) 19.♕a4+ ♔f8 20.♖ad1 ♕c7 21.♗e4! ♖xd1 22.♖xd1 ♗xe4 23.♘d7+ ♔g8 24.♘xf6+ gxf6.

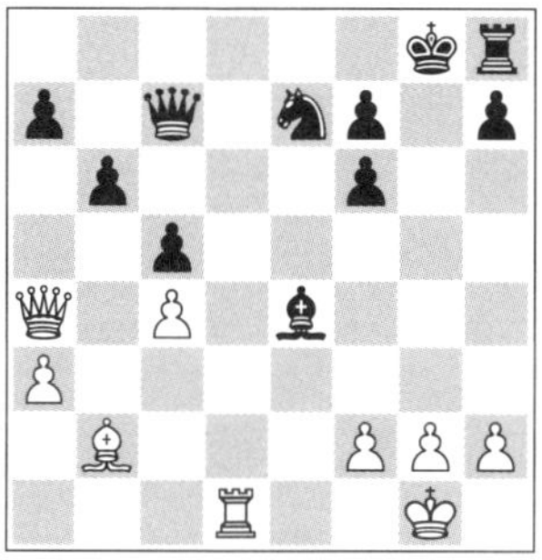

Analysediagramm

Nun ist 25.♕e8+ nicht gut und bringt Weiß nach 25...♔g7 26.♗xf6+ ♔xf6 27.♕xh8+ ♔g6 in Schwierigkeiten.

Aber nach 25.♗xf6! ist Schwarz gelähmt: 25...♘c6 (oder 25...♕c8 26.♕d7 ♕xd7 27.♖xd7 ♘c6 28.♖c7 mit Gewinn für Weiß) 26.f3 ♗f5 27.♕xc6, und Schwarz wird matt gesetzt.

B) Daher muss Schwarz das Rochaderecht aufgeben: 16...♔f8 17.♕c2 ♘e5 (verständlicherweise würde Schwarz gerne Figuren tauschen) 18.♗e4 ♘xf3+ 19.♗xf3 ♕d7 20.♖ad1 ♕c7 21.♗xb7 ♕xb7

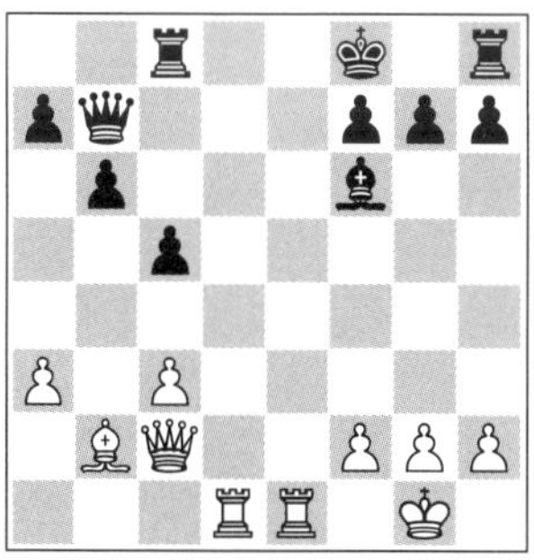

Analysediagramm

22.♕a4?! (Dieser Zug ist wahrscheinlich ein Fehler, da nun der weiße Läufer auf b2 eine Zeitlang völlig aus dem Spiel ausgeschlossen sein wird. Es war besser, diesen passiven Läufer mit 22.c4! gegen den guten schwarzen Läufer zu tauschen, wonach Schwarz schreckliche Probleme hat, seine Kräfte zu verbinden: 22...♗xb2 23.♕xb2 h5 24.♖d6! h4 25.♕d2 ♕b8 26.♖d7) 22...h5?! (besser war 22...b5! 23.♕f4 h5 24.♖d6 ♖h6; 24...♕c7 25.♕f5) 23.♖d7 (Kasparow-Iwkow, Bugojno 1982) 23...♕c6 24.♕xa7 ♔g8 mit besserem Spiel für Weiß, wenngleich Schwarz angesichts der schwachen weißen Damenflügelbauern gute Remischancen hat.

13. ♗c1-e3

Es stellt sich die logische Frage, warum Weiß nicht einfach den Bauern d4 vorrückt, was Raum gewinnt und den schwarzen Springer an den Brettrand drängt.

Nun, die Sache ist nicht ganz so einfach, man sehe: 13.d5 exd5 14.exd5 ♘a5 15.c4.

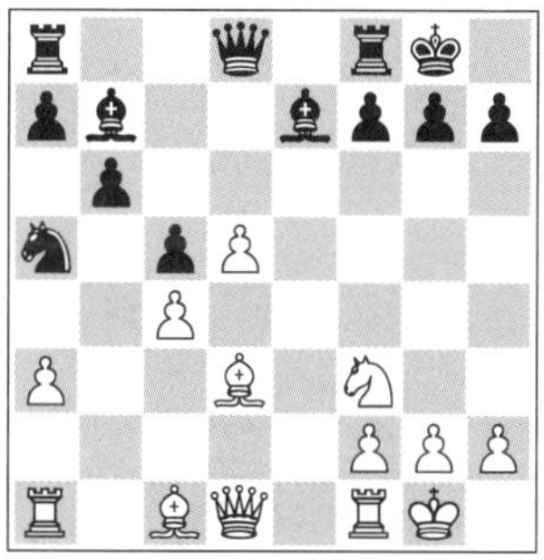

Analysediagramm

Der schwarze Springer ist in der Tat an den Brettrand gezwungen worden, und Weiß scheint das Zentrum gut unter Kontrolle zu haben, während zudem der schwarze Läufer b7 vorübergehend nicht am Spiel teilnimmt. Das Problem des Anziehenden besteht jedoch darin, dass seine Zentrumsbauern (c4 und d5) leicht mit 15...b5! unterminiert werden können. Nach 16.cxb5 kann folgen:

A) Überraschenderweise ist der "Tempogewinn" mit 16...♗f6?! 17.♖b1 ♕xd5 falsch, da der schwarze Springer a5 nun in der Tat abgeschnitten wird und sich nach 18.♕c2 ♖fe8 19.♗d2! als leichtes Angriffsziel entpuppt. Die ansonsten gut koordinierten, aktiven schwarzen Figuren können den hoffnungslos stehenden Springer nicht kompensieren, z.B. 19...♕h5

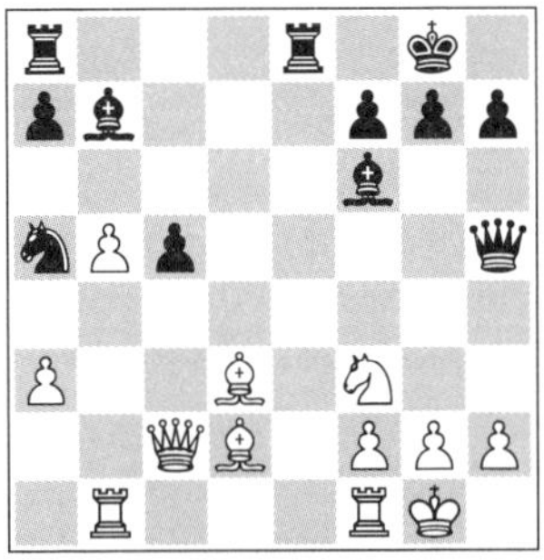

Analysediagramm

20.♖fe1! (nicht 20.♗xa5? ♗xf3 21.gxf3 ♗e5 22.f4 ♕g4+ 23.♔h1 ♕f3+ 24.♔g1 ♕g4+, und Schwarz hat mindestens ein Remis) 20...♗xf3 21.gxf3 ♗e5 (nach 21...♘b7 22.♗e4 ♖e7 23.b6! steht Weiß klar besser) 22.♖xe5! ♖xe5

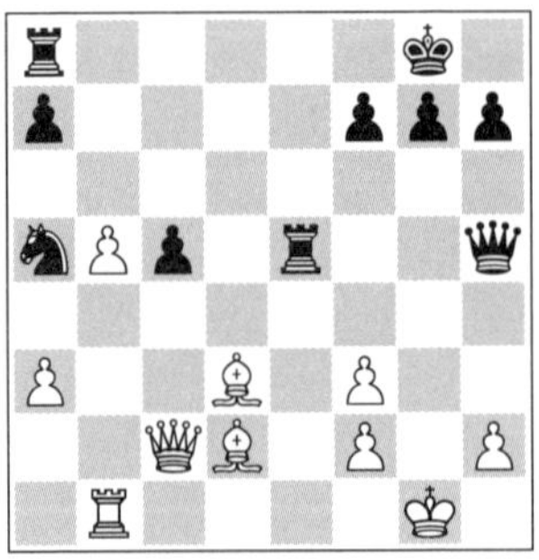

Analysediagramm

23.♗e4! (23.♗xa5?? ist ein schrecklicher Fehler wegen 23...♖g5+ 24.♔f1 ♖e8 mit Gewinn für Schwarz) 23...♖d8 24.♗xa5. Der Rauch hat sich verzogen – Weiß steht klar besser und trug in Arutinjan-Melkumjan, Martuni 2007, letztendlich den Sieg davon.

B) 16...♕xd5! 17.♕c2 ♘b3!. Das ist der Unterschied. Schwarz löst das Problem seines gestrandeten Springers und hat mindestens gleiches Spiel.

13. ... c5xd4

14. c3xd4

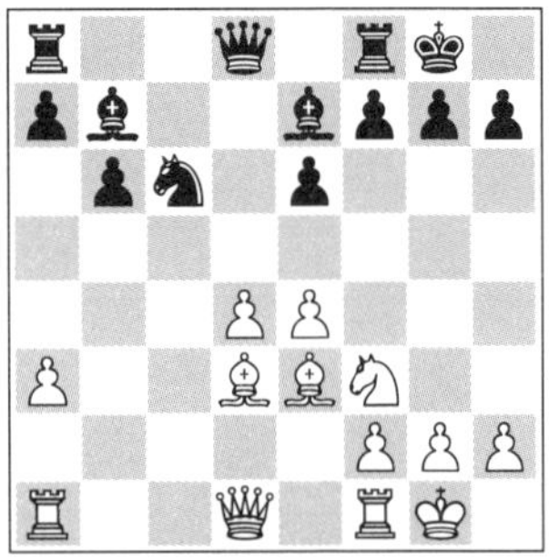

Dies ist ein guter Moment, um Bilanz zu ziehen und diese Stellung mit der vorhergehenden Partie, in der die Verbesserte Tarrasch-Verteidigung aufs Brett kam, zu vergleichen. Die Bauernstruktur ist die gleiche, aber der Unterschied besteht hier darin, dass die schwarzfeldrigen Läufer noch auf dem Brett sind. Meiner Meinung nach sollte dies aus den folgenden Gründen im Allgemeinen für Weiß vorteilhaft sein:

– Schwarz hat erheblich weniger Manövrierraum für seine Figuren;

– Ausflüge der schwarzen Dame (nach f6) sind unmöglich;

– Im Fall einer Bauernblockade im Zentrum (nach d4-d5 und e6-e5) ist die Anwesenheit der schwarzfeldrigen Läufer im Allgemeinen vorteilhaft für Weiß. Sollte ein schwarzer Bauer auf h6 erscheinen, so können sich Opfermotive mit ♗xh6 ergeben, und ganz allgemein steht Weiß in vielen Varianten einfach eine Figur mehr für seinen Angriff am Königsflügel zur Verfügung. Der vielleicht einzige Pluspunkt für Schwarz besteht darin, dass die Idee ...f7-f5 zur Unterminierung des weißen Bauernzentrums und zur Eroberung der Kontrolle über das Feld d5 mit den schwarzfeldrigen Läufern auf dem Brett viel einfacher durchzuführen ist.

14. ... ♖a8-c8

Der einzige Vorteil, den Schwarz aus der Tatsache ziehen kann, dass die schwarzfeldrigen Läufer noch auf dem Brett sind, besteht in der folgenden interessanten Möglichkeit, die überraschenderweise in der Praxis nur sehr selten zu sehen ist:

A) 14...♔h8!? (sofort 14...f5 wird mit 15.♕b3 beantwortet) 15.♕e2?! (Weiß hätte den Plan des Nachziehenden besser ernst nehmen und Züge wie 15.♕b1 in Betracht ziehen sollen) 15...f5.

Schwarz unterminiert ganz richtig das weiße Zentrum und ist im Begriff, die Kontrolle über die weißen Felder (namentlich d5) zu übernehmen. Weiß kann das Problem hier nicht mit dem Bauernopfer d4-d5 lösen, wie wir es weiter unten in der Partie Sokolov-Howell sehen werden, während 16.exf5 exf5 dem Nachziehenden sehr bequemes Spiel gibt.

Weiß will keine positionellen Zugeständnisse machen und entscheidet sich für ein vorübergehendes Bauernopfer: 16.♖ad1 f4! 17.♗c1 ♘xd4 18.♘xd4 ♕xd4 19.♗b2 ♕c5 (stark ist der Zwischenzug 19...f3! 20.gxf3 ♕c5, wonach Weiß mit seiner ramponierten Bauernstruktur am Königsflügel kein leichtes Leben hätte) 20.♕g4 ♕g5 (20...e5 21.♖c1 ♕d6 22.♖fd1) 21.♕xe6 ♖ae8 22.♕d7 f3! 23.g3 ♗c8 24.♕xa7 ♗c5 25.♖fe1

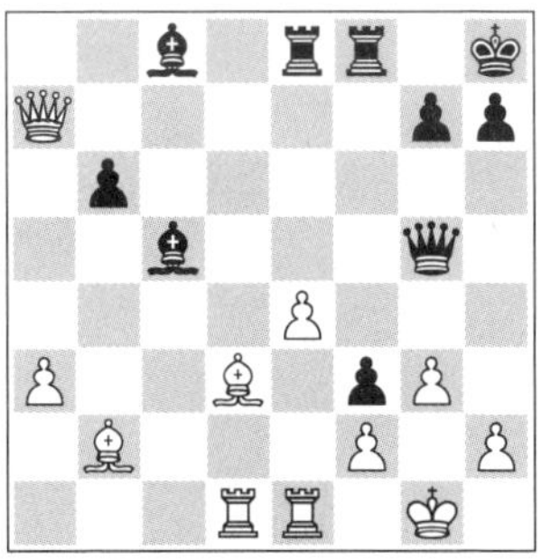

Analysediagramm

25...♕h6! 26.♗f1? (Weiß patzt in sehr schwieriger Stellung; 26.h4 schwächt dagegen das Feld g3 und verliert wegen 26...♕g6!) 26...♗xf2+ 27.♔xf2 ♕xh2+ 28.♔e3 ♕xb2, und Schwarz gewann in Waganjan-Rasuwajew, Jaroslawl 1982.

B) Die Verwendung des schwarzfeldrigen Läufers zum Angriff auf das weiße Zentrum mit 14...♗f6?! funktioniert bei weitem nicht so gut: 15.♗b1 ♖c8 16.♕d3 g6 17.♗a2! ♕d7 18.♖ad1 ♘a5 19.♗h6 ♖fe8 20.♘g5! mit aussichtsreichem Königsangriff und baldigem Sieg für Weiß in Furman-Panno, Madrid 1973.

15. ♕d1-e2

In einer seiner früheren Partien versuchte Kasparow, seinen Turm a1 über die zweite Reihe nach d2 zu entwickeln. Dieser Plan ist zwar an sich logisch, funktionierte aber hier nicht gut: 15.♖a2!? ♗f6 16.♗b1

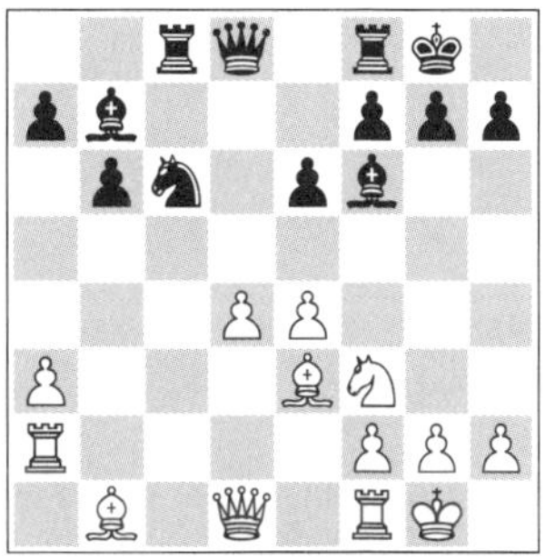

Analysediagramm

16...g6! (in vielen Abspielen ist der schwarze König nach diesem Zug besser gegen den Angriff am Königsflügel geschützt) 17.♕d3 (nach sofort 17.♖d2 missfiel dem Anziehenden wahrscheinlich 17...♘a5) 17...♕d7 18.♖d2 ♖fd8 19.♕e2 ♘a5.

Die weißen Zentrumsbauern können nicht ziehen, während ♘a5-c4 droht. Daher ist der nächste Zug von Weiß mehr oder weniger erzwungen: 20.♘e5

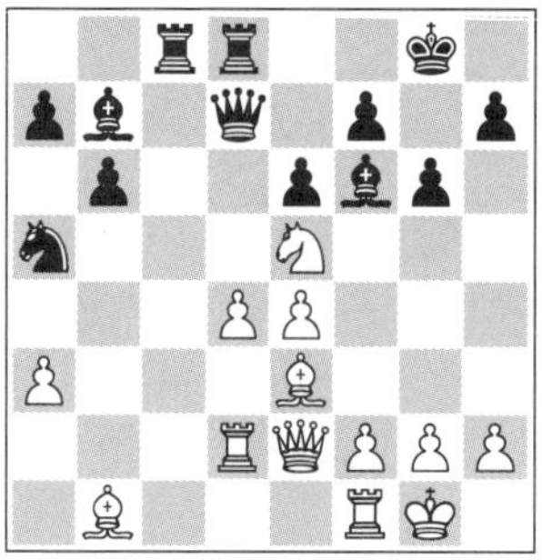

Analysediagramm

20...♗xe5! (Schwarz hat keine Angst vor Gespenstern. Der weiße Läufer auf f6 kann nicht alleine matt setzen; die weiße Dame kann nicht zur Unterstützung nach h6 überführt werden) 21.dxe5 ♕c7 22.♖xd8+ ♖xd8 23.♗g5 ♖d4 24.♕e3 (opfert einen Bauern, da Schwarz nach 24.♗f6 ♕c3! 25.♕g4 ♗a6 26.♕g5 ♕d2! besser steht) 24...♕xe5 25.f4 ♕d6 26.♗e7 ♕d7 27.♗f6 ♖d1 28.♗c2. Respekt kann manchmal sehr nützlich sein. Schwarz stand hier klar besser, nahm aber in Kasparow-Karolyi, Graz 1981, trotzdem ein Remisangebot an.

15. ... ♘c6-a5

Wiederum positionell gesund und in praktischem Sinne sehr interessant ist 15...♔h8!?, was ...f7-f5 vorbereitet. Nach 16.♖fd1 ♘a5 17.a4 ist die überraschenderweise in der Praxis nicht oft gespielte positionelle Idee 17...f5! sehr logisch. Nun entspinnt sich ein Kampf um die Beherrschung der Zentrumsfelder: 18.exf5 exf5 19.♗f4 ♘b3! 20.♖ab1 ♗xf3 21.♕xf3 ♘xd4 22.♕b7, und in Browne-Smyslow, Los Polvorines 1980, kam Weiß mit seinem Remisangebot gerade noch rechtzeitig.

16. ♖f1-e1 ♕d8-d6

In Betracht kam erneut 16...♔h8!?, und nun:

A) 17.h4 ist wahrscheinlich ein zweifelhaftes Bauernopfer. Capablanca sagte einmal, dass das Opfer eines Bauern sich immer lohnt, wenn man dafür drei Tempi erhält. Hier bekommt Weiß nur zwei: 17...♗xh4 18.♖ad1 ♗e7 19.d5 ♗c5 20.♗f4

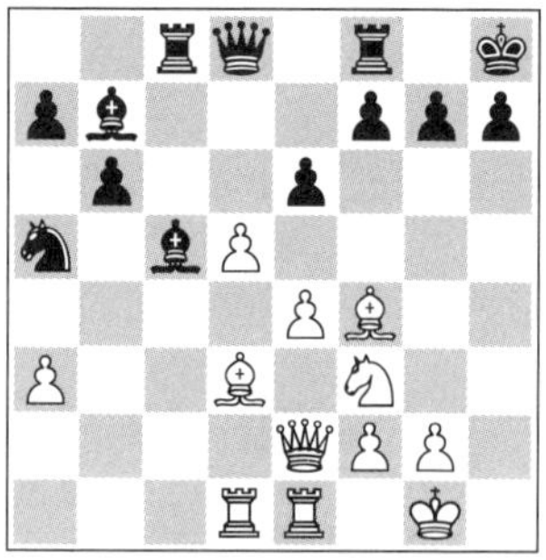

Analysediagramm

20...f6! 21.dxe6 ♕e7 (Weiß hat es schwer, sein Bauernopfer zu rechtfertigen) 22.♗b1 ♕xe6 23.♘h4? (Dabei hat sich Weiß definitiv verrechnet. Etwas besser war 23.♘d4) 23...g5! 24.♗a2 ♕xe4 25.♕xe4 ♗xe4 26.♖xe4 gxf4 27.♖xf4 ♖cd8. Wiederum ist Respekt eine schöne Sache, denn in diesem klar besseren Endspiel erklärte sich Schwarz in Kasparow-Groszpeter, Graz 1981, schnell mit Remis einverstanden. Ein schrecklicher Fehler wäre übrigens 27...♗xa3?? gewesen wegen 28.♘g6+! hxg6 29.♖h4+ ♔g7 30.♖d7+ mit Gewinn für Weiß.

B) Eine interessante Möglichkeit ist 17.♖ad1!?, da nach 17...♗xa3 18.♘g5 der weiße Angriff den geopferten Bauern zu kompensieren scheint: 18...h6 19.♕h5 ♔g8.

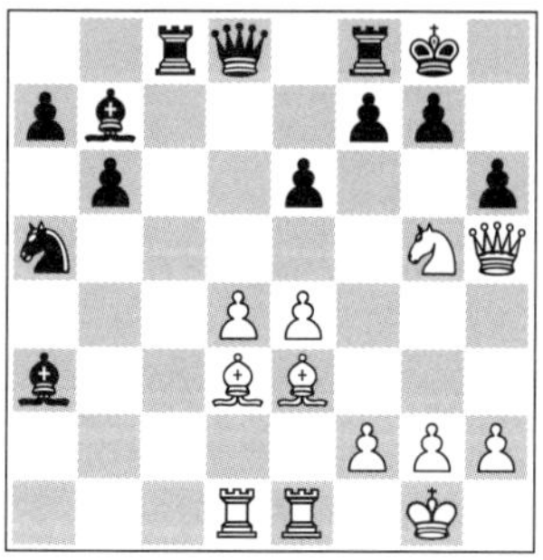

Analysediagramm

In dieser Stellung scheint Weiß der theoretischen Forderung von Capablanca nach drei Tempi nähergekommen zu sein.

20.e5! (dieser thematische Weg zum Aufbau des Angriffs ist hier auch gefährlich, aber das thematische Opfer 20.d5 exd5 21.e5 war definitiv in Betracht zu ziehen) 20...♕d5 (Schwarz versucht, seine einzigen Trümpfe in die Waagschale zu werfen, nämlich die offene Diagonale a8-h1 und das Feld d5) 21.♘f3 (mit der Drohung 22.♗h6) 21...f5 (oder 21...♕d7 22.♗xh6!) 22.♗xh6 gxh6 23.♕g6+ ♔h8 24.♕xh6+ ♔g8 25.♕g6+ ♔h8.

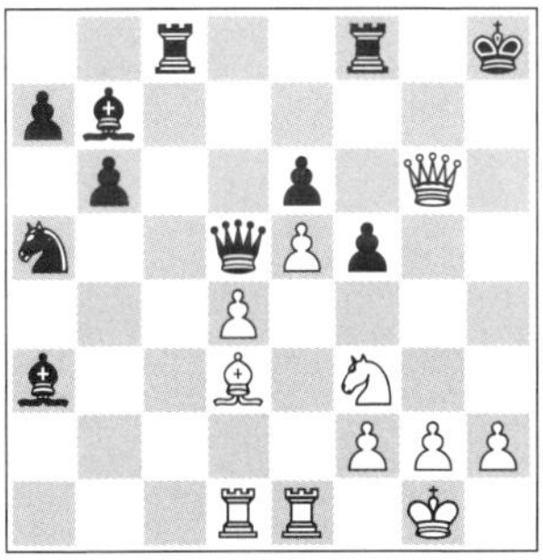

Analysediagramm

Remis? 26.♗e4!. Nein! 26...♕d7 (26...fxe4 verliert wegen 27.♘g5 ♕d7 28.♖e3) 27.♘g5 ♖c3 (sonst folgt 28.♖e3) 28.♗xb7 ♘xb7 29.♘xe6 ♖f7 30.d5, und die weiße Bauernwalze wird im Verein mit der exponierten schwarzen Königsstellung die Schlacht entscheiden.

C) Hochkompliziert wird die Partie nach 17.a4 f5 (Schwarz führt seinen Plan aus) 18.exf5 exf5 19.♗f4 ♗b4! 20.♖ed1 ♘b3 21.♖ab1 ♘xd4 22.♘xd4 ♕xd4 23.♗e5 ♕d5 24.f4.

In dieser Stellung hat Weiß offensichtlich Schwierigkeiten, seine Kompensation nachzuweisen.

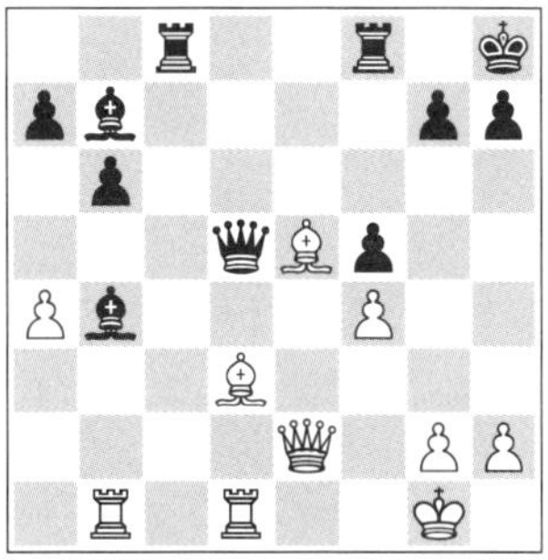

Analysediagramm

24...♗c5+?! (Eine mögliche Verbesserung war 24...a5!. Nun sollte der starke weiße Läufer e5 in Kombination mit der exponierten Stellung der schwarzen Dame dem Anziehenden genug dynamische Möglichkeiten bieten) 25.♔h1 ♖cd8?! (der Exweltmeister fühlte sich wohl in seiner Haut nicht wohl und wählte eine forcierte Zugfolge, die zu einem verlorenen Endspiel führt) 26.♗xf5 ♕xg2+?! 27.♕xg2 ♖xd1+ 28.♖xd1 ♗xg2+ 29.♔xg2 ♖xf5 30.♖d7 (1-0, 46), Schmidt-Smyslow, Moskau 1980.

Eine interessante Gegenspielidee, die auch in ähnlichen Abspielen zu sehen ist, besteht in 16...♖c3!? 17.a4 ♘b3 18.♖ad1 ♕a8, und die gut koordinierten schwarzen Figuren üben Druck auf das weiße Bauernzentrum aus.

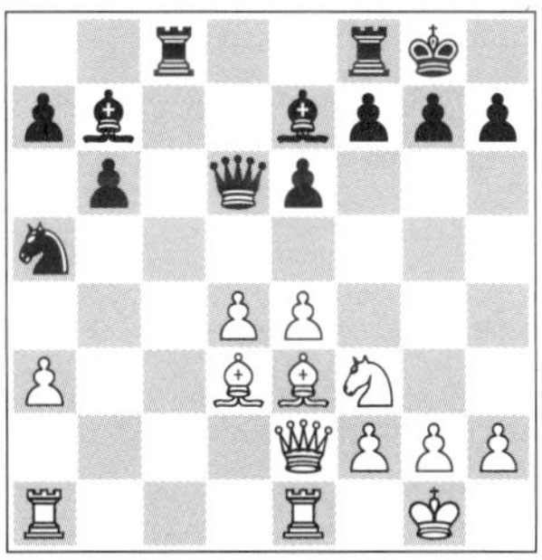

Hier entscheidet sich Kasparow für ein thematisches Bauernopfer, das wir in diesem Kapitel bereits unter die Lupe genommen haben. Problematisch ist dabei indes, dass es selbst dann, wenn das Opfer vom positionellen/prinzipiellen Standpunkt aus in Ordnung geht, immer Besonderheiten der Stellung gibt, die für die Ermittlung der Korrektheit des Opfers von Bedeutung sind. Diese Besonderheiten gibt es auch hier:

17. d4-d5! e6xd5!

Die Annahme des Bauernopfers ist korrekt. Die Ablehnung mit 17...e5 gibt Weiß nach 18.♖ab1 ♗a8 (auch sonst kommt 19.♗d2) 19.♗d2 ♘b7 20.a4 ♘c5 21.a5 bequemen, risikofreien Vorteil.

18. e4-e5!

Weiß realisiert unbeirrt seinen thematischen und prinzipiellen Plan.

18. ... ♕d6-e6

19. ♘f3-d4

Wie bereits erklärt, besteht einer der wichtigen Aspekte dieses thematischen Bauernopfers darin, dass Weiß den schönen Vorposten d4 für seinen Springer erhält. Die Eroberung des Läuferpaars mit 19.♘g5 gibt Weiß nicht genug Kompensation. Nach 19...♗xg5 20.♗xg5 h6! (genaues Spiel ist nötig; falsch ist 20...♘b3? wegen 21.♗f6!) 21.♗f4 ♘b3! 22.♖ad1 ♘c5 steht Schwarz besser.

19. ... ♕e6xe5

20. ♘d4-f5

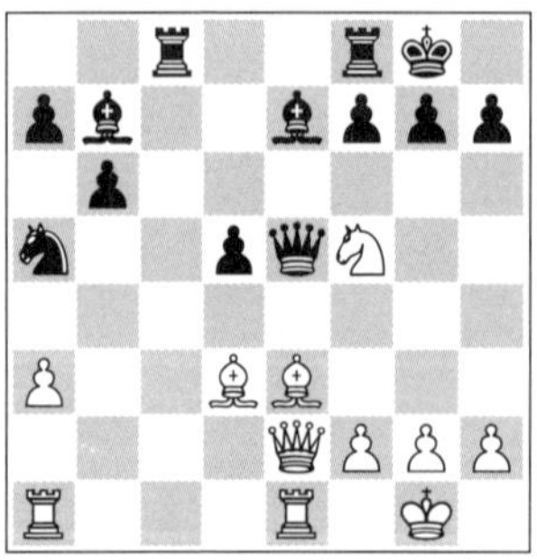

Ein anderer wichtiger Aspekt des Bauernopfers d4-d5 in diesem Stellungstyp ist die Überführung des weißen Springers über d4 auf den vorzüglichen Angriffsposten f5. Kasparow spielt einen klassischen Angriff wie aus dem Lehrbuch. Aufgrund der Besonderheiten der Stellung verfügt Schwarz jedoch über eine Verteidigung, mit der er das Blatt wenden kann.

20. ... ♗e7-f6?!

Es ist offensichtlich, dass der Läufer e7 ziehen muss. Hier gab es jedoch den Tempozug 20...♗d6!. Vermutlich missfiel dem Nachziehenden dieser Zug aus dem prinzipiellen Grund, dass sein Läufer dann immer noch durch den Springer f5 angegriffen bliebe.

Dieser kleine Tempogewinn gibt Schwarz jedoch eine lebenswichtige Atempause, wonach Weiß nur schwer nachweisen kann, dass seine Initiative das geopferte Material auch wirklich wert ist.

Interessanterweise wird 20...♗d6! von Kasparow in seinen Anmerkungen (im *Schach-Informator* und einigen anderen Publikationen) überhaupt nicht erwähnt. Er preist stattdessen den Partiezug 20...♗f6 als beste Verteidigung und schmückt ihn mit einem Ausrufezeichen. Ich habe den Eindruck, dass Schwarz nach 20...♗d6! besser steht:

21.♕h5 (Versucht, die Lage kompliziert zu halten. Andere Züge bieten einfach nicht genug Kompensation: 21.f4 ♕f6 22.♕h5 (oder 22.♗d4 ♗c5) 22...h6; oder 21.♘xd6 ♕xd6 22.♕g4 ♖fe8) 21...g6 22.♘h6+ ♔h8! (es ist wichtig, das Feld g7 für die Dame freizuhalten; 22...♔g7? 23.♕h4 ist gut für Weiß) 23.♕h4, und nun:

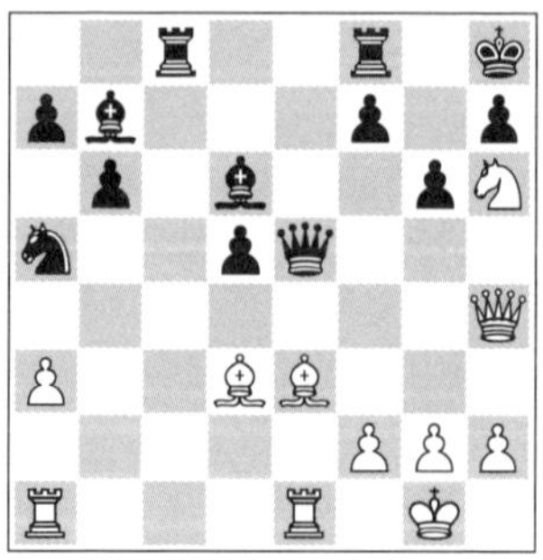

Analysediagramm

A) Nach der aktiven Verteidigung 23...♘b3 kann Weiß schnell einen Angriff entwickeln, der das geopferte Material zumindest aufwiegt:

A1) 24.♘g4?! ist nicht gut wegen 24...♗e7! 25.♕h6 ♕h5.

A2) 24.♗g5 ist definitiv eine Möglichkeit. Die folgende Variante ist unterhaltsam: 24...♕xh2+ 25.♕xh2 ♗xh2+ 26.♔xh2 f6

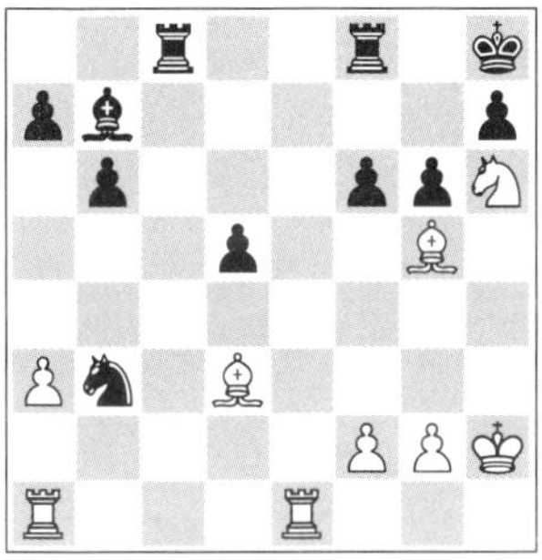

Analysediagramm

27.♗h4! (besser als 27.♖ad1 fxg5 28.♖e7 ♘c5 29.♘f7+ ♖xf7 30.♖xf7 ♔g8 31.♖e7 ♖f8 32.f3 ♖f7, und mit drei Bauern für die Qualität steht Schwarz besser) 27...♘xa1 28.♖e7 ♗c6 29.♘f7+, und nun:

A21) 29...♖xf7?! ist riskant, da Weiß von den drei fehlenden Bauern zwei zurückgewinnen und mit dem Läuferpaar und der exponierten schwarzen Königsstellung reichlich Kompensation haben wird: 30.♖xf7 g5 31.♗g3 ♘b3 (31...♔g8 32.♖xf6 ♗d7 (sonst ♗d3-f5-e6 und ♗g3-e5) 33.♖d6) 32.♖xh7+ ♔g8 33.♖xa7 usw.

A22) 29...♔g8 30.♘h6+ ♔h8 mit Remis.

A3) 24.♖ab1! ♕c3 (der einzige Zug) 25.♖ed1 f6 (dies scheint wiederum der Einzige Zug zu sein, denn 25...♗e5? scheitert an 26.♕e7!) 26.♗xg6. Der Anziehende hat nur einen Bauern weniger und verfügt über starke Kompensation.

B) 23...♕g7! (dieser Damenrückzug ist vielleicht nicht logisch, aber ziemlich stark) 24.♗d4 f6 (Schwarz muss sich verteidigen, aber er hat zwei Bauern mehr und Weiß scheint bei seinem Angriff ein einziges Tempo zu fehlen) 25.♖e6 (nach 25.♘g4? gewinnt 25...♘b3!)

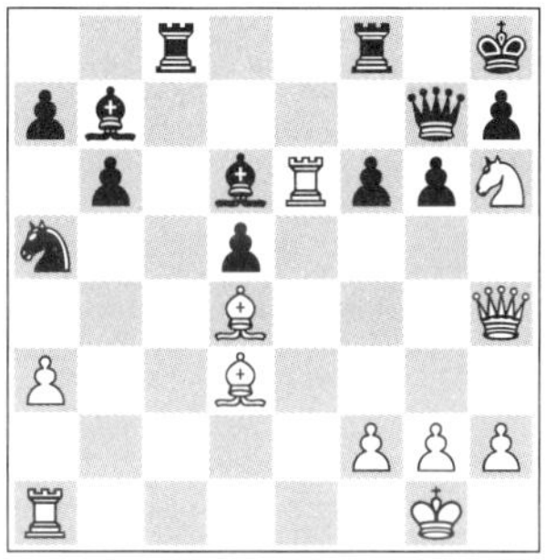

Analysediagramm

B1) 25...♘b3 ist nicht sehr überzeugend: 26.♖xd6! g5? (Dieser Zug verliert. Schwarz musste definitiv mit 26...♘xd4! das Monster auf d4 vernichten, wenngleich Weiß sich nach 27.♕xd4 ♕xh6 28.♖d7! ♖c1+ 29.♗f1 ♖xa1 30.♕xa1 ♗c8 31.♖xa7 wegen seines aktiven Turms halten können sollte) 27.♕h3! (27.♕h5? erlaubt 27...♘xd4) 27...♘xa1 (27...♘xd4? verliert wegen 28.♖d7) 28.f4! ♖c1+ 29.♔f2 ♖d1 (der Versuch, den Läufer wieder ins Spiel zu bringen, hilft nicht: 29...♗c8 30.♕e3 ♖d1 31.♖xf6! ♖xf6 32.♕e8+ mit Gewinn für Weiß), und nun:

B11) 30.♖d7? ♖xd3.

B12) 30.♘f7+ ♔g8 31.♘xg5 ♖d2+ 32.♔e1 ♖xd3 33.♕xd3 ♕c7 34.♗xf6.

B13) 30.♘f5!, und nun:

B131) 30...♕g6.

Nun gerät Schwarz in ein hübsches Mattnetz.

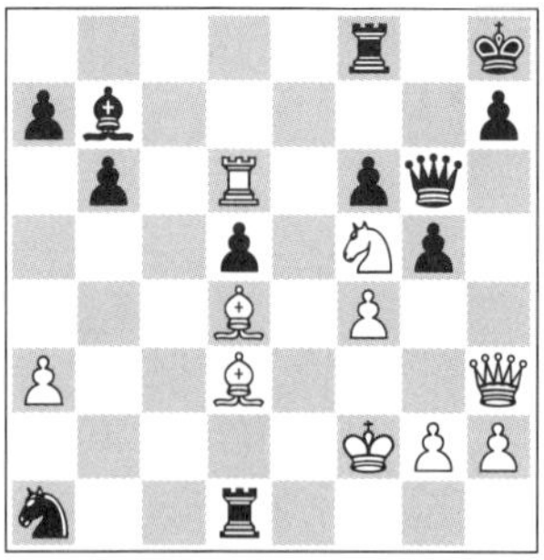

Analysediagramm

31.♖xf6! ♖xf6 32.♘e7 ♕xd3 (oder 32...♕f7 33.♗xf6+) 33.♗xf6 matt.

B132) 30...♗c8 (durch die Fesselung des weißen Springers nimmt der Läufer nun wenigstens an der Verteidigung teil, aber Weiß erstürmt trotzdem die Barrikaden) 31.♖xf6! ♖xf6

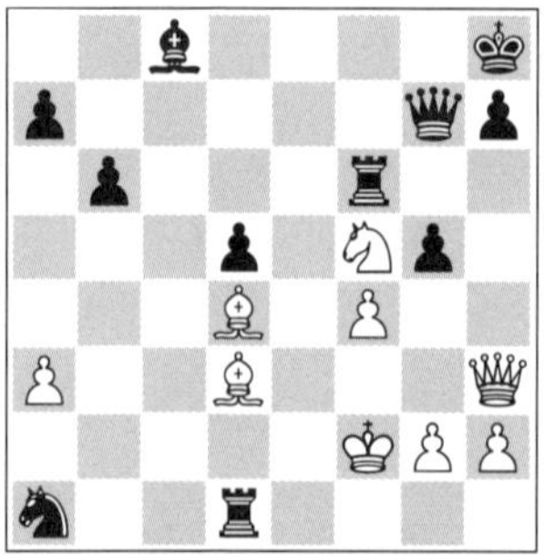

Analysediagramm

32.♕h5!! (Schwarz ist hilflos gegen die Doppeldrohung 33.♕e8+ oder 33.♘xg7) 32...♗xf5 (oder 32...♗d7 33.♘xg7 ♖xf4+ 34.♔e3) 33.♕e8+ ♕g8 34.♗xf6 matt.

B133) 30...♖d2+ 31.♔e1 ♕c7 32.♔xd2 ♘b3+ 33.♔e2 ♘xd4+ (oder 33...♖e8+ 34.♔f2 ♘xd4 35.♘xd4 mit Gewinn) 34.♘xd4, und Weiß gewinnt, da der Turm auf d6 wegen der Mattdrohung auf h7 unantastbar ist.

B2) 25...♗c5! ist der Gewinnzug: 26.♗xf6 (oder 26.♗b2 d4) 26...♖xf6 27.♖xf6 ♗e7.

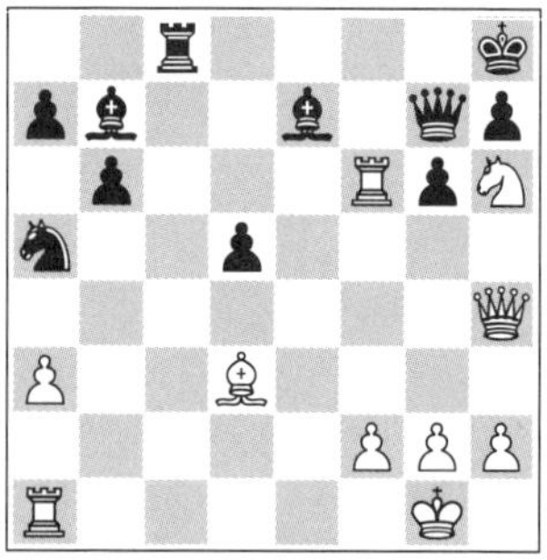

Analysediagramm

Schwarz steht auf Gewinn.

Wie wir gesehen haben, ist die Stellung äußerst kompliziert. Da ist ein Fehler schnell gemacht, und schließlich sieht 20...♗f6 auf den ersten Blick logischer aus als 20...♗d6. Hätte Najdorf sich jedoch für 20...♗d6 entschieden, so hätte Kasparow es schwer gehabt, all diese "aussichtsreichen Varianten" zu sehen und herauszufinden, dass keine von ihnen funktioniert.

21. ♕e2-g4

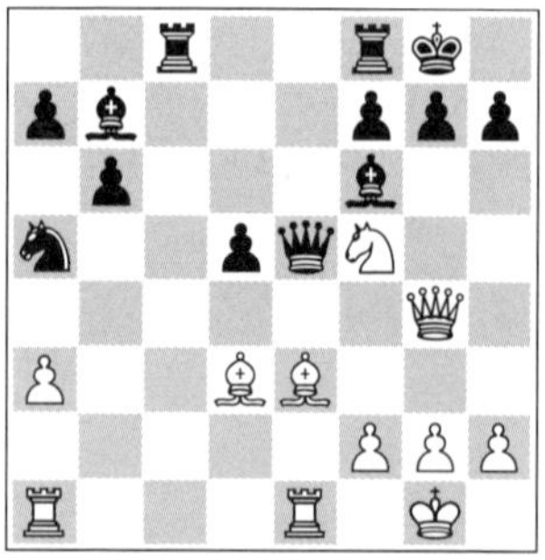

21. ... ♖c8-e8

Wohl die logischste Verteidigung. Schwarz fesselt den weißen Läufer auf der e-Linie und räumt das Feld c8 für seinen Läufer b7, um das Feld f5 unter Kontrolle zu nehmen. Dieser vernünftige Zug bringt Schwarz jedoch an den Rand des Abgrunds. Er wird die Partie nun nur mit sehr genauer Verteidigung retten können. Die weißen Figuren arbeiten jetzt sehr harmonisch zusammen und entfalten großes Angriffspotenzial. Weiß hat definitiv zumindest genug Kompensation für die geopferten Bauern.

Schauen wir uns an, was passiert, wenn Schwarz den anderen Turm nach e8 stellt, was viel besser ist als der Partiezug, da Schwarz dann über viele taktische Wendungen in Verbindung mit der Aktivität beider Türme und der schwachen weißen Grundreihe verfügt:

A) 21...♖fe8. Nun muss Weiß wie in der Partie energisch handeln: 22.♗d2! (der Versuch, ein paar normale Züge zu machen und auf Kompensation zu spielen, funktioniert nicht, z.B. 22.♖ad1 g6 23.♘h6+ ♔g7 24.♖e2 ♕c7)

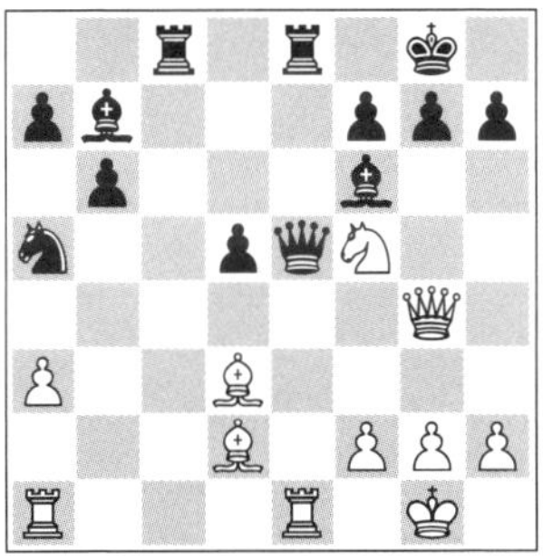

Analysediagramm

22...♕xa1! (erzwungen, da 22...♕b2 an der hübschen Mattvariante 23.♘d6!! ♕xd2 (oder 23...♖xe1+ 24.♖xe1 ♕xd2 25.♕xc8+!) 24.♘xe8 ♗xa1

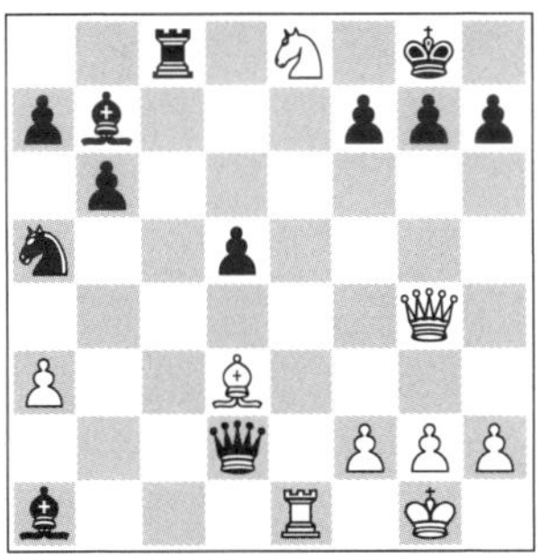

Analysediagramm

25.♘f6+! ♗xf6 26.♕xc8+ ♗xc8 27.♖e8 matt scheitert) 23.♖xa1 ♗xa1.

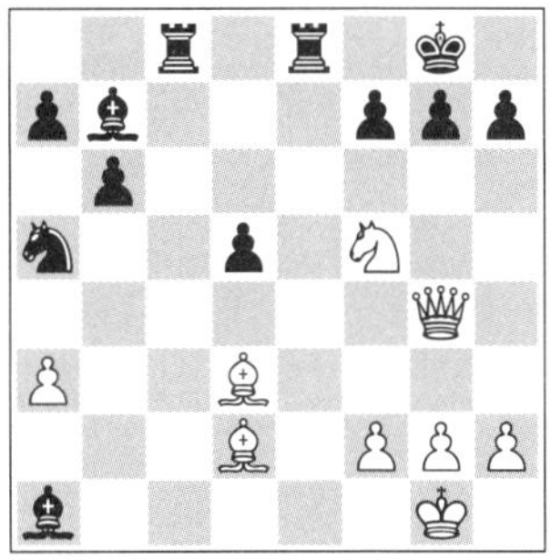

Analysediagramm

A1) Nun funktioniert die partieanaloge Idee 24.♘xg7? ♗xg7 25.♗h6 nicht: 25...♖c1+! 26.♗xc1 (26.♗f1? läuft nach 26...♖xf1+ 27.♔xf1 ♗a6+ in ein Matt) 26...♖e1+ 27.♗f1 ♗a6, und Schwarz gewinnt.

A2) In seinen Partiekommentaren äußerte Kasparow die Meinung, dass Weiß nach 24.h4 klar besser steht. Das ist vielleicht etwas optimistisch, aber Weiß hat bestimmt großes Angriffspotenzial, z.B. 24...♖e6! 25.h5! (falls 25.♘h6+, so 25...♔f8 26.♗b4+ ♖c5, und es ist schwer, eine gute Fortsetzung für Weiß zu finden) 25...♘b3 (auf 25...♘c4 folgt 26.♘xg7! ♗xg7 27.♗c3)

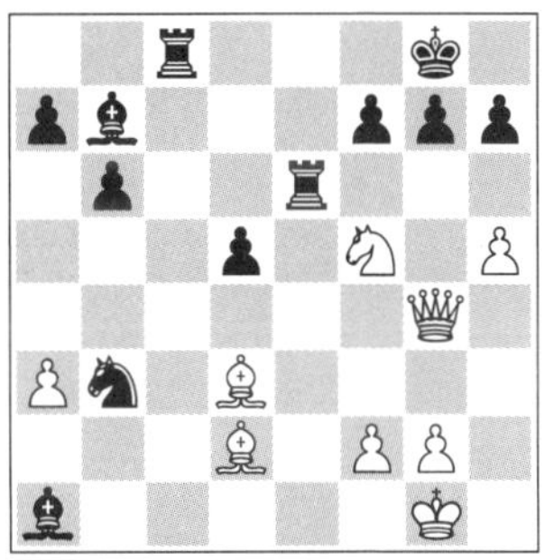

Analysediagramm

A21) 26.♘xg7? ist nun ein Einsteller, der nach 26...♗xg7 27.h6 ♖g6 28.♗xg6 hxg6 29.hxg7 ♘xd2 30.♕h4 ♖c1+ 31.♔h2 ♘f1+ 32.♔h3 ♔xg7 verliert.

A22) 26.♕d1! ♗c3 (oder 26...♘xd2 27.♕xa1 f6 28.♕d1 ♘c4 29.♕a4)

27.♗xc3 ♖xc3 28.♗c2, und Weiß behält die Initiative. Man beachte, dass der starke Springer auf f5 in all diesen Abspielen eine sehr wichtige Angriffsfigur ist.

A3) 24.♘d6 ♖c1+! (die passive Verteidigung 24...♖f8 verliert nach 25.♘xc8 ♗xc8 26.♕h4! h6 (oder 26...g6 27.♗b4 ♖e8 28.♗b5) 27.♕e7! ♘c6 28.♗h7+) 25.♗xc1 (25.♗f1 macht nicht viel Sinn, da Schwarz, wenn ihm nichts Besseres einfällt, immer noch auf die Zugumstellung 25...♗a6 26.♗xc1 ♖e1 zurückgreifen kann) 25...♖e1+ 26.♗f1 ♗a6.

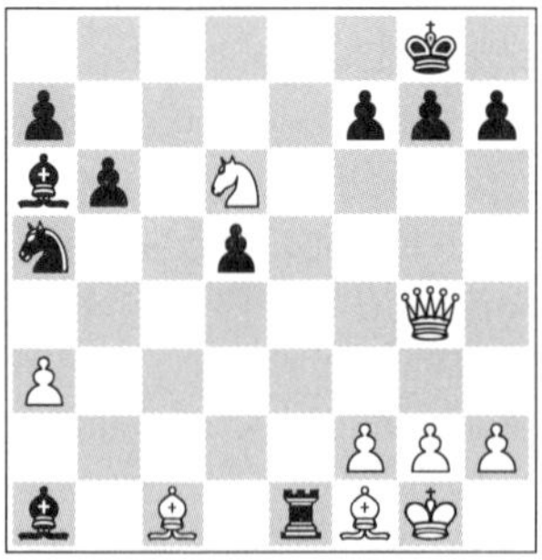

Analysediagramm

Weiß scheint in Schwierigkeiten zu stekken, aber seine Dame und sein Springer arbeiten sehr harmonisch zusammen, und dem schwarzen König mangelt es an Verteidigern:

27.g3!! h6 (27...♖xf1+ 28.♔g2 ♖xc1 verliert wegen 29.♕g5! ♗f1+ 30.♔g1) 28.♗d2! (es ist wichtig, Schwarz zum Schlagen mit dem Turm zu zwingen) 28...♖xf1+ 29.♔g2 ♘c4! (sonst folgt 30.♕d7) 30.♕e2! (der schwarze Turm macht hier einen sehr unbeholfenen Eindruck) 30...♖b1 31.♕e8+ ♔h7 32.♕a4! ♘xd2! (oder 32...♘xd6? 33.♕c2+; nach 32...♖b2? 33.♗c1 ♖a2 34.♕b3 sitzt der schwarze Turm in der Falle) 33.♕xa6, und Schwarz kämpft ums Remis.

B) Die beste Verteidigung war wahrscheinlich 21...♕c3!.

B1) Nun kann Weiß mit 22.♘h6+ ♔h8 23.♖ac1! (nicht 23.♗f5? ♘b3) 23...♕xd3 24.♘xf7+ ♔g8 25.♘h6+ ♔h8 26.♘f7+ Remis durch Dauerschach forcieren.

B2) oder 22.♘e7+ ♗xe7 (22...♔h8 23.♗xh7) 23.♗d4 ♕xd4 24.♕xd4 ♗f6 25.♕g4 ♗xa1 26.♖xa1 wählen.

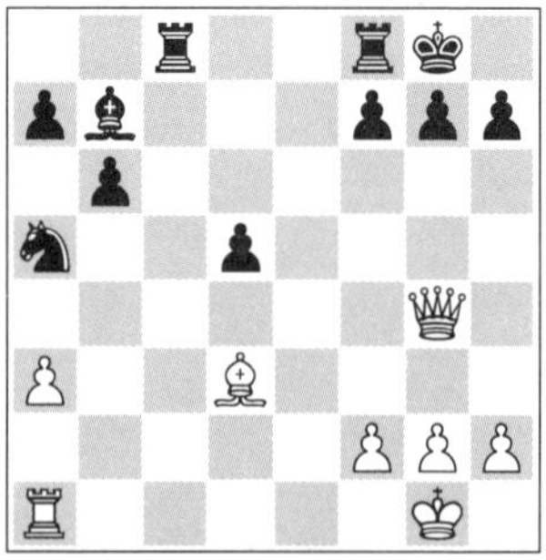

Analysediagramm

Hier beurteilte Kasparow selbst die weißen Chancen optimistisch, wovon ich aber nicht sonderlich überzeugt bin.

22. ♗e3-d2!

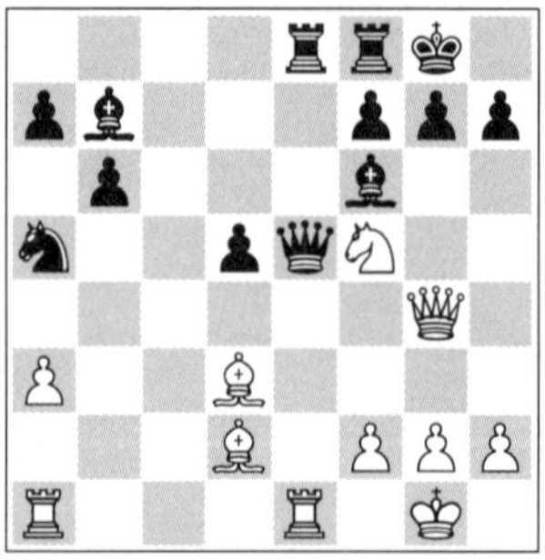

22. ... ♕e5xa1??

Dieser dicke Bock verliert. Der Damenrückzug nach c7 ist ebenfalls schlecht und verliert nach 22...♕c7? 23.♘h6+ ♔h8 24.♕f5 ♖e4 25.♖ac1! ♕b8 (oder 25...♘c4? 26.♖xe4) 26.♗xe4 dxe4 27.♗b4!.

In der Partie bleiben konnte Schwarz nur mit 22...♕b2!, was nun erheblich besser ist als nach 21...♖fe8, da Weiß keine erkennbaren taktischen Mattwendungen hat. Dies sollte, soweit ich sehen kann, immer noch zum Remis führen: 23.♘h6+! ♔h8 24.♘xf7+ ♔g8

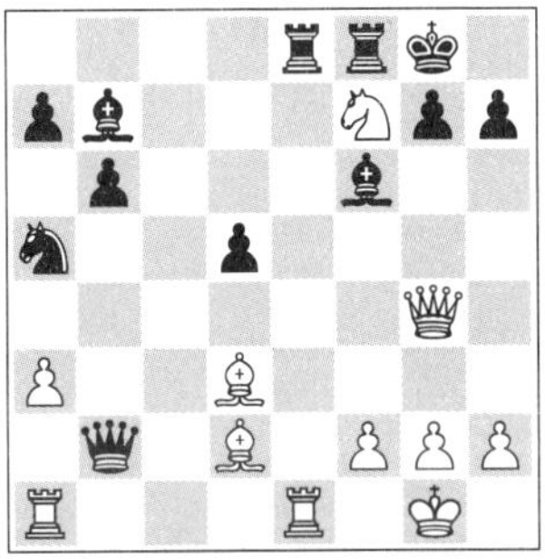

Analysediagramm

25.♗xa5! (der beste Gewinnversuch; falls sofort 25.♕h5, so 25...♖e4), und nun:

A) Die aktive Verteidigung 25...♗d4!? sieht gut aus, würde aber nicht funktionieren: 26.♔h1!! bxa5 27.♕h5 ♖e4! (der einzige Zug; 27...h6? verliert wegen 28.♘xh6+ gxh6 29.♕g6+ ♗g7 30.♕h7+ ♔f7 31.♗g6+ ♔f6 32.♗h5!, während 27...g6? die Fortsetzung 28.♗xg6! hxg6 29.♕xg6+ ♗g7 30.♘g5 erlaubt) 28.♗xe4 dxe4 29.♖ab1 ♕xf2 30.♖f1

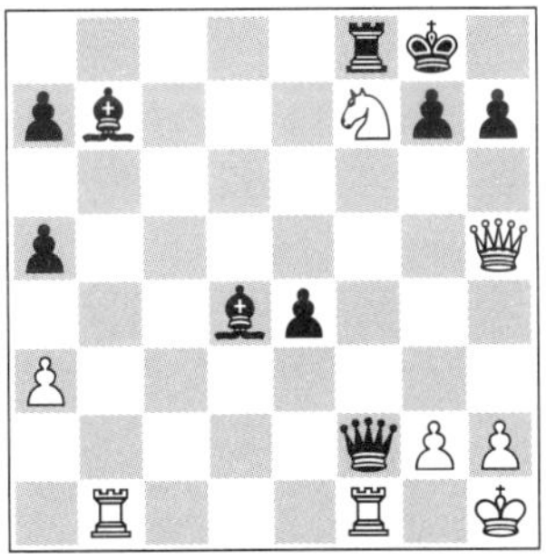

Analysediagramm

30...e3! 31.♖xf2 exf2 32.♘h6+!, und nun:

A1) 32...♔h8? scheitert an 33.♘f5 ♗e4 34.♖c1! ♗xf5 35.♕xf5.

A2) 32...gxh6 33.♕g4+ ♗g7 34.♖f1.

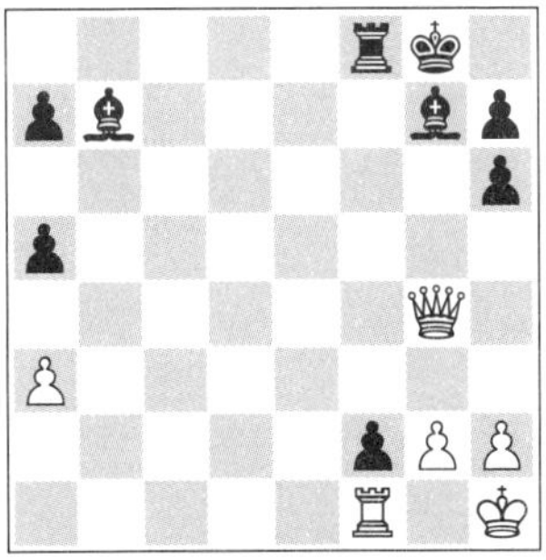

Analysediagramm

Schwarz wird wegen der schlechten Koordination seiner Figuren und seines exponierten Königs den Stolz seiner Stellung verlieren – den Bauern f2.

B) 25...bxa5! 26.♘d6! (26.♕h5 führt nach 26...♖xe1+ 27.♖xe1 g6 28.♗xg6 hxg6 29.♕xg6+ ♗g7 30.♘h6+ ♔h8 31.♘f5 (der einzige Gewinnversuch) 31...♗f6 32.♕h6+ ♔g8 33.♕g6+ ♔h8 zum Remis), und nun:

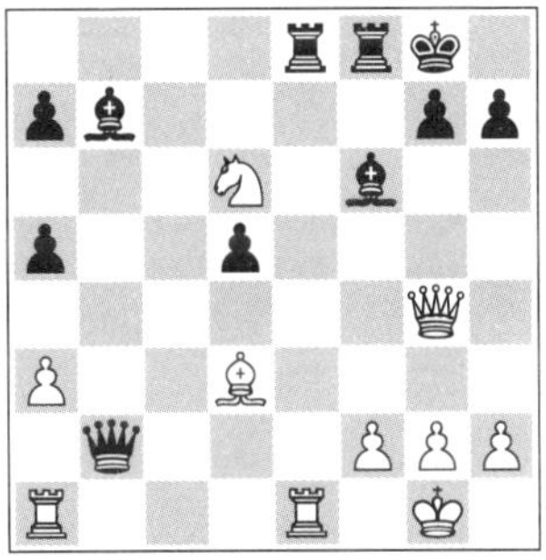

Analysediagramm

B1) 26...♗d4? verliert wegen 27.♘xe8 ♕xf2+ 28.♔h1 ♗xa1 29.♕e6+ ♔h8 30.♖xa1 d4 31.♖g1 mit Mehrfigur für Weiß.

B2) 26...♖xe1+ 27.♖xe1 mit der Doppeldrohung 28.♕e6+ und 28.♖b1.

B3) 26...♗c8!!. Dieser Zug stellt eine Mattdrohung auf und rettet den Nachziehenden. Nun kann folgen:

B31) Es ist nicht zu spät, mit dem "logischen" 27.♕h5??

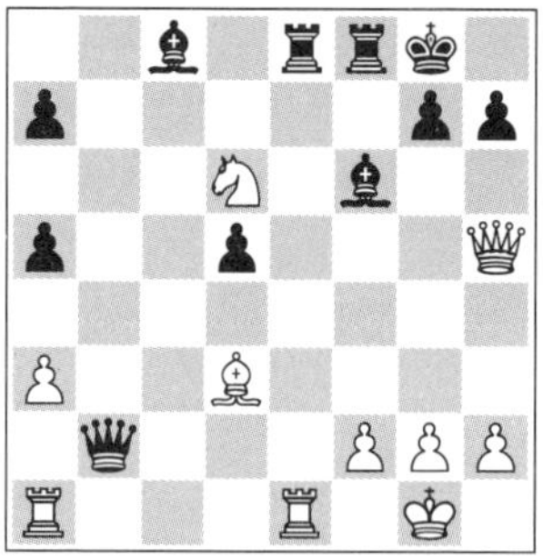

Analysediagramm

27...♕xf2+!! 28.♔xf2 ♗d4+ 29.♔g3 ♗f2 matt in das Mattnetz zu laufen.

B32) 27.♕f3! ♖xe1+ 28.♖xe1 g6 29.♕xd5+ ♔h8, und dieses taktische Durcheinander wird wahrscheinlich in ein Remis münden, z.B. 30.♘xc8 ♗d4 31.♖f1 ♖xf2 32.♔h1 ♖xf1+ 33.♗xf1 ♕f2 34.♕d8+ ♔g7 35.♕d7+ ♔h6 36.♕h3+ ♔g7 37.♕d7+.

23. ♖e1xa1 ♗f6xa1

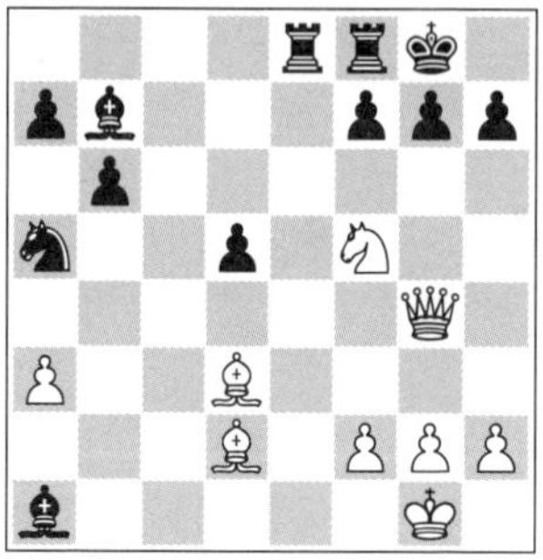

24. ♘f5xg7!

Jetzt ist die Partie gelaufen.

24. ... ♗a1xg7

25. ♗d2-h6

Schwarz gab auf.

In dieser relativ kurzen Partie brach Schwarz unter dem Druck zusammen und beging einen groben Fehler, der die Partie zu einem abrupten Ende brachte. Die für diese Struktur typische Mittelspielstellung ist jedoch ein schönes Lehrbeispiel, das eine Vielzahl dynamischer Möglichkeiten und strategischer Ideen für beide Seiten aufzeigt.

Vielleicht habe ich zu viele Abspiele angegeben und den Leser mit meinen überbordenden Variantenbäumen verwirrt. Ich empfehle jedoch, die Kommentare zu dieser Partie gründlich zu analysieren, da dies das Verständnis des Lesers für diesen Stellungstyp verbessern wird.

QI 4.8 (E12) **PARTIE 43**

Alisa Galljamowa

Sergej Tiwjakow

President's Cup, Elista 1998 (1)

1.	**♘g1-f3**	**♘g8-f6**
2.	**c2-c4**	**b7-b6**
3.	**♘b1-c3**	**♗c8-b7**
4.	**d2-d4**	**e7-e6**
5.	**a2-a3**	**d7-d5**
6.	**c4xd5**	**♘f6xd5**
7.	**e2-e3**	**♘b8-d7**
8.	**♗f1-d3**	**♗f8-e7**
9.	**0-0**	**♘d5xc3**
10.	**b2xc3**	**c7-c5**
11.	**e3-e4**	**0-0**
12.	**♕d1-e2**	

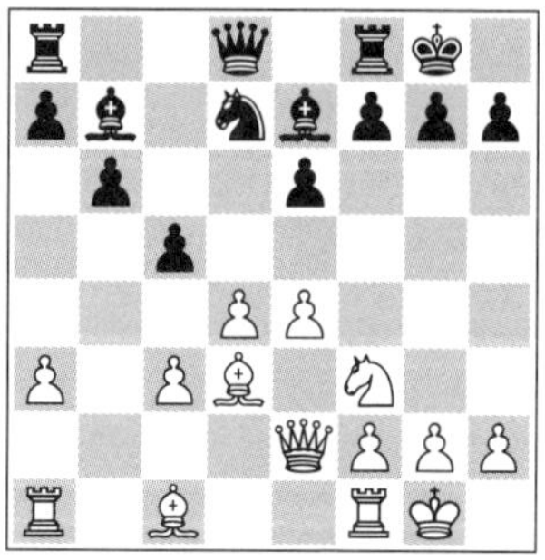

Die Bauernstruktur ist die gleiche wie in der vorhergehenden Partie Kasparow-Najdorf, aber hier steht der schwarze Springer nicht auf c6, sondern auf d7. Dies hat den Vorteil, dass er nach f6 oder in einigen Fällen (sollte ...e6-e5, d4-d5 geschehen) nach c5 überführt werden kann, die c-Linie offen bleibt und der Turm manchmal auf c3 einsteigen kann. Außerdem gewinnt der weiße Hebel d4-d5 nun kein Tempo. Nachteilig ist, dass der weiße Bauer d4 nicht angegriffen ist.

12. ... ♕d8-c7

Tiwjakow hat in dieser Variante mit Galljamowa keine besonders guten Erfahrungen gemacht. In ihrem Minimatch in Elista wählte Tiwjakow in der vorhergehenden Partie, in der Galljamowa die weißen Steine führte, 12...♖c8. Danach ging es folgendermaßen weiter:

13.♗b2 (In diesem Abspiel entwickelt Weiß auch mitunter seinen Läufer mit 13.♗f4 auf die Diagonale h2-b8. Die Zugreihenfolge mit 12...♕c7 schließt diese Möglichkeit aus) 13...♕c7.

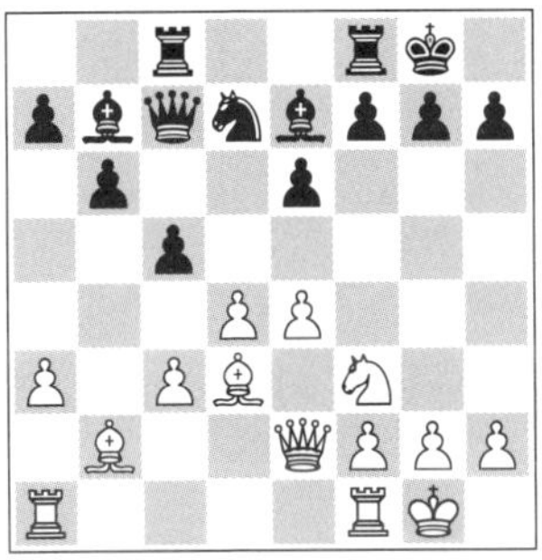

Analysediagramm

Es ist in solchen Stellungen immer schwer zu entscheiden, wo man die Türme hinstellen soll. Gehören sie nach f1/d1, e1/d1, d1/a1 oder vielleicht d1/c1? Exweltmeister Anatoli Karpow hatte in seiner Blütezeit ein fantastisches Gespür für diese Entscheidungen. Im Lauf einer Partie stellte sich dann immer heraus, dass seine Türme schon von Beginn an auf den besten Feldern standen.

In der vorliegenden Situation bin ich der Ansicht, dass der weiße Königsturm auf f1 bleiben sollte, um den Bauernvorstoß f2-f4 zu unterstützen. Die einzige Frage bleibt meines Erachtens, welches Feld für den anderen Turm am besten ist. Man sollte meine Meinung jedoch mit Vorsicht genießen, da zwei wesentlich bessere Spieler als ich selbst den Königsturm nach d1 gestellt haben! Schauen wir uns einige Beispiele an:

14.♘d2. Ein natürlicher Zug, der f2-f4 vorbereitet.

A) Eine meiner eigenen Partien, in der es hier mit 14...♘f6!? weiterging, verlief ziemlich lehrreich.

A1) Der Versuch, mit Hilfe der oben erörterten Pläne mit e4-e5 einen Angriff aufzubauen, würde hier für Weiß nicht funktionieren: 15.e5 ♘d5 16.♕e4 g6 17.♕g4 cxd4 18.cxd4 ♕d7 19.♘e4

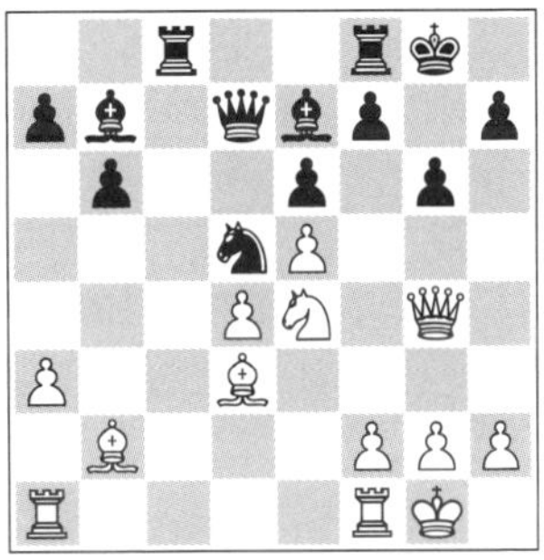

Analysediagramm

19...f5! (mit dem weißen Läufer auf b2 löst dieser Zug das Problem) 20.exf6 ♘xf6 21.♘xf6+ ♗xf6 mit ausgezeichnetem Spiel für Schwarz. Der Läufer b7 wird von d5 aus die Schwäche e6 verteidigen, während der Läufer f6 den König schützt und den schwachen weißen Bauern d4 angreift.

A2) 15.f4 b5!, und nun:

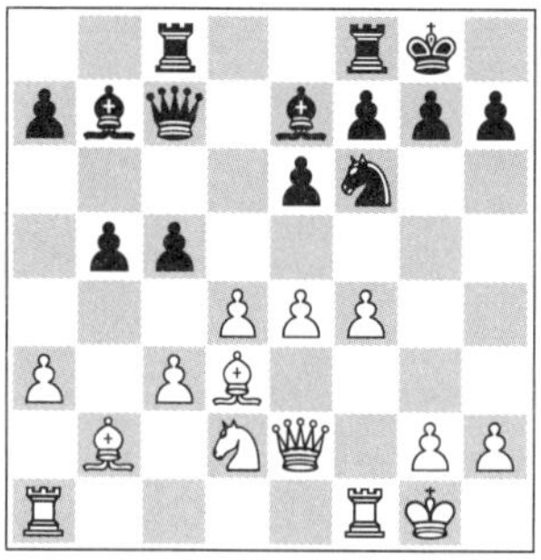

Analysediagramm

A21) Der Bauer b5 ist wegen der einfachen Antwort 16.♗xb5? cxd4 17.cxd4 ♕c2! unantastbar.

A22) Die Idee, den e- und f-Bauern nach vorne zu werfen, sieht vielversprechend aus, bringt aber nach 16.e5 c4! (sperrt den weißen Läufer b2 ein) 17.♗c2 ♘d5 18.f5

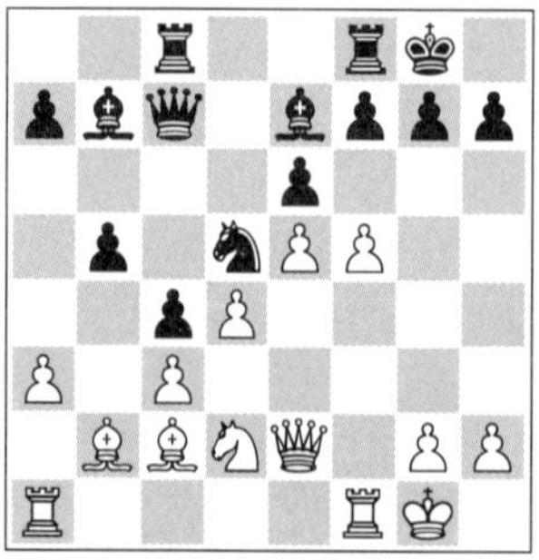

Analysediagramm

18...f6! (diese Standardreaktion sollte man sich merken) 19.fxe6 (Weiß sollte das Remis forcieren, da 19.exf6? schlecht ist wegen 19...♖xf6 20.fxe6 ♘f4; nach 19.♖ae1 fxe5 20.♕xe5 ♗d6! 21.♕xe6+ ♔h8 22.♘f3 ♘f6 arbeiten alle schwarzen Figuren harmonisch zusammen; Weiß wird in einen Angriff geraten) 19...fxe5 20.♕h5 g6 21.♗xg6 hxg6 22.♕xg6+ ♔h8 23.♕h6+ nicht mehr als ein Remis ein.

A23) Andererseits verdient ein Zug wie 16.g4!? definitiv Beachtung und könnte aus theoretischer Sicht von Bedeutung sein.

A24) 16.♖f3 g6! (eine gute prophylaktische Verteidigung; nach 16...♖fd8 übernimmt Weiß mit 17.♖h3! h6 18.♖f1 die Initiative) 17.♔h1 ♘h5 18.♖af1.

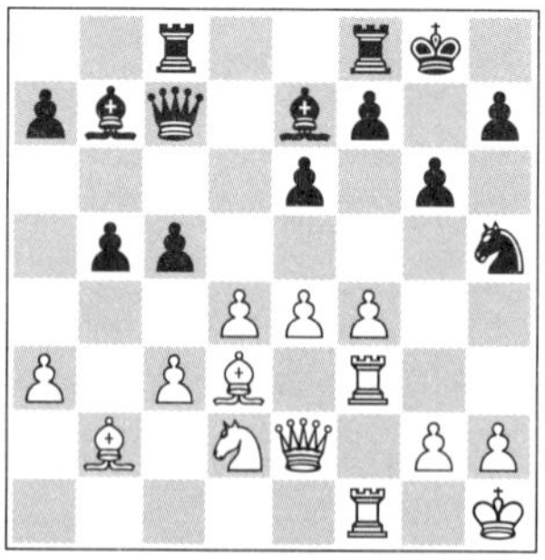

Analysediagramm

Nun kämpft Schwarz mit einem Plan um die Zentrumsfelder, der bereits einige Male gezeigt wurde, u.a. in den Kommentaren zur vorhergehenden Partie Kasparow-Najdorf: 18...c4! (zuerst schließt Schwarz die zu seinem König führenden Diagonalen) 19.♗c2 f5!. Der weiße Angriff ist gestoppt, während der Läufer b2 zu einem Großbauern reduziert worden ist. In Sokolov-Hracek, Olympiade, Calvia 2004, musste ich aus schlechterer Stellung heraus hart ums Remis kämpfen.

B) Ein anderer geläufiger Zug ist 14...♖fd8.

B1) 15.♖fd1 ist eine Strategie, mit der ich mich nicht anfreunden kann, obwohl sie von keinen Geringeren als Kasparow und Swidler angewandt wurde. Der Turm steht meiner Meinung nach auf f1 goldrichtig; die korrekte Fortsetzung ist 15.f4! mit Initiative am Königsflügel. Andererseits gibt es vielleicht in dieser Stellung etwas, das ich nicht verstehe. Schauen wir uns also an, wie sich das Spiel nach dem "schlechteren" Zug entwickelt: 15...♘f6 (15...♘b8 wurde von Karjakin gegen Swidler in Foros 2008 gespielt) 16.a4 cxd4 17.cxd4 ♗b4 18.♘f3 ♕e7 19.h3 h6 20.♕e3 a5 21.♖dc1 ♘e8 22.♘e5 ♘f6 23.♘f3 ♘e8 24.♘e5.

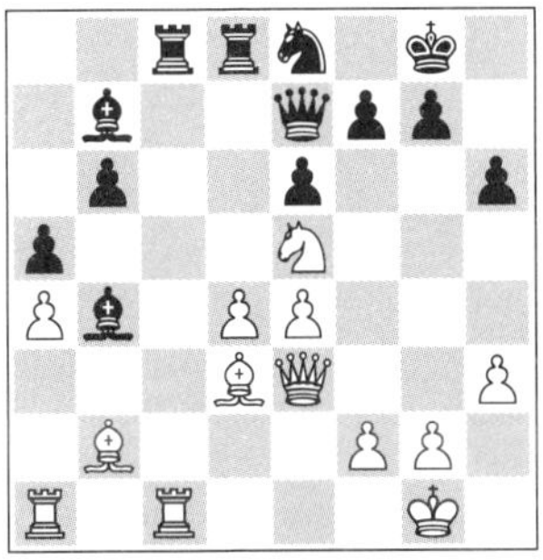

Analysediagramm

Weiß steht etwas besser, kann aber seine Stellung nur schwer verbessern: 24...♘f6 25.♘c4 ♖c6 26.♕g3 ♘h5 27.♕e3 ♘f6 28.♖c2 ♖dc8 29.♖ac1 ♕d8. Weiß hat etwas mehr Raum, aber Schwarz hält alle wichtigen Felder unter Kontrolle, Kasparow-Kramnik, Linares 2004.

B2) 15.♖ad1 cxd4 16.cxd4

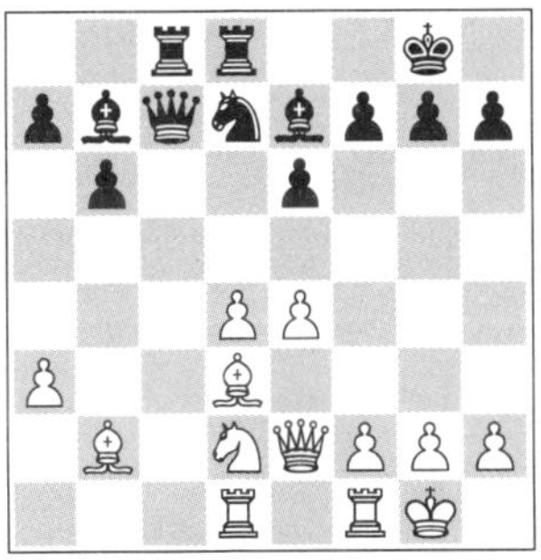

Analysediagramm

16...e5!? (Schwarz gibt seinem Kontrahenten einen gedeckten Freibauern im Zentrum, übernimmt aber andererseits die Kontrolle über die schwarzen Felder, so dass sein Springer einen hervorragenden Posten auf c5 erhalten wird – eine der Pointen der Entwicklung dieses Springers nach d7. Diese Strategie funktioniert häufig für Schwarz) 17.♖c1 ♕b8 18.♖xc8 ♗xc8! (falls 18...♖xc8, so 19.♘f3 (nicht 19.♗b5?! ♖c2! 20.♗a1 ♕c7) 19...exd4 (nun hat Weiß auf 19...♗d6?! die Replik 20.♗b5) 20.♘xd4 ♘e5 21.♘f5, und der weiße Springer hat seinen gefährlichen Angriffsposten auf f5 erreicht) 19.d5 (nun steht der schwarze Läufer im Fall von 19.♘f3 gut, da er das Feld f5 kontrolliert; nach 19...exd4 20.♘xd4 ♘e5 21.♗b5 ♗c5 erhält Schwarz gutes Spiel) 19...♘c5 20.♗c4 b5!. Ergreift die Initiative am Damenflügel. Es sei darauf hingewiesen, dass die durch die Transaktion ...e6-e5, d4-d5 neu entstandene Bauernstruktur im Zentrum einen weißen Angriff auf den schwarzen Königsflügel erschwert, da beide weiße Läufer momentan eingesperrt sind. Die Hauptidee von Weiß besteht darin, mit f2-f4 den Druck auf das schwarze Zentrum zu erhöhen in der Hoffnung, dass Schwarz mit ...e5xf4 schlagen muss, wonach Weiß starke bewegliche Bauern im Zentrum (d5, e4) erhält und sein Läuferpaar wieder zu arbeiten beginnen wird.

21.♗a2 ♘a4

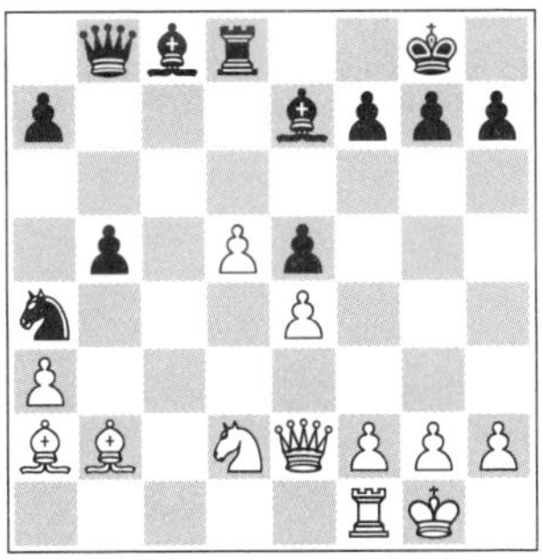

Analysediagramm

22.♗a1! (opfert richtigerweise einen Bauern) 22...♗xa3 23.f4! (Weiß realisiert seine strategische Hauptidee), und nun:

B21) Nach 23...exf4! ergibt sich ein sehr scharfer taktischer Kampf, in dem Weiß seine Angriffskünste unter Beweis stellen müsste, z.B. 24.♔h1! (sofort 24.e5? scheitert an 24...♕b6+ 25.♔h1 ♕e3) 24...♗b4! (bereitet ...♗b4-c3 vor, um den schwarzfeldrigen weißen Läufer abzublocken) 25.e5 ♗c3.

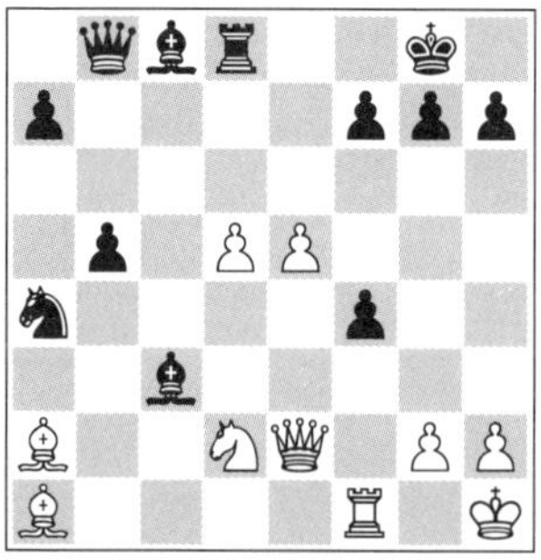

Analysediagramm

Mit nur einem wirkungsvollen Läufer hat Weiß es erheblich schwerer, aus seinen starken, beweglichen Zentrumsbauern Kapital zu schlagen: 26.e6! (26.d6? ist ein offensichtlicher Fehler: 26...♗xa1 27.♖xa1 ♘c3 28.♕f3 ♘xa2 29.♖xa2 ♗e6), und nun:

B211) Auf 26...♗xa1 folgt 27.exf7+ ♔f8 28.♖xa1 (in Betracht kommt 28.♕h5!?) 28...♘c3 29.♕h5! ♘xa2

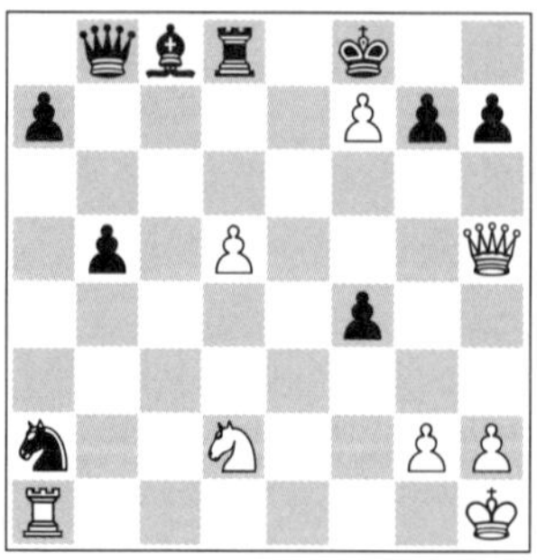

Analysediagramm

30.♖e1!, und Schwarz muss seine Mehrfigur mit 30...♗g4! (30...♗d7? verliert wegen 31.♕g5!) 31.♕xg4 zurückgeben. Die schwarze Königsstellung ist immer noch offen, der schwarze Springer a2 ist außer Spiel, und die weiße Initiative hält an.

B212) 26...♗xe6! (diese geistreiche Lösung ist wahrscheinlich die beste Verteidigung) 27.♘e4! (Es ist wichtig für Weiß, seine Angriffsmöglichkeiten am Leben zu halten. Das logische 27.dxe6 würde nach 27...♖xd2 28.exf7+ ♔f8 29.♕e4 ♖xa2 30.♕xh7 ♖xa1! (nicht 30...♔xf7?, da Schwarz nach 31.♕h5+ g6 32.♕d5+ den Turm a2 verliert) 31.♕g8+ ♔e7 32.♖xa1 ♕f8 33.♖d1 ♘c5! verlieren) 27...♗xa1 28.dxe6, und nun:

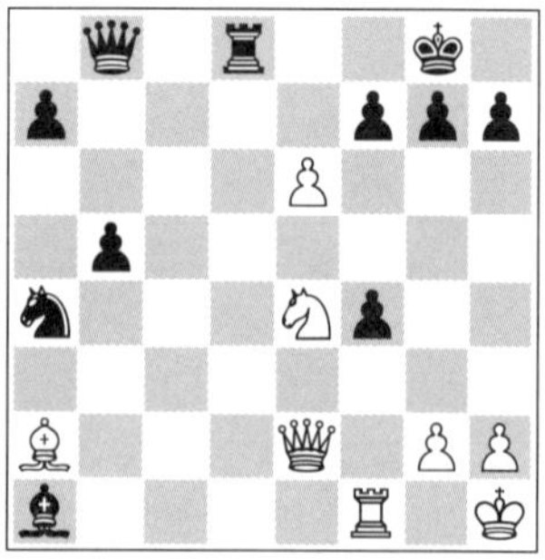

Analysediagramm

B2121) Die im Allgemeinen zu empfehlende Zentralisierung der Dame mit 28...♕e5 würde hier nicht helfen: 29.exf7+ ♔h8 (oder 29...♔f8

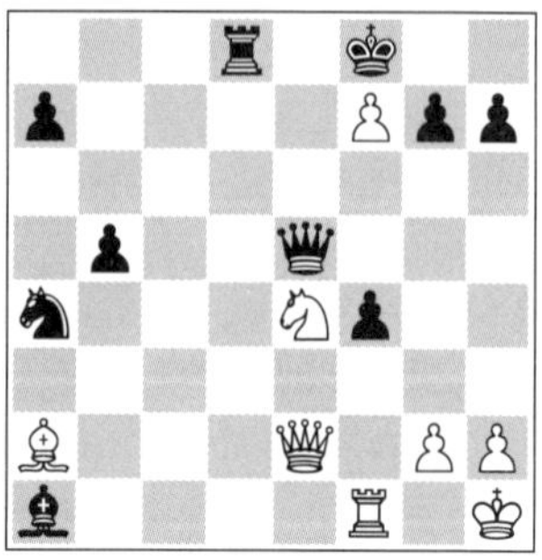

Analysediagramm

30.♕e1! ♗d4, und nun kommt das Unheil von der anderen Seite: 31.♕h4! ♖b8

32.♘g5 mit Gewinn für Weiß) 30.♕d3! ♕e7 31.♖xf4 ♖f8 (auf 31...♗f6 gewinnt 32.♕f1) 32.♕xb5. Weiß hat das gesamte Material zurückgewonnen, während sein Angriff anhält.

B2122) 28...♘c3! (tauscht den gestrandeten Springer gegen einen besser postierten ab) 29.exf7+ ♔h8 30.♘xc3 ♗xc3 31.♖xf4. Mit dem starken Bauern auf f7 steht Weiß besser, hat aber wahrscheinlich nicht genug Figuren, um die Partie für sich zu entscheiden. Daher wird Schwarz wahrscheinlich mit einem Remis davonkommen.

Zurück zur Stellung nach 22.♗a1 ♗xa3 23.f4.

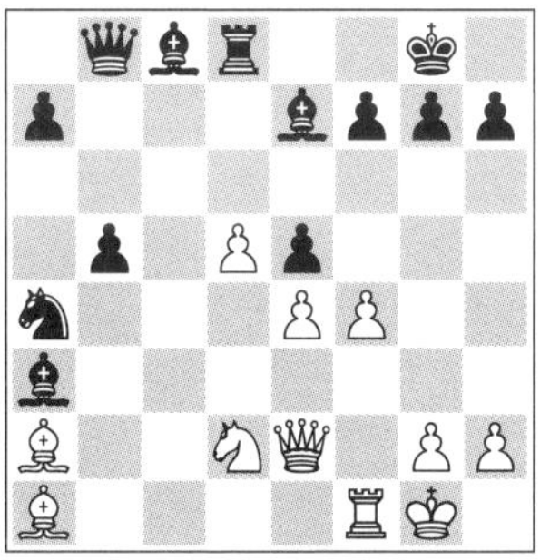

Analysediagramm

B22) 23...♗c5+ (Dieses Schachgebot ist der Beginn der Schwierigkeiten des Nachziehenden. Er hätte damit definitiv noch warten sollen. Da Weiß nun seine strategischen Ziele erreicht, wird die Stellung – auch wenn sie sehr kompliziert ist – mit den weißen Steinen erheblich leichter zu spielen zu sein) 24.♔h1, und nun:

B221) 24...exf4? ist nicht gut, da nach 25.e5 im Gegensatz zu den oben besprochenen Stellungen beide weiße Läufer hinter den starken, beweglichen Zentrumsbauern hervorragende Arbeit leisten: 25...b4 (oder 25...♗e3 26.e6) 26.e6! fxe6 (oder 26...♕c7 27.exf7+ ♕xf7 28.d6! ♕xa2 29.♕e7) 27.dxe6 ♗e7 28.♕h5 ♖f8 29.♗b1 g6 30.♗xg6, und Schwarz wird matt gesetzt.

B222) 24...♗d4 25.fxe5 ♗xa1

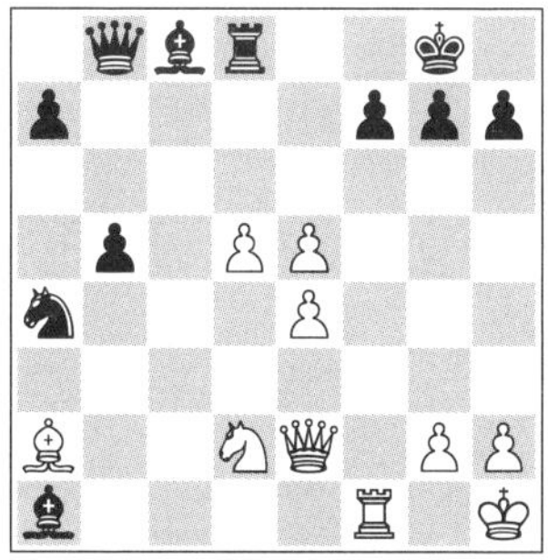

Analysediagramm

26.♕h5! (ein wichtiger Zwischenzug, den Schwarz wahrscheinlich übersehen hatte) 26...♖f8 (26...g6 funktioniert nicht wegen 27.♕g5! ♖e8 28.d6! ♗e6 29.♗xe6 fxe6 (nicht 29...♖xe6?? 30.d7, und der Bauer geht zur Dame) 30.♖xa1, und der gedeckte weiße Freibauer auf d6 ist in Kombination mit der anfälligen schwarzen Königsstellung viel mehr wert als die beiden schwarzen Freibauern am Damenflügel) 27.♖xa1 ♘c3 28.♗b3, und nun:

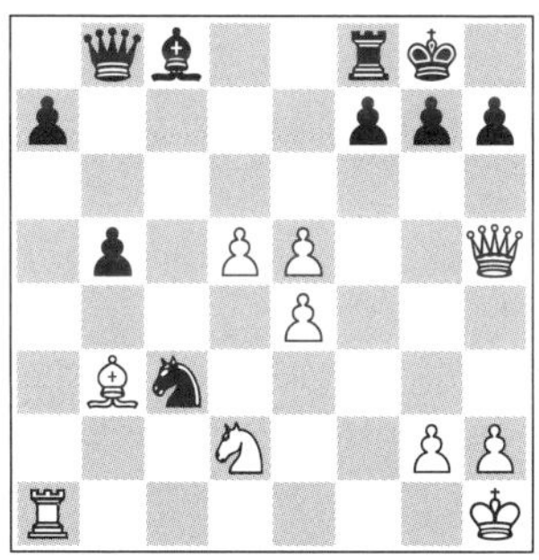

Analysediagramm

B2221) 28...♕b6? (dieser natürliche Zug verliert, da dem Nachziehenden bis zum Ende der Partie immer ein Zug fehlen wird) 29.♖f1 ♕e3

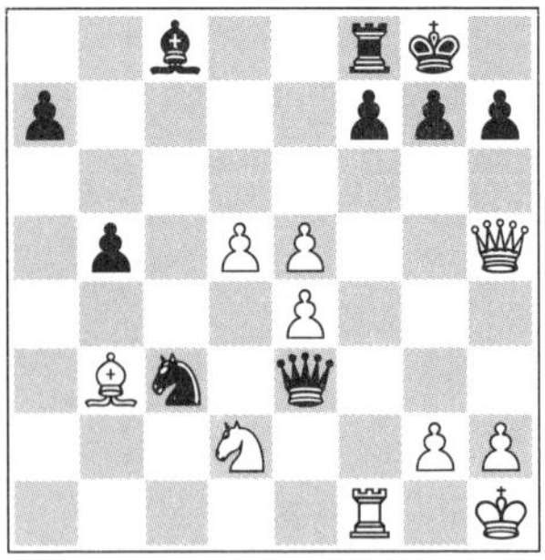

Analysediagramm

30.e6 (das Vorrücken des anderen Bauern hätte ebenfalls gewonnen: 30.d6 ♗e6 (oder 30...g6 31.♕h4! ♕xd2 32.♕f6 ♗f5 33.e6!, und Schwarz wird bald matt gesetzt) 31.♗xe6 fxe6 32.d7! mit Gewinn für Weiß) 30...g6 (oder 30...♕xd2 31.e7) 31.♕f3 ♕xd2 (31...♕xf3 verliert wegen 32.♖xf3 ♘e2 33.e7 ♖e8 34.d6) 32.♕f6! (noch brutaler als sofort 32.e7) 32...a5 33.e7 1-0, Galljamowa-Tiwjakow, President's Cup (1.2), Elista 1998.

B2222) Der einzige Weg, in der Partie zu bleiben, war 28...a5!, was den weißen Läufer mit ...a4 von der gefährlichen Diagonale zu vertreiben droht: 29.♖xa5. Schwarz hat einen Bauern geopfert, was hier ziemlich irrelevant ist, aber dafür Zeit gewonnen, was ihm das Leben retten wird. Die folgende unterhaltsame Variante endet mit einem Dauerschach: 29...♕b6 30.♖a1 ♕e3

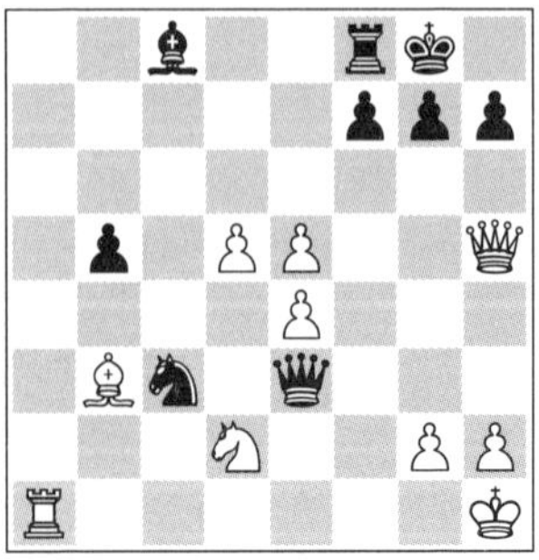

Analysediagramm

31.e6! (nicht 31.♘f1? ♕d4! 32.♗c2 g6 nebst 33...♘xe4, und Schwarz gewinnt) 31...♕xd2 32.exf7+ ♔h8 (32...♖xf7?? 33.d6) 33.♕e5! (33.♕h4? verliert wegen 33...g5! 34.♕h6 ♖xf7)

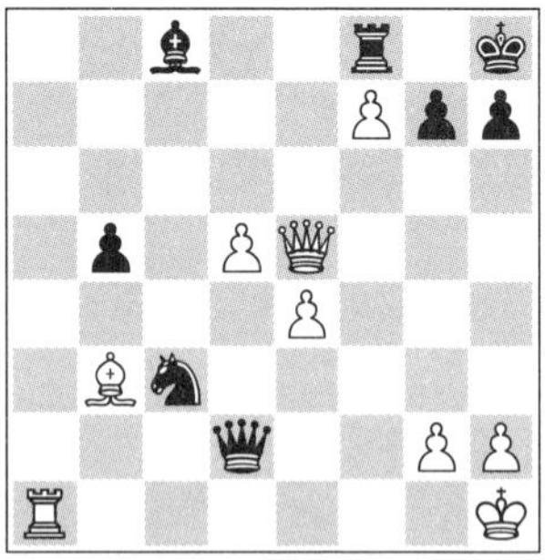

Analysediagramm

33...♗h3! (der einzige Zug) 34.gxh3 (34.♖g1 führt nach 34...♘d1 35.♗xd1 ♗xg2+ 36.♖xg2 ♕xd1+ 37.♖g1 ♕f3+ 38.♖g2 ♕f1+ zum Remis) 34...♕d3 35.♕f5 ♘xe4

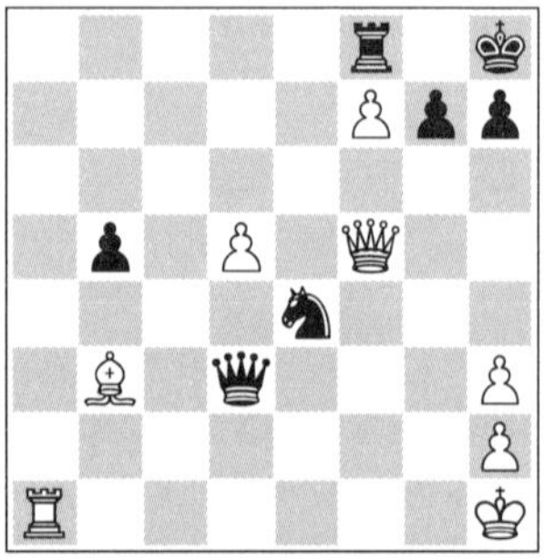

Analysediagramm

36.♖a8 ♕b1+ 37.♔g2 ♕b2+ 38.♔g1 ♕c1+ 39.♔g2 ♕b2+ mit Remis.

13. ♗c1-b2 ♖a8-d8

Das Vorrücken der Damenflügelbauern mit 13...c4? 14.♗c2 b5 wäre ein strategischer Fehler, da es den Druck vom weißen Zentrum nimmt und Weiß damit freie Hand für seinen Angriff am Königsflügel gibt, z.B. 15.♖fb1 (gut ist auch 15.♗c1 a5 16.♖b1 ♗a6 17.e5 b4 18.axb4 axb4 19.♗g5 ♘b6 20.♕e4 g6 21.♕h4 ♖a7 22.♗f6 ♗xf6 23.exf6 ♘d5

24.♗e4 mit riesigem Vorteil, wie in Carlsen-Aronjan, Mexico City 2007) 15...a5 16.♗c1 ♗a6 17.e5 ♖fb8 18.♘g5 ♘f8 19.♕h5 ♗xg5 20.♗xg5 ♗b7 21.h4 ♕c6 22.f3 ♕e8 23.♕g4 ♗d5 24.♗f6 ♘g6 25.h5 gxf6 26.exf6 mit großem Vorteil für Weiß in Sokolov-Leko, Wijk aan Zee 2004.

14. ♖a1-d1

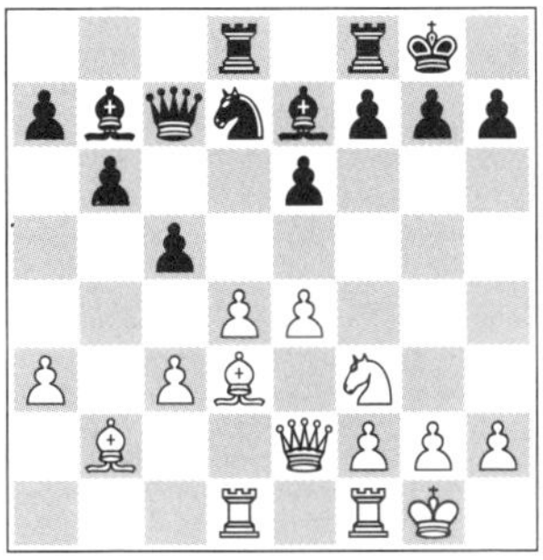

14. ... ♘d7-b8

Schwarz überführt seinen Springer nach c6, um den weißen Bauern d4 unter Druck zu setzen. Dies ist eine gut bekannte Strategie, die in einer Reihe von Partien vorgekommen ist. Ich muss allerdings gestehen, dass ich diese Art von Strategie nie verstanden habe. Der schwarze Springer mag zwar in der Tat nach c6 gehören, von wo aus er den weißen Bauern d4 angreift, aber dann stellt sich die Frage, was er überhaupt erst auf d7 verloren hatte? Wäre es nicht besser gewesen, ihn sofort nach c6 zu entwickeln und so zwei Tempi einzusparen, da die weißen Züge logisch waren und die Postierung des Springers auf d7 Weiß nicht zu irgendwelchen unnatürlichen Entscheidungen gezwungen hat?

15. h2-h4

Dieser Zug ist in derartigen Stellungen immer nützlich.

15. ... ♕c7-f4!?

Schwarz will die Schwächung g2-g3 provozieren, um seinem Läufer b7 mehr Gewicht zu verleihen. Es ist jedoch fragwürdig, ob dies hier tatsächlich zwei Tempi wert war.

16. g2-g3 ♕f4-c7

17. h4-h5 h7-h6

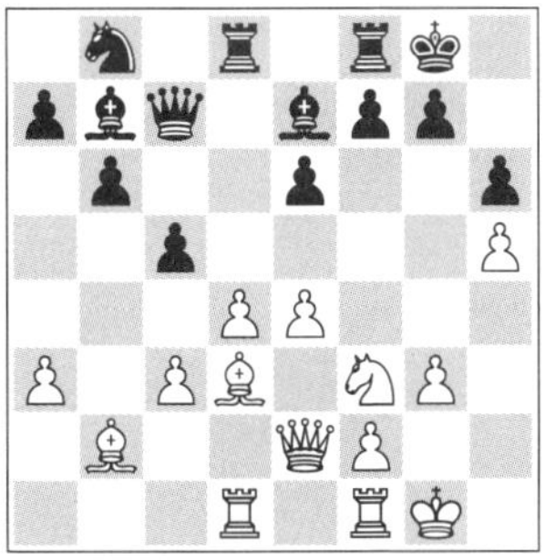

18. ♘f3-h2!

Diese Springerwanderung ist in diesem Stellungstyp nicht oft zu sehen, entspricht aber hier den Erfordernissen der Stellung. Ihr einziger Nachteil besteht darin, dass der Springer vorübergehend die Anbindung an die Zentrumsfelder d4 und e5 verliert.

18. ... c5xd4

19. c3xd4 ♘b8-c6

20. ♗d3-b1 ♘c6-a5

Der Gegenspielversuch 20...e5 würde nicht gut funktionieren:

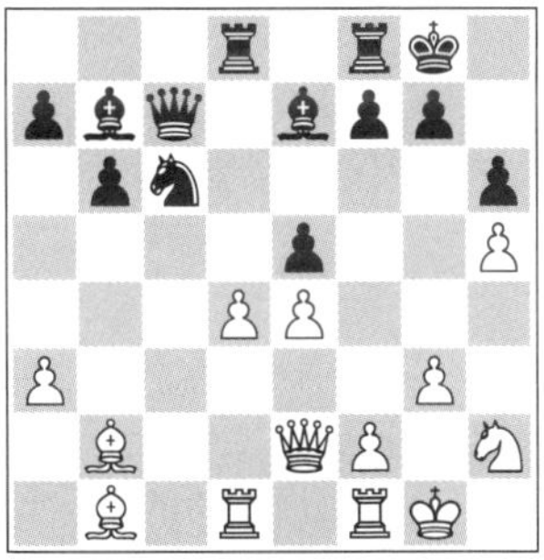

Analysediagramm

A) Das Qualitätsopfer 21.d5 ♘d4! 22.♖xd4 sieht interessant aus, aber es ist zweifelhaft, ob Weiß genug Kompensation erhält: 22...exd4 23.♗xd4 (nach

23.♘f3 ♗c5 24.♘xd4 f5! steht Schwarz besser) 23...♗xa3 24.♘g4 (falls 24.♕g4, so 24...f5! (nach 24...f6 25.e5! fxe5 26.♕g6 hat Weiß genug Kompensation) 25.exf5 ♕e7! 26.f6 ♖xf6) 24...♗c8.

B) 21.♕c2! ♕d6 22.d5 ♘a5 23.♘g4 mit besserem Spiel für Weiß.

21. ♖d1-c1

Dieser Zug hat seine Vorteile, aber der Turm stand auch auf d1 gut. Das sofortige 21.♘g4 sieht aussichtsreich aus.

21. ... ♕c7-d7

22. ♘h2-g4 ♖d8-c8

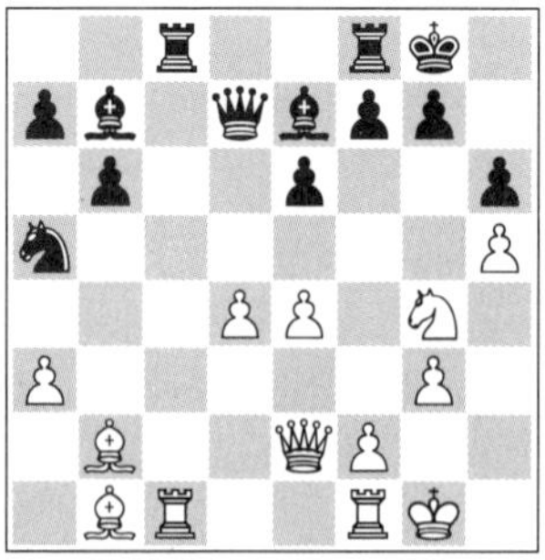

23. d4-d5!

Weiß meint, dass die Zeit für das thematische Zentrumsbauernopfer gekommen ist. Es war auch möglich, den Angriff weiterhin ruhig aufzubauen: 23.♕d3! f6 (falls 23...♖xc1 24.♖xc1 f5, so steht Weiß nach 25.♘e5 ♕e8 26.♕e2 besser) 24.♘e3 (mit der Idee, das thematische 25.d5 exd5 26.e5 folgen zu lassen), und die schwarze Verteidigung ist alles andere als einfach.

23. ... ♖c8xc1

24. ♗b2xc1

Weiß beäugt den Bauern h6. Die Alternative 24.♖xc1! sieht indes stärker aus, da Weiß nach 24...exd5 (es ist wahrscheinlich besser, den weißen Bauern auf d5 zu ignorieren und mit 24...♖c8 weiteren Figurentausch anzustreben) 25.e5 gefolgt von 26.♕d3 vernichtenden Angriff erhält, was nicht überraschen kann, da alle weißen Figuren harmonisch am Angriff teilnehmen, während bei Schwarz ♘a5 und ♗b7 völlig außer Spiel sind.

24. ... e6xd5

25. e4-e5

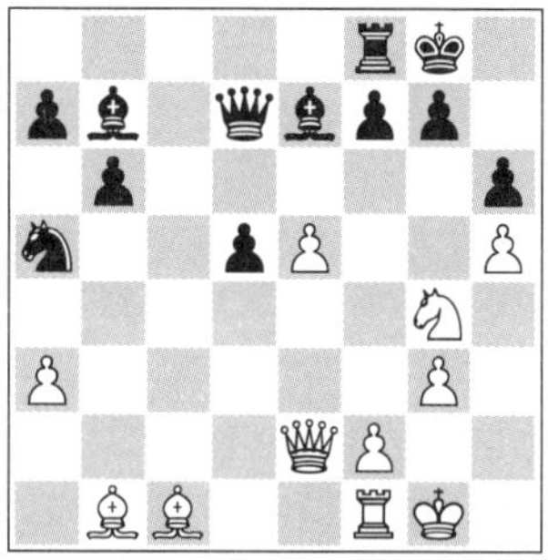

25. ... ♕d7-a4!

Gute, aktive Verteidigung. Schwarz bereitet auf 26.♕d3 die Antwort 26...♕e4 vor.

26. ♖f1-e1

Im Fall von 26.♕f3 mit der Drohung 27.♕f5 hätte Weiß genug Kompensation, aber auch Schwarz hat seine Ressourcen für eine aktive Verteidigung. Die folgende unterhaltsame Variante illustriert einige Vor- und Nachteile der Stellung:

26...♗c8! (der einzige Zug) 27.♘e3 ♗c5! 28.♘xd5 (eine Alternative ist 28.♘f5) 28...♕d4 29.♗f4 ♗e6 30.♘c7 ♗c4 31.♖d1 ♕b2

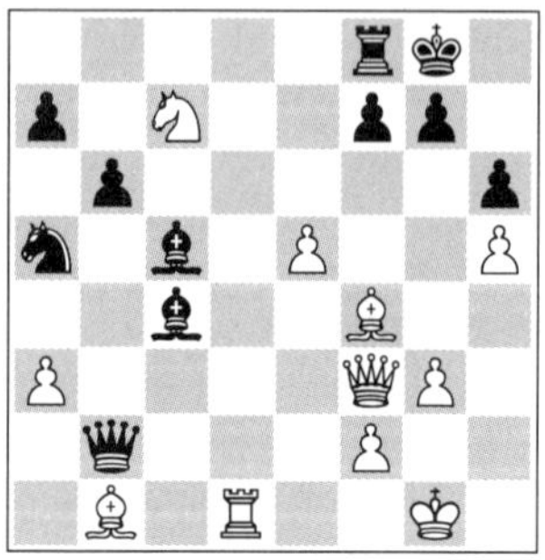

Analysediagramm

32.♕e4! ♕xf2+ 33.♔h1 ♖b8! (der Zug 33...♖c8? mag natürlicher aussehen, da er den weißen Springer angreift, stellt aber den Turm auf ein exponiertes Feld und verliert nach 34.♗xh6! ♕xg3 (auf 34...gxh6 gewinnen sowohl 35.♕g4+ als auch 35.♕h7+) 35.♕f5! ♖b8 (oder 35...♕h4+ 36.♔g2) 36.e6! fxe6 37.♕h7+ ♔f8 38.♗xg7+ ♕xg7 39.♖f1+! ♗xf1 40.♘xe6+), und nun:

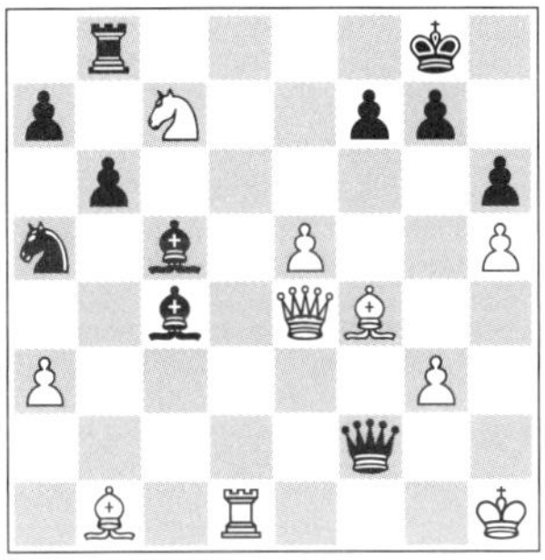

Analysediagramm

A) 34.♗xh6? ist nicht gut wegen 34...♕xg3! (34...gxh6? verliert immer noch wegen 35.♕h7+ ♔f8 36.♕xh6+ ♔e7 37.♕g5+ ♔f8 38.♖d8+ ♖xd8 39.♕xd8+ ♔g7 40.h6+ ♔xh6 41.♕h8+ ♔g5 42.♕h4 matt. Mit der weißen Dame auf e4 droht der Textzug nun Matt) 35.♕h7+ ♔f8 36.♕h8+ ♔e7 mit Angriff auf den weißen König.

B) 34.e6! f5! 35.♕xf5 ♕f3+ 36.♔h2 ♕f2+ 37.♔h3 ♗f1+ 38.♖xf1 ♕xf1+ 39.♔g4 ♕d1+ 40.♔h3 ♕h1+, und Weiß kann dem Dauerschach nicht entkommen.

26. ... ♕a4-c4

27. ♕e2-f3 ♗b7-c8

Die Anziehende urteilt richtig, dass alle ihre Figuren bereits optimal stehen und sich wohl kaum ein besserer Moment zum Opfern ergeben wird. Der richtige Augenblick zum Zuschlagen ist genau jetzt!

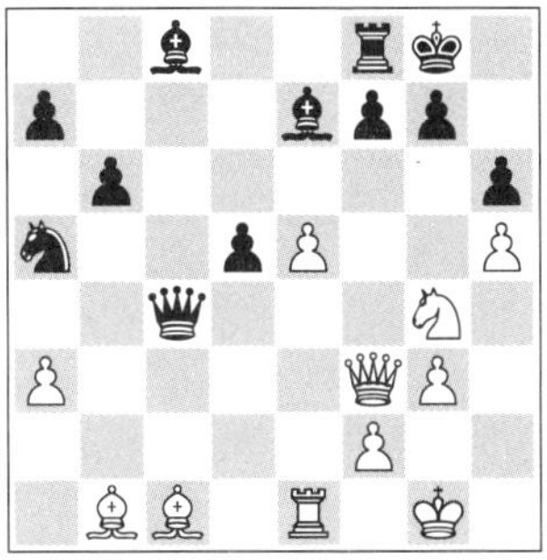

28. ♘g4-f6+!

Im Fall von 28.♘e3 gewinnt Weiß wegen der Stellung des Turms auf e1 ein wichtiges Tempo: 28...♕c3 29.♕e2 ♕xe5 30.♗b2 ♕g5 31.♕d3 f5 32.♕xd5+ ♔h8.

28. ... g7xf6

29. e5xf6

Weiß hat korrekterweise den Springer geopfert, was aber bei bester Verteidigung immer noch nicht mehr als ein Remis verspricht. In einer derart komplizierten Stellung kommt die beste Verteidigung in der Praxis aber meist nicht aufs Brett.

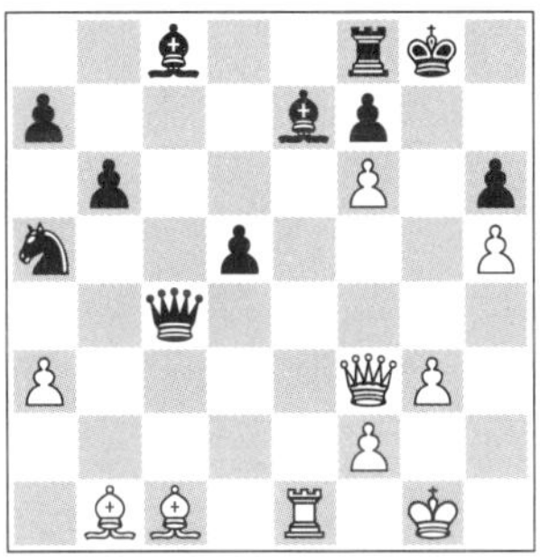

29. ... ♗e7-d8?

Schwarz will den Bauern f6 angegriffen halten, was sich aber als irrelevant erweisen wird.

Der Textzug ist ein partieentscheidender Fehler.

A) 29...♗g4?? läuft in ein forciertes Matt: 30.fxe7 ♗xf3 31.exf8♕+ ♔xf8 32.♗xh6+ ♔g8 33.♖e8 matt.

B) Schwarz musste sich mit 29...♗c5! weiterhin aktiv verteidigen. Mit einem aktiven Läufer auf c5 hätte er Gegenspiel gegen den Bauern f2 und auch selbst ein paar Drohungen. Außerdem kann Weiß nun das Feld e3 nicht mehr als Zwischenstation für seine Dame benutzen.

B1) 30.♗xh6 führt forciert zum Remis: 30...♗g4!

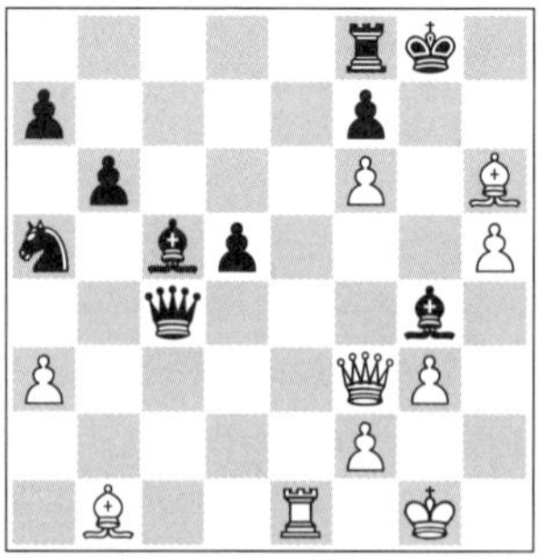

Analysediagramm

31.♖e5! – der einzige Zug:

B11) 31...♕c1+ 32.♗xc1 ♗xf3 ist nach 33.♗h6 ♖d8 remis. Der Gewinnversuch 33...♗e4? verliert nach 34.♗xe4 dxe4 35.♗xf8 ♔xf8 (35...♗xf8? 36.♖e8 ♘c4 37.h6) 36.♖xe4 ♗xa3 37.g4!, und die weißen Bauern sind nicht aufzuhalten.

B12) 31...♗xf3 32.♖g5+ ♔h8 33.♗g7+ ♔g8 34.♗h6+ mit Dauerschach.

B2) 30.♗f5 ist der beste Gewinnversuch: 30...♕d4! (der Schlüsselzug der Verteidigung. Schwarz wird im kritischen Moment durch Nehmen auf f2 seine Mehrfigur zurückgeben und die Damen tauschen. 30...♗xf5 verliert nach 31.♕xf5 ♔h8 32.♗xh6 ♖g8 33.♗g7+ ♖xg7 34.fxg7+ ♔xg7 35.h6+! ♔xh6 36.♕f6+ ♔h7 37.♕xf7+ ♔h6 38.♖e6+ ♔g5 39.♕g6 matt) 31.♗xc8 (31.♗e3? läuft in 31...♕xf6, während 31.♗xh6?! auch nicht so gut ist wegen 31...♕xf2+ 32.♕xf2 ♗xf2+ 33.♔xf2 ♗xf5 34.♖e5 ♖d8 35.♖xf5 ♘c4, und der schwarze d-Bauer wird schnell sein) 31...♖xc8 32.♗xh6 ♘c4 (bringt den Springer wieder ins Spiel und verhindert 33.♖e5) 33.♕f5 (der einzige Zug) 33...♕xf2+ 34.♕xf2 ♗xf2+ 35.♔xf2 d4.

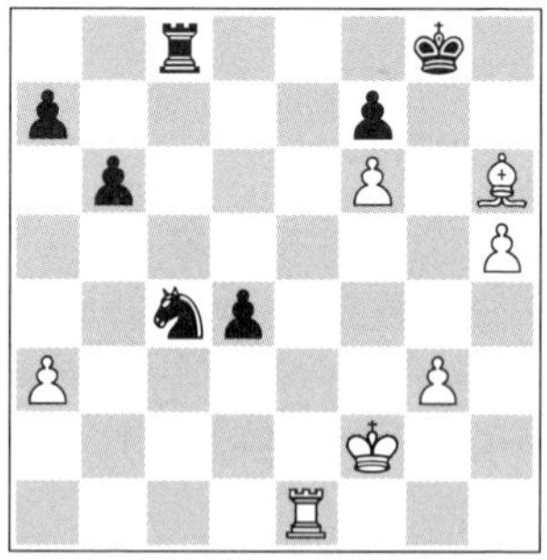

Analysediagramm

Dieses scharfe Endspiel scheint ausgeglichen zu sein, z.B. 36.g4 ♖d8 (falls 36...d3, so 37.♖e4! d2? 38.♖d4) 37.g5 d3 38.g6! d2 39.♖e7 d1♕ 40.gxf7+ ♔h8 41.♖e8+ ♔h7 42.f8♕ ♕c2+ 43.♔g3 ♕c3+ (es ist nie zu spät, die Partie noch zu verlieren: 43...♖d3+?? 44.♗e3) 44.♔g2 ♕c2+ mit Remis durch Dauerschach.

30. ♗c1xh6

Dieser Zug reicht zum Gewinn. Erheblich stärker war jedoch 30.♕e3! ♗xf6 31.♕xh6, und Schwarz kann das Matt nicht verhindern.

30. ... ♕c4-g4

Nach 30...♕d4 31.♗g7! ist der Marsch des weißen h-Bauern nicht aufzuhalten: 31...♕d2 32.♖d1 ♕g5 33.h6 ♗xf6 34.♕xf6 ♕xf6 35.♗xf6; oder 30...♗g4 31.♕e3 ♗xf6 32.♗xf8 ♔xf8 33.♕h6+ ♗g7 34.♕d6+ ♔g8 35.♖e8+.

31. ♕f3xd5! ♗d8xf6

Oder 31...♗b7 32.♕d3.

32. ♗h6xf8 ♗c8-b7

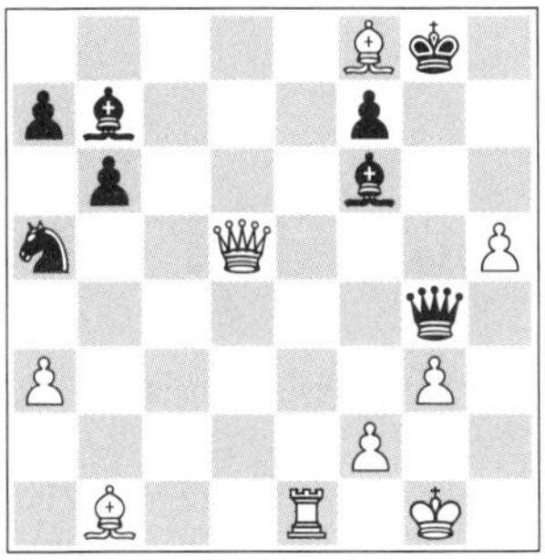

Das Nehmen des Läufers f8 verbietet sich wegen 32...♔xf8 33.♕d6+ ♔g7 34.h6+!.

33. ♖e1-e8! ♕g4-a4
34. ♗b1-h7+ ♔g8xh7
35. ♕d5xf7+ 1-0

Da ich selbst mit dem Damenbauern eröffne, habe ich natürlich eine ganze Reihe von Partien mit einer Bauernmehrheit im Zentrum gespielt. Dabei sind die Dinge oft gut gelaufen, aber häufig auch schlecht. Es folgen zwei interessante Beispiele, in denen es gut lief.

GI 4.1 (D85) **PARTIE 44**
Ivan Sokolov
David Howell
London 2006 (5)

1. d2-d4 ♘g8-f6
2. c2-c4 g7-g6
3. ♘b1-c3 d7-d5
4. c4xd5 ♘f6xd5
5. e2-e4 ♘d5xc3
6. b2xc3 ♗f8-g7
7. ♕d1-a4+

Der Sinn dieses Schachgebots besteht darin, das reguläre Entwicklungsschema des Nachziehenden im Grünfeld-Inder zu stören. Da Weiß jedoch mit seinen frühen Damenzügen in der Eröffnung ebenfalls Zeit verliert, besteht die Hauptidee dieses Zuges darin, den direkten, scharfen Varianten des Grünfeld-Inders aus dem Weg zu gehen.

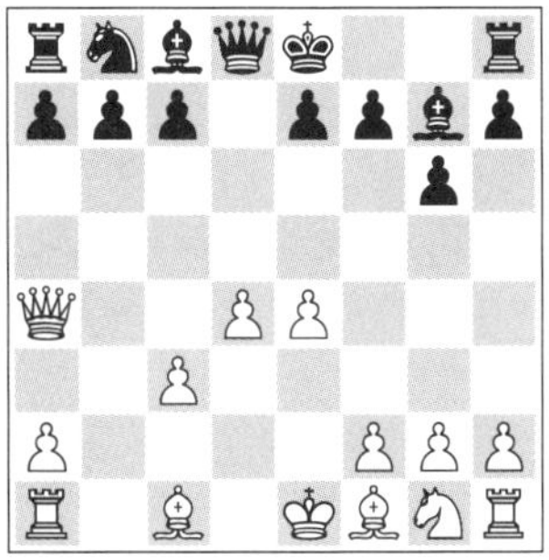

7. ... ♕d8-d7

Der andere Hauptzug ist 7...♘d7. Danach wird die Idee von 7.♕a4+ klar. Mit einem Springer auf d7 hätte Schwarz es ganz wie in der vorhergehenden Partie Galljamowa-Tiwjakow schwerer, den weißen Bauern d4 unter Druck zu setzen.

8. ♕a4-b3 0-0
9. ♘g1-f3 b7-b6

Dies ist das natürlichste Feld für den weißfeldrigen schwarzen Läufer in der Grünfeld-Indischen Verteidigung.

10. ♗c1-e3 ♗c8-b7
11. ♗f1-d3 c7-c5
12. 0-0 ♘b8-c6
13. ♖a1-d1

Nach einer logischen Reihe von Entwicklungszügen auf beiden Seiten hat sich eine Stellung ergeben, die hinsichtlich der Bauernstruktur dem Beispiel Kasparow-Najdorf (Partie 42) ähnelt, aber mit dem wichtigen Unterschied, dass der schwarze Läufer hier nicht nach e7 entwickelt, sondern auf g7 fianchettiert worden ist. Dies hat mehrere Vorteile: Der weiße Bauer d4 ist leichter angreifbar, und der schwarze König ist besser vor diversen Arten direkter Angriffe geschützt. Die Kehrseite der Medaille ist, dass der schwarze Königsflügel auch schnell angriffsanfällig werden kann, wenn Weiß rechtzeitig zu h2-h4-h5 kommt – was meist der Fall ist.

13. ... ♘c6-a5
14. ♕b3-b1 c5xd4

15. c3xd4

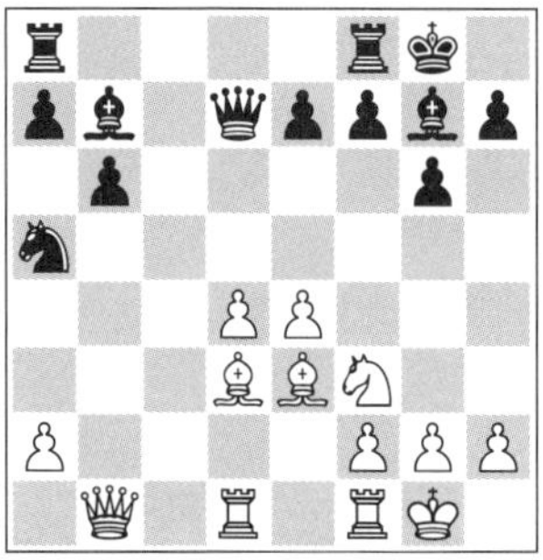

15. ... e7-e6

Die Hauptidee dieses Zuges besteht darin, fürs Erste d4-d5 zu verhindern. Der populärste Zug ist 15...♖ac8. Dann spielt Weiß tatsächlich 16.d5, wonach es gewöhnlich folgendermaßen weitergeht: 16...♘c4 17.♗d4 ♗xd4 18.♘xd4, und nun:

A) Wenn Schwarz das Zentrum nicht festlegt und sich mit 18...♕a4?! für Scheinaktivität entscheidet, kann er leicht auf Abwege geraten, da der schwarze König verwundbar und ohne Verteidiger bleibt, während die Aktivität des Nachziehenden am Damenflügel nicht annähernd genug Gegenspiel generiert: 19.♖fe1 ♖c7 20.h4! (dieser Zug ist im Grünfeld-Inder für Weiß immer nützlich) 20...♕a5?! 21.♕c1! (überführt die Dame auf den Königsflügel) 21...♖fc8

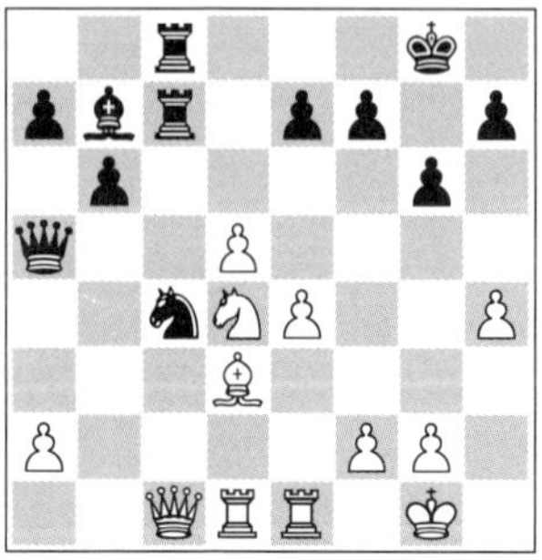

Analysediagramm

22.♗xc4! (es ist eine gute Idee, den schönen schwarzen Springer abzutauschen) 22...♖xc4 23.♕e3 ♕c3 24.♖d3 ♕b2 25.♔h2 ♖c3 26.♖ed1 h5 27.♖xc3 ♕xc3 28.♕g5 ♕c7+ 29.f4 (Schwarz kann kein Gegenspiel entwickeln, das dem weißen Königsangriff entgegenwirkt. Man beachte die jämmerlich passive Stellung des schwarzen Läufers auf b7) 29...♖e8 30.♘f5.

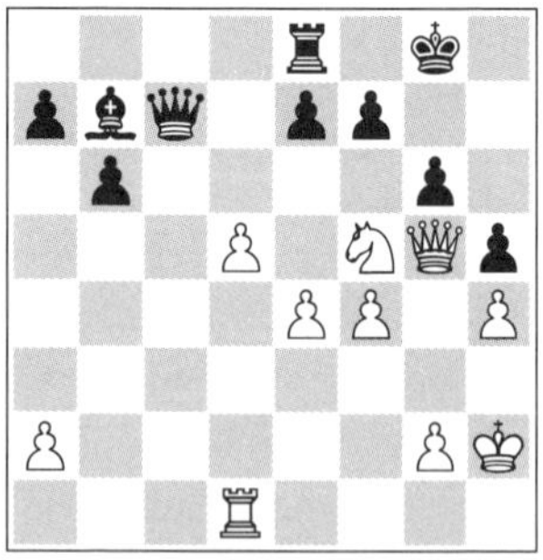

Analysediagramm

In Milow-Krasenkow, Europameisterschaft, Warschau 2005, hatte Weiß starken Angriff und trug bald den Sieg davon.

B) Zwei Runden später im gleichen Turnier sah Krasenkow von 18...♕a4 ab und legte mit 18...e5 das Zentrum fest. Dies ist hier eine Standardidee.

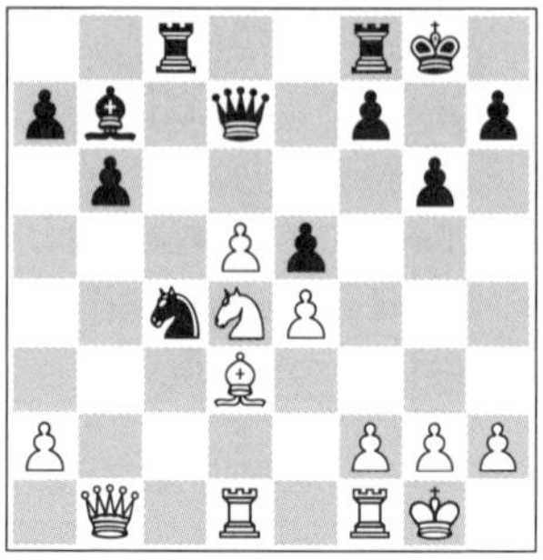

Analysediagramm

Wie in ähnlichen Stellungen in Galljamowa-Tiwjakow gezeigt, ist dieser Plan positionell gesund und bremst das weiße Spiel. Hier besteht ein zusätzlicher Pluspunkt für Schwarz darin, dass der Springer c4 schon fast seine optimale Position, nämlich d6, erreicht hat. Ein potenzielles Problem für Schwarz ist, dass sein König anfällig werden kann.

Mit diesem Abspiel experimentierte ich mit den weißen Steinen im Jahre 2006 und spielte eine interessante Partie gegen Krasenkow. Nach 19.♘f3 hatte ich erwartet, dass Krasenkow einer seiner früheren Partie folgen und mit 19...♕e7 fortsetzen würde. Es wird den Leser vielleicht interessieren, was ich für diesen Fall vorbereitet hatte.

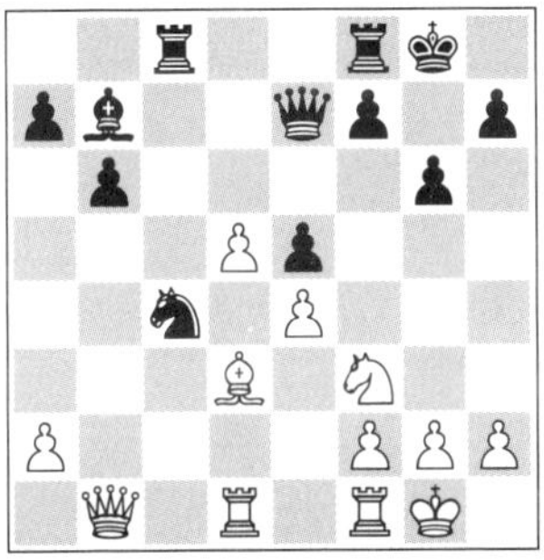

Analysediagramm

Die Hauptidee von 19...♕e7 und 19...f6 besteht darin, den Bauern e5 zu verteidigen, so dass Schwarz seinen Springer nach d6 stellen kann. Wenn der schwarze Springer das Feld d6 erreicht, ist er meiner Meinung nach mehr wert als der weiße Läufer auf d3. Außerdem bin ich der Ansicht, dass Weiß die etwas besseren Chancen erhält, wenn er in dieser Bauernstruktur mit Dame + Springer gegen Dame + Läufer spielt. Meine Idee bestand also in der Fortsetzung 20.♗xc4! (in der früheren Partie von Krasenkow folgte 20.♖c1 ♘d6 21.g3 f6 22.♘d2 ♖xc1 23.♖xc1 ♖c8 24.♖xc8+ ♗xc8 mit baldigem Remis, Najer-Krasenkow, Europameisterschaft, Warschau 2005) 20...♖xc4 21.♖c1, und nun:

B1) Nach 21...♖b4 22.♖c7! ♕xc7 23.♕xb4 steht Weiß besser.

B2) Oder 21...♗a6 22.♖xc4 ♗xc4 23.♖c1 b5

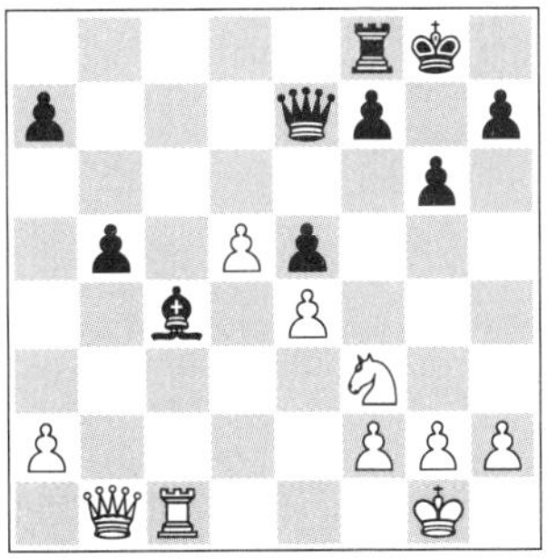

Analysediagramm

24.♕a1! (ein wichtiger Tempogewinn) 24...♖e8 25.♘d2 ♖c8 26.a4 a6 27.axb5 axb5 28.♕a6 ♕c5 29.h4, und Schwarz wird bald Probleme mit der Verteidigung seines anfälligen Königs haben.

B3) 21...♖fc8 22.♖xc4 ♖xc4 23.♕d3 ♖c5

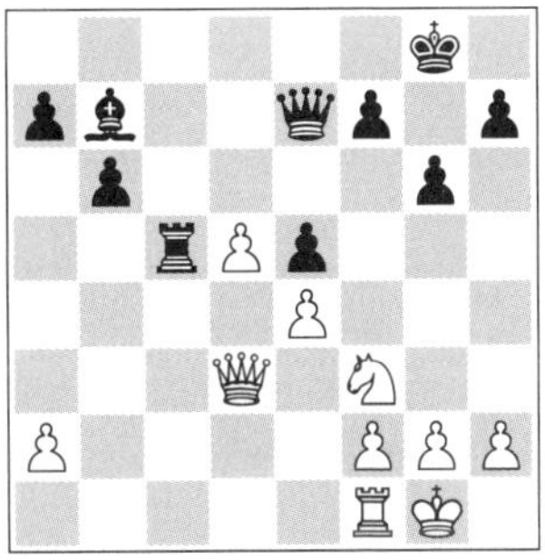

Analysediagramm

24.♕a3!, und nun:

B31) Wenn Schwarz mit 24...f5 Gegenspiel zu erhalten versucht, wird Weiß nach einer relativ forcierten Zugfolge im Endspiel besser stehen: 25.♕xa7! fxe4 26.♘g5! ♕xg5 27.♕xb7 e3 28.fxe3 ♕xe3+ 29.♔h1 ♕f4! 30.♖g1! ♕f8 31.♕xb6 (oder 31.♕d7 ♕f7 32.♕d8+ ♕f8 33.♕xb6 ♖xd5, was auf das Gleiche hinausläuft) 31...♖xd5 32.a4. Der weiße Freibauer auf der a-Linie ist stark, während der schwarze König exponiert bleibt. Man beachte, dass viele Turmendspiele für Schwarz verloren sind.

B32) 24...♗c8 25.♖c1 ♖c2! 26.♕e3 ♕c7 27.♖xc2 ♕xc2 28.h3 f6.

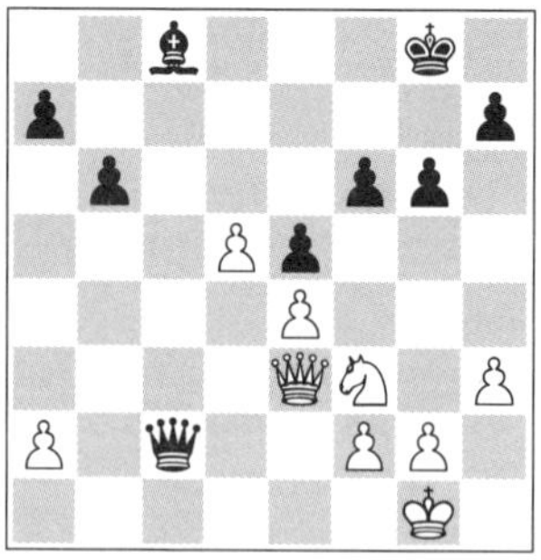

Analysediagramm

Dies ist der Stellungstyp, auf den ich es abgesehen hatte. Der weiße Bauer d5 ist stark, gut verteidigt und nicht leicht zu blockieren; statt eines starken Springers auf d6 wird Schwarz vielleicht den Läufer auf d7 als lausige Blockadefigur einsetzen müssen. Des Weiteren kann Schwarz Probleme mit der Verteidigung des Bauern e5 bekommen, falls der Bauer f6 abgetauscht werden sollte, und der schwarze König steht sehr anfällig; wie in einer Reihe von Varianten ersichtlich wird, verfügt der König über gar keine Verteidigungsfiguren, während die weiße Dame und der weiße Springer ein tödliches Angriffsduo bilden. Meine – wahrscheinlich korrekte – Einschätzung lautete, dass diese Stellung für Weiß günstig sein sollte.

Meine Analyse ging weiter mit 29.g4! (mit der Absicht 30.g5, um eine schwarze Schwäche auf e5 zu erzeugen), und nun:

B321) Der einfachste Weg, den weißen Plan zu stoppen, ist 29...g5?, was aber wegen 30.♘xe5! fxe5 31.♕xg5+ ♔f7 32.♕h5+ ♔f8 33.♕xe5 ♔f7 34.♕h8 ♕b1+ 35.♔h2 verliert.

B322) Die raffinierte Verteidigung 29...h6!? löst die Probleme nicht ganz, da Weiß nach 30.♕xh6 ♕xe4 31.g5! besser zu stehen scheint.

B323) 29...♕xa2. Wenn Weiß schon die Initiative haben wird, kann sich Schwarz als Entschädigung für seine Probleme wenigstens einen Bauern schnappen. Nun kann folgen:

B3231) Das sofortige 30.g5 bringt nicht mehr als ein Remis ein: 30...♕a1+ (nicht 30...f5? 31.♕c1!) 31.♔g2 f5! (nach 31...fxg5 32.♕xg5 erreicht Weiß seine Ziele) 32.d6 (oder 32.exf5 ♗xf5 33.♘xe5 ♕d1! 34.♘d3 ♕xd3 35.♕e8+ mit Dauerschach) 32...♕d1 (nach 32...♗e6? 33.♕d3 gewinnt Weiß) 33.♕c3

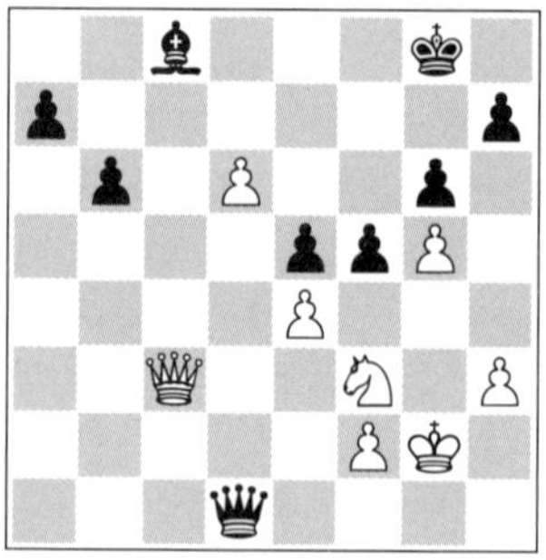

Analysediagramm

33...♗b7! 34.♘xe5 (oder 34.♕xe5 ♗xe4 35.♕e8+ ♔g7 36.♕e7+ remis) 34...♕xd6 (34...♗xe4+? verliert wegen 35.f3) 35.♕c4+ ♔g7 36.♕f7+ ♔h8 37.♘c4 ♕c5 (nach 37...♗xe4+ 38.f3 hat Weiß einige Gewinnchancen) 38.♕xb7 ♕xc4 39.exf5 gxf5 40.♕b8+ ♔g7 41.♕xa7+ (das ehrgeizige 41.♕e5+ ♔g8 42.♕xf5 kann nach 42...♕c6+ 43.♔g3 a5 nur Weiß in Schwierigkeiten bringen) 41...♔g6 42.♕xb6+ ♔xg5 mit totremiser Stellung.

B3232) 30.♕c1! (ein wichtiger Zug) 30...♗a6 31.g5 ♕b3 (oder 31...fxg5 32.♘xe5; nach 31...f5 32.♘xe5 fxe4 33.♘g4! findet sich der schwarze König in einem Mattnetz wieder).

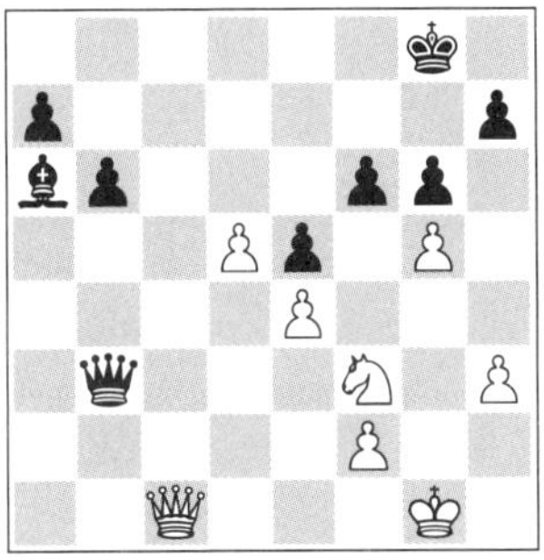

Analysediagramm

Nun hat der schwarze König überhaupt keine Verteidiger, und Weiß gewinnt hübsch mit 32.gxf6! ♕xf3 33.♕c6! nebst Matt.

Man wird sich vorstellen können, dass ich nach dem erheblichen Zeitaufwand für die oben gezeigten Analysen recht enttäuscht war, diese schöne Möglichkeit zusammen mit dem Rest meiner häuslichen Arbeit nicht aufs Brett zu bekommen, als Krasenkow mich mit 19...f6 überraschte. Danach war ich auf mich allein gestellt und musste am Brett nach Lösungen suchen. Ich dachte, dass das Schlagen auf c4 nun nicht so effizient wäre, Weiß aber andererseits über ein hübsches Angriffsmanöver in Gestalt von ♘h2-g4 verfügt.

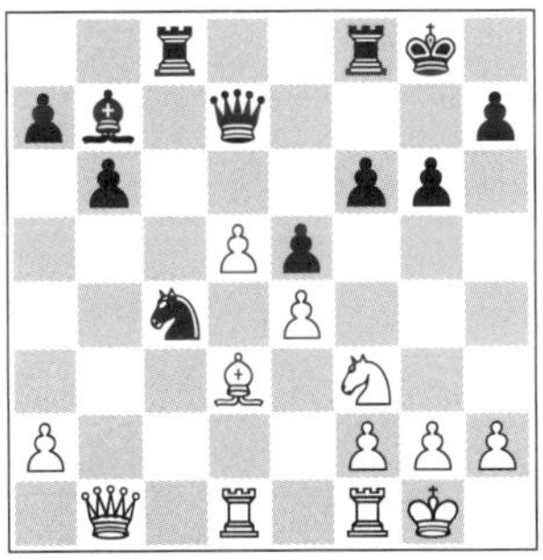

Analysediagramm

20.h3 ♘d6 21.♘h2 ♕e7 (nach 21...f5 würde 22.♘f3 oder 22.♖fe1 den Nachziehenden daran erinnern, dass der Bauer e5 nun eine Schwäche sein kann) 22.♕b2 ♖c7 23.♕a3! f5! (dieser Standardhebel ist obligatorisch) 24.exf5 gxf5 25.♕xa7 ♗xd5 26.♕xb6 ♗xa2 27.♖fe1 (Merkwürdigerweise ähnelt diese Stellung einer Art von Sweschnikow-Sizilianer. Weiß hat einen kleinen Vorteil, und Schwarz sollte Vorsicht walten lassen) 27...e4

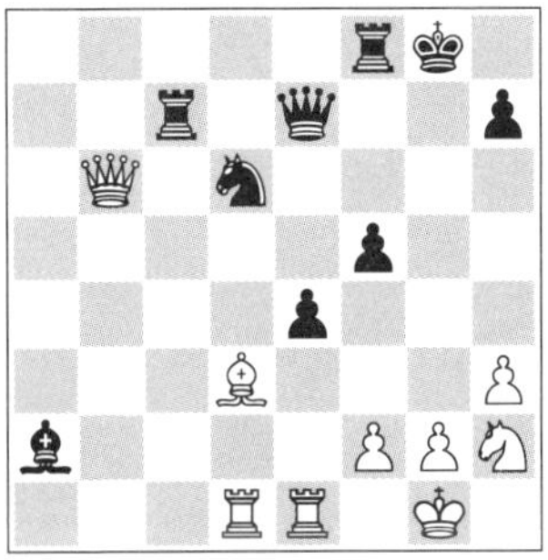

Analysediagramm

28.♗b1! ♗xb1 29.♖xd6 (ein guter Tausch, da der Springer hier dem weißfeldrigen Läufer vorzuziehen ist) 29...♖b7 30.♕d4 ♕g7 31.♘f1 ♕xd4 32.♖xd4 ♗d3 33.♘g3 ♖b5?! 34.♖c1 ♖e5?! 35.f4! ♖e6 36.♖d5, und in Sokolov-Krasenkow, Englische Liga 4NCL 2005/06, hatte Schwarz ernsthafte Schwierigkeiten.

16. h2-h4

Dieser Standardplan ist auch hier eine gute Idee.

16. ... f7-f5!?

Dieser Zug hat Ähnlichkeit mit den Plänen in den Anmerkungen zu Partie 42 – Kasparow-Najdorf (siehe Waganjan-Rasuwajew) und basiert auf einer gesunden strategischen Idee. Weiß muss einen energischen Weg finden, um den Nachziehenden an der Ausführung seiner strategischen Idee zu hindern, die darin besteht, den weißen Bauern e4 zu entfernen und das Feld d5 unter Kontrolle zu nehmen.

In einer früheren Partie, in der sich diese Stellung ergab, folgte 16...♖ac8 17.h5 gxh5!? (eine interessante Lösung des Problems; Schwarz hat keine Angst, seinen Königsflügel zu schwächen) 18.d5 ♘c4 19.♗d4 f6 20.♖c1 exd5 21.exd5 ♘d6 (es ist mir nicht klar, warum Schwarz auf das Schlagen auf d5 verzichtete) 22.♕b3 ♖xc1 23.♖xc1 ♖c8 24.♖d1 mit kompliziertem Spiel, Milow-Rowson, Französische Liga 2005.

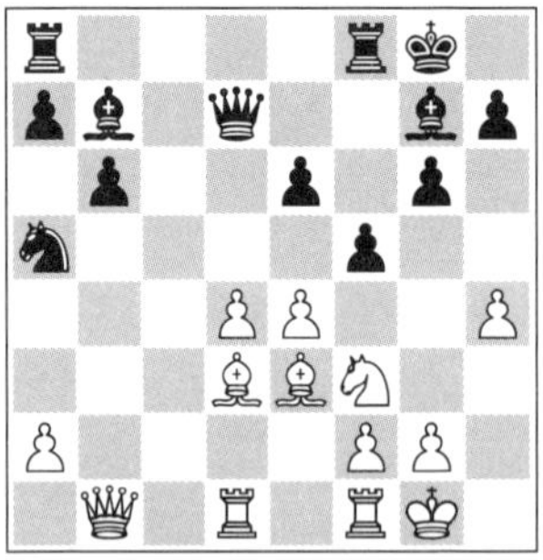

17. ♗d3-b5!

Dieser Zug bereitet ein standardmäßiges Bauernopfer vor, das wir bereits in einigen früheren Beispielen gesehen haben. Nach 17.h5 fxe4 18.♗xe4 ♗xe4 19.♕xe4 ♕d5 ist Schwarz am Ziel seiner Wünsche und steht gut.

17. ... ♕d7-d6

18. d4-d5! e6xd5

Der Bauer muss geschlagen werden. Im Fall von 18...fxe4 erhält Weiß nach 19.dxe6 ♕xe6 20.♘g5 ♕g4 21.♕b4 gefolgt von 22.♖d7 starken Angriff.

Interessant ist auch 21.♗d7 ♕xh4 22.♗e6+ ♔h8 23.g3 ♕h5 24.♔g2.

19. e4-e5!

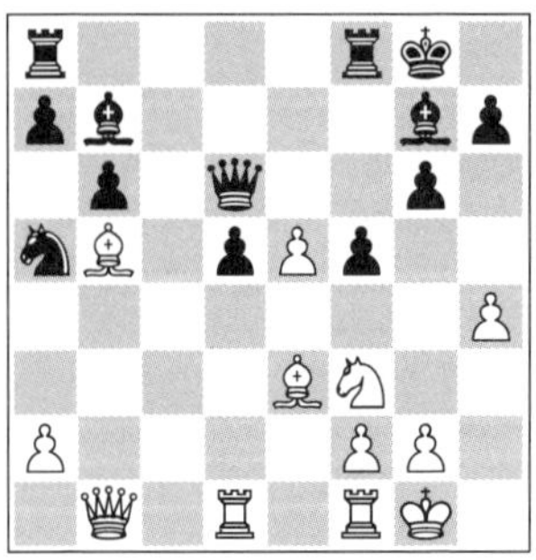

19. ... ♗g7xe5?

Das Schlagen des zweiten Bauern ist ein Fehler. Nun wird Schwarz auf den dunklen Feldern sehr schwach, während ♘a5 und ♗b7 fürs Erste völlig außer Spiel sind.

Notwendig war 19...♕e6!, und nach 20.♗f4 verfügt Weiß über eine Reihe positioneller Trümpfe (Freibauer auf der e-Linie, ein schönes Feld auf d4 für seinen Springer, Angriffsmöglichkeiten am Königsflügel usw.), die ihm Kompensation für den Bauern garantieren, aber es steht ein komplizierter Kampf bevor.

20. ♘f3xe5 ♕d6xe5

21. ♗e3-d4

Dieser Läufer ist ein Monster. Schwarz gerät in einen tödlichen Angriff.

21. ... ♕e5-e4

22. ♕b1-c1 ♕e4xh4

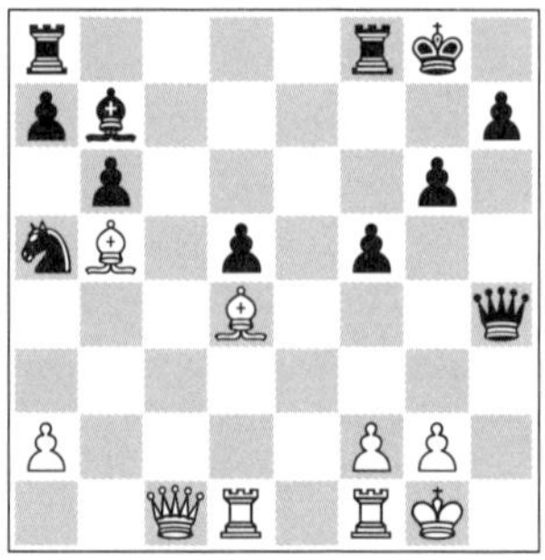

23. ♕c1-c7?

Diesen Zug spielte ich in der Annahme, dass Schwarz in wenigen Zügen aufgeben würde, aber ich hatte seinen 24. Zug komplett übersehen.

Es bestand kein Grund zur Eile. Weiß sollte mit 23.♖fe1! seine letzte untätige Figur ins Spiel bringen, wonach die schwarze Stellung meiner Meinung nach nicht zu verteidigen ist, z.B. 23...♖f7 24.♕e3! ♕e4 25.♕h6 ♕g4 26.f3 ♕h5 27.♕f4 (mit der Drohung 28.♕e5) 27...♖af8 28.♖e6 gefolgt von

♕e5, und die schwarze Stellung bricht zusammen.

23. ... ♖f8-f7!
24. ♕c7-e5 ♖f7-e7!

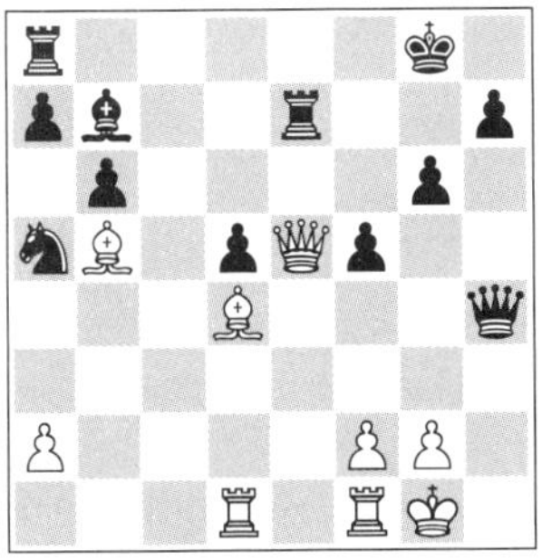

Hier dämmerte es mir, dass mich der Schein vielleicht getrogen hatte, aber die nächsten beiden Schachgebote waren erzwungen. Also spielte ich:

25. ♕e5-h8+ ♔g8-f7
26. ♕h8-g7+ ♔f7-e6

Hier verbriet ich in dem Versuch, etwas Konkretes zu finden, fast eine Stunde Bedenkzeit und konnte meinen Augen nicht trauen, als ich sah, dass der schwarze König in der Brettmitte sicher war.

27. ♖f1-e1+ ♔e6-d6
28. ♗d4-e5+ ♔d6-c5
29. ♗e5-d4+ ♔c5-d6

Es ist schwer, sich mit einem Remis durch Dauerschach abzufinden, wenn die aktivste gegnerische Figur sein König ist!

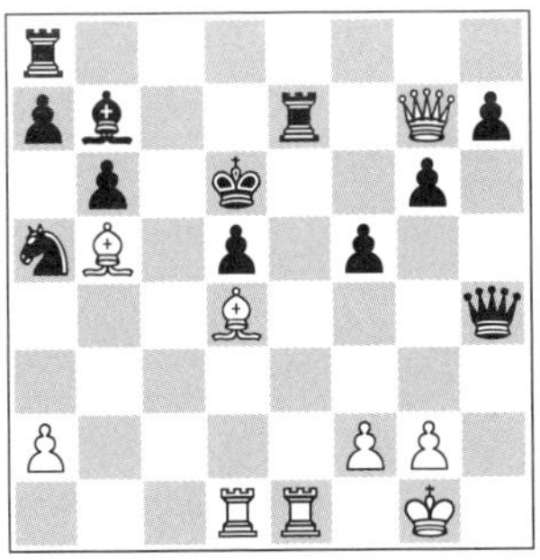

30. ♖e1xe7! ♕h4xe7
31. ♕g7-h6 ♗b7-c6

Schwarz bereitet den Rückzug des Königs vor.

32. ♗d4-c3!

Dieses originelle Läufermanöver hatte ich gesehen, als ich mich mit 30.♖xe7 zum Weiterspielen entschloss.

32. ... ♔d6-c7
33. ♗c3-b4!

Die Pointe. Weiß opfert diesen Läufer, um an den schwarzen König heranzukommen. Leider verspricht dies nicht mehr als ein Remis.

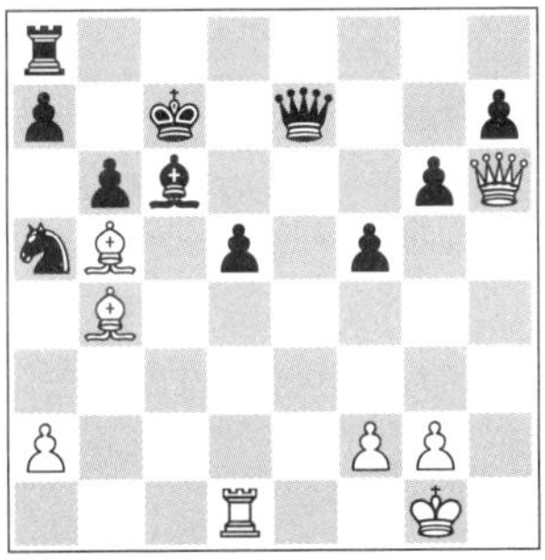

33. ... ♕e7-d7?

In Zeitnot begeht Schwarz einen partieentscheidenden Fehler.
33...♕f7? sollte nach 34.♗a6! f4 35.♖d4! ebenso verlieren. Schwarz musste jedoch Ruhe bewahren und sich die geopferte Figur einverleiben: 33...♕xb4! 34.♕xh7+, und nun:

A) 34...♔b8! 35.♕g8+ ♔b7 36.♕f7+ ♔b8, und jetzt hat Weiß nichts Besseres als Remis durch Dauerschach.

B) Schwarz kann auch mit seinem König mutig ins Zentrum gehen: 34...♔d6!? 35.♕xg6+ ♔c5 36.♗xc6 ♖d8! (36...♖c8?? verliert wegen 37.♕e6; 36...♘xc6?? 37.♖c1+) 37.♗e8 (eine Alternative ist 37.♖c1+!? ♘c4 38.♗b7) 37...♕e4!.

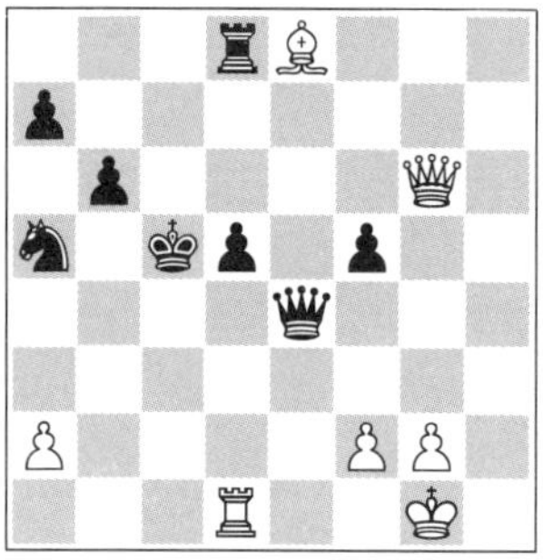

Analysediagramm

Der schwarze König sieht auf c5 sehr merkwürdig aus, aber es kann gut sein, dass Weiß nichts Besseres als die forcierte Remisvariante 38.♖c1+ ♔b4 39.a3+ ♔xa3 40.♕g3+ ♘b3 41.♕c3 ♔a2! 42.♖c2+ ♔a3 43.♕b2+ ♔b4 44.♕c3+ ♔a3 hat.

34. ♗b5-a6!

In Anbetracht der nunmehr unbeholfen stehenden schwarzen Figuren bricht die schwarze Stellung schnell zusammen.

34. ... ♗c6-b5

Falls 34...♘b7, so 35.♕f4+ ♘d6 36.♖c1 mit tödlichen Fesselungen.

Auch nach 34...♗b7 35.♕f4+ ♔c8 36.♖c1+ ♘c6 37.♗b5! a6 38.♗a4 b5 bricht Schwarz unter den Fesselungen zusammen.

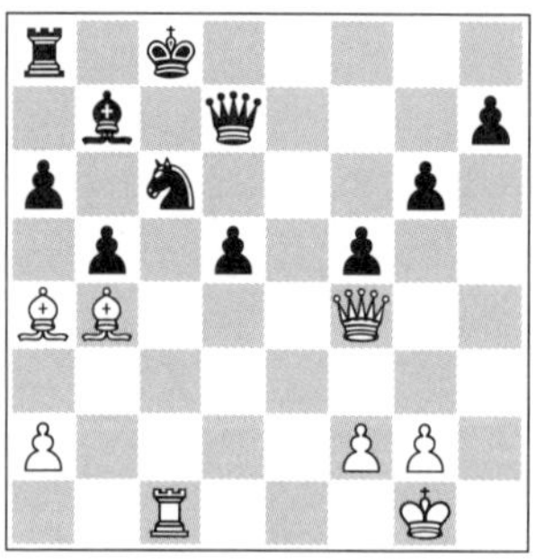

Analysediagramm

Die Fesselung auf der Diagonale a4-e8 ist aufgehoben, aber neue und größere Probleme stehen unmittelbar vor der Tür: 39.♗a5! bxa4 40.♕e5! ♕f7 41.♕d6, und Schwarz wird entweder auf d8 oder auf c7 matt gesetzt.

35. ♗a6xb5 ♕d7xb5

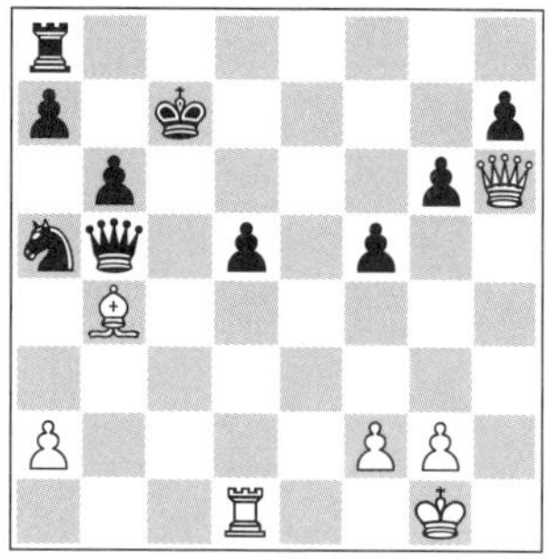

36. ♗b4xa5! ♕b5xa5

Der Abtausch aller Leichtfiguren sollte aus allgemeinen Erwägungen eine gute Idee für Schwarz sein, aber sein König steht zu exponiert und wird nicht aus dem Mattnetz entkommen können.

37. ♕h6xh7+ ♔c7-c6

38. ♖d1-c1+! ♔c6-b5

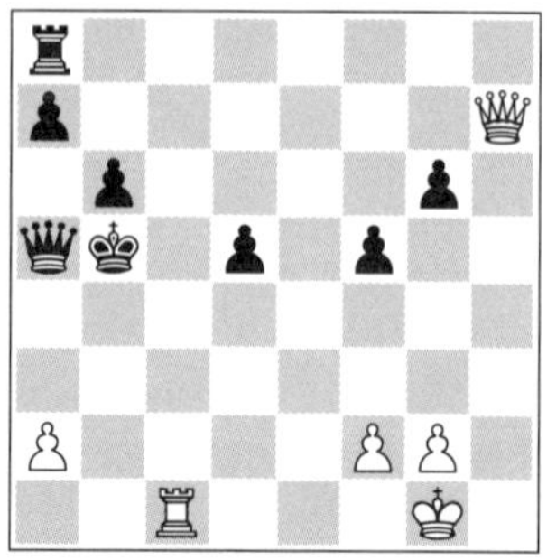

39. ♕h7-b7!

Schneidet dem schwarzen König den Fluchtweg ab.

39. ... ♖a8-h8

40. ♖c1-b1+ ♔b5-c4

41. ♕b7-c6+ ♔c4-d3

42. ♖b1-d1+ ♔d3-e4

43. ♕c6-e6+ ♔e4-f4

44. ♖d1-d4+

Schwarz gab auf.

Er wird in zwei Zügen matt gesetzt: 44...♔g5 45.♕e7+ ♔h6 47.♖h4.

Im Lauf meiner Karriere habe ich mit Weiß regelmäßig die Petrosjan-Variante als Hauptwaffe gegen Damenindisch angewandt. Anfang des Jahres 2002 verbrachte ich einige Zeit mit dem Studium dieser Variante und der sich daraus ergebenden Mittelspielstellungen. Derartige Anstrengungen zahlen sich in der Regel aus. In der Tat erzielte ich im Zeitraum 2002-2005 mit dieser Variante eine gute Punktausbeute und spielte eine Reihe interessanter Partien. In meinen Kommentaren zu dieser Partie werde ich auch einige andere interessante Beispiele anführen.

QI 4.17 (E12) **PARTIE 45**

Ivan Sokolov

Judit Polgar

Hoogeveen 2003 (5)

1. d2-d4 ♘g8-f6
2. c2-c4 e7-e6
3. ♘g1-f3 b7-b6
4. ♘b1-c3 ♗c8-b7
5. a2-a3 d7-d5
6. c4xd5 ♘f6xd5
7. ♕d1-c2

Dies ist der andere Hauptzug in der aktuellen Petrosjan-Variante. 7.e3 ist in Kasparow-Najdorf (Partie 42) und Galljamowa-Tiwjakow (Partie 43) untersucht worden. Die Idee des Anziehenden ist einfach – er will e2-e4 in einem Zug spielen. Allerdings geht die weiße Dame später meist nach e2, so dass sich normalerweise entweder eine direkte Zugumstellung ergibt oder Stellungen entstehen, die große Ähnlichkeit mit denjenigen nach 7.e3 haben. Einer der Gründe dafür, dass 7.♕c2 heutzutage häufiger gespielt wird als 7.e3, ist darin zu sehen, dass die Weißspieler Probleme haben, in dem Abspiel 7.e3 g6 einen Vorteil zu finden. 7.♕c2 gibt Schwarz jedoch die Zusatzmöglichkeit 8...c5 – siehe Sokolov-Kramnik in den Anmerkungen zu 8...♗e7.

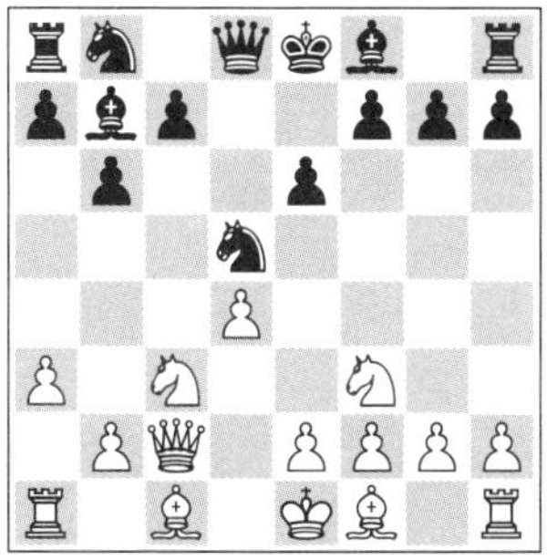

7. ... ♘d5xc3
8. b2xc3 ♗f8-e7

Die Zugreihenfolge mit 7.♕c2 gestattet es dem Nachziehenden, wie in den obigen Kommentaren erwähnt, unter Vernachlässigung der Entwicklung seines Königsflügels das weiße Zentrum sofort mit 8...c5!? 9.e4 ♘c6 anzugreifen.

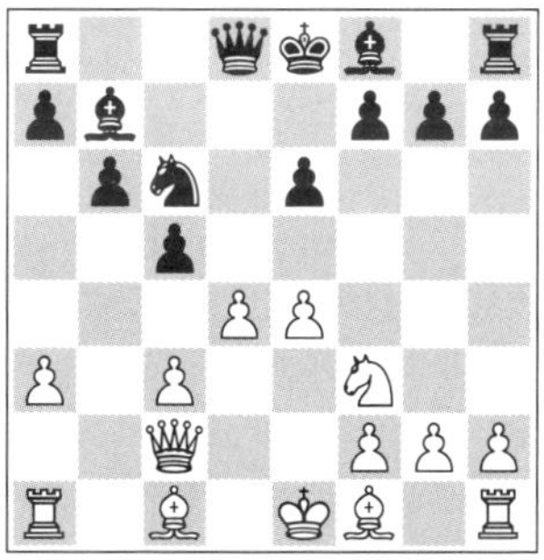

Analysediagramm

Dieser schwarze Aufbau ist nicht logisch. Sein König steckt immer noch auf e8 fest. Weiß hat Möglichkeiten, mit d4-d5 das Zentrum zu öffnen und gegen den in der Brettmitte festsitzenden schwarzen König zu spielen, und jeden Moment kann ein unangenehmes Schachgebot auf der Diagonale a4-e8 kommen.

Allerdings haben die Weißspieler in dieser gegenwärtig beliebten Variante überraschenderweise bisher keinen Vorteil nachweisen können. Weiß kann den schwarzfeldrigen Läufer entweder nach e3 oder nach b2 entwickeln.

A) Die Hauptvariante lautet 10.♗b2 ♖c8 11.♖d1 cxd4 12.cxd4

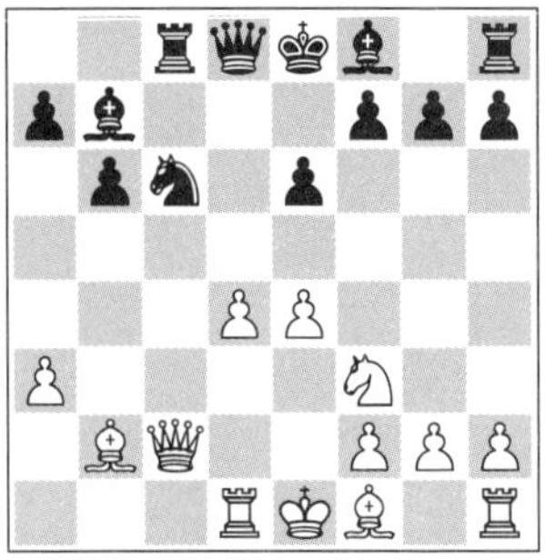

Analysediagramm

12...♗d6!. Dieser Zug von Joel Lautier hat die gesamte Variante rehabilitiert. Geraume Zeit wurde sie aufgrund der Partie Kasparow-Murey, Interzonenturnier, Moskau 1982, als nicht spielbar erachtet. In dieser Partie folgte 12...a6 (Mit diesem Zug soll das unangenehme Schach auf a4 ausgeschaltet werden. Wie wir gleich in PeturssonLautier, sehen werden, war es nicht notwendig, dieses Schach zu verhindern) 13.♕d2! ♘a5 14.d5 exd5 15.exd5 ♗d6 (sonst rückt der weiße d-Bauer weiter vor) 16.♗xg7 ♕e7+ 17.♗e2 ♖g8 18.♕h6 f5 19.♗f6 mit baldigem Sieg für Weiß.

Die Pointe von 12...♗d6! besteht in den folgenden Abspielen:

A1) Nach 13.♕b1 illustriert die Partie Radjabow-Grischuk, Korsika 2003, sehr schön die schwarzen Möglichkeiten: 13...♕e7! 14.♕a2 ♘a5 15.♗d3

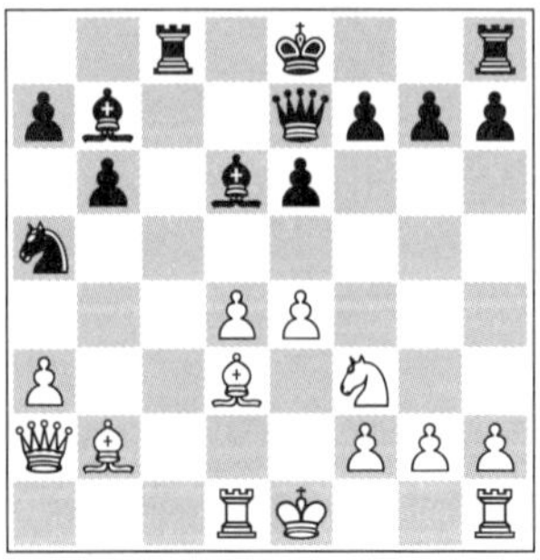

Analysediagramm

15...f5! (dieser uns bereits vertraute strategische Plan, den wir in einer Reihe von Beispielen in diesem Buch bereits gesehen haben, funktioniert hier ausgezeichnet) 16.exf5 ♗d5! 17.♕b1 exf5+ 18.♔f1 0-0 19.♗xf5

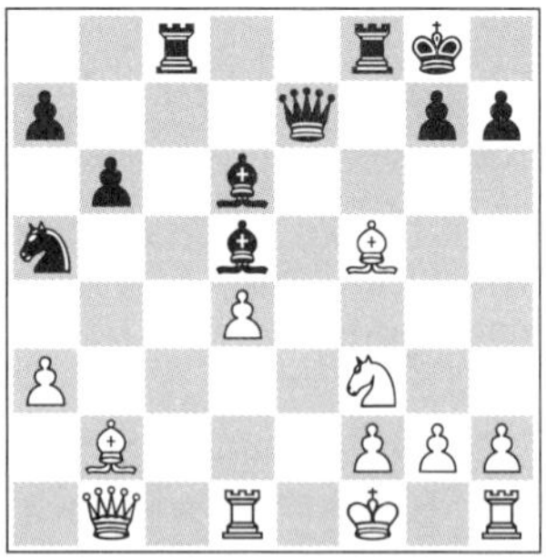

Analysediagramm

19...♖xf5! 20.♕xf5 ♗c4+ 21.♔g1 ♖f8 22.♕g5 (22.♕c2?? ist ein schrecklicher Bock wegen 22...♖xf3) 22...♕e2 23.♖b1 ♗f4 24.♕g4, und nun verpasste Grischuk, nachdem er bis hierher eine Modellpartie hingelegt hatte, das einfache 24...♕c2 mit leichtem Gewinn, was sich nur dadurch erklären lässt, dass es sich um eine Schnellpartie handelte.

A2) 13.d5 exd5 14.exd5 ♕e7+! (dieses Schach ist unerlässlich) 15.♗e2 ♘a5 16.♕a4+ ♔d8!.

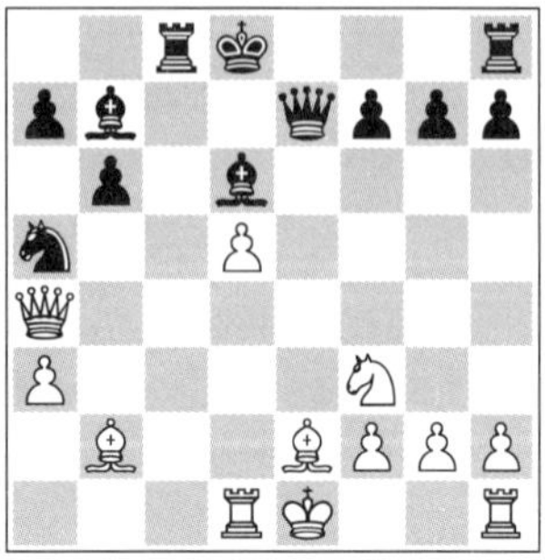

Analysediagramm

Überraschenderweise steht Schwarz hier besser. Sein König steht auf d8 relativ sicher, während der weiße Monarch nicht

rochieren kann und die weißen Figuren generell schlecht koordiniert sind.
17.♘d4 (Weiß versucht zu rochieren. Wenn ihm dies gelingt, wird sich die Beurteilung der Stellung drastisch ändern. Falls 17.♗xg7 ♖g8 18.♕d4, so 18...♘b3! 19.♕b2 ♖xg7 20.♕xg7 ♖c2) 17...♖c4! 18.♕b5 ♖e8! 19.♔f1 ♖c5 20.♕d3 ♖xd5 mit baldigem Sieg für Schwarz in Petursson-Lautier, Marseille 1988.

B) 10.♗e3!? ♗e7.
Dies erlaubt einen gefährlichen Bauerndurchbruch. Sicherer ist 10...cxd4 11.cxd4 ♖c8 12.♕a2 ♗d6 13.♗d3 0-0 14.0-0 ♘e7 15.♖fc1 ♘g6 16.g3 ♕e7 17.a4 ♗b4 18.h4 ♖fd8 19.h5 ♘f8 20.h6.

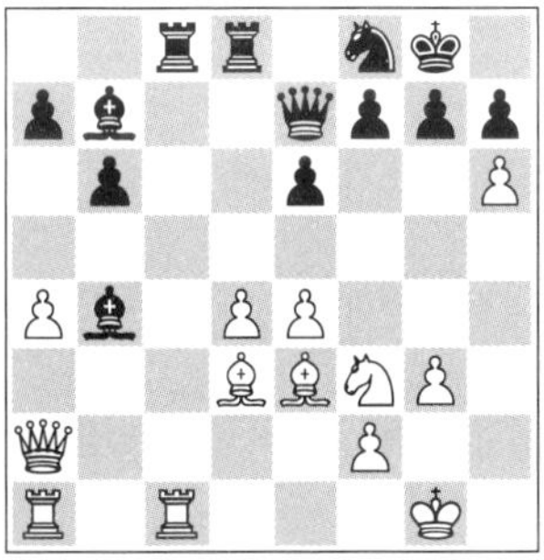

Analysediagramm

Es sieht so aus, als ob Weiß die Initiative übernimmt, aber die unorthodoxe Erwiderung 20...gxh6! ist häufig die Lösung der schwarzen Probleme. Bezüglich einer ähnlichen Lösung siehe Milow-Rowson in den Anmerkungen zur vorhergehenden Partie Sokolov-Howell. Manchmal begeht man den Fehler, solche Möglichkeiten "aus allgemeinen Erwägungen" automatisch zu verwerfen. Nach 21.♖xc8 ♖xc8 22.♖d1 h5 ergab sich in Ponomarjow-Anand, Sofia 2006, ein kompliziertes Spiel.
11.d5! exd5 12.♖d1 d4 (Erzwungen. Nach 12...0-0 13.exd5 ♘a5 14.c4 steht Weiß klar besser) 13.cxd4 0-0! (Schwarz beendet richtigerweise zuerst seine Entwicklung. 13...cxd4?? verliert wegen 14.♗b5 ♕c7 15.♗f4 ♕c8 16.♘xd4 ♗c5 17.♘f5 0-0 18.♕c3 f6 19.♕g3 g6 20.♗c4+ ♔h8 21.♗h6)

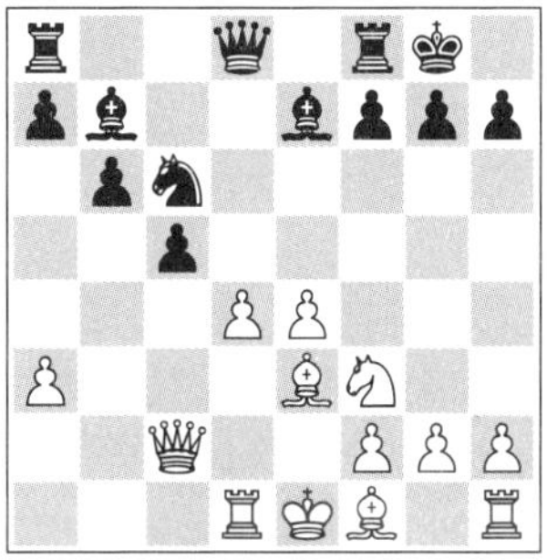

Analysediagramm

14.d5! (das Schlagen eines Bauern mit 14.dxc5 verspricht nach 14...♕c7 nichts; Schwarz bekommt seinen Bauern zurück und hat gutes Spiel) 14...♘d4 15.♕b2 ♖e8?.
Dieser Zug ist die Hauptursache für die Probleme des Nachziehenden in dieser Partie und in höherem Sinne ein entscheidender Fehler. Korrekt war 15...♘xf3+ 16.gxf3 ♕d6!, und es ist alles andere als leicht für Weiß, sein Zentrum in Bewegung zu setzen, z.B. 17.f4 (oder 17.e5 ♕g6) 17...♕g6!, und nun hat Schwarz auf 18.♗d3? die Antwort 18...c4! 19.♗c2 f5!, wonach das weiße Zentrum zusammenbricht; 20.e5 ♕g2.
Zurück zu 15...♖e8?:

B1) 16.♘xd4? ist schlecht wegen 16...cxd4 17.♕xd4 (17.♗xd4 ♕xd5! 18.exd5?? ♗b4+ ist ein Matt, wie man es oft in Anfängerbüchern sieht) 17...♗c5 18.♕d3 ♕h4 19.♗xc5 bxc5, und Weiß verliert einen seiner Zentrumsbauern.

B2) 16.♗xd4! cxd4 17.♗b5 ♗xa3! (Schwarz sucht sein Heil in taktischen Verwicklungen)

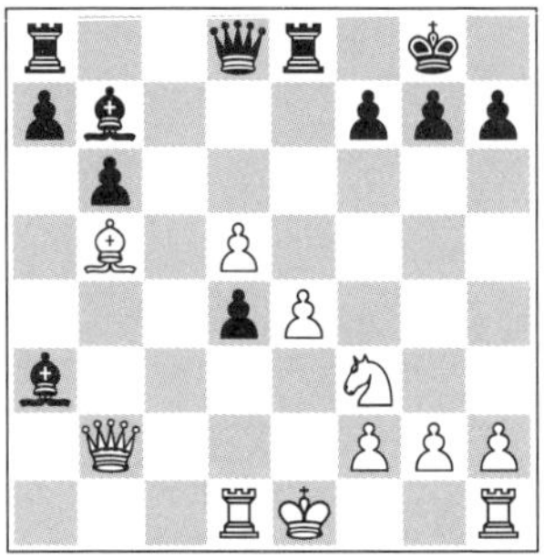

Analysediagramm

18.♕xd4! (das Schlagen des Läufers ist falsch, da Schwarz nach 18.♕xa3? ♖xe4+ 19.♔f1 ♕xd5 besser steht) 18...♗c5 19.♕d3 ♗b4+ 20.♔f1.

Weiß hat ein starkes Bauernzentrum und wird den Turm h1 über die h-Linie ins Spiel bringen. Daher stellt die Königsstellung auf f1 hier überhaupt kein Handicap dar. Der schwarze Läufer b7 spielt nicht mit, und Schwarz hat keine Zeit, seine Freibauern am Damenflügel in Bewegung zu setzen: 20...♖f8 (oder 20...♖e7 21.♘d4) 21.♘d4 ♕c8 (im Fall von 21...♗c5 22.♗c6 ♗xd4 23.♗xb7 ♖b8 24.♗c6 ♗e5 25.g3 hat Weiß großen Vorteil) 22.h4! ♗c5 23.h5 (es könnte gut sein, dass 23.♘f5! genauer ist, da Weiß im Fall von 23...g6 über 24.♘h6+! ♔g7 25.h5 verfügt) 23...♕g4 24.♘f3! ♖ad8 25.♖h4! ♕c8 26.♗c4.

Seiner schwierigen passiven Stellung müde, opfert Kramnik nun einen Bauern in der Hoffung auf etwas Gegenspiel. Weiß hat hier jedoch einfach riesigen Vorteil; die schwarze Stellung ist nicht zu retten: 26...b5 27.♗xb5 ♗b6 28.h6! g6 29.♕b3! ♕c5 30.♕b2 f6 31.♖f4! ♗c7 (oder 31...♕d6 32.g3) 32.♖c1 ♕b6 33.♖xc7! ♕xc7 34.♖xf6 ♖xf6 35.♕xf6.

Die weißen Bauern rollen, und der schwarze König steckt fürchterlich in der Klemme. Man beachte, dass der Läufer b7 die ganze Partie über eine passive Beobachterrolle gespielt hat.

35...♖f8 (oder 35...♕c1+ 36.♘e1 ♕c7 37.d6! ♖xd6 38.♕e5, und Schwarz wird matt gesetzt; 35...♖c8 verliert wegen 36.d6 ♕c1+ 37.♘e1 ♕xh6 38.♗d7 ♕h1+ 39.♔e2 ♗a6+ 40.♔f3 ♕h5+ 41.♔g3)

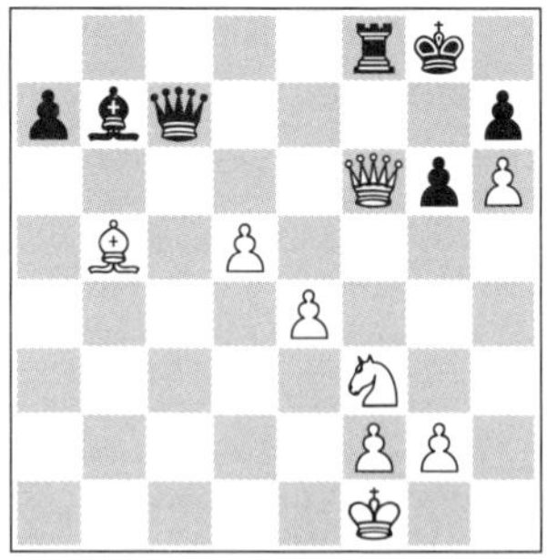

Analysediagramm

36.♕b2! ♖c8 37.d6! ♕c1+ 38.♕xc1 ♖xc1+ (Schwarz hat ein Endspiel erreicht, aber zu welchem Preis?) 39.♔e2 (die weißen Bauern sind nicht aufzuhalten) 39...♖c8 40.♘g5 a6 41.♗a4 1-0, Sokolov-Kramnik, Wijk aan Zee 2004.

9. e2-e4 0-0

Der sofortige Angriff auf das weiße Zentrum mit 9...c5? ist schlecht, da 10.♗b5+! den schwarzen Läufer nach c6 zwingt, wo er schlecht stehen wird.

A) 10...♘c6 verliert nach 11.♕a4 ♖c8 12.♘e5 ♕c7 13.♗f4 (oder 13.♕xa7) 13...a6! (der einzige Zug) 14.♗xa6 ♗xa6 15.♕xa6 einfach einen Bauern.

B) 10...♗c6 11.♗d3 ♘d7 12.0-0 h6 (falls 12...0-0, so 13.d5!) 13.♖d1, und nun:

B1) 13...0-0 14.d5;

B2) Im Fall von 13...cxd4 hat Weiß 14.♘xd4! (viel besser als 14.cxd4 ♖c8) 14...♕c7 15.♘xc6 ♕xc6 16.♕e2! ♖d8 17.♗b5 ♕c7 18.♕d3, und Schwarz wird mit a7-a6 einen Bauern geben müssen, um die Fesselung auf der Diagonale a4-e8 aufzuheben.

B3) 13...♕c7

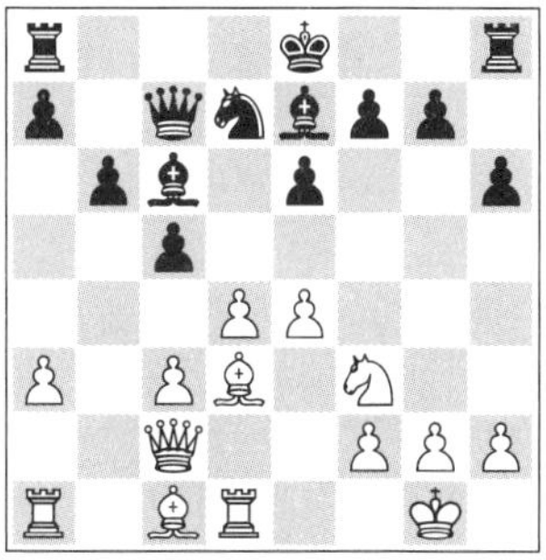

Analysediagramm

14.d5! (Da der schwarze König noch auf e8 steht, gibt Weiß einen Bauern, um die Stellung zu öffnen. Dieses Bauernopfer ähnelt demjenigen in Kasparow-Iwkow in den Kommentaren zu Partie 42 – Kasparow-Najdorf) 14...exd5 15.exd5 ♗xd5 16.♗b5 a6 (16...♗c6 hätte das Problem des schwarzen Königs auf e8 auch nicht gelöst; nach 17.♗f4! ♕b7 18.♗xc6 ♕xc6 19.♖e1 ist es offensichtlich, dass die Rochadeträume des Nachziehenden Wunschdenken bleiben werden: 19...♔f8 20.♖ad1, und die weiße Initiative ist viel mehr wert als ein Bauer)

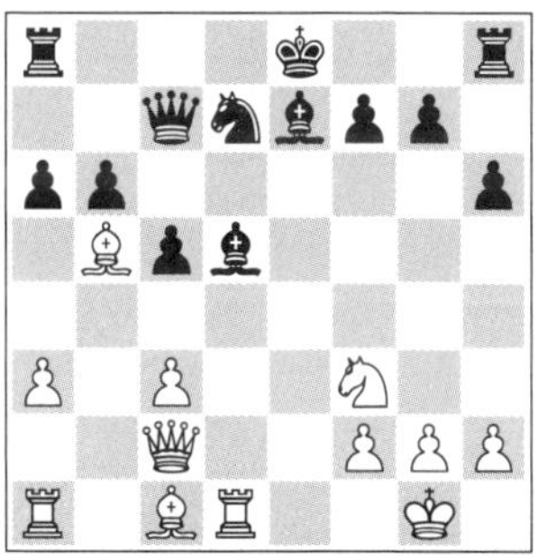

Analysediagramm

17.♗f4!. Wiederum ist dieser Tempozug entscheidend. Nun verzweigt sich das Spiel:

B31) 17...♕b7? verliert forciert wegen 18.♗xd7+ ♕xd7 19.c4 ♕g4 20.♖xd5 ♕xf4 21.♖e1 ♖a7 22.♘e5! (der genaueste Zug) 22...♖c7 23.♘g6 fxg6 24.♕xg6+ ♕f7 25.♖d8+.

B32) 17...♕xf4 18.♗xd7+ ♔xd7 19.♖xd5+ (der schwarze König bleibt exponiert, und die Dame steht auf f4 sehr schlecht) 19...♔c7 20.♖e1 ♗d6 (oder 20...♗f6? 21.♖e4 mit Damenfang, während 20...♖he8? nach 21.♖de5 ♕f6 22.♕e4 eine Figur verliert) 21.♖f5! ♕c4 22.♖e4 ♕b5 23.♖xf7+ ♔b8 24.♖e6 ♖d8 25.c4 ♕c6 26.♘e5 ♕c8 27.♕b1 1-0, Kasparow-Gheorghiu, Interzonenturnier, Moskau 1982.

10. ♗f1-d3 c7-c5

11. 0-0 ♕d8-c8

Dies ist hier einer der Hauptzüge. Schwarz will den gefährlichen weißen Angriffsläufer auf d3 abtauschen. Außerdem wird dann die schwarze Dame auf die Diagonale a6-f1 überführt, von wo aus sie die weißen Felder kontrolliert.

11...♕c8 ist auch ein Tempozug, da Schwarz 12...cxd4 droht. Weiß ist dazu gezwungen, seine Dame nach e2 zu stellen.

Alternativen sind 11...♕c7, 11...♘d7 oder 11...♘c6.

12. ♕c2-e2 ♗b7-a6

13. ♖f1-d1

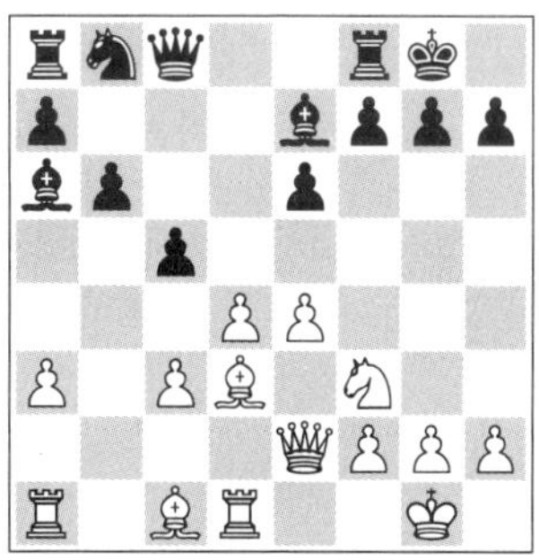

13. ... ♖f8-d8

Schwarz will zuerst einen Turm nach d8 stellen, um auf d4 zu drücken, und erst dann entscheiden, wohin er den Springer b8 entwickelt. Da der Springer b8 jedoch so oder so nach d7 gehen wird, würde es mehr Sinn machen, zuerst den Springer b8 zu entwickeln und sich dann eine Beschäftigung für den Turm f8 zu überlegen. Die Theorie ist der gleichen Meinung; die Partiefortsetzung gilt als Nebenvariante.

In den meisten Partien geht es weiter mit 13...♗xd3 14.♖xd3 cxd4 15.cxd4 ♘d7, und hier konzentriert sich die theoretische Diskussion auf 16.e5, womit Weiß den in vielen unserer Beispiele gesehenen Standardplan verfolgt, zwecks Raumgewinn am Königsflügel das Feld d5 aufzugeben. Hier erleichtert das Fehlen der weißfeldrigen Läufer dem Nachziehenden die Verteidigung.

Als ich mich im Jahre 2003 auf das Hoogeveen-Turnier vorbereitete, analysierte ich den Standardangriffszug 16.h4, mit dem Weiß sich alle Optionen bezüglich der Zentrumsbauern offen hält. Da Polgar 13...♖d8 spielte, konnte ich diesen Plan (der zu jener Zeit eine Neuerung gewesen wäre) in Hoogeveen nicht testen, aber einige Monate später bekam ich in Reykjavik gegen Stefansson meine Chance:

16...♕a6 (Diese Fortsetzung, die die schwarze Dame auf die Diagonale f1-a6 bringt und das Feld c8 für einen Turm räumt, ist hier am logischsten. Auf a6 steht die Dame besser als auf c4, da Schwarz nun häufig ♖ac8 gefolgt von ♖c3 oder ♖c4 plant. Außerdem könnte die Stellung der Dame auf c4 den Nachziehenden nach 16...♕c4 17.h5 h6 18.♗f4 ♖ac8 19.♖ad1 ♘f6 20.♘e5 ein Tempo kosten, wonach Weiß etwas Vorteil hat, Sokolov-A.Kovacevic, Bosnische Liga 2004) 17.♗g5

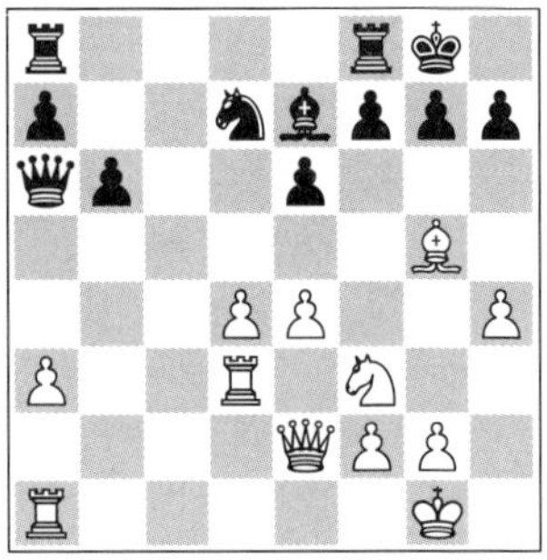

Analysediagramm

A) Nun sollte Schwarz 17...♗xg5! 18.hxg5 ♖ac8 erwägen, um den Plan des Nachziehenden in der im nächsten Kommentar gezeigten Partie Sokolov-Bologan zu verfolgen. Dies löst alle Probleme von Schwarz und ist der Hauptgrund dafür, dass ich diese Variante mit Weiß nicht mehr spiele. Im Vergleich zu meiner Partie gegen Bologan hätte Schwarz ein Tempo mehr und würde daher sofort ...♖f8-e8 spielen. Ich war davon überzeugt, dass Weiß hier die besseren Chancen hat, da ich in meiner Analyse den Plan des Nachziehenden übersah: ...♕a6-a4, ...♖c8-c4, ...♖f8-e8, und wegen des indirekten Drucks der Dame auf a4 und des Turms auf c4 auf den weißen Bauern e4 droht Schwarz dann ...e6-e5. Was ich damit meine, wird in der erwähnten Partie, die weiter unten zu finden ist, klar werden.

B) 17...♖fe8 18.♖ad1 ♖ac8 19.♕e3 (19.♗xe7 ♖xe7 20.e5 ist hier definitiv eine Alternative. Weiß bekommt den gewünschten Königsangriff) 19...f6 (wie Polgar zieht Schwarz es vor, die schwarzfeldrigen Läufer auf dem Brett zu behalten) 20.♗f4 b5! (bereitet Gegenspiel mit ...♘b6-c4 vor) 21.h5 ♘b6, und nun:

B1) Die Überführung des Springers nach g4 (wie in Partie 43, Galljamowa-Tiwjakow) ist interessant, verspricht Weiß aber nicht mehr als ein

Remis nach 22.♘h2!? ♘c4 23.♕g3 ♘b2 24.♘g4, und nun 24...♔h8!? (24...♘xd3 25.♘h6+ ♔h8! (25...♔f8? 26.♖xd3

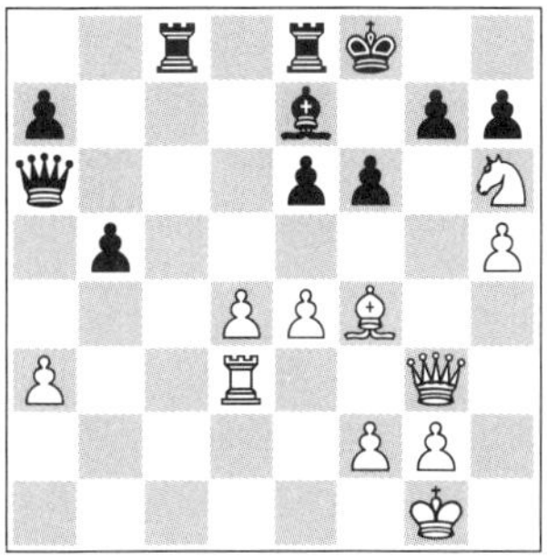

Analysediagramm

gefolgt von 27.♕xg7+! ♔xg7 28.♖g3+ mit Gewinn für Weiß) 26.♘f7+ ♔g8 27.♘h6+ mit Dauerschach) 25.h6.

B11) Hier wäre 25...g6? ein Fehler, der eine sofortige taktische Lösung erlaubt:

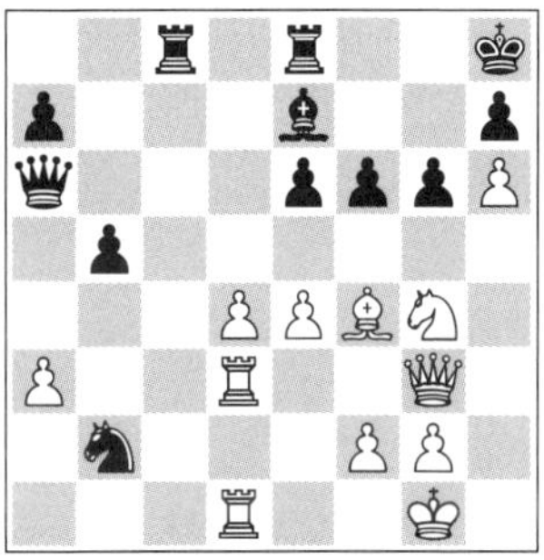

Analysediagramm

26.♘xf6! ♗xf6 27.♗e5 ♖f8 28.♖f3 ♘xd1 29.♖xf6 ♖xf6 30.♕f4! ♖f8 31.♗xf6+ ♔g8 32.♕c7 ♖f7 33.♗e7! ♖f8 34.♗d6 ♖f7 35.♕d8+, und Schwarz wird matt gesetzt.

B12) 25...♖g8, und nun:

B121) Wenn Weiß ehrgeizig ist, wird er sich für 26.♘e5!? entscheiden müssen, was nach 26...fxe5 (stattdessen verliert 26...♖cf8? hübsch wegen 27.♘g6+! hxg6 28.♕xg6 nebst ♖h3) 27.hxg7+ ♖xg7 28.♗xe5 ♗f8 29.♖f3! ♕b7 30.♖b1! ♘c4 31.♖xb5

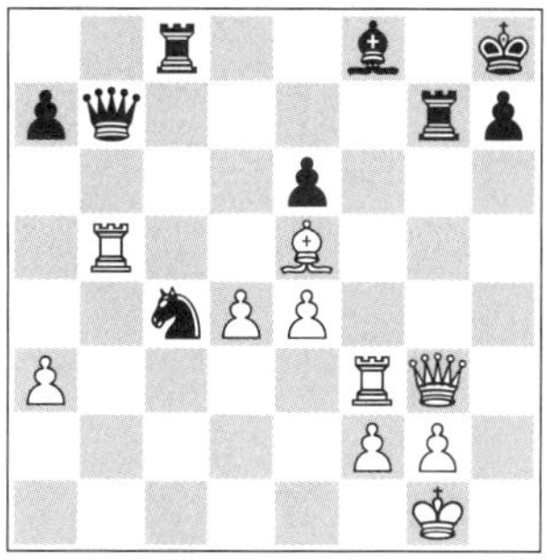

Analysediagramm

31...♘xe5! 32.♖xb7 ♘xf3+ 33.♕xf3 ♖xb7 34.♕f6+ ♗g7 35.♕xe6 eine ungewöhnliche Stellung ergibt, die schwer einzuschätzen ist. Die weißen Bauern sind gefährlich, aber Schwarz hat genug Ressourcen. Es würde mich überraschen, wenn Weiß hier mehr als Remis hat, aber kann leicht in Schwierigkeiten geraten.

B122) 26.♖f3 gxh6 (das gierige 26...♘xd1? verliert wegen

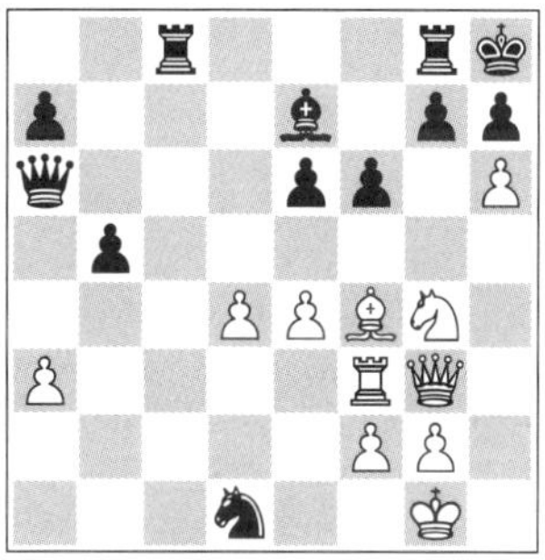

Analysediagramm

27.♘e5! ♖cf8 28.♘g6+! hxg6 29.♕xg6 nebst ♖g3 oder ♖h3) 27.♗e5! (falsch ist 27.♖b1? wegen der einfachen Erwiderung 27...h5 28.♖xb2 ♖xg4), und nun:

B1221) 27...♖cf8 28.♖xf6 ♖xf6 29.♕h4 ♖xg4 30.♗xf6+ ♗xf6 31.♕xf6+ ♔g8 32.♕d8+ ♔g7 (Schwarz muss aufpassen, da 32...♔f7?

wegen 33.♖c1 ♘c4 34.♖c3 verliert) 33.♕e7+ mit Remis.

B1222) 27...fxe5 28.♕xe5+ ♖g7 29.♘xh6 ♘xd1 30.♘f7+ ♔g8 31.♘h6+, wiederum mit Remis durch Dauerschach.

B2) 22.♘d2! ♗f8 23.♕g3 ♕b7 24.h6 (eine Alternative war 24.♖b1, was einen Turm aus der Gabel ♘b2 nimmt, die ein paar Züge später folgen wird) 24...g6 (24...g5?? ist ein schrecklicher Fehler wegen 25.♗xg5)

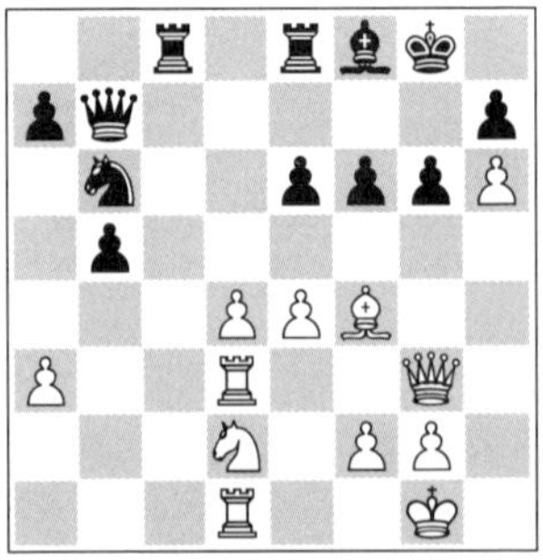

Analysediagramm

25.d5!? (Diese Standardlösung ist hier etwas verfrüht. Es war jedoch schwer, die sich ergebenden Komplikationen am Brett richtig einzuschätzen. In Betracht kam immer noch 25.♖b1) 25...♘a4! (25...exd5?! 26.exd5 ist gut für Weiß, da Schwarz dann nicht im kritischen Moment mit ...e6-e5 unter Tempogewinn die Stellung schließen kann) 26.d6!, und nun:

B21) Im Fall von 26...♘c5 hat Weiß nach 27.e5 fxe5 28.♗g5! die Initiative; nicht 28.♗xe5? wegen 28...♘xd3 29.♕xd3 ♖c5.

B22) Richtig ist die sofortige Aufgabelung der weißen Türme mit 26...♘b2!, wonach 27.d7 ♘xd1 28.dxc8♕ ♕xc8! (28...♖xc8? verliert wegen 29.♕g4!) 29.♕f3 e5! (im Fall von 29...♘b2 30.♖c3 hat Weiß Kompensation) folgt, und nun:

B221) Nach 30.♗xe5 ♖xe5 (30...♘xf2 führt zum Remis: 31.♕xf6 ♘xd3 32.♕h8+ ♔f7 33.♕f6+) 31.♕xd1 ♗xh6 32.♘f3 ♖e8 hat Schwarz einfach einen Bauern mehr.

B222) 30.♕xd1! exf4 31.♕b3+ ♕e6 32.♕xb5 ♗xh6 33.♖d7, und Weiß wird wahrscheinlich seinen Bauern zurückgewinnen und Remis machen – mehr ist für ihn aber nicht drin.

B23) 26...♖cd8? (ein entscheidender Fehler)

27.e5! ♘b2

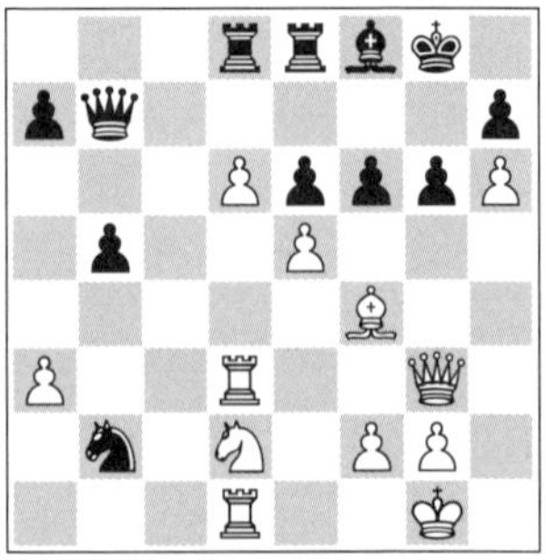

Analysediagramm

28.♖d4! (Das hatte Schwarz bei 26...♖cd8? wahrscheinlich übersehen. Nun ist die Drohung ♘d2-e4 schrecklich) 28...♗xd6 (oder in der Tat 28...♘xd1 29.♘e4) 29.exd6 ♘xd1 30.♘e4 ♖f8 31.♕f3! ♕f7 32.♖xd1 g5 33.♗e3 ♕g6 34.♗xa7 1-0, Sokolov-Stefansson, Isländische Liga 2004.

14. h2-h4!

Da meine Vorbereitung ursprünglich auf dem Plan mit h2-h4 basiert hatte (wenn auch in einer etwas anderen Stellung), machte ich diesen Zug fast automatisch. Alternativen sind 14.♗f4 oder 14.♗b2.

14.	**...**	**c5xd4**
15.	**c3xd4**	**♗a6xd3**
16.	**♖d1xd3**	**♘b8-d7**
17.	**♗c1-g5**	

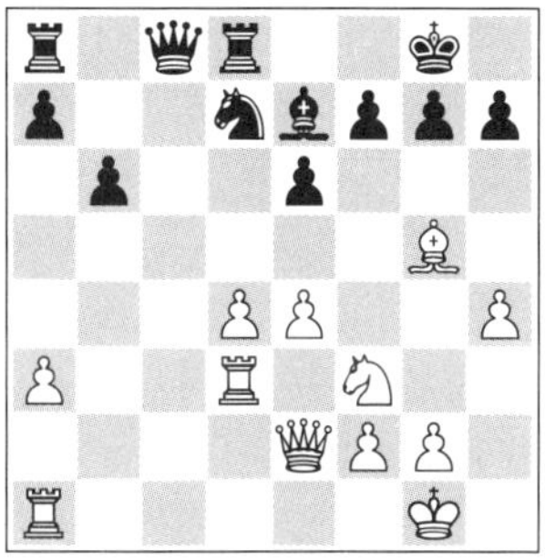

17. ... f7-f6?!

Dieser Zug schwächt die schwarze Bauernstruktur am Königsflügel und ist die Ursache der Probleme der Nachziehenden. Besser war 17...♗xg5, und nun:

A) 18.♘xg5 h6 19.♕h5 sieht aussichtsreich aus, führt aber in Wirklichkeit nur zu einem forcierten Remis: 19...hxg5 20.hxg5 g6! (Die beste Verteidigung. Nach 20...♘e5? 21.♖h3 ♘g6 22.♕h7+ ♔f8 23.♖f3 ♔e7 24.♕xg7 ♖f8 25.d5! erhält Weiß gewinnbringenden Angriff) 21.♕h6.

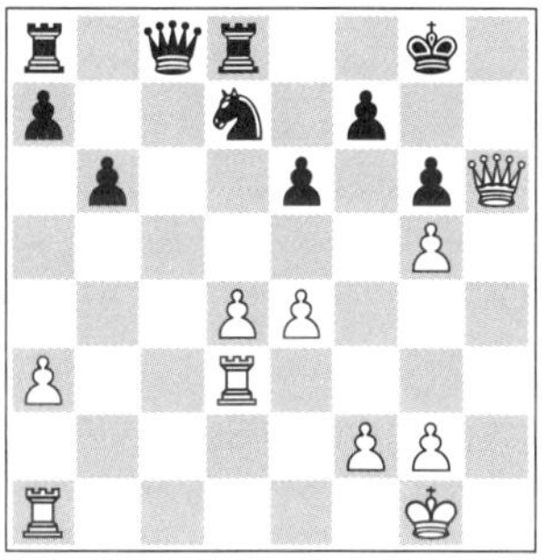

Analysediagramm

Es hat den Anschein, als ob ♖h3 und ♕h8 matt unvermeidlich ist, aber Schwarz hat eine hübsche Verteidigung: 21...♕c4! 22.♖ad1, und nun 22...♕c2! 23.♖1d2 (23.♖h3?? ist ein schrecklicher Fehler: 23...♕xd1+ 24.♔h2 ♕xd4) 23...♕c1+ 24.♖d1 (24.♔h2? läuft in 24...♘e5! 25.dxe5 ♖xd3 26.♖xd3 ♕f4+) 24...♕c2 mit Remis.

B) 18.hxg5 ♕a6 19.♖ad1 ♖ac8 20.♕e3.

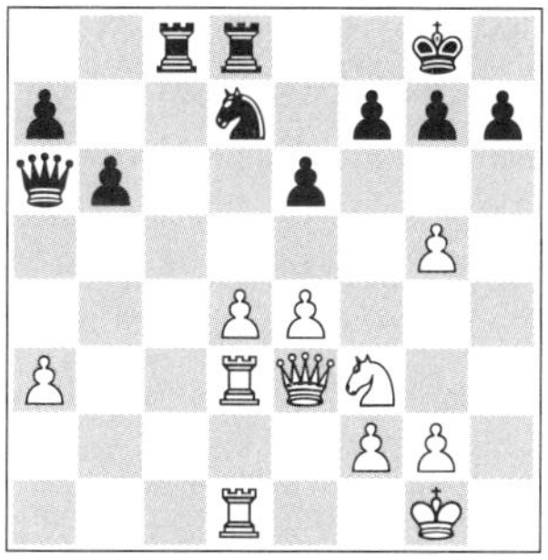

Analysediagramm

Es sieht so aus, als ob Weiß kleinen Vorteil und Schwarz wenig Gegenspiel hat, aber Schwarz verfügt über einen aktiven Plan: 20...♕a4! 21.♕f4 ♖e8! (Mit der Idee ...♖c4 und ...e5!. Man beachte, dass Schwarz, wie oben erwähnt, mit ...♖d8 einen Zug vergeudet hat und die gleiche Stellung mit einem Mehrtempo hätte haben können!) 22.♖c1 (falls 22.g3, so folgt in der Tat 22...♖c4! 23.♔g2 e5! mit besserem Spiel für Schwarz) 22...♖c6 23.♖dc3 ♖ec8 24.♖xc6 ♖xc6, und nun:

B1) 25.♖xc6 ♕xc6 26.♘e5 ♘xe5 27.♕xe5

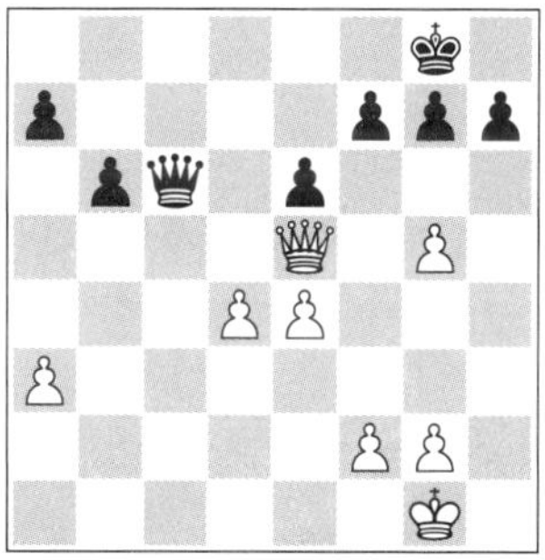

Analysediagramm

27...h6! (nun hält Schwarz leicht Remis) 28.g3 (oder 28.gxh6 ♕c1+) 28...hxg5 29.♕b8+ ♔h7 30.♕xa7 ♕xe4 31.♕xb6 ♕e1+ 32.♔g2 ♕e4+ 33.♔h2 ♕c2 34.♔g2 Remis, Sokolov-Bologan, Poikowski 2004.

B2) Besser war 25.g3 ♔f8! (25...♖xc1+? 26.♕xc1 ♘f8 ist schlecht für Schwarz, da Weiß mit 27.♘e5! ♕xd4 28.♕c7 ♕a1+ 29.♔g2 ♕xa3 30.♕xf7+ ♔h8 31.♘c4 ♕c5 32.e5 gefolgt von ♘d6 gewinnt) 26.♔g2! (droht ♖h1 und zwingt Schwarz zum Schlagen auf c1, was Weiß die Kontrolle über die c-Linie gibt) 26...♖xc1 27.♕xc1 a5 (in Ermangelung aktiver Züge ist es häufig eine gute Idee, die Bauern näher an ihre Umwandlungsfelder zu bringen) 28.♕c8+ ♔e7 29.♕c7 ♔e8

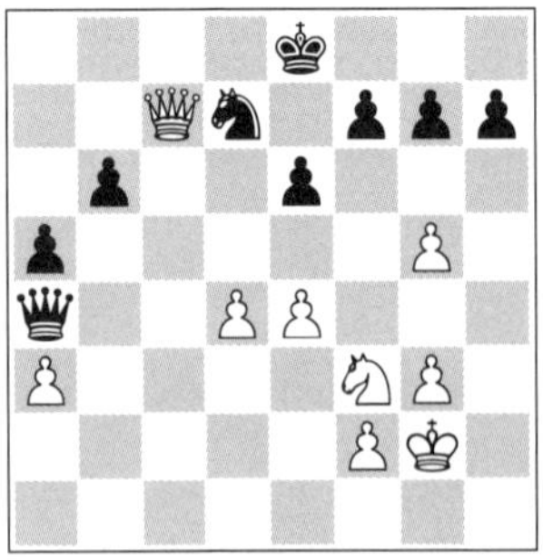

Analysediagramm

30.d5! ♕xe4 31.d6 ♕a8 32.♔g1! ♕d8 33.♘d4 ♘c5 34.♕c6+ ♔f8. Weiß hat offensichtlich mehr als genug Kompensation für den geopferten Bauern. Ob er gewinnen kann, ist eine andere Frage.

18. ♗g5-f4 ♕c8-b7?

Dies wird sich als Tempoverlust erweisen. Besser war sofort 18...♕a6.

19. h4-h5 ♖a8-c8

20. ♖a1-d1 ♕b7-a6

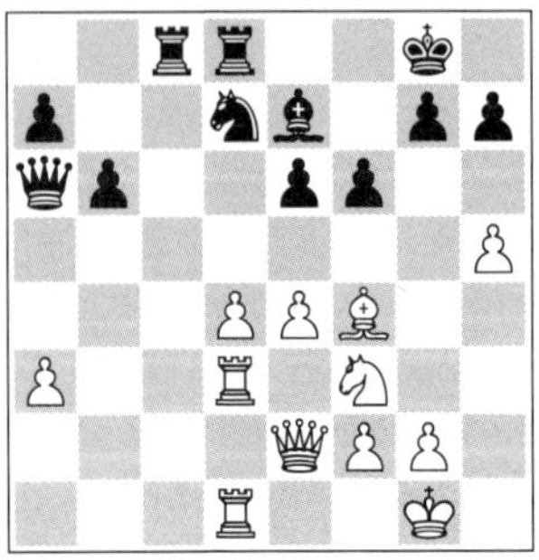

Weiß hat alle seine Figuren harmonisch entwickelt und damit die Vorraussetzungen für direkte Operationen geschaffen.

21. e4-e5! f6-f5

22. d4-d5! e6xd5

Der weiße Bauer d5 musste geschlagen werden. Nach 22...♘c5 23.d6 wären der gedeckte Freibauer auf d6 und der unheilbar schwache schwarze Bauer e6 viel mehr wert als eine Qualität.

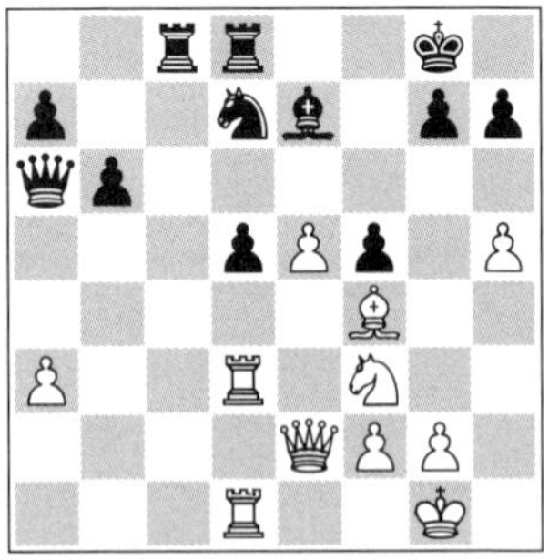

23. ♘f3-d4!

Der weiße Springer begibt sich auf seinen natürlichen Posten und strebt auf sein bestes Angriffsfeld – f5. Weiß will die Partie mit einem direkten Angriff auf den schwarzen König entscheiden. Er verfügte aber auch über sicherere Möglichkeiten. In derartigen Situationen ist es im Allgemeinen schwer, Richtig und Falsch zu definieren; die Entscheidung ist oft eine Frage des Stils.

Weiß konnte mit 23.♕a2 einen sicheren Vorteil erhalten, aber nun kann sich leicht eine typische Geschichte ergeben, in der die besser stehende Seite auf Sicherheit spielt und in einem besseren, aber immer noch remisen Endspiel landet: 23...♕c4! (Schwarz muss den Damentausch forcieren; 23...♘f8? verliert wegen 24.♖xd5 ♖xd5 25.♕xd5+ ♔h8 26.♕f7 ♕a4 27.h6! ♕xd1+ 28.♔h2) 24.♕xc4 ♖xc4 25.♖xd5 ♖xf4 26.♖xd7 ♖xd7 27.♖xd7 ♗c5! (27...♗xa3? ist ein Einsteller, der wegen 28.♘g5 verliert) 28.♖xa7 h6 mit guten Remischancen für Schwarz.

23. ... ♖d8-f8!

Nachdem die Nachziehende in einer schwierigen Stellung gelandet ist, findet sie die richtigen Verteidigungszüge. 23...♘c5? würde wegen 24.♘xf5 ♗f8 25.♕g4! ♘xd3 26.♘h6+ ♔h8 27.♘f7+ ♔g8 28.♕e6 forciert verlieren.

24. ♕e2-f3

In dieser scharfen Stellung kann man leicht fehlgreifen, z.B. 24.♘e6? ♘c5! mit besserer Stellung für Schwarz.

24. ... ♘d7-c5

25. h5-h6!

Dieser Zug bereitet ein Figurenopfer vor. Natürlich konnte ich nicht alles bis zum Ende berechnen, aber ich sah eine Menge aussichtsreicher Varianten, und mit dem exponierten schwarzen König, der begrenzten Zahl schwarzer Verteidiger und der auf a6 gestrandeten schwarzen Dame sollte die Logik des Angriffs auf Seiten des Weißen sein.

25. ... g7-g5!

Zweifellos die beste Verteidigung, da Weiß nun eine genaue Exekution finden muss.

Nach 25...g6 hat Weiß die einfache Fortsetzung 26.♕xd5+ ♔h8 27.♘e6 ♘xd3 28.♖xd3 mit klarem und risikolosem Vorteil.

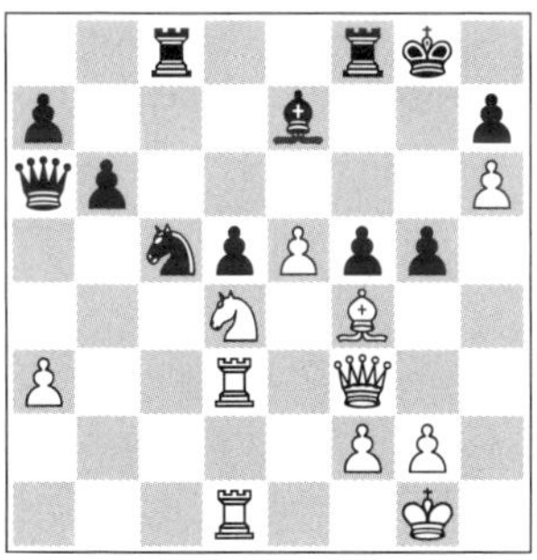

26. ♗f4xg5!! ♗e7xg5

27. ♕f3-h5 ♗g5-f4

27...♗d8 verliert wegen 28.♘xf5 ♔h8 29.♘d6! ♘xd3 (oder 29...♖c7 30.♖f3) 30.♘f7+! ♔g8 31.♘xd8 ♖fxd8 (oder 31...♖cxd8 32.♕g5+ ♔f7 33.♕f6+ ♔e8 34.♕e6+ matt) 32.e6!, und Schwarz wird bald matt gesetzt.

28. ♖d3-f3!

Genauigkeit ist gefragt. 28.♘xf5 führt nach 28...♖xf5! 29.♕xf5 ♘xd3 30.♕e6+ ♔f8 31.♕f6+ ♔e8 32.♕e6+ nur zum Remis.

28. ... ♗f4xe5

29. ♘d4xf5

Schließlich erreicht der weiße Springer sein bestes Angriffsfeld!

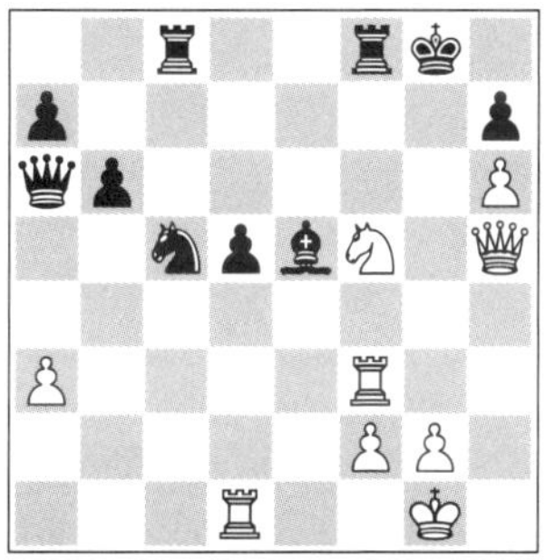

29. ... ♕a6-b7

Schwarz bezieht schließlich seine Dame in die Verteidigung des Königsflügels ein, aber die Stellung ist nicht mehr zu halten. Andere Züge führen ebenfalls zum Verlust:

A) 29...♖ce8 verliert wegen 30.♘d6 ♗xd6 31.♕g5+ ♔h8 32.♕g7+ matt.

B) 29...♔h8 30.♘e7! ♗b2 (das einzige verfügbare Feld für den schwarzen Läufer auf der langen Diagonale) 31.♖b1!, und nun:

B1) 31...♖xf3 verliert wegen 32.♖xb2 ♖cf8 33.gxf3 b5 (bringt die schwarze Dame wieder ins Spiel) 34.♕e5+ ♕f6 35.♕xf6+ ♖xf6 36.♖xb5 ♘e6 37.♖b8+ mit leicht gewonnenem Endspiel für Weiß. Dem schwarzen Läufer sind auf der Diagonale die Felder ausgegangen.

B2) 31...♗d4 verliert wegen 32.♕xd5.

B3) 31...♕c4 32.♘xc8 ♖xc8 33.♕f7!

♖g8 (sonst 34.♕f8) 34.♖g3 ♖c8 35.♖g7 ♕c2 36.♖e1 (es ist nie zu spät für einen schrecklichen Fehler, der eine schöne Partie ruiniert und zu endlosen, schlaflosen Nächten führt: 36.♖xb2?? ♕c1+ 37.♔h2 ♕xh6+, und Schwarz gewinnt) 36...♗e5 37.♖g5! mit Gewinn für Weiß.

30. ♖d1xd5! ♖c8-e8

31. ♕h5-g5+ ♔g8-h8

32. ♖d5xe5

Hier verbrauchte ich den größten Teil meiner Bedenkzeit, um zu überprüfen, ob meine geplante taktische Idee tatsächlich funktioniert, was tatsächlich der Fall ist. In Anbetracht der ästhetischen Wirkung meines 33. Zuges hielt ich gar nicht erst nach anderen Lösungen Ausschau. Noch besser war indes 32.♘e7!! ♗b2 33.♖e5!, was auf der Stelle gewinnt.

32. ... ♖e8xe5

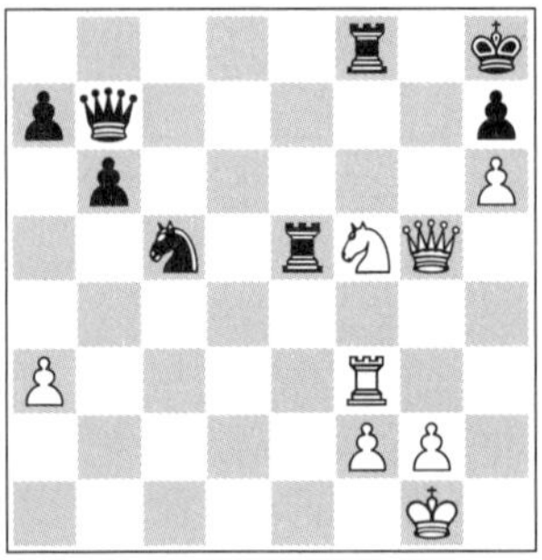

33. ♘f5-e7!! ♖e5-e1+

34. ♔g1-h2 ♕b7-b8+

35. ♖f3-g3 ♖e1xe7

Nur so lässt sich das Matt abwehren, man sehe: 35...♘e6 36.♕g7+ ♘xg7 37.hxg7+ matt oder 35...♕xg3+ 36.fxg3 ♘e6 37.♕d2! ♖e4 38.♕d3! ♖g4 39.♕e2 mit Gewinn.

36. ♕g5xe7 ♘c5-e6

Schwarz muss auch noch den Springer hergeben.

37. ♕e7xe6 ♕b8-f4

Die Nachziehende konnte den direkten Ansturm abwehren, hat aber weiterhin Probleme. Weiß hat einen gesunden Mehrbauern, und der schwarze König ist immer noch bedroht.

38. a3-a4

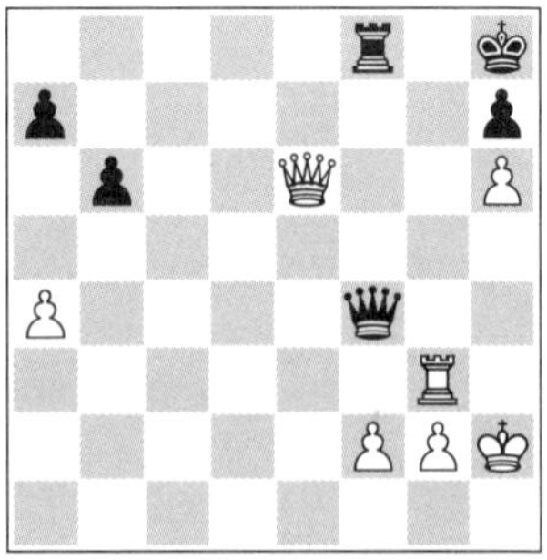

38. ... a7-a6?

Dieser Zeitnotfehler stellt einfach einen Bauern ein und beendet die Partie. 38...♕xf2?? würde nach 39.♖g8+! ♖xg8 40.♕e5+ in ein Matt laufen; nur mit 38...♖f7 konnte Schwarz noch kämpfen.

39. ♕e6xb6 ♖f8-b8

Oder 39...♖f6 40.♕b2! ♕xh6+ 41.♔g1 gefolgt von 42.♖f3.

40. ♕b6-e3 ♕f4-h4+

41. ♖g3-h3 ♕h4-f6

42. ♕e3-c3 1-0

Zeichenerklärung

Weiß steht etwas besser	⩲
Schwarz steht etwas besser	⩱
Weiß steht besser	±
Schwarz steht besser	∓
Weiß hat entscheidenden Vorteil	+−
Schwarz hat entscheidenden Vorteil	−+
ausgeglichene Position	=
unklare Position	∞
Kompensation für das Material	⩳
stark (ausreichend)	>
schwach (unzureichend)	<
besser ist	≥
schwächer ist	≤
guter Zug	!
ausgezeichneter Zug	!!
schlechter Zug	?
grober Fehler	??
interessanter Zug	!?
zweifelhafter Zug	?!
einziger Zug	□
mit der Absicht	△
Angriff	→
Initiative	↑
Entwicklungsvorsprung	↑↑
Gegenspiel	⇄
Matt	X
Fernpartie	corr.

Namenverzeichnis

Partienverzeichnis